**경찰직 시험
합격을 위한 필수 기본서**

경찰직 공부, 어떻게 시작할까?

『2026 해커스경찰 허정 형사법 기본서 3권 형사소송법』은 경찰직 시험에 최적화된 교재로 구성하였을 뿐만 아니라 법원직, 검찰직 시험 등에도 대비할 수 있도록 만전을 기하였습니다.

『2026 해커스경찰 허정 형사법 기본서 3권 형사소송법』은 형사법 이론과 판례 및 사례를 체계적으로 정리한 경찰직 시험 형사법 수험서로, 다음과 같은 특징을 가지고 있습니다.

첫째, 형사법의 핵심을 쉽고 정확하게 이해할 수 있도록 구성하였습니다.
효율적인 학습을 위해 시험과 무관한 지엽적인 이론은 배제하고, 시험에 출제되는 이론만을 엄선하여 수록하였습니다. 또한 주요 이론의 내용을 한눈에 알아볼 수 있도록 도표화하여 일목요연하게 정리하였습니다.

둘째, 최신 판례 및 개정 법령을 전면 반영하였고, 효과적인 학습이 가능하도록 구성하였습니다.
2025년까지의 형사법 개정 내용, 2025년 9월 30일까지의 대법원 공보판례와 공보미게재판례를 모두 반영하였습니다. 판례와 이론을 연결시켜 쉽게 이해할 수 있도록 쟁점별로 배치하였고, 자주 출제되는 중요 쟁점에 관한 판례는 혼동의 우려가 있는 비교판례와 함께 수록하여 효과적으로 판례를 정리할 수 있도록 하였습니다. 또한 효율적인 학습의 마무리를 위해 재출제될 가능성이 높은 판례는 한두 줄로 요약 정리하여 수록하였습니다.

셋째, 다양한 학습장치를 통해 수험생 여러분들의 입체적인 학습을 지원합니다.
사례문제로 출제되어 왔거나 출제 가능성이 높은 판례 및 사례는 사실관계를 중심으로 하여 '판례연습', '사례연습' 문제로 만들어 사례형 통합문제에 대비할 수 있도록 하였고, 중요한 비교판례는 함께 묶어 구성하였습니다. 또한 수험생 여러분들이 스스로 중요도를 파악하고 강약을 조절하여 학습할 수 있도록 지문별, 쟁점별로 완벽하게 '기출표시'를 하였고, 핵심내용에는 밑줄처리를 하였습니다.

더불어, 경찰직 시험 전문 사이트 해커스경찰(police.Hackers.com)에서 교재 학습 중 궁금한 점을 나누고 다양한 무료학습 자료를 함께 이용하여 학습 효과를 극대화할 수 있습니다.

부디 『2026 해커스경찰 허정 형사법 기본서 3권 형사소송법』과 함께 경찰직 형사법 시험 고득점을 달성하고 합격을 향해 한걸음 더 나아가시길 바라며, 경찰직 합격을 꿈꾸는 수험생 여러분에게 훌륭한 길잡이가 되기를 바랍니다.

2025년 11월
허정

**최단기 합격을!
최고의 수험적합적 교재로**

제1편 서론 ... 7

제1장 형사소송법의 기초와 이념
제1절 형사소송법의 기초 ... 8
제2절 형사소송의 지도이념 ... 11

제2장 형사소송의 구조 ... 15

제2편 수사 ... 19

제1장 수사
제1절 수사의 의의 ... 20
제2절 수사기관과 피의자 ... 20
제3절 수사의 조건 ... 32
제4절 수사의 개시 ... 36
제5절 임의수사 ... 59

제2장 강제수사
제1절 서론 ... 74
제2절 체포와 구속 ... 75
제3절 압수 · 수색 · 검증 ... 116
제4절 수사상의 증거보전과 증인신문 ... 151

제3장 수사의 종결
제1절 수사기관의 사건처리 ... 156
제2절 불기소처분에 대한 불복 ... 158
제3절 공소제기 후의 수사 ... 165

제3편 증거　　169

제1장 증거와 증거능력 판단
제1절 증거의 의의와 종류　　170
제2절 증거재판주의　　172
제3절 자백배제법칙　　180
제4절 위법수집증거배제법칙　　184
제5절 전문증거와 전문법칙　　192

제2장 증명력 판단
제1절 자유심증주의　　233
제2절 탄핵증거　　241
제3절 자백의 보강법칙　　244
제4절 공판조서의 증명력　　250

부록　　255

제1장 성폭력범죄의 처벌 등에 관한 특례법　　256

제2장 검사와 사법경찰관의 상호협력과 일반적 수사준칙에 관한 규정 주요 개정 내용　　262

판례 색인　　271

해커스경찰
police.Hackers.com

제1편 서론

제1장 형사소송법의 기초와 이념
제2장 형사소송의 구조

제1장 형사소송법의 기초와 이념

제1절 형사소송법의 기초

I 형사소송법의 의의와 법적성격

1. 의의
형사소송법이란 형법을 적용·실현하기 위한 절차를 규정하는 법률체계를 말한다.

2. 형사소송법의 법적성격
① **공법**: 국가와 국민 사이의 법률관계를 규율하는 공법에 해당한다.
② **사법법**: 국가의 사법작용의 행사방법을 규율하는 사법법(司法法)에 해당한다.
③ **형사법**: 형사소송법은 형법과 함께 형사법에 속한다.
④ **절차법**: 형법이 실체법(범죄와 형벌에 관한 법)임에 반하여 형사소송법은 절차법으로서의 성격을 갖는다.

II 형사소송법의 법원과 적용범위

1. 형사소송법의 법원(法源) - 존재형식
형사소송법, 형사소송규칙 이외에도 헌법, 국민참여재판법 등도 형사소송법의 법원이 된다.

> **판례 | 법무부령인 검찰사건사무규칙의 법규적 효력(부정)**
>
> 재기수사의 명령이 있는 사건에 관하여 지방검찰청 검사가 다시 불기소처분을 하고자 하는 경우에는 미리 그 명령청의 장의 승인을 얻도록 한 검찰사건사무규칙의 규정은 검찰청 내부의 사무처리지침에 불과한 것일 뿐, 법규적 효력을 가진 것이 아니다[헌재 1991.7.8, 91헌마42].

2. 헌법에 명문으로 규정된 중요 형사절차 사항 [20 경찰채용, 19 경찰승진, 19 경간부, 18 경찰채용, 17 경찰승진, 17 경간부, 16 경찰승진, 16 경찰채용]*

① 형사절차법정주의와 적법절차원칙(제12조 제1항)
② 고문금지와 진술강요금지(진술거부권)(제12조 제2항)
③ 영장주의와 영장주의의 예외(사후영장제도)(제12조 제3항, 제16조)
④ 변호인의 조력을 받을 권리, 국선변호인 제도(제12조 제4항)
⑤ 체포·구속의 이유와 변호인의 조력을 받을 권리를 고지받을 권리(제12조 제5항)
⑥ 체포·구속적부심사청구권(제12조 제6항)
⑦ 자백배제법칙과 자백의 보강법칙(제12조 제7항)
⑧ 일사부재리의 원칙(제13조)

⑨ 법관에 의한 재판을 받을 권리(제27조 제1항)
⑩ 신속한 재판을 받을 권리, 공개재판을 받을 권리(제27조 제3항)
⑪ 무죄추정의 원칙(제27조 제4항)
⑫ 형사피해자의 재판절차에서의 진술권(제27조 제5항)
⑬ 형사보상청구권(제28조)
⑭ 범죄피해자 구조제도(제30조)
⑮ 국회의원의 불체포특권·면책특권(제44조, 제45조)
⑯ 대통령의 불소추특권(제84조)

> **참고** 법에 명문으로 규정되어 있지 않은 사항, 형사소송법 등 법령의 규정 사항임
> 진술거부권을 고지받을 권리, 기피신청권, 영장실질심사청구권, 보석청구권, 증거보전청구권, 증거신청권, 증인신문권, 최후진술권, 간이공판절차, 국민참여재판을 받을 권리, 증거재판주의, 위법수집증거배제법칙, 전문법칙, 배상명령제도

3. 형사소송법의 적용범위

(1) 시간적 적용범위

① 형사소송법은 시행시부터 폐지시까지 효력을 가지는 것이 원칙이다.
② 형사소송법은 소급효금지의 원칙이 적용되지 아니한다. 따라서 법률의 변경이 있는 경우 신법 또는 구법을 적용할 것인지는 입법정책의 문제에 해당한다.

> **판례 | 형사소송법 부칙 제2조의 규정 취지 – 혼합주의 채택**
> 형사소송법 부칙 제2조[1]는 형사절차가 개시된 후 종결되기 전에 형사소송법이 개정된 경우 신법과 구법 중 어느 법을 적용할 것인지에 관한 입법례 중 이른바 혼합주의를 채택하여 구법 당시 진행된 소송행위의 효력은 그대로 인정하되 신법 시행 후의 소송절차에 대하여는 신법을 적용한다는 취지에서 규정된 것이다. 따라서 항소심이 신법 시행을 이유로 구법(2007.6.1. 법률 제8496호로 개정되기 전의 형사소송법)이 정한 바에 따라 적법하게 진행된 제1심의 증거조사절차 등을 위법하다고 보아 그 효력을 부정하고 다시 절차를 진행하는 것은 허용되지 아니하며, 다만 이미 적법하게 이루어진 소송행위의 효력을 부정하지 않는 범위 내에서 신법의 취지에 따라 절차를 진행하는 것은 허용된다[대판 2008.10.23, 2008도2826]. [20 경찰채용, 18 경간부, 16 경찰채용]*

(2) 장소적 적용범위

① 형사소송법은 대한민국의 법원에서 심판되는 사건에 대하여만 적용된다.
② 대한민국의 법원에서 심판되는 사건은 우리 형법(특별형법 포함)이 적용되는 사건이다.[2]

---

1) 이 법(2007.6.1. 개정되어 2008.1.1부터 시행된 형사소송법)은 이 법 시행 당시 수사 중이거나 법원에 계속 중인 사건에도 적용한다(신법이 적용됨). 다만, 이 법 시행 전에 종전의 규정에 따라 행한 행위의 효력에는 영향을 미치지 아니한다(구법에 의한 효력을 인정함). 따라서 혼합주의를 채택한 것이다.
2) 형사소송법이 적용되는 범위는 형법시간에 공부한 형법의 적용범위와 결국 동일하다. 즉, 우리 형법이 적용되는 사건에 대하여 우리 형사소송법이 적용된다.

> **⚖ 판례 | 우리 법원에 재판권이 인정되는 경우(외국인이 외국에서 내국법인에 대한 횡령죄를 범한 경우)**
>
> 내국 법인의 대표자인 외국인이 그 내국 법인이 외국에 설립한 특수목적법인에 위탁해 둔 자금을 정해진 목적과 용도 외에 임의로 사용한 데 따른 횡령죄의 피해자는 당해 금전을 위탁한 내국 법인이라고 보아야 한다. 따라서 그 외국인에 대해서도 원칙적으로 우리 형법이 적용되어(형법 제6조), 우리 법원에 재판권이 있다[대판 2017.3.22. 2016도17465]. [20 경간부, 19 경찰채용, 18 법원행시, 18 국가7급, 17 국가7급]*

(3) 인적 적용범위
형사소송법은 대한민국 영역 내에 있는 모든 사람에게 효력이 있다. 다만 다음과 같은 예외가 있다.

1) 국내법상 예외
① **대통령의 불소추특권**: 대통령은 내란 또는 외환의 죄를 범한 경우를 제외하고는 재직중 형사상의 소추를 받지 아니한다(헌법 제84조).
② **국회의원의 면책특권**: 국회의원은 국회에서 직무상 행한 발언과 표결에 관하여 국회 외에서 책임을 지지 아니한다(헌법 제45조).

> **⚖ 판례 | 면책특권의 일반적 인정범위**
>
> 면책특권의 대상이 되는 행위는 국회의 직무수행에 필수적인 국회의원의 국회 내에서의 직무상 발언과 표결이라는 의사표현 행위 자체에만 국한되지 아니하고 이에 통상적으로 부수하여 행하여지는 행위까지 포함한다[대판 2011.5.13. 2009도14442].

> **⚖ 판례 | 국회의원의 면책특권에 속하는 행위에 대하여 공소가 제기된 경우(= 공소기각판결)**
>
> 국회의원의 면책특권에 속하는 행위에 대하여는 공소를 제기할 수 없으며 이에 반하여 공소가 제기된 것은 결국 공소권이 없음에도 공소가 제기된 것이 되어 형사소송법 제327조 제2호의 공소제기의 절차가 법률의 규정에 위반하여 무효인 때에 해당되므로 공소를 기각(공소기각판결)하여야 한다[대판 1992.9.22. 91도3317]. [20 경간부, 20 경찰채용, 17 국가7급, 17 경찰승진, 16 변호사]*

③ **국회의원의 불체포특권**: 국회의원은 현행범인인 경우를 제외하고는 회기중 국회의 동의없이 체포 또는 구금되지 아니한다(헌법 제44조 제1항). [17 경찰승진]* 국회의원이 회기 전에 체포 또는 구금된 때에는 현행범인이 아닌 한 국회의 요구가 있으면 회기중 석방된다(동조 제2항). 체포 또는 구속된 국회의원에 대한 국회의 석방요구가 있으면 당연히 구속영장의 집행이 정지된다(형사소송법 제200조의6, 제101조 제4항). [20 경찰승진]*

2) 국제법상 예외
① **외교관계에 의한 재판권 면제**
㉠ 외국의 원수, 그 가족 및 대한민국 국민이 아닌 수행자 ㉡ 신임받은 외국의 사절과 그 직원 및 가족에게는 형사소송법이 적용되지 아니한다(외교관계에 관한 비엔나협약 제31조). 예컨대 대한민국에 주재하는 미국 대사의 살인사건에 대해서는 형사소송법이 적용되지 않으므로 대한민국이 재판권을 행사할 수 없다.

② 한미주둔군지위협정에 의한 재판권 제한

> **판례 | 미국군인과 군속에 대한 재판권**
>
> 1. **(미군범죄의 경우)** 미군범죄에 관하여는 원칙적으로 오로지 합중국의 재산이나 안전에 대한 범죄 또는 오로지 합중국 군대의 타 구성원이나 군속 또는 그들의 가족의 신체나 재산에 대한 범죄, 공무집행중의 작위 또는 부작위에 의한 범죄인 경우에는 합중국 군당국이 재판권을 행사할 1차적 권리를 가지며, 기타의 범죄인 경우에는 대한민국 당국이 재판권을 행사할 1차적 권리를 가진다[대판 1980.9.9. 79도2062].
>
> 2. **(미합중국 군대의 군속이 대한민국 영역 안에서 저지른 범죄에 대하여 우리 법원이 재판권을 가지기 위한 요건)** [1] 미합중국 국적을 가진 미합중국 군대의 군속인 피고인이 범행 당시 10년 넘게 대한민국에 머물면서 한국인 아내와 결혼하여 가정을 마련하고 직장 생활을 하는 등 생활근거지를 대한민국에 두고 있었던 경우, 피고인은 SOFA 협정에서 말하는 '통상적으로 대한민국에 거주하는 자'에 해당하므로, 피고인에게는 위 협정에서 정한 미합중국 군대의 군속에 관한 형사재판권 관련 조항이 적용될 수 없다.
> [2] 한반도의 평시상태에서 미합중국 군 당국은 미합중국 군대의 군속에 대하여 형사재판권을 가지지 않으므로, … 미합중국 군대의 군속이 대한민국 영역 안에서 저지른 범죄로서 대한민국 법령에 의하여 처벌할 수 있는 범죄에 대한 형사재판권을 바로 행사할 수 있다[대판 2006.5.11. 2005도798]. [16 국가9급, 16 경간부, 16 경찰채용]*

제2절 형사소송의 지도이념

Ⅰ 형사소송의 목적

1. 이념

형사소송의 목적은 적정절차에 의한 신속한 재판을 통한 실체진실의 발견에 있다[헌재 1998.12.24. 94헌바46]. [20 경찰채용]*

2. 이념의 상호관계

실체진실주의, 적정절차와 신속한 재판의 원칙은 규범의 충돌을 일으킬 수 있는 긴장관계에 있는 이념이다.

Ⅱ 실체적 진실주의

1. 의의

실체적 진실주의란 소송의 실체에 관하여 객관적 진실을 발견하여 사안의 진상을 명백히 하자는 원리를 말한다.

2. 실체적 진실주의의 내용

(1) 적극적 실체진실주의
① 범죄사실을 명백히 하여 죄를 지은 자를 빠짐없이 처벌하도록 하자는 원리를 말한다.
② '열 사람의 범인이 있으면 열 사람 모두를 처벌해야 한다'라고 표현된다(유죄자 필벌의 원리).

(2) 소극적 실체진실주의
① 죄를 짓지 않은 자를 처벌하여서는 안 된다는 원리를 말한다.
② '열 사람의 범인을 놓치는 한이 있더라도 한 사람의 죄 없는 자를 처벌해서는 안 된다'라고 표현된다(무죄자 불벌의 원리).
③ 의심스러운 때는 피고인의 이익으로(in dubio pro reo)라는 무죄추정의 원리를 강조한다.

> **판례 | 형사재판절차(= 소극적 진실주의가 헌법적으로 보장)**
> 무죄추정의 원칙 등을 종합하면 형사재판절차에는 소극적 진실주의가 헌법적으로 보장되어 있으므로 형사소송에 관한 절차법에서 소극적 진실주의의 요구를 외면한 채 범인필벌의 요구만을 앞세워 합리성과 정당성을 갖추지 못한 방법이나 절차에 의한 증거수집과 증거조사를 허용하는 것은 헌법상 용인될 수 없다[헌재 1996.12.26. 94헌바1].

3. 실체적 진실주의의 한계

(1) 다른 이념에 의한 제약
실체적 진실발견은 적정절차 및 신속한 재판의 원칙이라는 다른 형사소송법 이념에 의하여 제약을 받는다.

(2) 사실상의 제약
법관도 인간의 능력과 한계를 넘을 수는 없으므로 절대적이고 객관적인 진실을 발견하는 것은 어렵다. 따라서 법관의 사실을 인정함에는 합리적 의심 없는 정도이면 족하다고 할 수밖에 없다.

(3) 초소송법적 이익에 의한 제약
실체적 진실발견은 소송법적 이익보다 우월한 이익의 보전을 위하여 제한을 받는다. 예컨대 군사상·공무상·업무상 비밀에 속하는 장소 또는 물건에 대한 압수수색의 제한(제110조 내지 제112조), 증언거부권(제148조, 제149조) 등에 의하여 제약을 받는다.

Ⅲ 적정절차(적법절차)

1. 의의

(1) 개념
적정절차란 헌법정신을 구현한 공정한 법정절차에 의하여 형벌권이 실현되어야 한다는 원칙을 말한다.

(2) 근거
헌법 제12조 제1항은 '누구든지 법률과 적법한 절차에 의하지 아니하고는 처벌·보안처분 또는 강제노역을 받지 아니한다'라고 규정하여 적정절차의 원칙을 선언하고 있다.

> **판례 | 헌법 제12조 제1항의 '적법절차'의 의의**
> 1. 헌법 제12조 제1항 후문이 규정하고 있는 '적법절차'란 법률이 정한 절차 및 그 실체적 내용이 모두 적정하여야 함을 말하는 것으로서 적정하다고 함은 공정하고 합리적이며 상당성이 있어 정의관념에 합치되는 것을 뜻한다[대판 1988.11.16. 88초60]. [20 경찰승진, 20 경찰채용, 19 경찰승진, 19 경간부, 19 경찰채용, 16 경찰승진]*
> 2. 적법절차의 원칙은 법률이 정한 형식적 절차와 실체적 내용이 모두 합리성과 정당성을 갖춘 적정한 것이어야 한다는 실질적 의미를 지니고 있는 것으로서 특히 형사소송절차와 관련시켜 적용함에 있어서는 형사소송절차의 전반을 기본권 보장의 측면에서 규율하여야 한다는 기본원리를 천명하고 있는 것으로 이해하여야 한다[헌재 1997.3.27. 96헌가11]. [20 경찰승진, 20 경간부]*

📖 판례 | 헌법 제12조 제1항의 '적법절차'의 적용범위(형사절차와 모든 입법 및 행정작용)

헌법 제12조 제1항 후문과 제3항에 규정된 적법절차의 원칙은 형사절차상의 제한된 범위뿐만 아니라 국가작용으로서 모든 입법 및 행정작용에도 광범위하게 적용된다[헌재 2009.6.25. 2007헌마451]. [16 경찰승진]*

2. 내용

적정절차는 공정한 재판의 원칙, 비례성의 원칙,3) 피고인 보호의 원칙을 내용으로 한다.

📖 판례 | 공정한 재판의 의의

1. '공정한 재판'이란 헌법과 법률이 정한 자격이 있고 헌법에 정한 절차에 의하여 임명되고 신분이 보장되어 독립하여 심판하는 법관으로부터 헌법과 법률에 의하여 그 양심에 따라 적법절차에 의하여 이루어지는 재판을 의미하며, 공개된 법정의 법관의 면전에서 모든 증거자료가 조사진술되고 이에 대하여 검사와 피고인이 서로 공격·방어할 수 있는 공평한 기회가 보장되는 재판을 받을 권리도 그로부터 파생되어 나온다[헌재 2001.8.30. 99헌마496].

2. 공정한 재판을 받을 권리 속에는 신속하고 공개된 법정의 법관의 면전에서 모든 증거자료가 조사·진술되고 이에 대하여 피고인이 공격·방어할 수 있는 기회가 보장되는 재판, 즉 원칙적으로 당사자주의와 구두변론주의가 보장되어 당사자가 공소사실에 대한 답변과 입증 및 반증하는 등 공격·방어권이 충분히 보장되는 재판을 받을 권리가 포함되어 있다[헌재 1998.12.24. 94헌바46]. [16 국가9급]*

📖 판례 | 공정한 재판을 받을 권리를 침해하는 경우

공정한 재판을 받기 위해서는 검사이든 피고인이든 공평하게 증인에 접근할 수 있도록 기회가 보장되어야 하므로, 검사가 법원의 증인으로 채택된 수감자를 그 증언에 이르기까지 거의 매일 검사실로 하루 종일 소환하여 피고인측 변호인이 접근하는 것을 차단하고, 검찰에서의 진술을 번복하는 증언을 하지 않도록 회유·압박하는 한편, 때로는 검사실에서 그에게 편의를 제공하기도 한 행위는 피고인의 공정한 재판을 받을 권리를 침해한다[대판 2002.10.8. 2001도3931].

3. 적정절차의 위반에 대한 구제수단

① 적정절차를 위반하여 위법하게 수집된 증거는 증거능력이 배제된다(제308조의2).
② 적정절차를 위반하여 피고인의 방어권이 침해된 경우 항소이유(제361조의5)나 상고이유(제383조)가 된다.
③ 적정절차를 위반하여 기본권이 침해된 경우 헌법재판소에 헌법소원을 제기할 수 있다.

Ⅳ 신속한 재판의 원칙

1. 의의

'신속한 재판(헌법 제27조 제3항)'이라 함은 공정하고 적정한 재판을 하는 데 필요한 기간을 넘어 부당하게 지연됨이 없는 재판을 말한다[헌재 2009.7.30. 2007헌마732].

---

3) 강제처분에 의하여 달성하려는 공익과 그에 따라 침해되는 사익(私益) 사이에 정당한 균형관계가 이루어져야 한다는 원칙을 말한다.

> **판례 | 신속한 재판을 받을 권리의 기능(이중적 기능)**
>
> 신속한 재판을 받을 권리는 주로 피고인의 이익을 보호하기 위하여 인정된 기본권이지만 동시에 실체적 진실발견, 소송경제, 재판에 대한 국민의 신뢰와 형벌목적의 달성과 같은 공공의 이익에도 근거가 있기 때문에 어느 면에서는 이중적인 성격을 갖고 있다고 할 수 있다[현재 1995.11.30, 92헌마44]. [20 경찰채용, 20 국가7급, 19 경찰채용, 17 경간부, 16 경간부]*

2. 제도적 구현[4)]

(1) 수사와 공소제기의 신속을 위한 제도

수사기관의 구속기간 제한(제202조, 제203조), 공소시효(제249조), 기소편의주의와 기소변경주의(제247조, 제255조) 등이 이에 해당한다.

(2) 공판절차의 신속을 위한 제도

공판준비절차(제266조 내지 제274조), 집중심리주의(제267조의2), 궐석재판제도(제277조, 제277조의2), 증거동의(제318조), 판결선고기간의 제한(제318조의4), 상소기간의 제한(제358조, 제374조, 제405조) 등이 이에 해당한다.

> **판례 | 법원의 구속기간 제한 규정(피고인의 신체의 자유 침해 방지 목적 O, 신속한 재판 목적 X)**
>
> 형사소송법 제92조 제1항의 법원의 구속기간의 제한은 미결구금의 부당한 장기화로 인하여 피고인의 신체의 자유가 침해되는 것을 방지하기 위한 목적에서 미결구금기간의 한계를 설정하고 있는 것이지 신속한 재판의 실현 등을 목적으로 법원의 재판기간 내지 심리기간 자체를 제한하려는 규정이라 할 수는 없다[현재 2001.6.28, 99헌가14]. [16 경간부]*

(3) 재판의 신속을 위한 특수한 절차

간이공판절차(제286조의2), 약식절차(제448조), 즉결심판절차(즉심법) 등이 이에 해당한다.

> **판례 | 신속한 재판을 받을 권리가 침해되었다고 볼 수 없는 경우**
>
> 1. 구속사건에 대해서는 법원이 구속기간 내에 재판을 하면 되는 것이고 구속만기 25일을 앞두고 제1회 공판이 있었다 하여 헌법에 정한 신속한 재판을 받을 권리를 침해하였다 할 수 없다[대판 1990.6.12, 90도672]. [20 경찰채용, 18 경찰채용, 17 경간부]*
> 2. 검사와 피고인 쌍방이 항소한 경우에 1심 선고형기 경과 후 2심 공판이 개정되었다고 하여 이를 위법이라 할 수 없고 신속한 재판을 받을 권리를 박탈한 것이라고 할 수 없다[대판 1972.5.23, 72도840]. [18 경찰채용]*
> 3. 위헌제청신청을 하였음에도 재판부 구성원의 변경, 재판의 전제성과 관련한 본안심리의 필요성, 청구인에 대한 송달불능 등을 이유로 법원이 재판을 하지 않다가 5개월이 지나서야 그 신청을 기각했다고 하더라도 재판을 지연시켰다고 볼 수 없다[현재 1993.11.25, 92헌마169].
> 4. 합리적이고 적정한 변론 진행을 통하여 실현되는 공익은 피고인의 신속한 재판을 받을 권리가 제한되는 정도에 비하여 결코 작다고 할 수 없으므로 형사소송법 제300조(변론의 분리와 병합)는 신속한 재판을 받을 권리를 침해한다고 할 수 없으므로 헌법에 위반되지 아니한다[현재 2011.3.31, 2009헌바351]. [16 경간부]*

(4) 재판지연에 대한 구제절차

재판이 부당하게 지연된 경우 공소기각판결이나 면소판결로서 소송을 종결시킬 수는 없으며 양형에서 고려할 수 있을 뿐이다. [16 경간부]*

---

4) 아래의 구체적 내용에 대하여는 2회독시에 쉽게 알게 되므로 1회독시에는 굳이 알려고 할 필요가 없으며 판례를 읽어두면 족하다.

제2장 형사소송의 구조

1. 소송구조론

소송구조론이란 소송의 주체가 누구이고 소송주체 사이의 관계를 어떻게 구성할 것인가에 관한 이론을 말한다.

2. 규문주의와 탄핵주의 [18 국가9급]*

구분	규문주의	탄핵주의
의의	규문주의란 소추기관과 재판기관이 분리되어 있지 않고 재판기관이 스스로 절차를 개시하여 심리·재판을 하는 형사절차를 말한다.	탄핵주의란 소추기관과 재판기관이 분리되어 소추기관의 공소제기에 의하여 재판기관인 법원이 심리·재판을 개시하는 형사절차를 말한다.
특징	소추기관이 없으며, 피고인은 소송주체가 아니라 단순한 심리의 객체에 불과하였다.	불고불리(不告不理)의 원칙이 적용되며 피고인은 소송주체로서의 지위가 인정된다.

3. 탄핵주의 - 직권주의와 당사자주의

구분	직권주의	당사자주의
의의	직권주의란 법원에게 소송의 주도적 지위를 인정하는 소송구조를 말한다.	당사자주의란 당사자인 검사와 피고인에게 소송의 주도적 지위를 인정하여 당사자 사이의 공격과 방어에 의하여 심리가 진행되고 법원은 제3자의 입장에서 당사자의 주장과 입증을 판단하는 소송구조를 말한다.
내용	법원은 검사 또는 피고인의 주장에 구속되지 않고 직권으로 증거를 수집·조사하고(직권탐지주의), 법원이 직권으로 사건을 심리하게 된다(직권심리주의).	소송의 진행이 당사자의 주도 아래 이루어지므로 증거의 수집과 제출은 당사자에게 맡겨지고 심리도 당사자의 공격과 방어의 형태로 진행된다.
장점	① 법원이 소송에서 주도적 역할을 하므로 실체적 진실발견에 효과적이다. ② 심리의 능률과 신속을 도모할 수 있다. ③ 형사절차의 공정성을 담보하여 소송의 스포츠화를 방지할 수 있다.	① 법원은 제3자적 입장에서 공정한 재판을 할 수 있다. ② 소송결과에 이해관계를 가진 당사자의 적극적인 입증활동으로 실체적 진실발견에 적합하다. ③ 피고인에게 검사와 대등한 지위를 인정하므로 피고인의 방어권 행사가 충분히 보장된다.
단점	① 사건심리가 법원의 자의와 독단에 빠질 위험이 있다. ② 피고인이 심리의 객체로 전락될 위험이 있다. ③ 법원이 제3자로서의 공정성을 상실할 위험이 있다.	① 당사자간에 공격과 방어가 연속되어 심리의 능률과 신속을 저해할 위험이 있다. ② 변호인 없는 피고인에게 오히려 불리하게 작용할 위험이 있다. ③ 국가형벌권의 행사가 당사자의 타협에 의하여 좌우될 수 있고 소송의 스포츠화를 초래할 위험이 있다.

4. 형사소송법의 기본구조

> **판례 | 현행 형사소송의 기본구조(기본적으로 당사자주의)** [20 국가7급]*
>
> 1. 형사소송법은 당사자주의를 그 기본 골격으로 하면서 한편으로는 직권주의적 규정을 아울러 두고 있다[대판 1983.3.8. 82도3248].
> 2. 우리나라 형사소송법은 그 해석상 소송절차의 전반에 걸쳐 기본적으로 당사자주의 소송구조를 취하고 있는 것으로 이해된다[헌재 1995.11.30. 92헌마44].

(1) 당사자주의적 요소 [18 국가9급]*

공소장변경제도(제298조 제1항), 공소장일본주의(규칙 제118조 제2항), 공소사실의 특정 요구(제254조 제4항), 공소장부본의 송달(제266조), 1회 공판기일 유예기간(제269조), 당사자의 모두진술(제285조, 제286조), 피고인신문에 앞선 증거조사(제290조, 제296조의2), 당사자의 증거신청권(제294조), 증거조사 참여권(제121조, 제163조, 제176조 등), 증인에 대한 교호신문제도(제161조의2 제1항) 등이 이에 해당한다.

(2) 직권주의적 요소 [18 국가9급]*

법원의 직권증거조사(제295조), 피고인신문제도(제296조의2), 법원의 공소장변경요구(제298조 제2항), 증거동의에 대한 법원의 진정성 판단(제318조 제1항) 등이 이에 해당한다.

MEMO

해커스경찰
police.Hackers.com

제2편

수사

제1장 수사
제2장 강제수사
제3장 수사의 종결

제1장 수사

제1절 수사의 의의

1. 개념

> **판례 | 수사의 의의**
> 수사는 범죄혐의의 유무를 명백히 하여 공소를 제기·유지할 것인가의 여부를 결정하기 위하여 범인을 발견·확보하고 증거를 수집·보전하는 수사기관의 활동을 말한다[대판 1999.12.7. 98도3329].

수사는 주로 공소제기 여부를 결정하기 위하여 공소제기 전에 행하여지지만 공소제기 후라도 공소유지 여부를 결정하기 위하여 행하여질 수 있다.

2. 수사와 내사의 구별

수사는 수사기관이 범죄혐의를 인정할 때 개시된다. 따라서 수사기관의 활동일지라도 수사개시 이전의 단계인 내사는 수사라고 할 수 없다.

제2절 수사기관과 피의자

I 수사기관

1. 의의

수사기관은 법률상 수사를 할 수 있는 권한이 인정되는 국가기관을 말한다.

2. 종류

수사기관은 검사, (일반)사법경찰관리, 특별사법경찰관리, 사법경찰관리의 직무를 행하는 검찰청 직원(검찰청법상의 사법경찰관리)이 있다.

▶ 수사기관의 종류

구분			내용
검사			–
사법경찰관리	일반	사법경찰관	경무관, 총경, 경정, 경감, 경위
		사법경찰리	경사, 경장, 순경
	특별	사법경찰관리	삼림, 해사, 전매, 세무, 군수사기관, 그 밖에 특별한 사항에 관하여 사법경찰관리의 직무를 행한다.
	검찰청 직원	사법경찰관	검찰주사, 마약수사주사, 검찰주사보, 마약수사주사보
		사법경찰리	검찰서기, 마약수사서기, 검찰서기보, 마약수사서기보

3. 검사

검사는 범죄의 혐의가 있다고 사료하는 때에는 범인, 범죄사실과 증거를 수사한다(제196조 제1항). 다만, 검사는 제197조의3 제6항, 제198조의2 제2항 및 제245조의7 제2항에 따라 사법경찰관으로부터 송치받은 사건에 관하여는 해당 사건과 동일성을 해치지 아니하는 범위 내에서 수사할 수 있다(동조 제2항). 검사가 수사를 개시할 수 있는 범죄의 범위는 다음과 같다(검찰청법 제4조 제1항 제1호).

검찰청법 [법률 제17566호, 2020.12.8. 일부개정]	검찰청법 [법률 제18861호, 2022.5.9. 일부개정]

제4조(검사의 직무) ① 검사는 공익의 대표자로서 다음 각 호의 직무와 권한이 있다.
1. 범죄수사, 공소의 제기 및 그 유지에 필요한 사항. 다만, 검사가 수사를 개시할 수 있는 범죄의 범위는 다음 각 목과 같다.
  가. 부패범죄, 경제범죄, 공직자범죄, 선거범죄, 방위사업범죄, 대형참사 등 대통령령으로 정하는 중요 범죄
  나. 경찰공무원이 범한 범죄
 	
  다. (생략)
2.~6. (생략)
② 검사는 그 직무를 수행할 때 국민 전체에 대한 봉사자로서 헌법과 법률에 따라 국민의 인권을 보호하고 적법절차를 준수하며, 정치적 중립을 지켜야 하고 주어진 권한을 남용하여서는 아니 된다.
〈신설〉
	제4조(검사의 직무) ① 검사는 공익의 대표자로서 다음 각 호의 직무와 권한이 있다.
	1. 범죄수사, 공소의 제기 및 그 유지에 필요한 사항. 다만, 검사가 수사를 개시할 수 있는 범죄의 범위는 다음 각 목과 같다.
	  가. 부패범죄, 경제범죄 등 대통령령으로 정하는 중요 범죄
	
	  나. 경찰공무원(다른 법률에 따라 사법경찰관리의 직무를 행하는 자를 포함한다) 및 고위공직자범죄수사처 소속 공무원(「고위공직자범죄수사처 설치 및 운영에 관한 법률」에 따른 파견공무원을 포함한다)이 범한 범죄
	  다. (현행과 같음)
	2.~6. (현행과 같음)
	② 검사는 자신이 수사개시한 범죄에 대하여는 공소를 제기할 수 없다. 다만, 사법경찰관이 송치한 범죄에 대하여는 그러하지 아니하다.
	
	③ 검사는 그 직무를 수행할 때 국민 전체에 대한 봉사자로서 헌법과 법률에 따라 국민의 인권을 보호하고 적법절차를 준수하며, 정치적 중립을 지켜야 하고 주어진 권한을 남용하여서는 아니 된다.

제24조(부장검사) ①~③ (생략) 〈신설〉	제24조(부장검사) ①~③ (현행과 같음) ④ 검찰총장은 제4조제1항제1호가목의 범죄에 대한 수사를 개시할 수 있는 부의 직제 및 해당 부에 근무하고 있는 소속 검사와 공무원, 파견 내역 등의 현황을 분기별로 국회에 보고하여야 한다.

검사의 수사개시 범죄 범위에 관한 규정[시행 2022.9.10.] [대통령령 제32902호, 2022.9.8. 일부개정]

제2조(중요 범죄)「검찰청법」(이하 "법"이라 한다) 제4조 제1항 제1호 가목에서 "부패범죄, 경제범죄 등 대통령령으로 정하는 중요 범죄"란 다음 각 호의 범죄를 말한다.
1. 부패범죄: 다음 각 목의 어느 하나에 해당하는 범죄로서 별표 1에 규정된 죄
   가. 사무의 공정을 해치는 불법 또는 부당한 방법으로 자기 또는 제3자의 이익이나 손해를 도모하는 범죄
   나. 직무와 관련하여 그 지위 또는 권한을 남용하는 범죄
   다. 범죄의 은폐나 그 수익의 은닉에 관련된 범죄
2. 경제범죄: 생산·분배·소비·고용·금융·부동산·유통·수출입 등 경제의 각 분야에서 경제질서를 해치는 불법 또는 부당한 방법으로 자기 또는 제3자의 경제적 이익이나 손해를 도모하는 범죄로서 별표 2에 규정된 죄
3. 다음 각 목의 어느 하나에 해당하는 죄
   가. 무고·도주·범인은닉·증거인멸·위증·허위감정통역·보복범죄 및 배심원의 직무에 관한 죄 등 국가의 사법질서를 저해하는 범죄로서 별표 3에 규정된 죄
   나. 개별 법률에서 국가기관으로 하여금 검사에게 고발하도록 하거나 수사를 의뢰하도록 규정된 범죄

[전문개정 2022.9.8.]

4. 사법경찰관리

(1) (일반)사법경찰관리

① 경무관, 총경, 경정, 경감, 경위: 사법경찰관으로서 범죄의 혐의가 있다고 사료하는 때에는 범인, 범죄사실과 증거를 수사한다(제197조 제1항). 개정 전의 형사소송법에서는 사법경찰관리는 검사의 수사 보조자의 지위에 있었으나 현행 형사소송법은 사법경찰관도 수사권의 주체임을 명시하고 있다.[5]
② 경사, 경장, 순경: 사법경찰리로서 수사의 보조를 하여야 한다(제197조 제2항). 다만, 사법경찰리도 사법경찰관으로부터 구체적 사건에 관하여 특정한 수사명령을 받으면 사법경찰관의 사무를 취급할 권한이 인정된다. 이러한 권한을 가진 사법경찰리를 실무상 사법경찰관사무취급이라고 한다.

> **판례 | 사법경찰관사무취급에 의한 압수·수색의 적법성을 인정한 판례**
>
> [1] 형사소송법 등 관련 규정에 의하면 사법경찰리는 사법경찰관의 지휘를 받아 압수·수색 등 필요한 수사업무를 보조할 수 있다.
> [2] 긴급체포한 때부터 약 3시간 후에 사법경찰리에 의하여 이루어진 이 사건 압수·수색이 영장 없이 이루어진 위법한 조치라고 단정할 수는 없을 것이다[대판 2010.8.19. 2008도2158].

(2) 특별사법경찰관리

특별사법경찰관리는 삼림, 해사, 전매, 세무, 군수사기관, 그 밖에 특별한 사항에 관하여 사법경찰관리의 직무를 행한다. 그 직무의 범위는 법률로 정한다(제245조의10 제1항, 제2항). 특별사법경찰관은 범죄의 혐의가 있다고 인식하는 때에는 범인, 범죄사실과 증거에 관하여 수사를 개시·진행하여야 한다(제245조의10 제3항).

(3) 사법경찰관리의 직무를 행하는 검찰청 직원(검찰청법상의 사법경찰관리)

① 검찰청 직원으로서 사법경찰관리의 직무를 행하는 자와 그 직무의 범위는 법률로 정한다(제245조의9 제1항).
② 검찰주사, 마약수사주사, 검찰주사보 및 마약수사주사보: 형사소송법 제245조의9 제2항에 따른 사법경찰관의 직무를 수행한다(검찰청법 제47조 제1항 제1호).

---

5) 따라서 현행 형사소송법 아래에서는 "검사는 수사의 주재자이며, 사법경찰관리는 수사의 보조자이다."라는 지문은 틀린 지문에 해당한다.

③ 검찰서기, 마약수사서기, 검찰서기보 및 마약수사서기보: 형사소송법 제245조의9 제3항에 따른 사법경찰리의 직무를 수행한다(검찰청법 제47조 제1항 제2호).

5. 검사와 사법경찰관의 관계

(1) 검사와 (일반)사법경찰관의 관계

1) 수사협력관계

> **제195조(검사와 사법경찰관의 관계 등)** ① 검사와 사법경찰관은 수사, 공소제기 및 공소유지에 관하여 서로 협력하여야 한다(<u>협력관계</u>). [23 경간부]*
> ② 제1항에 따른 수사를 위하여 준수하여야 하는 일반적 수사준칙에 관한 사항은 대통령령으로 정한다.

검사와 사법경찰관은 수사, 공소제기 및 공소유지에 관하여 서로 협력하여야 하며(제195조 제1항), 상호 존중해야 하며(상호협력준칙[6] 제6조 제1항), 수사·기소·재판 관련 자료를 서로 요청할 수 있으며(동준칙 제6조 제2항), 내란, 테러, 대형참사, 연쇄살인 등 중요사건의 경우에 송치 전에 수사할 사항 등에 관하여 상호 의견을 제시·교환할 것을 요청할 수 있다(동준칙 제7조). 수사와 사건의 송치, 송부 등에 관한 이견의 조정이나 협력 등이 필요한 경우 서로 협의를 요청할 수 있으며(동준칙 제8조 제1항), 검사와 사법경찰관은 수사를 할 때 물적 증거를 기본으로 하여 객관적이고 신빙성 있는 증거를 발견하고 수집하기 위해 노력하여 실체적 진실을 발견해야 한다(동준칙 제3조 제3항).[7] [23 경간부]*

2) 검사의 사법경찰관에 대한 요구권

① 보완수사요구권

> **제197조의2(보완수사요구)** ① 검사는 다음 각 호의 어느 하나에 해당하는 경우에 사법경찰관에게 보완수사를 요구할 수 있다.
> 1. 송치사건의 공소제기 여부 결정 또는 공소의 유지에 관하여 필요한 경우
> 2. 사법경찰관이 신청한 영장의 청구 여부 결정에 관하여 필요한 경우
> ② 사법경찰관은 제1항의 요구가 있는 때에는 정당한 이유가 없는 한 지체 없이 이를 이행하고, 그 결과를 검사에게 통보하여야 한다(<u>지체없이 이행 – 결과통보</u>).
> ③ 검찰총장 또는 각급 검찰청 검사장은 사법경찰관이 정당한 이유 없이 제1항의 요구에 따르지 아니하는 때에는 권한 있는 사람에게 해당 사법경찰관의 직무배제 또는 징계를 요구할 수 있고, 그 징계 절차는 「공무원 징계령」 또는 「경찰공무원 징계령」에 따른다(<u>불응시 직무배제 또는 징계 요구권</u>).

검사는 사법경찰관으로부터 송치받은 사건에 대해 보완수사가 필요하다고 인정하는 경우에는 직접 보완수사를 하거나 사법경찰관에게 보완수사를 요구할 수 있다(상호협력준칙 제59조 제1항).[8]

---

[6] '검사와 사법경찰관의 상호협력과 일반적 수사준칙에 관한 규정'을 위와 같이 약칭한 것이다. 이하 동일하다.
[7] "검사와 사법경찰관은 수사를 할 때 물적 및 인적 증거를 기본으로 하여 객관적이고 신빙성 있는 증거를 발견하고 수집하기 위해 노력하여 실체적 진실을 발견하여야 한다."는 오지문이 출제되었다.
[8] 검사는 사법경찰관으로부터 송치받은 사건에 대해 보완수사가 필요하다고 인정하는 경우에는 직접 보완수사를 하거나 법 제197조의2 제1항 제1호에 따라 사법경찰관에게 보완수사를 요구할 수 있다. 다만, 송치사건의 공소제기 여부 결정에 필요한 경우로서 다음 각 호의 어느 하나에 해당하는 경우에는 특별히 사법경찰관에게 보완수사를 요구할 필요가 있다고 인정되는 경우를 제외하고는 검사가 직접 보완수사를 하는 것을 원칙으로 한다. 〈개정 2023.10.17〉
 1. 사건을 수리한 날(이미 보완수사요구가 있었던 사건의 경우 보완수사 이행 결과를 통보받은 날을 말한다)부터 1개월이 경과한 경우
 2. 사건이 송치된 이후 검사가 해당 피의자 및 피의사실에 대해 상당한 정도의 보완수사를 한 경우
 3. 법 제197조의3 제5항, 제197조의4 제1항 또는 제198조의2 제2항에 따라 사법경찰관으로부터 사건을 송치받은 경우
 4. 제7조 또는 제8조에 따라 검사와 사법경찰관이 사건 송치 전에 수사할 사항, 증거수집의 대상 및 법령의 적용 등에 대해 협의를 마치고 송치한 경우

② 사건기록송부요구권, 시정조치요구권, 사건송치요구권 등

> **제197조의3(시정조치요구 등)** ① 검사는 사법경찰관리의 수사과정에서 법령위반, 인권침해 또는 현저한 수사권 남용이 의심되는 사실의 신고가 있거나 그러한 사실을 인식하게 된 경우에는 사법경찰관에게 사건기록 등본의 송부를 요구할 수 있다(사건기록 송부 요구권).
> ② 제1항의 송부 요구를 받은 사법경찰관은 지체 없이 검사에게 사건기록 등본을 송부하여야 한다(지체없이 송부).
> ③ 제2항의 송부를 받은 검사는 필요하다고 인정되는 경우에는 사법경찰관에게 시정조치를 요구할 수 있다(시정조치요구권).
> ④ 사법경찰관은 제3항의 시정조치 요구가 있는 때에는 정당한 이유가 없으면 지체 없이 이를 이행하고, 그 결과를 검사에게 통보하여야 한다(지체없이 이행 – 결과통보).
> ⑤ 제4항의 통보를 받은 검사는 제3항에 따른 시정조치 요구가 정당한 이유 없이 이행되지 않았다고 인정되는 경우에는 사법경찰관에게 사건을 송치할 것을 요구할 수 있다(시정조치 미이행 – 사건송치요구권).
> ⑥ 제5항의 송치 요구를 받은 사법경찰관은 검사에게 사건을 송치하여야 한다(사건송치해야).
> ⑦ 검찰총장 또는 각급 검찰청 검사장은 사법경찰관리의 수사과정에서 법령위반, 인권침해 또는 현저한 수사권 남용이 있었던 때에는 권한 있는 사람에게 해당 사법경찰관리의 징계를 요구할 수 있고, 그 징계 절차는 「공무원 징계령」 또는 「경찰공무원 징계령」에 따른다(수사권 남용 – 징계요구권).
> ⑧ 사법경찰관은 피의자를 신문하기 전에 수사과정에서 법령위반, 인권침해 또는 현저한 수사권 남용이 있는 경우 검사에게 구제를 신청할 수 있음을 피의자에게 알려주어야 한다(사법경찰관의 피의자에 대한 검사에의 구제신청권 고지의무). 9) [23 경간부]*

③ 수사의 경합의 경우 사건송치요구권

> **제197조의4(수사의 경합)** ① 검사는 사법경찰관과 동일한 범죄사실을 수사하게 된 때에는 사법경찰관에게 사건을 송치할 것을 요구할 수 있다(사건송치요구권). [23 경간부]*
> ② 제1항의 요구를 받은 사법경찰관은 지체 없이 검사에게 사건을 송치하여야 한다. 다만, 검사가 영장을 청구하기 전에 동일한 범죄사실에 관하여 사법경찰관이 영장을 신청한 경우에는 해당 영장에 기재된 범죄사실을 계속 수사할 수 있다(원칙 – 사건송치, 예외 – 사법경찰관의 계속 수사권). [23 경간부]*

3) 영장신청에 있어서 검사와 사법경찰관의 관계10)

① 사법경찰관은 검사에게 신청하여 검사의 청구로 관할지방법원판사의 체포·구속영장을 발부받아 피의자를 체포·구속할 수 있다(제200조의2 제1항, 제201조).
② 사법경찰관은 검사에게 신청하여 검사의 청구로 지방법원판사가 발부한 영장에 의하여 압수·수색 또는 검증을 할 수 있다(제215조 제2항).
③ 검사가 사법경찰관이 신청한 영장을 정당한 이유 없이 판사에게 청구하지 아니한 경우 사법경찰관은 그 검사 소속의 지방검찰청 소재지를 관할하는 고등검찰청에 영장 청구 여부에 대한 심의를 신청할 수 있다(제221조의5 제1항). 이를 심의하기 위하여 각 고등검찰청에 영장심의위원회를 둔다(제221조의5 제2항). 영장청구와 관련하여 사법경찰관이 검사를 견제할 수 있는 수단으로서 개정 형소법에서 신설된 규정이다.

4) 기타 검사와 사법경찰관의 관계11)

① **영장의 집행**: 구속영장과 체포영장은 검사의 지휘에 의하여 사법경찰관리가 집행한다(제81조 제1항, 제209조, 제200조의6). 압수·수색영장은 검사의 지휘에 의하여 사법경찰관리가 집행한다(제115조 제1항, 제219조).

---

9) 사법경찰관은 법 제197조의3 제8항에 따라 검사에게 구제를 신청할 수 있음을 피의자에게 알려준 경우에는 피의자로부터 고지 확인서를 받아 사건기록에 편철한다. 다만, 피의자가 고지 확인서에 기명날인 또는 서명하는 것을 거부하는 경우에는 사법경찰관이 고지 확인서 끝 부분에 그 사유를 적고 기명날인 또는 서명해야 한다(검사와 사법경찰관의 상호협력과 일반적 수사준칙에 관한 규정 제47조). [23 경간부]*
10) 이 부분은 차차 배우게 될 부분이므로 1회독시에는 가볍게 읽어 두어도 족하다.
11) 이 부분은 차차 배우게 될 부분이므로 1회독시에는 가볍게 읽어 두어도 족하다.

② **긴급체포**: 사법경찰관이 피의자를 긴급체포한 경우에는 즉시 검사의 승인을 얻어야 한다(제200조의3 제2항). 사법경찰관은 긴급체포한 피의자에 대하여 구속영장을 신청하지 아니하고 석방한 경우에는 즉시 검사에게 보고하여야 한다(제200조의4 제6항).
③ **관할구역 외에서의 수사**: 사법경찰관리가 관할구역 외에서 수사하거나 관할구역 외의 사법경찰관리의 촉탁을 받아 수사할 때에는 관할지방검찰청 검사장 또는 지청장에게 보고하여야 한다(제210조).
④ **압수물의 처분**: 사법경찰관이 압수물에 대하여 환부 또는 가환부 처분 등을 할 경우 검사의 지휘를 받아야 한다(제218조의2 제4항, 제219조).
⑤ **변사자검시**: 검사는 사법경찰관에게 변사자검시의 처분을 명할 수 있다(제222조 제3항).
⑥ **수사의 중지 및 교체임용의 요구**: 서장이 아닌 경정 이하의 사법경찰관리가 직무 집행과 관련하여 부당한 행위를 하는 경우 지방검찰청 검사장은 해당 사건의 수사 중지를 명하고, 임용권자에게 그 사법경찰관리의 교체임용을 요구할 수 있다(검찰청법 제54조).

(2) 검사와 특별사법경찰관리의 관계

1) 지휘관계

> **제245조의10(특별사법경찰관리)** ② 특별사법경찰관은 모든 수사에 관하여 검사의 지휘를 받는다.
> ④ 특별사법경찰관리는 검사의 지휘가 있는 때에는 이에 따라야 한다. 검사의 지휘에 관한 구체적 사항은 법무부령으로 정한다.
> ⑤ 특별사법경찰관은 범죄를 수사한 때에는 지체 없이 검사에게 사건을 송치하고, 관계 서류와 증거물을 송부하여야 한다.

2) 일반사법경찰관에게 적용되는 규정의 배제

> **제245조의10(특별사법경찰관리)** ⑥ 특별사법경찰관리에 대하여는 제197조의2부터 제197조의4까지, 제221조의5, 제245조의5부터 제245조의8까지의 규정을 적용하지 아니한다.

검사는 특별사법경찰관리에 대하여 지휘관계에 있으므로 검사와 협력관계를 전제로 하는 사법경찰관에 대한 규정(보완수사요구, 시정조치요구, 수사의 경합)이 적용되지 않으며, 기타 사법경찰관이 신청한 영장의 청구 여부에 대한 심의, 사법경찰관의 사건송치, 사건의 검사에의 불송치의 경우 고소인 등에 대한 통지, 고소인 등의 이의신청, 재수사요청에 대한 규정이 적용되지 않는다.

(3) 검사와 검찰청법상의 사법경찰관리의 관계

1) 지휘관계

> **제245조의9(검찰청 직원)** ② 사법경찰관의 직무를 행하는 검찰청 직원은 검사의 지휘를 받아 수사하여야 한다.
> ③ 사법경찰리의 직무를 행하는 검찰청 직원은 검사 또는 사법경찰관의 직무를 행하는 검찰청 직원의 수사를 보조하여야 한다.

2) 일반사법경찰관에게 적용되는 규정의 배제

> **제245조의9(검찰청 직원)** ④ 사법경찰관리의 직무를 행하는 검찰청 직원에 대하여는 제197조의2부터 제197조의4까지, 제221조의5, 제245조의5부터 제245조의8까지의 규정을 적용하지 아니한다.

검사는 검찰청법상의 사법경찰관리에 대하여 지휘관계에 있으므로 검사와 협력관계를 전제로 하는 사법경찰관에 대한 규정(보완수사요구, 시정조치요구, 수사의 경합)이 적용되지 않으며, 기타 사법경찰관이 신청한 영장의 청구 여부에 대한 심의, 사법경찰관의 사건송치, 사건의 검사에의 불송치의 경우 고소인 등에 대한 통지, 고소인 등의 이의신청, 재수사요청에 대한 규정이 적용되지 않는다.

6. 수사자문기관 – 전문수사자문위원

> **제245조의2(전문수사자문위원의 참여)** ① 검사는 공소제기 여부와 관련된 사실관계를 분명하게 하기 위하여 필요한 경우에는 <u>직권이나</u> 피의자 또는 변호인의 <u>신청에 의하여</u> 전문수사자문위원을 지정하여 수사절차에 참여하게 하고 자문을 들을 수 있다.
> ② 전문수사자문위원은 전문적인 지식에 의한 설명 또는 의견을 기재한 서면을 제출하거나 전문적인 지식에 의하여 설명이나 의견을 진술할 수 있다.
> ③ 검사는 제2항에 따라 전문수사자문위원이 제출한 서면이나 전문수사자문위원의 설명 또는 의견의 진술에 관하여 피의자 또는 변호인에게 구술 또는 서면에 의한 <u>의견진술의 기회를 주어야 한다.</u>
> **제245조의3(전문수사자문위원 지정 등)** ① 제245조의2 제1항에 따라 전문수사자문위원을 수사절차에 참여시키는 경우 검사는 각 사건마다 <u>1인 이상의</u> 전문수사자문위원을 지정한다.
> ② <u>검사는</u> 상당하다고 인정하는 때에는 <u>전문수사자문위원의 지정을 취소할 수 있다.</u>
> ③ 피의자 또는 변호인은 검사의 전문수사자문위원 지정에 대하여 <u>관할 고등검찰청검사장에게 이의를 제기할 수 있다.</u>

7. 고위공직자범죄수사처(이하 '수사처'라고 함)

(1) 수사처의 설치목적과 조직

1) 수사처의 설치목적

수사처는 고위공직자범죄등에 관하여 필요한 직무를 수행하기 위하여 '고위공직자범죄수사처 설치 및 운영에 관한 법률'(이하 공수처법)에 근거하여 설치된 기관이다.

2) 수사처의 조직

① 각종 위원회

처장후보 추천위원회	처장후보자의 추천을 위하여 국회에 설치
인사위원회	처장과 차장을 제외한 수사처검사의 임용, 전보, 그 밖에 인사에 관한 중요 사항을 심의·의결하기 위하여 수사처에 설치
징계위원회	수사처검사의 징계 사건을 심의하기 위하여 수사처에 설치

② 수사처의 수사기관

구분	인원	자격과 임명	임기	정년
처장	1명	법조경력 15년 이상을 가진 사람 중에서 처장후보추천위원회가 2명을 추천하고, 대통령이 그중 1명을 지명한 후 인사청문회를 거쳐 임명(수사처검사 겸직)	3년 중임 ×	65세
차장	1명	법조경력 10년 이상을 가진 사람 중에서 처장의 제청으로 대통령이 임명(수사처검사 겸직)	3년 중임 ×	63세
수사처 검사	25명 이내	7년 이상 변호사의 자격이 있는 사람 중에서 제9조에 따른 인사위원회의 추천을 거쳐 대통령이 임명(검사의 직에 있었던 사람은 수사처검사 정원의 2분의 1을 넘을 수 없다)	3년 3회에 한하여 연임	63세
수사처 수사관	40명 이내	변호사 자격을 보유한 사람, 7급 이상 공무원으로서 조사, 수사업무에 종사하였던 사람, 수사처규칙으로 정하는 조사업무의 실무를 5년 이상 수행한 경력이 있는 사람 중에서 처장이 임명	6년 연임 ○	60세

(2) 수사처의 직무대상(공수처법 제3조 제1항, 제2조, 이하 공수처법명 생략)

▶ 고위공직자의 범위(제2조 제1호)

"고위공직자"란 다음 각 목의 어느 하나의 직에 재직 중인 사람 또는 그 직에서 퇴직한 사람을 말한다. 다만, 장성급 장교는 현역을 면한 이후도 포함된다.

① 대통령	⑩ 대법원장비서실, 사법정책연구원, 법원공무원교육원, 헌법재판소사무처의 정무직공무원
② 국회의장 및 국회의원	
③ 대법원장 및 대법관	⑪ 검찰총장
④ 헌법재판소장 및 헌법재판관	⑫ 특별시장·광역시장·특별자치시장·도지사·특별자치도지사 및 교육감
⑤ 국무총리와 국무총리비서실 소속의 정무직공무원	
⑥ 중앙선거관리위원회의 정무직공무원	⑬ 판사 및 검사
⑦ 공공감사에 관한 법률 제2조 제2호에 따른 중앙행정기관의 정무직공무원	⑭ 경무관 이상 경찰공무원
	⑮ 장성급 장교
⑧ 대통령비서실·국가안보실·대통령경호처·국가정보원 소속의 3급 이상 공무원	⑯ 금융감독원 원장·부원장·감사
	⑰ 감사원·국세청·공정거래위원회·금융위원회 소속의 3급 이상 공무원
⑨ 국회사무처, 국회도서관, 국회예산정책처, 국회입법조사처의 정무직공무원	

※ 위 고위공직자 중 대법원장 및 대법관, 판사, 검찰총장, 검사, 경무관 이상 경찰공무원을 편의상 '1급 고위공직자'라고 칭하며 나머지 고위공직자를 편의상 '2급 고위공직자'라고 칭하기로 한다. 다음에서 보는 바와 같이 1급 고위공직자에 대하여는 수사처가 수사 및 공소제기(유지)의 권한을 갖지만 2급 고위공직자에 대하여는 수사처가 수사의 권한만을 갖는다.

▶ 가족의 범위(제2조 제2호)

"가족"이란 배우자, 직계존비속을 말한다. 다만, 대통령의 경우에는 배우자와 4촌 이내의 친족을 말한다.

▶ 수사처의 직무대상인 고위공직자범죄등(제2조 제3호, 제4호)

수사처의 직무대상은 '고위공직자범죄등'이며 이는 '고위공직자범죄'와 '관련범죄'를 포함한다.

고위공직자범죄등	고위공직자범죄	"고위공직자범죄"란 고위공직자로 재직 중에 본인 또는 본인의 가족이 범한 아래의 어느 하나에 해당하는 죄를 말한다. 다만, 가족의 경우에는 고위공직자의 직무와 관련하여 범한 죄에 한정한다. 〈형법상의 범죄〉 ① 직무유기, 직권남용, 불법체포·불법감금, 폭행·가혹행위(다른 법률에 따라 가중처벌되는 경우를 포함한다) ② 공용서류 등의 무효·공용물의 파괴/ 공문서등의 위조·변조, 허위공문서작성등, 공전자기록위작·변작과 이들의 동행사/횡령·배임, 업무상의 횡령·배임과 이들 범죄의 미수범(다른 법률에 따라 가중처벌되는 경우를 포함한다) 〈특별형법상의 범죄〉 ③ 특가법위반(알선수재) ④ 변호사법위반(알선수재) ⑤ 정치자금법위반(정치자금부정수수) ⑥ 국가정보원법위반(정치관여, 직권남용) ⑦ 국회에서의 증언·감정 등에 관한 법률위반(위증 등) ⑧ ①부터 ⑤까지의 죄에 해당하는 범죄행위로 인한 「범죄수익은닉의 규제 및 처벌 등에 관한 법률」 제2조 제4호의 범죄수익등과 관련된 같은 법 제3조 및 제4조의 죄(범죄수익등의 은닉 및 가장, 범죄수익등의 수수)

관련범죄	① 고위공직자와 공동정범, 교사범, 종범의 관계에 있는 자가 범한 고위공직자범죄 ② 고위공직자를 상대로 한 자의 뇌물공여등, 증뢰물전달, 배임증재 ③ 고위공직자범죄와 관련된 범인은닉등, 위증, 모해위증, 위조등증거사용, 증인은닉등, 무고, 국회위증 ④ 고위공직자범죄 수사 과정에서 인지한 그 고위공직자범죄와 직접 관련성이 있는 죄로서 해당 고위공직자가 범한 죄

(3) 수사처의 직무와 독립성

1) **수사처의 직무범위**

> **제3조(고위공직자범죄수사처의 설치와 독립성)** ① 고위공직자범죄등에 관하여 다음 각 호에 필요한 직무를 수행하기 위하여 고위공직자범죄수사처(이하 "수사처"라 한다)를 둔다.
> 1. 고위공직자범죄등에 관한 수사
> 2. '대법원장 및 대법관, 판사, 검찰총장, 검사, 경무관 이상 경찰공무원'이 재직 중에 본인 또는 본인의 가족이 범한 고위공직자범죄 및 관련범죄의 공소제기와 그 유지

① 수사처는 '고위공직자범죄등에 관한 수사'의 직무를 수행한다.
② 수사처는 '대법원장 및 대법관, 판사, 검찰총장, 검사, 경무관 이상 경찰공무원'이 재직 중에 본인 또는 본인의 가족이 범한 고위공직자범죄 및 관련범죄(편의상 '1급 고위공직자범죄등'이라고 칭한다)의 경우 수사 이외에 공소제기(불기소결정 포함)와 그 유지의 직무까지 수행한다(중요).
③ 수사처의 수사의 대상이지만 공소제기와 유지의 직무대상이 아닌 고위공직자범죄등 경우(편의상 '2급 고위공직자범죄등'이라고 칭한다) 서울중앙지검 검사가 공소제기(불기소결정) 및 유지의 직무를 수행한다.

2) **수사처의 독립성**

> **제3조(고위공직자범죄수사처의 설치와 독립성)** ② 수사처는 그 권한에 속하는 직무를 독립하여 수행한다.
> ③ 대통령, 대통령비서실의 공무원은 수사처의 사무에 관하여 업무보고나 자료제출 요구, 지시, 의견제시, 협의, 그 밖에 직무수행에 관여하는 일체의 행위를 하여서는 아니 된다.

(4) 수사처의 활동

1) **수사**

> **제23조(수사처검사의 수사)** 수사처검사는 고위공직자범죄의 혐의가 있다고 사료하는 때에는 범인, 범죄사실과 증거를 수사하여야 한다.
> **제21조(수사처수사관의 직무)** ① 수사처수사관은 수사처검사의 지휘·감독을 받아 직무를 수행한다.
> ② 수사처수사관은 고위공직자범죄등에 대한 수사에 관하여 「형사소송법」 제197조 제1항에 따른 사법경찰관의 직무를 수행한다.
> **제24조(다른 수사기관과의 관계)** ① 수사처의 범죄수사와 중복되는 다른 수사기관의 범죄수사에 대하여 처장이 수사의 진행 정도 및 공정성 논란 등에 비추어 수사처에서 수사하는 것이 적절하다고 판단하여 이첩을 요청하는 경우 해당 수사기관은 이에 응하여야 한다.
> ② 다른 수사기관이 범죄를 수사하는 과정에서 고위공직자범죄등을 인지한 경우 그 사실을 즉시 수사처에 통보하여야 한다.
> ③ 처장은 피의자, 피해자, 사건의 내용과 규모 등에 비추어 다른 수사기관이 고위공직자범죄등을 수사하는 것이 적절하다고 판단될 때에는 해당 수사기관에 사건을 이첩할 수 있다.
> ④ 제2항에 따라 고위공직자범죄등 사실의 통보를 받은 처장은 통보를 한 다른 수사기관의 장에게 수사처규칙으로 정한 기간과 방법으로 수사개시 여부를 회신하여야 한다.

제25조(수사처검사 및 검사 범죄에 대한 수사) ① 처장은 수사처검사의 범죄 혐의를 발견한 경우에 관련 자료와 함께 이를 대검찰청에 통보하여야 한다.
② 수사처 외의 다른 수사기관이 검사의 고위공직자범죄 혐의를 발견한 경우 그 수사기관의 장은 사건을 수사처에 이첩하여야 한다.

제26조(수사처검사의 관계 서류와 증거물 송부 등) ① 수사처검사는 '대법원장 및 대법관, 판사, 검찰총장, 검사, 경무관 이상 경찰공무원'이 고위공직자범죄등 사건을 제외한 고위공직자범죄등(2급 고위공직자범죄등)에 관한 수사를 한 때에는 관계 서류와 증거물을 지체 없이 서울중앙지방검찰청 소속 검사에게 송부하여야 한다.
② 제1항에 따라 관계 서류와 증거물을 송부받아 사건을 처리하는 검사는 처장에게 해당 사건의 공소제기 여부를 신속하게 통보하여야 한다.

2) 기소와 불기소

수사처검사는 1급 고위공직자범죄등에 대하여 공소를 제기하거나 불기소결정을 할 수 있다.

제31조(재판관할) 수사처검사가 공소를 제기하는 고위공직자범죄등 사건의 제1심 재판은 서울중앙지방법원의 관할로 한다. 다만, 범죄지, 증거의 소재지, 피고인의 특별한 사정 등을 고려하여 수사처검사는 「형사소송법」에 따른 관할 법원에 공소를 제기할 수 있다.

제27조(관련인지 사건의 이첩) 처장은 고위공직자범죄에 대하여 불기소 결정을 하는 때에는 해당 범죄의 수사과정에서 알게 된 관련범죄 사건을 대검찰청에 이첩하여야 한다.

3) 재정신청의 특례

제29조(재정신청에 대한 특례) ① 고소·고발인은 수사처검사로부터 공소를 제기하지 아니한다는 통지를 받은 때에는 서울고등법원에 그 당부에 관한 재정을 신청할 수 있다.
② 제1항에 따른 재정신청을 하려는 사람은 공소를 제기하지 아니한다는 통지를 받은 날부터 30일 이내에 처장에게 재정신청서를 제출하여야 한다.
③ 재정신청서에는 재정신청의 대상이 되는 사건의 범죄사실 및 증거 등 재정신청을 이유 있게 하는 사유를 기재하여야 한다.
④ 제2항에 따라 재정신청서를 제출받은 처장은 재정신청서를 제출받은 날부터 7일 이내에 재정신청서, 의견서, 수사 관계 서류 및 증거물을 서울고등법원에 송부하여야 한다. 다만, 신청이 이유 있는 것으로 인정하는 때에는 즉시 공소를 제기하고 그 취지를 서울고등법원과 재정신청인에게 통지한다.

4) 형의 집행

제28조(형의 집행) ① 수사처검사가 공소를 제기하는 고위공직자범죄등 사건에 관한 재판이 확정된 경우 제1심 관할지방법원에 대응하는 검찰청 소속 검사가 그 형을 집행한다.
(→ 수사처검사가 형을 집행하는 것이 아니라는 점을 주의하여야 한다)
② 제1항의 경우 처장은 원활한 형의 집행을 위하여 해당 사건 및 기록 일체를 관할 검찰청의 장에게 인계한다.

▶ 고위공직자범죄등에 대한 형사절차

구분	1급 고위공직자범죄등	2급 고위공직자범죄등
수사	① 수사처검사가 수사를 하는 것이 원칙이나, 예외적으로 처장은 피의자, 피해자, 사건의 내용과 규모 등에 비추어 다른 수사기관이 고위공직자범죄등을 수사하는 것이 적절하다고 판단될 때에는 해당 수사기관에 사건을 이첩할 수 있다. ② 수사처의 범죄수사와 중복되는 다른 수사기관의 범죄수사에 대하여 처장이 수사의 진행 정도 및 공정성 논란 등에 비추어 수사처에서 수사하는 것이 적절하다고 판단하여 이첩을 요청하는 경우 해당 수사기관은 이에 응하여야 한다. ③ 다른 수사기관이 범죄를 수사하는 과정에서 고위공직자범죄등을 인지한 경우 그 사실을 즉시 수사처에 통보하여야 한다. 통보를 받은 처장은 통보를 한 다른 수사기관의 장에게 수사개시 여부를 회신하여야 한다.	
수사처검사의 관계 서류와 증거물 송부 및 사건처리 검사의 통보	-	① 수사처검사는 '대법원장 및 대법관, 판사, 검찰총장, 검사의 고위공직자범죄등 사건을 제외한 고위공직자범죄등(2급 고위공직자범죄등)에 관한 수사를 한 때에는 관계 서류와 증거물을 지체 없이 서울중앙지방검찰청 소속 검사에게 송부하여야 한다. ② 제1항에 따라 관계 서류와 증거물을 송부받아 사건을 처리하는 검사는 처장에게 해당 사건의 공소제기 여부를 신속하게 통보하여야 한다.
공소제기(불기소) 및 유지	수사처검사가 담당	서울중앙지검 검사가 담당
재판관할	원칙적으로 제1심 재판은 서울중앙지방법원의 관할	형사소송법 적용
재정신청	고소·고발인은 서울고등법원에 수사처검사의 불기소에 대한 당부에 관한 재정을 신청할 수 있다.	
형집행	제1심 관할지방법원에 대응하는 검찰청 소속 검사(수사처검사가 아님을 주의)	

▶ 수사처, 검사, 경찰의 직무의 범위와 상호관계

구분	수사처	검사	경찰
수사대상 범죄	• 원칙: 고위공직자범죄등 • 예외: 처장은 적절하다고 판단될 때에는 고위공직자범죄등을 다른 수사기관에 사건을 이첩할 수 있다.	원칙적으로 고위공직자범죄등을 제외한 아래의 범죄 ① 부패범죄, 경제범죄 등 대통령령으로 정하는 중요 범죄 ② 경찰공무원이 범한 범죄 ③ 가·나의 범죄 및 사법경찰관이 송치한 범죄와 관련하여 인지한 각 해당 범죄와 직접 관련성이 있는 범죄	원칙적으로 고위공직자범죄등을 제외한 모든 범죄

사건의 통보·이첩·송치 등	고위공직자범죄등 사실의 통보를 받은 처장은 통보를 한 다른 수사기관의 장에게 수사개시 여부를 회신하여야 한다.	범죄를 수사하는 과정에서 고위공직자범죄등을 인지한 경우 그 사실을 즉시 수사처에 통보하여야 한다.	
	처장은 수사처검사의 범죄 혐의를 발견한 경우에 관련 자료와 함께 이를 대검찰청에 통보하여야 한다.	(일반)검사의 고위공직자범죄 혐의를 발견한 경우 그 수사기관의 장은 사건을 수사처에 이첩하여야 한다.	
	수사처의 범죄수사와 중복되는 다른 수사기관의 범죄수사에 대하여 처장이 적절하다고 판단하여 이첩을 요청할 수 있다.	(좌측의) 이첩을 요청받은 경우 해당 수사기관은 이에 응하여야 한다.	
	—	검사는 사법경찰관과 동일한 범죄사실을 수사하게 된 때에는 사법경찰관에게 사건을 송치할 것을 요구할 수 있다.	(좌측의) 요구를 받은 사법경찰관은 지체 없이 검사에게 사건을 송치하여야 한다. 다만, 검사가 영장을 청구하기 전에 동일한 범죄사실에 관하여 사법경찰관이 영장을 신청한 경우에는 해당 영장에 기재된 범죄사실을 계속 수사할 수 있다.
영장의 신청·청구	지방법원판사에게 청구		검사에게 신청하여 검사가 청구

▶ 수사처, 검사, 경찰의 사건처리

구분	수사처	검사	경찰
사건의 처리	① 1급 고위공직자범죄등의 경우 수사처검사가 공소제기(불기소) 및 유지를 담당함 ② 2급 고위공직자범죄등의 경우 관계 서류와 증거물을 지체 없이 서울중앙지방검찰청 소속 검사에게 송부하여야 한다.	① 좌측의 ②의 경우 서울중앙지검 검사가 공소제기(불기소) 및 유지를 담당함 ② 나머지 사건의 경우 형사소송법에 따라 검사가 공소제기(불기소) 및 유지를 담당함	① (송치) 범죄의 혐의가 인정 - 검사에게 사건을 송치하고, 관계 서류와 증거물을 검사에게 송부 ② (불송치) 범죄의 혐의가 불인정 - 그 이유를 명시한 서면과 관계서류와 증거물을 검사에게 송부

Ⅱ 피의자

1. 의의

피의자란 수사기관에 의하여 범죄의 혐의를 받아 수사의 대상이 되어 있는 자를 말한다.

2. 피의자의 시기

① 수사기관이 범죄를 인지(실무상 입건)하고 수사를 개시한 때 그 대상자는 피의자가 된다.
② 피의자는 수사개시 이전의 피내사자와 구별되며, 공소제기 후의 피고인과도 구별된다.

> **판례 | 수사기관의 범죄인지의 판단기준(원칙 - 범죄인지서 작성시, 예외 - 실제로 수사에 착수한 때)**
>
> 사법경찰관이 범죄를 인지하는 경우에는 범죄인지보고서[12]를 작성하는 절차를 거치도록 되어 있으므로 특별한 사정이 없는 한 수사기관이 범죄인지보고서를 작성하는 절차를 거친 때에 범죄 인지가 된 것으로 볼 수 있겠으나, 사법경찰관이 범죄인지보고서를 작성하는 절차를 거치기 전에 범죄의 혐의가 있다고 보아 수사에 착수하는 행위를 한 때에는 이때에 범죄를 인지한 것으로 보아야 하고 그 뒤 범죄인지보고서를 작성한 때에 비로소 범죄를 인지하였다고 볼 것은 아니다[대판 2010.6.24. 2008도12127].

> **판례 | 인지절차(범죄인지서 작성) 이전의 수사개시의 적법성(원칙 적법), 인지절차가 이루어지기 전에 작성되었다는 이유만으로 조서의 증거능력을 부인할 수 있는지 여부(소극)**
>
> 검사가 범죄인지서 작성절차를 거치기 전에 범죄의 혐의가 있다고 보아 수사를 개시하는 행위를 한 때에는 이때에 범죄를 인지한 것으로 보아야 하고, 그 뒤 범죄인지서를 작성하여 사건수리 절차를 밟은 때에 비로소 범죄를 인지하였다고 볼 것이 아니며, 이러한 인지절차를 밟기 전에 수사를 하였다고 하더라도 그 수사가 장차 인지의 가능성이 전혀 없는 상태하에서 행하여졌다는 등의 특별한 사정이 없는 한, 인지절차가 이루어지기 전에 수사를 하였다는 이유만으로 그 수사가 위법하다고 볼 수는 없고 따라서 그 수사과정에서 작성된 피의자신문조서나 진술조서 등의 증거능력도 이를 부인할 수 없다[대판 2001.10.26. 2000도2968].
> [20 경찰승진, 20 경간부, 20 경찰채용, 19 경찰승진, 19 경간부, 16 경간부]*
>
> **기출지문** 검사가 「검찰사건사무규칙」에 따른 범죄인지 절차를 밟지 않은 상태에서 행한 피의자신문은 위법한 수사에 해당하며, 당해 피의자신문조서는 증거능력이 없다. (×)

3. 피의자의 종기
① 피의자는 공소제기에 의하여 피고인으로 전환되므로 공소제기시에 피의자의 지위가 소멸한다.
② 불기소처분의 경우 불기소처분 확정시에 피의자의 지위가 소멸된다.

제3절 수사의 조건

1. 의의
① 수사의 조건이란 수사의 개시와 그 진행·유지에 필요한 조건을 말한다.
② 수사는 수사의 목적을 달성함에 필요한 경우에 한하여(제199조 제1항) 사회통념상 상당하다고 인정되는 방법 등에 의하여 수행되어야 한다[대판 1999.12.7. 98도3329].

2. 수사의 필요성
① 수사는 범죄혐의의 유무를 명백히 하여 공소를 제기·유지할 것인가의 여부를 결정하기 위한 것이다[대판 1999.12.7. 98도3329].
② **범죄혐의**: 수사기관은 범죄혐의가 있을 때에만 수사를 할 수 있다(제196조, 제197조 제1항). 범죄혐의란 구체적 사실에 기초한 수사기관의 '주관적 혐의'를 말한다.

---

12) 범죄인지보고서는 그 명칭이 '범죄인지서'로 변경되었다.

③ 공소제기 가능성: 수사의 목적은 공소를 제기하여 범인을 처벌하기 위한 것이므로 공소제기 가능성이 없는 경우 수사를 개시할 수 없다.
④ 친고죄와 전속고발범죄의 경우 고소 · 고발 전 수사의 허용 여부

> **판례 | 친고죄와 전속고발범죄의 경우 고소 · 고발 전 수사의 위법성 여부(원칙적으로 위법하지 않음)**
>
> 법률에 의하여 고소나 고발이 있어야 논할 수 있는 죄에 있어서 고소 또는 고발은 이른바 소추조건에 불과하고 당해 범죄의 성립요건이나 수사의 조건은 아니므로, 위와 같은 범죄에 관하여 고소나 고발이 있기 전에 수사를 하였더라도, (그 수사가 장차 고소나 고발의 가능성이 없는 상태하에서 행해졌다는 등의 특단의 사정이 없는 한) 고소나 고발이 있기 전에 수사를 하였다는 이유만으로 그 수사가 위법하게 되는 것은 아니다[대판 2011.3.10, 2008도7724]. [20 변호사, 20 경찰채용, 20 국가9급, 17 경찰채용, 16 경찰승진]*

> **판례 | 전속고발범죄에서 고발 전에 작성된 피의자신문조서의 효력 등**
>
> 1. (고발의 가능성이 없는 상태가 아닌 상황에서 작성된 피신조서 = 고발 전 작성 사유만으로 증거능력 부정할 수 없음) 검사 작성의 피고인에 대한 피의자신문조서 등이 조세범처벌법위반죄에 대한 세무서장의 고발이 있기 전에 작성된 것이라 하더라도 피고인 등에 대한 신문이 피고인의 조세범처벌법위반 범죄에 대한 고발의 가능성이 없는 상태에서 이루어졌다고 볼 아무런 자료도 없다면 그들에 대한 신문이 고발 전에 이루어졌다는 이유만으로 그 조서 등의 증거능력을 부정할 수는 없다[대판 1995.2.24, 94도252].
> 2. (고발 전 수사 > 고발 > 공소제기 = 공소제기를 무효라고 할 수 없음) 수사기관이 고발에 앞서 수사를 하고 피고인에 대한 구속영장을 발부받은 후 검찰의 요청에 따라 세무서장이 고발조치를 하였다고 하더라도 공소제기 전에 고발이 있은 이상 조세범처벌법위반 사건 피고인에 대한 공소제기의 절차가 법률의 규정에 위반하여 무효라고 할 수 없다[대판 1995.3.10, 94도3373]. [20 경찰채용]*
>   **동지판례** 출입국관리법위반 사건을 입건한 지방경찰청이 지체없이 관할 출입국관리사무소장 등에게 인계하지 아니한 채 그 고발없이 수사를 진행하였다고 하더라도 지방경찰청 및 검찰의 수사가 위법하다거나 공소제기의 절차가 법률의 규정에 위배되어 무효인 때에 해당하지 않는다[대판 2011.3.10, 2008도7724].

3. 수사의 상당성

(1) 의의
① 수사의 필요성이 인정되더라도 수사는 수사의 목적을 달성하기 위한 상당한 방법에 의하여야 한다.
② 수사의 상당성이 인정되려면 비례의 원칙과 수사의 신의칙이 준수되어야 한다.

(2) 수사 비례의 원칙
수사는 그 목적을 달성하기 위하여 필요한 조사를 할 수 있다. 다만, 강제처분(강제수사)은 필요한 최소한도의 범위 안에서만 하여야 한다(제199조 제1항 단서).

(3) 수사의 신의칙

1) 의의
① "수사기관은 수사과정에서 국민을 기망하거나 곤궁에 빠뜨려서는 안 된다."라는 원칙을 말한다.
② 은밀하게 이루어지는 마약범죄나 뇌물범죄 등의 경우 실무상 함정수사가 이용되고 있는데 수사의 신의칙과 관련하여 적법성이 문제되고 있다.

2) 함정수사의 유형(통설)
① 기회제공형: 이미 범죄의사를 가지고 있는 자에게 범죄의 기회를 제공하는 수사방법을 말한다.
② 범의유발형: 본래 범죄의사를 가지지 아니한 자에 대하여 수사기관이 사술이나 계략 등을 써서 범의를 일으켜 범죄를 유발하게 하여 범죄인을 검거하는 수사방법을 말한다.

판례 | 함정수사의 의의(범의유발형의 수사만을 의미함)

함정수사라 함은 본래 범의를 가지지 아니한 자에 대하여 수사기관이 사술이나 계략 등을 써서 범죄를 유발하게 하여 범죄인을 검거하는 수사방법을 말하는 것이므로, 범의를 가진 자에 대하여 범행의 기회를 주거나 단순히 사술이나 계략 등을 써서 범죄인을 검거하는 데 불과한 경우에는 이를 함정수사라고 할 수 없다[대판 2007.7.26. 2007도4532].13) [17 경간부]*

판례 | 범의유발형 = 함정수사 = 위법

범의를 가진 자에 대하여 단순히 범행의 기회를 제공하거나 범행을 용이하게 하는 것에 불과한 수사방법이 경우에 따라 허용될 수 있음은 별론으로 하고 본래 범의를 가지지 아니한 자에 대하여 수사기관이 사술이나 계략 등을 써서 범의를 유발케 하여 범죄인을 검거하는 함정수사는 위법함을 면할 수 없다[대판 2008.10.23. 2008도7362]. [17 법원9급, 16 경찰채용]*

판례 | 위법한 함정수사 여부의 일반적 판단기준

위법한 함정수사에 해당하는지 여부는 해당 범죄의 종류와 성질, 유인자의 지위와 역할, 유인의 경위와 방법, 유인에 따른 피유인자의 반응, 피유인자의 처벌 전력 및 유인행위 자체의 위법성 등을 종합하여 판단하여야 한다[대판 2013.3.28. 2013도1473]. [20 경찰채용, 18 국가9급]*

판례 | 위법한 함정수사에 해당하는지의 구체적 판단기준(유인자의 수사기관 관련성)

수사기관과 직접 관련이 있는 유인자가 피유인자와의 개인적인 친밀관계를 이용하여 피유인자의 동정심이나 감정에 호소하거나 금전적·심리적 압박이나 위협 등을 가하거나 거절하기 힘든 유혹을 하거나 또는 범행방법을 구체적으로 제시하고 범행에 사용될 금전까지 제공하는 등으로 과도하게 개입함으로써 피유인자로 하여금 범의를 일으키게 하는 것은 위법한 함정수사에 해당하여 허용되지 않는다.
그러나 유인자가 수사기관과 직접적인 관련을 맺지 않은 상태에서 피유인자를 상대로 단순히 수차례 반복적으로 범행을 부탁하였을 뿐 수사기관이 사술이나 계략 등을 사용하였다고 볼 수 없는 경우는 설령 그로 인하여 피유인자의 범의가 유발되었다 하더라도 위법한 함정수사에 해당하지 않는다[대판 2008.7.24. 2008도2794]. [19 경찰채용, 18 경간부, 18 국가9급, 17 경찰승진, 17 경간부, 16 경찰승진]*

[관련판례] 피고인은 인천 남동구에 있는 ㅇㅇ게임장을 운영하면서 2016.9.10. 15:00경 위 게임장에서 손님을 가장한 경찰관인 경사 공소외인으로부터 게임물을 이용하여 획득한 후 ① 적립한 게임점수를 환전해달라는 요구를 받고, 공소외인이 적립한 게임점수 10만 점을 8만 원으로 환전해 준 것을 비롯하여 2015.10.경부터 2016.9.19.경까지 사이에 위와 같이 게임점수를 환전해주거나, ② 손님들끼리 서로 게임점수를 매매한 경우 종업원들로 하여금 카운터에 설치된 컴퓨터의 회원관리프로그램을 이용하여 각 손님들 사이의 게임점수를 차감·적립하게 하는 방법으로 게임점수에 교환가치를 부여함으로써 손님들로 하여금 위 게임물을 이용하여 도박 그 밖의 사행행위를 하게 하거나 이를 하도록 방치하였다. 이로써 피고인은 게임물의 이용을 통하여 획득한 유·무형의 결과물인 게임점수의 환전을 업으로 하고, 손님들로 하여금 게임물을 이용하여 도박 그 밖의 사행행위를 하게 하거나 이를 하도록 방치하였다.
[대법원의 판단]
가. 게임 결과물 환전으로 인한 게임산업진흥에관한법률(이하 '게임산업법'이라 한다) 위반 부분
이 사건 수사는 수사기관이 사술이나 계략 등을 써서 피고인의 범의를 유발하게 한 위법한 함정수사에 해당한다.
나. 사행행위 조장으로 인한 게임산업법위반 부분에 관하여
이 부분 범행은 수사기관이 사술이나 계략 등을 써서 피고인의 범의를 유발한 것이 아니라 **이미 이루어지고 있던 범행을 적발한 것에 불과하므로**, 이에 관한 공소제기가 함정수사에 기한 것으로 볼 수 없다[대판 2021.7.29. 2017도16810].

---

13) 학설은 일반적으로 함정수사를 기회제공형과 범의유발형으로 구분한 뒤 후자는 위법한 함정수사라고 본다. 판례는 기회제공형은 아예 함정수사라고 보지 않으며(따라서 위법하다고 보지도 않는다), 범의유발형의 수사만을 함정수사라고 보며 위법하다고 한다.

판례 | 위법한 함정수사에 해당하는 경우

1. **(수사기관이 단속실적을 올리기 위하여 범의유발)** 경찰관이 노래방의 도우미 알선영업 단속 실적을 올리기 위하여 그에 대한 제보나 첩보가 없는데도 손님을 가장하고 들어가 도우미를 불러낸 경우 위법한 함정수사로서 공소제기가 무효라고 한 사례[대판 2008.10.23, 2008도7362]. [18 국가9급, 17 변호사, 16 국가7급, 16 경찰승진, 16 경간부]*

2. **(수사기관 관련자가 수사기관이 건네준 범죄자금을 제공하여 범의유발)** 검찰주사의 마약정보원이 피고인에게 "수사기관이 수사에 사용할 히로뽕을 구해야 하니 히로뽕을 좀 구해 달라. 히로뽕을 구입하여 오면 검찰에서 안전을 보장한다고 하였다."라고 부탁한 후 검찰주사로부터 건네받은 히로뽕 구입자금을 피고인에게 교부하자 피고인이 중국에 건너가 히로뽕을 매수한 경우 수사기관의 함정수사에 의하여 메스암페타민의 수수 및 밀수입에 관한 범의를 일으킨 것으로 볼 수 있는 여지가 있다[대판 2004.5.14, 2004도1066].

   동지판례 甲이 알고 지내던 피고인에게 일주일 동안 거의 매일 전화로 "히로뽕을 사달라."는 요구를 하였고 피고인이 돈이 없다고 하자 甲이 경찰관으로부터 공작금을 받아 마약을 사라며 피고인에게 건네주어 피고인이 마약을 구입한 경우 수사기관의 함정수사에 해당한다[대판 2007.10.12, 2007도5571].

3. **(수사기관 관련자가 범의유발)** 수사기관인 검찰 계장이 구속된 남편의 공적이 필요했던 乙과 함께 "협조하면 당신 형의 변호사 선임비용을 제공하겠다. 필리핀에 있는 마약 공급책을 연결해 주는 것은 처벌하지 않겠다."고 甲에게 제안을 하자, 甲이 이를 승낙하고 피고인에게 부탁하여 필로폰을 수입하게 하였다면 이는 필로폰 수입에 대한 수사가 그에 대한 범의를 갖도록 한 함정수사이다[대판 2006.9.28, 2006도3464].

판례 | 위법한 함정수사에 해당하지 않는 경우

1. **(기회제공에 불과한 경우)** 경찰관이 취객을 상대로 한 이른바 부축빼기 절도범을 단속하기 위하여, 공원 인도에 쓰러져 있는 취객 근처에서 감시하고 있다가 마침 피고인이 나타나 취객을 부축하여 10m 정도를 끌고 가 지갑을 뒤지자 현장에서 피고인을 체포한 경우 위법한 함정수사에 기한 공소제기라고 할 수 없다[대판 2007.5.31, 2007도1903]. [19 경찰채용, 18 경간부, 17 경찰승진, 17 경간부, 16 국가7급, 16 경찰승진, 16 경간부]*

   동지판례 [1] 수사기관에서 공범이나 장물범의 체포 등을 위하여 범인의 체포시기를 조절하는 등 여러 가지 수사기법을 사용한다는 점을 고려하면, 수사기관이 피고인의 범죄사실(절도)을 인지하고도 바로 체포하지 않고 추가 범행을 지켜보고 있다가 범죄사실이 많이 늘어난 뒤에야 체포하였다는 사정만으로 피고인에 대한 수사가 위법한 함정수사에 해당한다고 할 수 없다[대판 2007.6.29, 2007도3164]. [19 경찰채용, 18 경간부, 17 경찰승진, 17 경찰채용]*
   [2] 함정수사라 함은 본래 범의를 가지지 아니한 자에 대하여 수사기관이 사술이나 계략 등을 써서 범죄를 유발케 하여 범인을 검거하는 수사방식을 말하는 것이므로 위 물품반출업무담당자가 소속회사에 밀반출행위를 사전에 알리고 그 정확한 증거를 확보하기 위하여 피고인의 밀반출행위를 묵인하였다는 것은 이른바 함정수사에 비유할 수는 없다[대판 1987.6.9, 87도915]. [22 경찰채용]*

2. **(수사기관과 직접관련이 없는 자에 의한 범의유발)** 甲이 새롭게 당선된 군수인 피고인을 함정에 빠뜨리겠다는 의사로 뇌물을 공여하였고, 피고인이 뇌물을 수수하자 서둘러 이 사실을 검찰에 신고한 경우 이는 유인자가 수사기관과 직접적인 관련을 맺지 아니한 상태에서 피유인자를 상대로 범행을 교사하였을 뿐, 수사기관이 사술이나 계략 등을 사용하였다고 볼 수 없어 그로 인하여 피고인의 범의가 유발되었다 하더라도 위법한 함정수사에 해당하지 아니한다[대판 2008.3.13, 2007도10804]. [16 경찰승진]*

   판례해설 비록 피고인의 뇌물수수는 뇌물공여자들의 함정교사에 의한 것이지만, 이들은 수사기관과 직접적인 관련을 맺지 아니한 자이기 때문에 함정수사가 아니라는 취지의 판례이다.

   동지판례 i) 甲이 수사기관에 체포된 동거남의 석방을 위한 공적을 쌓기 위하여 乙에게 필로폰 밀수입에 관한 정보제공을 부탁하면서 대가의 지급을 약속하고, 이에 乙이 丙에게, 丙은 피고인에게 순차 필로폰 밀수입을 권유하여 이를 승낙하고 필로폰을 받으러 나온 피고인을 체포한 경우 위법한 함정수사라고 볼 수 없다[대판 2007.11.29, 2007도7680]. [22 경찰채용, 16 국가7급, 16 경간부]*
   ii) 피고인이 甲에게 필로폰이 든 1회용 주사기를 교부하고 또한 필로폰을 1회용 주사기에 넣고 생수로 희석한 다음 자신의 팔에 주사하여 투약하였는바, 甲이 그 다음 날 이 사실을 검찰에 신고하여 피고인이 체포된 경우 위법한 함정수사라고 볼 수 없다[대판 2008.7.24, 2008도2794].

3. **(이미 범행을 저지른 자를 정보원을 이용하여 유인한 후 체포한 경우)** 이미 마약법위반의 범행을 저지른 피고인을 검거하기 위하여 수사기관이 정보원을 이용하여 피고인을 검거장소로 유인한 후 체포한 경우 함정수사라고 볼 수 없다[대판 2007.7.26, 2007도4532]. [22 경찰채용, 17 경간부, 16 경간부]*

> **⚖ 판례 | 위법한 함정수사에 기한 공소제기의 효력(무효 - 공소기각 판결을 하여야 함)**
>
> 범의를 가지지 아니한 자에 대하여 수사기관이 사술이나 계략 등을 써서 범의를 유발케 하여 범죄인을 검거하는 함정수사는 위법함을 면할 수 없고 이러한 위법한 함정수사에 기한 공소제기는 <u>그 절차가 법률의 규정에 위반하여 무효인 때에 해당하므로 공소기각판결을 선고하여야 한다</u>[대판 2008.10.23. 2008도7362]. [22 경찰채용, 20 변호사, 20 국가9급, 19 경찰채용, 18 경간부, 18 국가9급, 17 변호사, 17 법원9급, 17 경찰승진, 17 국가9급, 16 국가9급, 16 경찰승진, 16 경찰채용]*
>
> **기출지문**
> 1. 위법한 함정수사에 기하여 공소를 제기한 피고사건은 범죄로 되지 아니하므로 형사소송법 제325조의 규정에 따라 법원은 판결로써 무죄를 선고하여야 한다. (×)
> 2. 함정수사가 위법하다고 평가받는 경우 공소기각설은 수사기관이 제공한 범죄의 동기나 기회를 일반인이 뿌리칠 수 없었다는 범죄인 개인의 특수한 상황으로 인하여 가벌적 위법성이 결여된다는 점을 논거로 하여 공소기각의 판결을 선고하여야 한다고 본다.14) (×) [22 경찰채용]*

제4절 수사의 개시

I 수사의 단서

1. 개념
수사의 단서란 수사기관이 범죄의 혐의가 있다고 판단하여 수사를 개시할 수 있는 자료(원인)를 말한다.

2. 종류

(1) 수사기관의 체험에 의한 수사의 단서
불심검문(경직법 제3조), 변사자검시(제222조), 현행범체포(제212조), 신문기사, 풍설·세평 등이 이에 해당한다.

(2) 타인의 체험의 청취에 의한 수사의 단서
고소(제223조), 고발(제234조), 자수(제240조), 피해신고, 진정, 탄원, 투서가 이에 해당된다.

II 변사자검시

1. 의의
변사자검시란 수사기관이 사람의 사망이 범죄로 인한 것인가를 판단하기 위하여 변사자의 상황을 조사하는 것을 말한다.

---

14) 무죄설은 함정수사에 의한 행위는 위법성이나 책임 등의 범죄성립요건을 조각하거나 범죄사실의 증명이 없어 처벌할 수가 없다는 견해이다. 즉, 수사기관이 제공한 범죄의 동기나 기회를 일반인이 뿌리칠 수 없었다는 범죄인 개인의 특수한 상황으로 가벌적 위법성이 결여된다는 점을 논거로 한다.

2. 내용

> 제222조(변사자의 검시) ① 변사자 또는 변사의 의심있는 사체가 있는 때에는 그 소재지를 관할하는 지방검찰청 검사가 검시하여야 한다.
> ② 전항의 검시로 범죄의 혐의를 인정하고 긴급을 요할 때에는 영장없이 검증할 수 있다.
> ③ 검사는 사법경찰관에게 전2항의 처분을 명할 수 있다.

(1) 주체

변사자검시의 주체는 관할 지방검찰청 검사이다(제222조 제1항). 다만, 검사는 사법경찰관에게 검시에 관한 처분을 명할 수 있다(제222조 제3항).

(2) 절차

① 변사자검시는 수사의 단서에 불과하므로 영장을 요하지 아니한다.
② 변사자검시로 범죄의 혐의를 인정하고 긴급을 요할 때에는 영장없이 검증을 할 수 있다(제222조 제2항). [20 경찰승진, 20 경찰채용, 19 경간부, 18 경찰채용, 16 경찰승진]*

III 불심검문

1. 의의

불심검문이란 경찰관이 거동이 수상한 자(거동불심자)를 발견한 때에 그를 정지시켜 질문하는 것을 말한다(경직법 제3조).

2. 법적 성격

① **행정경찰작용**: 경직법상의 불심검문(특히 임의동행)은 범죄의 예방과 진압을 목적으로 하는 행정경찰작용에 속하는 것으로 형사소송법상의 임의수사(특히 임의동행)와 일응 구별된다.
② **형소법상 임의동행과 구별기준**: 거동불심자에게 질문을 하거나 경찰관서에 임의동행하는 경우, 범죄혐의가 특정되지 않은 경우라면 경직법상의 불심검문에 해당하지만, 범죄혐의가 특정된 경우라면 형소법상의 임의수사에 해당한다.

3. 불심검문의 대상(거동불심자)

> 경찰관 직무집행법 제3조(불심검문) ① 경찰관은 다음 각 호의 어느 하나에 해당하는 사람을 정지시켜 질문할 수 있다. [18 경찰승진]*
> 1. 수상한 행동이나 그 밖의 주위 사정을 합리적으로 판단하여 볼 때 어떠한 죄를 범하였거나 범하려 하고 있다고 의심할 만한 상당한 이유가 있는 사람
> 2. 이미 행하여진 범죄나 행하여지려고 하는 범죄행위에 관한 사실을 안다고 인정되는 사람

> **판례 | 불심검문 대상자에 해당하기 위한 혐의의 정도(체포나 구속에 이를 정도의 혐의가 있을 것을 요하지 않음)**
>
> 경찰관이 불심검문 대상자 해당 여부를 판단할 때에는 불심검문 당시의 구체적 상황은 물론 사전에 얻은 정보나 전문적 지식 등에 기초하여 불심검문 대상자인지를 객관적·합리적인 기준에 따라 판단하여야 하나, 반드시 불심검문 대상자에게 형사소송법상 체포나 구속에 이를 정도의 혐의가 있을 것을 요한다고 할 수는 없다[대판 2014.12.11., 2014도7976]. [22 경간부, 20 경찰승진, 19 경찰채용, 17 경찰승진, 17 경찰채용]*

4. 불심검문의 방법

(1) 정지와 질문

① 질문을 위한 정지의 방법: 정지는 질문을 위한 수단이므로 강제수단에 의하여 정지시키는 것은 허용되지 않는다.

> **판례 | 질문을 위한 정지의 방법**
>
> 경찰관은 불심검문 대상자에게 질문을 하기 위하여 범행의 경중, 범행과의 관련성, 상황의 긴박성, 혐의의 정도, 질문의 필요성 등에 비추어 목적 달성에 필요한 최소한의 범위 내에서 <u>사회통념상 용인될 수 있는 상당한 방법으로 대상자를 정지시킬 수 있고 질문에 수반하여 흉기의 소지 여부도 조사할 수 있다</u>[대판 2014.12.11. 2014도7976].

> **판례 | 적법한 불심검문에 해당하는 경우**
>
> 1. 술값문제로 시비가 있다는 신고를 받고 출동한 경찰이 여사장으로부터 피고인이 술값을 내지 않고 가려다 여종업원과 실랑이가 있었다는 경위를 듣고, 경찰이 <u>음식점 밖으로 나가려는 피고인의 앞을 막으며 "상황을 설명해 주십시오."라고 말한 것</u>은 목적달성에 필요한 최소한의 범위에서 사회통념상 용인될 수 있는 방법에 의한 것으로 <u>적법한 공무집행에 해당한다</u>[대판 2014.12.11. 2014도7976].
> 2. 인근에서 자전거를 이용한 날치기 사건이 발생한 직후 검문을 하던 경찰관들이 날치기 사건의 <u>범인과 흡사한 인상착의인 피고인을 발견하고 앞을 가로막으며 진행을 제지한 행위</u>는 목적 달성에 필요한 최소한의 범위 내에서 사회통념상 용인될 수 있는 상당한 방법에 의한 것으로 <u>적법한 공무집행에 해당한다</u>[대판 2012.9.13. 2010도6203]. [19 경찰채용, 16 경찰채용]*

② 질문의 절차와 방법

> **제3조(불심검문)** ④ 경찰관은 질문을 할 경우 자신의 신분을 표시하는 증표를 제시하면서 소속과 성명을 밝히고 질문의 목적과 이유를 설명하여야 한다.
> ⑦ 질문을 받은 사람은 형사소송에 관한 법률에 따르지 아니하고는 신체를 구속당하지 아니하며, 그 의사에 반하여 답변을 강요당하지 아니한다.

> **판례 | 불심검문시 신분증을 제시를 하지 않은 것이 위법하지 않은 경우**
>
> 불심검문을 하게 된 경위, 불심검문 당시의 현장상황과 검문을 하는 경찰관들의 복장, 피고인이 공무원증 제시나 신분확인을 요구하였는지 여부 등을 종합적으로 고려하여, <u>검문하는 사람이 경찰관이고 검문하는 이유가 범죄행위에 관한 것임을 피고인이 충분히 알고 있었다고 보이는 경우에는 신분증을 제시하지 않았다고 하여 그 불심검문이 위법한 공무집행이라고 할 수 없다</u>[대판 2014.12.11. 2014도7976]. [22 경간부, 20 경찰승진, 20 국가9급, 19 변호사, 19 경찰채용, 18 경찰승진, 17 경찰승진, 16 경찰채용]*

(2) 동행요구

① 의의

> **제3조(불심검문)** ② 경찰관은 사람을 정지시킨 장소에서 질문을 하는 것이 그 사람에게 불리하거나 교통에 방해가 된다고 인정될 때에는 질문을 하기 위하여 가까운 경찰관서로 동행할 것을 요구할 수 있다. 이 경우 동행을 요구받은 사람은 그 요구를 거절할 수 있다. [17 경찰승진, 16 경찰채용]*

② 절차

> 제3조(불심검문) ④ 경찰관은 제1항이나 제2항에 따라 질문을 하거나 동행을 요구할 경우 자신의 신분을 표시하는 증표를 제시하면서 소속과 성명을 밝히고 질문이나 동행의 목적과 이유를 설명하여야 하며, 동행을 요구하는 경우에는 동행 장소를 밝혀야 한다. [18 경찰승진, 16 경찰채용]*
> ⑤ 경찰관은 제2항에 따라 동행한 사람의 가족이나 친지 등에게 동행한 경찰관의 신분, 동행 장소, 동행 목적과 이유를 알리거나 본인으로 하여금 즉시 연락할 수 있는 기회를 주어야 하며, 변호인의 도움을 받을 권리가 있음을 알려야 한다. [18 경찰승진, 16 경찰채용]*

③ 임의동행의 시간적 한계

> 제3조(불심검문) ⑥ 경찰관은 임의동행한 사람을 6시간을 초과하여 경찰관서에 머물게 할 수 없다. [17 경찰승진]*

위 규정은 임의동행한 사람이 동의하여도 6시간을 초과하여 경찰관서에 머물게 할 수 없다는 것이며 임의동행한 사람의 의사와 무관하게 6시간 동안 경찰관서에 구금하는 것을 허용하는 것은 아니다[대판 1997.8.22. 97도1240]. 예컨대 임의동행한 사람이 1시간 만에 경찰관서에서 퇴거하겠다고 하였음에도 더 이상 경찰관서에 구금하는 것은 위 규정을 위반한 것이다.

판례 | 경찰관직무집행법 제3조 제6항이 임의동행한 자를 6시간 동안 경찰관서에 구금하는 것을 허용하는 것인지의 여부(소극) – 임의동행한 자는 언제든지 퇴거할 자유가 있기 때문

[1] 임의동행은 상대방의 동의 또는 승낙을 그 요건으로 하는 것이므로 경찰관으로부터 임의동행 요구를 받은 경우 상대방은 이를 거절할 수 있을 뿐만 아니라 임의동행 후 언제든지 경찰관서에서 퇴거할 자유가 있다 할 것이고 경찰관직무집행법 제3조 제6항이 '임의동행한 경우 당해인을 6시간을 초과하여 경찰관서에 머물게 할 수 없다'고 규정하고 있다고 하여 그 규정이 임의동행한 자를 6시간 동안 경찰관서에 구금하는 것을 허용하는 것은 아니다. [17 경찰채용]*
[2] 피고인이 송도파출소까지 임의동행한 후 조사받기를 거부하고 파출소에서 나가려고 하다가 경찰관이 이를 제지하자 이에 항거하여 그 경찰관을 폭행한 경우라도 공무집행방해죄는 성립하지 않는다[대판 1997.8.22. 97도1240].

판례 | 보호조치의 요건이 갖추어지지 않았음에도 경찰관이 피의자를 그의 의사에 반하여 경찰관서에 데려간 경우, 위법한 체포에 해당하는지의 여부(적극)

경찰관직무집행법상의 보호조치 요건이 갖추어지지 않았음에도 경찰관이 실제로는 범죄수사를 목적으로 피의자에 해당하는 사람을 피구호자로 삼아 그의 의사에 반하여 경찰관서에 데려간 행위는 달리 현행범체포나 임의동행 등의 적법 요건을 갖추었다고 볼 사정이 없다면 위법한 체포에 해당한다고 보아야 한다[대판 2012.12.13. 2012도11162]. [20 경간부, 18 경찰승진, 17 경찰채용]*

판례해설 음주단속을 피해 도망가는 피의자 甲이 경직법 제4조 제1항 제1호의 보호조치 대상자(음주만취자)가 아니고 피의자의 처가 현장에 있었으나 경찰관이 보호조치라는 핑계로 甲을 강제로 지구대로 연행한 것은 위법한 체포에 해당한다고 판시한 판례이다. 甲이 지구대에서 음주측정을 거부하고 경찰관에게 상해를 가한 경우, 음주측정거부죄나 공무집행방해죄는 성립하지 않지만 상해죄가 성립한다고 판시하였다.

관련판례 피고인이 자정에 가까운 한밤중에 음악을 크게 켜놓거나 소리를 지른 것은 경범죄 처벌법 제3조 제1항 제21호에서 금지하는 인근소란행위에 해당하고, 그로 인하여 인근 주민들이 잠을 이루지 못하게 될 수 있으며, 갑과 을이 112신고를 받고 출동하여 눈앞에서 벌어지고 있는 범죄행위를 막고 주민들의 피해를 예방하기 위해 피고인을 만나려 하였으나 피고인은 문조차 열어주지 않고 소란행위를 멈추지 않았던 상황이라면 피고인의 행위를 제지하고 수사하는 것은 경찰관의 직무상 권한이자 의무라고 볼 수 있으므로, 위와 같은 상황에서 갑과 을이 피고인의 집으로 통하는 전기를 일시적으로 차단한 것은 피고인을 집 밖으로 나오도록 유도한 것으로서, 피고인의 범죄행위를 진압·예방하고 수사하기 위해 필요하고도 적절한 조치로 보이고, 경찰관직무집행법이 정한 즉시강제의 요건을 충족한 적법한 직무집행으로 볼 여지가 있다[대판 2018.12.13. 2016도19417].

(3) 흉기소지 여부 조사

① 흉기소지의 조사

> **제3조(불심검문)** ③ 경찰관은 거동불심자에게 질문을 할 때에 그 사람이 흉기를 가지고 있는지를 조사할 수 있다.
> [22 경간부]*

② 흉기 이외의 '일반 소지품' 조사의 허용 여부: 일반 소지품의 조사에 대하여는 명문규정이 없으나, 불심검문의 안전과 질문의 실효성을 위하여 허용된다고 보는 것이 일반적이다. [22 경간부]*

③ '일반 소지품' 조사의 한계: 의복이나 휴대품의 외부를 손으로 만져 확인하는 '외표검사'(Stop and Frisk)가 허용된다. 그러나 주머니에 손을 넣어 소지품을 찾는 것은 허용되지 않는다.

Ⅳ 고소[15]

1. 의의

(1) 개념

고소란 범죄의 피해자 등 고소권자가 수사기관에 범죄사실을 신고하여 범인의 처벌을 구하는 의사표시를 말한다.

1) **고소권자의 신고**

고소는 범죄의 피해자 등 고소권자의 소송행위이다. 따라서 고소권자가 아닌 제3자가 하는 고발이나, 범인 스스로 처벌을 구하는 의사표시인 자수와는 구별된다.

2) **수사기관에 대한 신고**

> **판례 | 수사기관이 아닌 법원에 범인의 처벌을 구하는 진술서 제출(증인진술) – (고소의 효력 없음)**
>
> 피해자가 법원에 대하여 범죄사실을 적시하고 "피고인을 엄벌에 처하라."는 내용의 진술서를 제출하거나 증인으로서 증언하면서 판사의 신문에 대해 "피고인의 처벌을 바란다."는 취지의 진술을 하였다 하더라도 이는 고소로서의 효력이 없다[대판 1984.6.26. 84도709].

3) **범죄사실의 신고**

> **판례 | 고소의 경우 특정대상과 정도**
>
> 1. **(범죄사실이 특정되어야 함)** 고소는 고소인이 일정한 범죄사실을 수사기관에 신고하여 범인의 처벌을 구하는 의사표시이므로 그 고소한 범죄사실이 특정되어야 할 것이나 그 특정의 정도는 고소인의 의사가 구체적으로 어떤 범죄사실을 지정하여 범인의 처벌을 구하고 있는 것인가를 확정할 수만 있으면 되는 것이고, 고소인 자신이 직접 범행의 일시, 장소와 방법 등까지 구체적으로 상세히 지적하여 그 범죄사실을 특정할 필요까지는 없다[대판 1999.3.26. 97도1769].
> 2. **(범인의 적시는 불필요)** 고소는 고소권자가 수사기관에 대하여 범죄사실을 신고하여 범인의 처벌을 구하는 의사표시이므로 고소인은 범죄사실을 특정하여 신고하면 족하고 범인이 누구인지 나아가 범인 중 처벌을 구하는 자가 누구인지를 적시할 필요도 없다[대판 1996.3.12. 94도2423]. 따라서 범인의 성명이 불명이거나 또는 오기가 있었다거나 범행의 일시·장소·방법 등이 명확하지 않거나 틀린 것이 있다고 하더라도 고소의 효력에는 아무런 영향이 없다[대판 1984.10.23. 84도1704]. [23 경간부, 23 변호사]*

---

[15] 이하의 판례 중에는 강간죄와 같이 판시당시에는 친고죄였으나 현행법상 비친고죄로 변경된 판례를 그대로 친고죄임을 전제하고 소개한 것이 있다. 이러한 판례는 판례 사안(사례) 자체가 시험에 출제될 수는 없으나 법리는 유효하므로 다른 친고죄로 사실관계를 변경하여 출제될 수 있으니 법리는 이해하여 두어야 한다.

📚 판례 | 고소 범죄사실의 특정방법 (고소장의 '죄명'이 아니라 '내용'에 의해 결정)

고소가 어떠한 사항에 관한 것인가의 여부는, 고소장에 붙인 죄명에 구애될 것이 아니라 고소의 내용에 의하여 결정하여야 할 것이므로, 고소장에 명예훼손죄의 죄명을 붙이고 그 죄에 관한 사실을 적었으나 그 사실이 명예훼손죄를 구성하지 않고 모욕죄를 구성하는 경우에는, 위 고소는 모욕죄에 대한 고소로서의 효력을 갖는다[대판 1981.6.23. 81도1250]. [18 경찰채용]*

4) 범인의 처벌을 구하는 의사표시

📚 판례 | 적법한 고소에 해당하지 않는 경우

1. **(수사 및 조사의 촉구)** 고소라 함은 수사기관에 단순히 피해사실을 신고하거나 수사 및 조사를 촉구하는 것에 그치지 않고 범죄사실을 신고하여 범인의 소추·처벌을 요구하는 의사표시이므로, 저작권법위반죄의 피해자가 경찰청 인터넷 홈페이지에 '피고인을 철저히 조사해 달라'는 취지의 민원을 접수하는 형태로 피고인에 대한 조사를 촉구하는 의사표시를 한 것은 형사소송법에 따른 적법한 고소로 보기 어렵다[대판 2012.2.23. 2010도9524]. [20 경찰승진, 17 변호사, 17 경찰채용]*

2. **(단순한 피해사실의 신고)** 단순한 피해사실의 신고는 소추·처벌을 구하는 의사표시가 아니므로 고소가 아니다[대판 2008.11.27. 2007도4977]. [16 국가9급]*

5) 의사표시

고소를 하기 위해서는 고소능력이 있어야 한다.

📚 판례 | 고소능력 또는 고소위임능력의 정도(사실상의 의사능력으로 족하고 민법상 행위능력 불요)

고소능력은 피해를 받은 사실을 이해하고 고소에 따른 사회생활상의 이해관계를 알아차릴 수 있는 사실상의 의사능력으로 충분하므로, 민법상의 행위능력이 없는 사람이라도 위와 같은 능력을 갖춘 사람이면 고소능력이 인정된다. 또한 고소위임을 위한 능력도 위와 마찬가지이다[대판 1999.2.9. 98도2074]. [23 변호사, 20 경찰채용, 18 경찰채용, 17 법원9급, 17 경찰승진, 17 경간부, 17 경찰채용, 16 국가9급]*

📚 판례 | 간음약취죄의 고소능력이 인정되는 경우

간음약취죄의 피해자는 11세 남짓한 초등학교 6학년생으로서 피해입은 사실을 이해하고 고소에 따른 사회생활상의 이해관계를 알아차릴 수 있는 사실상의 의사능력이 있다[대판 2011.6.24. 2011도4451].

📚 판례 | 범행기간을 특정하고 있는 고소의 효력이 미치는 범위(원칙적으로 특정된 기간 중에 저지른 모든 범죄)

범행기간을 특정하고 있는 고소에 있어서는 그 기간 중의 어느 특정범죄에 대하여 범인의 처벌을 원치않는 고소인의 의사가 있다고 볼 만한 특단의 사정이 없는 이상 그 고소는 특정된 기간 중에 저지른 모든 범죄에 대하여 범인의 처벌을 구하는 의사표시라고 봄이 상당하다[대판 1985.7.23. 85도1213].

(2) 고소의 성질
　① 친고죄16)에 대한 고소는 수사의 단서이자 소송조건에 해당하므로 친고죄의 경우 고소가 없는 공소제기는 위법하다(제327조 제2호의 공소기각 판결 사유에 해당). [22 경간부]*
　② 비친고죄에 대한 고소는 단지 수사의 단서일 뿐이다.

2. 고소의 절차

(1) 고소권자

1) 범죄의 피해자
　① 범죄로 인한 피해자는 고소할 수 있다(제223조).
　② 직접적 피해자만을 의미: 고소권자가 되는 피해자는 직접적 피해자를 의미하므로 간접적 피해자는 제외된다. 따라서 처가 모욕을 당한 경우라도 남편은 피해자의 지위에서 고소권자가 될 수 없다.
　③ 고소권의 성격: 고소권은 공권의 성격을 가지므로 상속·양도의 대상이 되지 않는다. 다만, 특허권·저작권에 대해서는 권리이전과 함께 고소권이 이전하므로 저작권의 승계인이 그 이전의 권리침해에 대하여 고소할 수 있다.

판례 | 프로그램저작권이 명의신탁된 경우(= 명의수탁자가 고소권자)

프로그램저작권이 명의신탁된 경우 대외적인 관계에서는 명의수탁자만이 프로그램저작권자이므로 제3자의 침해행위에 대한 구 컴퓨터프로그램 보호법 제48조에서 정한 고소 역시 명의수탁자만이 할 수 있다[대판 2013.3.28. 2010도8467].

2) 비피해자인 고소권자 – 피해자의 법정대리인
　① 피해자의 법정대리인은 독립하여 고소할 수 있다(제225조 제1항).

판례 | 이혼한 생모가 친권자(법정대리인)로서 독립하여 고소할 수 있는지의 여부(적극)

모자관계는 호적에 입적되어 있는 여부와는 관계없이 자의 출생으로 법률상 당연히 생기는 것이므로 고소 당시 이혼한 생모라도 피해자인 그의 자의 친권자로서 독립하여 고소할 수 있다[대판 1987.9.22. 87도1707]. [17 경간부]*

판례 | 법원이 선임한 부재자 재산관리인(법정대리인)으로서 독립하여 고소할 수 있는지의 여부(적극)

법원이 선임한 부재자 재산관리인이 그 관리대상인 부재자의 재산에 대한 범죄행위에 관하여 법원으로부터 고소권 행사에 관한 허가를 얻은 경우 부재자 재산관리인은 형사소송법 제225조 제1항에서 정한 법정대리인으로서 적법한 고소권자에 해당한다[대판 2022.5.26. 2021도2488]. [23 경간부, 23 변호사]*

　② 법정대리인의 지위의 존재시기: 고소 당시에 존재하면 족하므로 범죄 당시에 법정대리인의 지위가 없었거나 고소 후에 그 지위를 상실하였더라도 고소의 효력에는 영향이 없다.

---

16) 형법상 절대적 친고죄(항상 친고죄) 예로는 모욕죄, 사자명예훼손죄, 비밀침해죄, 업무상비밀누설죄가 있으며, 상대적 친고죄(일정한 요건을 구비한 경우에만 친고죄가 됨)는 형법 제328조의 친족상도례 규정에서 제2항의 신분관계(원친, 비동거친족)에 있는 자 사이의 절도죄 등 일정한 재산죄의 경우 친고죄로 인정된다(형법시간에 배운 내용과 동일하다).

③ 법정대리인의 고소권 성질

> **판례 | 법정대리인의 고소권의 법적성질(고유권)**
>
> 법정대리인의 고소권은 무능력자의 보호를 위하여 법정대리인에게 주어진 고유권이므로 법정대리인은 피해자의 고소권 소멸 여부에 관계없이 고소할 수 있고 이러한 고소권은 피해자의 명시한 의사에 반하여도 행사할 수 있다[대판 1999.12.24. 99도3784]. [23 변호사, 19 경간부, 17 경찰승진, 17 경간부]* 또한 법정대리인의 고소기간은 법정대리인 자신이 범인을 알게 된 날로부터 진행한다[대판 1987.6.9. 87도857]. [20 경찰채용]*

3) 기타 비피해자인 고소권자

> **제225조(비피해자인 고소권자)** ② 피해자가 사망한 때에는 그 배우자, 직계친족 또는 형제자매는 고소할 수 있다. 단, 피해자의 명시한 의사에 반하지 못한다.
>
> **제226조(동전)** 피해자의 법정대리인이 피의자이거나 법정대리인의 친족이 피의자인 때에는 피해자의 친족은 독립하여 고소할 수 있다. [22 경찰채용, 17 경간부, 17 경찰채용, 16 경찰승진]*
>
> **제227조(동전)** 사자의 명예를 훼손한 범죄에 대하여는 그 친족 또는 자손은 고소할 수 있다.

> **판례 | 피해자의 처벌불원의사표시가 있었다고 볼 수 없는 사례**
>
> 피고인 등이 피해자를 부축하여 병원으로 데려갈 때 피해자가 피고인보고 미안하다는 말을 했다 하더라도 그것만으로 피해자에게 분명히 피고인의 처벌을 희망하지 아니하는 의사가 있었다고 할 수는 없다. 따라서 사망한 피해자의 동생이 한 고소를 피해자의 명시한 의사에 반하는 무효의 것이라고는 할 수 없다[대판 1985.8.20. 85도1288]. 17)

4) 지정고소권자

> **제228조(고소권자의 지정)** 친고죄에 대하여 고소할 자가 없는 경우에 이해관계인의 신청이 있으면 검사는 10일 이내에 고소할 수 있는 자를 지정하여야 한다. [18 경찰승진, 16 경찰승진]*

(2) 고소의 제한

1) 원칙

> **제224조(고소의 제한)** 자기 또는 배우자의 직계존속은 고소하지 못한다.18) [18 법원9급]*

2) 예외

성폭력범죄와 가정폭력범죄에 대하여는 직계존속이라도 고소할 수 있다(성폭법 제18조, 가폭법 제6조 제2항). [18 법원9급]* 예컨대 父가 성폭력범죄에 해당하는 공연음란행위를 한 경우 子가 父를 고소하는 것은 적법하다.

---

17) 간통죄와 관련한 판례이나 법리를 이해할 수 있도록 하기 위하여 일반론으로 변경하여 소개하였다.
18) 비속이 존속을 고소하는 행위의 반윤리성을 억제하고자 이를 제한하는 것은 합리적인 근거가 있는 차별이라고 할 수 있다[헌재 2011.2.24. 2008헌바56].

(3) 고소의 방법

1) 고소의 방식과 사법경찰관의 조치

고소는 서면 또는 구술로 검사 또는 사법경찰관에게 하여야 한다(제237조 제1항). [16 경간부]* 검사 또는 사법경찰관이 구술에 의한 고소를 받은 때에는 조서를 작성하여야 한다(동조 제2항). 사법경찰관이 고소를 받은 때에는 신속히 조사하여 관계서류와 증거물을 검사에게 송부하여야 한다(제238조). 이러한 절차는 고소의 취소에도 준용된다.

> **판례 | 고소조서의 방식(조서가 독립된 조서일 필요는 없음, 피해자진술조서에 기재된 범인처벌을 요구하는 의사표시도 적법한 고소에 해당함)**
>
> 친고죄의 경우 구술에 의한 고소를 받은 검사 또는 사법경찰관은 조서를 작성하여야 하지만 그 조서가 독립된 조서일 필요는 없다. 따라서 수사기관이 고소권자를 증인 또는 피해자로서 신문한 경우에 그 진술에 범인의 처벌을 요구하는 의사표시가 포함되어 있고 그 의사표시가 조서에 기재되면 고소는 적법하다[대판 2011.6.24, 2011도4451]. [23 경간부, 20 국가9급, 20 법원9급, 18 경찰승진, 17 법원9급, 17 국가7급, 17 경찰승진, 16 법원9급, 16 경간부, 16 경찰채용]*

2) 고소의 대리

> **제236조(대리고소)** 고소는 대리인으로 하여금 하게 할 수 있다. [19 경찰승진]*

> **판례 | 대리인에 의한 고소의 방식(제한이 없음, 서면이나 구술로 가능)**
>
> 1. 대리인에 의한 고소의 경우 대리권이 정당한 고소권자에 의하여 수여되었음이 실질적으로 증명되면 충분하고 그 방식에 특별한 제한은 없다고 할 것이며 한편 친고죄에 있어서의 고소는 서면뿐만 아니라 구술로도 할 수 있는 것이므로 피해자로부터 고소를 위임받은 대리인은 수사기관에 구술에 의한 방식으로 고소를 제기할 수도 있다[대판 2002.6.14, 2000도4595].
> 2. 대리인에 의한 고소의 경우 반드시 위임장을 제출한다거나 '대리'라는 표시를 하여야 하는 것은 아니다[대판 2001.9.4, 2001도3081].

(4) 고소기간

① 친고죄에 대하여는 범인을 알게 된 날로부터 6월을 경과하면 고소하지 못한다(제230조 제1항 본문). 그러나 비친고죄의 고소는 수사의 단서에 불과하므로 고소기간의 제한이 없다.

> **판례 | '범인을 알게 된다 함' 및 '범인을 알게 된 날'의 의미**
>
> 1. '범인을 알게 된다 함'은 통상인의 입장에서 보아 고소권자가 고소를 할 수 있을 정도로 범죄사실과 범인을 아는 것을 의미하고, 범죄사실을 안다는 것은 고소권자가 친고죄에 해당하는 범죄의 피해가 있었다는 사실관계에 관하여 확정적인 인식이 있음을 말한다[대판 2010.7.15, 2010도4680]. [20 국가7급, 18 경간부, 16 경찰채용]*
> 2. '범인을 알게 된다 함'은 범인이 누구인지 특정할 수 있을 정도로 알게 된다는 것을 의미하고 범인의 동일성을 식별할 수 있을 정도로 인식함으로써 족하며 범인의 성명·주소·연령 등까지 알 필요는 없다[대판 1999.4.23, 99도576].
> 3. '범인을 알게 된 날'이란 범죄행위가 종료된 후에 범인을 알게 된 날을 가리키는 것으로서 고소권자가 범죄행위가 계속되는 도중에 범인을 알았다 하여도, 그 날부터 곧바로 위 조항에서 정한 친고죄의 고소기간이 진행된다고는 볼 수 없고 이러한 경우 고소기간은 범죄행위가 종료된 때부터 계산하여야 하며 동종행위의 반복이 당연히 예상되는 영업범 등 포괄일죄의 경우에는 최후의 범죄행위가 종료한 때에 전체 범죄행위가 종료된 것으로 보아야 한다[대판 2004.10.28, 2004도5014].

판례 | 고소기간 내에 적법한 고소가 이루어진 경우

저작권자가 그의 동의 없이 발행된 책자가 판매되고 있다는 사실을 안 날로부터는 6월이 경과한 후 고소를 제기하였으나 위 고소가 공소사실의 범행일시로부터 6월 이내에 제기된 경우, 저작권자가 안 것은 그 이전의 복제행위에 관한 것일 뿐이므로 위 판매사실을 안 시점이 그 이전의 복제행위로 인한 죄에 대한 고소기간의 기산점이 될 수 있는 것은 별론으로 하고, 그 이후의 복제행위에 관한 공소사실에 대한 고소기간도 그 때부터 진행된다고 할 수는 없으므로 고소가 공소사실의 범행일시로부터 6월 이내에 이루어진 이상 <u>고소기간이 경과한 후에 제기된 것이라고 할 수는 없다</u>[대판 1999.3.26. 97도1769].

판례 | 임의대리인에 의한 친고죄의 고소기간의 진행시점(고소권자가 범인을 알게 된 날부터 기산)

대리인에 의한 친고죄의 고소의 경우 고소기간은 <u>대리고소인이 아니라 정당한 고소권자를 기준으로 고소권자가 범인을 알게 된 날부터 기산한다</u>[대판 2001.9.4. 2001도3081]. [23 경간부, 20 경찰채용, 18 변호사, 18 경찰채용, 17 경찰채용, 16 법원9급]*

판례해설 본 판례는 임의대리인이 고소를 하는 경우로써, 법정대리인이 자신의 고유권으로써 고소를 하는 경우와 다르다는 점을 주의하여야 한다. 즉, 임의대리인은 원래 정당한 고소권자가 범인을 알게 된 날로부터, 법정대리인은 자기 자신이 범인을 알게 된 날로부터 고소기간이 진행한다.

기출지문 고소권자로부터 고소권한을 위임받은 대리인이 친고죄에 대하여 고소를 한 경우, 고소기간은 대리인이 아니라 고소권자가 범인을 알게 된 날부터 기산한다. (O)

② 고소할 수 없는 불가항력의 사유가 있는 때에는 그 사유가 없어진 날로부터 기산한다(제230조 제1항 단서).

판례 | 범행당시 고소능력이 없었다가 그 후에 고소능력이 생긴 경우의 고소기간의 기산점

강간죄(강제추행죄)의 피해자가 범행을 당할 때에는 나이 어려 고소능력이 없었다가 그 후에 비로소 고소능력이 생겼다면 그 고소기간은 고소능력이 생긴 때로부터 기산되어야 한다[대판 1987.9.22. 87도1707; 대판 1995.5.9. 95도696]. [22 경찰채용, 17 법원9급]*

판례해설 위 판례들은 강간죄가 친고죄였던 시기의 판례이다. 현행법상 강간죄는 친고죄가 아니므로 고소기간은 의미가 없어졌다.

판례 | 고소할 수 없는 불가항력의 사유가 있는 때에 해당하지 않는 경우

자기의 피용자인 부녀를 간음하면서 불응하는 경우 해고할 것을 위협하였다 하더라도 이는 업무상 위력에 의한 간음죄의 구성요건일 뿐 그 경우 해고될 것이 두려워 고소를 하지 않은 것이 고소할 수 없는 불가항력적 사유에 해당한다고 할 수 없다[대판 1985.9.10. 85도1273].

판례해설 본 판례는 업무상위력에 의한 간음죄가 친고죄였던 시기의 판례이다. 현행법상 동죄는 친고죄가 아니므로 고소기간은 의미가 없어졌다.

③ 고소할 수 있는 자가 수인인 경우에는 1인의 기간의 해태는 타인의 고소에 영향이 없다(제231조). [17 경찰채용]*

3. 고소의 취소

(1) 의의

① **개념**: 고소취소란 친고죄에 있어서 고소권자가 일단 제기한 고소를 철회하는 소송행위를 말한다.
② **기능**: 친고죄의 경우 고소가 취소되면 소송조건의 흠결이 발생하나(공소기각판결의 대상이 됨), 비친고죄의 경우 고소취소는 양형판단의 자료가 될 뿐이다.

(2) **고소의 취소권자**
　① 고소취소를 할 수 있는 자는 고유의 고소권자와 고소의 대리행사권자이다. 다만 고유의 고소권자는 고소의 대리행사권자의 고소를 취소할 수 있으나, 고소의 대리행사권자는 고유의 고소권자의 고소를 취소할 수 없다.
　② 고소취소는 대리인으로 하여금 하게 할 수 있다(제236조). [22 경찰채용, 16 국가9급]*

> **⚖️ 판례 | 성년인 피해자가 한 고소를 피해자 사망 후 그 부친이 취소할 수 있는지 여부(소극)**
>
> 사건 당시 23세인 피해자의 부친이 피해자 사망 후에 피해자를 대신하여 그 피해자가 이미 하였던 고소를 취소하더라도 이는 적법한 고소취소라 할 수 없다[대판 1969.4.29. 69도376].

> **⚖️ 판례 | 처벌불원의 의사표시를 할 수는 있는 자에 해당하는 경우(의사능력 있는 청소년)**
>
> 반의사불벌죄라고 하더라도 피해자인 청소년에게 의사능력이 있는 이상, 단독으로 피고인 또는 피의자의 처벌을 희망하지 않는다는 의사표시 또는 처벌희망 의사표시의 철회를 할 수 있고, 거기에 법정대리인의 동의가 있어야 하는 것으로 볼 것은 아니다[대판(전) 2009.11.19. 2009도6058]. [20 경찰채용, 20 국가7급, 20 법원9급, 19 경찰승진, 19 경간부, 19 국가7급, 19 법원9급, 18 경찰채용, 17 국가9급]*

> **⚖️ 판례 | 처벌불원의 의사표시를 할 수는 있는 자에 해당하지 않는 경우**
>
> 1. 폭행죄는 피해자의 명시한 의사에 반하여 공소를 제기할 수 없는 반의사불벌죄로서 처벌불원의 의사표시는 의사능력이 있는 피해자가 단독으로 할 수 있는 것이고, 피해자가 사망한 후 그 상속인이 피해자를 대신하여 처벌불원의 의사표시를 할 수는 없다고 보아야 한다[대판 2010.5.27. 2010도2680]. [20 경간부, 20 경찰채용, 19 경찰승진, 19 경간부, 18 경간부, 18 경찰채용, 17 경찰승진, 17 경찰채용, 16 국가9급]*
> 2. 교통사고로 의식을 회복하지 못하고 있는 피해자의 아버지가 피해자를 대리하여 처벌을 희망하지 아니한다는 의사를 표시하는 것은 허용되지 아니할 뿐만 아니라 피해자가 성년인 이상 의사능력이 없다는 것만으로 피해자의 아버지가 당연히 법정대리인이 된다고 볼 수도 없으므로, 피해자의 아버지가 처벌을 희망하지 아니한다는 의사를 표시하였더라도 소송법적으로 효력이 발생할 수 없다[대판 2013.9.26. 2012도568]. [20 국가7급]*
>   **판례해설** 대법원은 본 건의 경우 제26조와 제225조가 적용될 수 없다는 것이 판례의 취지이다.[19)]
>   **참고판례** 성폭력범죄의 처벌 등에 관한 특례법 제27조는 성폭력범죄 피해자에 대한 변호사 선임의 특례를 정하고 있다. 성폭력범죄의 피해자는 형사절차상 법률적 조력을 받기 위해 스스로 변호사를 선임할 수 있고(제1항), 검사는 피해자에게 변호사가 없는 경우 국선변호사를 선정하여 형사절차에서 피해자의 권익을 보호할 수 있으며(제6항), 피해자의 변호사는 형사절차에서 피해자 등의 대리가 허용될 수 있는 모든 소송행위에 대한 포괄적인 대리권을 가진다(제5항). 따라서 피해자의 변호사는 피해자를 대리하여 피고인에 대한 처벌을 희망하는 의사표시를 철회하거나 처벌을 희망하지 않는 의사표시를 할 수 있다[대판 2019.12.13. 2019도10678].
> 3. [1] [다수의견] 반의사불벌죄에서 성년후견인은 명문의 규정이 없는 한 의사무능력자인 피해자를 대리하여 피고인 또는 피의자에 대하여 처벌을 희망하지 않는다는 의사를 결정하거나 처벌을 희망하는 의사표시를 철회하는 행위를 할 수 없다. 이는 성년후견인의 법정대리권 범위에 통상적인 소송행위가 포함되어 있거나 성년후견개시심판에서 정하는 바에 따라 성년후견인이 소송행위를 할 때 가정법원의 허가를 얻었더라도 마찬가지이다. 구체적인 이유는 아래와 같다.
>   (가) 형사소송법은 친고죄의 고소 및 고소취소와 반의사불벌죄의 처벌불원의사를 달리 규정하였으므로, 반의사불벌죄의 처벌불원의사는 친고죄의 고소 또는 고소취소와 동일하게 취급할 수 없다. 형사소송법은 고소 및 고소취소에 관하여, 고소권자에 관한 규정(제223조 내지 제229조), 친고죄의 고소기간에 관한 규정(제230조), 고소취소의 시한과 재고소의 금지에 관한 규정(제232조 제1항, 제2항), 불가분에 관한 규정(제233조) 등 다수의 조문을 두고 있다. 특히 형사소송법 제236조는 "고소 또는 그 취소는 대리인으로 하여금 하게 할 수 있다."라고 하여 대리에 의한 고소 및 고소취소에 관한

---

19) **제26조(의사무능력자와 소송행위의 대리)** 형법 제9조 내지 제11조의 규정의 적용을 받지 아니하는 범죄사건(예 담배사업법위반사건)에 관하여 피고인 또는 피의자가 의사능력이 없는 때에는 그 법정대리인이 소송행위를 대리한다.
　제225조(비피해자인 고소권자) ① 피해자의 법정대리인은 독립하여 고소할 수 있다.

명시적 근거규정을 두었다. 반면 반의사불벌죄에 관하여는 형사소송법 제232조 제3항에서 "피해자의 명시한 의사에 반하여 공소를 제기할 수 없는 사건에서 처벌을 원하는 의사표시를 철회한 경우에도 제1항과 제2항을 준용한다."라고 하여 고소취소의 시한과 재고소의 금지에 관한 규정을 준용하는 규정 하나만을 두었을 뿐 반의사불벌죄의 처벌불원의사에 대하여는 대리에 관한 근거규정을 두지 않았고, 대리에 의한 고소 및 고소취소에 관한 형사소송법 제236조를 준용하는 근거규정도 두지 않았다. 친고죄와 반의사불벌죄는 피해자의 의사가 소추조건이 된다는 점에서는 비슷하지만 소추조건으로 하는 이유·방법·효과는 같다고 할 수 없다. 피고인 또는 피의자의 처벌 여부에 관한 피해자의 의사표시가 없는 경우 친고죄는 불처벌을, 반의사불벌죄는 처벌을 원칙으로 하도록 형사소송법이 달리 취급하는 것도 그 때문이라고 할 수 있다. 형사소송법이 친고죄와 달리 반의사불벌죄에 관하여 고소취소의 시한과 재고소의 금지에 관한 규정을 준용하는 규정 외에 다른 근거규정이나 준용규정을 두지 않은 것은 이러한 반의사불벌죄의 특성을 고려하여 고소 및 고소취소에 관한 규정에서 규율하는 법원칙을 반의사불벌죄의 처벌불원의사에 대하여는 적용하지 않겠다는 입법적 결단으로 이해하여야 한다.

피해자가 아닌 제3자에 의한 고소 및 고소취소 또는 처벌불원의사를 허용할 것인지 여부는 친고죄와 반의사불벌죄의 성질상 차이 외에 입법정책의 문제이기도 하다. 즉, 형사소송법은 고소에 관하여는 피해자 본인(제223조) 외에도, 법정대리인(제225조 제1항), 피해자가 사망한 경우 그 배우자·직계친족·형제자매(제225조 제2항), 사자명예훼손죄의 경우 그 친족·자손(제227조), 지정고소권자(제228조) 등 다수의 제3자에게 고소권을 인정하고, 대리에 의한 고소 및 고소취소(제236조)를 인정하면서도 반의사불벌죄에 관하여는 피해자 외에 처벌불원의사를 표시하거나 처벌을 희망하는 의사표시를 철회할 수 있는 사람을 별도로 정하지 않았고, 대리에 의한 처벌불원 의사표시를 허용하는 근거규정이나 대리고소에 관한 제236조를 준용하는 규정을 두지 않았다. 이는 반의사불벌죄에서 처벌불원 의사결정 자체는 피해자 본인이 해야 한다는 입법자의 결단이 드러난 것으로, 피해자 본인의 진실한 의사가 확인되지 않는 상황에서는 함부로 피해자의 처벌불원의사가 있는 것으로 추단해서는 아니 됨을 의미한다.

[2] 피고인이 자전거를 운행하던 중 전방주시의무를 게을리하여 보행자인 피해자 갑을 들이받아 중상해를 입게 하였다는 교통사고처리 특례법 위반(치상)의 공소사실로 기소되었고, 위 사고로 의식불명이 된 갑에 대하여 성년후견이 개시되어 성년후견인으로 갑의 법률상 배우자 을이 선임되었는데, 을이 피고인 측으로부터 합의금을 수령한 후 제1심 판결선고 전에 갑을 대리하여 처벌불원의사를 표시한 사안에서, 위 특례법 제3조 제2항에서 차의 운전자가 교통사고로 인하여 범한 업무상과실치상죄는 '피해자의 명시적인 의사'에 반하여 공소를 제기할 수 없도록 규정하여 문언상 그 처벌 여부가 '피해자'의 '명시적'인 의사에 달려 있음이 명백하므로, 을이 갑을 대신하여 처벌불원의사를 형성하거나 결정할 수 있다고 해석하는 것은 법의 문언에 반한다고 한 사례[대판(전) 2023.7.17. 2021도11126]. 20)

관련판례 진로변경을 금지하는 안전표지인 백색실선은 「교통사고처리 특례법」 제3조 제2항 단서 제1호에서 정하고 있는 '통행금지를 내용으로 하는 안전표지'에 해당하지 않으므로, 이를 침범하여 교통사고를 일으킨 운전자에 대하여는 처벌특례가 적용된다고 보아야 한다[대판(전) 2024.6.20. 2022도12175]. 21)

---

20) 2023.7.1. 시행된 대법원 양형기준은 '처벌불원' 또는 '합의'의 지위를 범죄별로 차등하여 규정하고, 정의 규정을 새롭게 정비함으로써 처벌불원과 합의의 양형인자로서의 기능을 체계적으로 세분화하였다. 새로 시행된 형사공탁제도는 인적사항이 특정되지 않은 상황에서도 피해자에 대한 공탁을 가능하게 함으로써 피해자의 보호라는 형사사법의 목적을 훼손하지 않으면서 피해회복과 유리한 양형인자를 확보할 수 있게 하였다. 이러한 제도적 변화까지 고려하면, 양형기준을 포함한 현행 형사사법 체계 아래에서 성년후견인이 의사무능력자인 피해자를 대리하여 피고인 또는 피의자와 합의를 한 경우에는 이를 소극적인 소추조건이 아니라 양형인자로서 고려하면 충분하다[대판(전) 2023.7.17. 2021도11126].

21) [사실관계] 피고인은 백색실선을 침범하여 1차로에서 2차로로 진로를 변경한 업무상 과실로, 2차로를 따라 진행하던 개인택시가 추돌을 피하기 위해 갑자기 정지하였고, 이로 인하여 택시 승객인 피해자가 약 2주간의 치료가 필요한 상해를 입었다는 교통사고처리법 위반(치상)죄로 기소되었다.

판례해설 원심은, 도로면의 백색실선이 단서 제1호에서 정한 '통행금지를 내용으로 하는 안전표지'에 해당하지 않고, 피고인이 운전한 승용차가 자동차종합보험에 가입되어 있었으므로 이 사건 공소제기의 절차가 법률의 규정을 위반하여 무효인 때에 해당한다는 이유로 이 사건 공소를 기각한 제1심판결을 그대로 유지하였다. 대법원은 전원합의체 판결을 통하여 위와 같은 법리를 설시하면서, 백색실선은 단서 제1호에서 정하고 있는 '통행금지를 내용으로 하는 안전표지'에 해당한다고 볼 수 없다고 판단하고, 이와 다른 입장에 있던 2004.4.28. 선고 2004도1196 판결 등을 변경하면서 이 사건 공소를 기각한 원심판단을 수긍하여 검사의 상고를 기각하였다.

(3) 고소의 취소방식

① 고소취소는 고소와 동일하게 서면 또는 구술로 할 수 있다(제237조 제1항, 제239조).

> **판례 | 고소취소 또는 처벌희망 의사표시 철회의 방법**
>
> 1. 고소취소는 요식행위가 아니므로 <u>고소권자가 검사에 의한 피해자 진술조서작성시 고소를 취소하겠다고 명백히 하고 또 고소취소 후에는 다시 고소할 수 없다는 점도 알고 있다고 진술하였음이 인정된다면 그 고소는 적법하게 취소되었다 할 것이다</u>[대판 1983.7.26. 83도1431].
>   **판례해설** 고소취소는 독립된 조서에 의할 필요가 없다는 취지의 판례이다.
> 2. 반의사불벌죄에 있어서 피해자가 처벌을 희망하지 아니하는 의사표시나 처벌을 희망하는 의사표시의 철회를 하였다고 인정하기 위해서는 피해자의 진실한 의사가 명백하고 믿을 수 있는 방법으로 표현되어야 한다[대판 2020.2.27. 2019도14000].

② 고소취소는 수사기관 또는 법원에 대하여 하여야 하므로 범인과 피해자 사이에 단순히 합의서가 작성되었다는 것만으로는 원칙적으로 고소취소가 될 수 없다.

> **판례 | 고소취소 또는 처벌희망의사표시 철회의 상대방(공소제기 전 수사기관, 공소제기 후 수소법원)**
>
> <u>고소의 취소나 처벌을 희망하는 의사표시의 철회는 수사기관 또는 법원에 대한 법률행위적 소송행위이므로 공소제기 전에는 고소사건을 담당하는 수사기관에, 공소제기 후에는 고소사건의 수소법원에 대하여 이루어져야 한다</u>[대판 2012.2.23. 2011도17264]. [23 변호사]*

> **판례 | 고소취소나 처벌희망 의사표시 철회에 해당하는 경우(합의서가 수사기관 또는 법원에 제출)**
>
> 1. 피해자가 경찰에 강간치상의 범죄사실을 신고한 후 경찰관에게 가해자의 처벌을 원한다는 취지의 진술을 하였다가, 그 다음에 가해자와 합의한 후 "이 사건 전체에 대하여 가해자와 원만히 합의하였으므로 피해자는 가해자를 상대로 이 사건과 관련한 어떠한 민·형사상의 책임도 묻지 아니한다."는 취지의 <u>가해자와 피해자 사이의 합의서가 경찰에 제출되었다면, 위와 같은 합의서의 제출로써 피해자는 가해자에 대하여 처벌을 희망하던 종전의 의사를 철회한 것으로서 공소제기 전에 고소를 취소한 것으로 봄이 상당하다</u>[대판 2002.7.12. 2001도6777].
> 2. 강간피해자 명의의 "당사자 간에 원만히 합의되어 민·형사상 문제를 일체 거론하지 않기로 화해되었으므로 합의서를 1심 재판장앞으로 제출한다."는 취지의 <u>합의서 및 피고인들에게 중형을 내리기보다는 법의 온정을 베풀어 사회에 봉사할 수 있도록 관대한 처분을 바란다는 취지의 탄원서가 제1심 법원에 제출되었다면 이는 결국 고소취소가 있은 것으로 보아야 한다</u>[대판 1981.11.10. 81도1171].
> 3. "피해자(女, 14세)는 가해자 측으로부터 50만원을 받아 합의를 하였기에 차후 이 사건으로 민·형사상의 이의를 제기하지 않겠다."는 취지의 피해자의 모(母) 명의의 합의서가 법원에 제출되었다면 합의서는 모(母) 명의로 작성되었지만 거기에는 피해자 자신의 처벌불원의사가 포함되어 있는 것이라고 볼 여지가 없지 않다[대판 2009.12.24. 2009도11859].

⚖ 판례 | 고소취소나 처벌희망 의사표시 철회에 해당하지 않는 경우

1. 형사소송법 제239조, 제237조의 규정상 고소인이 합의서를 피고인에게 작성하여 준 것만으로는 고소가 적법히 취소된 것으로 볼 수 없다[대판 1983.9.27. 83도516]. [18 법원9급]*
2. 관련 민사사건에서 '형사 고소 사건 일체를 모두 취하한다'는 내용이 포함된 조정이 성립되었으나, 고소인이 조정이 성립된 이후에도 수사기관 및 제1심 법정에서 여전히 피고인의 처벌을 원한다는 취지로 진술하고 있으며 달리 고소인이 조정조서사본 등을 수사기관이나 제1심 법정에 제출하지 아니한 경우 고소 취소나 처벌불원의 의사표시를 한 것으로 보기 어렵다고 한 사례[대판 2004.3.25. 2003도8136]. [23 경간부]*
3. 고소인과 피고인사이에 작성된, "상호간에 원만히 해결되었으므로 이후에 민·형사간 어떠한 이의도 제기하지 아니할 것을 합의한다."는 취지의 합의서가 제1심 법원에 제출되었으나 고소인이 제1심에서 고소취소의 의사가 없다고 증언하였다면 위 합의서의 제출로 고소취소의 효력이 발생하지 아니한다[대판 1981.10.6. 81도1968].
4. 검사가 작성한 피해자에 대한 진술조서기재 중 "피의자들의 처벌을 원하는가요?"라는 물음에 대하여 "법대로 처벌하여 주기 바랍니다."로 되어 있고 이어서 "더 할 말이 있는가요?"라는 물음에 대하여 "젊은 사람들이니 한번 기회를 주시면 감사하겠습니다."로 기재되어 있다면 피해자의 진술취지는 법대로 처벌하되 관대한 처분을 바란다는 취지로 보아야 하고 처벌의사를 철회한 것으로 볼 것이 아니다[대판 1981.1.13. 80도2210]. [19 경찰승진]*

(4) 고소의 취소시기

① 친고죄의 고소는 제1심 판결선고 전까지 취소할 수 있다(제232조 제1항). [23 경간부, 16 경찰승진]* 피해자와의 화해 가능성을 고려하여 고소의 취소를 인정하면서도 형사처벌의 가능성이 고소인의 의사에 의하여 장기간 좌우되는 것을 방지하기 위한 것이다. 그러나 비친고죄의 고소는 수사의 단서에 불과하므로 시기의 제한을 받지 않고 취소할 수 있다.

② 반의사불벌죄에 있어서 처벌을 희망하는 의사표시의 철회도 제1심 판결선고 전까지 할 수 있다(동조 제3항).

⚖ 판례 | 공범에 대한 제1심 판결선고 후 1심선고 전의 다른 공범자에 대한 고소취소의 효력(무효)

친고죄의 공범 중 그 일부에 대하여 제1심판결이 선고된 후에는 제1심판결 선고 전의 다른 공범자에 대하여는 그 고소를 취소할 수 없고 그 고소의 취소가 있다 하더라도 그 효력을 발생할 수 없으며, 이러한 법리는 필요적 공범이냐 임의적 공범이냐를 구별함이 없이 모두 적용된다[대판 1985.11.12. 85도1940]. [19 법원9급, 18 변호사, 18 법원9급, 16 경찰승진, 16 경찰채용]*

기출지문 친고죄의 공범인 甲, 乙 중 甲에 대하여 제1심판결이 선고되었더라도 제1심판결 선고 전의 乙에 대하여는 고소를 취소할 수 있고, 그 효력은 제1심판결 선고 전의 乙에게만 미친다. (×)

⚖ 판례 | 항소심에서 친고죄 또는 반의사불벌죄로 공소장이 변경된 경우 고소취소의 인정 여부(부정)

1. 항소심에서 비로소 공소사실이 친고죄로 변경된 경우에도 항소심을 제1심이라 할 수는 없는 것이므로 항소심에 이르러 고소인이 고소를 취소하였다면 이는 친고죄에 대한 고소취소로서의 효력이 없다[대판 2007.3.15. 2007도210]. [19 경찰채용, 19 법원9급, 17 국가7급]*
2. 항소심에서 공소장의 변경에 의하여 또는 공소장변경절차를 거치지 아니하고 법원 직권에 의하여 친고죄가 아닌 범죄를 친고죄로 인정하였더라도 항소심을 제1심이라 할 수는 없는 것이므로 항소심에 이르러 비로소 고소인이 고소를 취소하였다면 이는 친고죄에 대한 고소취소로서의 효력은 없다[대판(전) 1999.4.15. 96도1922]. [20 국가9급, 20 법원9급, 19 경찰승진, 18 경찰채용]*
3. 형사소송법 제232조 제1항, 제3항의 취지는 국가형벌권의 행사가 피해자의 의사에 의하여 좌우되는 현상을 장기간 방치할 것이 아니라 제1심판결 선고 이전까지로 제한하자는 데 그 목적이 있다 할 것이므로, 비록 항소심에 이르러 비로소 반의사불벌죄가 아닌 죄에서 반의사불벌죄로 공소장변경이 있었다 하여 항소심인 제2심을 제1심으로 볼 수는 없다[대판 1988.3.8. 85도2518]. [18 경찰승진, 18 경찰채용, 18 법원9급]*

4. 형사소송법이 고소취소의 시한을 획일적으로 제1심판결 선고시까지로 한정하고 있으므로, 현실적 심판의 대상이 된 공소사실이 친고죄로 된 당해 심급의 판결 선고시까지 고소인이 고소를 취소할 수 있다는 의미로 볼 수는 없다. 또한 항소심에서 비로소 반의사불벌죄로 공소장이 변경되었다 하더라도 고소취소는 인정되지 않는다[대판(전) 1999.4.15. 96도1922].

  기출지문 비친고죄에 해당하는 죄로 기소되어 항소심에서 친고죄에 해당하는 죄로 공소장이 변경된 후 공소제기 전에 행하여진 고소가 취소되었다면 항소심법원은 공소기각의 판결을 선고하여야 한다. (×)

판례 | 친고죄(반의사불벌죄)의 피고사건에서 1심판결 선고 후 고소취소의 효력(= 무효)

1. 제1심판결 선고 후에 고소가 취소된 경우에는 그 취소의 효력이 없으므로 공소기각의 재판을 할 수 없다[대판 1985.2.8. 84도2682]. [16 변호사]*
2. 피해자의 명시한 의사에 반하여 죄를 논할 수 없는 사건에서 처벌을 희망하는 의사표시의 철회 또는 처벌을 희망하지 아니하는 의사표시는 제1심판결 선고시까지 할 수 있으므로 그 후의 의사표시는 효력이 없다[대판 2000.9.29. 2000도2953].

  관련판례 처벌불원의 의사표시의 부존재는 소극적 소송조건으로서 직권조사사항에 해당하므로 당사자가 항소이유로 주장하지 않았더라도 항소심은 이를 직권으로 조사·판단하여야 한다[대판 2020.2.27. 2019도19168].

판례 | 항소심이 제1심을 파기하고 환송한 경우 환송 후 제1심판결의 선고 전에 고소를 취소할 수 있는지 여부(적극), 이 경우 법원이 취해야 할 조치(= 공소기각판결)

상소심에서 제1심의 공소기각판결이 법률위반을 이유로 이를 파기하고 사건을 제1심법원에 환송함에 따라 다시 제1심 절차가 진행된 경우, 종전의 제1심판결은 이미 파기되어 그 효력을 상실하였으므로 환송 후의 제1심판결 선고 전에는 고소취소의 제한사유가 되는 제1심판결 선고가 없는 경우에 해당한다. 따라서 환송 후 제1심판결 선고 전에 고소가 취소되면 형사소송법 제327조 제5호에 의하여 판결로써 공소를 기각하여야 한다[대판 2011.8.25. 2009도9112]. [19 경찰승진, 19 경간부, 18 변호사]*

판례 | 소촉법 제23조의2에 의한 재심의 1심판결에서 처벌희망 의시표시의 철회 가능성(가능)

제1심판결이 소촉법 제23조 본문의 특례 규정에 의하여 선고된 다음 피고인이 책임질 수 없는 사유로 공판절차에 출석할 수 없었다고 하여 소촉법 제23조의2의 규정에 의한 재심이 청구되고 재심개시의 결정이 내려진 경우, 피고인으로서는 제1심의 공판절차에서 적절한 방어를 할 기회를 가지지 못하였던 것이고 바로 그러한 이유로 인하여 재심청구가 허용된 것이므로 이 경우에는 부도수표 회수나 수표소지인의 처벌을 희망하지 아니하는 의사의 표시도 그 재심의 제1심판결 선고 전까지 하면 되는 것으로 해석함이 상당하다[대판 2002.10.11. 2002도1228].

  동지판례 제1심 법원이 반의사불벌죄로 기소된 피고인에 대하여 소송촉진 등에 관한 특례법(이하 '소송촉진법'이라고 한다) 제23조에 따라 피고인의 진술 없이 유죄를 선고하여 판결이 확정된 경우, 만일 피고인이 책임을 질 수 없는 사유로 공판절차에 출석할 수 없었음을 이유로 소송촉진법 제23조의2에 따라 제1심 법원에 재심을 청구하여 재심개시결정이 내려졌다면 피해자는 재심의 제1심판결 선고 전까지 처벌을 희망하는 의사표시를 철회할 수 있다[대판 2016.11.25. 2016도9470]. [18 법원9급]*

  비교판례 피고인이 제1심 법원에 소촉법 제23조의2에 따른 재심을 청구하는 대신 항소권회복청구를 함으로써 항소심 재판을 받게 되었다면 항소심을 제1심이라고 할 수 없는 이상 그 항소심 절차에서는 처벌을 희망하는 의사표시를 철회할 수 없다[대판 2016.11.25. 2016도9470]. [22 경간부, 20 경찰채용, 18 법원9급]*

판례 | 부정수표단속법 제2조 제4항 관련 판례

1. 부정수표단속법 제2조 제4항에서 부정수표가 회수된 경우 공소를 제기할 수 없도록 하는 취지는 부정수표가 회수된 경우에는 수표소지인이 부정수표 발행자 또는 작성자의 처벌을 희망하지 아니하는 것과 마찬가지로 보아 같은 조 제2항 및 제3항의 죄를 이른바 반의사불벌죄로 규정한 취지라고 해석함이 상당하다[대판 2009.12.10, 2009도9939].
2. 부도수표 회수나 수표소지인의 처벌을 희망하지 아니하는 의사의 표시는 어디까지나 제1심판결 선고 이전까지 하여야 하는 것으로 해석되므로, 부정수표를 제1심판결 선고 후에 회수하였더라도 부정수표단속법 제2조 제4항 소정의 공소제기를 할 수 없다는 효력이 생길 수 없다[대판 1995.10.13, 95도1367].
3. 부도수표 회수나 수표소지인의 처벌을 희망하지 아니하는 의사의 표시가 제1심판결 선고 이전까지 이루어지는 경우에는 공소기각의 판결을 선고하여야 할 것이고 이는 부정수표가 공범에 의하여 회수된 경우에도 마찬가지이다[대판 2009.12.10, 2009도9939]. [17 국가9급, 16 법원9급]*
4. 부도수표가 제권판결에 의하여 무효로 됨으로써 수표소지인이 더 이상 발행인 등에게 수표금의 지급을 구할 수 없게 되었다고 하더라도 이러한 사정만으로는 수표가 회수되거나 수표소지인이 처벌을 희망하지 아니하는 의사를 명시한 경우에 해당한다고 볼 수는 없다[대판 2006.5.26, 2006도1711].

(5) **고소취소의 효과**
① 고소권의 소멸, 재고소의 금지: 고소를 취소하면 고소권이 소멸한다. 따라서 고소를 취소한 자는 고소기간 내일지라도 다시 고소할 수 없다(제232조 제2항). [16 경찰승진]*
② 반의사불벌죄 사건에서 처벌을 원하는 의사표시의 철회한 자도 다시 처벌을 원하는 의사표시를 할 수 없다(동조 제3항).

판례 | 고소취소(처벌불원의사표시)를 다시 철회할 수 있는지의 여부(소극)

1. 고소권자가 서면 또는 구술로써 수사기관 또는 법원에 고소를 취소하는 의사표시를 하였다고 보여지는 이상 그 고소는 적법하게 취소되었다고 할 것이고 그 후 고소취소를 철회하는 의사표시를 다시 하였다고 하여도 그것은 효력이 없다 [대판 2009.9.24, 2009도6779]. [22 경찰채용, 17 국가7급]*
   판례해설 피해자가 피고인의 처벌을 구하는 의사를 철회한다는 의사로 합의서를 제1심 법원에 제출하였으나(이때 고소가 취소된 것임), 그 후 피해자가 제1심 법원에 증인으로 출석하여 "합의를 취소하고 다시 피고인의 처벌을 원한다."는 진술(고소취소를 철회하는 의사표시)을 하여도 이러한 의사표시는 무효이다.
2. 반의사불벌죄에 있어서 피해자가 처벌을 희망하지 아니하는 의사표시는 공소제기 이후에도 제1심판결이 선고되기 전이라면 수사기관에도 할 수 있는 것이지만 한번 명시적으로 표시된 이후에는 다시 처벌을 희망하지 아니하는 의사표시를 철회하거나 처벌을 희망하는 의사를 표시할 수 없다[대판 2007.9.6, 2007도3405].

판례 | 수개의 적법한 고소가 있는 경우 일부 고소의 취소의 경우(공소제기 요건 충족)

고소능력 있는 피해자 본인의 구술에 의한 적법한 고소가 있고, 본인의 고소가 취소되지 아니한 이상 피해자의 법정대리인의 고소는 취소되었다고 하더라도 친고죄의 공소제기 요건은 여전히 충족된다[대판 2011.6.24, 2011도4451].

4. 고소불가분의 원칙

(1) 의의
고소불가분의 원칙이란 고소나 고소취소의 효력이 불가분이라는 원칙을 말하며, 고소가 소송조건이 되는 친고죄의 고소에만 적용된다.

(2) 객관적 불가분의 원칙

1) 개념
고소의 객관적 불가분의 원칙이란 친고죄에 있어서 하나의 범죄사실 일부에 대한 고소나 그 취소는 그 전부에 대하여 효력이 인정된다는 원칙을 말한다. 이에 대한 명문의 규정은 없으나 '하나의 사건은 소송법적으로 나눌 수 없다'라는 이론상 당연히 인정되고 있다.

2) 적용범위
① 단순일죄: 객관적 불가분의 원칙이 적용된다. 예를 들어 甲이 동일 기회에 A에게 여러 차례 욕설을 한 경우(모욕죄 포괄일죄에 해당함), A가 욕설의 일부분에 대해서만 고소해도 그 고소의 효력은 모욕죄의 범죄사실 전부에 대하여 효력이 미친다.

> **판례 | 일죄에 객관적 불가분의 원칙이 적용되는지의 여부(적극) – 일죄의 일부에 대한 고소, 고발, 공소제기의 효력은 그 전부에 효력이 발생**
>
> 일죄의 관계에 있는 범죄사실의 일부에 대한 고소, 공소제기, 고발의 효력은 그 일죄의 전부에 대하여 미친다[대판 2011.6.24. 2011도4451; 대판 2005.1.14. 2002도5411]. [23 변호사, 22 경간부, 18 경찰승진, 17 법원9급, 16 국가9급, 16 국가7급]*

② 과형상 일죄(상상적 경합) [18 국가7급]*
  ㉠ 과형상 일죄의 각 부분이 모두 친고죄이고 피해자가 동일한 경우 – 적용됨
    객관적 불가분의 원칙이 적용된다. 예를 들어 甲이 하나의 행위로 A를 강제추행하면서 모욕을 한 경우(강제추행죄가 현행법상 친고죄가 아니지만 설명의 편의를 위하여 친고죄라고 가정하고 설명을 함), 강제추행죄와 모욕죄는 모두 친고죄이고 또한 피해자가 동일하므로 A가 강제추행죄에 대해서만 고소해도 그 고소의 효력은 모욕죄에도 미치게 된다. 이는 고소취소의 경우에도 동일하다.
  ㉡ 일부 범죄만이 친고죄인 경우 – 적용되지 않음
    객관적 불가분의 원칙이 적용되지 아니한다. 예를 들어 甲이 하나의 행위로 A를 감금하면서 모욕한 경우, 피해자는 동일하지만 감금죄는 친고죄가 아니므로 A가 감금죄로 고소해도 그 고소의 효력은 모욕죄에는 미치지 아니한다. 또한 모욕죄에 대해서 고소를 취소한 경우 그 취소의 효력은 감금죄에는 미치지 아니한다.
  ㉢ 피해자가 다른 경우 – 적용되지 않음
    객관적 불가분의 원칙이 적용되지 아니한다. 예를 들어 甲이 하나의 문서로 A와 B를 모욕한 경우, 각 모욕죄는 모두 친고죄이지만 피해자가 다르므로 A가 자신에 대한 모욕죄를 고소해도 그 고소의 효력은 B에 대한 모욕죄에는 미치지 아니한다.

③ 실체적 경합범 – 적용되지 않음
  객관적 불가분의 원칙은 하나의 범죄사실을 전제로 하므로 실체적 경합범의 관계에 있는 수죄에 대해서는 적용되지 아니한다. 예를 들어 甲이 乙에게 저작권이 있는 A저작물, B저작물, C저작물에 대하여 각각 저작권을 침해한 경우(저작권법위반죄의 실체적 경합에 해당), 乙이 A저작물의 저작권침해에 대해서 고소해도 그 고소는 나머지 B저작물, C저작물 저작권 침해에 대해서는 효력이 미치지 않는다.

(3) 주관적 불가분의 원칙

1) 개념
① 친고죄의 공범 중 1인 또는 수인에 대한 고소 또는 그 취소는 다른 공범자에게도 효력이 인정된다는 원칙을 말한다(제233조). [20 경찰승진, 18 변호사, 18 경찰채용, 16 경찰승진]* 여기의 공범에는 임의적 공범뿐만 아니라 필요적 공범도 포함된다.
② 본 원칙을 인정하는 이유는 고소의 신고대상은 범인이 아니라 범죄사실이므로 고소를 함에 있어 범인의 지정이 없거나 공범 중 일부만을 지정해도 그 고소의 효력은 공범자 전원에 대하여 효력이 미치게 된다는 점, 고소인의 자의에 의하여 불공평한 결과를 초래하는 것을 방지하고자 하는 데 있다.

2) 적용범위
① 절대적 친고죄 - 적용됨

> **판례 | 친고죄의 경우 공범 1인에 대한 고소취소의 효력이 다른 공범에게 미치는지의 여부(적극)**
>
> 1. 친고죄[22]에서 고소와 고소취소의 불가분원칙을 규정한 형사소송법 제233조는 당연히 적용되므로 만일 공소사실에 대하여 피고인과 공범관계에 있는 사람에 대한 적법한 고소취소가 있다면 고소취소의 효력은 피고인에 대하여 미친다[대판 2015.11.17. 2013도7987]. [19 경간부, 18 법원9급, 16 경찰채용]*
> 2. 친고죄인 저작권법위반 사건의 경우 고소불가분의 원칙상 공범 중 일부에 대하여만 처벌을 구하고 나머지에 대하여는 처벌을 원하지 않는 내용의 고소는 적법한 고소라고 할 수 없고 공범 중 1인에 대한 고소취소는 고소인의 의사와 상관없이 다른 공범에 대하여도 효력이 있다[대판 2009.1.30. 2008도7462]. [19 법원9급, 17 국가9급, 16 경찰승진]*
>
> **기출지문** 乙과 丙이 모욕죄의 공범으로 기소되어 제1심 공판심리 중 피해자 甲이 乙에 대한 고소를 취소하면 수소법원은 乙과 丙 모두에 대하여 공소기각의 판결을 선고해야 한다. (O)

> **판례 | 친고죄인 양벌규정과 고소의 주관적 불가분의 원칙의 적용 여부(적용)**
>
> 저작권법 제103조의 양벌규정은 직접 위법행위를 한 자 이외에 아무런 조건이나 면책조항 없이 그 업무의 주체 등을 당연하게 처벌하도록 되어 있는 규정으로서 당해 위법행위와 별개의 범죄를 규정한 것이라고는 할 수 없으므로 친고죄의 경우에 있어서도 행위자의 범죄에 대한 고소가 있으면 족하고 나아가 양벌규정에 의하여 처벌받는 자에 대하여 별도의 고소를 요한다고 할 수는 없다[대판 1996.3.12. 94도2423]. [22 경찰채용, 20 국가7급, 20 국가9급]*

② 상대적 친고죄[23]: i) 상대적 친고죄에 있어 비신분자에 대한 고소는 친고죄의 고소가 아니므로 그 고소의 효력은 신분자에게 미치지 아니하며, 신분자에 대한 고소취소는 비신분자에게 효력이 없다. 예를 들어 甲과 그 친구 乙이 함께 甲과 동거하지 않는 甲의 삼촌 丙의 재물을 절취한 경우 甲의 절도죄는 (상대적)친고죄이지만 乙의 절도죄는 친고죄가 아니다. 따라서 丙이 비신분자 乙을 고소해도 그 고소의 효력은 甲에게 미치지 아니한다. ii) 다만, 공범 전부가 신분관계가 있는 경우에는 이 원칙이 적용된다.

> **판례 | '상대적 친고죄'에 있어 고소취소가 친족관계가 없는 공범자에게 미치는지의 여부(부정)**
>
> 상대적 친고죄에 있어서의 피해자의 고소취소는 친족관계 없는 공범자에게는 그 효력이 미치지 아니한다[대판 1964.12.15. 64도481]. [16 경찰승진]*

---
22) 일반적으로 친고죄라 함은 절대적 친고죄를 의미한다.
23) 친족상도례가 적용되는 재산범죄에 있어 범인과 피해자 사이에 형법 제328조 제2항의 신분관계가 있으면 친고죄가 되는데, 이와 같이 일정한 신분관계가 있을 때에만 친고죄가 되는 것을 상대적 친고죄라고 한다.

③ 반의사불벌죄

> **판례 | 고소불가분의 원칙의 규정이 반의사불벌죄에도 준용되는지의 여부(부정)**
>
> 형사소송법이 고소와 고소취소에 관한 규정을 하면서 제232조 제1항, 제2항에서 고소취소의 시한과 재고소의 금지를 규정하고 제3항에서는 반의사불벌죄에 제1항, 제2항의 규정을 준용하는 규정을 두면서도, 제233조에서 고소와 고소취소의 불가분에 관한 규정을 함에 있어서는 반의사불벌죄에 이를 준용하는 규정을 두지 아니한 것은 처벌을 희망하지 아니하는 의사표시나 처벌을 희망하는 의사표시의 철회에 관하여 친고죄와는 달리 공범자간에 불가분의 원칙을 적용하지 아니하고자 함에 있다고 볼 것이다 [대판 1994.4.26. 93도1689]. [22 경간부, 20 국가9급, 19 경찰승진, 19 경간부, 19 법원9급, 18 변호사, 18 경간부, 18 경찰채용, 17 경찰승진, 17 국가9급, 16 법원9급]*

④ 전속고발범죄[24)]

> **판례 | 고소불가분의 원칙의 규정이 전속고발범죄에도 준용되는지의 여부(부정)**
>
> 조세범처벌법에 의하여 하는 고발에 있어서는 이른바 고소·고발 불가분의 원칙이 적용되지 아니하므로 고발의 구비 여부는 양벌규정에 의하여 처벌받는 자연인인 행위자와 법인에 대하여 개별적으로 논하여야 한다 [대판 2004.9.24. 2004도4066]. [16 법원9급]*
>
> **동지판례** 죄형법정주의의 원칙에 비추어 친고죄에 관한 고소의 주관적 불가분 원칙을 규정한 형사소송법 제233조의 유추적용을 통하여 공정거래위원회의 고발이 없는 위반행위자에 대해서까지 형사처벌의 범위를 확장하는 것도 허용될 수 없으므로, 위반행위자 중 일부에 대하여 공정거래위원회의 고발이 있다고 하여 나머지 위반행위자에 대하여도 위 고발의 효력이 미친다고 볼 수 없고, 나아가 독점규제법 제70조의 양벌규정에 따라 처벌되는 법인이나 개인에 대한 고발의 효력이 그 대표자나 대리인, 사용인 등으로서 행위자인 사람에게까지 미친다고 볼 수도 없다 [대판 2011.7.28. 2008도5757]. [20 경찰채용, 19 법원행시, 18 경간부, 17 경간부]*
>
> **기출지문** 고소의 주관적 불가분의 원칙은 조세범처벌법위반죄에서 소추조건으로 되어 있는 세무공무원의 고발에도 적용된다. (×)

▶ 불가분의 원칙의 적용범위

구분			원칙의 적용 여부
객관적 불가분	친고죄	단순일죄(○)	-
		상상적 경합범(△)	① 모든 범죄가 친고죄이고 피해자가 동일한 경우(○) ② 일부 범죄만이 친고죄이거나 피해자가 다른 경우(×)
		실체적 경합범(×)	-
	반의사불벌죄(○)		(단순일죄에 있어) 범죄사실 일부에 대한 처벌희망 의사표시 및 그 의사표시의 철회는 그 전부에 대하여 효력이 있음
	전속고발범죄(○)		(단순일죄에 있어) 범죄사실 일부에 대한 고발이나 고발취소는 그 전부에 대하여 효력이 있음
주관적 불가분	친고죄	절대적 친고죄(○)	-
		상대적 친고죄(△)	신분이 있는 공범에게는 원칙이 적용됨, 신분이 없는 공범에게는 원칙이 적용되지 않음
	반의사불벌죄	판례(×)	
	전속고발범죄	판례(×)	

---

24) 전속고발사건에 대하여도 고소의 주관적 불가분의 원칙에 관한 규정이 준용되는지 논의가 있다. 처벌의 공평을 기하기 위하여 적용된다는 견해(긍정설)와 고발의 구비여부는 개별적으로 판단해야 하므로 준용될 수 없다는 견해(부정설)가 나뉘어져 있다.

5. 고소의 포기

(1) 의의
고소의 포기란 친고죄의 고소권자가 고소기간 내에 고소권을 행사하지 않겠다는 의사표시를 하는 것을 말한다.

(2) 고소의 포기의 인정 여부

> **판례 | 친고죄의 고소의 포기 인정 여부(부정)**
>
> 1. 친고죄에 있어서의 피해자의 고소권은 공법상의 권리라고 할 것이므로 권리의 성질상 법이 특히 명문으로 인정하는 경우를 제외하고는 자유처분을 할 수 없다. 그런데 형사소송법 제232조에 의하면 일단 한 고소는 취소할 수 있도록 규정하였으나 고소권의 포기에 관하여는 아무런 규정이 없으므로 고소 전에 고소권을 포기할 수 없다고 함이 상당하다[대판 1967.5.23. 67도471]. [20 국가9급, 16 경간부]*
> 2. 피해자가 고소장을 제출하여 처벌을 희망하는 의사를 분명히 표시한 후 고소를 취소한 바 없다면 비록 고소 전에 피해자가 처벌을 원치 않았다 하더라도 그 후에 한 피해자의 고소는 유효하다[대판 2008.11.27. 2007도4977]. [17 국가7급]*

Ⅴ 고발

1. 일반범죄의 고발

(1) 의의
① 고발이란 고소권자와 범인 이외의 사람이 범죄사실을 수사기관에 신고하여 소추를 구하는 의사표시를 말한다.
② 고발은 원칙적으로 수사의 단서에 불과하지만 전속고발범죄의 경우에는 소송조건이 된다.

> **판례 | 진범이 아닌 자에 대한 고발이 진범에게 효력이 미치는지의 여부(긍정)**
>
> 고발이란 범죄사실을 수사기관에 신고하여 그 소추를 촉구하는 것으로서 범인을 지적할 필요가 없는 것이고 또한 고발에서 지정한 범인이 진범인이 아니더라도 고발의 효력에는 영향이 없다. 따라서 고발인이 농지전용행위를 한 사람을 甲으로 잘못 알고 甲을 피고발인으로 하여 고발하였다고 하더라도 乙이 농지전용행위를 한 이상 乙에 대하여도 고발의 효력이 미친다[대판 1994.5.13. 94도458].

(2) 고발의 주체
누구든지 범죄가 있다고 사료하는 때에는 고발할 수 있다(제234조 제1항). 다만, 공무원은 그 '직무를 행함에 있어' 범죄가 있다고 사료하는 때에는 고발하여야 한다(동조 제2항).

(3) 고발의 절차(고소와 동일)
고발은 고소와 마찬가지로 서면 또는 구술로써 검사 또는 사법경찰관에게 하여야 한다(제237조 제1항). 기타 조서작성 및 관계서류 및 증거물의 송부는 고소와 동일하다(제237조 제2항, 제238조). 이러한 절차는 고발의 취소에도 준용된다(제239조).

(4) 고발의 제한(고소와 동일)
자기 또는 배우자의 직계존속은 고발하지 못한다(제224조, 제235조).

(5) 고발과 고소의 차이점
① 고발은 피해자 본인 및 고소권자를 제외하고는 누구나 할 수 있는 것이어서 고발의 대리는 허용되지 않는다[대판 1989.9.26. 88도1533]. 고발의 기간에는 제한이 없다.
② 고발은 취소할 수 있고, 고발을 취소한 후에도 다시 고발할 수 있다(고소를 취소한 경우 다시 고소할 수 없다는 것과 구별하여야 한다).

2. 전속고발범죄의 고발

(1) 의의
① 전속고발범죄(또는 즉시고발범죄)란 관계 공무원의 고발이 소송조건이 되는 범죄를 말한다.
② 출입국관리법위반사건, 조세범처벌법위반사건 등이 전속고발범죄에 해당한다.

> **⚖ 판례 | 전속고발범죄에 있어 고발의 성질(소송조건)**
>
> 조세범처벌법상의 범칙행위는 국세청장, 지방국세청장, 세무서장 또는 세무에 종사하는 공무원의 고발을 기다려 논하게 되어 있으므로 고발없이 공소가 제기된 경우에는 공소제기 절차가 법률규정에 위반된 것이니 공소를 기각(공소기각판결 선고)하여야 한다[대판 1971.11.30. 71도1736].

(2) 전속고발범죄와 관련한 판례정리

> **⚖ 판례 | 전속고발범죄에 있어 고발에 필요한 범죄사실의 표시 정도(공소장 기재요건과 동일한 정도임을 요하지 않음)**
>
> 조세범처벌법에 의한 고발은 고발장에 범칙사실의 기재가 없거나 특정이 되지 아니할 때에는 부적법하나, 반드시 공소장 기재요건과 동일한 범죄의 일시·장소를 표시하여 사건의 동일성을 특정할 수 있을 정도로 표시하여야 하는 것은 아니고, 조세범처벌법이 정하는 어떠한 태양의 범죄인지를 판명할 수 있을 정도의 사실을 일응 확정할 수 있을 정도로 표시하면 족하다[대판 2011.11.24. 2009도7166].

> **⚖ 판례 | 즉시고발사건에서 고발의 효력이 미치는 범위(= 객관적 불가분의 원칙 적용)**
>
> 고발은 범죄사실에 대한 소추를 요구하는 의사표시로서 그 효력은 고발장에 기재된 범죄사실과 동일성이 인정되는 사실 모두에 미치므로 범칙사건에 대한 고발이 있는 경우 그 고발의 효력은 범칙사건에 관련된 범칙사실의 전부에 미치고 (한 개의 범칙사실)의 일부에 대한 고발은 그 전부에 대하여 효력이 생긴다. 그러나 (수 개의 범칙사실) 중 일부만을 범칙사건으로 하는 고발이 있는 경우 고발장에 기재된 범칙사실과 동일성이 인정되지 않는 다른 범칙사실에 대해서까지 고발의 효력이 미칠 수는 없다[대판 2014.10.15. 2013도5650].
>
> **동지판례** 고발은 범죄사실에 대한 소추를 요구하는 의사표시로서 그 효력은 고발장에 기재된 범죄사실과 동일성이 인정되는 사실 모두에 미치므로, 범칙사건에 대한 고발이 있는 경우 그 고발의 효과는 범칙사건에 관련된 범칙사실의 전부에 미치고 한 개의 범칙사실의 일부에 대한 고발은 그 전부에 대하여 효력이 생기므로, 동일한 부가가치세의 과세기간 내에 행하여진 조세포탈기간이나 포탈액수의 일부에 대한 조세포탈죄의 고발이 있는 경우 그 고발의 효력은 그 과세기간 내의 조세포탈기간 및 포탈액수 전부에 미친다. 따라서 일부에 대한 고발이 있는 경우 기본적 사실관계의 동일성이 인정되는 범위 내에서 조세포탈기간이나 포탈액수를 추가하는 공소장변경은 적법하다[대판 2009.7.23. 2009도3282].

판례 | 전속고발범죄에 있어 고발(자체)만으로 소추요건이 충족되는지 여부(긍정)

조세범처벌절차법에 즉시고발을 함에 있어서 고발사유를 고발서에 명기하도록 하는 규정이 없을 뿐만 아니라 원래 즉시고발권을 세무공무원에게 부여하였음은 세무공무원으로 하여금 때에 따라 적절한 처분을 하도록 할 목적으로 고발사유의 유무에 대한 인정권까지 세무공무원에게 일임한 것이라고 볼 것이므로, 조세범칙사건에 대하여 관계 세무공무원의 즉시고발이 있으면 그로써 소추의 요건은 충족되는 것이고, 법원은 본안에 대하여 심판하면 되는 것이지 즉시고발 사유에 대하여 심사할 수 없다[대판 2014.10.15. 2013도5650].

동지판례 공정거래위원회가 사업자에게 독점규제법의 규정을 위반한 혐의가 있다고 인정하여 사업자를 고발하였다면 이로써 소추의 요건은 충족되며 공소가 제기된 후에는 고발을 취소하지 못함에 비추어 보면, 법원이 본안에 대하여 심판한 결과 독점규제법의 규정에 위반되는 혐의 사실이 인정되지 아니하거나 그 위반 혐의에 관한 공정거래위원회의 처분이 위법하여 행정소송에서 취소된다 하더라도 이러한 사정만으로는 그 고발을 기초로 이루어진 공소제기 등 형사절차의 효력에 영향을 미치지 아니한다[대판 2015.9.10. 2015도3926].
※ 공소기각판결을 할 수 없다는 취지이다.

판례 | 세무공무원의 고발에 대하여 검사가 불기소처분을 하였다가 나중에 공소를 제기하는 경우, 세무공무원의 새로운 고발이 있어야 하는지의 여부(불필요)

세무공무원 등의 고발이 있어야 공소를 제기할 수 있는 조세범처벌법위반죄에 관하여 일단 불기소처분이 있었더라도 세무공무원 등이 종전에 한 고발은 여전히 유효하다. 따라서 나중에 공소를 제기함에 있어 세무공무원 등의 새로운 고발이 있어야 하는 것은 아니다[대판 2009.10.29. 2009도6614]. [20 경찰승진, 20 경찰채용]*

판례 | 전속고발범죄에 있어 고발의 취소시기(= 원칙으로 제1심 판결선고 전까지)

조세범처벌법위반 사건에 대한 세무공무원의 고발취소는 제1심 판결선고 전에 한하여 취소할 수 있다고 해석함이 타당하다[대판 1957.3.29. 57도58].

판례해설 독점규제법에 규정된 전속고발범죄의 경우와 같이 공소가 제기된 후에는 고발을 취소할 수 없는 경우도 있다.

▶ 고소 VS 고발

구분	비친고죄의 고소	친고죄의 고소	일반범죄의 고발	전속고발범죄의 고발
성질	수사의 단서	수사의 단서 소송조건	수사의 단서	수사의 단서 소송조건
주체	범죄의 피해자 등 고소권자	범죄의 피해자 등 고소권자	고소권자와 범인 이외의 사람	관계 공무원
기간	제한 없음	범인을 안 날 로부터 6월	제한 없음	제한 없음
대리	허용	허용	불허	불허
취소시기	제한 없음	제1심 판결 선고 전까지	제한 없음	제1심 판결 선고 전까지 (예외 있음)
취소의 효과	재고소 금지	재고소 금지	재고발 가능	재고발 가능

Ⅵ 자수[25]

1. 의의
자수란 범인이 스스로(자발적으로) 수사기관에 대하여 자기 범죄사실을 신고하여 처벌을 구하는 의사표시를 말한다.

2. 자수의 절차와 방식
① 자수는 서면 또는 구술로써 검사 또는 사법경찰관에게 하여야 한다(제237조 제1항, 제240조). 기타 조서작성 및 관계서류 및 증거물의 송부는 고소와 고발에 관한 규정이 준용된다(제237조 제2항, 제238조).
② 자수는 범인 스스로 하여야 하므로 대리가 인정되지 않는다. 다만, 사자(使者)에 의한 자수의사의 전달은 허용된다.

> **판례 | 자발성이 없어 자수가 인정되지 않는 경우**
>
> 피고인이 수사기관에 자진 출석하여 처음 조사를 받으면서는 돈을 차용하였을 뿐이라며 범죄사실을 부인하다가 제2회 (조사를 받으면서) 비로소 업무와 관련하여 돈을 수수하였다고 (자백)한 행위를 자수라고 할 수 없다[대판 2011.12.22. 2011도12041]. [16 법원행시, 16 경찰채용]*

Ⅶ 음주측정 관련 판례 정리[26]

> **판례 | 음주측정 또는 채혈이 적법한 경우**
>
> 1. 음주운전을 목격한 피해자가 있는 상황에서 경찰관이 음주운전 종료시부터 약 2시간 후 집에 있던 피고인을 임의동행하여 음주측정을 요구하였고, 음주측정 요구 당시에도 피고인이 상당히 술에 취한 것으로 보이는 상황이었다면 그 음주측정 요구는 적법하다[대판 1997.6.13. 96도3069]. [17 경찰승진]*
> 2. 단순히 단속현장에서 다른 절차에 앞서 채혈이 곧바로 실시되지 않은 채 호흡측정기에 의한 음주측정으로부터 1시간 12분이 경과한 후 채혈이 이루어졌다는 사정만으로는 단속 경찰공무원의 행위가 법령에 위반된다거나 그 객관적 정당성을 상실하여 운전자가 음주운전에 대한 단속과정에서 받을 수 있는 권익이 현저하게 침해되었다고 단정하기는 어렵다[대판 2008.4.24. 2006다32132].

> **판례 | 음주측정이 위법한 경우**
>
> 위법한 체포 상태에서 음주측정요구가 이루어진 경우 그 음주측정요구 역시 위법한 것으로 볼 수밖에 없고, 그러한 위법한 음주측정요구에 대해서까지 운전자가 응할 의무가 있다고 보아 이를 강제하는 것은 부당하므로 그에 불응하였다고 하여 도로교통법 제148조의2 제1항 제2호의 음주측정불응죄로 처벌할 수는 없다[대판 2015.12.24. 2013도8481].

---

[25] 자수와 관련한 판례는 사실상 형법적 의미가 더 중요하다. 형법에서 공부한 판례로 충분하다.
[26] 음주측정과 관련한 판례는 각 쟁점별로 정리해 두었다. 다만, 특별한 쟁점으로 구분하기 어려운 판례를 모아 편의상 이 곳에서 정리한 것이다.

판례 | 음주측정거부죄가 성립하는 경우

1. 운전자가 음주측정요구를 받을 당시에 술에 취한 상태에 있었다고 인정할 만한 상당한 이유가 있음에도 정당한 이유없이 이에 불응하여 음주측정불응죄가 인정되었다면, 운전자가 다시 스스로 경찰공무원에게 혈액채취의 방법에 의한 음주측정을 요구하여 그 결과 음주운전으로 처벌할 수 없는 혈중알콜농도 수치가 나왔더라도 음주측정거부죄가 성립한다고 한 사례[대판 2004.10.15. 2004도4789]. [18 경찰채용]*
2. 경찰공무원이 술에 취한 상태에 있다고 인정할 만한 상당한 이유가 있는 운전자에게 음주 여부를 확인하기 위하여 음주측정기에 의한 측정의 사전 단계로 음주감지기에 의한 시험을 요구하는 경우, 그 시험 결과에 따라 음주측정기에 의한 측정이 예정되어 있고 운전자가 그러한 사정을 인식하였음에도 음주감지기에 의한 시험에 명시적으로 불응함으로써 음주측정을 거부하겠다는 의사를 표명하였다면, 음주감지기에 의한 시험을 거부한 행위도 음주측정기에 의한 측정에 응할 의사가 없음을 객관적으로 명백하게 나타낸 것으로 볼 수 있다[대판 2017.6.15. 2017도5115]. [18 경찰채용]*

판례 | 기타 음주측정 관련 판례

음주감지기 시험에서 음주반응이 나왔다고 할지라도 현재 사용되는 음주감지기가 혈중알코올농도 0.02%인 상태에서부터 반응하게 되어 있는 점을 감안하면 그것만으로 바로 운전자가 혈중알코올농도 0.05% 이상의 술에 취한 상태에 있다고 인정할 만한 상당한 이유가 있다고 볼 수는 없다[대판 2003.1.24. 2002도6632].

제5절 임의수사

I 임의수사와 강제수사

1. 임의수사의 원칙

① 임의수사란 강제력을 행사하지 않고 상대방의 동의나 승낙을 받아서 하는 수사를 말한다.
② 수사는 원칙적으로 임의수사에 의하여야 한다.

2. 강제수사의 규제

(1) 강제수사의 의의

강제수사란 강제처분에 의한 수사를 말한다.

(2) 강제수사의 규제

① 강제처분법정주의27): 수사상의 강제처분은 법률에 특별한 규정이 있는 경우에 한하여 허용된다(제199조).28)
[16 경찰승진]*

---

27) 강제처분이란 수사 또는 소송절차의 진행이나 형벌집행의 확보를 위하여 상대방의 의사에 반하거나 물리적 강제력을 행사하거나 개인의 기본권을 침해하는 처분을 말한다.
28) 강제처분과 강제수사는 개념상 구별되어야 한다. 강제처분은 수사기관뿐만 아니라 법원도 할 수 있기 때문이다. 다만, 제199조의 '강제처분'은 수사상의 강제처분을 의미한다.

② 영장주의 원칙

판례 | 영장주의의 의의

영장주의란 체포·구속·압수 등의 강제처분을 함에 있어서는 사법권 독립에 의하여 그 신분이 보장되는 법관이 발부한 영장에 의하지 않으면 아니된다는 원칙이고 따라서 영장주의의 본질은 신체의 자유를 침해하는 강제처분을 함에 있어서는 중립적인 법관이 구체적 판단을 거쳐 발부한 영장에 의하여야만 한다는 데에 있다[헌재 1997.3.27. 96헌바28]. [19 경간부]*

판례 | 영장주의에 위반되는 경우

법원이 피고인의 구속 또는 그 유지 여부의 필요성에 관하여 한 재판의 효력이 검사나 다른 기관의 이견이나 불복이 있다 하여 이에 좌우되거나 제한받는다면 영장주의 원칙에 위배된다[헌재 2012.6.27. 2011헌가36]. [20 경찰승진, 19 경간부]*

판례 | 영장주의에 위반되지 않는 경우(영장주의가 적용되지 않는 경우 – 강제처분이 아닌 경우)

1. 범죄의 피의자로 입건된 사람들에게 경찰공무원이나 검사의 신문을 받으면서 자신의 신원을 밝히지 않고 지문채취에 불응하는 경우 형사처벌을 통하여 지문채취를 강제하는 경범죄처벌법 규정은 영장주의의 원칙에 위반되지 아니한다. … 이 사건 법률조항은 수사기관이 직접 물리적 강제력을 행사하여 피의자에게 강제로 지문을 찍도록 하는 것을 허용하는 규정이 아니며 형벌에 의한 불이익을 부과함으로써 심리적·간접적으로 지문채취를 강요하고 있으므로 피의자가 본인의 판단에 따라 수용여부를 결정한다는 점에서 궁극적으로 당사자의 자발적 협조가 필수적임을 전제로 하므로 물리력을 동원하여 강제로 이루어지는 경우와는 질적으로 차이가 있다. 따라서 이 사건 법률조항에 의한 지문채취의 강요는 영장주의에 의하여야 할 강제처분이라 할 수 없다[헌재 2004.9.23. 2002헌가17]. [20 경간부, 19 경찰승진, 18 경간부, 17 경찰채용, 16 경찰승진, 16 경간부]*

2. 주취운전의 혐의자에게 음주측정에 응할 의무를 지우고 이에 불응할 때 처벌하는 도로교통법 규정은 영장주의의 원칙에 위반되지 아니한다[헌재 1997.3.27. 96헌가11]. [17 경찰승진]*

3. 마약류 관련 수형자에 대하여 마약류반응검사를 위하여 소변을 받아 제출하게 한 것은 영장주의에 반하지 아니한다. … 소변을 받아 제출하도록 한 것은 교도소의 안전과 질서유지를 위한 것으로 수사에 필요한 처분이 아닐 뿐만 아니라 검사대상자들의 협력이 필수적이어서 강제처분이라고 할 수도 없어 영장주의의 원칙이 적용되지 않는다[헌재 2006.7.27. 2005헌마277]. [23 경간부]*

4. 우편물 통관검사절차에서 이루어지는 우편물의 개봉, 시료채취, 성분분석 등의 검사는 수출입물품에 대한 적정한 통관 등을 목적으로 한 행정조사의 성격을 가지는 것으로서 수사기관의 강제처분이라고 할 수 없으므로, 압수·수색영장 없이 우편물의 개봉, 시료채취, 성분분석 등 검사가 진행되었다 하더라도 특별한 사정이 없는 한 위법하다고 볼 수 없다. 또한 세관공무원이 통관검사를 위하여 직무상 소지 또는 보관하는 우편물을 수사기관에 임의로 제출한 경우에는 비록 소유자의 동의를 받지 않았다 하더라도 수사기관이 강제로 점유를 취득하지 않은 이상 해당 우편물을 압수하였다고 할 수 없다[대판 2013.9.26. 2013도7718]. [19 변호사, 19 경찰승진, 18 경찰승진, 17 국가7급, 17 국가9급, 16 법원9급]*

비교판례 피고인이 국제항공특송화물 속에 필로폰을 숨겨 수입할 것이라는 정보를 입수한 검사가, 이른바 통제배달(controlled delivery, 적발한 금제품을 감시하에 배송함으로써 거래자를 밝혀 검거하는 수사기법)을 하기 위해 세관공무원의 협조를 받아 특송화물을 통관절차를 거치지 않고 가져와 개봉하여 그 속의 필로폰을 취득한 것은 구체적인 범죄사실에 대한 증거수집을 목적으로 한 압수·수색이므로 사전 또는 사후에 영장을 받지 않았다면 압수물 등의 증거능력이 부정된다[대판 2017.7.18. 2014도8719].

> ⚖ **판례 | 영장주의가 적용되는 경우**
>
> 1. 수출입물품을 검사하는 과정에서 마약류가 감추어져 있다고 밝혀지거나 그러한 의심이 드는 경우, 마약류 불법거래 방지에 관한 특례법 제4조 제1항에 따라 (검사의 요청으로) 세관장이 특정한 수출입물품을 개봉하여 검사하고 그 내용물의 점유를 취득한 행위는 수출입물품에 대한 적정한 통관 등을 목적으로 조사를 하는 경우와는 달리, 범죄수사인 압수 또는 수색에 해당하여 영장주의 원칙이 적용되므로 사전 또는 사후에 영장을 받아야 한다[대판 2017.7.18. 2014도8719]. [20 경찰채용, 18 경찰채용]*
> 2. (수사기관이 범죄 수사를 목적으로) 금융실명법 제4조 제1항에 정한 '거래정보 등'을 획득하기 위해서는 법관의 영장이 필요하고, 신용카드에 의하여 물품을 거래할 때 '금융회사 등'이 발행하는 매출전표의 거래명의자에 관한 정보 또한 금융실명법에서 정하는 '거래정보 등'에 해당하므로, 수사기관이 금융회사 등에 그와 같은 정보를 요구하는 경우에도 법관이 발부한 영장에 의하여야 한다[대판 2013.3.28. 2012도13607].

③ 비례의 원칙: 수사상의 강제처분은 수사의 목적을 달성하기 위하여 필요한 최소한도의 범위 안에서만 하여야 한다(제199조).

3. 수사의 준수사항

> **제198조(준수사항)** ① 피의자에 대한 수사는 불구속 상태에서 함을 원칙으로 한다. [16 경찰승진]*
> ② 검사·사법경찰관리와 그 밖에 직무상 수사에 관계있는 자는 피의자 또는 다른 사람의 인권을 존중하고 수사과정에서 취득한 비밀을 엄수하며 수사에 방해되는 일이 없도록 하여야 한다.
> ③ 검사·사법경찰관리와 그 밖에 직무상 수사에 관계있는 자는 수사과정에서 수사와 관련하여 작성하거나 취득한 서류 또는 물건에 대한 목록을 빠짐없이 작성하여야 한다. [20 경찰채용, 19 경찰채용]*
> ④ 수사기관은 수사 중인 사건의 범죄 혐의를 밝히기 위한 목적으로 합리적인 근거 없이 별개의 사건을 부당하게 수사하여서는 아니 되고, 다른 사건의 수사를 통하여 확보된 증거 또는 자료를 내세워 관련 없는 사건에 대한 자백이나 진술을 강요하여서도 아니 된다. 〈신설 2022.5.9.〉
>
> **수사준칙에 관한 규정**
> **제5조(형사사건의 공개금지)** ① 검사와 사법경찰관은 공소제기 전의 형사사건에 관한 내용을 공개하여서는 안 된다.

4. 임의수사와 강제수사의 종류

(1) 임의수사

형사소송법상 피의자신문, 참고인조사, 공무소등에 대한 조회, 감정·통역·번역의 위촉이 있다. [23 경간부]*

(2) 강제수사

형사소송법상 강제수사에는 체포·구속, 압수·수색·검증 등이 있다.

5. 임의수사의 적법성의 한계

(1) 임의수사의 내재적 한계

임의수사도 수사의 필요성(범죄혐의의 인정, 기소의 가능성)과 상당성(비례원칙, 신의칙)이 인정되어야 할 수 있다.

(2) 임의수사로서 적법성이 인정되는지 문제가 되는 수사방법[29]
 1) 범죄수사를 위한 임의동행

> **판례 | 형사소송법 제199조 제1항에 의한 범죄수사를 위한 임의동행의 적법성 요건**
>
> [1] 임의동행은 경찰관 직무집행법 제3조 제2항에 따른 행정경찰 목적의 경찰활동으로 행하여지는 것 외에도 형사소송법 제199조 제1항에 따라 범죄 수사를 위하여 수사관이 동행에 앞서 피의자에게 동행을 거부할 수 있음을 알려 주었거나 동행한 피의자가 언제든지 자유로이 동행과정에서 이탈 또는 동행장소로부터 퇴거할 수 있었음이 인정되는 등 오로지 피의자의 자발적인 의사에 의하여 이루어진 경우에도 가능하다.
> [2] 경찰관은 당시 피고인의 정신 상태, 신체에 있는 주사바늘 자국, 알콜솜 휴대, 전과 등을 근거로 피고인의 마약류 투약 혐의가 상당하다고 판단하여 경찰서로 임의동행을 요구하였고, 동행장소인 경찰서에서 피고인에게 마약류 투약 혐의를 밝힐 수 있는 소변과 모발의 임의제출을 요구하였으므로 피고인에 대한 임의동행은 마약류 투약 혐의에 대한 수사를 위한 것이어서 형사소송법 제199조 제1항에 따른 임의동행에 해당한다[대판 2020.5.14. 2020도398]. [22 경찰채용]*
>
> **동지판례** 수사관이 동행에 앞서 피의자에게 동행을 거부할 수 있음을 알려 주었거나 동행한 피의자가 언제든지 자유로이 동행과정에서 이탈 또는 동행장소로부터 퇴거할 수 있었음이 인정되는 등 오로지 피의자의 자발적인 의사에 의하여 수사관서 등에의 동행이 이루어졌음이 객관적인 사정에 의하여 명백하게 입증된 경우에 한하여, 그 적법성이 인정되는 것으로 봄이 상당하다[대판 2006.7.6. 2005도6810]. [22 경찰채용, 20 경간부, 19 경찰채용, 18 경찰승진, 17 경간부, 17 경찰채용, 16 국가7급, 16 경간부]*

> **판례 | 임의동행에 있어서의 임의성의 판단(= 종합적·객관적 판단)**
>
> 이른바 임의동행에 있어서의 임의성의 판단은 동행의 시간과 장소, 동행의 방법과 동행거부의사의 유무, 동행 이후의 조사방법과 퇴거의사의 유무 등 여러 사정을 종합하여 객관적인 상황을 기준으로 하여야 할 것이다[대판 1993.11.23. 93다35155].

> **판례 | 적법한 임의동행에 해당하는 사례**
>
> 1. 피고인이 경찰관들로부터 언제라도 자유로이 퇴거할 수 있음을 고지받고 파출소까지 자발적으로 동행한 경우 파출소에서의 음주측정요구를 위법한 체포 상태에서 이루어진 것이라고 할 수 없다[대판 2015.12.24. 2013도8481]. [22 경찰채용]*
> 2. 피고인이 경찰관으로부터 음주측정을 위해 경찰서에 동행할 것을 요구받고 자발적인 의사에 의해 순찰차에 탑승하였고, 경찰서로 이동하던 중 하차를 요구한 바 있으나 그 직후 경찰관으로부터 수사 과정에 관한 설명을 듣고 경찰서에 빨리 가자고 요구한 경우, 피고인에 대한 임의동행은 피고인의 자발적인 의사에 의하여 이루어진 것으로 그 후에 이루어진 음주측정결과는 증거능력이 있다[대판 2016.9.28. 2015도2798]. [20 국가7급]*
> 3. 경찰관이 피고인을 경찰서로 동행할 당시 피고인에게 언제든지 동행을 거부할 수 있음을 고지한 다음 동행에 대한 동의를 구하였고, 이에 피고인이 고개를 끄덕이며 동의의 의사표시를 하였던 점, 피고인은 동행 당시 경찰관에게 욕을 하거나 특별한 저항을 하지도 않고 동행에 순순히 응하였던 점, 동행 후 경찰서에서 주취운전자 정황진술보고서의 날인을 거부하고 "이번이 3번째 음주운전이다. 난 시청 직원이다. 1번만 봐 달라."고 말하기도 하는 등 동행 전후 피고인의 언행에 비추어 임의동행은 피고인의 자발적인 의사에 의하여 이루어진 것으로서 적법하다[대판 2012.9.13. 2012도8890]. [22 경찰채용, 20 경간부]*

---

[29] 형사소송법에 명문규정이 없으나 실무상 행하여지고 있는 수사방법들이 임의수사로서 허용되는지의 문제이다. 만약 당해 수사방법이 임의수사가 아닌 강제수사로 인정된다면 원칙적으로 영장이 없는 경우 위법하게 된다.

판례 | 위법한 강제연행에 해당하는 사례

1. 피의자가 동행을 거부하는 의사를 표시하였음에도 불구하고 경찰관들이 피의자를 강제로 연행한 행위는 위법한 체포에 해당하고, 이와 같이 위법한 체포상태에서 마약 투약 혐의를 확인하기 위한 채뇨 요구가 이루어진 경우 그와 같은 위법한 채뇨 요구에 의하여 수집된 '소변검사시인서'는 유죄 인정의 증거로 삼을 수 없다[대판 2013.3.14. 2012도13611]. [20 변호사]*

2. 경찰관들이 경찰서 본관 입구에서 동행하기를 거절하는 피고인의 팔을 잡아끌고 교통조사계로 데리고 간 것은 위법한 강제연행에 해당하므로 그러한 위법한 체포 상태에서 이루어진 교통조사계에서의 음주측정요구 역시 위법하다고 할 것이어서 피고인이 그와 같은 음주측정요구에 불응하였다고 하여 음주측정불응죄로 처벌할 수는 없다[대판 2015.12.24. 2013도8481].

3. 경찰관들이 동행을 요구할 당시 피고인에게 그 요구를 거부할 수 있음을 말해주지 않은 것으로 보이고, 경찰서에서 화장실에 갈 때도 경찰관 1명이 따라와 감시하는 등 피고인이 경찰서에 도착한 이후의 상황도 피고인이 임의로 퇴거할 수 있는 상황은 아니었던 것으로 보인다면, 비록 사법경찰관이 피고인을 동행할 당시에 물리력을 행사한 바가 없고, 피고인이 명시적으로 거부의사를 표명한 적이 없다고 하더라도, 사법경찰관이 피고인을 수사관서까지 동행한 것은 위에서 적법요건이 갖추어지지 아니한 채 사법경찰관의 동행 요구를 거절할 수 없는 심리적 압박 아래 행하여진 사실상의 강제연행, 즉 불법 체포에 해당한다고 보아야 할 것이고, 사법경찰관이 그로부터 6시간 상당이 경과한 이후에 비로소 피고인에 대하여 긴급체포의 절차를 밟았다고 하더라도 이는 동행의 형식 아래 행해진 불법 체포에 기하여 사후적으로 취해진 것에 불과하므로, 그와 같은 긴급체포 또한 위법하다고 아니할 수 없다. 따라서 피고인은 불법체포된 자로서 형법 제145조 제1항 소정의 '법률에 의하여 체포 또는 구금된 자'가 아니어서 도주죄의 주체가 될 수 없다[대판 2006.7.6. 2005도6810]. [20 경간부, 18 경찰승진, 17 경찰승진, 17 경간부, 16 경간부]*

판례해설 ① 임의동행으로서 적법한지 여부: 피고인을 경찰서에 동행한 것은 임의동행의 적법성 요건을 구비하지 못하였으므로 불법한 체포에 해당한다. ② 긴급체포로서 적법한지 여부: 피고인에 대하여 긴급체포의 절차를 밟았다고 하더라도 이는 동행의 형식 아래 행해진 불법 체포에 기하여 사후적으로 취해진 것에 불과하므로 긴급체포 또한 위법하다.

2) 승낙수색과 승낙검증
상대방이 명백히 승낙한 경우에는 승낙수색과 승낙검증은 임의수사로서 허용된다(다수설).

3) 거짓말탐지기에 의한 검사
판례는 "거짓말탐지기의 검사는 검사를 받는 사람이 동의하고 기타 요건을 구비한 경우에 증거로 할 수 있는 것"[대판 1987.7.21. 87도968]이라고 판시하여 승낙에 의한 거짓말탐지기에 의한 검사가 허용된다는 입장이다.

4) 실황조사
수사기관이 범죄현장 등의 장소에서 사람이나 물건의 성질, 형상 등을 오관의 작용에 의하여 인식하는 조사활동을 말한다. 실황조사는 물리적 강제력을 수반하지 않으므로 임의수사로서 허용된다(다수설).

5) 승낙에 의한 보호실유치
보호실유치는 본인의 동의가 있었다고 하더라도 그 실질은 구금에 해당하므로 영장을 발부받은 경우가 아니라면 위법한 구금에 해당한다.

판례 | 영장 없는 보호실유치가 적법한지 여부(= 경직법상 보호조치 요건 구비한 경우 이외는 위법)

경찰관직무집행법상 정신착란자, 주취자, 자살기도자등 응급의 구호를 요하는 자를 24시간을 초과하지 아니하는 범위 내에서 경찰관서에 보호조치 할 수 있는 시설로 제한적으로 운영되는 경우를 제외하고는 구속영장을 발부받음이 없이 피의자를 보호실에 유치함은 영장주의에 위배되는 위법한 구금으로서 적법한 공무수행이라고 볼 수 없다[대결 1985.7.29. 85모16].

6) 마취분석
① 마취분석이란 약품의 작용에 의하여 진실을 진술하게 하는 것을 말한다.
② 마취분석은 인간의 정신을 해체시키고 인격의 분열을 초래하므로 피의자의 동의여부를 불문하고 수사방법으로서 허용되지 않는다.

6. 통신제한조치와 사진촬영

(1) 범죄수사를 위한 통신제한조치

1) 의의
통신제한조치란 수사기관이 범죄수사를 위하여 우편물을 검열하거나 전기통신을 감청30)하는 것을 말한다.

2) 허가요건
통신제한조치는 대상범죄를 계획 또는 실행하고 있거나 실행하였다고 의심할 만한 충분한 이유가 있고, 다른 방법으로는 그 범죄의 실행을 저지하거나 범인의 체포 또는 증거의 수집이 어려운 경우에 한하여 허가할 수 있다(통신비밀보호법 제5조 제1항). [19 경간부]*

3) 청구
검사는 요건이 구비된 경우에는 법원에 대하여 각 피의자별 또는 각 피내사자별로 통신제한조치를 허가하여 줄 것을 청구할 수 있다(동법 제6조 제1항). 사법경찰관은 검사에 대하여 허가를 신청하고, 검사는 법원에 대하여 그 허가를 청구할 수 있다(동조 제2항).
다만, 국가안보를 위한 통신제한조치의 경우 정보수사기관의 장은 통신의 일방 또는 쌍방당사자가 내국인일 때는 고등법원 수석판사의 허가를 받아야 한다. [19 경간부]*

4) 허가와 내용
법원은 청구가 이유 있다고 인정하는 경우에는 각 피의자별 또는 각 피내사자별로 통신제한조치를 허가하고, 허가서를 청구인에게 발부한다(동법 제6조 제5항). 통신제한조치의 기간은 2월을 초과하지 못하고, 그 기간 중 통신제한조치의 목적이 달성되었을 경우에는 즉시 종료하여야 한다. 다만, 허가요건이 존속하는 경우에는 소명자료를 첨부하여 2월의 범위 안에서 통신제한조치기간의 연장을 청구할 수 있다(동법 제6조 제7항). 연장을 청구하는 경우에 통신제한조치의 총 연장기간은 1년을 초과할 수 없다. 다만, 내란죄 등 중범죄에 대하여는 통신제한조치의 총 연장기간은 3년을 초과할 수 없다(동법 제6조 제8항).

> **판례 | 통신제한조치에 대한 기간연장결정 의미**
>
> 통신제한조치에 대한 기간연장결정은 원 허가의 내용에 대하여 단지 기간을 연장하는 것일 뿐 원 허가의 대상과 범위를 초과할 수 없다 할 것이므로 통신제한조치허가서에 의하여 허가된 통신제한조치가 '전기통신 감청 및 우편물 검열'뿐인 경우 그 후 연장결정서에 당초 허가내용에 없던 '대화녹음'이 기재되어 있다 하더라도 이는 대화녹음의 적법한 근거가 되지 못한다 [대판 1999.9.3. 99도2317]. [19 경간부, 18 경찰승진]*

> **판례 | 통신제한조치의 집행을 위탁받은 통신기관의 집행방식(허가된 제한조치와 동일한 방식)**
>
> 허가된 통신제한조치의 종류가 전기통신의 '감청'인 경우, 수사기관 또는 수사기관으로부터 통신제한조치의 집행을 위탁받은 통신기관 등은 통신비밀보호법이 정한 감청의 방식으로 집행하여야 하고 그와 다른 방식으로 집행하여서는 아니 된다[대판 2016.10.13. 2016도8137]. [23 변호사, 19 경찰승진, 17 경찰채용]*

---

30) 감청이란 수사기관이 타인의 대화를 본인의 부지중에 청취하는 것을 말하며 도청이라고도 한다.

(2) 사진촬영과 비디오촬영

📖 판례 | 영장없는 사진촬영의 적법성 요건

[1] 수사기관이 범죄를 수사하면서 현재 범행이 행하여지고 있거나 행하여진 직후이고, 증거보전의 필요성 및 긴급성이 있으며, 일반적으로 허용되는 상당한 방법으로 촬영한 경우라면 위 촬영이 영장 없이 이루어졌다 하여 이를 위법하다고 할 수 없다. 다만 촬영으로 인하여 초상권, 사생활의 비밀과 자유, 주거의 자유 등이 침해될 수 있으므로 수사기관이 일반적으로 허용되는 상당한 방법으로 촬영하였는지 여부는 수사기관이 촬영장소에 통상적인 방법으로 출입하였는지 또 촬영장소와 대상이 사생활의 비밀과 자유 등에 대한 보호가 합리적으로 기대되는 영역에 속하는지 등을 종합적으로 고려하여 신중하게 판단하여야 한다. [23 경간부]*

[2] 나이트클럽(이하 '클럽'이라 한다)의 운영자 피고인 甲, 연예부장 피고인 乙, 남성무용수 피고인 丙이 공모하여 클럽 내에서 성행위를 묘사하는 공연을 하는 등 음란행위 영업을 하여 풍속영업의 규제에 관한 법률 위반으로 기소되었는데, 당시 경찰관들이 클럽에 출입하여 피고인 丙의 공연을 촬영한 영상물 및 이를 캡처한 영상사진이 증거로 제출된 사안에서, 경찰관들은 국민신문고 인터넷사이트에 '클럽에서 남성무용수의 음란한 나체쇼가 계속되고 있다.'는 민원이 제기되자 그에 관한 증거수집을 목적으로 클럽에 출입한 점, 클럽은 영업시간 중에는 출입자격 등의 제한 없이 성인이라면 누구나 출입이 가능한 일반적으로 개방되어 있는 장소인 점, 경찰관들은 클럽의 영업시간 중에 손님들이 이용하는 출입문을 통과하여 출입하였고, 출입 과정에서 보안요원 등에게 제지를 받거나 보안요원이 자리를 비운 때를 노려 몰래 들어가는 등 특별한 사정이 발견되지 않는 점, 피고인 丙은 클럽 내 무대에서 성행위를 묘사하는 장면이 포함된 공연을 하였고, 경찰관들은 다른 손님들과 함께 객석에 앉아 공연을 보면서 불특정 다수의 손님들에게 공개된 피고인 丙의 모습을 촬영한 점에 비추어 보면, 위 촬영물은 경찰관들이 피고인들에 대한 범죄 혐의가 포착된 상태에서 클럽 내에서의 음란행위 영업에 관한 증거를 보전하기 위하여, 불특정 다수에게 공개된 장소인 클럽에 통상적인 방법으로 출입하여 손님들에게 공개된 모습을 촬영한 것이므로, 영장 없이 촬영이 이루어졌더라도 위 촬영물과 이를 캡처한 영상사진은 증거능력이 인정된다[대판 2023.4.27. 2018도8161].

동지판례 ⅰ) **(영장 없는 사진촬영)** 특별사법경찰관이 범죄혐의가 포착된 상태에서 이 사건 공소사실 범행에 관한 증거를 보전하기 위한 필요에 의하여, 공개된 장소인 이 사건 음식점에 통상적인 방법으로 출입하여 이 사건 음식점 내에 있는 사람이라면 누구나 볼 수 있었던 손님들의 춤추는 모습을 촬영한 것이다. 따라서 이 사건 특별사법경찰관이 영장 없이 범행현장을 촬영하였다고 하여 이를 위법하다고 할 수 없다[대판 2023.7.13. 2021도10763].

ⅱ) **(영장 없는 녹음)** 수사기관이 적법한 절차와 방법에 따라 범죄를 수사하면서 현재 그 범행이 행하여지고 있거나 행하여진 직후이고, 증거보전의 필요성 및 긴급성이 있으며, 일반적으로 허용되는 상당한 방법으로 범행현장에서 현행범인 등 관련자들과 수사기관의 대화를 녹음한 경우라면, 위 녹음이 영장 없이 이루어졌다 하여 이를 위법하다고 단정할 수 없다. 이는 설령 그 녹음이 행하여지고 있는 사실을 현장에 있던 대화상대방, 즉 현행범인 등 관련자들이 인식하지 못하고 있었더라도, 통신비밀보호법 제3조 제1항이 금지하는 공개되지 아니한 타인간의 대화를 녹음한 경우에 해당하지 않는 이상 마찬가지이다. 다만 수사기관이 일반적으로 허용되는 상당한 방법으로 녹음하였는지 여부는 수사기관이 녹음장소에 통상적인 방법으로 출입하였는지, 녹음의 내용이 대화의 비밀 내지 사생활의 비밀과 자유 등에 대한 보호가 합리적으로 기대되는 영역에 속하는지 등을 종합적으로 고려하여 신중하게 판단하여야 한다[대판 2024.5.30. 2020도9370].31)

---

31) [사실관계] 피고인이 돈을 받고 영업으로 성매매를 알선하였다는 「성매매알선 등 행위의 처벌에 관한 법률」 위반(성매매알선등)으로 기소된 사안으로, 경찰관이 피고인이 운영하는 성매매업소에 손님으로 가장하고 출입하여 피고인 등과의 대화 내용을 녹음한 내용이 문제된 사안이다.
판례해설 원심은, 경찰관이 피고인 등과의 대화 내용을 비밀녹음한 것은 피고인 등의 기본권을 침해하고, 대화비밀을 침해하는 등으로 위법하므로 그 녹음은 위법수집증거로서 증거능력이 없다는 등의 이유로 범죄사실에 대한 증명이 없다고 보아 무죄를 선고하였다. 그러나 대법원은 손님으로 가장한 경찰관이 대화당사자로서 성매매업소를 운영하는 피고인 등과의 대화 내용을 녹음한 것은 통신비밀보호법 제3조 제1항이 금지하는 공개되지 아니한 타인간의 대화를 녹음한 경우에 해당하지 않고, 경찰관이 불특정 다수가 출입할 수 있는 성매매업소에 통상적인 방법으로 들어가 적법한 방법으로 수사를 하는 과정에서 성매매알선 범행이 행하여진 시점에 위 범행의 증거를 보전하기 위하여 범행 상황을 녹음한 것이므로 설령 대화상대방인 피고인 등이 인식하지 못한 사이에 영장 없이 녹음하였다고 하더라도 이를 위법하다고 볼 수 없다는 등의 이유로, 이와 달리 판단한 원심을 파기·환송하였다.

> **판례 | 영장없는 촬영의 적법성을 인정한 경우(예 무인장비에 의한 제한속도 위반차량 단속)**
>
> 1. 무인장비에 의한 제한속도 위반차량 단속은 수사활동의 일환으로서 도로에서의 위험을 방지하고 교통의 안전과 원활한 소통을 확보하기 위하여 도로교통법령에 따라 정해진 제한속도를 위반하여 차량을 주행하는 범죄가 현재 행하여지고 있고, 그 범죄의 성질·태양으로 보아 긴급하게 증거보전을 할 필요가 있는 상태에서 일반적으로 허용되는 한도를 넘지 않는 상당한 방법에 의한 것이므로, 이를 통하여 운전 차량의 차량번호 등을 촬영한 사진을 두고 위법하게 수집된 증거로서 증거능력이 없다고 말할 수 없다[대판 1999.12.7. 98도3329]. [16 국가9급]*
> 2. 피고인들이 일본 또는 중국에서 북한 공작원들과 회합하는 모습을 동영상으로 촬영한 것은 피고인들이 회합한 증거를 보전할 필요가 있어서 이루어진 것이고, 피고인들이 반국가단체의 구성원과 회합 중이거나 회합하기 직전 또는 직후의 모습을 촬영한 것으로 그 촬영 장소도 차량이 통행하는 도로 또는 식당 앞길, 호텔 프런트 등 공개적인 장소인 점 등을 알 수 있으므로 이러한 촬영이 일반적으로 허용되는 상당성을 벗어난 방법으로 이루어졌다거나 영장 없는 강제처분에 해당하여 위법하다고 볼 수 없는 점 등을 고려하여 보면, 위와 같은 사정은 그 촬영 행위에 의하여 취득된 증거의 증거능력을 부정할 사유는 되지 못한다[대판 2013.7.26. 2013도2511].
> 3. 이 사건의 비디오촬영은 피고인들에 대한 범죄의 혐의가 상당히 포착된 상태에서 그 회합의 증거를 보전하기 위한 필요에서 이루어진 것이고 甲의 주거지 외부에서 담장 밖 및 2층 계단을 통하여 甲의 집에 출입하는 피고인들의 모습을 촬영한 것으로 그 촬영방법 또한 반드시 상당성이 결여된 것이라고는 할 수 없다[대판 1999.9.3. 99도2317].

Ⅱ 임의수사의 방법

1. 피의자신문[32]

(1) 의의

1) 개념

피의자신문이란 검사 또는 사법경찰관이 수사에 필요한 때에 피의자의 출석을 요구하여 그 진술을 듣는 것을 말한다(제200조).

2) 법적 성격

피의자에게는 진술거부권이 보장되어 있기 때문에 진술을 강제할 수 없으므로 피의자신문은 피의자의 임의의 진술을 듣는 임의수사에 해당한다.

(2) 주체와 방법

1) 피의자신문의 주체

검사 또는 사법경찰관이다(제200조). 다만, 사법경찰리도 사법경찰관사무취급의 지위에서 피의자신문을 할 수 있다.

2) 출석요구

① 수사기관은 피의자를 신문하기 위하여 피의자의 출석을 요구할 수 있다(제200조). 출석요구의 방법에는 제한이 없다. 원칙적으로 출석요구서를 발부하여야 하지만 전화, 모사전송 그 밖의 상당한 방법으로 출석을 요구할 수 있다(검찰사건사무규칙 제12조). 출석장소는 수사관서에 제한되지 아니한다.

---

[32] 신문(訊問)이란 법원 및 수사기관 등이 상대방이 알고 있는 바를 확인하기 위하여 캐어 묻는 것을 말하고, 심문(審問)이란 법원이 주체가 되어 당사자나 기타 이해관계인에게 서면이나 구두로 진술할 기회를 주고 묻는 것을 말한다.

> **판례 | 구속된 피의자가 피의자신문을 위한 수사기관의 출석 요구에 응하지 아니하면서 출석을 거부할 경우, 수사기관이 그 구속영장에 의하여 피의자를 조사실로 구인할 수 있는지의 여부(긍정)**
>
> 수사기관이 구속영장에 의하여 피의자를 구속하는 경우, 그 구속영장은 기본적으로 장차 공판정에의 출석이나 형의 집행을 담보하기 위한 것이지만, 이와 함께 구속기간의 범위 내에서 수사기관이 피의자신문의 방식으로 구속된 피의자를 조사하는 등 적정한 방법으로 범죄를 수사하는 것도 예정하고 있다고 할 것이다. 따라서 구속영장 발부에 의하여 적법하게 구금된 피의자가 피의자신문을 위한 출석 요구에 응하지 아니하면서 수사기관 조사실에의 출석을 거부한다면 수사기관은 그 구속영장의 효력에 의하여 피의자를 조사실로 구인할 수 있다. 다만 이러한 경우에도 그 피의자신문 절차는 어디까지나 임의수사의 한 방법으로 진행되어야 하므로, 피의자는 일체의 진술을 하지 아니하거나 개개의 질문에 대하여 진술을 거부할 수 있고, 수사기관은 피의자를 신문하기 전에 그와 같은 권리를 알려주어야 한다[대결 2013.7.1. 2013모160]. [20 경간부, 20 경찰채용, 19 변호사, 19 경찰채용, 18 경찰채용, 17 경찰승진, 17 경간부, 16 경찰승진, 16 경찰채용]*
>
> **기출지문** 구속영장에 의해 구치소에 구금된 피의자가 검사의 소환에 불응하고 출석하지 않는 경우 검사가 그 피의자를 강제로 출석시킬 수 있도록 법원은 구금된 사람의 구인을 위한 영장을 발부할 수 있다. (×)

② 피의자신문은 임의수사이므로 피의자는 출석요구에 응할 의무가 없으며 출석한 경우라도 언제든지 퇴거할 수 있다.

3) 진술거부권 등의 고지

① 검사 또는 사법경찰관은 피의자를 신문하기 전에 다음 사항을 알려주어야 한다(제244조의3 제1항). [23 경간부, 16 경간부]*

> 1. 일체의 진술을 하지 아니하거나 질문에 대하여 진술을 하지 아니할 수 있다는 것
> 2. 진술을 하지 아니하더라도 불이익을 받지 아니한다는 것
> 3. 진술을 거부할 권리를 포기하고 행한 진술은 법정에서 유죄의 증거로 사용될 수 있다는 것
> 4. 신문을 받을 때에는 변호인을 참여하게 하는 등 변호인의 조력을 받을 수 있다는 것

> **판례 | 피의자에게 진술거부권을 고지하지 아니하고 얻은 진술의 증거능력(= 위수증, 진술의 임의성이 인정되어도 증거능력 부정)**
>
> 형사소송법이 보장하는 피의자의 진술거부권은 헌법이 보장하는 형사상 자기에 불리한 진술을 강요당하지 않는 자기부죄거부의 권리에 터잡은 것이므로 수사기관이 피의자를 신문함에 있어서 피의자에게 미리 진술거부권을 고지하지 않은 때에는 그 피의자의 진술은 위법하게 수집된 증거로서 진술의 임의성이 인정되는 경우라도 증거능력이 부인되어야 한다[대판 2014.4.10. 2014도1779]. [23 변호사, 20 경간부, 20 경찰채용, 19 경찰승진, 19 경찰채용, 19 국가9급, 19 법원9급, 18 경찰승진, 18 경간부, 18 경찰채용, 18 법원9급, 17 법원9급, 17 경찰승진, 17 경간부, 17 경찰채용, 16 변호사, 16 국가9급, 16 경찰승진]*
>
> **기출지문** 검사가 피의자를 신문할 때 피의자의 진술에 임의성이 인정된다면 미처 진술거부권을 고지하지는 않았더라도 그 조서는 원칙적으로 증거능력이 인정된다. (×)

② 검사 또는 사법경찰관은 제244조의3 제1항의 사항을 알려 준 때에는 피의자가 진술을 거부할 권리와 변호인의 조력을 받을 권리를 행사할 것인지의 여부를 질문하고, 이에 대한 피의자의 답변을 조서에 기재하여야 한다. 이 경우 피의자의 답변은 피의자로 하여금 자필로 기재하게 하거나 검사 또는 사법경찰관이 피의자의 답변을 기재한 부분에 기명날인 또는 서명하게 하여야 한다(동조 제2항). [23 경간부]*

> **📖 판례 | 제244조의3 제2항에 규정한 방식에 위반하여 작성된 피의자신문조서의 증거능력(= 부정)**
>
> 형사소송법 제244조의3 제2항에 규정한 방식에 위반하여 <u>진술거부권 행사 여부에 대한 피의자의 답변이 자필로 기재되어 있지 아니하거나 그 답변 부분에 피의자의 기명날인 또는 서명이 되어 있지 아니한 사법경찰관 작성의 피의자신문조서는 특별한 사정이 없는 한 형사소송법 제312조 제3항에서 정한 '적법한 절차와 방식에 따라 작성'된 조서라 할 수 없으므로 그 증거능력을 인정할 수 없다</u>[대판 2014.4.10. 2014도1779]. [20 경찰승진, 20 경찰채용, 20 국가9급, 20 법원9급, 19 법원9급, 18 경찰채용, 17 국가9급, 16 국가9급]*

4) 신문사항
  ① 인정신문: 검사 또는 사법경찰관이 피의자를 신문함에는 먼저 그 성명·연령·등록기준지·주거·직업을 물어 피의자가 틀림이 없는지를 확인하여야 한다(제241조). 피의자는 이러한 인정신문에 대하여도 진술거부권을 행사할 수 있다.
  ② 이익사실 진술 기회부여: 피의자에 대하여 범죄사실과 정상에 관한 필요사항을 신문하여야 하며 그 이익되는 사실을 진술할 기회를 주어야 한다(제242조).

5) 참고인과의 대질
  검사 또는 사법경찰관이 사실을 발견함에 필요한 때에는 피의자와 다른 피의자 또는 피의자 아닌 자와 대질하게 할 수 있다(제245조).

(3) 피의자신문과 관계자의 참여
 1) 수사기관 측의 참여
  검사가 피의자를 신문할 때는 검찰청 수사관 등을 참여하게 하여야 하고, 사법경찰관이 피의자를 신문할 때는 사법경찰관리를 참여하게 하여야 한다(제243조). [22 경간부, 19 경찰채용]*

 2) 변호인 접견과 참여
  ① 신청권자: 검사 또는 사법경찰관은 피의자 또는 그 변호인·법정대리인·배우자·직계친족·형제자매의 신청에 따라 변호인을 피의자와 접견하게 하거나 정당한 사유가 없는 한 피의자에 대한 신문에 참여하게 하여야 한다(제243조의2 제1항). [18 경찰채용, 17 경찰승진, 16 경간부, 16 경찰채용]* 다만, 변호인의 참여 신청을 받았을 때에도 변호인이 상당한 시간 내에 출석하지 아니하거나 출석할 수 없으면 변호인의 참여 없이 피의자를 신문할 수 있다.

> **📖 판례 | 변호인이 피의자신문에 자유롭게 참여할 수 있는 권리가 헌법상 보호되는 기본권인지의 여부(긍정)**
>
> 형사절차에서 피의자신문의 중요성을 고려할 때, 변호인이 피의자신문에 자유롭게 참여할 수 있는 권리는 헌법상 기본권인 변호인의 변호권으로서 보호되어야 한다[헌재 2017.11.30. 2016헌마503]. [18 경찰채용]*

> **📖 판례 | 불구속 피의자나 피고인에게도 변호인참여요구권이 인정되는지의 여부(적극)**
>
> 불구속 피의자나 피고인의 경우 형사소송법상 특별한 명문의 규정이 없더라도 스스로 선임한 변호인의 조력을 받기 위하여 변호인을 옆에 두고 조언과 상담을 구하는 것은 수사절차의 개시에서부터 재판절차의 종료에 이르기까지 언제나 가능하다. 따라서 불구속 피의자가 피의자신문시 조언과 상담을 구하기 위하여 자신의 변호인을 대동하기를 원한다면, 수사기관은 특별한 사정이 없는 한 이를 거부할 수 없다고 할 것이다[헌재 2004.9.23. 2000헌마138].

판례 | 변호인참여의 제한 요건인 '정당한 사유'의 의미와 참여권의 침해에 해당하는 경우

1. 형사소송법 제243조의2 제1항에 의하면 '검사 또는 사법경찰관은 피의자 또는 변호인 등이 신청할 경우 정당한 사유가 없는 한 변호인을 피의자신문에 참여하게 하여야 한다'고 규정하고 있는바, 여기에서 '정당한 사유'라 함은 변호인이 피의자신문을 방해하거나 수사기밀을 누설할 염려가 있음이 객관적으로 명백한 경우 등[33])을 말하는 것이므로 수사기관이 피의자신문을 하면서 위와 같은 정당한 사유가 없음에도 불구하고 변호인에 대하여 피의자로부터 떨어진 곳으로 옮겨 앉으라고 지시를 한 다음 이러한 지시에 따르지 않았음을 이유로 변호인의 피의자신문 참여권을 제한하는 것은 허용될 수 없다 [대결 2008.9.12. 2008모793]. [19 경찰채용]*

2. 검찰수사관이 피의자신문에 참여한 변호인에게 피의자 후방에 앉으라고 요구한 경우, 피의자가 변호인에게 적극적으로 조언과 상담을 요청할 것을 기대하기 어렵고, 변호인이 피의자의 상태를 즉각적으로 파악하거나 수사기관이 피의자에게 제시한 서류 등의 내용을 정확하게 파악하기 어려우므로 이러한 후방착석 요구행위는 변호인의 자유로운 피의자신문참여를 제한하는 것으로써 헌법상 기본권인 변호인의 변호권을 침해한다 [헌재 2017.11.30. 2016헌마503]. [23 경간부, 20 경간부, 20 경찰채용, 18 국가9급]*

3. [1] 구금된 피의자는 도주, 자해, 다른 사람에 대한 위해 등 형집행법 제97조 제1항 각호에 규정된 사유에 해당하지 않는 이상 보호장비 착용을 강제당하지 않을 권리를 가진다. 검사는 조사실에서 피의자를 신문할 때 해당 피의자에게 그러한 특별한 사정이 없는 이상 교도관에게 보호장비의 해제를 요청할 의무가 있고, 교도관은 이에 응하여야 한다.
[2] 검사 또는 사법경찰관이 구금된 피의자를 신문할 때 피의자 또는 변호인으로부터 보호장비를 해제해 달라는 요구를 받고도 거부한 조치는 형사소송법 제417조에서 정한 '구금에 관한 처분'에 해당한다고 보아야 한다.
[3] 검사가 피의자신문절차에서 인정신문을 진행하기 전에 변호인으로부터 15분에 걸쳐 피의자의 수갑을 해제하여 달라는 명시적이고 거듭된 요구를 받았고 피의자에게 도주, 자해, 다른 사람에 대한 위해의 위험이 분명하고 구체적으로 드러나는 등 특별한 사정이 없었음에도, 교도관에게 수갑을 해제하여 달라고 요청하지 않은 것은 위법하다. [20 경찰채용]*
[4] 형사소송법 제243조의2 제3항 단서는 피의자신문에 참여한 변호인은 신문 중이라도 부당한 신문방법에 대하여 이의를 제기할 수 있다고 규정하고 있으므로, 검사 또는 사법경찰관의 부당한 신문방법에 대한 이의제기는 고성, 폭언 등 그 방식이 부적절하거나 또는 합리적 근거 없이 반복적으로 이루어지는 등의 특별한 사정이 없는 한, 원칙적으로 변호인에게 인정된 권리의 행사에 해당하며, 신문을 방해하는 행위로는 볼 수 없다. 따라서 검사 또는 사법경찰관이 그러한 특별한 사정 없이, 단지 변호인이 피의자신문 중에 부당한 신문방법(피의자신문절차에서 인정신문 시작 전 피의자 또는 변호인으로부터 피의자에 대한 수갑 해제를 요청받았음에도, 교도관에게 수갑을 해제하여 달라고 요청하지 않은 검사)에 대한 이의제기를 하였다는 이유만으로 변호인을 조사실에서 퇴거시키는 조치는 정당한 사유 없이 변호인의 피의자신문 참여권을 제한하는 것으로서 허용될 수 없다 [대결 2020.3.17. 2015모2357].

판례 | 수사기관이 정당한 사유 없이 변호인을 참여하게 하지 아니한 채 피의자를 신문하여 작성한 피의자신문조서의 증거능력 유무(소극)

피의자가 변호인의 참여를 원한다는 의사를 명백하게 표시하였음에도 수사기관이 정당한 사유 없이 변호인을 참여하게 하지 아니한 채 피의자를 신문하여 작성한 피의자신문조서는 형사소송법 제312조에 정한 '적법한 절차와 방식'에 위반된 증거일 뿐만 아니라 제308조의2에서 정한 '적법한 절차에 따르지 아니하고 수집한 증거'에 해당하므로 이를 증거로 할 수 없다 [대판 2013.3.28. 2010도3359]. [20 경간부, 19 경찰승진, 18 경찰채용, 17 변호사, 17 경찰채용, 16 경찰승진, 16 경찰채용]*

② **참여변호인의 지정**: 신문에 참여하고자 하는 변호인이 2인 이상인 때에는 피의자가 신문에 참여할 변호인 1인을 지정한다. 지정이 없는 경우에는 검사 또는 사법경찰관이 이를 지정할 수 있다(동조 제2항). [20 경찰승진, 20 경간부, 18 경찰승진, 18 경간부, 17 경찰채용, 16 경찰승진]*

---

33) 검사와 사법경찰관의 상호협력과 일반적 수사준칙에 관한 규정에 의하면 다음과 같다.
제13조(변호인의 피의자신문 참여·조력) ① 검사 또는 사법경찰관은 피의자신문에 참여한 변호인이 피의자의 옆자리 등 실질적인 조력을 할 수 있는 위치에 앉도록 해야 하고, 정당한 사유가 없으면 피의자에 대한 법적인 조언·상담을 보장해야 하며, 법적인 조언·상담을 위한 변호인의 메모를 허용해야 한다.
② 검사 또는 사법경찰관은 피의자에 대한 신문이 아닌 단순 면담 등이라는 이유로 변호인의 참여·조력을 제한해서는 안 된다.
③ 제1항 및 제2항은 검사 또는 사법경찰관의 사건관계인에 대한 조사·면담 등의 경우에도 적용한다.

③ 의견진술과 이의제기: 신문에 참여한 변호인은 신문 후 의견을 진술할 수 있다. 다만, 신문 중이라도 부당한 신문방법에 대하여 이의를 제기할 수 있고, 검사 또는 사법경찰관의 승인을 얻어 의견을 진술할 수 있다(제243조의2 제3항). [20 경찰승진, 20 경찰채용, 18 경찰승진, 18 경간부, 18 경찰채용, 17 경찰승진, 16 경찰승진]* 변호인의 의견이 기재된 피의자신문조서는 변호인에게 열람하게 한 후 변호인으로 하여금 그 조서에 기명날인 또는 서명하게 하여야 한다(동조 제4항). [19 경간부]*

④ 조서에 기재할 사항: 검사 또는 사법경찰관은 변호인의 신문참여 및 그 제한에 관한 사항을 피의자신문조서에 기재하여야 한다(제243조의2 제5항). [22 경간부, 20 경간부, 18 경찰채용, 16 경찰승진]*

⑤ 참여 관련처분에 대한 불복방법: 검사나 사법경찰관이 변호인의 참여를 제한하거나 퇴거시킨 처분에 대해서 피의자나 변호인은 준항고를 통해 그 처분의 취소 또는 변경을 청구할 수 있다(제417조). [23 변호사, 20 경간부, 19 경찰승진, 19 경간부, 18 경찰승진, 16 경찰채용]*

판례 | 준항고의 제기기간

형사소송법 제417조의 준항고에 관하여 같은 법 제419조는 같은 법 제409조의 보통항고의 효력에 관한 규정을 준용하고 있다. 따라서 형사소송법 제417조의 준항고는 항고의 실익이 있는 한 제기기간에 아무런 제한이 없다[대결 2024.3.12. 2022모2352].

3) 신뢰관계자 동석

검사 또는 사법경찰관은 피의자를 신문하는 경우 ⅰ) 피의자가 신체적 또는 정신적 장애로 사물을 변별하거나 의사를 결정·전달할 능력이 미약한 때 ⅱ) 피의자의 연령·성별·국적 등의 사정을 고려하여 그 심리적 안정의 도모와 원활한 의사소통을 위하여 필요한 경우에는 직권 또는 피의자·법정대리인의 신청에 따라 피의자와 신뢰관계에 있는 자를 동석하게 할 수 있다(제244조의5).

판례 | 피의자신문시 동석한 신뢰관계자로 하여금 피의자를 대신하여 진술하도록 할 수 있는지 여부(소극), 피의자를 대신하여 동석자가 진술한 부분이 기재된 검사작성 피의자신문조서의 증거능력 인정요건(= 검사작성 '참고인진술조서'로서 제312조 제4항의 요건을 구비하여야 함)

구체적인 사안에서 신뢰관계자의 동석을 허락할 것인지는 원칙적으로 검사 또는 사법경찰관이 피의자의 건강 상태 등 여러 사정을 고려하여 재량에 따라 판단하여야 할 것이나, 이를 허락하는 경우에도 동석한 사람으로 하여금 피의자를 대신하여 진술하도록 하여서는 아니 되는 것이고 만약 동석한 사람이 피의자를 대신하여 진술한 부분이 조서에 기재되어 있다면 그 부분은 피의자의 진술을 기재한 것이 아니라 동석한 사람의 진술을 기재한 조서에 해당하므로 그 사람에 대한 진술조서로서의 증거능력을 취득하기 위한 요건을 충족하지 못하는 한 이를 유죄 인정의 증거로 사용할 수 없다[대판 2009.6.23. 2009도1322]. [20 경찰채용, 19 경찰채용, 18 경찰승진, 18 경간부, 17 경찰채용, 16 국가9급, 16 경찰채용]*

판례해설 2008년 제18대 국회의원선거 경남양산 지역구 모당 후보의 자원봉사팀장인 이모 씨(女, 51세, 甲)가 공직선거법위반 혐의로 고발되어 구속까지 되었고, 이후 강도 높은 조사를 계속 받게 되자 결국 실신하여 병원에서 입원·치료를 받게 되었다. 검사가 甲을 소환하여 신문함에 있어서 그 건강상태 등을 고려하여 이모씨의 남편 정모 씨(乙)를 신문과정에 동석시키고 신문하였는데, 甲에 대한 피의자신문조서에 乙이 甲을 대신하여 진술한 부분이 일부 포함되어 있었는바, 이 '乙의 진술 부분'의 증거능력 유무는 피의자신문조서가 아니라 참고인진술조서에 관한 형사소송법 제312조 제4항에 의하여 판단하여야 한다는 취지의 판례이다.

(4) 피의자신문조서의 작성

① 조서의 작성: 피의자의 진술은 조서에 기재하여야 한다(제244조 제1항). [23 경간부]*

② 피의자의 조서의 열람·낭독·증감변경 청구권: 피의자신문조서는 피의자에게 열람하게 하거나 읽어 들려주어야 하며, 진술한 대로 기재되지 아니하였거나 사실과 다른 부분의 유무를 물어 피의자가 증감 또는 변경의 청구 등 이의를 제기하거나 의견을 진술한 때에는 이를 조서에 추가로 기재하여야 한다. [19 경찰채용]* 이 경우 피의자가 이의를 제기하였던 부분은 읽을 수 있도록 남겨두어야 한다(동조 제2항). [23 경간부]*

③ 피의자 및 수사기관의 기명날인 또는 서명 등: 피의자가 조서에 대하여 이의나 의견이 없음을 진술한 때에는 피의자로 하여금 그 취지를 자필로 기재하게 하고 조서에 간인한 후 기명날인 또는 서명하게 한다(제244조 제3항). [22 경간부]* 또한 조서에는 작성자인 검사 또는 사법경찰관도 기명날인 또는 서명하여야 한다(제57조).

(5) 조사시간과 수사과정의 기록

검사 또는 사법경찰관은 조사, 신문, 면담 등 그 명칭을 불문하고 피의자나 사건관계인에 대해 오후 9시부터 오전 6시까지 사이에 조사(이하 "심야조사"라 한다)를 해서는 안 된다. 다만, 이미 작성된 조서의 열람을 위한 절차는 자정 이전까지 진행할 수 있다(수사준칙 제21조). 검사 또는 사법경찰관은 조사, 신문, 면담 등 그 명칭을 불문하고 피의자나 사건관계인을 조사하는 경우에는 대기시간, 휴식시간, 식사시간 등 모든 시간을 합산한 조사시간(이하 "총조사시간"이라 한다)이 12시간을 초과하지 않도록 해야 한다(수사준칙 제22조). [23 경간부]* 검사 또는 사법경찰관은 피의자가 조사장소에 도착한 시각, 조사를 시작하고 마친 시각, 그 밖에 조사과정의 진행경과를 확인하기 위하여 필요한 사항을 피의자신문조서에 기록하거나 별도의 서면에 기록한 후 수사기록에 편철하여야 한다(제244조의4 제1항). [20 경찰승진]*

(6) 피의자진술의 영상녹화

① 피의자의 진술은 영상녹화할 수 있다. 이 경우 미리 영상녹화사실을 알려주어야 한다(따라서 피의자나 변호인의 동의가 필요한 것은 아니다). [22 경간부, 20 경찰승진, 20 경간부, 20 경찰채용, 19 경찰승진, 19 경간부, 19 경찰채용, 19 국가9급, 18 변호사, 18 경찰승진, 18 경간부, 18 경찰채용, 17 경찰승진, 17 경찰채용, 16 경찰승진, 16 경간부, 16 경찰채용]* 조사의 개시부터 종료까지의 전 과정 및 객관적 정황을 영상녹화하여야 한다(제244조의2 제1항). [23 경간부, 22 경간부, 20 경간부, 20 경찰채용, 19 국가9급, 18 경찰승진, 16 경찰승진]*

② 영상녹화가 완료된 때에는 피의자 또는 변호인 앞에서 지체 없이 그 원본을 봉인하고 피의자로 하여금 기명날인 또는 서명하게 하여야 한다(제244조의2 제2항). [20 경간부, 18 경간부, 16 경찰승진]* 피의자 또는 변호인의 요구가 있는 때에는 영상녹화물을 재생하여 시청하게 하여야 한다. 이 경우 그 내용에 대하여 이의를 진술하는 때에는 그 취지를 기재한 서면을 첨부하여야 한다(동조 제3항). [20 경찰승진, 20 경간부, 20 경찰채용, 18 경간부, 18 경찰채용, 16 경찰승진]*

③ 영상녹화물은 피고인이 진술함에 있어서 기억이 명백하지 아니한 사항에 관하여 기억환기의 수단으로 사용될 수 있다(제318조의2 제2항).

2. 참고인조사

(1) 의의

검사 또는 사법경찰관은 수사에 필요한 때에는 피의자 아닌 자의 출석을 요구하여 진술을 들을 수 있는데(제221조 제1항) 이를 참고인조사라고 한다. [18 경찰채용]*

(2) 조사의 절차

① 참고인조사절차와 조서작성 방법은 원칙적으로 피의자신문절차에 준한다.
② 참고인조사는 타인의 범죄에 대한 것이므로 참고인에 대해서는 피의자신문과 달리 진술거부권을 고지할 필요는 없다[대판 2014.4.30. 2012도725]. 그러나 참고인도 진술거부권을 행사할 수 있음은 물론이다(헌법 제12조 제2항).
③ 참고인조사는 피의자신문과 달리 검찰청 수사관 등 또는 사법경찰관리의 참여 없이 할 수 있다.[34]

---

[34] 참고인조사는 피의자 아닌 제3자에 대해서 이루어지므로 인권침해의 우려가 피의자신문에 비하여 크지 않기 때문이다.

(3) 신뢰관계자 동석
　① 수사기관은 '범죄로 인한 피해자'35)를 참고인으로 조사하는 경우 참고인의 연령, 심신의 상태, 그 밖의 사정을 고려하여 참고인이 현저하게 불안 또는 긴장을 느낄 우려가 있다고 인정되는 때에는 직권 또는 피해자·법정대리인의 신청에 따라 피해자와 신뢰관계에 있는 자를 동석하게 할 수 있다(제221조 제3항, 제163조의2 제1항).
　② 수사기관은 범죄로 인한 피해자가 13세 미만이거나 신체적 또는 정신적 장애로 사물을 변별하거나 의사를 결정할 능력이 미약한 경우에 부득이한 경우가 아닌 한 피해자와 신뢰관계에 있는 자를 동석하게 하여야 한다(제221조 제3항, 제163조의2 제2항).

(4) 참고인진술의 조서기재, 조사과정의 기록, 영상녹화
　① 참고인의 진술을 기재한 조서를 참고인진술조서라고 한다.
　② 피의자에 대한 수사과정의 기록에 관한 규정은 참고인조사의 경우에 준용된다(제244조의4 제3항, 제1항, 제2항).

> **판례 | 조사과정을 기록하지 않는 경우 참고인진술조서의 증거능력 유무(소극)**
>
> 피고인이 아닌 자가 수사과정에서 진술서를 작성(* 저자 주 – 그 실질은 참고인진술조서에 해당한다)하였지만 수사기관이 그에 대한 조사과정을 기록하지 아니하여 형사소송법 제244조의4 제3항, 제1항에서 정한 절차를 위반한 경우에는, 특별한 사정이 없는 한 '적법한 절차와 방식'에 따라 수사과정에서 진술서가 작성되었다 할 수 없으므로 그 증거능력을 인정할 수 없다[대판 2015.4.23. 2013도3790]. [19 국가7급, 18 변호사, 18 국가9급, 18 법원9급, 17 변호사, 16 변호사, 16 국가7급]*

　③ 참고인의 진술은 영상녹화할 수 있다. 피의자의 경우와는 달리 참고인의 동의를 얻어야만 영상녹화를 할 수 있다(제221조 제1항 단서). [20 경찰채용, 18 경간부, 18 경찰채용, 17 경찰채용, 16 경찰채용]* 영상녹화물은 공판단계에서 참고인진술조서의 진정성립 등의 증명방법으로 사용될 수 있고(제312조 제4항), 참고인이 공판준비 또는 공판기일에 진술함에 있어서 기억이 명백하지 아니한 사항에 관하여 기억환기의 수단으로 사용될 수 있다(제318조의2 제2항).

> **판례 | 참고인을 조사하는 과정에서 작성한 영상녹화물을 공소사실을 입증하는 독립적인 증거로 사용할 수 있는지 여부(소극)**
>
> 수사기관이 참고인을 조사하는 과정에서 형사소송법 제221조 제1항에 따라 작성한 영상녹화물은, 다른 법률에서 달리 규정하고 있는 등의 특별한 사정이 없는 한, 공소사실을 직접 증명할 수 있는 독립적인 증거로 사용될 수는 없다고 해석함이 타당하다[대판 2014.7.10. 2012도5041]. [20 변호사, 20 경찰승진, 20 경찰채용, 20 법원9급, 17 법원9급, 17 경간부, 16 국가7급]*

---

35) 참고인조사의 경우 언제나 신뢰관계자 동석이 인정되는 것이 아니라는 점을 주의하여야 한다.

▶ 피의자(신문) vs 참고인(조사)

구분	피의자(신문)	참고인(조사)
공통점	① 임의수사 ③ 출석요구의 방식 ⑤ 허위의 진술시 위증죄 불성립	② 수사기관에서의 진술 ④ 조서 작성의 방식
출석요구 불응시 조치	수사기관은 체포영장에 의하여 체포할 수 있음	검사는 판사에게 증인신문을 청구할 수 있음
진술거부권 고지	필요	불요
변호인 등 참여	인정	규정 없음
신뢰관계자 동석 규정	양자 모두 규정 있으나 구체적 사유는 차이가 있음	
진술의 영상녹화	동의 불필요 피의자에게 미리 알리고 영상녹화할 수 있음	동의 필요 참고인의 동의를 받고 영상녹화할 수 있음

▶ 참고인(조사)과 증인(신문)의 구별

구분	참고인(조사)	증인(신문)
의의	피의자가 아닌 자로서 수사기관에 대하여 체험한 사실을 진술하는 자	피고인이 아닌 자로서 법원·법관에 대하여 체험한 사실을 진술하는 자
신뢰관계자 동석	양자 모두 규정 있으며, 동석 사유도 동일함 (증인신문시 동석 규정이 참고인조사의 경우에 준용됨)	
진술의 상대방	수사기관	법원 또는 법관
의무	의무 없음	출석·선서·증언의무
불출석 제재수단	제재수단 없음	구인, 과태료, 소송비용부담, 감치, 동행명령
허위진술	위증죄 불성립	위증죄 성립

3. 감정·통역·번역의 위촉

(1) 감정위촉
① 검사 또는 사법경찰관은 수사에 필요한 때에는 감정을 위촉할 수 있다(제221조 제2항).
② 수사기관으로부터 위촉을 받은 자를 수탁감정인(또는 감정수탁자)이라고 하며, 법원으로부터 감정을 명받은 감정인과 구별이 된다. 감정수탁자는 감정인과 달리 선서를 하지 않는다.

(2) 통역·번역의 위촉
검사 또는 사법경찰관은 수사에 필요한 때에는 통역·번역을 위촉할 수 있다(제221조 제2항).

4. 공무소등에 조회(사실조회)
수사에 관하여 공무소 기타 공사 단체에 조회하여 필요한 사항의 보고를 요구할 수 있다(제199조 제2항). [17 경찰채용, 16 경찰승진]* 전과조회, 신원조회가 그 예에 해당한다.

제2장 강제수사

제1절 서론

1. 강제처분의 의의

(1) 강제처분의 개념

강제처분이란 소송절차의 진행이나 형벌집행의 확보를 위하여 상대방의 의사에 반하거나 물리적 강제력을 행사하여 개인의 기본권을 침해하는 처분을 말한다.

(2) 강제처분의 범위

① 협의의 강제처분: 체포·구속, 압수·수색·검증 등을 말한다.
② 광의의 강제처분: 협의의 강제처분 이외에 법원의 증거조사를 포함하는 개념이다. 법원의 검증·증인신문·감정·통역·번역 등은 광의의 강제처분에 해당한다.

(3) 강제처분의 종류

1) **주체에 따른 분류**

① 수사기관의 강제처분: 피의자체포, 피의자구속, 압수·수색·검증 등이 이에 해당한다. 수사기관의 강제처분을 강제수사라고 한다.
② 수소법원의 강제처분: 피고인소환, 피고인구속, 압수·수색·검증, 피고인감정유치, 증거조사 등이 이에 해당한다.
③ 판사에 의한 강제처분: 증거보전과 참고인에 대한 증인신문이 이에 해당한다.

2) **대상에 따른 분류**

① 대인적 강제처분: 강제처분의 대상이 사람인 경우로서 소환, 체포·구속, 감정유치 등이 이에 해당한다.
② 대물적 강제처분: 강제처분의 대상이 물건인 경우로서 압수·수색·검증 등이 이에 해당한다.

2. 강제처분법정주의

강제처분은 법률에 특별한 규정이 있는 경우에 한하여 필요한 최소한도의 범위 안에서만 하여야 한다(제199조 제1항).

제2절 체포와 구속

▶ 체포와 구속의 목적 및 대상

구분	목적	피의자	피고인
체포	단기간 피의자의 신병확보	○	×
구속	장기간 피의자 · 피고인의 신병확보	○	○

I 체포

1. 영장에 의한 체포

(1) 의의

① 수사기관이 법관의 체포영장을 발부받아 피의자를 체포하는 것을 말한다.
② 피의자신문을 위한 출석을 확보하고 절차의 원활한 진행을 확보하기 위한 강제처분이다.

(2) 요건(제200조의2 제1항)

1) 범죄혐의의 상당성

① 피의자가 죄를 범하였다고 의심할 만한 상당한 이유가 있어야 한다.
② 범죄혐의는 객관적 혐의를 의미하며, 유죄판결에 대한 고도의 개연성이 인정되어야 한다.

2) 체포사유

① 출석요구에 불응 또는 불응우려: 피의자가 정당한 이유 없이 수사기관의 출석요구에 응하지 아니하거나 응하지 아니할 우려가 있어야 한다. [22 경찰채용]*
② 경미사건의 특칙(비례성의 원칙) - 주거부정 또는 출석요구에 불응: 다액 50만원 이하의 벌금, 구류 · 과료에 해당하는 사건에 관하여는 피의자가 일정한 주거가 없는 경우 또는 정당한 이유 없이 출석요구에 불응한 경우에 한하여 체포할 수 있다. [22 경찰채용]*

3) 체포의 필요성

판사는 체포의 사유가 있다고 인정되는 경우에도 피의자가 도망할 염려가 없고 증거를 인멸할 염려가 없는 등 명백히 체포의 필요가 없다고 인정되는 때에는 체포영장을 발부하지 아니한다(제200조의2 제2항, 규칙 제96조의2).36) [23 경간부]*

(3) 체포영장의 청구와 발부

1) 체포영장의 청구

① 검사는 관할지방법원판사에게 청구하여 체포영장을 발부받아야 한다. 사법경찰관은 검사에게 신청하여 검사의 청구로 판사의 영장을 발부받아야 한다(제200조의2 제1항). [20 경간부]*
② 검사가 사법경찰관이 신청한 영장을 정당한 이유 없이 판사에게 청구하지 아니한 경우 사법경찰관은 그 검사 소속의 지방검찰청 소재지를 관할하는 고등검찰청에 영장 청구 여부에 대한 심의를 신청할 수 있다(제221조의5 제1항). 이를 심의하기 위하여 각 고등검찰청에 영장심의위원회를 둔다(제221조의5 제2항).
③ 체포영장의 청구는 서면(체포영장청구서)으로 하여야 하며(규칙 제93조 제1항), 체포의 사유 및 필요를 인정할 수 있는 자료를 제출하여야 한다(규칙 제96조 제1항).

---

36) 체포의 필요성이 '있어야만' 체포할 수 있는 것이 아니라 명백히 체포의 필요성이 '없으면' 체포할 수 없다는 의미이다.

④ 검사는 영장을 청구를 함에 있어서 동일한 범죄사실에 관하여 그 피의자에 대하여 전에 체포영장을 청구하였거나 발부받은 사실이 있는 때에는 다시 체포영장을 청구하는 취지 및 이유를 기재하여야 한다(제200조의2 제4항). [16 경찰승진]*

2) 체포영장의 발부

① 영장의 청구를 받은 판사는 상당하다고 인정할 때에는 체포영장을 발부한다. 다만, 명백히 체포의 필요가 인정되지 아니하는 경우에는 그러하지 아니하다(제200조의2 제2항). [19 경찰승진]* 지방법원판사가 체포영장을 발부하지 아니할 때에는 청구서에 그 취지 및 이유를 기재하고 서명날인하여 청구한 검사에게 교부한다(제200조의2 제3항).

② 체포영장 발부를 위한 피의자의 심문의 허용 여부: 구속영장의 발부의 경우와는 달리 체포영장을 발부하기 위하여 지방법원판사가 피의자를 심문하는 것은 허용되지 아니한다.37) [19 법원9급]*

③ 불복의 가능성

> **판례 | 체포·구속영장청구에 대한 지방법원판사의 재판에 대하여 불복할 수 있는지의 여부(소극)**
>
> 검사의 체포영장 또는 구속영장 청구에 대한 지방법원판사의 재판은 형사소송법 제402조의 규정에 의하여 항고의 대상이 되는 '법원의 결정'에 해당하지 아니하고, 제416조 제1항의 규정에 의하여 준항고의 대상이 되는 '재판장 또는 수명법관의 구금 등에 관한 재판'에도 해당하지 아니한다[대결 2006.12.18. 2006모646]. [20 법원9급, 19 경찰승진, 19 경찰채용, 19 법원9급, 18 경찰채용, 17 경간부, 17 국가9급]*

3) 체포영장의 기재사항

① 기재사항: 체포영장에는 피의자의 성명, 주거, 죄명, 범죄사실의 요지, 인치·구금할 장소, 발부년월일, 그 유효기간과 그 기간을 경과하면 집행에 착수하지 못하며 영장을 반환하여야 할 취지를 기재하고 판사가 서명날인하여야 한다(제200조의6, 제75조 제1항).38)

② 수통의 발부: 체포영장은 수통을 작성하여 사법경찰관리 수인에게 교부할 수 있다. 이 경우 그 사유를 체포영장에 기재하여야 한다(제200조의6, 제82조).

4) 체포영장의 유효기간

① 체포영장의 유효기간은 7일로 한다. 다만, 판사는 상당하다고 인정하는 때에는 7일을 넘는 기간을 정할 수 있다(규칙 제178조).39)

② 검사는 체포영장의 유효기간을 연장할 필요가 있다고 인정하는 때에는 그 사유를 소명하여 다시 체포영장을 청구하여야 한다(규칙 제96조의4).40)

---

37) 형사소송법은 구속영장의 발부에 대해서만 실질심사(구속전피의자심문)에 대한 명문규정을 두고 있다.
38) 73기 경간부 시험에 '체포영장의 청구서'에 기재해야 할 사항에 관한 문제가 출제되었다.
   형사소송규칙 제95조(체포영장청구서의 기재사항) 체포영장의 청구서에는 다음 각 호의 사항을 기재하여야 한다.
   1. 피의자의 성명(분명하지 아니한 때에는 인상, 체격, 그 밖에 피의자를 특정할 수 있는 사항), 주민등록번호 등, 직업, 주거
   2. 피의자에게 변호인이 있는 때에는 그 성명
   3. 죄명 및 범죄사실의 요지
   4. 7일을 넘는 유효기간을 필요로 하는 때에는 그 취지 및 사유
   5. 여러 통의 영장을 청구하는 때에는 그 취지 및 사유
   6. 인치구금할 장소
   7. 법 제200조의2 제1항에 규정한 체포의 사유(피의자가 죄를 범하였다고 의심할 만한 상당한 이유가 있고, 정당한 이유없이 제200조의 규정에 의한 출석요구에 응하지 아니하거나 응하지 아니할 우려)
   8. 동일한 범죄사실에 관하여 그 피의자에 대하여 전에 체포영장을 청구하였거나 발부받은 사실이 있는 때에는 다시 체포영장을 청구하는 취지 및 이유
   9. 현재 수사 중인 다른 범죄사실에 관하여 그 피의자에 대하여 발부된 유효한 체포영장이 있는 경우에는 그 취지 및 그 범죄사실
39) 본 규정은 체포영장뿐만 아니라 구속영장, 압수수색영장에도 동일하게 적용된다.

(4) 체포영장의 집행

1) 집행기관
① 체포영장은 검사의 지휘에 의하여 사법경찰관리가 집행한다(제200조의6, 제81조 제1항).
② 교도소 또는 구치소에 있는 피의자에 대하여 발부된 체포영장은 검사의 지휘에 의하여 교도관이 집행한다(제200조의6, 제81조 제3항).

2) 관할구역 외 집행과 집행촉탁
① 검사는 필요에 의하여 관할구역 외에서 체포영장의 집행을 지휘할 수 있고 또는 당해 관할구역의 검사에게 집행지휘를 촉탁할 수 있다(제200조의6, 제83조 제1항).
② 사법경찰관리는 필요에 의하여 관할구역 외에서 체포영장을 집행할 수 있고 또는 당해 관할구역의 사법경찰관리에게 집행을 촉탁할 수 있다(제200조의6, 제83조 제2항).

3) 집행의 절차
① 영장의 제시: 체포영장을 집행함에는 피의자에게 이를 제시하고 그 사본을 교부하여야 한다(제200조의6, 제85조 제1항).41) [23 경간부, 22 경찰채용]* 다만, 체포영장을 소지하지 아니한 경우에 급속을 요하는 때에는 피의자에 대하여 범죄사실의 요지와 영장이 발부되었음을 고하고 집행할 수 있으나, 집행을 완료한 후에는 신속히 체포영장을 제시하고 그 사본을 교부하여야 한다(제200조의6, 제85조 제3항·제4항).42) [17 경간부]*

> **판례 | 집행 완료에 이르지 못한 체포영장을 사후에 피고인에게 제시할 필요가 있는지 여부(소극)**
>
> [1] 검사 또는 사법경찰관이 체포영장을 집행할 때에는 피의자에게 반드시 체포영장을 제시하여야 한다. 다만 체포영장을 소지하지 아니한 경우에 급속을 요하는 때에는 피의자에게 범죄사실의 요지와 영장이 발부되었음을 고하고 체포영장을 집행할 수 있다. 이 경우 집행을 완료한 후에는 신속히 체포영장을 제시하여야 한다(형사소송법 제200조의6, 제85조 제1항, 제3항, 제4항).
>
> [2] 원심은, ① 피고인에 대해 성폭법 위반(비밀준수등) 범행으로 체포영장이 발부되어 있었던 사실, ② '피고인의 차량이 30분 정도 따라온다'는 내용의 112신고를 받고 현장에 출동한 경찰관들이 승용차에 타고 있던 피고인의 주민등록번호를 조회하여 피고인에 대한 체포영장이 발부된 것을 확인한 사실, ③ 경찰관들이 피고인에게 '성폭법위반으로 수배가 되어 있는바, 변호인을 선임할 수 있고 묵비권을 행사할 수 있으며, 체포적부심을 청구할 수 있고 변명의 기회가 있다'고 고지하며 하차를 요구한 사실을 인정한 후, 이 사건 당시 경찰관들이 체포영장을 소지할 여유 없이 우연히 그 상대방을 만난 경우로서 체포영장의 제시 없이 체포영장을 집행할 수 있는 '급속을 요하는 때'에 해당하므로, 경찰관들이 체포영장의 제시 없이 피고인을 체포하려고 시도한 행위는 적법한 공무집행이라고 판단하였다. 나아가 원심은, 위와 같이 경찰관들이 체포영장을 근거로 체포절차에 착수하였으나 피고인이 흥분하며 타고 있던 승용차를 출발시켜 경찰관들에게 상해를 입히는 범죄를 추가로 저지르자, 경찰관들이 위 승용차를 멈춘 후 저항하는 피고인을 별도 범죄인 특수공무집행방해치상의 현행범으로 체포한 사실을 인정한 후, 이와 같이 경찰관이 체포영장에 기재된 범죄사실이 아닌 새로운 피의사실인 특수공무집행방해치상을 이유로 피고인을 현행범으로 체포하였고, 현행범 체포에 관한 제반 절차도 준수하였던 이상 피고인에 대한 체포 및 그 이후 절차에 위법이 없다고 판단한 후, 이 사건 공소사실을 유죄로 판단한 제1심판결을 그대로 유지하였다. 원심이 든 위 사정들과 함께 이 사건 당시 체포영장에 의한 체포절차가 착수된 단계에 불과하였고, 피고인에 대한 체포가 체포영장과 관련 없는 새로운 피의사실인 특수공무집행방해치상을 이유로 별도의 현행범 체포 절차에 따라 진행된 이상, 집행 완료에 이르지 못한 체포영장을 사후에 피고인에게 제시할 필요는 없는 점까지 더하여 보면, 피고인에 대한 체포절차가 적법하다는 원심의 판단이 타당하다[대판 2021.6.4. 2021도4648].

---

40) 유효기간 연장청구가 아니라 다시 체포영장을 청구하여야 한다는 점을 주의하여야 한다.
41) 형사소송법 개정으로 이제는 체포영장이나 구속영장 집행 시 피고인이나 피의자에게 반드시 영장의 사본을 교부하여야 한다.
42) 긴급집행 시에도 영장의 사본을 교부하도록 개정되었다.

② **미란다 원칙의 고지**: 검사 또는 사법경찰관은 피의자를 체포하는 경우에는 피의사실의 요지, 체포의 이유와 변호인을 선임할 수 있음을 말하고 변명할 기회를 주어야 한다(제200조의5). 43) [16 경간부]*

> **판례 | 피의자를 체포하는 경우의 체포영장의 제시 및 미란다 원칙의 실시(사전에 행하는 것이 원칙, 예외적인 경우 체포 후 행할 수도 있음)**
>
> 1. **(영장에 의한 체포의 경우)** 사법경찰관 등이 체포영장을 소지하고 피의자를 체포하기 위하여는 체포 당시에 피의자에게 체포영장을 제시하고 피의자에 대한 범죄사실의 요지, 구속의 이유와 변호인을 선임할 수 있음을 말하고 변명할 기회를 주어야 하는데, 이와 같은 체포영장의 제시나 미란다 원칙 고지 등은 체포를 위한 실력행사에 들어가기 이전에 미리 하여야 하는 것이 원칙이나 달아나는 피의자를 쫓아가 붙들거나 폭력으로 대항하는 피의자를 실력으로 제압하는 경우에는 붙들거나 제압하는 과정에서 하거나 그것이 여의치 않은 경우라도 일단 붙들거나 제압한 후에 지체없이 행하여야 한다[대판 2008.2.14. 2007도10006]. [19 변호사]*
>
> 2. **(사후고지요건을 구비하지 못한 경우)** 피고인이 경찰들과 마주하자마자 도망가려는 태도를 보이거나 먼저 폭력을 행사하며 대항한 바 없는 등 경찰관들이 체포를 위한 실력행사에 나아가기 전에 체포영장을 제시하고 미란다 원칙을 고지할 여유가 있었음에도 애초부터 미란다 원칙을 체포 후에 고지할 생각으로 먼저 체포행위에 나선 경찰관들의 행위는 적법한 공무집행이라고 보기 어렵다[대판 2017.9.21. 2017도10866]. [20 경찰승진, 18 경찰채용]*
>
> 3. **(외국인의 경우)** [1] 영사관계에 관한 비엔나협약과 경찰수사규칙은 외국인을 체포·구속하는 경우 지체 없이 외국인에게 영사통보권 등이 있음을 고지하고, 외국인의 요청이 있는 경우 영사기관에 체포·구금 사실을 통보하도록 정한 것은 외국인의 본국이 자국민의 보호를 위한 조치를 취할 수 있도록 협조하기 위한 것이다. 따라서 수사기관이 외국인을 체포하거나 구속하면서 지체 없이 영사통보권 등이 있음을 고지하지 않았다면 체포나 구속 절차는 국내법과 같은 효력을 가지는 협약 제36조 제1항 (b)호를 위반한 것으로 위법하다.
> [2] 사법경찰관이 체포 당시 피고인에게 영사통보권 등을 지체 없이 고지하지 않은 위법이 있으나, 제반 사정을 종합하면 피고인이 영사통보권 등을 고지받았더라도 영사의 조력을 구하였으리라고 보기 어렵고, 수사기관이 피고인에게 영사통보권 등을 고지하지 않았더라도 그로 인해 피고인에게 실질적인 불이익이 초래되었다고 볼 수 없어 체포나 구속 이후 수집된 증거와 이에 기초한 증거들은 유죄 인정의 증거로 사용할 수 있다[대판 2022.4.28. 2021도17103].

> **판례 | 미란다 원칙의 고지시 피의자임을 먼저 확인해야 하는지 여부(적극)**
>
> 경찰관으로서는 체포하려는 상대방이 피고인(피의자를 의미함) 본인이 맞는지를 먼저 확인한 후에 이른바 미란다 원칙을 고지하여야 하는 것이지, 그 상대방이 피고인인지 여부를 확인하지 아니한 채로 일단 체포하면서 미란다 원칙을 고지할 것은 아니라고 보아야 한다. 만약 상대방을 확인하지도 않은 채로 먼저 체포하고 미란다 원칙을 고지한다면, 때로는 실제 피의자가 아닌 사람을 체포하는 경우도 생길 수 있고, 이런 경우에는 일반적으로 미란다 원칙의 고지가 앞당겨짐에서 얻어지는 인권보호보다도 훨씬 더 큰 인권침해가 생길 수도 있다[대판 2007.11.29. 2007도7961].

③ **피의자의 인치**: 체포영장을 집행함에는 피의자를 신속히 지정된 법원 기타 장소에 인치하여야 한다(제200조의6, 제85조 제1항).

---

43) 검사와 사법경찰관의 상호협력과 일반적 수사준칙에 관한 규정(이하 수사준칙규정이라 한다)에는 피의자를 체포하거나 구속할 때에는 진술거부권도 고지하도록 되어 있다.

(5) 체포 후의 조치
1) 체포사실의 통지

피의자를 체포한 때에는 ⅰ) 변호인이 있는 경우에는 변호인에게, ⅱ) 변호인이 없는 경우에는 변호인선임권자44) 중 피의자가 지정한 자에게 피의사건명, 체포의 일시·장소, 피의사실의 요지, 체포의 이유와 변호인을 선임할 수 있는 취지를 지체없이(체포한 때로부터 늦어도 24시간 이내에) 서면으로 알려야 한다(제200조의6, 제87조, 규칙 제51조 제2항).

2) 구속영장의 청구 또는 석방

체포한 피의자를 구속하고자 할 때에는 체포한 때부터 48시간 이내에 구속영장을 청구하여야 하고 그 기간 내에 구속영장을 청구하지 아니하거나 그 기간 내에 구속영장을 청구하였더라도 영장을 발부받지 못한 때에는 피의자를 즉시 석방하여야 한다(제200조의2 제5항, 제200조의4 제2항, 규칙 제100조 제2항). [20 경찰승진, 20 경간부, 17 경찰채용, 16 변호사]*

> **기출지문**
> 1. 영장에 의해 피의자를 체포한 경우 체포한 때부터 48시간 이내에 구속영장을 발부받지 못하면 즉시 석방하여야 한다. (×)
> 2. 체포영장에 의하여 체포한 피의자를 구속하고자 할 때에는 검사는 체포한 때로부터 48시간 이내에 관할지방법원판사로부터 구속영장을 발부받아야 한다. (×)

3) 체포의 취소

체포의 사유가 없거나 소멸된 때에는 수사기관은 직권 또는 피의자·변호인·변호인신청권자의 청구에 의하여 체포를 취소하여야 한다(제200조의6, 제93조).

(6) 법원에 대한 통지

체포영장의 발부를 받은 후 피의자를 체포하지 아니하거나 체포한 피의자를 석방한 때에는 지체없이 검사는 영장을 발부한 법원에 그 사유를 서면으로 통지하여야 한다(제204조).

2. 긴급체포

(1) 의의
① 수사기관이 긴급을 요하여 피의자를 영장 없이 체포하는 것을 말한다.
② 중대한 범인을 놓치는 것을 방지하기 위하여 영장주의의 예외가 인정된 것이다.

(2) 요건(제200조의3 제1항)
1) 긴급성

긴급체포는 '긴급을 요하여 지방법원판사의 체포영장을 받을 수 없는 때'에 할 수 있는 것이고, 이 경우 긴급을 요한다 함은 '피의자를 우연히 발견한 경우 등과 같이 체포영장을 받을 시간적 여유가 없는 때'를 말한다(제200조의3).

---

44) 피의자의 법정대리인, 배우자, 직계친족과 형제자매를 말한다.

⚖ 판례 | 긴급성이 인정되지 않아 긴급체포가 위법한 경우

피고인이 필로폰을 투약한다는 제보를 받은 경찰관이 제보된 주거지에 피고인이 살고 있는지 등 제보의 정확성을 사전에 확인한 후에 제보자를 불러 조사하기 위하여 피고인의 주거지를 방문하였다가, 현관에서 담배를 피우고 있는 피고인을 발견하고 사진을 찍어 제보자에게 전송하여 사진에 있는 사람이 제보한 대상자가 맞다는 확인을 한 후, 가지고 있던 피고인의 전화번호로 전화를 하여 차량 접촉사고가 났으니 나오라고 하였으나 나오지 않고, 또한 경찰관임을 밝히고 만나자고 하는데도 현재 집에 있지 않다는 취지로 거짓말을 하자 피고인의 집 문을 강제로 열고 들어가 피고인을 긴급체포하였다면 설령 피고인 甲이 마약에 관한 죄를 범하였다고 의심할 만한 상당한 이유가 있었다고 하더라도, 경찰관이 이미 甲의 신원과 주거지 및 전화번호 등을 모두 파악하고 있었고, 당시 마약 투약의 범죄 증거가 급속하게 소멸될 상황도 아니었다면, 甲에 대한 긴급체포가 미리 체포영장을 받을 시간적 여유가 없었던 경우에 해당하지 아니한다[대판 2016.10.13. 2016도5814]. [22 경찰채용, 19 변호사, 19 법원9급, 17 국가9급]*

2) 범죄의 중대성
피의자가 사형·무기 또는 장기 3년 이상의 징역이나 금고에 해당하는 죄[45]를 범하였다고 의심할 만한 상당한 이유가 있어야 한다. 여기의 형은 법정형을 의미하며, 범죄혐의는 객관적 혐의로서 영장에 의한 체포와 동일하다.

3) 체포의 필요성
피의자가 증거를 인멸할 염려가 있거나 또는 피의자가 도망하거나 도망할 우려가 있어야 한다.[46]

⚖ 판례 | 긴급체포의 요건을 갖추었는지 여부의 판단방법(체포당시상황을 기초로 판단), 위법한 긴급체포에 의한 유치 중에 작성된 피의자신문조서의 증거능력 유무(소극)

긴급체포의 요건을 갖추었는지 여부는 사후에 밝혀진 사정을 기초로 판단하는 것이 아니라 체포 당시의 상황을 기초로 판단하여야 하고, 이에 관한 검사나 사법경찰관 등 수사주체의 판단에는 상당한 재량의 여지가 있다고 할 것이나, 긴급체포 당시의 상황으로 보아서도 그 요건의 충족 여부에 관한 검사나 사법경찰관의 판단이 경험칙에 비추어 현저히 합리성을 잃은 경우에는 그 체포는 위법한 체포라 할 것이고 이러한 위법은 영장주의에 위배되는 중대한 것이니 위법한 체포에 의한 유치 중에 작성된 피의자신문조서는 위법하게 수집된 증거로서 특별한 사정이 없는 한 이를 유죄의 증거로 할 수 없다[대판 2008.3.27. 2007도11400]. [20 경찰승진, 20 경간부, 19 경간부, 19 국가9급, 19 법원9급, 18 경찰승진, 18 경찰채용, 17 경간부, 17 경찰채용, 16 경찰승진]*

⚖ 판례 | 긴급체포가 적법한 경우

경찰관 A는 사기죄의 피의자 甲의 소재 파악을 위해 그의 거주지와 경영하던 공장 등을 찾아가 보았으나, 甲이 공장경영을 그만 둔 채 거주지에도 귀가하지 않는 등 소재를 감추자 법원의 압수·수색영장에 의한 휴대전화 위치추적 등의 방법으로 甲의 소재를 파악하려고 하던 중 2004.10.14. 23:00경 경찰관 A는 주거지로 귀가하던 甲을 발견하였고 그가 계속 소재를 감추려는 의도가 다분하고 증거인멸 및 도망의 염려가 있다는 이유로 甲을 사기혐의로 긴급체포하였다면 긴급체포가 위법한 체포에 해당한다고 보기는 어렵다[대판 2005.12.9. 2005도7569].

판례해설 본 사안은 수사기관이 피의자를 '우연히 발견하여 충분히 긴급성'이 인정된다.

---

[45] 긴급체포가 가능한 중대한 범죄의 예로는 절도죄, 강도죄, 강간죄 등이 있으며, 긴급체포의 대상인 중대한 범죄에 해당하지 않는 예로는 단순폭행죄, 도박(상습도박)죄, 명예훼손죄, 모욕죄, 무면허운전죄 등이 있다.
[46] 주거부정은 긴급체포사유가 아니므로 주의하여야 한다.

판례 | 긴급체포가 위법한 경우

1. 위증교사죄 등으로 기소된 변호사 甲이 무죄를 선고받자, 검사 A는 이에 불복·항소한 후 보완수사를 한다며 甲의 변호사사무실 사무장 乙에게 참고인 조사를 위한 출석을 요구하였고, 그 후 자진출석한 乙에 대하여 검사는 참고인조사를 하지 아니한 채 곧바로 위증 및 위증교사 혐의로 피의자신문조서를 받기 시작하자 乙은 인적사항만을 진술한 후 甲에게 전화를 하였고, 乙의 전화연락을 받고 검사실로 찾아온 甲은 "참고인조사만을 한다고 하여 임의수사에 응한 것인데 乙을 피의자로 조사하는 데 대해서는 협조를 하지 않겠다."는 취지로 말하며 乙에게 "여기서 나가라."고 지시하였고, 이에 乙이 일어서서 검사실을 나가려 하자 검사는 乙에게 "지금부터 긴급체포하겠다."고 말하면서 乙의 퇴거를 제지하였다면 적법한 공무집행이라고 볼 수 없다[대판 2006.9.8.]. [18 경간부, 16 경찰승진]*

    판례해설 본 사안의 경우 조사를 하기도 전에, 즉 범죄혐의가 인정되기도 전에 긴급체포한 것이므로 위법하다는 취지의 판례이다.

2. 수사검사 A는 1999.11.29. 甲에게 뇌물을 주었다는 乙 등의 진술을 먼저 확보한 다음, 현직 군수인 甲을 소환·조사하기 위하여 검사의 명을 받은 검찰주사보 B가 1999.12.8. 군청 군수실에 도착하였으나 甲은 없고 도시행정계장인 丙이 "甲이 검사가 자신을 소환하려 한다는 사실을 미리 알고 자택 옆에 있는 농장 농막에서 기다리고 있을 것이니 수사관이 오거든 그곳으로 오라고 하였다."고 하므로 위 농장으로 가서 甲을 긴급체포한 경우 … 甲은 현직 군수직에 종사하고 있어 검사로서도 위 피고인의 소재를 쉽게 알 수 있었고, 1999.11.29. 乙의 위 진술 이후 시간적 여유도 있었으며, 위 甲도 도망이나 증거인멸의 의도가 없었음은 물론, 언제든지 검사의 소환조사에 응할 태세를 갖추고 있었다고 보아야 하므로 긴급체포 요건을 구비하였다고 볼 수 없어 그 체포는 위법한 체포라 할 것이다[대판 2002.6.11.]. [17 경간부]*

3. 도로교통법위반 피의사건에서 기소유예 처분을 받은 재항고인이 그 후 혐의 없음을 주장함과 동시에 수사경찰관의 처벌을 요구하는 진정서를 검찰청에 제출함으로써 이루어진 진정사건을 담당한 검사가, 재항고인에 대한 위 피의사건을 재기한 후 담당검사인 자신의 교체를 요구하고자 부장검사 부속실에서 대기하고 있던 재항고인을 위 도로교통법위반죄로 긴급체포하여 감금한 경우 … 진정인의 입장에서 부장검사를 면담하기 위하여 스스로 검찰청을 방문하여 대기하고 있었으므로 체포영장을 발부받을 수 없을 정도로 긴급을 요하는 경우에 해당한다고 볼 수 없다는 점, 위와 같은 입장의 재항고인이 도망할 염려나 증거를 인멸할 염려가 있다고 볼 수도 없다는 점에서 긴급체포는 위법한 체포에 해당한다고 보아야 할 것이다[대결 2003.3.27.]. [17 경간부]*

(3) 긴급체포의 절차

① 주체: 검사 또는 사법경찰관은 긴급체포를 한다는 사유를 알리고 영장없이 피의자를 체포할 수 있다(제200조의3 제1항). 사법경찰리도 사법경찰관사무취급의 지위에서 긴급체포를 할 수 있다.

② 미란다 원칙의 고지: 피의자에게 피의사실의 요지, 체포의 이유와 변호인을 선임할 수 있음을 말하고 변명할 기회를 주어야 한다(제200조의5).

판례 | 미란다 원칙의 사후고지의 허용요건 및 사후고지의 시기(영장에 의한 체포와 동일)

사법경찰리가 현행범인으로 체포하는 경우에는 반드시 범죄사실의 요지, 구속의 이유와 변호인을 선임할 수 있음을 말하고 변명할 기회를 주어야 할 것임은 명백하며, 이러한 법리는 긴급체포의 경우에도 마찬가지로 적용되는 것이고, 이와 같은 고지는 체포를 위한 실력행사에 들어가기 이전에 미리 하여야 하는 것이 원칙이나, 달아나는 피의자를 쫓아가 붙들거나 폭력으로 대항하는 피의자를 실력으로 제압하는 경우에는 붙들거나 제압하는 과정에서 하거나, 그것이 여의치 않은 경우에라도 일단 붙들거나 제압한 후에는 지체 없이 행하여야 한다[대판 2000.7.4.]. [20 변호사, 20 경찰승진]*

(4) 긴급체포 후의 조치

1) 검사의 승인과 긴급체포서 작성

① **검사의 승인(사경의 긴급체포의 경우)**: 사법경찰관이 피의자를 긴급체포한 경우에는 즉시 검사의 승인을 얻어야 한다(제200조의3 제2항). [18 경찰채용, 18 국가7급, 17 경찰승진, 17 경찰채용]*

② **긴급체포서 작성**: 검사 또는 사법경찰관이 피의자를 긴급체포한 경우에는 즉시 긴급체포서를 작성하여야 하고 긴급체포서에는 범죄사실의 요지, 긴급체포의 사유 등을 기재하여야 한다(동조 제3항·제4항). [17 경찰승진]*

2) 긴급체포 사실의 통지(영장에 의한 체포와 동일함)

피의자를 긴급체포한 때에는 ⅰ) 변호인이 있는 경우에는 변호인에게, ⅱ) 변호인이 없는 경우에는 변호인선임권자 중 피의자가 지정한 자에게 피의사건명, 체포의 일시·장소, 피의사실의 요지, 체포의 이유와 변호인을 선임할 수 있는 취지를 지체없이(긴급체포한 때로부터 늦어도 24시간 이내에) 서면으로 알려야 한다(제200조의6, 제209조, 제213조의2, 제87조, 규칙 제51조 제2항).

3) 구속영장의 청구와 석방 등

① **구속영장의 청구**: 검사 또는 사법경찰관이 긴급체포한 피의자를 구속하고자 할 때에는 지체 없이 검사는 관할지방법원판사에게 구속영장을 청구하여야 하고, 사법경찰관은 검사에게 신청하여 검사의 청구로 관할지방법원판사에게 구속영장을 청구하여야 한다. 이 경우 구속영장은 피의자를 체포한 때부터 48시간 이내에 청구하여야 하며, 긴급체포서를 첨부하여야 한다(제200조의4 제1항). [22 경찰채용, 20 변호사, 19 경간부, 17 국가9급]*

> **판례 | 사법경찰관이 검사에게 긴급체포된 피의자에 대한 긴급체포 승인 건의와 함께 구속영장을 신청한 경우 검사가 피의자를 대면 조사할 권한이 있는지의 여부(한정 적극), 대면 조사의 허용요건**
>
> [1] 사법경찰관이 검사에게 긴급체포된 피의자에 대한 긴급체포 승인 건의와 함께 구속영장을 신청한 경우, <u>검사는 긴급체포의 승인 및 구속영장의 청구가 피의자의 인권에 대한 부당한 침해를 초래하지 않도록 긴급체포의 적법성 여부를 심사하면서 수사서류 뿐만 아니라 피의자를 검찰청으로 출석시켜 직접 대면 조사할 수 있는 권한을 가진다고 보아야 한다.</u>
> [2] 다만, 체포된 피의자의 구금 장소가 임의적으로 변경되는 점, 법원에 의한 영장실질심사제도를 도입하고 있는 현행 형사소송법 하에서 체포된 피의자의 신속한 법관 대면권 보장이 지연될 우려가 있는 점 등을 고려하면, 위와 같은 검사의 구속영장 청구 전 피의자 대면 조사는 긴급체포의 적법성을 의심할 만한 사유가 기록 기타 객관적 자료에 나타나고 피의자의 대면 조사를 통해 그 여부의 판단이 가능할 것으로 보이는 예외적인 경우에 한하여 허용될 뿐, 긴급체포의 합당성이나 구속영장 청구에 필요한 사유를 보강하기 위한 목적으로 실시되어서는 아니 된다. 나아가 검사의 구속영장 청구 전 피의자 대면 조사는 강제수사가 아니므로 피의자는 검사의 출석 요구에 응할 의무가 없고, 피의자가 검사의 출석 요구에 동의한 때에 한하여 사법경찰관리는 피의자를 검찰청으로 호송하여야 한다[대판 2010.10.28. 2008도11999]. [20 경찰채용, 19 경찰채용, 19 국가9급, 18 국가7급, 18 경찰채용, 17 경간부, 17 국가9급]*

② **석방**: 48시간 이내에 구속영장을 청구하지 아니하거나 또는 구속영장을 청구하였더라도 영장을 발부받지 못하면 즉시 피의자를 석방하여야 한다(제200조의4 제2항).

③ **석방의 통지**: 검사는 구속영장을 청구하지 아니하고 피의자를 석방한 경우에는 석방한 날부터 30일 이내에 서면으로 긴급체포 후 석방된 자의 인적사항, 석방의 일시·장소 및 사유 등을 법원에 통지하여야 한다. [20 경간부] 이 경우 긴급체포서의 사본을 첨부하여야 한다(제200조의4 제4항). 사법경찰관은 긴급체포한 피의자에 대하여 구속영장을 신청하지 아니하고 석방한 경우에는 즉시 검사에게 보고하여야 한다(제200조의4 제6항).47) [19 경간부, 19 경찰채용, 18 경찰승진, 16 경찰승진]*

---

47) 사경의 경우 긴급체포한 피의자를 석방할 경우 검사에게 사전에 보고할 필요가 없고 석방 후 즉시보고, 즉 사후보고를 하면 족하다.

📌 판례 | 법원에 석방통지를 하지 않은 경우, 적법한 긴급체포에 의한 유치 중에 작성된 피의자신문조서의 증거능력 유무(긍정)

피의자가 긴급체포되어 조사를 받고 구속영장이 청구되지 아니하여 석방되었음에도 검사가 30일 이내에 법원에 석방통지를 하지 않았더라도, 긴급체포 당시의 상황과 경위, 긴급체포 후 조사 과정 등에 특별한 위법이 있다고 볼 수 없는 이상, 단지 사후에 석방통지가 이루어지지 않았다는 사정만으로 그 긴급체포에 의한 유치 중에 작성된 피의자신문조서들의 작성이 소급하여 위법하게 된다고 볼 수는 없다[대판 2014.8.26. 2011도6035]. [20 경간부, 17 경찰채용]*

④ 서류의 열람·등사: 긴급체포 후 석방된 자 또는 그 변호인이나 변호인선임권자는 통지서 및 관련 서류를 열람하거나 등사할 수 있다(동조 제5항). [19 경찰승진, 19 경간부, 18 경찰채용, 17 국가9급]*

4) 긴급체포의 취소(영장에 의한 체포와 동일)

체포의 사유가 없거나 소멸된 때에는 수사기관은 직권 또는 피의자·변호인·변호인선임권자의 청구에 의하여 체포를 취소하여야 한다(제200조의6, 제93조).

(5) 재체포의 제한

긴급체포되었다가 석방된 자는 영장 없이는 동일한 범죄사실에 관하여 다시 체포하지 못한다(제200의4 제3항).
[23 경간부, 20 변호사, 20 경찰승진, 20 경찰채용, 17 국가9급]*

📌 판례 | 긴급체포되었다가 석방된 후, 법원이 발부한 구속영장에 의하여 구속할 수 있는지 여부(적극)

형사소송법 제200조의4 제3항은 영장 없이는 긴급체포 후 석방된 피의자를 동일한 범죄사실에 관하여 체포하지 못한다는 규정으로, 위와 같이 석방된 피의자라도 법원으로부터 구속영장을 발부받아 구속할 수 있음은 물론이다[대판 2001.9.28. 2001도4291].

3. 현행범 체포

(1) 의의

① 현행범인은 누구든지 영장없이 체포할 수 있다(제212조).
② 현행범인의 체포의 경우 범죄의 명백성으로 인하여 인권침해의 우려가 적고 긴급한 체포의 필요성이 인정되기 때문에 영장주의의 예외를 인정한 것이다.

(2) 현행범인과 준현행범인의 의의

① 현행범인: 범죄를 실행하고 있거나 실행하고 난 직후의 사람을 현행범인이라 한다(제211조 제1항).

📌 판례 | '범죄의 실행의 즉후인 자'의 의미

형사소송법 제211조가 현행범인으로 규정한 '범죄의 실행의 즉후인 자'라고 함은 범죄의 실행행위를 종료한 직후의 범인이라는 것이 체포하는 자의 입장에서 볼 때 명백한 경우를 일컫는 것으로서 '범죄의 실행행위를 종료한 직후'라고 함은 범죄행위를 실행하여 끝마친 순간 또는 이에 아주 접착된 시간적 단계를 의미하는 것으로 해석되므로 시간적으로나 장소적으로 보아 체포를 당하는 자가 방금 범죄를 실행한 범인이라는 점에 관한 죄증이 명백히 존재하는 것으로 인정되는 경우에만 현행범인으로 볼 수 있다[대판 2007.4.13. 2007도1249]. [20 변호사, 20 경찰승진, 20 경간부, 18 국가7급, 18 경간부, 16 국가7급, 16 국가9급, 16 경찰승진, 16 경찰채용]*

판례 | 현행범이라고 인정할 수 없는 사례

1. 교사가 교장실에 들어가 불과 약 5분 동안 식칼을 휘두르며 교장을 협박하는 등의 소란을 피운 후 40여 분 정도가 지나 경찰관들이 출동하여 교장실이 아닌 서무실에서 그를 연행하려 하자 그가 구속영장의 제시를 요구하면서 동행을 거부하였다면, 체포 당시 서무실에 앉아 있던 위 교사가 방금 범죄를 실행한 범인이라는 죄증이 경찰관들에게 명백히 인식될 만한 상황이었다고 단정할 수 없으므로 그를 "범죄의 실행의 즉후인 자"로서 현행범인이라고 단정할 수 없다[대판 1991.9.24. 91도1314]. [19 경찰승진, 16 경간부]*

   판례해설 판례는 준현행범인으로 볼 수 있었던 것인지의 여부는 따로 판단될 문제라고 판시한 바 있다.

2. [사실관계] 甲이 술을 마신 뒤 식당 건너편 빌라 주차장에 차량을 그대로 둔 채 귀가하였다가 다음날 아침 차량을 이동시켜 달라는 전화를 받고 현장에 도착하여 차량을 약 2m 가량 운전하여 이동·주차하였다. 이후 차량을 완전히 뺄 것을 요구하던 공사장 인부들과 시비가 된 상태에서 누군가 "甲이 음주운전을 하였다."고 신고를 하여 출동한 경찰관이 음주 감지기에 의한 확인을 요구하였으나 응하지 아니하고 임의동행도 거부하자, 경찰관이 甲을 도로교통법위반(음주운전)죄의 현행범으로 체포하였다.

   [판례] 피고인 甲이 전날 늦은 밤 시간까지 마신 술 때문에 미처 덜 깬 상태였던 것으로 보이기는 하나, 술을 마신 때로부터 이미 상당한 시간이 경과한 뒤에 운전을 하였으므로 도로교통법위반(음주운전)죄를 저지른 범인임이 명백하다고 쉽게 속단하기는 어려워 보인다. 사안 자체가 경미하다. 피고인이 현장에서 도망하거나 증거를 인멸하려 하였다고 단정하기는 어렵다.

   [결론] 경찰관들이 甲을 현행범으로 체포한 것은 그 요건을 갖추지 못한 것이어서 위법하고, 그와 같이 위법한 체포상태에서 이루어진 음주측정 요구 또한 위법하다고 보지 않을 수 없다[대판 2017.4.7. 2016도19907].

3. 신고를 받고 출동한 제천경찰서 청전지구대 소속 경장 공소외인이 피고인이 음주운전을 종료한 후 40분 이상이 경과한 시점에서 길가에 앉아 있던 피고인에게서 술냄새가 난다는 점만을 근거로 피고인을 음주운전의 현행범으로 체포한 것은 피고인이 '방금 음주운전을 실행한 범인이라는 점에 관한 죄증이 명백하다고 할 수 없는 상태'에서 이루어진 것으로서 적법한 공무집행이라고 볼 수 없다[대판 2007.4.13. 2007도1249]. [20 경간부, 19 경찰승진, 18 경찰승진]*

4. 경찰관들이 주민들의 신고를 받고 현장에 도착한 당시 이미 싸움이 끝나 피고인이 의자에 앉아 있었던 사실이 인정됨에 비추어 피고인을 현행범으로 보기 어렵다[대판 1995.5.9. 94도3016].

판례 | 현행범 체포가 적법한 경우(범행과 시간적·장소적 접착성이 인정되는 경우)

1. 112 신고를 받고 출동한 경찰관들이 피고인 甲을 체포하려고 할 때는 피고인이 무학여고 앞길에서 피해자 乙의 자동차를 발로 걷어차고 그와 싸우는 범행을 한 지 겨우 10분 후에 지나지 않고 그 장소도 범행 현장에 인접한 위 학교의 운동장이었고, 피해자의 친구 丙은 112 신고를 하고 나서 피고인이 도주하는지 여부를 계속 감시하고 있었던 경우, 경찰관들의 甲에 대한 체포는 현행범 체포로서 적법한 공무집행에 해당한다[대판 1993.8.13. 93도926]. [17 경간부]*

2. 술에 취한 甲이 목욕탕 탈의실에서 乙을 구타하고 약 1분여 동안 목을 잡고 있다가 다른 사람들이 말리자 잡고 있던 목을 놓은 후 위 목욕탕 탈의실 의자에 앉아 있었고, 목욕탕에서 이발소를 운영하고 있는 丙이 甲에게 "옷을 입고 가라."고 하여 甲이 옷을 입고 있던 중, 목욕탕 주인 丁이 112 신고를 하여 경찰관들이 현장에 출동하여 탈의실에서 옷을 입고 있던 甲을 상해죄의 현행범인으로 체포한다고 하면서 미란다원칙을 고지하고 甲을 강제로 연행하려고 한 것은 적법한 공무집행에 해당한다[대판 2006.2.10. 2005도7158].

② **준현행범인(제211조 제2항)**: 현행범인으로 간주되는 자로서 ㉠ 범인으로 불리며 추적되고 있는 자 ㉡ 장물이나 범죄에 사용되었다고 인정하기에 충분한 흉기나 그 밖의 물건을 소지하고 ㉢ 신체나 의복류에 증거가 될 만한 뚜렷한 흔적이 있는 자 ㉣ 누구냐고 묻자 도망하려고 하는 자를 말한다.

판례 | 준현행범으로서 영장없이 체포할 수 있는 경우

순찰 중이던 경찰관이 교통사고를 낸 차량이 도주하였다는 무전연락을 받고 주변을 수색하다가 범퍼 등의 파손상태로 보아 사고차량으로 인정되는 차량에서 내리는 사람을 발견한 경우 형사소송법 제211조 제2항 제2호 소정의 '장물이나 범죄에 사용되었다고 인정함에 충분한 흉기 기타의 물건을 소지하고 있는 때'에 해당하므로 준현행범으로서 영장없이 체포할 수 있다 [대판 2000.7.4. 99도4341]. [20 변호사, 19 경찰승진, 19 경간부, 19 법원9급]*

(3) 현행범인 체포의 요건

① **범죄의 명백성**: 특정한 범죄의 범인임이 명백하여야 한다. 따라서 구성요건해당성이 조각되거나, 위법성조각사유나 책임조각사유의 존재가 명백한 경우 현행범인으로 체포할 수 없다.

② **체포의 필요성**: 긴급체포와 달리 현행범인의 체포에는 명문의 규정이 없으나 판례는 체포의 필요성을 요한다는 입장이다.

판례 | 현행범인으로 체포하기 위하여는 체포의 필요성이 인정되어야 함

현행범인으로 체포하기 위하여는 행위의 가벌성, 범죄의 현행성과 시간적 접착성, 범인·범죄의 명백성 이외에 체포의 필요성, 즉 도망 또는 증거인멸의 염려가 있어야 한다. 이러한 요건을 갖추지 못한 현행범인 체포는 법적 근거에 의하지 아니한 영장 없는 체포로서 위법한 체포에 해당한다[대판 2017.4.7. 2016도19907]. [20 경찰채용, 19 국가7급, 18 경찰승진, 18 경찰채용, 17 경간부, 16 경찰승진, 16 경찰채용]*

판례 | 현행범 체포의 필요성이 인정되지 않아 위법한 체포에 해당하는 경우

피고인이 경찰관의 불심검문을 받아 운전면허증을 교부한 후 경찰관에게 큰 소리로 욕설을 하였는데, 경찰관이 모욕죄의 현행범으로 체포하겠다고 고지한 후 피고인의 오른쪽 어깨를 붙잡자 반항하면서 경찰관에게 상해를 가한 사안에서, 피고인은 경찰관의 불심검문에 응하여 이미 운전면허증을 교부한 상태이고, 경찰관뿐 아니라 인근 주민도 욕설을 직접 들었으므로, 피고인이 도망하거나 증거를 인멸할 염려가 있다고 보기는 어렵고, 피고인의 모욕 범행은 불심검문에 항의하는 과정에서 저지른 일시적, 우발적인 행위로서 사안 자체가 경미할 뿐 아니라, 피해자인 경찰관이 범행현장에서 즉시 범인을 체포할 급박한 사정이 있다고 보기도 어려우므로, 경찰관이 피고인을 체포한 행위는 적법한 공무집행이라고 볼 수 없고, 피고인이 체포를 면하려고 반항하는 과정에서 상해를 가한 것은 불법체포로 인한 신체에 대한 현재의 부당한 침해에서 벗어나기 위한 행위로서 정당방위에 해당한다는 이유로, 피고인에 대한 상해 및 공무집행방해의 공소사실을 무죄로 인정한 원심판단을 수긍한 사례[대판 2011.5.26. 2011도3682]. [22 경찰채용, 20 경찰채용, 19 경찰승진, 18 변호사, 16 변호사, 16 경간부, 16 경찰채용]*

③ **경미범죄의 특칙(비례성의 원칙)**: 다액 50만원 이하의 벌금, 구류 또는 과료에 해당하는 죄의 현행범인에 대하여는 범인의 주거가 분명하지 아니한 때에 한하여 체포할 수 있다(제214조).

판례 | 현행범 체포의 요건을 갖추었는지 여부의 판단방법

현행범인 체포의 요건을 갖추었는지 여부는 체포 당시의 상황을 기초로 판단하여야 하고 사후에 범인으로 인정되었는지에 의할 것은 아니다[대판 2011.5.26. 2011도3682]. [20 경찰채용]*

관련판례 비록 피고인이 식당 안에서 소리를 지르거나 양은그릇을 부딪치는 등의 소란행위가 업무방해죄의 구성요건에 해당하지 않아 사후적으로 무죄로 판단되었다고 하더라도, 피고인이 상황을 설명해 달라거나 밖에서 얘기하자는 경찰관의 요구를 거부하고 경찰관 앞에서 소리를 지르고 양은그릇을 두드리면서 소란을 피우는 등 객관적으로 보아 피고인이 업무방해죄의 현행범이라고 인정할 만한 충분한 이유가 있었다면, 경찰관들이 피고인을 체포하려고 한 행위는 적법한 공무집행이라고 보아야 한다[대판 2013.8.23. 2011도4763]. [20 경간부, 18 경찰채용, 16 국가9급]*

> **판례 | 적법한 체포에 해당하는 경우**
>
> 1. 피해자가 차량 손괴죄의 현행범인에 해당함은 명백하고, 피해자는 당시 열쇠로 피고인의 차를 긁고 있다가 피고인이 나타나자 부인하면서 도망하려고 하였다면 체포의 필요성의 요건도 갖추었다고 할 것이므로 피고인이 피해자를 현행범인으로 체포한 것은 적법하다[대판 1999.1.26. 98도3029]. [16 국가9급, 16 경찰승진]*
> 2. 경찰관의 현행범인 체포경위 및 그에 관한 현행범인체포서와 범죄사실의 기재에 다소 차이가 있더라도, 그것이 논리와 경험칙상 장소적·시간적 동일성이 인정되는 범위 내라면 그 체포행위는 공무집행방해죄의 요건을 갖춘 적법한 공무집행에 해당한다[대판 2008.10.9. 2008도3640]. [17 경찰채용, 16 경간부, 16 경찰채용]*
>
> **판례해설** 경찰관이 피고인을 체포한 실제 일시·장소가 '2007.7.23. 10:50경, 동성장 여관 앞 노상'임에도 현행범인체포서에는 '2007.7.23. 11:00, 동성장 여관 302호 내'라고 기재되었더라도 그런 지엽적인 차이 때문에 체포가 위법하다고 볼 수 없다고 판시한 판례이다.

> **판례 | 현행범인의 연행 또는 체포가 적법하지 않은 경우**
>
> 1. 경찰관이 적법절차를 준수하지 않은 채 실력으로 현행범인을 연행하려 하였다면 적법한 공무집행이라고 할 수 없다[대판 2017.3.15. 2013도2168]. [18 경간부]*
> 2. 현행범인으로서의 요건을 갖추고 있었다고 인정되지 않는 상황에서 경찰관들이 동행을 거부하는 자를 체포하거나 강제로 연행하려고 하였다면 이는 적법한 공무집행이라고 볼 수 없다[대판 2002.5.10. 2001도300]. [16 경찰채용]*
> 3. 현행범인 체포의 요건을 갖추었는지 여부에 관한 검사나 사법경찰관 등의 판단에는 상당한 재량의 여지가 있으나, 체포 당시 상황으로 보아도 요건 충족 여부에 관한 검사나 사법경찰관 등의 판단이 경험칙에 비추어 현저히 합리성을 잃은 경우 그 체포는 위법하다[대판 2017.3.9. 2013도16162]. [17 국가7급]*

(4) 체포의 절차

① 현행범인은 누구든지 영장없이 체포할 수 있다(제212조). [20 경간부]*
② 수사기관에의 인도: 사인이 현행범인을 체포한 때에는 즉시 검사 또는 사법경찰관리에게 인도하여야 한다(제213조 제1항).48) [20 경간부]* 사법경찰관리가 현행범인의 인도를 받은 때에는 체포자의 성명, 주거, 체포의 사유를 물어야 하고 필요한 때에는 체포자에 대하여 경찰관서에 동행함을 요구할 수 있다(제213조 제2항). [20 국가7급, 16 경찰승진, 16 경찰채용]*
③ 미란다 원칙의 고지: 검사 또는 사법경찰관리는 현행범인을 체포하거나 현행범인의 인도를 받은 때에는 피의자에게 피의사실의 요지, 체포의 이유와 변호인을 선임할 수 있음을 말하고 변명할 기회를 주어야 한다(제213조의2, 제200조의5). [16 경찰승진]*

> **판례 | 미란다 원칙의 고지시기**
>
> 사법경찰관리가 현행범인을 체포하는 경우에는 반드시 범죄사실의 요지, 체포의 이유와 변호인을 선임할 수 있음을 말하고 변명할 기회를 주어야 하고 이와 같은 고지는 체포를 위한 실력행사에 들어가기 이전에 미리 하여야 하는 것이 원칙이나 달아나는 피의자를 쫓아가 붙들거나 폭력으로 대항하는 피의자를 실력으로 제압하는 경우에는 붙들거나 제압하는 과정에서 하거나 그것이 여의치 않은 경우에라도 일단 붙들거나 제압한 후에 지체없이 행하였다면 경찰관의 현행범인 체포는 적법한 공무집행이라고 할 수 있다[대판 2008.10.9. 2008도3640]. [19 국가9급, 18 경간부, 17 국가7급, 17 경찰승진, 17 경간부, 16 국가9급]*

---

48) 사인이 체포한 현행범인을 인도하지 않고 석방하는 것은 허용되지 않는다.

(5) 체포 후의 절차(영장에 의한 체포와 동일함)
1) 체포의 통지(제213조의2, 제87조)
2) 구속영장의 청구 또는 석방

체포한 피의자를 구속하고자 할 때에는 체포한 때부터 또는 인도를 받은 때부터 48시간 이내에 구속영장을 청구하여야 하고 그 기간 내에 구속영장을 청구하지 아니하거나 그 기간 내에 구속영장을 청구하였더라도 영장을 발부받지 못한 때에는 즉시 피의자를 석방하여야 한다(제213조의2, 제200조의2 제5항).

> **판례** | 사인의 현행범 체포시 검사 등에게 인도해야 할 시점인 '즉시'의 의미(불필요한 지체를 함이 없이 라는 뜻), 인도된 경우 구속영장 청구기간인 48시간의 기산점(= 검사 등이 현행범인을 인도받은 때)
>
> [1] 현행범인은 누구든지 영장 없이 체포할 수 있고, 검사 또는 사법경찰관리(이하 '검사 등') 아닌 이가 현행범인을 체포한 때에는 즉시 검사 등에게 인도하여야 한다. 여기서 '즉시'라고 함은 반드시 체포시점과 시간적으로 밀착된 시점이어야 하는 것은 아니고, 정당한 이유 없이 인도를 지연하거나 체포를 계속하는 등으로 불필요한 지체를 함이 없이라는 뜻으로 볼 것이다.
> [2] 검사 등이 아닌 이에 의하여 현행범인이 체포된 후 불필요한 지체 없이 검사 등에게 인도된 경우 구속영장 청구기간인 48시간의 기산점은 체포시가 아니라 검사 등이 현행범인을 인도받은 때라고 할 것이다.
> [3] 청해부대 소속 군인들이 소말리아 해적인 피고인들을 현행범인으로 체포한 것은 검사 등이 아닌 이에 의한 현행범인 체포에 해당하고, 체포 이후 국내로 이송하는 데에 약 9일이 소요된 것은 공간적·물리적 제약상 불가피한 것으로 정당한 이유 없이 인도를 지연하거나 체포를 계속한 경우로 볼 수 없으며, 경찰관들이 피고인들의 신병을 인수한 때로부터 48시간 이내에 청구하여 발부된 구속영장에 의하여 피고인들이 구속되었으므로 피고인들은 적법한 체포, 즉시 인도 및 적법한 구속에 의하여 공소제기 당시 국내에 구금되어 있다 할 것이다[대판 2011.12.22, 2011도12927]. [20 변호사, 20 경찰승진, 19 변호사, 19 경간부, 19 법원9급, 18 변호사, 18 경찰승진, 18 경간부, 17 경간부, 17 경찰채용, 16 국가7급, 16 국가9급, 16 경간부, 16 경찰채용]*

▶ **영장에 의한 체포 vs 긴급체포 vs 현행범체포**

구분	영장에 의한 체포	긴급체포	현행범체포
공통점	① 피의자를 대상으로 하며 피고인은 체포의 대상이 아님 ③ 체포의 통지 ⑤ 접견교통권과 변호인선임의뢰권		② 미란다 원칙 고지 ④ 체포의 취소 ⑥ 체포적부심사청구권
체포의 주체	검사 또는 사법경찰관리	검사 또는 사법경찰관리	제한 없음
체포 후 검사의 승인	불요	필요	불요
체포 후 조치	피의자를 구속하고자 할 때는 체포한 때부터(사인의 현행범 체포의 경우 현행범인을 인도받은 때부터) 48시간 이내에 구속영장 청구하여야 함, 위 시간 이내에 구속영장을 청구를 하지 않거나 청구를 하였더라도 영장을 발부받지 못한 경우 즉시 석방해야 함		
석방시 법원 통지	피의자를 체포하지 아니하거나 체포한 피의자를 석방한 때에 통지 要	영장을 청구하지 아니하고 피의자를 석방한 때에 통지 要	×
재체포 제한규정 적용	×	○(긴급체포되었다가 석방된 자는 영장 없이는 동일한 범죄사실에 관하여 다시 체포 불가)	×

▶ **체포 · 구속의 요건** [20 경찰승진, 20 경간부, 19 경찰승진, 18 경간부, 18 경찰채용, 17 경찰채용, 17 국가7급, 16 경찰승진, 16 경찰채용]*

구분		요건 (공통요건: 범죄혐의 인정)	경미사건의 특칙 (50만원 이하의 벌금 · 구류 · 과료)	영장
피의자	영장체포 (제200조의2)	㉠ 출석요구 불응 ㉡ 출석요구 불응 우려 ※ 명백히 체포의 필요성 - 도망 또는 증거인멸의 염려 - 이 인정되지 않으면 영장청구 기각	㉠ 일정한 주거가 없는 때 ㉡ 출석요구 불응	체포영장

	긴급체포
	(제200조의3)
		① 긴급성(체포영장 발부받을 시간적 여유 없는 때)
		② 범죄의 중대성(사형 · 무기 · 장기 3년 이상의 징역 · 금고)
		③ 체포의 필요성
		  ㉠ 증거인멸의 염려
		  ㉡ 도망 또는 도망의 염려
			규정 없음	불요

	현행범체포
	(제211조)
		① 현행범인(범죄를 실행하고 있거나 실행하고 난 직후의 사람)
		② 준현행범인
		  ㉠ 범인으로 불리며 추적되고 있을 때
		  ㉡ 장물이나 범죄에 사용되었다고 인정하기에 충분한 흉기나 그 밖의 물건을 소지하고 있을 때
		  ㉢ 신체나 의복류에 증거가 될 만한 뚜렷한 흔적이 있을 때
		  ㉣ 누구냐고 묻자 도망하려고 할 때
		③ 체포의 필요성 - 도망 또는 증거인멸의 염려 - 이 있어야 함(판례)
			일정한 주거가 없는 때	불요

피의자 피고인	구속 (제70조, 201조)	㉠ 일정한 주거가 없는 때 ㉡ 증거인멸의 염려 ㉢ 도망 또는 도망의 염려	일정한 주거가 없는 때	구속영장

Ⅱ 구속[49]

1. 구속의 의의

(1) 구속의 개념
① 구속이란 구속영장에 의하여 피의자 또는 피고인을 구인 또는 구금하는 강제처분을 말한다.
② 형사소송의 진행과 형벌의 집행을 확보하기 위한 강제처분이다.

(2) 구속의 범위
① 구속은 구인과 구금을 포함한다(제69조). [18 경찰승진]*
② ⅰ) 구인이란 피의자 · 피고인을 법원 기타 장소에 인치하는 강제처분을 말한다.[50] ⅱ) 구금이란 피의자 · 피고인을 교도소, 구치소 등에 감금하는 강제처분을 말한다.

---

49) 강제수사의 장에 속하는 부분이지만 형사소송법은 '피고인 구속을 규정'한 후 일정한 부분에 대하여는 이를 '피의자 구속'에 준용하는 형식을 취하고 있으므로 편의상 법원의 강제처분인 피고인 구속도 함께 설명하기로 한다.
50) 피의자에 대한 구인은 체포되지 아니한 피의자의 구속 전 피의자심문을 위한 수단으로 사용된다.

③ 인치한 피의자·피고인을 구금할 필요가 없다고 인정한 때에는 그 인치한 때로부터 24시간 내에 석방하여야 한다(제71조, 제209조). [18 경찰승진, 18 경찰채용, 18 법원9급, 16 경찰채용]* 법원은 인치받은 피고인을 유치할 필요가 있는 때에는 교도소·구치소 또는 경찰서 유치장에 유치할 수 있다. 이 경우 유치기간은 인치한 때부터 24시간을 초과할 수 없다(제71조의2).

(3) 구속의 유형
① 피의자 구속: 수사절차에서 수사기관이 법관의 영장을 발부받아 하는 구속을 말하며 강제수사에 해당한다.
② 피고인 구속: 공소제기를 받은 수소법원이 영장에 의하여 피고인을 구속하는 것을 말하며 법원의 강제처분에 해당한다.

2. 피의자와 피고인 구속의 요건[51]

(1) 범죄혐의
피의자가(피고인이) 죄를 범하였다고 의심할 만한 상당한 이유가 있어야 한다(제70조 제1항, 제201조 제1항). 구속의 요건인 범죄혐의는 객관적 혐의, 즉 유죄판결을 받을 정도의 고도의 개연성을 의미한다.

(2) 구속의 사유
① 구속사유: 피의자(피고인)에게 ㉠ 일정한 주거가 없거나 ㉡ 증거를 인멸할 염려가 있거나 ㉢ 도망하거나 도망할 염려가 있어야 한다(제70조 제1항, 제201조 제1항).
② 구속사유 심사시 고려사항: 판사 또는 법원은 구속사유를 심사함에 있어서 범죄의 중대성, 재범의 위험성, 피해자 및 중요 참고인 등에 대한 위해 우려 등을 고려하여야 한다(제70조 제2항, 제209조).
③ 경미범죄의 특칙: 50만원 이하의 벌금·구류·과료에 해당하는 사건에 관하여는 피의자(피고인)에게 일정한 주거가 없는 경우에만 구속할 수 있다(제70조 제3항, 제201조 제1항 단서).

3. 피의자의 구속절차[52]

(1) 영장주의

1) 영장주의의 원칙
피의자를 구속하는 경우 반드시 구속영장이 있어야 한다. 체포와는 달리 구속에 있어서는 영장주의의 예외가 인정되지 아니한다.

2) 영장의 청구
① 검사의 청구: 검사는 관할지방법원판사에게 청구하여 구속영장을 발부받아 피의자를 구속할 수 있고, 사법경찰관은 검사에게 신청하여 검사의 청구로 판사의 구속영장을 발부받아 피의자를 구속할 수 있다(제201조 제1항).
② 서면 청구: 구속영장의 청구는 서면(구속영장청구서)으로 하여야 하며(규칙 제93조 제1항), 구속의 필요를 인정할 수 있는 자료 등을 제출하여야 한다(제201조 제2항, 규칙 제96조 제2항). 검사가 동일한 범죄사실에 관하여 그 피의자에 대하여 전에 구속영장을 청구하거나 발부받은 사실이 있을 때에는 다시 구속영장을 청구하는 취지 및 이유를 기재하여야 한다(제201조 제5항).

---

51) 피의자 구속과 피고인 구속의 요건은 동일하다.
52) 피의자 구속과 피고인 구속은 그 절차, 효과 등에 있어 차이가 있으므로 반드시 구분하여야 한다.

(2) 구속 전 피의자심문(구속영장 실질심사)

1) 의의
구속영장의 청구를 받은 판사가 피의자를 직접 심문하여 구속사유의 존부를 판단하는 것을 말한다.53)

2) 필요적 심문
① **체포된 피의자의 경우**: 체포된 피의자54)에 대하여 구속영장을 청구받은 판사는 지체 없이 피의자를 심문하여야 한다. 이 경우 특별한 사정이 없는 한 구속영장이 청구된 날의 다음날까지 심문하여야 한다(제201조의2 제1항). [23 경간부, 22 경찰채용, 20 국가7급, 20 법원9급, 19 경찰승진, 18 경간부, 18 경찰채용]*

> **⚖ 판례 | 구속 전 피의자심문절차에서 심문기일을 속행하는 것이 바람직한지 여부(원칙적 소극)**
>
> 구속영장이 청구되는 경우 구속영장 발부 여부의 결정은 최대한 신속하게 이루어져야 하고, 구속영장 발부 여부를 결정하기 위한 피의자심문절차는 구속 여부를 판단하는 데 필요한 사항에 한하여 신속하고 간결하게 이루어져야 한다. 따라서 **특별한 사정이 없는 한** 구속 전 피의자심문절차에서 심문기일을 속행하는 것은 **바람직하지 않다**. 구속영장을 청구받은 판사가 피의자심문을 진행하면서 심문기일을 자유롭게 속행한다면 신속히 구속영장의 발부 여부를 결정하도록 정하고 있는 형사소송법령의 규정과 취지에 부합하지 않을 뿐만 아니라, 피의자의 구속 여부가 장기간 유동적인 상태에 놓여 헌법과 형사소송법령이 적법절차 및 영장주의 원칙을 통하여 보호하고자 하는 신체의 자유에 관한 기본권이 부당하게 제한될 우려가 있기 때문이다.
>
> 그런데 구속 전 피의자심문을 요체로 하는 구속영장실질심사제도는 검사로부터 구속영장을 청구받은 판사가 구속 여부를 결정하기 전에 피의자를 대면하여 직접 심문함으로써 구속 사유를 더욱 신중히 판단하기 위하여 마련된 제도이다. 판사가 피의자를 심문하는 과정에서 심문기일을 속행하는 것은 그와 같은 직접 심문을 더욱 충실히 하기 위한 소송지휘권의 일환일 수 있고 그 과정에서 피의자에게 의견진술의 기회를 추가적으로 보장하는 의미도 있음을 부정할 수 없다.
>
> 따라서 별다른 사유 없이 심문절차가 지연됨으로써 구속영장이 발부되지 않은 상태로 피의자의 신체의 자유가 장기간 제한되어 실질적으로 불법구금에 해당한다고 볼 정도에 이른 것이 아니라면, 단지 심문기일을 속행하였다는 사정만으로는 구속영장의 적법성과 효력에 어떠한 영향을 미친다고 볼 수 없다[대판 2025.3.13. 2022도9819].

② **체포되지 않은 피의자의 경우**: 체포되지 않은 피의자에 대하여 구속영장을 청구받은 판사는 피의자가 죄를 범하였다고 의심할 만한 이유가 있는 경우에 구인을 위한 구속영장을 발부하여 피의자를 구인한 후 심문하여야 한다.55) 다만, 피의자가 도망하는 등의 사유로 심문할 수 없는 경우에는 그러하지 아니하다(제201조의2 제2항). [20 경찰승진, 18 법원9급]*

---

53) 영장실질심사는 지방법원판사가 피의자에 대한 구속영장을 발부하기 전에 하는 것이며, 수소법원이 피고인에 대한 구속영장을 발부할 때 하는 것이 아님을 주의해야 한다.
54) 체포영장에 의한 체포(제200조의2), 긴급체포(제200조의3), 현행범인의 체포(제212조) 규정에 의해 체포된 피의자를 모두 포함한다.
55) 구속의 절차에서 체포되지 않은 피의자에 대하여는 구인절차(구인을 위한 구속영장발부)가 추가된다는 점에서만 체포된 피의자와 차이가 있을 뿐이다.

3) 국선변호인 선정
① 구속 전 피의자심문에 있어 심문할 피의자에게 변호인이 없는 때에는 지방법원판사는 직권으로 변호인을 선정하여야 한다.56) 이 경우 변호인의 선정은 피의자에 대한 구속영장 청구가 기각되어 효력이 소멸한 경우를 제외하고는 제1심까지 효력이 있다(제201조의2 제8항). [23 경간부, 22 경간부, 20 경찰채용, 20 국가9급, 20 법원9급, 18 변호사, 18 경찰승진, 18 경찰채용, 18 국가9급, 17 변호사, 17 경찰승진, 16 법원9급]* 법원은 변호인의 사정이나 그 밖의 사유로 변호인 선정결정이 취소되어 변호인이 없게 된 때에는 직권으로 변호인을 다시 선정할 수 있다(동조 제9항).
② 변호인은 구속영장이 청구된 피의자에 대한 심문 시작 전에 피의자와 접견할 수 있다(규칙 제96조의20 제1항). 피의자는 판사의 심문 도중에도 변호인에게 조력을 구할 수 있다(규칙 제96조의16 제4항). [20 법원9급, 19 경찰승진, 18 경찰승진, 18 경찰채용, 16 경찰승진]*
③ 피의자 심문에 참여할 변호인은 지방법원판사에게 제출된 구속영장청구서 및 그에 첨부된 고소·고발장, 피의자의 진술을 기재한 서류와 피의자가 제출한 서류를 열람할 수 있으나, 지방법원판사는 구속영장청구서를 제외하고는 위 서류의 전부 또는 일부의 열람을 제한할 수 있다(규칙 제96조의21). [22 경간부]*

4) 심문절차
① 심문기일 통지와 관계인의 출석: 지방법원판사는 체포된 피의자의 경우에는 즉시, 체포되지 않는 피의자의 경우에는 피의자를 인치한 후 즉시 심문기일과 장소를 검사·피의자 및 변호인에게 통지하여야 하고, 검사는 피의자가 체포되어 있는 때에는 그 기일에 피의자를 출석시켜야 한다(제201조의2 제3항).57) 판사는 피의자가 심문기일에의 출석을 거부하거나 질병 기타 사유로 출석이 현저하게 곤란한 때에는 피의자의 출석 없이 심문절차를 진행할 수 있다(규칙 제96조의13 제1항). [17 경찰승진, 16 경찰승진]*
② 심문장소: 피의자의 심문은 법원청사 내에서 하여야 한다. 다만, 피의자가 출석을 거부하거나 질병 기타 부득이한 사유로 법원에 출석할 수 없는 때에는 경찰서, 구치소 기타 적당한 장소에서 심문할 수 있다(규칙 제96조의15). [22 경간부]*
③ 진술거부권 등의 고지와 피의자심문: 판사는 피의자에게 범죄사실의 요지를 고지하고, 진술거부권을 고지하여야 하며(규칙 제96조의16 제1항), 구속여부를 판단하기 위하여 필요한 사항에 관하여 신속하고 간결하게 심문하여야 한다(동조 제2항). [22 경간부]* 판사는 피의자를 심문하는 때에는 공범의 분리심문이나 그 밖에 수사상의 비밀보호를 위하여 필요한 조치를 하여야 한다(제201조의2 제5항).
④ 검사와 변호인의 의견진술: 검사와 변호인은 심문기일에 출석하여 의견을 진술할 수 있다(제201조의2 제4항). 검사와 변호인은 판사의 심문이 끝난 후에 의견을 진술할 수 있다. 다만, 필요한 경우에는 심문 도중에도 판사의 허가를 얻어 의견을 진술할 수 있다(규칙 제96조의16 제3항). [20 경찰채용, 20 법원9급, 19 경찰승진, 18 경찰채용, 16 경찰승진]*
⑤ 피의자심문조서의 작성: 피의자를 심문하는 경우 법원사무관 등은 심문의 요지 등을 조서로 작성하여야 한다(제201조의2 제6항).
⑥ 심문의 비공개: 피의자에 대한 심문절차는 공개하지 아니한다. 다만, 판사는 상당하다고 인정하는 경우에는 피의자의 친족, 피해자 등 이해관계인의 방청을 허가할 수 있다(규칙 제96조의14). [23 경간부, 22 경간부, 19 경찰승진, 18 경찰채용, 17 경찰승진, 16 경찰승진]*

---

56) **관련판례** [제33조 제1항의 '피고인이 구속된 때'의 의미(판례변경)] 형사소송법 제33조 제1항 제1호의 문언, 위 법률조항의 입법 과정에서 고려된 '신체의 자유', '변호인의 조력을 받을 권리', '공정한 재판을 받을 권리' 등 헌법상 기본권 규정의 취지와 정신 및 입법 목적 그리고 피고인이 처한 입장 등을 종합하여 보면, 형사소송법 제33조 제1항 제1호의 '**피고인이 구속된 때**'라고 함은 피고인이 해당 형사사건에서 구속되어 재판을 받고 있는 경우에 한정된다고 볼 수 없고, 피고인이 **별건으로 구속영장이 발부되어 집행**되거나 **다른 형사사건**에서 유죄판결이 확정되어 그 판결의 **집행으로 구금 상태**에 있는 경우 또한 포괄하고 있다고 보아야 한다[대판(전) 2024.5.23., 2021도6357].
57) 체포된 피의자는 체포의 효력에 근거하여 피의자를 법원에 인치시킬 수 있다.

(3) 구속영장의 발부

1) 영장의 발부
① **발부결정**: 구속영장의 청구를 받은 지방법원판사는 신속히 구속영장의 발부여부를 결정하여야 하며(제201조 제3항) 상당하다고 인정할 때에는 구속영장을 발부한다(제201조 제4항).
② **기각결정**: 구속영장을 발부하지 아니할 때에는 청구서에 그 취지 및 이유를 기재하고 서명날인하여 청구한 검사에게 교부한다(제201조 제4항 단서).
③ **불복의 가능성**: 판례에 의하면 구속영장의 발부 또는 기각결정에 대하여는 항고 또는 준항고를 하는 방법으로 불복하는 것은 허용되지 아니한다.58)

> **판례 | 구속영장청구에 대한 판사의 재판(영장의 발부 또는 기각결정)에 대한 항고, 준항고(불가)**
>
> [1] 검사의 체포영장 또는 구속영장 청구에 대한 지방법원판사의 재판은 형사소송법 제402조의 규정에 의하여 항고의 대상이 되는 '법원의 결정'에 해당하지 아니하고, 제416조 제1항의 규정에 의하여 준항고의 대상이 되는 '재판장 또는 수명법관의 구금 등에 관한 재판'에도 해당하지 아니한다.
> [2] 체포영장 또는 구속영장에 관한 재판 그 자체에 대하여 직접 항고 또는 준항고를 하는 방법으로 불복하는 것은 이를 허용하지 아니하는 대신에, 체포영장 또는 구속영장이 발부된 경우에는 피의자에게 체포 또는 구속의 적부심사를 청구할 수 있도록 하고 그 영장청구가 기각된 경우에는 검사로 하여금 그 영장의 발부를 재청구할 수 있도록 허용함으로써, 간접적인 방법으로 불복할 수 있는 길을 열어 놓고 있다[대결 2006.12.18. 2006모646].

2) 구속영장의 기재사항59)
① **기재사항**: 구속영장에는 피의자의 성명·주거·죄명·범죄사실의 요지·인치구금할 장소·발부연월일·그 유효기간과 그 기간을 도과하면 집행에 착수하지 못하며 영장을 반환하여야 할 취지를 기재하고 판사가 서명날인하여야 한다(제209조, 제75조 제1항). 다만, 피고인의 성명이 분명하지 아니한 때에는 인상, 체격, 기타 피고인을 특정할 수 있는 사항으로 피고인을 표시할 수 있으며, 피고인의 주거가 분명하지 아니한 때에는 그 주거의 기재를 생략할 수 있다(제209조, 제75조 제2항·제3항).
② **수통의 발부**: 구속영장은 수통을 작성하여 사법경찰관리 수인에게 교부할 수 있다. 이 경우에는 그 사유를 구속영장에 기재하여야 한다(제209조, 제82조).

3) 구속영장의 유효기간
구속영장의 유효기간 7일로 한다. 다만, 법원 또는 법관은 상당하다고 인정하는 때에는 7일을 넘는 기간을 정할 수 있다(규칙 제178조).

(4) 구속영장의 집행(체포영장의 집행과 동일함)

1) 집행기관
① 구속영장은 검사의 지휘에 의하여 사법경찰관리가 집행한다(제209조, 제81조 제1항 본문).
② 교도소 또는 구치소에 있는 피의자에 대하여 발부된 구속영장은 검사의 지휘에 의하여 교도관이 집행한다(제209조, 제81조 제3항).

---

58) 구속영장에 관한 재판 그 자체에 대하여 형사소송법상 어떠한 방법으로도 불복할 수 없다.
59) 이하부터 4. 피고인의 구속절차 앞부분까지는 체포영장과 내용이 사실상 동일하다.

> **판례** | 법관이 검사의 청구에 의하여 체포된 피의자의 구금을 위한 구속영장을 발부한 경우, 검사와 사법경찰관리는 지체 없이 신속하게 구속영장을 집행하여야 하는지 여부(적극)
>
> [1] 법관이 검사의 청구에 의하여 체포된 피의자의 구금을 위한 구속영장을 발부하면 검사와 사법경찰관리는 지체 없이 신속하게 구속영장을 집행하여야 한다. 피의자에 대한 구속영장의 제시와 집행이 그 발부 시로부터 정당한 사유 없이 시간이 지체되어 이루어졌다면, 구속영장이 그 유효기간 내에 집행되었다고 하더라도 위 기간 동안의 체포 내지 구금 상태는 위법하다.
> [2] 피고인에 대한 구속영장이 2020.2.8. 발부되고 피고인에 대한 구속영장 청구 사건의 수사관계 서류와 증거물이 같은 날 17:00경 검찰청에 반환되어 그 무렵 검사의 집행지휘가 있었는데도, 사법경찰리는 그로부터 만 3일 가까이 경과한 2020.2.11. 14:10경 구속영장을 집행하였으므로 사법경찰리의 피고인에 대한 구속영장 집행은 지체 없이 이루어졌다고 볼 수 없고, 위 '구속영장 집행에 관한 수사보고'상의 사정(피고인에 대한 사건 담당자가 그날 외근 수사 중이었기 때문에 부득이 2020.2.11. 구속영장을 집행하였다.'는 취지로 작성됨)은 구속영장 집행절차 지연에 대한 정당한 사유에 해당한다고 보기도 어려우므로 정당한 사유 없이 지체된 기간 동안의 피고인에 대한 체포 내지 구금 상태는 위법하다고 할 것이다. 다만 판결내용 자체가 아니고 피고인의 신병확보를 위한 구금 등의 처분에 관한 절차가 법령에 위반된 경우에는, 그 구금 등의 처분에 대하여 형사소송법 제417조에 따라 법원에 그 처분의 취소 또는 변경을 청구하는 것은 별론으로 하고 그로 인하여 피고인의 방어권, 변호권이 본질적으로 침해되고 판결의 정당성마저 인정하기 어렵다고 보여지는 정도에 이르지 아니하는 한, 그 구금 등의 처분이 위법하다는 것만으로 판결 결과에 영향이 있어 독립한 상고이유가 된다고 할 수 없다[대판 2021.4.29, 2020도16438].

2) **관할구역 외 집행과 집행촉탁**
   ① 검사는 필요에 의하여 관할구역 외에서 구속영장의 집행을 지휘할 수 있고 또는 당해 관할구역의 검사에게 집행지휘를 촉탁할 수 있다(제209조, 제83조 제1항).
   ② 사법경찰관리는 필요에 의하여 관할구역 외에서 구속영장을 집행할 수 있고 또는 당해 관할구역의 사법경찰관리에게 집행을 촉탁할 수 있다(제209조, 제83조 제2항).

3) **집행의 절차**
   ① 영장의 제시: 구속영장을 집행함에는 피의자에게 반드시 이를 제시하고 그 사본을 교부하여야 한다(제209조, 제85조 제1항). [22 경찰채용]* 다만, 구속영장을 소지하지 아니한 경우에 급속을 요하는 때에는 범죄사실의 요지와 영장이 발부되었음을 고하고 집행할 수 있고 이 경우 집행을 완료한 후에는 신속히 구속영장을 제시하고 그 사본을 교부하여야 한다(제209조, 제85조 제3항·제4항).
   ② 미란다 원칙의 고지: 검사 또는 사법경찰관은 피의자를 구속하는 경우에는 피의사실의 요지, 구속의 이유와 변호인을 선임할 수 있음을 말하고 변명할 기회를 주어야 한다(제209조, 제200조의5).
   ③ 피의자의 인치: 구속영장을 집행함에는 피의자를 신속히 지정된 법원 기타 장소에 인치하여야 한다(제209조, 제85조 제1항). 다만, 피의자를 호송할 경우에 필요하면 가장 접근한 교도소 또는 구치소에 임시로 유치할 수 있다(제209조, 제86조).

(5) **구속 후의 조치(구속사실의 통지)**

피의자를 구속한 때에는 ⅰ) 변호인이 있는 경우에는 변호인에게, ⅱ) 변호인이 없는 경우에는 변호인선임권자60) 중 피의자가 지정한 자에게 피의사건명, 체포의 일시·장소, 피의사실의 요지, 체포의 이유와 변호인을 선임할 수 있는 취지를 지체없이(구속한 때로부터 늦어도 24시간 이내에) 서면으로 알려야 한다(제200조의6, 제209조, 제213조의2, 제87조, 규칙 제51조 제2항 등).

(6) **법원에 대한 통지**

구속영장의 발부를 받은 후 피의자를 구속하지 아니하거나 구속한 피의자를 석방한 때에는 지체없이 검사는 영장을 발부한 법원에 그 사유를 서면으로 통지하여야 한다(제204조).

---

60) 변호인선임권자는 피의자의 법정대리인, 배우자, 직계친족과 형제자매를 말한다.

4. 피고인의 구속절차

(1) 사전청문절차(구속영장 발부시의 미란다원칙 실시)

피고인에 대하여 범죄사실의 요지, 구속의 이유와 변호인을 선임할 수 있음을 말하고 변명할 기회를 준 후가 아니면 구속할 수 없다.61) 다만, 피고인이 도망한 경우에는 그러하지 아니하다(제72조). [19 경찰승진]* 법원은 합의부원으로 하여금 위 절차를 이행하게 할 수 있다(제72조2). [19 국가7급]*

> **판례 | 사전청문절차를 위반한 구속영장 발부의 효과(원칙 위법, 다만 이미 사전청문절차 규정이 정한 절차적 권리 – 예 변호인 선임 – 가 실질적으로 보장된 경우에는 위법하지 않음)**
>
> 형사소송법 제72조는 "피고인에 대하여 범죄사실의 요지, 구속의 이유와 변호인을 선임할 수 있음을 말하고 변명할 기회를 준 후가 아니면 구속할 수 없다."고 규정하고 있는바, 이는 피고인을 구속함에 있어 법관에 의한 사전 청문절차를 규정한 것으로서, 구속영장을 집행함에 있어 집행기관이 취하여야 하는 절차가 아니라 구속영장 발부함에 있어 수소법원 등 법관이 취하여야 하는 절차라 할 것이므로, 법원이 피고인에 대하여 구속영장을 발부함에 있어 사전에 위 규정에 따른 절차를 거치지 아니한 채 구속영장을 발부하였다면 그 발부결정은 위법하다고 할 것이나, 위 규정은 피고인의 절차적 권리를 보장하기 위한 규정이므로 이미 변호인을 선정하여 공판절차에서 변명과 증거의 제출을 다하고 그의 변호 아래 판결을 선고받은 경우 등과 같이 위 규정에서 정한 절차적 권리가 실질적으로 보장되었다고 볼 수 있는 경우에는, 이에 해당하는 절차의 전부 또는 일부를 거치지 아니한 채 구속영장을 발부하였다 하더라도 이러한 점만으로 그 발부결정이 위법하다고 볼 것은 아니다 [대결 2000.11.10. 2000모134]. [17 국가9급]*

(2) 구속영장의 발부

1) 영장주의

① 법원이 피고인을 구속함에는 구속영장을 발부하여야 한다(제70조, 제73조).62)
② 피고인에 대하여는 수소법원이 영장을 발부하는 것이 원칙이다. 그러나 급속을 요하는 경우 재판장 또는 합의부원이 영장을 발부할 수 있고, 수탁판사가 발부하는 경우도 있다(제70조, 제77조, 제80조).

> **판례 | 구속영장의 법적성격**
>
> 법원이 직권으로 발부하는 영장은 명령장으로서의 성질을 갖지만 수사기관의 청구에 의하여 발부하는 구속영장은 허가장으로서의 성질을 갖는 것이므로 양자의 법적 성격은 같지 않다 [헌재 1997.3.27. 96헌바28]. [23 경간부, 20 경찰승진]*

> **판례 | 법원이 피고인에 대하여 구속영장을 발부하는 경우에 검사의 청구가 필요한지 여부(소극)**
>
> 형사재판을 주재하는 법원이 피고인에 대하여 구속영장을 발부하는 경우에도 검사의 신청이 있어야 하는 것은 아니다 [대결 1996.8.12. 96모46]. [17 경간부, 16 국가7급]*

2) 구속영장의 기재사항과 수통의 발부

피의자의 구속영장의 방식과 동일하다(제75조, 제82조).

---

61) 본 규정은 피고인을 구속함에 있어 법관에 의한 사전 청문절차를 규정한 것이므로 "구속할 수 없다."는 의미는 "구속영장을 발부할 수 없다."는 의미로 이해하여야 한다.
62) 따라서 앞서 본 바와 같이 피의자 구속이든 피고인 구속이든 반드시 구속영장에 의하여야 한다.

(3) 구속영장의 집행

① 구속영장은 검사의 지휘에 의하여 사법경찰관리가 집행한다(제81조 제1항). 교도소 또는 구치소에 있는 피고인에 대하여 발부된 구속영장은 검사의 지휘에 의하여 교도관이 집행한다(제81조 제3항). 다만, 급속을 요하는 경우에는 재판장·수명법관·수탁판사가 그 집행을 지휘할 수 있고 이 경우 법원사무관 등에게 그 집행을 명할 수 있다(제81조 제2항).63)

② 영장의 제시(제85조)는 피의자의 구속영장 집행과 동일하다.

(4) 구속영장의 집행 후의 절차

① 사후청문절차: 피고인을 '구속한 때에는' 법원 또는 법관은 즉시 공소사실의 요지와 변호인을 선임할 수 있음을 알려야 한다(제88조, 규칙 제52조).64)

> **판례 | 사후청문절차 위반의 법적효과(구속영장의 효력에는 영향이 없음)**
>
> 형사소송법 제88조의 사후청문절차에 관한 규정을 위반하였다 하여 구속영장의 효력에 어떠한 영향을 미치는 것은 아니다
> [대결 2000.11.10. 2000모134]. [18 경찰승진, 16 경찰채용]*

② 피고인을 구속한 때에는 변호인이 있는 경우에는 변호인에게, 변호인이 없는 경우에는 변호인선임권자 중 피고인이 지정한 자에게 피고사건명, 구속일시·장소, 범죄사실의 요지, 구속의 이유와 변호인을 선임할 수 있는 취지를 지체없이(구속한 때로부터 늦어도 24시간 이내에) 서면으로 알려야 한다(제87조, 규칙 제51조 제2항). [16 법원9급]*

5. 구속기간

(1) 구속기간의 계산방법

구속기간의 초일은 시간을 계산함이 없이 1일로 산정한다(제66조 제1항 단서). 구속기간의 말일이 공휴일 또는 토요일에 해당하는 날이라도 기간에 산입된다(동조 제3항 단서).

(2) 피의자 구속기간

1) 구속기간의 기산점

① 구속기간은 실제로 피의자가 구속된 날로부터 기산한다.

② 구속에 앞서 체포 또는 구인이 선행하는 경우에는 구속기간은 피의자를 실제로 체포 또는 구인한 날로부터 기산한다(제203조의2). [20 경간부, 20 경찰채용, 17 경찰승진]*

2) 구속기간

① 사법경찰관의 구속기간: 사법경찰관이 피의자를 구속한 때에는 10일 이내에 피의자를 검사에게 인치하지 아니하면 석방하여야 한다(제202조). [17 경찰채용]* 따라서 사법경찰관의 피의자에 대한 구속기간은 최장 10일이다.

---

63) 요급집행에서만 피의자의 구속과 차이가 있을 뿐이다.
64) 영장발부 전에 고지한 것과 별개로 '다시' 고지하여야 한다.

② **검사의 구속기간**: 검사가 피의자를 구속한 때 또는 사법경찰관으로부터 피의자의 인치를 받은 때에는 10일 이내에 공소를 제기하지 아니하면 석방하여야 한다(제203조). 다만, 검사는 지방법원판사의 허가를 얻어 10일을 초과하지 않는 한도에서 구속기간을 1차에 한하여 연장할 수 있다(제205조).65) 구속기간연장허가결정이 있은 경우에 그 연장기간은 종전 구속기간만료 다음날로부터 기산한다(규칙 제98조). [18 경찰승진, 17 경찰승진]* 따라서 검사의 피의자에 대한 구속기간의 최장기간은 20일이다. 따라서 수사기관(사경+검사)의 피의자에 대한 구속기간의 최장기간은 30일이다.

> **판례 | 구속기간연장신청에 대한 지방법원판사의 재판에 대하여 불복할 수 있는지의 여부(소극)**
> 구속기간의 연장을 허가하지 아니하는 지방법원판사의 결정에 대하여는 항고의 방법으로는 불복할 수 없고 나아가 그 지방법원판사는 수소법원으로서의 재판장 또는 수명법관도 아니므로 그가 한 재판은 준항고의 대상이 되지도 않는다[대결 1997.6.16. 97모1]. [18 경찰승진, 17 경찰승진]*

3) 구속기간에 산입하지 않는 기간

㉠ 영장실질심사에 있어서 법원이 관계서류와 증거물을 접수한 날부터 구속영장을 발부하여 검찰청에 반환한 날까지의 기간(제201조의2 제7항) [23 경간부, 20 경찰승진, 20 경찰채용, 20 법원9급, 17 경찰승진]* ㉡ 체포구속적부심사에 있어서 법원이 관계서류와 증거물을 접수한 때부터 결정 후 검찰청에 반환된 때까지의 기간(제214조의2 제13항) ㉢ 피의자 감정유치기간(제172조의2, 제221조의3) ㉣ 피의자가 도망간 기간 ㉤ 구속집행 정지기간 등은 구속기간에 산입하지 아니한다.

(3) 피고인 구속기간

1) 구속기간의 기산점
공소제기 전의 체포·구속기간은 피고인의 구속기간에 산입하지 아니하므로(제92조 제3항) 제1심 법원의 구속기간의 기산점은 공소제기일이다.

2) 구속기간
피고인에 대한 구속기간은 2개월로 한다(제92조 제1항). 특히 구속을 계속할 필요가 있는 경우에는 심급마다 2개월 단위로 2차에 한하여 결정으로 갱신할 수 있다. 다만, 상소심은 피고인 또는 변호인이 신청한 증거의 조사, 상소이유를 보충하는 서면의 제출 등으로 추가 심리가 필요한 부득이한 경우에는 3차에 한하여 갱신할 수 있다(동조 제2항). 따라서 제1심, 제2심, 제3심 모두 최장 피고인을 각 6개월 동안 구속할 수 있으므로 피고인에 대한 최장 구속기간은 18개월이다. [18 변호사, 18 경찰승진, 18 경간부]*

3) 구속기간에 산입하지 않는 기간
구속기간을 계산할 때에는 ㉠ 공소제기 전의 체포·구인·구금 기간 [19 경찰승진, 18 변호사]* ㉡ 기피신청에 의한 소송진행의 정지기간 [20 경찰승진, 19 경간부]* ㉢ 공소장변경에 의한 공판절차 정지기간 [20 국가7급]* ㉣ 심신상실·질병으로 인한 공판절차 정지기간 ㉤ 피고인 감정유치기간 ㉥ 피고인이 도망간 기간 ㉦ 구속집행 정지기간 ㉧ 보석기간 ㉨ 위헌법률심판 제청에 의한 공판절차 정지기간 등은 구속기간에 산입하지 아니한다(제92조 제3항, 제172조의2, 헌법재판소법 제42조).66)

---

65) 국가보안법상 특정범죄(제3조 내지 제6조·제8조·제9조)에 대해서는 사법경찰관에게 1회, 검사에게 2회에 한하여 구속기간을 연장하고 있는 특례를 규정하고 있다(국가보안법 제19조). 따라서 국가보안법위반의 피의자에 대한 구속기간은 최장 50일이다.
66) 그러나 관할지정이나 관할이전 신청에 의한 소송절차 정지기간, 토지관할의 병합심리신청에 의한 소송절차 정지기간은 구속기간에 산입한다. [16 법원9급]*

6. 재구속의 제한

(1) 피의자 재구속 제한

① 검사 또는 사법경찰관에 의해 구속되었다가 석방된 피의자는 다른 중요한 증거를 발견한 경우를 제외하고는 동일한 범죄사실에 대하여 재차 구속하지 못한다(제208조 제1항). [20 변호사, 19 경찰승진, 18 경찰승진, 17 경간부]* 이 경우 1개의 목적을 위하여 동시 또는 수단결과의 관계에서 행하여진 행위는 동일한 범죄사실로 간주한다(동조 제2항). [19 경찰승진, 18 경찰승진]*

> **판례 | 긴급체포되었다가 석방된 후, 법원이 발부한 구속영장에 의하여 구속한 것이 위법한지의 여부(소극)**
>
> 형사소송법 제208조(재구속의 제한 규정) 소정의 '구속되었다가 석방된 자'라 함은 구속영장에 의하여 구속되었다가 석방된 경우를 말하는 것이지, 긴급체포나 현행범으로 체포되었다가 사후영장발부 전에 석방된 경우는 포함되지 않는다 할 것이므로, 피고인이 수사 당시 긴급체포되었다가 수사기관의 조치로 석방된 후 법원이 발부한 구속영장에 의하여 구속이 이루어진 경우 앞서 본 법조에 위배되는 위법한 구속이라고 볼 수 없다[대판 2001.9.28. 2001도4291]. [20 경간부, 20 경찰채용, 20 국가9급, 19 변호사, 19 법원9급, 18 국가7급, 18 경찰채용, 17 경간부, 16 변호사]*

② 국가보안법상의 공소보류를 받은 자에 대하여 공소보류가 취소된 경우에는 형사소송법 제208조의 규정에 불구하고 동일한 범죄사실로 재구속할 수 있다(국가보안법 제20조 제4항).

(2) 재구속 제한규정(제208조 제1항)이 수소법원의 피고인 재구속에도 적용되는지 여부

> **판례 | 수사기관의 피의자에 대한 재구속 제한규정이 수소법원의 피고인 재구속에는 적용되지 않음**
>
> 형사소송법 제208조(재구속의 제한)의 규정은 수사기관이 피의자를 구속하는 경우에만 적용되고 수소법원이 피고인을 구속하는 경우에는 적용되지 않는다[대판 1969.5.27. 69도509]. [20 국가9급, 19 국가7급, 18 법원9급]*
>
> **동지판례** 구속기간의 만료로 피고인에 대한 구속의 효력이 상실된 후 항소법원이 피고인에 대한 판결을 선고하면서 피고인을 구속하였다 하여 위 법 제208조의 규정에 위배되는 재구속 또는 이중구속이라 할 수 없다[대결 1985.7.23. 85모12].
>
> **기출지문** 구속되었다가 석방된 피의자 또는 피고인은 다른 중요한 증거가 발견된 경우가 아니면 동일한 범죄사실에 관하여 재차 구속하지 못한다. (×)

7. 구속영장의 효력

(1) 구속영장의 효력이 미치는 범위

> **판례 | 구속영장의 효력이 미치는 범위**
>
> 구속영장의 효력은 구속영장에 기재된 범죄사실 및 그 사실의 기초가 되는 사회적 사실관계가 기본적인 점에서 동일한 공소사실에 미친다고 할 것이고, 이러한 기본적 사실관계의 동일성을 판단함에 있어서는 그 사실의 동일성이 갖는 기능을 염두에 두고 피고인의 행위와 그 사회적인 사실관계를 기본으로 하되 규범적 요소도 아울러 고려하여야 한다[대결 2001.5.25. 2001모85].

(2) 이중구속

이중구속이란 구속영장에 의하여 구속된 피의자나 피고인을 별개의 범죄사실로 재차 구속영장을 발부받아 이를 집행하는 것을 말한다.

⚖ 판례 | 이중구속의 허용 여부(허용)

구속의 효력은 원칙적으로 구속영장에 기재된 범죄사실에만 미치는 것이므로 <u>구속기간이 만료될 무렵에 종전 구속영장에 기재된 범죄사실과 다른 범죄사실로 피고인을 구속하였다는 사정만으로는 피고인에 대한 구속이 <u>위법하다고 할 수 없다</u>[대결 1996.8.12. 96모46].
[23 경간부, 20 국가7급, 19 경찰채용, 18 경간부, 18 법원9급, 17 경찰승진, 17 경간부]*

(3) 별건구속

① 별건구속이란 본래 의도하고 있는 사건(本件)의 수사를 위하여 피의자를 구속할 필요가 있으나 그 사건에 대하여 구속영장을 발부받기 어려울 경우 구속요건이 갖추어진 다른 사건(別件)으로 구속하는 것을 말한다.
② 별건구속은 영장주의에 위반되고, 별건구속에 의하여 본건을 수사하고 다시 본건으로 구속하는 경우 이는 구속기간 제한 규정을 위반하는 것이어서 위법하다(통설).

(4) 여죄수사

1) 의의
여죄란 수사의 대상이 된 피의사건 이외의 사건으로 동시 수사의 가능성이 있는 것을 말한다.

2) 여죄수사의 허용한계
구속된 피의자에 대하여 피의사건을 수사하면서 합목적성 견지에서 그 피의사건 외의 다른 범죄(여죄)의 수사도 원칙적으로 허용된다.

▶ 피의자구속 vs 피고인구속

구분	피의자구속	피고인구속
공통점	① 구속의 요건 ② 구속의 통지 ③ 영장의 유효기간 ④ 영장의 집행기관과 집행의 방식 ⑤ 접견교통권, 변호인선임의뢰권	
구속의 주체	수사기관	법원
검사의 영장청구 요부	필요	불요
영장발부기관	지방법원판사	원칙적으로 법원
영장의 성질	허가장	명령장
구속전심문규정	있음	없음
구속기간	최장 사경 10일, 검사 20일	최장 18개월
구속기간연장 또는 갱신에 대한 불복	불복할 수 없음	보통항고
미란다고지	구속하는 경우에 피의사실의 요지, 구속의 이유와 변호인을 선임할 수 있음을 말하고 변명할 기회를 주어야 함	① '구속할 때에' 범죄사실의 요지, 구속의 이유와 변호인을 선임할 수 있음을 말하고 변명할 기회를 주어야 함(사전청문절차) ② '구속한 때에' 공소사실의 요지와 변호인을 선임할 수 있음을 알려야 함(사후청문절차)
구속적부심사제도	있음	없음
재구속 요건	다른 중요한 증거를 발견한 때	피의자 구속의 경우와 같은 제한 없음

Ⅲ 감정유치[67]

1. 의의
피의자나 피고인의 정신 또는 신체에 관한 감정에 필요하여 병원 기타 적당한 장소에 피의자나 피고인을 유치하는 강제처분을 말한다(제221조의3, 제172조 제3항).

2. 요건과 대상

(1) 요건
범죄의 객관적 혐의와 감정의 필요성이 인정될 것을 요한다.

(2) 대상
피의자와 피고인을 대상으로 한다. 감정유치는 대인적 강제처분이므로 일반 제3자는 감정유치의 대상에 해당하지 아니한다.

3. 절차

(1) 피의자 감정유치
① 검사는 피의자에 대한 감정에 필요할 때에는 판사에게 감정유치를 청구하여야 한다(제221조의3 제1항). [16 경찰승진]* 판사는 청구가 상당하다고 인정할 때에는 감정유치장을 발부한다(동조 제2항).
② 판사는 기간을 정하여 병원 기타 적당한 장소에 피의자를 유치하게 할 수 있고, 감정이 완료되면 즉시 유치를 해제하여야 한다(제221조의3 제2항, 제172조 제3항).
③ 판사는 필요한 때에는 유치기간을 연장하거나 단축할 수 있다(제221조의3 제2항, 제172조 제6항). 따라서 유치기간에는 제한이 없다.

(2) 피고인 감정유치
① 법원은 피고인에 대한 감정유치가 필요한 때에는 직권으로 감정유치장을 발부한다(제172조 제4항).
② 나머지는 위에서 설명한 피의자 감정유치와 동일하다(동조 제3항·제6항).

4. 감정유치와 구속
① 구속에 관한 규정은 법률에 특별한 규정이 없는 경우에는 감정유치에 관하여 이를 준용한다. 다만, 보석에 관한 규정은 준용되지 않으므로 감정유치된 자에게 보석은 인정되지 아니한다(제221조의3 제2항, 제172조 제7항).
② 구속 중인 피의자·피고인에 대하여 감정유치장이 집행되었을 때에는 유치기간은 구속의 집행이 정지된 것으로 간주한다(제221조의3 제2항, 제172조의2 제1항). 따라서 감정유치기간은 구속기간에 포함되지 않는다. 감정유치처분이 취소되거나 유치기간이 만료된 때에는 구속의 집행정지가 취소된 것으로 간주한다(제221조의3 제2항, 제172조의2 제2항). [18 경찰승진, 16 경찰승진]*
③ 감정유치된 피의자나 피고인도 '신체구속을 당한 자'에 해당하므로 접견교통권을 가지며, 감정유치기간은 미결구금일수의 산입에 있어 이를 구속으로 간주한다(제221조의3 제2항, 제172조 제8항). [17 국가9급]*

---

67) 편의상 피고인에 대한 감정유치까지 함께 기술하였다.

Ⅳ 피고인·피의자 등의 접견교통권

1. 의의
(1) 개념
접견교통권이란 피의자·피고인 등이 변호인이나 가족 등과 접견하고, 서류 또는 물건을 수수하며 의사의 진료를 받을 수 있는 권리를 말한다. 헌법도 변호인의 조력을 받을 권리를 기본적 인권으로 보장하고 있다(헌법 제12조 제4항).

(2) 법적 근거와 인정취지
피의자와 피고인의 기본적 인권을 보호하고 방어권을 보장해주는 기능을 한다.

2. 접견교통권의 내용
(1) 변호인과의 접견교통권
1) 주체와 상대방
① 주체: ㉠ 신체 구속을 당한 피의자·피고인(제34조),68) ㉡ 불구속 피의자·피고인(판례), ㉢ 임의동행의 형식으로 수사기관에 연행된 피의자나 피내사자에게도 접견교통권은 당연히 인정된다(판례). 다만, 이미 형이 확정되어 집행 중에 있는 수형자에게는 인정되지 아니한다(판례).

> **판례 | 불구속 피의자나 피고인에게도 변호인과의 접견교통권이 인정되는지의 여부(적극)**
>
> 불구속 피의자나 피고인의 경우 형사소송법상 특별한 명문의 규정이 없더라도 스스로 선임한 변호인의 조력을 받기 위하여 변호인을 옆에 두고 조언과 상담을 구하는 것은 수사절차의 개시에서부터 재판절차의 종료에 이르기까지 언제나 가능하다. 따라서 신체구속 상태에 있지 않은 피의자도 당연히 접견교통권의 주체가 될 수 있다[헌재 2004.9.23. 2000헌마138]. [20 변호사, 20 경찰승진, 17 경찰승진, 16 경찰승진]*
>
> **기출지문** 접견교통권의 주체는 체포·구속을 당한 피의자이고, 신체구속 상태에 있지 않은 피의자는 포함되지 않는다. (×)

> **판례 | '임의동행된 피의자 또는 피내사자'에게도 변호인과의 접견교통권이 인정되는지의 여부(적극)**
>
> 임의동행의 형식으로 수사기관에 연행된 피의자에게도 변호인 또는 변호인이 되려는 자와의 접견교통권은 당연히 인정된다고 보아야 하고 임의동행의 형식으로 연행된 피내사자의 경우에도 이는 마찬가지이다[대결 1996.6.3. 96모18]. [20 경찰승진, 20 경간부, 20 국가7급, 19 경찰승진, 16 국가9급, 16 경간부]*

> **판례 | 행정절차에서 구속된 사람에게도 변호인의 조력을 받을 권리가 보장되는지의 여부(적극)**
>
> [1] 헌법 제12조 제4항 본문에 규정된 '구속'은 사법절차에서 이루어진 구속뿐 아니라 행정절차에서 이루어진 구속까지 포함하는 개념이므로 헌법 제12조 제4항 본문에 규정된 변호인의 조력을 받을 권리는 행정절차에서 구속을 당한 사람에게도 즉시 보장된다.
> [2] 인천공항출입국·외국인청장이 난민인정심사불회부 결정을 받은 후 인천국제공항 송환대기실에 수용된 청구인(수단 국적의 외국인)에 대한 변호인 접견신청을 거부한 행위는 변호인의 조력을 받을 권리를 침해한다[헌재 2018.5.31. 2014헌마346].

---

68) 구속영장에 의해 구속된 자뿐만 아니라 체포영장에 의한 체포, 긴급체포, 현행범체포, 감정유치에 의해 구속된 자도 포함된다.

> **판례 | 형이 확정되어 집행 중인 수형자에게도 변호인과의 접견교통권이 인정되는지의 여부**
>
> 1. 형사소송법 제34조는 형이 확정되어 집행 중에 있는 수형자에 대한 재심개시의 여부를 결정하는 재심청구절차에는 그대로 적용될 수 없다[대판 1998.4.28. 96다48831]. [20 국가7급, 17 경간부]*
> 2. 형사절차가 종료되어 교정시설에 수용 중인 수형자[69]는 원칙적으로 변호인의 조력을 받을 권리의 주체가 될 수 없다[헌재 1998.8.27. 96헌마398]. [16 경찰승진]*

> **판례 | 변호인의 조력을 받을 권리의 주체에 해당하지 않는 경우(미결수용자가 형사사건이 아닌 재판에서 변호사와 접견할 경우)**
>
> 미결수용자가 형사사건의 변호인이 아닌 민사재판, 행정재판, 헌법재판 등에서 변호사[70]와 접견할 경우에는 원칙적으로 헌법상 변호인의 조력을 받을 권리의 주체가 될 수 없다[헌재 2013.8.29. 2011헌마122]. [16 법원행시]*

　② 상대방: 변호인 및 변호인이 되려는 자이다.

> **판례 | 변호인이 되려는 자의 접견교통권 인정 여부(인정)**
>
> [1] 변호인이 되려는 의사를 표시한 자가 객관적으로 변호인이 될 가능성이 있다고 인정되는데도, 형사소송법 제34조에서 정한 '변호인 또는 변호인이 되려는 자'가 아니라고 보아 신체구속을 당한 피고인 또는 피의자와 접견하지 못하도록 제한하여서는 아니 된다.
> [2] 변호사 A가 노동조합으로부터 근로자들이 연행될 경우 적절한 조치를 취해 줄 것을 부탁한다는 내용의 공문을 받았고 조합원 B에 대한 체포 현장에서 변호사 신분증을 제시하면서 변호인이 되려는 자로서 접견을 요청하였다면, 형사소송법 제34조에서 정한 접견교통권이 인정된다[대판 2017.3.9. 2013도16162]. [23 변호사, 20 경찰승진, 19 경찰채용, 18 경간부, 18 경찰채용, 17 국가7급]*

2) 변호인과의 접견교통권의 내용
　① 근거규정: 변호인이나 변호인이 되려는 자는 신체가 구속된 피고인 또는 피의자와 접견하고 서류나 물건을 수수할 수 있으며 의사로 하여금 피고인이나 피의자를 진료하게 할 수 있다(제34조). [16 경간부]*
　② 접견의 비밀보장: 변호인과의 접견교통권은 감시 없는 자유로운 접견교통을 본질로 하므로 접견내용에 대하여는 비밀이 보장되어야 한다. 따라서 접견에 있어서 경찰관의 입회나 감시는 허용되지 않는다. 미결수용자와 변호인(변호인이 되려고 하는 사람을 포함한다)과의 접견에는 교도관이 참여하지 못하며 그 내용을 청취 또는 녹취하지 못한다. 다만, 보이는 거리에서 미결수용자를 관찰할 수 있다(수용자처우법 제84조 제1항). [17 경간부, 16 경간부]*

> **판례 | 변호인과의 '자유로운' 접견이 제한될 수 있는지 여부(소극)**
>
> 변호인과의 자유로운 접견은 신체구속을 당한 사람에게 보장된 변호인의 조력을 받을 권리의 가장 중요한 내용이어서 국가안전보장·질서유지·공공복리 등 어떠한 명분으로도 제한될 수 있는 성질의 것이 아니다. 관계공무원은 구속된 자와 변호인의 대담내용을 들을 수 있거나 녹음이 가능한 거리에 있어서는 아니되며 계호나 그 밖의 구실아래 대화장면의 사진을 찍는 등 불안한 분위기를 조성하여 자유로운 접견에 지장을 주어서도 아니될 것이다[헌재 1992.1.28. 91헌마11].

---

69) 형사절차가 종료되지 않은 상태로 교정시설에 수용 중인 '미결수용자'와 구별하여야 한다.
70) 접견의 상대방이 형사사건의 변호사가 아니라는 점을 주의하여야 한다.

비교판례 헌법재판소가 91헌마111 결정에서 미결수용자와 변호인과의 접견에 대해 어떠한 명분으로도 제한할 수 없다고 한 것은 구속된 자와 변호인 간의 접견이 실제로 이루어지는 경우에 있어서의 '자유로운 접견', 즉 '대화내용에 대하여 비밀이 완전히 보장되고 어떠한 제한, 영향, 압력 또는 부당한 간섭 없이 자유롭게 대화할 수 있는 접견'을 제한할 수 없다는 것이지, 변호인과의 접견 자체에 대해 아무런 제한도 가할 수 없다는 것을 의미하는 것이 아니다. 따라서 미결수용자의 변호인 접견권 역시 국가안전보장·질서유지 또는 공공복리를 위해 필요한 경우에는 법률로써 제한될 수 있음은 당연하다[현재 2011.5.26. 2009헌마341].

판례 | 미결수용자의 변호인과의 접견교통권을 제한할 수 있는지의 여부(= 법률에 의한 제한이 가능)

[사실관계] 국선변호인은 6.5. 교도소장에게 피고인에 대한 접견을 신청하였는데, 접견을 희망한 6.6.이 현충일로 공휴일이라는 이유로 접견이 거부되었고, 이로부터 이틀 후인 6.8. 피고인과 변호인의 접견이 실시되었고 그 후로도 공판기일까지는 열흘 넘는 기간이 남아 있었다.

[1] 미결수용자의 변호인 접견권 역시 국가안전보장·질서유지 또는 공공복리를 위해 필요한 경우에는 법률로써 제한될 수 있음은 당연하다. [20 경간부]*
[2] 수용자처우법 제84조 제2항[71]에 의해 금지되는 접견시간 제한의 의미는 접견에 관한 일체의 시간적 제한이 금지된다는 것으로 볼 수는 없고, 수용자와 변호인의 접견이 현실적으로 실시되는 경우, 그 접견이 미결수용자와 변호인의 접견인 때에는 미결수용자의 방어권 행사로서의 중요성을 감안하여 자유롭고 충분한 변호인의 조력을 보장하기 위해 접견 시간을 양적으로 제한하지 못한다는 의미로 이해하는 것이 타당하므로, 수용자처우법 제84조 제2항에도 불구하고 같은 법 제41조 제4항의 위임에 따라 수용자의 접견이 이루어지는 일반적인 시간대를 대통령령으로 규정하는 것은 가능하다. 따라서 이 사건 교도소장의 접견불허처분이 청구인의 변호인의 조력을 받을 권리를 침해하였다고 볼 수 없다[현재 2011.5.26. 2009헌마341]. [18 경찰채용, 16 법원9시]*

관련판례 변호인의 구속된 피고인 또는 피의자와의 접견교통권은 피고인 또는 피의자 자신이 가지는 변호인과의 접견교통권과는 성질을 달리하는 것으로서 헌법상 보장된 권리라고는 할 수 없고, 형사소송법 제34조에 의하여 비로소 보장되는 권리이지만,[72] 신체구속을 당한 피고인 또는 피의자의 인권보장과 방어준비를 위하여 필수불가결한 권리이므로, 수사기관의 처분이나 법원의 결정에 의하여 이를 제한할 수 없고, 다만 법령에 의하여서만 제한이 가능하다[대결 1991.3.28. 91모24]. [20 경간부, 20 국가7급, 19 경간부, 19 경찰채용, 17 법원9급, 17 경찰승진, 16 경찰승진, 16 경간부, 16 경찰채용]*

비교판례 체포되어 구속영장이 청구된 피의자를 검사가 신문하는 과정에서, 피의자 가족의 의뢰를 받아 '변호인이 되려는' 변호사가 검사에게 접견신청을 하였음에도 검사가 별다른 조치를 취하지 아니한 것은 실질적으로 접견신청을 불허한 것과 동일하게 평가할 수 있다(변호인이 되려는 변호사의 헌법상 보장된 접견교통권을 침해한다)[현재 2019.2.28. 2015헌마1204]. [20 변호사, 20 경간부]*

판례 | 변호인의 접견의 상대방이 변호인을 공범으로 가담시키려고 한 사정이 있다는 이유만으로는 접견교통권 금지가 정당화될 수 없음 – 변호인의 제척제도가 존재하지 않기 때문

신체구속을 당한 피의자 또는 피고인이 범한 것으로 의심받고 있는 범죄행위에 해당 변호인이 관련되어 있다는 등의 사유에 기하여 그 변호인의 변호활동을 광범위하게 규제하는 변호인의 제척과 같은 제도를 두고 있지 아니한 우리 법제 아래에서는, 변호인의 접견교통의 상대방인 신체구속을 당한 사람이 그 변호인을 자신의 범죄행위에 공범으로 가담시키려고 하였다는 등의 사정만으로 그 변호인의 신체구속을 당한 사람과의 접견교통을 금지하는 것이 정당화될 수는 없다[대결 2007.1.31. 2006모656]. [20 경간부, 20 국가7급, 19 경찰승진, 19 경찰채용, 19 국가7급, 18 경간부, 18 경찰채용, 17 경찰채용]*

③ **서류 또는 물건의 수수**: 수수한 서류 또는 물건에 대한 검열이나 압수는 허용되지 않는다.[73] 다만, 체포 또는 구속장소의 질서유지를 위하여 마약이나 무기 기타 위험한 물건의 수수를 금지하는 것은 허용된다.

④ **의사의 진료**: 인도적 견지에서 인정되는 것이므로 원칙적으로 제한할 수 없다.

---

71) 미결수용자와 변호인 간의 접견은 시간과 횟수를 제한하지 아니한다.
72) 헌재는 구속된 피고인 또는 피의자의 변호인과의 접견교통권, 구속된 피의자 또는 피고인이 갖는 변호인 아닌 자와의 접견교통권, 미결수용자의 가족의 미결수용자와의 접견을 헌법상의 기본권으로 인정하고 있다(2002헌마193).
73) 미결수용자와 변호인 간의 서신은 교정시설에서 상대방이 변호인임을 확인할 수 없는 경우를 제외하고는 검열할 수 없다(형집행법 제84조 제3항). 미결수용자와 변호인 간의 접견은 시간과 횟수를 제한하지 아니한다(형집행법 제84조 제2항).

(2) 비변호인과의 접견교통권

1) 내용

구속된 피고인·피의자, 체포된 피의자는 관련 법률이 정한 범위에서 타인과 접견하고 서류 또는 물건을 수수하며 의사의 진료를 받을 수 있다(제89조, 제209조, 제200조의6). 여기서 타인이란 변호인 아닌 자로서 가족 등을 말한다.

2) 접견교통권의 제한

① 법률에 의한 제한: 비변호인과의 접견교통권은 법률의 범위 내에서 인정된다.

② 법원 결정 또는 수사기관의 처분에 의한 제한 [17 법원9급]*: ㉠ 법원은 도망하거나 범죄의 증거를 인멸할 염려가 있다고 인정할 만한 상당한 이유가 있는 때에는 직권 또는 검사의 청구에 의하여 결정으로 구속된 피고인과 제34조에 규정한 외의 타인과의 접견을 금지할 수 있고, 서류나 그 밖의 물건을 수수하지 못하게 하거나 검열 또는 압수할 수 있다(제91조). ㉡ 수사기관도 위 요건을 구비한 경우 독자적으로 처분에 의하여 접견교통권을 제한할 수 있다(제91조, 제200조의6, 제209조). ㉢ 형집행법은 수용자의 비변호인과의 접견교통권에 대한 제한 규정을 두고 있다.

③ 제한의 유형과 한계: ㉠ 전면적 금지와 개별적 금지, 조건부 또는 기한부 금지도 가능하다. 그러나 ㉡ 의류, 양식, 의료품은 수수를 금지하거나 압수할 수 없다(제91조 단서). [16 경찰채용]*

> **판례 | 적법한 접견교통권의 제한 상황하에서 작성된 피의자 신문조서의 임의성 인정 여부**
>
> 검사의 접견금지결정으로 피고인들의 (비변호인 간의) 접견이 제한된 상황하에서 피의자신문조서가 작성되었다는 사실만으로 바로 그 조서가 임의성이 없는 것이라고는 볼 수 없다[대판 1984.7.10. 84도846]. [18 경간부]*

3. 접견교통권 침해에 대한 구제

(1) 접견교통권 침해

> **판례 | 변호인과의 접견교통권을 침해한 경우**
>
> 1. 접견신청일이 경과하도록 접견이 이루어지지 아니한 것은 실질적으로 접견불허가처분이 있는 것과 동일시된다고 할 것이다[대결 1991.3.28. 91모24].
>   **동지판례** 피의자들에 대한 접견이 접견신청일로부터 상당한 기간(약 10일)이 경과하도록 허용되지 않고 있는 것은 접견불허처분이 있는 것과 동일시된다고 봄이 상당하다[대결 1990.2.13. 89모37]. [19 경찰승진, 17 경찰채용, 16 경찰승진]*
>   **비교판례** [1] 미결수용자 또는 변호인이 원하는 특정한 시점에 접견이 이루어지지 못하였다 하더라도 그것만으로 곧바로 변호인의 조력을 받을 권리가 침해되었다고 단정할 수는 없는 것이고, 변호인의 조력을 받을 권리가 침해되었다고 하기 위해서는 접견이 불허된 특정한 시점을 전후한 수사 또는 재판의 진행 경과에 비추어 보아, 그 시점에 접견이 불허됨으로써 피의자 또는 피고인의 방어권 행사에 어느 정도는 불이익이 초래되었다고 인정할 수 있어야만 하며, 그 시점을 전후한 변호인 접견의 상황이나 수사 또는 재판의 진행 과정에 비추어 미결수용자가 방어권을 행사하기 위해 변호인의 조력을 받을 기회를 충분히 보장되었다고 인정될 수 있는 경우에는, 비록 미결수용자 또는 그 상대방인 변호인이 원하는 특정 시점에는 접견이 이루어지지 못하였다 하더라도 변호인의 조력을 받을 권리가 침해되었다고 할 수 없는 것이다.
>   [2] 불구속 상태에서 재판을 받은 후 선고기일에 출석하지 않아 구속된 피고인을, 국선변호인이 접견하고자 하였으나 공휴일(2009.6.6.)이라는 이유로 접견이 불허되었다가[74] 그로부터 이틀 후 접견이 이루어지고, 다시 그로부터 열흘 넘게 지난 후 공판이 이루어진 경우 피고인의 변호인의 조력을 받을 권리를 침해했다고 할 수 없다[헌재 2011.5.26. 2009헌마341].

---

74) 수용자의 접견은 매일(공휴일 및 법무부장관이 정한 날은 제외한다) 국가공무원 복무규정 제9조에 따른 근무시간 내에서 한다(형집행법 시행령 제58조 제1항).

2. 청구인에 대하여 위 구속영장에 의하여 1995.11.30. 07:50경 위 경찰서 유치장에 구속이 집행되었다가 같은 날 08:00에 그 신병이 조사차 국가안전기획부 직원에게 인도된 후 위 경찰서 유치장에 인도된 바 없이 계속하여 국가안전기획부 청사에 사실상 구금되어 있다면, 청구인에 대한 이러한 사실상의 구금장소의 임의적 변경은 청구인의 방어권이나 접견교통권의 행사에 중대한 장애를 초래하는 것이므로 위법하다[대결 1996.5.15. 95모94]. [20 경간부, 20 국가9급, 19 경찰승진, 19 경간부, 17 경찰승진, 16 경찰승진, 16 경찰채용]*

3. 체포되어 구속영장이 청구된 피의자를 검사가 신문하는 과정에서, 피의자 가족의 의뢰를 받아 '변호인이 되려는' 변호사가 검사에게 접견신청을 하였음에도 검사가 별다른 조치를 취하지 아니한 것은 실질적으로 접견신청을 불허한 것과 동일하게 평가할 수 있다(변호인이 되려는 변호사의 헌법상 보장된 접견교통권을 침해한다)[헌재 2019.2.28. 2015헌마1204]. [20 변호사, 20 경간부]*

4. 피의자가 국가안전기획부 면회실에서 그의 변호인과 접견할 때 국가안전기획부 소속 직원이 참여하여 대화내용을 듣거나 기록한 것은 변호인의 조력을 받을 권리를 침해한 것이다[헌재 1992.1.28. 91헌마111].

5. 변호인이 피의자를 접견할 때 국가정보원 직원이 승낙 없이 사진촬영을 한 것은 접견교통권 침해에 해당한다[대판 2003.1.10. 2002다56628]. [17 법원9급]*

판례 | 접견교통권의 침해에 해당하지 않는 경우

1. **(접견실에 CCTV를 설치하여 미결수용자와 변호인 간의 접견을 관찰한 행위)** 구치소 내의 변호인접견실에 CCTV를 설치하여 미결수용자와 변호인 간의 접견을 관찰한 행위는 형집행법 제94조 제1항과 제4항에 근거를 두고 이루어진 것으로, 교도관의 육안에 의한 시선계호를 CCTV 장비에 의한 시선계호로 대체한 것에 불과하고 또한 CCTV는 영상만 실시간으로 촬영할 뿐 영상녹화기능이나 음성수신기능이 활성화되어 있지 않고 확대기능도 없으므로 접견내용의 비밀이 침해되거나 접견교통에 방해가 되지 않으므로 변호인의 조력을 받을 권리를 침해하지 않는다[헌재 2016.4.28. 2015헌마243]. [20 경찰승진]*

2. 교도관이 미결수용자와 변호인 간에 주고받는 서류를 확인하고 소송관계서류처리부에 그 제목을 기재하여 등재한 행위는 형집행법 제43조 제3항과 제8항에 근거를 두고 이루어진 것으로, 검열이 이루어지는 것이 아니므로 변호인의 조력을 받을 권리나 개인정보자기결정권을 침해하지 않는다[헌재 2016.4.28. 2015헌마243]. [20 경찰승진, 18 경찰채용, 17 경찰채용]*

3. 경찰서 유치장은 미결수용실에 준하는 것이어서(행형법 제68조 – 현행 형집행법 제66조) 그 곳에 수용된 피의자에 대하여는 행형법 및 그 시행령이 적용되고, 행형법시행령 제176조는 '형사소송법 제34조, 제89조, 제209조의 규정에 의하여 피고인 또는 피의자가 의사의 진찰을 받는 경우에는 교도관 및 의무관이 참여하고 그 경과를 신분장부에 기재하여야 한다'고 규정하고 있는바 행형법시행령 제176조의 규정은 변호인의 수진권 행사에 대한 법령상의 제한에 해당한다고 보아야 할 것이고, 그렇다면 국가정보원 사법경찰관이 경찰서 유치장에 구금되어 있던 피의자에 대하여 의사의 진료를 받게 할 것을 신청한 변호인에게 국가정보원이 추천하는 의사의 참여를 요구한 것은 행형법시행령 제176조의 규정에 근거한 것으로서 적법하고 이를 가리켜 변호인의 수진권을 침해하는 위법한 처분이라고 할 수는 없다[대결 2002.5.6. 2000모112]. [19 경찰채용, 18 경찰승진, 17 경찰승진, 16 경찰채용]*

---

(2) 구제수단

1) 항고와 준항고

접견교통권에 대한 결정 또는 처분은 구금에 대한 결정 또는 처분으로 볼 수 있다. 따라서 ㉠ 법원의 접견교통권 제한결정에 불복이 있는 경우에는 보통항고를 할 수 있고(제403조 제2항) ㉡ 수사기관의 접견교통권 제한처분에 대하여는 준항고로 그 취소 또는 변경을 청구할 수 있다(제417조). [16 경찰채용]*

판례 | 수사기관의 접견교통권 제한처분에 대한 불복방법(= 준항고)

검사 또는 사법경찰관의 구금에 관한 처분에 대하여 불복이 있는 경우 형사소송법 제417조에 따라 법원에 그 처분의 취소 또는 변경을 청구할 수 있다[대판 1990.6.8. 90도646].

2) 증거능력 부정

> **판례 | 위법한 변호인접견불허 기간 중에 작성된 피의자신문조서의 증거능력 유무(소극)**
>
> 1. 검사 작성의 피의자신문조서가 검사에 의하여 피의자에 대한 변호인의 접견이 부당하게 제한되고 있는 동안에 작성된 경우에는 증거능력이 없다[대판 1990.8.24. 90도1285]. [20 변호사]*
> 2. '변호인의 접견교통권'75) 제한은 헌법이 보장하는 기본권을 침해하는 것으로서 이러한 위법한 상태에서 얻어진 피의자의 자백은 그 증거능력을 부인하여 유죄의 증거에서 배제하여야 하며 이러한 위법증거의 배제는 실질적이고 완전하게 증거에서 제외함을 뜻하는 것이다[대판 2007.12.13. 2007도7257].

> **판례 | 변호인접견 전에 작성된 피의자신문조서의 증거능력 유무(적극)**
>
> 변호인접견 전에 작성된 검사의 피고인에 대한 피의자신문조서라고 하여 증거능력이 없다고 할 수 없다[대판 1990.9.25. 90도1613].
> [판례해설] 변호인접견 전의 피신조서 작성과 변호인의 접견교통권의 침해 상황에서의 피신조서 작성은 서로 다른 개념이다.

3) 상소이유
수소법원이 접견교통권을 침해함으로써 피고인의 방어준비에 중대한 지장을 가져온 경우에는 상대적 상소(항소, 상고)이유가 된다(제361조의5 제1호, 제383조).

4) 기타
교도소 또는 구치소에 의한 접견교통권의 침해에 대하여는 행정소송을 하거나 국가배상청구를 할 수 있다.

V 체포·구속적부심사제도

1. 의의
수사기관에 의해 체포 또는 구속된 피의자에 대하여 법원이 체포·구속의 적부를 심사하여 체포·구속이 위법·부당한 경우 피의자를 석방시키는 제도는 말한다(제214조의2).

2. 청구의 절차

(1) 청구권자
① 체포·구속된 피의자 또는 그 변호인·법정대리인·배우자·직계친족·형제자매·가족·동거인·고용주는 관할법원에 체포 또는 구속의 적부심사를 청구할 수 있다(제214조의2 제1항). [17 경찰승진, 17 경찰채용, 16 경간부]* 체포·구속된 피의자는 영장에 의한 것인지 영장없는 불법에 의한 것인지를 불문한다.76) [23 변호사]*
② 피고인 및 사인에 의하여 구속된 자는 청구권자에 해당하지 않는다.
③ 피의자를 체포·구속한 수사기관은 체포·구속된 피의자와 기타 청구권자 중에서 피의자가 지정하는 자에게 적부심사를 청구할 수 있음을 알려야 한다(동조 제2항).

---

75) 표현과 달리 '피의자의 변호인과의 접견교통권'을 의미한다. 판례는 '변호인과의 접견교통권'을 '변호인의 접견교통권'이라고 혼용하는 경우가 있으므로 주의하여야 한다. 앞서 본 바 있지만 대법원은 변호인의 접견교통권은 피의자의 변호인과의 접견교통권과 달리 기본권에 해당하지 않는다는 입장이다.
76) 개정 전 형소법은 청구권자를 체포'영장' 또는 구속'영장'에 의하여 체포 또는 구속된 피의자라고 규정하여 긴급체포 등 체포영장에 의하지 아니하고 체포된 피의자가 청구권자에 해당하는지의 논의가 있었다(판례는 긍정). 그러나 현행법은 청구권자에서 '영장'의 요건을 삭제하고 '체포·구속된 피의자'로 변경하였으므로 긴급체포 등 체포영장에 의하지 아니하고 체포된 피의자는 당연히 청구권자에 해당한다.

(2) **청구사유와 방식**
① 체포·구속이 위법한 경우는 물론 부당한 경우에도 심사청구를 할 수 있다. 여기서 부당하다 함은 피해자와 합의하거나 고소가 취소된 경우와 같이 구속을 계속할 필요가 없는 경우를 말하며 그 판단은 심사당시를 기준으로 한다. 또한 청구대상 범죄도 제한이 없다.
② 청구는 서면(체포 또는 구속의 적부심사청구서)으로 하여야 한다.

3. 법원의 심사

(1) **심사법원**
① 체포·구속적부심사의 관할법원은 체포·구속된 피의자를 수사하는 검사의 소속검찰청에 대응하는 지방법원을 말한다. 체포·구속적부심사는 지방법원 합의부 또는 단독판사가 관할한다.
② 체포영장이나 구속영장을 발부한 법관은 심문·조사·결정에 관여하지 못한다. 다만, 체포·구속영장을 발부한 법관 외에는 심문·조사·결정을 할 법관이 없는 경우에는 그러하지 아니한다(제214조의2 제12항). [18 경간부, 18 국가9급]*

(2) **간이기각결정** [20 국가9급, 18 변호사, 18 경간부, 18 국가9급, 16 경찰승진]*
법원은 ㉠ 청구권자 아닌 사람이 청구하거나 동일한 체포영장 또는 구속영장의 발부에 대하여 재청구한 때 ㉡ 공범이나 공동피의자의 순차청구가 수사 방해를 목적으로 하고 있음이 명백한 때에는 심문없이 청구를 기각할 수 있다(제214조의2 제3항). 간이기각결정에 대하여 항고하지 못한다(동조 제8항).

(3) **법원의 심문**
 1) **법원의 심문절차**
① 청구를 받은 법원은 지체없이 청구인, 변호인, 검사 및 피의자를 구금하고 있는 관서의 장에게 심문기일과 장소를 통지하여야 하며(규칙 제104조 제1항), 청구서가 접수된 때부터 48시간 이내에 체포되거나 구속된 피의자를 심문하고 수사관계서류와 증거물을 조사한다(제214조의2 제4항). [16 경찰채용]*
② 체포되거나 구속된 피의자에게 변호인이 없는 때에는 제33조(국선변호인)의 규정을 준용한다(제214조의2 제10항). 이 경우 국선변호인의 출석은 절차의 개시요건이므로 법원이 심문 없이 청구를 기각결정을 하는 경우에도 동일하다. [18 변호사, 18 법원9급]*

 2) **피의자의 출석과 의견진술**
피의자의 출석은 절차개시요건이며 검사·변호인·청구인은 심문기일에 출석하여 의견을 진술할 수 있다(제214조의2 제9항). [18 법원9급]*

 3) **조서의 작성**
심문기일에 피의자를 심문하는 경우에는 법원사무관 등은 심문의 요지 등을 조서로 작성하여야 한다(제214조의2 제14항, 제201조의2 제6항). 체포·구속적부심사조서는 제315조 제3호에 의하여 당연히 증거능력이 인정된다.

(4) **체포·구속적부심사와 구속기간**
법원이 수사관계서류와 증거물을 접수한 때부터 결정 후 검찰청에 반환될 때까지는 수사기관의 체포 또는 구속기간에 산입하지 아니한다(제214조의2 제13항).

4. 법원의 결정

(1) **법원의 결정 시한**
적부심사청구에 대한 결정은 심문이 종료된 때로부터 24시간 이내에 하여야 한다(규칙 제106조).

(2) 기각결정과 석방결정

① **기각결정**: 법원은 청구가 이유 없다고 인정한 경우에는 결정으로 청구를 기각한다(제214조의2 제4항).
② **석방결정**: 법원은 청구가 이유 있다고 인정한 경우에는 결정으로 체포되거나 구속된 피의자의 석방을 명하여야 한다(제214조의2 제4항 본문). 이는 심사청구 후 피의자에 대하여 공소제기가 있는 경우에도 또한 같다(제214조의2 제4항 단서).77) [23 변호사, 20 국가9급, 19 경찰채용, 18 변호사, 18 경간부, 18 국가9급, 16 경찰채용]* 석방결정은 그 결정서의 등본이 검찰청에 송달된 때에 효력을 발생한다(제42조).

(3) 불복의 가능성

간이기각결정, 기각결정과 석방결정에 대하여 항고하지 못한다(동조 제8항). [20 국가9급, 18 변호사, 18 경간부, 18 법원9급, 17 경찰채용, 16 경찰승진, 16 경찰채용, 16 국가9급]*

(4) 석방결정과 재체포·재구속 제한

체포·구속적부심사결정에 의하여 석방된 피의자가 ㉠ 도망하거나 ㉡ 범죄의 증거를 인멸하는 경우를 제외하고는 동일한 범죄사실에 관하여 재차 체포 또는 구속하지 못한다(제214조의3 제1항). [20 변호사, 20 경찰승진, 18 변호사, 18 경간부, 17 경찰채용, 16 경찰채용]*

5. 보증금납입조건부 피의자석방결정(피의자보석)

(1) 의의

① **개념**: 구속적부심사청구가 있는 경우 법원이 보증금의 납입을 조건으로 '구속된 피의자'를 석방시키는 제도를 말한다(제214조의2 제5항). 이를 피의자보석이라고 한다.
② **성질**: 피의자보석은 법원의 직권에 의하여 석방을 명할 수 있을 뿐이다. 즉, 직권·재량 보석이므로 피의자에게 보석청구권이 인정되지 않는다. 피고인보석이 피고인에게 보석청구권이 인정되고 제외사유가 없는 한 보석을 허가해야 하는 것과 구별된다.

(2) 피의자보석의 절차

① **구속적부심사의 청구**: 법원이 피의자보석을 하기 위해서는 구속된 피의자가 구속적부심사를 청구하여야 한다. 구속적부심사를 청구하지 않은 피의자에게 법원이 보석을 허가할 수 없다.
② **대상자**: 피의자보석은 '구속된' 피의자에게만 인정되며, '체포된' 피의자에게는 인정되지 않는다(판례). 구속적부심사청구 후 공소제기된 피고인도 보증금납입조건부 석방결정의 대상이 된다(제214조의2 제5항).

> **판례 | 체포된 피의자에 대한 보증금납입조건부 석방결정의 가부(불가)**
>
> 형사소송법은 수사단계에서의 체포와 구속을 명백히 구별하고 있고 이에 따라 체포와 구속의 적부심사를 규정한 같은 법 제214조의2에서 체포와 구속을 서로 구별되는 개념으로 사용하고 있는 바, 제215조의2 제5항에 보증금 납입을 조건으로 한 석방의 대상자가 '구속된 피의자'라고 명시되어 있으므로 … 현행법상 체포된 피의자에 대하여는 보증금 납입을 조건으로 한 석방이 허용되지 않는다[대결 1997.8.27. 97모21]. [20 경찰승진, 20 국가9급, 19 국가9급, 18 경간부, 18 국가9급, 16 변호사]*

③ **피의자보석의 제외사유**: 피의자가 ㉠ 범죄의 증거를 인멸할 염려가 있다고 믿을 만한 충분한 이유가 있는 때, ㉡ 피해자, 당해 사건의 재판에 필요한 사실을 알고 있다고 인정되는 사람 또는 그 친족의 생명·신체나 재산에 해를 가하거나 가할 염려가 있다고 믿을 만한 충분한 이유가 있는 때는 보석결정을 할 수 없다(제214조의2 제5항).

---

77) 본 규정이 명문화되기 전에 피의자가 구속적부심사청구를 한 후 검사가 법원의 결정이 있기 전에 기소하는 경우, 즉 이른바 '전격기소'의 경우 피의자는 형식적으로 피고인의 지위를 갖게 되는바 법원이 '청구를 기각'하여야 하고 석방결정을 할 수 없는지 문제가 되었다. 현행법은 이를 명문으로 해결하여 이른바 '전격기소'의 경우에도 석방결정을 할 수 있게 되었다.

④ **보증금의 납입과 조건**: 피고인 보석과는 달리 피의자 보석은 반드시 보증금의 납입을 조건으로 하여야만 석방을 명할 수 있다. 보증금의 결정이나 집행절차에 관하여는 보석에 관한 규정이 준용된다(동조 제7항). 법원은 석방결정을 하는 경우에는 주거의 제한, 법원 또는 검사가 지정하는 일시·장소에 출석할 의무, 그 밖의 적당한 조건을 부가할 수 있다(동조 제6항).

⑤ **보석허가결정에 대한 불복**: 간이기각결정, 기각결정 또는 단순석방결정에 대해서는 항고할 수 없다(동조 제8항). 그러나 보증금납입조건부 피의자석방결정에 대해서는 보통항고가 허용된다(판례).

> **판례 | 보증금납입조건부 피의자석방결정에 대해서 항고할 수 있는지 여부(항고 가능)**
>
> 형사소송법 제402조의 규정에 의하면, 법원의 결정에 대하여 불복이 있으면 항고를 할 수 있으나 다만 같은 법에 특별한 규정이 있는 경우에는 예외로 하도록 되어 있는바, 체포 또는 구속적부심사절차에서의 법원의 결정에 대한 항고의 허용 여부에 관하여 같은 법 [1] 제214조의2 제8항은 제3항과 제4항의 기각결정 및 석방결정에 대하여 항고하지 못하는 것으로 규정하고 있을 뿐이고 제5항에 의한 석방결정에 대하여 항고하지 못한다는 규정은 없을 뿐만 아니라, [2] 같은 법 제214조의2 제4항의 석방결정은 체포 또는 구속이 불법이거나 이를 계속할 사유가 없는 등 부적법한 경우에 피의자의 석방을 명하는 것임에 비하여, 같은 법 제214조의2 제5항의 석방결정은 구속의 적법을 전제로 하면서 그 단서에서 정한 제한사유가 없는 경우에 한하여 출석을 담보할 만한 보증금의 납입을 조건으로 하여 피의자의 석방을 명하는 것이어서 같은 법 제214조의2 제4항의 석방결정과 제5항의 석방결정은 원래 그 실질적인 취지와 내용을 달리 하는 것이고, [3] 또한 기소 후 보석결정에 대하여 항고가 인정되는 점에 비추어 그 보석결정과 성질 및 내용이 유사한 기소 전 보증금납입조건부 석방결정에 대하여도 항고할 수 있도록 하는 것이 균형에 맞는 측면도 있다 할 것이므로, 같은 법 제214조의2 제5항의 (보증금납입조건부)석방결정에 대하여는 피의자나 검사가 그 취소의 실익이 있는 한 같은 법 제402조에 의하여 항고할 수 있다[대결 1997.8.27. 97모21]. [23 변호사, 19 변호사, 19 국가9급]*

(3) **피의자 보석시 재체포·재구속 제한** – 후술하는 도표 참고

(4) **보증금의 몰수**

① **임의적 몰수** – 판결확정 전에 재차 구속

법원은 피의자보석으로 석방된 자를 재차 구속하거나, 공소제기 후 동일한 범죄사실에 관하여 재차 구속할 경우에 직권 또는 검사의 청구에 의하여 결정으로 보증금의 전부 또는 일부를 몰수할 수 있다(제214조의4 제1항).

② **필요적 몰수** – 형 선고의 판결확정 후 집행소환불응, 도망

법원은 피의자보석에 의하여 석방된 자가 동일한 범죄사실에 관하여 형의 선고를 받아 그 판결이 확정된 후 집행하기 위한 소환을 받고 정당한 이유없이 출석하지 아니하거나 도망한 때에는 직권 또는 검사의 청구에 의하여 결정으로 보석금의 전부 또는 일부를 몰수하여야 한다(제214조의4 제2항).

▶ **석방된 피의자의 재체포·재구속 요건** [20 경찰승진, 18 경간부, 16 경찰채용]*

구분	재체포·재구속 요건
긴급체포되었다가 석방된 피의자를 체포하는 경우(제200조의4 제3항)	영장을 발부받을 것
구속되었다가 석방된 피의자를 재차 구속하는 경우(제208조 제1항)	다른 중요한 증거를 발견한 때
체포·구속적부심사에 의하여 석방된 피의자를 재차 체포·구속하는 경우(제214조의3 제1항)	도망하거나 범죄의 증거를 인멸하는 때

피의자보석으로 석방된 피의자를 재차 구속하는 경우 (제214조의3 제2항)	① 도망한 때 ② 도망하거나 범죄의 증거를 인멸할 염려가 있다고 믿을 만한 충분한 이유가 있는 때 ③ 출석요구를 받고 정당한 이유없이 출석하지 아니한 때 ④ 주거의 제한이나 그 밖에 법원이 정한 조건을 위반한 때

Ⅵ 보석

1. 의의
① 보석이란 보증금 납입 등을 조건으로 구속된 피고인을 석방하는 것을 말한다.
② 보석은 구속의 집행을 정지함에 그치고 구속영장의 효력을 존속시킨다는 점에서 구속영장을 실효시키는 구속의 취소와 구별된다.

2. 보석의 종류

(1) 청구보석 – 제외사유가 없는 한 필요적 보석

1) 의의
보석의 '청구가 있으면' 제외사유가 없는 한 법원은 보석을 허가하여야 한다(제95조). 즉, 보석은 필요적 보석이 원칙이다.

2) 필요적 보석의 제외사유
① 피고인이 사형·무기·장기 10년이 넘는 징역이나 금고에 해당하는 죄를 범한 때(제1호)
② 피고인이 누범에 해당하거나 상습범인 죄를 범한 때(제2호)
③ 피고인이 구속의 사유에 해당하는 때
　㉠ 범죄의 증거를 인멸하거나 인멸할 염려가 있다고 믿을 만한 충분한 이유가 있는 때(제3호)
　㉡ 도망하거나 도망할 염려가 있다고 믿을 만한 충분한 이유가 있는 때(제4호)
　㉢ 주거가 분명하지 아니한 때(제5호)
④ 피고인이 피해자, 당해 사건의 재판에 필요한 사실을 알고 있다고 인정되는 자 또는 그 친족의 생명·신체·재산에 해를 가하거나 가할 염려가 있다고 믿을 만한 충분한 이유가 있는 때(제6호)

> **판례 | 다른 사건으로 집행유예기간 중에 있는 피고인에 대하여 보석을 허가하여야 하는지 여부(적극) – 제외사유에 해당하지 않는 한 허가하여야 함**
>
> 피고인이 집행유예의 기간 중에 있어 집행유예의 결격자라고 하여 보석을 허가할 수 없는 것은 아니고 형사소송법 제95조는 그 제1 내지 6호 이외의 경우에는 필요적으로 보석을 허가하여야 한다는 것이지, 여기에 해당하는 경우에는 보석을 허가하지 아니할 것을 규정한 것이 아니므로 집행유예기간 중에 있는 피고인의 보석을 허가한 것이 누범과 상습범에 대하여는 보석을 허가하지 아니할 수 있다는 형사소송법 제95조 제2호의 취지에 위배되어 위법이라고 할 수 없다[대결 1990.4.18. 90모22]. [19 경찰채용, 18 법원9급, 16 경찰승진]*

(2) 제외사유에 해당하는 경우 – 직권 또는 청구, 임의적 보석
필요적 보석의 제외사유에 해당하는 때에도 법원은 상당한 이유가 있을 때에는 '직권' 또는 보석청구권자의 '청구'에 의하여 결정으로 보석을 허가할 수 있다(제96조).[78] [19 국가7급]* 임의적 보석의 예로서 병보석이 있다.

---
78) 결국 임의적 보석의 대상자에는 제한이 없다. 따라서 모든 구속된 피고인은 임의적 보석의 대상이 될 수 있다.

3. 보석의 청구

(1) 청구권자
피고인, 피고인의 변호인·법정대리인·배우자·직계친족·형제자매·가족·동거인 또는 고용주이다(제94조).
[18 국가9급, 17 경찰승진, 16 경찰승진]*

(2) 청구의 방법과 시기
보석의 청구는 서면에 의하여야 한다(규칙 제53조). 공소제기 후 재판확정 전까지는 심급을 불문하고 보석청구를 할 수 있으며, 상소기간에도 가능하다.

4. 법원의 심리
① 보석청구를 받은 법원은 지체없이 심리기일을 정하여 구속된 피고인을 심문하여야 한다(규칙 제54조의2 제1항).
② 재판장은 보석에 관한 결정을 하기 전에 검사의 의견을 물어야 한다(제97조 제1항). [17 법원9급]* 검사는 의견요청에 대하여 지체 없이 의견을 표명하여야 한다(제97조 제3항).

> **🔑 판례 | 검사의 의견청취절차를 거치지 아니한 법원의 보석허가결정의 효력(결정이 적정하면 취소불가) – 의견청취절차는 법원의 보석에 관한 결정의 본질적 부분이 아님**
>
> 검사의 의견청취의 절차는 보석에 관한 결정의 본질적 부분이 되는 것은 아니므로 설사 법원이 검사의 의견을 듣지 아니한 채 보석에 관한 결정을 하였다고 하더라도 그 결정이 적정한 이상 절차상의 하자만을 들어 그 결정을 취소할 수는 없다[대결 1997.11.27. 97모88].
> [19 경찰채용, 18 국가7급, 17 법원9급]*
>
> **판례해설** 검사의 의견을 듣지 않은 것은 절차상의 하자이지만 그러한 사유만으로 결정을 취소할 필요가 없다는 취지이다.

5. 법원의 결정과 불복방법

(1) 결정의 기한
법원은 특별한 사정이 없는 한 보석청구를 받은 날로부터 7일 이내에 그에 관한 결정을 하여야 한다(규칙 제55조).

(2) 기각결정
보석청구가 이유 없을 때에는 보석청구 기각결정을 하여야 한다.

(3) 보석허가결정
① 보석의 조건: 법원은 보석청구가 이유 있을 때에는 보석허가결정을 하여야 하고, 필요하고 상당한 범위 안에서 다음 조건 중 하나 이상의 조건을 정하여야 한다(제98조).

> 〈선이행 조건〉
> 1. 법원이 지정하는 일시·장소에 출석하고 증거를 인멸하지 아니하겠다는 서약서를 제출할 것(제1호)
> 2. 법원이 정하는 보증금에 해당하는 금액을 납입할 것을 약속하는 약정서를 제출할 것(제2호)
> 3. 피고인 아닌 자가 작성한 출석보증서를 제출할 것(제5호)
> 4. 법원이 지정하는 방법으로 피해자의 권리 회복에 필요한 금전을 공탁하거나 그에 상당하는 담보를 제공할 것(제7호)
> 5. 피고인이나 법원이 지정하는 자가 보증금을 납입하거나 담보를 제공할 것(제8호)
>
> 〈후이행 조건〉
> 6. 법원이 지정하는 장소로 주거를 제한하고 주거를 변경할 필요가 있는 경우에는 법원의 허가를 받는 등 도주를 방지하기 위하여 행하는 조치를 받아들일 것(제3호)
> 7. 피해자, 당해 사건의 재판에 필요한 사실을 알고 있다고 인정되는 사람 또는 그 친족의 생명·신체·재산에 해를 가하는 행위를 하지 아니하고 주거, 직장 등 그 주변에 접근하지 아니할 것(제4호)

8. 법원의 허가 없이 외국으로 출국하지 아니할 것을 서약할 것(제6호)
9. 그 밖에 피고인의 출석을 보증하기 위하여 법원이 정하는 적당한 조건을 이행할 것(제9호)

② **보석조건 결정시 고려사항**: 법원은 보석조건을 정할 때 범죄의 성질 및 죄상, 증거의 증명력, 피고인의 전과·성격·환경 및 자산, 피해자에 대한 배상 등 범행 후의 정황에 관련된 사항을 고려하여야 한다(제99조 제1항). 법원은 피고인의 자금능력 또는 자산 정도로는 이행할 수 없는 조건을 정할 수 없다(동조 제2항).

③ **보석조건의 변경 및 이행유예**: 법원은 직권 또는 피고인 등의 신청에 따라 결정으로 피고인의 보석조건을 변경하거나 일정기간 동안 당해 조건의 이행을 유예할 수 있다(제102조 제1항).

④ **보석조건의 실효**: 구속영장의 효력이 소멸한 때에는 보석조건은 즉시 그 효력을 상실한다(제104조의2 제1항). [19 국가7급, 18 법원9급, 17 경찰승진, 16 경찰승진]* 보석이 취소된 경우에도 보석조건은 즉시 그 효력을 상실하지만, 제98조 제8호(보증금 납입)의 조건은 예외로 한다(동조 제2항). [18 국가7급]*

(4) 불복방법

보석청구기각결정과 보석허가결정에 대하여 피고인과 검사는 각각 보통항고 할 수 있다(제403조 제2항). [16 변호사]*

6. 보석의 집행

(1) 선이행·후석방 방식

제98조 제1호(서약서)·제2호(보증금 약정서)·제5호(제3자의 출석보증서)·제7호(피해회복금 공탁) 및 제8호(보증금납입)의 조건은 이를 이행한 후가 아니면 보석허가결정을 집행하지 못한다(제100조 제1항 전단). [23 변호사]*

(2) 선석방·후이행 방식

제98조 제3호(법원조치 수인)·제4호(피해자 등에게 해를 가하는 행위 금지)·제6호(무단출국 금지)·제9호(법원이 정하는 조건의 이행)의 보석허가결정 집행 후 이행하여야 할 조건이지만, 법원은 필요하다고 인정하는 때에는 그 이행 이후 보석허가결정을 집행하도록 정할 수 있다(제100조 제1항 후단).

(3) 보증금납입의 방법

법원은 보석청구자 이외의 자에게 보증금의 납입을 허가할 수 있다(제100조 제2항). 법원은 유가증권 또는 피고인 외의 자가 제출한 보증서로써 보증금에 갈음함을 허가할 수 있고, 이 보증서에는 보증금액을 언제든지 납입할 것을 기재하여야 한다(제100조 제3항·제4항).

7. 보석조건의 위반에 대한 제재

(1) 출석보증인에 대한 과태료

법원은 제98조 제5호의 조건을 정한 보석허가결정에 따라 석방된 피고인이 정당한 사유 없이 기일에 불출석하는 경우에는 결정으로 그 출석보증인에 대하여 500만원 이하의 과태료를 부과할 수 있다. 이러한 법원의 결정에 대하여는 즉시항고를 할 수 있다(제100조의2). [19 법원9급]*

(2) 피고인에 대한 제재

법원은 피고인이 정당한 사유 없이 보석조건을 위반한 경우에는 결정으로 피고인에 대하여 1천만원 이하의 과태료를 부과하거나 20일 이내의 감치에 처할 수 있다(제102조 제3항). [18 국가7급, 17 경찰승진]* 이러한 법원의 결정에 대하여는 즉시항고를 할 수 있다(제102조 제4항).

8. 보석의 취소와 실효

(1) 보석의 취소

① **취소사유와 절차**: 피고인이 ㉠ 도망한 때 ㉡ 도망하거나 범죄의 증거를 인멸할 염려가 있다고 믿을 만한 충분한 이유가 있는 때 ㉢ 소환을 받고 정당한 이유없이 출석하지 아니한 때 ㉣ 피해자, 당해 사건의 재판에 필요한 사실을 알고 있다고 인정되는 자 또는 그 친족의 생명·신체·재산에 해를 가하거나 가할 염려가 있다고 믿을 만한 충분한 이유가 있는 때 ㉤ 법원이 정한 조건을 위반한 때에는 법원은 직권 또는 검사의 청구에 의하여 결정으로 보석을 취소할 수 있다(제102조 제2항).

② **보석취소와 재구금**: 보석취소결정이 있는 때에는 검사는 그 취소결정등본에 의하여 피고인을 재구금(기존의 구속영장의 효력에 의하여 재구금)하여야 한다(규칙 제56조 제1항 본문). [18 법원9급]*

> **판례 | 보석취소의 집행(피고인의 재구금) 개시의 요건 – 결정등본이 피고인에게 송달될 것을 요하지 않음**
>
> 보석허가결정의 취소는 그 취소결정을 고지하거나 결정 법원에 대응하는 검찰청 검사에게 결정서를 교부 또는 송달함으로써 즉시 집행할 수 있는 것이고, 그 결정등본이 피고인에게 송달 또는 고지되어야 집행할 수 있는 것은 아니다[대결 1983.4.21. 83모19]. [19 경찰채용]*

> **판례 | 고등법원이 한 보석취소결정에 집행정지의 효력을 인정할 수 있는지 여부(부정)**
>
> 고등법원이 한 보석취소결정에 대하여는 집행정지의 효력을 인정할 수 없다. 그 이유는 다음과 같다.
> 제1심 법원이 한 보석취소결정에 대하여 불복이 있으면 보통항고를 할 수 있고 (형사소송법 제102조 제2항, 제402조, 제403조 제2항), 보통항고에는 재판의 집행을 정지하는 효력이 없다(형사소송법 제409조). 이는 결정과 동시에 집행력을 인정함으로써 석방되었던 피고인의 신병을 신속히 확보하려는 것으로, 당해 보석취소결정이 제1심 절차에서 이루어졌는지 항소심 절차에서 이루어졌는지 여부에 따라 그 취지가 달라진다고 볼 수 없다.
> 즉시항고는 법률관계나 재판절차의 조속한 안정을 위해 일정한 기간 내에서만 제기할 수 있는 항고로서, 즉시항고의 제기기간 내와 그 제기가 있는 때에 재판의 집행을 정지하는 효력이 있다(형사소송법 제410조). 그러나 보통항고의 경우에도 법원의 결정으로 집행정지가 가능한 점(형사소송법 제409조)을 고려하면, 집행정지의 효력이 즉시항고의 본질적인 속성에서 비롯된 것이라고 볼 수는 없다.
> 형사소송법 제415조는 "고등법원의 결정에 대하여는 재판에 영향을 미친 헌법·법률·명령 또는 규칙의 위반이 있음을 이유로 하는 때에 한하여 대법원에 즉시항고를 할 수 있다."라고 규정하고 있다. 이는 재항고이유를 제한함과 동시에 재항고 제기기간을 즉시항고 제기기간 내로 정함으로써 재항고심의 심리부담을 경감하고 항소심 재판절차의 조속한 안정을 위한 것으로, 형사소송법 제415조가 고등법원의 결정에 대한 재항고를 즉시항고로 규정하고 있다고 하여 당연히 즉시항고가 가지는 집행정지의 효력이 인정된다고 볼 수는 없다. 만약 고등법원의 결정에 대하여 일률적으로 집행정지의 효력을 인정하면, 보석허가, 구속집행정지 등 제1심 법원이 결정하였다면 신속한 집행이 이루어질 사안에서 고등법원이 결정하였다는 이유만으로 피고인을 신속히 석방하지 못하게 되는 등 부당한 결과가 발생하게 되고, 나아가 항소심 재판절차의 조속한 안정을 보장하고자 한 형사소송법 제415조의 입법목적을 달성할 수 없게 된다[대결 2020.10.29. 2020모633]. [23 변호사]*

(2) 보석의 실효사유

보석은 보석의 취소 또는 구속영장의 실효에 의하여 실효된다.

9. 보증금 등의 몰취와 환부

(1) 보증금 등의 몰취[79]

① **임의적 몰취 – 판결확정 전 보석취소**

법원은 보석을 취소하는 때에는 직권 또는 검사의 청구에 따라 결정으로 보증금 또는 담보의 전부 또는 일부를 몰취할 수 있다(제103조 제1항). [19 국가7급, 18 국가9급]*

> **판례 | 보석보증금 몰수결정은 반드시 보석취소와 동시에 해야 하는지의 여부(소극)**
>
> 보석취소결정은 그 성질상 신속을 요하는 경우가 대부분임에 반하여, 보증금몰수결정에 있어서는 그 몰수의 요부(보석조건 위반 등 귀책사유의 유무) 및 몰수 금액의 범위 등에 관하여 신중히 검토하여야 할 필요성도 있는 점 등을 고려하여 보면, 보석보증금을 몰수하려면 반드시 보석취소와 동시에 하여야만 가능한 것이 아니라 보석취소 후에 별도로 보증금몰수결정을 할 수도 있다. 그리고 형사소송법 제104조가 구속 또는 보석을 취소하거나 구속영장의 효력이 소멸된 때에는 몰수하지 아니한 보증금을 청구한 날로부터 7일 이내에 환부하도록 규정되어 있다고 하여도, 이 규정의 해석상 보석취소 후에 보증금몰수를 하는 것이 불가능하게 되는 것도 아니다[대결(전) 2001.5.29. 2000모22]. [19 경찰채용, 19 법원9급, 16 변호사, 16 국가9급]*

② **필요적 몰취 – 형 선고의 판결확정 후 집행소환 불응, 도망**

법원은 보증금의 납입 또는 담보제공을 조건으로 석방된 피고인이 동일한 범죄사실에 관하여 형의 선고를 받고 그 판결이 확정된 후 집행하기 위한 소환을 받고 정당한 사유 없이 출석하지 아니하거나 도망한 때에는 직권 또는 검사의 청구에 따라 결정으로 보증금 또는 담보의 전부 또는 일부를 몰취하여야 한다(제103조 제2항). [18 국가9급]*

(2) 보증금 등의 환부

구속 또는 보석을 취소하거나 구속영장의 효력이 소멸된 때에는 몰취하지 아니한 보증금 또는 담보를 청구한 날로부터 7일 이내에 환부하여야 한다(제104조). [16 경찰승진]*

Ⅶ 구속의 집행정지, 구속의 취소, 구속의 실효

1. 구속의 집행정지

(1) 의의

구속의 집행정지란 법원 또는 수사기관이 구속된 피고인·피의자의 구속의 집행을 정지시키는 제도를 말한다(제101조 제1항, 제209조). 구속의 집행정지의 경우에도 구속영장의 효력은 유지된다. [20 경찰채용]*

(2) 구속집행정지의 절차

1) **직권에 의한 절차**

구속집행정지는 법원 또는 수사기관(검사 또는 사법경찰관)이 직권으로 행하며 피고인·피의자에게는 신청권이 없다.

2) **피고인에 대한 구속집행정지**

① 법원은 상당한 이유가 있는 때(예 중병, 출산)에는 결정으로 구속된 피고인을 친족·보호단체 기타 적당한 자에게 부탁하거나 피고인의 주거를 제한하여 구속의 집행을 정지할 수 있다(제101조 제1항). 법원이 구속의 집행정지결정을 함에는 급속을 요하는 경우를 제외하고는 검사의 의견을 물어야 한다(제101조 제2항). [20 경찰채용]*

---

79) 피의자보석에서의 보증금의 몰수와 사실상 동일하다. 다만 피의자보석의 임의적 몰수 요건이 '석방된 자의 재구속'인데 반하여 보석의 임의적 몰취 요건은 '보석의 취소'라는 점에서 차이가 있을 뿐이다.

② 법원의 구속의 집행정지 결정에 대하여 검사는 보통항고의 방법으로 불복할 수 있다(제403조 제2항). [18 경찰채용, 18 법원9급, 17 경찰승진]*

3) 피의자에 대한 구속집행정지
구속된 피의자에 대하여는 검사 또는 사법경찰관이 직권으로 구속의 집행을 정지할 수 있다(제209조, 제101조 제1항).

(3) 구속집행정지의 취소
① **피고인에 대한 취소**: 법원은 제102조 제2항의 취소사유(보석의 취소사유와 동일함)가 있는 경우 직권 또는 검사의 청구에 따라 결정으로 피고인에 대한 구속의 집행정지를 취소할 수 있다(제102조 제2항 본문).
② **피의자에 대한 취소**: 검사 또는 사법경찰관은 취소사유가 있을 때에는 피의자에 대한 구속의 집행정지를 취소할 수 있다(제209조, 제102조 제1항 본문).

2. 구속의 취소

(1) 의의
구속의 취소란 법원 또는 수사기관이 구속의 사유가 없거나 소멸된 때에 직권 또는 청구에 의하여 구속된 피고인 또는 피의자를 석방하는 것을 말한다(제93조, 제209조). [20 경찰채용]* 구속의 취소의 경우 구속영장의 효력은 상실된다. [20 경찰채용]*

(2) 구속취소의 사유
구속취소의 사유는 구속의 사유가 없거나 소멸된 때[80]이다(제93조, 제209조).

※ 판례 | 구속영장이 실효되었음에도 피고인이 계속 구금되어 있다면 구속취소를 할 수 있는지의 여부 (소극) – 구속취소는 구속영장의 효력이 존속하고 있음을 전제로 함

형사소송법 제93조에 의한 <u>구속의 취소</u>는 구속영장에 의하여 구속된 피고인에 대하여 구속의 사유가 없거나 소멸된 때에 법원이 직권 또는 피고인 등의 청구에 의하여 결정으로 구속을 취소하는 것으로서, 그 결정에 의하여 구속영장이 실효되므로, <u>구속영장의 효력이 존속하고 있음을 전제로 하는 것이고, 다른 사유로 이미 구속영장이 실효된 경우에는 피고인이 계속 구금되어 있더라도 위 규정에 의한 구속의 취소 결정을 할 수 없다</u>[대판 1999.9.7. 99도3454].

판례해설 피고인에 대하여 징역형이 확정되어 구속영장이 실효된 사례로서 구속영장이 실효된 이상 피고인이 구금되어 있더라도 구속의 취소 결정을 할 수 없다는 취지의 판례이다.

※ 판례 | 구속취소 사유에 해당하는 경우

1. 피고인의 상고가 기각되더라도 제1심과 항소심 판결선고 전 구금일수만으로도 본형 형기(징역 6월) 전부에 산입되고도 남는 경우[대결 1990.9.13. 90모48]
2. 피고인에 대한 형이 그대로 확정된다고 하더라도 <u>잔여형기가 8일 이내이고 또한 피고인의 주거가 일정할 뿐 아니라 증거인멸이나 도망의 염려도 없는 경우</u>[대결 1983.8.18. 83모42]

---

80) 증거인멸의 염려를 이유로 구속하였는데 충분한 증거를 확보하여 더 이상 구속의 필요성이 없어진 경우가 그 예이다.

> **판례 | 구속취소 사유에 해당하지 않는 경우**
>
> 체포, 구금 당시에 헌법 및 형사소송법에 규정된 사항(체포, 구금의 이유 및 변호인의 조력을 받을 권리) 등을 고지받지 못하였고, 그 후의 구금기간 중 면회거부 등의 처분을 받았다 하더라도 이와 같은 사유는 형사소송법 제93조 소정의 구속취소 사유에는 해당하지 아니한다[대결 1991.12.30. 91모76]. [18 국가7급]*

(3) 구속취소의 절차

1) 피고인에 대한 구속취소

① 법원은 구속의 사유가 없거나 소멸된 때에는 직권 또는 검사·피고인·변호인과 피고인의 법정대리인·배우자·직계친족·형제자매의 청구에 의하여 결정으로 구속을 취소하여야 한다(제93조). [20 경찰승진, 20 경찰채용, 18 경찰승진]*

② 구속취소에 관한 결정을 함에는 재판장은 검사의 청구에 의하거나 급속을 요하는 경우 외에는 검사의 의견을 물어야 한다(제97조 제1항·제2항).

③ 법원의 구속취소결정에 대하여 검사는 즉시항고를 할 수 있다(동조 제4항).

2) 피의자에 대한 구속취소

검사 또는 사법경찰관은 구속의 사유가 없거나 소멸된 때에는 직권 또는 피의자·변호인과 피의자의 법정대리인·배우자·직계친족·형제자매의 청구에 의하여 구속을 취소하여야 한다(제209조, 제93조).

3. 구속의 실효

(1) 구속의 취소

구속이 취소되면 구속의 효력은 상실된다.

(2) 구속의 당연실효

1) 구속기간의 만료

구속기간이 만료되면 구속영장의 효력은 당연히 상실된다.

2) 구속영장의 실효

① 무죄·면소·형의 면제·형의 선고유예·형의 집행유예·공소기각 또는 벌금·과료를 과하는 판결이 '선고'된 때에는 구속영장은 효력을 잃는다(제331조).[81] [20 경찰승진, 19 경찰승진, 18 법원9급]* 판결선고와 동시에 바로 구속영장의 효력이 상실되므로 판결확정 전이라도 즉시 피고인을 석방시켜야 한다.

② 사형 또는 자유형(실형)의 판결이 '확정'된 때에도 구속영장의 효력은 상실된다. 사형·자유형 판결이 확정된 후에는 확정판결 자체의 효력에 의하여 구금이 개시되기 때문이다.

> **판례 | 구속영장의 실효사유**
>
> 1. 형사소송법 제331조에 의하면 무죄 등 판결 선고와 동시에 바로 구속영장의 효력이 상실되는 것이므로 무죄 등 판결을 받은 피고인은 법정에서 즉시 석방되어야 한다[헌재 1997.12.24. 95헌마247].
> 2. 구속 중인 피고인에 대하여 자유형(실형)의 판결이 확정된 때에는 구속영장은 실효된다[대판 1999.9.7. 99도3454].

---

81) 관할위반판결과 공소기각결정은 구속영장의 실효사유에 해당하지 아니한다.

▶ 피의자 · 피고인 석방 절차

구분	체포구속적부심	피의자보석	피고인보석	구속 집행정지	구속취소
주체	법원	법원	법원	법원 · 검사 · 사경	법원 · 검사 · 사경
대상	피의자	피의자	피고인	피의자 · 피고인	피의자 · 피고인
절차	청구	직권	직권 · 청구	직권	직권 · 청구
청구권자	피/변/법·배·직·형·가·고·동	–	피/변/법·배·직·형·가·고·동	–	피/변/검/법·배·직·형
사유	체포·구속이 위법 부당한 때	법원의 재량	원칙 – 필요적 보석 예외 – 임의적 보석	상당한 이유가 있는 때	구속사유가 없거나 소멸한 때
검사의 의견청취	규정 없음	규정 없음	의견을 물어야 함 (예외 없음)	의견을 물어야 함 (예외 – 급속을 요하는 경우)	의견을 물어야 함 (예외 – 검사 청구 또는 급속을 요하는 경우)
보증금	불필요	반드시 필요	보증금 또는 기타 조건	불필요	불필요
영장의 효력	석방명령시 효력 상실	효력 상실	효력 지속	효력 지속	효력 상실
검사의 불복방법	불복불가	보통항고	보통항고	보통항고	즉시항고
재수감 요건	도망/인멸	도망/인멸/불출석/조건위반	도망/인멸/불출석/조건위반/해를 가할 염려	도망/인멸/불출석/조건위반/해를 가할 염려	① 피의자: 중요한 증거 발견 ② 피고인: 제한 없음
재수감시 영장 요부	재체포·재구속 (영장 요함)	재구속 (영장 요함)	보석취소 (영장 불요)	집행정지 취소 (영장 불요)	재구속 (영장 요함)

제3절 압수 · 수색 · 검증[82]

I 압수와 수색

1. 의의

(1) 압수

압수란 물건의 점유를 취득하는 강제처분을 말한다. 압수에는 압류 · 영치 · 제출명령의 세 가지가 있다.

---

[82] 형사소송법은 법원의 압수 · 수색 · 검증에 관하여 먼저 규정한 다음 이를 수사기관의 압수 · 수색 · 검증에 일부분을 준용하는 형식을 취하고 있다.

① **압류**: 강제력을 행사하여 유체물의 점유를 법원 또는 수사기관에 이전하는 강제처분을 말한다.
② **영치**: 소유자 등이 임의로 제출한 물건이나 유류한 물건을 점유하는 것을 말한다. 점유취득 과정에서 강제력을 행사하지는 않지만, 일단 영치된 물건은 소유자 등에게 반환하지 않고 법원 또는 수사기관이 강제적으로 계속 점유하므로 이는 강제처분에 해당한다.
③ **제출명령**: 일정한 물건의 제출을 명하는 법원의 강제처분을 말한다(제106조 제2항). 제출명령에 의하여 지정된 물건이 제출되었을 때에는 당연히 압수의 효력이 발생한다. 다만, 수사기관에 의한 강제수사에는 제출명령이 포함되지 않는다.83)

(2) 수색

수색이란 압수할 물건이나 사람을 발견하기 위하여 행하는 강제처분을 말한다. 실무상 수색은 주로 압수와 함께 행하여지고 압수 · 수색영장이라는 단일영장이 발부되고 있다.

2. 압수 · 수색의 대상

(1) 압수의 대상

① 증거물 또는 몰수할 것으로 사료하는 물건이다(제106조 제1항, 제219조).
② **우체물의 압수**: 우체물 또는 전기통신에 관한 것으로서 체신관서 기타 관련기관 등이 소지 또는 보관하는 물건이다(제107조 제1항, 제219조).

(2) 수색의 대상

수색의 대상은 피고인 · 피의자의 신체 · 물건 또는 주거 기타 장소이다(제109조 제1항, 제219조). 다만, 피고인 · 피의자 아닌 자에 대하여는 압수할 물건이 있음을 인정할 수 있는 경우에 한하여 수색할 수 있다(제109조 제2항, 제215조).

3. 압수 · 수색의 요건

(1) 압수 · 수색의 필요성

법원 또는 수사기관의 압수 · 수색은 그 필요성이 인정되어야 한다(제106조 제1항, 제109조 제1항, 제215조).

> **판례 | 수사기관의 압수의 요건인 '범죄수사에 필요한 때'의 의미**
>
> [1] 형사소송법 제215조에 의하면 검사나 사법경찰관이 범죄수사에 필요한 때에는 영장에 의하여 압수를 할 수 있으나, 여기서 '범죄수사에 필요한 때'라 함은 단지 수사를 위해 필요할 뿐만 아니라 강제처분으로서 압수를 행하지 않으면 수사의 목적을 달성할 수 없는 경우를 말하고, 그 필요성이 인정되는 경우에도 무제한적으로 허용되는 것은 아니다. 따라서 압수물이 증거물 내지 몰수하여야 할 물건으로 보이는 것이라 하더라도, 범죄의 형태나 경중, 압수물의 증거가치 및 중요성, 증거인멸의 우려 유무, 압수로 인하여 피압수자가 받을 불이익의 정도 등 제반 사정을 종합적으로 고려하여 판단해야 한다. [17 경간부]*
> [2] **(필요한 한도를 초과한 압수가 위법한 경우)** 검사가 피의자들의 폐수무단방류 혐의가 인정된다는 이유로 피의자들의 공장부지, 건물, 기계류 일체 및 폐수운반차량 7대에 대하여 한 압수처분은 수사상의 필요에서 행하는 압수의 본래의 취지를 넘는 것으로 상당성이 없을 뿐만 아니라 비례성의 원칙에 위배되어 위법하다[대결 2004.3.23. 2003모126]. [17 경간부]*

(2) 범죄혐의

① 수사기관은 피의자가 죄를 범하였다고 의심할 만한 정황이 있을 때에 압수 · 수색을 할 수 있다(제215조).
② 법원의 압수 · 수색의 경우에도 범죄혐의는 당연히 인정되어야 한다.

---

83) 영장주의 원칙상 수사기관은 제출명령을 할 수 없다는 것이 일반적인 입장이다.

(3) 해당사건과의 관계성

법원과 수사기관은 해당사건과 관계가 있다고 인정할 수 있는 것에 한정하여 압수 또는 수색할 수 있다(제106조 제1항, 제109조 제1항, 제215조). [17 국가9급]*

> **판례 | 압수·수색영장의 범죄 혐의사실과 관계있는 범죄'의 의미 및 범위**
>
> 1. [1] 영장 발부의 사유로 된 범죄 혐의사실과 무관한 별개의 증거를 압수하였을 경우 이는 원칙적으로 유죄 인정의 증거로 사용할 수 없다. 그러나 압수·수색의 목적이 된 범죄나 이와 관련된 범죄의 경우에는 그 압수·수색의 결과를 유죄의 증거로 사용할 수 있다.
>   [2] 압수·수색영장의 범죄 혐의사실과 관계있는 범죄라는 것은 압수·수색영장에 기재한 혐의사실과 객관적 관련성이 있고 압수·수색영장 대상자와 피의자 사이에 인적 관련성이 있는 범죄를 의미한다. 그중 혐의사실과의 객관적 관련성은 압수·수색영장에 기재된 혐의사실 자체 또는 그와 기본적 사실관계가 동일한 범행과 직접 관련되어 있는 경우는 물론 범행 동기와 경위, 범행 수단과 방법, 범행 시간과 장소 등을 증명하기 위한 간접증거나 정황증거 등으로 사용될 수 있는 경우에도 인정될 수 있다. 그 관련성은 압수·수색영장에 기재된 혐의사실의 내용과 수사의 대상, 수사 경위 등을 종합하여 구체적·개별적 연관관계가 있는 경우에만 인정되고, 혐의사실과 단순히 동종 또는 유사 범행이라는 사유만으로 관련성이 있다고 할 것은 아니다. 그리고 피의자와 사이의 인적 관련성은 압수·수색영장에 기재된 대상자의 공동정범이나 교사범 등 공범이나 간접정범은 물론 필요적 공범 등에 대한 피고사건에 대해서도 인정될 수 있다.
>   [3] 압수·수색영장의 집행 과정에서 피압수자의 지위가 참고인에서 피의자로 전환될 수 있는 증거가 발견되었더라도 그 증거가 압수·수색영장에 기재된 범죄사실과 객관적으로 관련되어 있다면 이는 압수·수색영장의 집행 범위 내에 있다. 따라서 다시 공소외 1에 대하여 영장을 발부받고 헌법상 변호인의 조력을 받을 권리를 고지하거나 압수·수색과정에 참여할 의사를 확인해야 한다고 보기 어렵다[대판 2017.12.5. 2017도13458]. [23 경간부, 20 경찰채용, 19 경찰채용]*
>
> 2. 압수의 대상을 압수·수색영장의 범죄사실 자체와 직접적으로 연관된 물건에 한정할 것은 아니고, 압수·수색영장의 범죄사실과 기본적 사실관계가 동일한 범행 또는 동종·유사의 범행과 관련된다고 의심할 만한 상당한 이유가 있는 범위 내에서는 압수를 실시할 수 있다[대판 2018.10.12. 2018도6252]. [20 국가9급]*
>
> 3. 헌법 제12조의 영장주의와 형사소송법 제199조 제1항 단서의 강제처분 법정주의는 수사기관의 증거수집뿐만 아니라 강제처분을 통하여 획득한 증거의 사용까지 아우르는 형사절차의 기본원칙이다. 따라서 수사기관은 영장 발부의 사유로 된 범죄 혐의사실과 관계가 없는 증거를 압수할 수 없고, 별도의 영장을 발부받지 아니하고서는 압수물 또는 압수한 정보를 그 압수의 근거가 된 압수·수색영장 혐의사실과 관계가 없는 범죄의 유죄 증거로 사용할 수 없다.
>   **[사실관계]** 현역 군인인 피고인이 방산업체 관계자의 부탁을 받고 군사기밀 사항을 메모지에 옮겨 적은 후 이를 전달하여 누설한 행위와 관련하여 군사기밀보호법 위반죄(예비적 죄명 군형법상 군기누설죄)로 기소되었음. 원심은 이 사건에 증거로 제출된 위 메모지가 누설 상대방의 다른 군사기밀 탐지·수집 혐의에 관하여 발부된 압수수색영장으로 압수한 것인데, 영장 혐의사실과 사이에 관련성이 인정되지 아니하여 위법수집증거에 해당하고, 군검사가 제출한 그 밖의 증거는 위법수집증거에 기초하여 획득한 2차 증거로서 최초 증거수집단계에서의 위법과 인과관계가 희석되거나 단절된다고 보기 어렵다는 이유로 피고인에게 무죄를 선고함. 대법원은 압수수색영장 기재 혐의사실과의 관련성에 관한 종전 법리를 재확인하고, 관련성에 의한 제한은 증거 수집뿐만 아니라 **압수된 증거의 사용에도 적용된다는 법리를 선언**하면서, 이러한 법리에 따라 메모지 및 그 파생증거의 증거능력을 부정한 원심의 판단을 수긍하여 군검사의 상고를 기각함[대판 2023.6.1. 2018도18866].
>   **관련판례** 군인인 피고인이 퇴역 후에도 군사기밀 문서(이하 '이 사건 문서')을 자택에 계속 보관하던 중, 제3자에 대한 별건 군사기밀보호법위반 사건의 압수수색 과정에서 이 사건 문서이 압수된 후 비인가자의 군사기밀점유로 인한 군사기밀보호법위반으로 기소되었는데, 원심은, 최초 압수·수색영장의 혐의사실과 압수된 이 사건 문서 사이의 관련성이 인정되지 아니하여 증거로 쓸 수 없고, 위 문서에 대하여 새로 압수·수색영장을 발부받았다 하더라도 마찬가지이며, 검사가 제출한 나머지 증거들은 위 문서로부터 파생된 2차 증거로서 증거로 사용할 수 없다고 판단하였다. 대법원은 위와 같은 법리를 설시하면서, 이 사건 문서은 최초 압수·수색영장의 혐의사실에 관한 간접, 정황증거가 될 수 있고 자백의 진실성을 담보할 보강증거로서의 가치를 가지고 있으며, **새로 영장을 발부받아** 행해진 압수 절차가 위법하다고 할 수 없어서 결국 이 사건 문서을 증거로 쓸 수 있다고 보아, 이와 달리 판단한 원심을 파기·환송하였다[대판 2025.2.27. 2021도8284].

4. 객관적 관련성을 인정할 수 있는 구체적·개별적 연관관계가 있는 경우인지 여부는, 관련성을 요구하는 이유가 혐의사실과 완전히 무관한 별개의 범죄에 관한 증거가 압수됨으로써 헌법이 정한 적법절차의 원칙과 영장주의가 잠탈되고 궁극적으로 국민의 기본권이 침해되는 결과를 방지하기 위한 것임을 염두에 두고, 범죄의 속성, 압수·수색영장에 기재된 혐의사실의 내용, 증거의 특징, 수사의 경위, 수사기관의 인식, 추가 수사의 개연성, 압수·수색의 필요성, 압수·수색을 허용할 경우 침해될 수 있는 기본권 내지 무관정보에 대한 이익 등을 종합적으로 고려하여, 적법절차의 원칙과 실체적 진실 규명의 조화를 도모하고 이를 통하여 형사사법정의를 실현하려는 헌법과 형사소송법의 궁극적 취지가 몰각되지 않도록 신중히 판단하여야 한다[대판 2025.2.13. 2024도17385; 동지 대판 2025.4.10. 2024도15789].

판례 | 해당사건과의 관련성을 인정할 수 없음에도 압수한 압수물(= 위수증, 증거능력 부정)

1. 영장 발부의 사유로 된 범죄 혐의사실과 관련된 증거가 아니라면 적법한 압수·수색이 아니므로 영장 발부의 사유로 된 범죄 혐의사실과 무관한 별개의 증거를 압수하였을 경우 이는 원칙적으로 유죄 인정의 증거로 사용할 수 없다[대판 2018.4.26. 2018도2624]. [20 변호사]*

2. (피의자 甲의 공직선거법 위반 범행을 영장 범죄사실로 하여 발부받은 압수·수색영장의 집행 과정에서 乙, 丙의 공직선거법 위반 혐의사실에 관한 乙, 丙 사이의 대화가 녹음된 녹음파일을 압수한 경우) 수사기관이 피의자 甲의 공직선거법 위반 범행을 영장 범죄사실로 하여 발부받은 압수·수색영장의 집행 과정에서 乙, 丙 사이의 대화가 녹음된 녹음파일을 압수하여 乙, 丙의 공직선거법 위반 혐의사실을 발견한 사안에서, 압수·수색영장에 기재된 '피의자'인 甲이 녹음파일에 의하여 의심되는 혐의사실과 무관한 이상, 수사기관이 별도의 압수·수색영장을 발부받지 아니한 채 압수한 녹음파일은 형사소송법 제219조에 의하여 수사기관의 압수에 준용되는 형사소송법 제106조 제1항이 규정하는 '피고사건' 내지 같은 법 제215조 제1항이 규정하는 '해당 사건'과 '관계가 있다고 인정할 수 있는 것'에 해당하지 않으며, 이와 같은 압수에는 헌법 제12조 제1항 후문, 제3항 본문이 규정하는 영장주의를 위반한 절차적 위법이 있으므로, 녹음파일은 형사소송법 제308조의2에서 정한 '적법한 절차에 따르지 아니하고 수집한 증거'로서 증거로 쓸 수 없고, 그 절차적 위법은 헌법상 영장주의 내지 적법절차의 실질적 내용을 침해하는 중대한 위법에 해당하여 예외적으로 증거능력을 인정할 수도 없다고 한 사례[대판 2014.1.16. 2013도7101]. [20 변호사. 20 경찰채용. 17 법원9급. 17 경간부. 16 경찰채용]*

3. 압수영장의 발부 사유가 된 혐의사실이 "피고인 甲은 2014년 5월에서 6월 사이 피고인 乙의 선거사무소에서 전화홍보원들에게 선거운동과 관련하여 금품을 제공하였다."는 것임에도 불구하고 그 영장을 통하여 압수한 증거물이 '2012년 8월에서 2013년 11월 사이 피고인 甲, 乙, 丙 등이 대전미래경제연구포럼을 설립·운영하고 회비를 조성한 것과 관련하여 유사기관 설치와 사전선거운동으로 인한 공직선거법위반, 정치자금법위반의 혐의'와 관련이 있는 것이라면 압수영장으로 압수한 증거물은 압수영장 발부의 사유가 된 범죄 혐의사실과 관련이 없으므로 이들은 유죄 인정의 증거로 사용할 수 없다[대판 2017.11.14. 2017도3449].

(4) 정보저장매체의 압수·수색의 특칙

법원 또는 수사기관은 압수의 목적물이 컴퓨터용디스크 그 밖에 이와 비슷한 정보저장매체인 경우에는 기억된 정보의 범위를 정하여 출력하거나 복제하여 제출받아야 한다. 다만, 범위를 정하여 출력 또는 복제하는 방법이 불가능하거나 압수의 목적을 달성하기에 현저히 곤란하다고 인정되는 때에는 정보저장매체 등을 압수할 수 있다(제106조 제3항, 제219조). [16 경찰승진]*

판례 | 정보저장매체 자체를 외부로 반출하기 위한 요건 – 반출허용이 영장에 기재되어 있어야 하고 실제로 허용요건을 구비하여야 함

전자정보에 대한 압수·수색영장을 집행할 때에는 원칙적으로 영장 발부의 사유인 혐의사실과 관련된 부분만을 문서 출력물로 수집하거나 수사기관이 휴대한 저장매체에 해당 파일을 복사하는 방식으로 이루어져야 하고, 집행현장 사정상 위와 같은 방식에 의한 집행이 불가능하거나 현저히 곤란한 부득이한 사정이 존재하더라도 저장매체 자체를 직접 혹은 하드카피나 이미징 등 형태로 수사기관 사무실 등 외부로 반출하여 해당 파일을 압수·수색할 수 있도록 영장에 기재되어 있고 실제 그와 같은 사정이 발생한 때에 한하여 위 방법이 예외적으로 허용될 수 있다[대결 2011.5.26. 2009모1190].

판례 | 전자정보에 대한 압수·수색이 허용되는 경우

피의자의 이메일 계정에 대한 접근권한에 갈음하여 발부받은 압수·수색영장에 따라 원격지의 저장매체에 적법하게 접속하여 내려받거나 현출된 전자정보를 대상으로 하여 범죄 혐의사실과 관련된 부분에 대하여 압수·수색하는 것은, 압수·수색영장의 집행을 원활하고 적정하게 행하기 위하여 필요한 최소한도의 범위 내에서 이루어지며 그 수단과 목적에 비추어 사회통념상 타당하다고 인정되는 대물적 강제처분 행위로서 허용되며, 형사소송법 제120조 제1항에서 정한 압수·수색영장의 집행에 필요한 처분에 해당한다. 그리고 이러한 법리는 원격지의 저장매체가 국외에 있는 경우라 하더라도 그 사정만으로 달리 볼 것은 아니다[대판 2017.11.29, 2017도9747; 대판 2021.7.29, 2020도14654].

[판결이유] 형사소송법 제109조 제1항, 제114조 제1항에서 영장에 수색할 장소를 특정하도록 한 취지와 정보통신망으로 연결되어 있는 한 정보처리장치 또는 저장매체 간 이전, 복제가 용이한 전자정보의 특성 등에 비추어 보면, 수색장소에 있는 정보처리장치를 이용하여 정보통신망으로 연결된 원격지의 저장매체에 접속하는 것이 위와 같은 형사소송법의 규정에 위반하여 압수·수색영장에서 허용한 집행의 장소적 범위를 확대하는 것이라고 볼 수 없다. 수색행위는 정보통신망을 통해 원격지의 저장매체에서 수색장소에 있는 정보처리장치로 내려받거나 현출된 전자정보에 대하여 위 정보처리장치를 이용하여 이루어지고, 압수행위는 위 정보처리장치에 존재하는 전자정보를 대상으로 그 범위를 정하여 이를 출력 또는 복제하는 방법으로 이루어지므로, 수색에서 압수에 이르는 일련의 과정이 모두 압수·수색영장에 기재된 장소에서 행해지기 때문이다. [19 변호사, 19 경찰채용, 19 법원9급, 18 경찰채용]*

비교판례 ⅰ) **(허용되지 않는 경우)** [1] 압수할 전자정보가 저장된 저장매체로서 압수·수색영장에 기재된 수색장소에 있는 컴퓨터, 하드디스크, 휴대전화와 같은 컴퓨터 등 정보처리장치와 수색장소에 있지는 않으나 컴퓨터 등 정보처리장치와 정보통신망으로 연결된 원격지의 서버 등 저장매체(이하 '원격지 서버'라 한다)는 소재지, 관리자, 저장 공간의 용량 측면에서 서로 구별된다. 수사기관이 압수·수색영장에 적힌 '수색할 장소'에 있는 컴퓨터 등 정보처리장치에 저장된 전자정보 외에 원격지 서버에 저장된 전자정보를 압수·수색하기 위해서는 압수·수색영장에 적힌 '압수할 물건'에 별도로 원격지 서버 저장 전자정보가 특정되어 있어야 한다. 압수·수색영장에 적힌 '압수할 물건'에 컴퓨터 등 정보처리장치 저장 전자정보만 기재되어 있다면 컴퓨터 등 정보처리장치를 이용하여 원격지 서버 저장 전자정보를 압수할 수는 없다.
[2] 이 사건 압수·수색영장에 적힌 '압수할 물건'에는 '여성의 신체를 몰래 촬영한 것으로 판단되는 사진, 동영상 파일이 저장된 컴퓨터 하드디스크 및 외부저장매체'가, '수색할 장소'에는 피고인의 주거지가 기재되어 있다. 이 사건 압수·수색영장에 적힌 '압수할 물건'에 원격지 서버 저장 전자정보가 기재되어 있지 않은 이상 이 사건 압수·수색영장에 적힌 '압수할 물건'은 피고인의 주거지에 있는 컴퓨터 하드디스크 및 외부저장매체에 저장된 전자정보에 한정된다. 그럼에도 경찰은 이 사건 휴대전화가 구글계정에 로그인되어 있는 상태를 이용하여 원격지 서버에 해당하는 구글클라우드에 접속하여 구글클라우드에서 발견한 불법촬영물을 압수하였다. 결국 경찰의 압수는 이 사건 압수·수색영장에서 허용한 압수의 범위를 넘어선 것으로 적법절차 및 영장주의 원칙에 반하여 위법하다.
[3] 따라서 이 사건 압수·수색영장으로 수집한 불법촬영물은 증거능력이 없는 위법수집증거에 해당하고, 이 사건 압수·수색영장의 집행 경위를 밝힌 압수조서 등이나 위법수집증거를 제시하여 수집된 관련자들의 진술 등도 위법수집증거에 기한 2차적 증거에 해당하여 증거능력이 없다[대판 2022.6.30, 2022도1452]. [23 경간부, 23 변호사]*
ⅱ) 피의자가 휴대전화를 임의제출하면서 휴대전화에 저장된 전자정보가 아닌 클라우드 등 제3자가 관리하는 원격지에 저장되어 있는 전자정보를 수사기관에 제출한다는 의사로 수사기관에게 클라우드 등에 접속하기 위한 아이디와 비밀번호를 임의 제공하였다면 위 클라우드 등에 저장된 전자정보를 임의제출하는 것으로 볼 수 있다[대판 2021.7.29, 2020도14654].
ⅲ) 제1차 압수·수색영장에 적힌 '압수할 물건'에는 하드디스크 저장 전자정보(일부 기각 부분 제외)가 포함되어 있는 반면, 클라우드 저장 전자정보는 제외되어 있다. 제1차 압수·수색영장에 적힌 '압수할 물건'에 클라우드 저장 전자정보가 기재되어 있지 않은 이상 제1차 압수·수색영장에 적힌 '압수할 물건'은 서울 본사 인사 담당 부서나 피의자 공소외 1, 공소외 2, 공소외 6, 공소외 5, 공소외 7의 근무 자리나 차량에 있는 하드디스크 저장 전자정보(일부 기각 부분 제외)에 한정된다. 법원이 제1차 압수·수색영장을 발부하면서 검찰이 청구한 클라우드 저장 전자정보 부분을 기각하였음이 명백하므로 클라우드에 대한 수색도 허용되지 않는다. 따라서 재항고인은 제1차 압수·수색영장을 집행하면서 클라우드에 해당하는 VDI 서버를 수색하여서는 안 된다. 더욱이 재항고인은 준항고인의 직원들로부터 VDI에 대한 설명을 들어 팀룸 폴더가 VDI 서버에 존재한다는 것을 충분히 알았을 것이다. 그런데도 재항고인은 VDI에 접속된 업무용 컴퓨터를 통해 가상 데스크톱의 팀룸 폴더에서 파일을 탐색하여 내용을 확인하고 보존조치를 하였다. 결국 이 사건 수색 등 처분은 영장에서 허용한 수색의 범위를 넘어선 것으로 적법절차와 영장주의 원칙에 반하여 위법하다. 나아가 재항고인은 이 사건 수색 등 처분으로 알게 된 이메일 내용 등을 추가로 압수·수색할 필요를 인정할 수 있는 자료로 삼아 제2차 압수·수색영장을 발부받은 다음 가상 데스크톱의 팀룸 폴더를 압수·수색하여 이 사건 압수 처분을 하였다. 이는 위법한 이 사건 수색 등 처분에 따라 알게 된 사정을 토대로 한 것으로 위법하고, 이 사건 압수 처분이 적법하다는 전제에서 한 이 사건 거부 처분 역시 위법하다[대결 2022.6.30, 2020모735].

iv) 휴대전화는 정보처리장치나 정보저장매체의 특성을 가지고 있기는 하나, 기본적으로 통신매체의 특성을 가지고 있어 컴퓨터, 노트북 등 정보처리장치나 USB, 외장하드 등 정보저장매체와는 **명확히 구별되는** 특성을 가지고 있다. 휴대전화, 특히 스마트폰에는 전화·문자메시지·SNS 등 통신, 개인 일정, 인터넷 검색기록, 전화번호, 위치정보 등 통신의 비밀이나 사생활에 관한 방대하고 광범위한 정보가 집적되어 있다. 이와 같이 휴대전화에 저장된 전자정보는 컴퓨터나 USB 등에 저장된 전자정보와는 그 분량이나 내용, 성격 면에서 현저한 차이가 있으므로, 휴대전화에 대한 압수·수색으로 얻을 수 있는 전자정보의 범위와 그로 인한 기본권 침해의 정도도 크게 다르다. 따라서 압수·수색영장에 기재된 '압수할 물건'에 휴대전화에 저장된 전자정보가 포함되어 있지 않다면, 특별한 사정이 없는 한 그 영장으로 휴대전화에 저장된 전자정보를 압수할 수는 없다고 보아야 한다[대결 2024.9.25. 2024모2020].

판례 | 수사기관이 하드카피나 이미징 등 형태(복제본)에 담긴 전자정보를 탐색하여 혐의사실과 관련된 정보를 선별하여 출력하거나 다른 저장매체에 저장하는 등으로 압수를 완료한 경우, 혐의사실과 관련 없는 전자정보(무관정보)를 삭제·폐기하여야 하는지 여부(적극)

수사기관은 복제본에 담긴 전자정보를 탐색하여 혐의사실과 관련된 정보(이하 '유관정보'라 한다)를 선별하여 출력하거나 다른 저장매체에 저장하는 등으로 압수를 완료하면 혐의사실과 관련 없는 전자정보(이하 '무관정보'라 한다)를 삭제·폐기하여야 한다. 수사기관이 새로운 범죄 혐의의 수사를 위하여 무관정보가 남아있는 복제본을 열람하는 것은 압수·수색영장으로 압수되지 않은 전자정보를 영장 없이 수색하는 것과 다르지 않다. 따라서 복제본은 더 이상 수사기관의 탐색, 복제 또는 출력 대상이 될 수 없으며, 수사기관은 새로운 범죄 혐의의 수사를 위하여 필요한 경우에도 유관정보만을 출력하거나 복제한 기존 압수·수색의 결과물을 열람할 수 있을 뿐이다[대판 2023.6.1. 2018도19782].84)

판례해설 대법원은, 전자정보 압수수색 과정에서 생성되는 하드카피나 이미징 형태의 복제본은 무관정보를 포함하고 있어 압수 완료시 삭제·폐기의 대상이 될 뿐 새로운 범죄 혐의 수사를 위한 수사기관의 추가적인 탐색, 출력의 대상이 될 수 없다는 법리를 선언하고, 이에 따라 수사기관의 탐색, 출력행위의 위법성 및 이를 통하여 수집한 2차적 증거의 증거능력에 관한 원심의 판단을 수긍하여 상고를 기각함.

관련판례 [사실관계] 검찰수사서기관인 피고인이 수사를 지연시켜 달라는 내용의 부정청탁을 받고 그에 따라 직무를 수행하고 수사기관 내부의 비밀을 누설하였다는 혐의로 수사를 받게 되었는데, 수사기관이 별건 압수·수색 과정에서 압수한 휴대전화에 저장된 전자정보를 탐색하던 중 우연히 이 사건 범죄사실 혐의와 관련된 전자정보(이하 '이 사건 녹음파일 등')를 발견하였는데도, 이후 약 3개월 동안 대검찰청 통합디지털증거관리시스템(D-NET, 이하 '대검찰청 서버')에 그대로 저장된 채로 계속 보관하면서 영장 없이 이를 탐색·복제·출력하여 증거를 수집한 사안이다.
판례해설 원심은, 영장 집행의 경위와 사건의 특수성 등에 비추어 수사기관이 의도적으로 영장주의 취지를 회피하려고 시도하였다고 보기 어려운 점, 피고인의 일부 법정진술은 공개된 법정에서 진술거부권을 고지받고 변호인의 충분한 조력을 받은 상태에서 자발적으로 이루어진 것인 점, 새로운 영장의 집행 당시 참여권 등 관련 절차를 준수하였던 점 등의 사정들을 들어, 새로운 영장이 집행된 이후에 수집된 증거들은 절차에 따르지 아니한 1차적 증거수집과 인과관계가 희석 또는 단절되었다고 판단되므로 증거능력이 인정된다고 판단하였다.
그러나, 대법원은 이 사건에서 수사기관이 무관정보를 우연히 발견하였는데도 더 이상의 추가 탐색을 중단하고 법원으로부터 압수·수색영장을 발부받았다고 평가할 수 없으므로, 휴대전화에 저장된 이 사건 녹음파일 등은 적법한 압수·수색절차에 요구되는 관련 규정을 준수하지 아니함으로써 영장주의 및 적법절차 원칙을 위반하여 위법하게 수집된 증거에 해당하고, 나아가 위법수집증거인 이 사건 녹음파일 등을 기초로 수집된 증거들 역시 위법수집증거에 터 잡아 획득한 2차적 증거로서 위 압수절차와 2차적 증거수집 사이에 인과관계가 희석 또는 단절되었다고 볼 수 없으므로 증거능력을 인정할 수 없다고 보아, 이와 달리 새로운 영장의 집행 이후에 수집된 증거들에 대하여 증거능력을 인정한 원심을 파기·환송하였다[대판 2024.4.16. 2020도3050].

---

84) 선행 사건의 전자정보 압수·수색 과정에서 생성한 이미징 사본을 선행 사건의 판결 확정 이후 그 공범에 대한 범죄혐의 수사를 위해 새로 탐색·출력한 것이 위법한지 여부가 문제된 사건

4. 압수·수색의 제한

(1) 군사상 비밀을 요하는 장소
군사상 비밀을 요하는 장소는 그 책임자의 승낙 없이는 압수·수색할 수 없다. 이 경우 책임자는 국가의 중대한 이익을 해하는 경우를 제외하고는 승낙을 거부하지 못한다(제110조, 제219조).

(2) 공무상 비밀로 신고된 물건
공무원 또는 공무원이었던 자가 소지 또는 보관하는 물건에 관하여는 본인 또는 그 해당 공무소가 직무상의 비밀에 관한 것임을 신고한 때에는 그 소속 공무소 또는 당해 감독관공서의 승낙 없이는 압수하지 못한다. [17 국가9급]* 다만, 소속 공무소 또는 당해 감독관공서는 국가의 중대한 이익을 해하는 경우를 제외하고는 승낙을 거부하지 못한다(제111조, 제219조).

(3) 업무상 위탁받은 타인의 비밀에 관한 물건
변호사·변리사 등이 그 업무상 위탁을 받아 소지 또는 보관하는 물건으로 타인의 비밀에 관한 것은 압수를 거부할 수 있다. 다만, 그 타인의 승낙이 있거나 중대한 공익상 필요가 있는 때에는 예외로 한다(제112조, 제219조 참조).

5. 압수·수색의 절차

(1) 영장의 발부

1) 영장의 발부의 절차
① 법원의 압수·수색: 법원의 공판정 내에서의 압수·수색은 영장이 필요 없으나(사후영장도 불필요), 공판정 외에서의 압수·수색은 영장을 요한다(제113조).
② 수사기관의 압수·수색: 검사는 지방법원판사에게 청구하여 발부받은 영장에 의하여 압수·수색을 할 수 있다(제215조 제1항). 사법경찰관은 검사에게 신청하고 검사의 청구로 지방법원판사가 발부한 영장에 의하여 압수·수색을 할 수 있다(동조 제2항).

> **판례 | 사법경찰관이 형사소송법 제215조 제2항을 위반하여 영장없이 물건을 압수한 직후 피고인으로부터 작성받은 그 압수물에 대한 '임의제출동의서'의 증거능력 유무(원칙적 소극)**
>
> 형사소송법 제215조 제2항은 "사법경찰관이 범죄수사에 필요한 때에는 검사에게 신청하여 검사의 청구로 지방법원판사가 발부한 영장에 의하여 압수, 수색 또는 검증을 할 수 있다."고 규정하고 있는바, 사법경찰관이 위 규정을 위반하여 영장없이 물건을 압수한 경우 그 압수물은 물론 이를 기초로 하여 획득한 2차적 증거 역시 유죄 인정의 증거로 사용할 수 없는 것이고, 이와 같은 법리는 헌법과 형사소송법이 선언한 영장주의의 중요성에 비추어 볼 때 위법한 압수가 있은 직후에 피고인으로부터 작성받은 그 압수물에 대한 임의제출동의서도 특별한 사정이 없는 한 마찬가지라고 할 것이다[대판 2010.7.22. 2009도14376]. [20 법원9급, 19 경찰승진, 18 법원9급, 16 국가7급, 16 경간부]*

> **판례 | 지방법원판사의 압수영장 발부재판에 대하여 불복할 수 있는지의 여부(소극)**
>
> 지방법원판사가 한 압수영장발부의 재판에 대하여는 준항고로 불복할 수 없고 나아가 형사소송법 제402조, 제403조에서 규정하는 항고는 법원이 한 결정을 그 대상으로 하는 것이므로 법원의 결정이 아닌 지방법원판사가 한 압수영장발부의 재판에 대하여 그와 같은 항고의 방법으로도 불복할 수 없다[대결 1997.9.29. 97모66]. [18 경찰채용, 16 변호사]*

2) 일반영장의 금지

압수·수색의 대상물은 특정되어야 하며 이것이 특정되지 않고 막연히 '피고사건과 관계 있는 모든 물건'과 같은 방식의 일반영장(一般令狀)은 무효이다. 또한 별건 압수·수색도 금지된다.

판례 | 압수·수색영장의 유효기간이 남아있는 경우 다시 압수·수색을 할 수 있는지 여부(소극)

[1] 형사소송법 제215조에 의한 압수·수색영장은 수사기관의 압수·수색에 대한 허가장으로서 거기에 기재되는 유효기간은 집행에 착수할 수 있는 종기를 의미하는 것일 뿐이므로, 수사기관이 압수·수색영장을 제시하고 집행에 착수하여 압수·수색을 실시하고 그 집행을 종료하였다면 이미 그 영장은 목적을 달성하여 효력이 상실되는 것이고, 동일한 장소 또는 목적물에 대하여 다시 압수·수색할 필요가 있는 경우라면 그 필요성을 소명하여 법원으로부터 새로운 압수·수색영장을 발부 받아야 하는 것이지, 앞서 발부 받은 압수·수색영장의 유효기간이 남아있다고 하여 이를 제시하고 다시 압수·수색을 할 수는 없다[대결 1999.12.1. 99모161]. [23 경간부, 19 변호사, 19 경찰승진, 19 경간부, 18 경찰승진, 18 경찰채용, 17 변호사, 17 국가7급, 17 국가9급, 17 경찰승진, 16 변호사, 16 경찰승진]*

[2] 경찰은 2019.3.5. 피의자가 '공소외인'으로, 혐의사실이 대마 광고 및 대마 매매로, 압수할 물건이 '피의자가 소지, 소유, 보관하고 있는 휴대전화에 저장된 마약류 취급 관련자료(출력, 복사, 복제 이미징이 불가능시 저장매체 압수) 등'으로, 유효기간이 '2019.3.31.'로 된 압수·수색·검증영장(이하 '이 사건 영장'이라 한다)을 발부받아 2019.3.7. 이 사건 영장에 기하여 공소외인으로부터 휴대전화 3대 등을 압수하였다. 공소외인은 2019.3.21. 대마 광고에 의한 「마약류 관리에 관한 법률」(이하 '마약류관리법'이라 한다) 위반(대마)죄 등으로, 2019.4.26. 대마 매매에 의한 마약류관리법 위반(대마)죄 등으로 각 공소제기되었다.

한편 경찰은 2019.4.8. 공소외인의 휴대전화 메신저에서 대마 구입 희망의사를 밝히는 피고인의 메시지(이하 '이 사건 메시지'라 한다)를 확인한 후 공소외인 행세를 하면서 메신저를 통해 메시지(이하 이 사건 메시지와 함께 통틀어 '이 사건 메시지 등'이라 한다)를 주고받는 방법으로 위장수사를 진행하여, 2019.4.10. 피고인을 현행범으로 체포하고 피고인의 휴대전화를 비롯한 피고인의 소지품 등을 영장 없이 압수한 다음, 2019.4.12. 법원으로부터 사후 압수·수색·검증영장을 발부받았다. 그러나 피고인이 이 사건 메시지를 보낸 2019.4.8.경까지 경찰이 이 사건 영장의 집행을 계속하고 있었다고 볼 만한 아무런 자료가 없고, 오히려 공소외인이 대마광고에 의한 마약류관리법 위반(대마)죄 등으로 2019.3.21. 공소제기된 점에 비추어 보면 경찰은 늦어도 2019.3.21. 무렵에는 이 사건 영장의 집행을 종료한 것으로 보인다. 따라서 경찰은 2019.4.8. 이후로 이 사건 메시지 등의 정보를 취득하기 위하여 이 사건 영장을 다시 집행할 수 없다. 또한 공소외인이 경찰에 자신의 성명과 주민등록번호를 무통장 송금 명의자용으로 활용함에 동의한 사실이 있다는 취지의 수사보고만 제출되었을 뿐 공소외인이 자신의 휴대전화 메신저 계정까지 별건 수사에 사용하여도 좋다고 동의한 사정은 보이지 않는다. 따라서 경찰은 공소외인의 휴대전화 메신저에 접속하여 이 사건 메시지 등을 송·수신할 수 없다. 경찰이 위법하게 취득한 이 사건 메시지 등을 기초로 피고인을 현행범으로 체포한 이상, 피고인에 대한 현행범 체포와 그에 따른 피고인 소지품 등의 압수는 위법하므로, 법원으로부터 사후 압수·수색·검증영장을 발부받았더라도 피고인을 현행범으로 체포하면서 수집한 증거는 위법하게 수집한 증거로서 증거능력이 없다[대판 2023.3.16. 2020도5336].85)

판례 | 위법한 압수·수색이라고 할 수 없는 경우

압수·수색·검증영장의 '압수·수색·검증할 장소 및 신체'란에 피고인의 주거지와 피고인의 신체 등이 기재되어 있으므로, 비록 영장이 제시되어 피고인의 신체에 대한 압수·수색이 종료되었다고 하더라도, 수사관들이 영장에 의하여 피고인의 주거지에 대한 압수·수색을 집행한 조치는 위법한 것이라 할 수 없다[대판 2013.7.26. 2013도2511].

---

85) 원심은 경찰이 공소외인의 휴대전화 메신저 계정에서 피고인이 보낸 메시지 정보를 취득한 후 위장수사를 진행하여 피고인을 현행범으로 체포하고 증거를 수집하였으나, 메시지 정보의 취득은 영장 집행 종료 후의 위법한 재집행이고 휴대전화 메신저 계정을 이용할 정당한 접근권한도 없으므로, 위와 같은 경위로 수집한 증거는 위법수집증거에 해당하여 증거능력이 없다는 취지로 판단하였다.

3) 영장의 기재사항

① 압수·수색영장에는 피고인(피의자)의 성명·죄명·압수할 물건·수색할 장소·신체·물건·영장 발부 연월일·영장의 유효기간과 그 기간이 지나면 집행에 착수할 수 없으며 영장을 반환하여야 한다는 취지 등을 기재하고 재판장이나 수명법관(지방법원판사)이 서명날인하여야 한다. 다만, 압수·수색할 물건이 전기통신에 관한 것인 경우에는 작성기간을 기재하여야 한다(제114조 제1항, 제219조).

② 압수·수색영장의 유효기간은 7일로 한다. 다만, 법원 또는 법관이 상당하다고 인정하는 때에는 7일을 넘는 기간을 정할 수 있다(규칙 제178조).

> **판례 | 영장에 기재된 '압수장소에 보관 중인 물건'을 '압수장소에 현존하는 물건'으로 해석할 수 있는지 여부(소극)**
>
> 압수·수색영장에서 압수할 물건을 '압수장소에 보관 중인 물건'이라고 기재하고 있는 것을 '압수장소에 현존하는 물건'으로 해석할 수 없다[대판 2009.3.12. 2008도763]. [19 경찰승진, 19 경찰채용, 18 경찰승진, 18 경간부, 18 경찰채용, 17 경찰승진, 16 경찰채용]*

(2) 영장의 집행

1) 집행기관

압수·수색영장은 검사의 지휘에 의하여 사법경찰관리가 집행한다. 다만, 필요한 경우에는 재판장은 법원사무관 등에게 그 집행을 명할 수 있다(제219조, 제115조 제1항).

2) 집행방법

① 압수·수색영장은 처분을 받는 자에게 '반드시' 사전에 제시하여야 하고 처분을 받는 자가 피의자나 피고인인 경우에는 그 사본을 교부하여야 한다. 다만, 처분을 받는 자가 현장에 없는 등 영장의 제시나 그 사본의 교부가 현실적으로 불가능한 경우 또는 처분을 받는 자가 영장의 제시나 사본의 교부를 거부한 때에는 예외로 한다(제118조, 제219조).[86] 따라서 체포·구속영장의 집행시 인정되는 긴급집행은 압수·수색영장의 집행에서는 인정되지 않는다.

② 압수·수색영장의 집행 중에는 타인의 출입을 금지할 수 있다. 이러한 조치에 위배한 자에게는 퇴거하게 하거나 집행종료시까지 간수자를 붙일 수 있다(제119조, 제219조). [19 경찰승진]*

> **판례 | 압수·수색영장의 제시 방법**
>
> 1. **(제시의 정도 – 내용을 충분히 알 수 있도록 제시)** 압수·수색영장을 집행하는 수사기관은 피압수자로 하여금 법관이 발부한 영장에 의한 압수·수색이라는 사실을 확인함과 동시에 형사소송법이 압수·수색영장에 필요적으로 기재하도록 정한 사항이나 그와 일체를 이루는 사항을 충분히 알 수 있도록 압수·수색영장을 제시하여야 한다[대판 2017.9.21. 2015도12400]. [20 경간부, 19 변호사, 19 경찰채용]*
>
> [동지판례] i) 사법경찰관이 피압수자인 乙(보은군수 甲의 비서실장)에게 압수·수색영장을 제시하면서 표지에 해당하는 첫 페이지와 乙의 혐의사실이 기재된 부분만을 보여주고, 영장의 내용 중 압수·수색·검증할 물건, 압수·수색·검증할 장소, 압수·수색·검증을 필요로 하는 사유, 압수 대상 및 방법의 제한 등 필요적 기재 사항 및 그와 일체를 이루는 부분을 확인하지 못하게 한 것은 적법한 압수·수색영장의 제시라고 볼 수 없어, 이에 따라 압수된 동향보고 서류와 乙의 휴대전화는 적법한 절차에 따라 수집된 증거라고 보기 어렵다[대판 2017.9.21. 2015도12400]. [19 경찰채용]*

---

86) 2022.2.3. 공포·시행된 개정 형사소송법은 피의자와 피고인의 방어권을 실질적으로 보장하기 위하여 영장제시 외 영장의 사본을 교부하도록 개정되었다.

ii) 수사기관이 압수처분 당시 재항고인으로부터 영장 내용의 구체적인 확인을 요구받았음에도 압수·수색영장의 내용을 보여주지 않았던 것으로 보이므로 형사소송법 제219조, 제118조에 따른 적법한 압수·수색영장의 제시라고 인정하기 어렵다는 이유로, 압수처분 당시 수사기관이 법령에서 정한 취지에 따라 재항고인에게 압수·수색영장을 제시하였는지 여부를 판단하지 아니한 채 변호인이 조사에 참여할 당시 영장을 확인하였다는 사정을 들어 압수처분이 위법하지 않다고 본 원심결정은 잘못이 있다고 한 사례[대결 2020.4.16. 2019모3526]. [23 경간부]*

2. **(원본을 제시해야 함 – 팩스로 영장 사본을 송신한 것은 위법)** 수사기관이 이메일에 대한 압수수색영장을 집행할 당시 피압수자인 네이버 주식회사에 팩스로 영장 사본을 송신했을 뿐 그 원본을 제시하지 않았고, 압수조서와 압수물 목록을 작성하여 피압수·수색 당사자에게 교부하였다고 볼 수 없는 경우, 이러한 방법으로 압수된 이메일은 위법수집증거로 원칙적으로 유죄의 증거로 삼을 수 없다[대판 2017.9.7. 2015도10648]. [19 변호사]*

3. **(압수·수색을 당하는 사람이 여러 명일 경우에는 그 사람들 모두에게 개별적으로 영장을 제시해야 함)** 압수·수색영장은 처분을 받는 자에게 반드시 제시하여야 하는바, 현장에서 압수·수색을 당하는 사람이 여러 명일 경우에는 그 사람들 모두에게 개별적으로 영장을 제시해야 하는 것이 원칙이고, 수사기관이 압수·수색에 착수하면서 그 장소의 관리책임자에게 영장을 제시하였다고 하더라도 물건을 소지하고 있는 다른 사람으로부터 이를 압수하고자 하는 때에는 그 사람에게 따로 영장을 제시하여야 한다[대판 2009.3.12. 2008도763]. [23 경간부, 20 경찰승진, 20 경간부, 19 경찰채용, 18 경찰승진, 18 경간부, 18 경찰채용, 17 변호사, 17 경찰승진, 17 국가9급, 16 국가7급, 16 국가9급, 16 경찰채용]*

4. [1] 수사기관의 압수·수색절차 과정에서 처분을 받는 자가 미성년자인 경우, 의사능력이 있는 한 미성년자에게 영장이 반드시 제시되어야 하고, 그 친권자에 대한 영장제시로 이를 갈음할 수 없다. 또한 의사능력이 있는 미성년자나 그 변호인에게 압수·수색영장 집행 절차에 참여할 기회가 보장되어야 하고, 그 친권자에게 참여의 기회가 보장되었다는 이유만으로 압수·수색이 적법하게 되는 것은 아니다.
[2] 수사기관의 지시·요청에 따라 사인(私人)이 자기 외의 제3자가 지배·관리하는 물건을 취거하여 수사기관에 전달하는 등으로 수사기관이 직접 하였다면 강제처분인 압수·수색에 해당하는 행위를 한 경우, 이러한 **사인의 행위가 오로지 자기의 이익이나 목적 추구를 위해 이루어진 것이라거나 수사기관이 해당 물건의 실제 점유자가 제3자임을 미처 인식·예견하지 못하였다는 등의 특별한 사정**이 없는 이상, 수사기관이 사인을 이용하여 강제처분을 하였다고 보아, 형사소송법에서 규정하는 영장의 제시, 참여권의 보장 등 절차의 준수를 요구하는 것이 헌법과 형사소송법이 구현하고자 하는 적법절차와 영장주의의 정신에 부합한다[대판 2024.12.24. 2022도2071].

판례 | 압수·수색영장을 제시하지 않은 것이 위법하지 않은 경우(= 영장제시가 불가능한 경우)

형사소송법 제219조가 준용하는 제118조는 '압수·수색영장은 처분을 받는 자에게 반드시 제시하여야 한다'고 규정하고 있으나, 이는 영장제시가 현실적으로 가능한 상황을 전제로 한 규정으로 보아야 하고, 피처분자가 현장에 없거나 현장에서 그를 발견할 수 없는 경우 등 영장제시가 현실적으로 불가능한 경우에는 영장을 제시하지 아니한 채 압수·수색을 하더라도 위법하다고 볼 수 없다[대판(전) 2015.1.22. 2014도10978]. [19 변호사, 19 경찰승진, 18 경찰승진, 18 경간부, 18 경찰채용, 17 변호사, 17 경찰승진, 17 국가9급, 16 변호사, 16 경찰승진, 16 경간부]*

기출지문 압수·수색영장의 피처분자가 현장에 없거나 현장에서 그를 발견할 수 없는 등 영장제시가 현실적으로 불가능한 경우라도 영장을 제시하지 아니한 채 압수·수색을 하면 위법하다. (×)

판례 | 사후영장을 발부받아야 하는 경우 그 영장을 제시해야 하는지의 여부(소극)

압수·수색영장의 제시에 관한 형사소송법 제118조는 사후에 영장을 받아야 하는 경우에 관한 형사소송법 제216조 등에 대하여는 적용되지 아니한다[대판 2014.9.4. 2014도3263].

3) 압수·수색과 참여
① 당사자의 참여와 통지: 검사·피의자·피고인·변호인은 압수·수색영장의 집행에 참여할 수 있다(제121조, 제219조). 압수·수색영장을 집행함에는 미리 집행의 일시와 장소를 이들에게 통지하여야 한다. 다만, 당사자가 참여하지 아니한다는 의사를 명시한 때 또는 급속을 요하는 때에는 예외로 한다(제122조, 제219조).

> **판례 | 압수·수색영장의 집행시 변호인의 참여권이 변호인에게 주어진 고유권인지 여부(적극)**
>
> 형사소송법 제219조, 제121조가 규정한 변호인의 참여권은 피압수자의 보호를 위하여 변호인에게 주어진 고유권이다. 따라서 설령 피압수자가 수사기관에 압수·수색영장의 집행에 참여하지 않는다는 의사를 명시하였다고 하더라도, 특별한 사정이 없는 한 그 변호인에게는 형사소송법 제219조, 제122조에 따라 미리 집행의 일시와 장소를 통지하는 등으로 압수·수색영장의 집행에 참여할 기회를 별도로 보장하여야 한다[대판 2020.11.26, 2020도10729]. [23 변호사]* 따라서 이 사건 영장에 기초하여 2024.1.4. 이루어진 피고인 휴대전화 저장 전자정보의 탐색·복제과정에 피고인이 참여하였다고 하더라도, 수사기관으로서는 위와 같은 탐색·복제에 앞서 피고인의 변호인에게 그 집행의 일시와 장소를 통지하는 등으로 위 절차에 참여할 기회를 제공하였어야 한다. 그럼에도 수사기관이 그와 같은 조치를 취하지 않았으므로, 이 사건 영장을 집행한 수사기관은 압수절차를 위반하였다[대판 2025.4.24, 2024도19106].

> **판례 | 정보저장매체에 대한 압수·수색영장 집행과 참여권 보장의 필요 여부**
>
> 1. [1] **(참여권을 보장하지 않아도 위법하지 않은 경우)** 형사소송법 제219조, 제121조에 의하면, 수사기관이 압수·수색영장을 집행할 때 피의자 또는 변호인은 그 집행에 참여할 수 있다. 압수의 목적물이 컴퓨터용디스크 그 밖에 이와 비슷한 정보저장매체인 경우에는 영장 발부의 사유로 된 범죄 혐의사실과 관련 있는 정보의 범위를 정하여 출력하거나 복제하여 이를 제출받아야 하고, 피의자나 변호인에게 참여의 기회를 보장하여야 한다. 만약 그러한 조치를 취하지 않았다면 영장주의 원칙과 적법절차를 준수하지 않은 것이다.
>   [2] **(참여의 기회를 더 이상 보장할 필요가 없는 경우)** 수사기관이 정보저장매체에 기억된 정보 중에서 키워드 또는 확장자 검색 등을 통해 범죄 혐의사실과 관련 있는 정보를 선별한 다음 정보저장매체와 동일하게 비트열 방식으로 복제하여 생성한 파일(이하 '이미지 파일'이라 한다)을 제출받아 압수하였다면 이로써 압수의 목적물에 대한 압수·수색 절차는 종료된 것이므로, 수사기관이 수사기관 사무실에서 위와 같이 압수된 이미지 파일을 탐색·복제·출력하는 과정에서도 피의자 등에게 참여의 기회를 보장하여야 하는 것은 아니다[대판 2018.2.8, 2017도13263]. [23 경간부]*
> 2. **(참여권을 보장하지 않아 위법한 경우)** 수사기관이 준항고인을 피의자로 하여 발부받은 압수·수색영장에 기하여 인터넷 서비스업체인 갑 주식회사를 상대로 갑 회사의 본사 서버에 저장되어 있는 준항고인의 전자정보인 카카오톡 대화내용 등에 대하여 압수·수색을 실시하였는데, 준항고인은 수사기관이 압수·수색 과정에서 참여권을 보장하지 않는 등의 위법이 있다는 이유로 압수·수색의 취소를 청구한 사안에서, 압수·수색에서 나타난 위법이 압수·수색절차 전체를 위법하게 할 정도로 중대하다고 보아 압수·수색을 취소한 원심의 결론을 수긍한 사례[대결 2022.5.31, 2016모587].

판례 | 정보저장매체에 대한 압수·수색영장 집행의 적법성 인정요건[87]

[1] 수사기관의 전자정보에 대한 압수·수색은 원칙적으로 영장 발부의 사유로 된 범죄 혐의사실과 관련된 부분만을 문서 출력물로 수집하거나 수사기관이 휴대한 저장매체에 해당 파일을 복제하는 방식으로 이루어져야 하고, 저장매체 자체를 직접 반출하거나 그 저장매체에 들어 있는 전자파일 전부를 하드카피나 이미징 등 형태(이하 '복제본')로 수사기관 사무실 등 외부로 반출하는 방식으로 압수·수색하는 것은 현장의 사정이나 전자정보의 대량성으로 인하여 관련 정보 획득에 긴 시간이 소요되거나 전문 인력에 의한 기술적 조치가 필요한 경우 등 범위를 정하여 출력 또는 복제하는 방법이 불가능하거나 압수의 목적을 달성하기에 현저히 곤란하다고 인정되는 때에 한하여 예외적으로 허용될 수 있을 뿐이다.
그러한 예외적인 경우의 문서출력 또는 파일복제의 대상 역시 저장매체 소재지에서의 압수·수색과 마찬가지로 혐의사실과 관련된 부분으로 한정되어야 한다. 따라서 수사기관 사무실 등으로 반출된 저장매체 또는 복제본에서 혐의사실 관련성에 대한 구분 없이 임의로 저장된 전자정보를 문서로 출력하거나 파일로 복제하는 행위는 원칙적으로 영장주의 원칙에 반하는 위법한 압수가 된다.
[2] 저장매체에 대한 압수·수색 과정에서 범위를 정하여 출력 또는 복제하는 방법이 불가능하거나 압수의 목적을 달성하기에 현저히 곤란한 예외적인 사정이 인정되어 전자정보가 담긴 저장매체 또는 하드카피나 이미징 등 형태(이하 '복제본'이라 한다)를 수사기관 사무실 등으로 옮겨 복제·탐색·출력하는 경우에도, 그와 같은 일련의 과정에서 형사소송법 제219조, 제121조에서 규정하는 피압수·수색 당사자(이하 '피압수자'라 한다)나 변호인에게 참여의 기회를 보장하고 혐의사실과 무관한 전자정보의 임의적인 복제 등을 막기 위한 적절한 조치를 취하는 등 영장주의 원칙과 적법절차를 준수하여야 한다.
[3] 준항고인이 전체 압수·수색 과정을 단계적·개별적으로 구분하여 각 단계의 개별 처분의 취소를 구하더라도 준항고법원은 특별한 사정이 없는 한 구분된 개별 처분의 위법이나 취소 여부를 판단할 것이 아니라 당해 압수·수색 과정 전체를 하나의 절차로 파악하여 그 과정에서 나타난 위법이 압수·수색 절차 전체를 위법하게 할 정도로 중대한지 여부에 따라 전체적으로 압수·수색 처분을 취소할 것인지를 가려야 한다. 여기서 위법의 중대성은 위반한 절차조항의 취지, 전체과정 중에서 위반행위가 발생한 과정의 중요도, 위반사항에 의한 법익침해 가능성의 경중 등을 종합하여 판단하여야 한다.
[4] 전자정보에 대한 압수·수색이 종료되기 전에 혐의사실과 관련된 전자정보를 적법하게 탐색하는 과정에서 별도의 범죄 혐의와 관련된 전자정보를 우연히 발견한 경우라면, 수사기관은 더 이상의 추가 탐색을 중단하고 법원에서 별도의 범죄혐의에 대한 압수·수색영장을 발부받은 경우에 한하여 그러한 정보에 대하여도 적법하게 압수·수색을 할 수 있다.
나아가 이러한 경우에도 특별한 사정이 없는 한 피압수자에게 형사소송법 제219조, 제121조, 제129조에 따라 참여권을 보장하고 압수한 전자정보 목록을 교부하는 등 피압수자의 이익을 보호하기 위한 적절한 조치가 이루어져야 한다[대결(전) 2015.7.16. 2011모1839]. [22 경간부, 20 변호사, 20 국가9급, 20 경찰승진, 20 경찰채용, 19 변호사, 19 경간부, 19 경찰채용, 19 국가7급, 19 법원9급, 18 경찰승진, 18 경찰채용, 18 국가7급, 17 경찰채용, 16 변호사, 16 법원9급, 16 국가7급, 16 국가9급, 16 경찰채용]*

판례 | 압수·수색영장 집행시 통지의 예외 요건인 '급속을 요하는 때'의 의미

'급속을 요하는 때'라고 함은 압수·수색영장 집행 사실을 미리 알려주면 증거물을 은닉할 염려 등이 있어 압수·수색의 실효를 거두기 어려울 경우라고 해석함이 옳고, 그와 같이 합리적인 해석이 가능하므로 형사소송법 제122조 단서가 명확성의 원칙 등에 반하여 위헌이라고 볼 수 없다[대판 2012.10.11. 2012도7455]. [22 경찰채용, 17 변호사, 17 국가7급]*

② 법원(수사기관) 측의 참여: 법원이 압수·수색을 할 때에는 법원사무관등을 참여하게 하여야 하고, 법원사무관등 또는 사법경찰관리가 압수·수색영장에 의하여 압수·수색을 할 때에는 다른 법원사무관등 또는 사법경찰관리를 참여하게 하여야 한다(규칙 제60조).

검사가 압수·수색을 함에는 검찰청수사관 또는 서기관이나 서기를 참여하게 하여야 하고, 사법경찰관이 압수·수색을 함에는 사법경찰관리를 참여하게 하여야 한다(규칙 제110조, 법 제243조).

---

87) 다소 장문의 판례이지만 정보저장매체의 압수수색에 관한 거의 모든 쟁점이 들어가 있는 판례이므로 숙지해 두어야 한다.

📌 판례 | 수사기관이 압수·수색 현장에 형사소송법상 참여권자나 참여할 수 있도록 규정된 사람 이외의 사람을 참여시킬 수 있는지 여부(원칙적 소극)

형사소송법 제199조 제1항 단서는 "강제처분은 이 법률에 특별한 규정이 있는 경우에 한하며, 필요한 최소한도의 범위 안에서만 하여야 한다."라고 규정하여 강제처분 법정주의를 취하고 있으므로, 형사소송법에 근거하지 아니한 수사기관의 강제처분은 허용될 수 없다. 압수·수색은 주거의 자유나 사생활의 비밀과 자유를 중대하게 제한하는 강제처분이다. 따라서 수사기관은 강제채혈, 강제채뇨 등과 같이 강제처분이 법률상 의료인 아닌 자가 수행할 수 없는 의료행위를 수반하는 경우, 잠금장치 해제, 전자정보의 복호화나 중량 압수물의 운반과 같이 단순한 기술적, 사실적 보조가 필요한 경우, 압수·수색 후 환부 대상이 될 도품의 특정을 위하여 필요한 경우 등 제한적 범위 내에서 압수·수색영장의 집행기관인 사법경찰관리의 엄격한 감시·감독하에 제3자의 집행 조력이 정당화될 수 있는 예외적인 경우가 아닌 이상 압수·수색 현장에 형사소송법상 참여권자나 참여할 수 있도록 규정된 사람 이외의 사람을 참여시킬 수는 없고, 참여가 허용된 사람 이외의 제3자를 임의로 참여케 하여 압수·수색영장을 집행하거나 영장 없이 압수·수색을 한 것은 위법하다[대결 2024.12.16. 2020모3326].88)

③ **책임자, 주거주 등의 참여**: 공무소, 군사용 항공기 또는 선박·차량 안에서 압수·수색영장을 집행하려면 그 책임자에게 참여할 것을 통지하여야 한다(제123조 제1항, 제219조). 타인의 주거·간수자 있는 가옥·건조물·항공기 또는 선박·차량 안에서 압수·수색영장을 집행함에는 주거주, 간수자 또는 이에 준하는 사람을 참여하게 하여야 한다(제123조 제2항, 제219조). 주거주 등을 참여하게 하지 못할 때에는 이웃 사람 또는 지방공공단체의 직원을 참여하게 하여야 한다(제123조 제3항, 제219조).

📌 판례 | 피의자가 주거주 등인 주거지 등에서 압수·수색영장을 집행할 때 피의자에게 참여능력이 없는 경우, 수사기관은 참여능력이 있는 이웃 등을 함께 참여시켜야 하는지 여부(적극)

[1] 형사소송법 제123조 제2항과 제3항은 주거주, 간수자 또는 이에 준하는 사람(이하 '주거주 등'이라고 한다)이나 이웃 사람 또는 지방공공단체의 직원(이하 '이웃 등'이라고 한다)의 참여에 관하여 그 참여 없이 압수·수색영장을 집행할 수 있는 예외를 인정하지 않고 있다. 이는 형사소송법 제121조, 제122조에서 압수·수색영장의 집행에 대한 검사, 피의자, 변호인의 참여에 대하여 급속을 요하는 등의 경우 집행의 일시와 장소의 통지 없이 압수·수색영장을 집행할 수 있다고 한 것과 다른 점이다. 따라서 형사소송법 제123조 제2항에서 정한 타인의 주거, 간수자 있는 가옥, 건조물, 항공기 또는 선박·차량 안에 대한 압수·수색영장의 집행이 주거주 등이나 이웃 등의 참여 없이 이루어진 경우 특별한 사정이 없는 한 그러한 압수·수색영장의 집행은 위법하다고 보아야 한다. 나아가 주거주 등 또는 이웃 등이 참여하였다고 하더라도 그 참여자에게 최소한 **압수·수색절차의 의미를 이해할 수 있는 정도의 능력(참여능력)**이 없거나 부족한 경우에는, 주거주 등이나 이웃 등의 참여 없이 이루어진 것과 마찬가지로 형사소송법 제123조 제2항, 제3항에서 정한 압수·수색절차의 적법요건이 갖추어졌다고 볼 수 없으므로 그러한 압수·수색영장의 집행도 위법하다.

---

88) **판례해설** 이 사건 압수처분이 법률상 의료기사인 치과위생사만이 할 수 있는 행위를 수반한다고 보기 어렵고, 이 사건 치과위생사가 이 사건 압수처분 당시 한 압수 대상물 분류, PC 탐색 등과 같은 행위는 전자정보 복호화, 잠금장치 해제나 중량 압수물 운반과 같이 단순한 기술적, 사실적 보조에 그친다고 보기 어려우며, 이 사건 압수처분을 통하여 압수된 유체물이나 전자정보가 이 사건 치과위생사 혹은 생명보험협회에 환부되어야 할 물건이나 전자정보로 보기도 어렵다. 따라서 사법경찰관이 이 사건 압수처분 당시 형사소송법이 규정한 압수·수색 참여권자 또는 압수·수색에 참여할 수 있도록 규정된 사람 이외의 제3자인 이 사건 치과위생사를 약 3시간 동안 압수·수색 전 과정에 참여케 한 행위는 강제처분에 있어 헌법과 형사소송법이 정한 절차에 따르지 아니한 것으로 위법하다.

[2] 형사소송법 제123조 제2항, 제3항에 따라 압수·수색영장의 집행에 참여하는 주거주, 간수자 또는 이에 준하는 사람(이하 '주거주 등'이라고 한다)이나 이웃 사람 또는 지방공공단체의 직원(이하 '이웃 등'이라고 한다)에게도 의사소통이나 의사표현에 어려움을 겪는 장애가 있을 수 있으므로, 압수·수색영장을 집행하는 수사기관으로서는 그러한 장애가 있는 참여자에 대하여 장애인차별금지법 제26조 제6항의 취지에 맞는 적법한 조치를 취함으로써 형사소송법 제123조 제2항, 제3항이 요구하는 압수·수색절차의 적법요건이 갖추어질 수 있도록 하여야 한다. 이러한 법리는, 타인의 주거, 간수자 있는 가옥, 건조물, 항공기 또는 선박·차량 안(이하 '주거지 등'이라고 한다)에 대한 **압수·수색에서 피의자가 동시에 주거주 등인 경우에도 동일하게 적용**된다. 형사소송법이 제121조, 제122조, 제219조에서 '당사자의 참여권'이라는 표제 아래 검사, 피의자, 변호인의 참여권을 규정하면서도 제123조에서 '책임자의 참여'라는 표제로 주거주 등이나 이웃 등의 필요적 참여를 별도로 정하고 있고, '당사자의 참여권'과 '책임자의 참여'는 그 취지나 목적, 보호법익이 동일하지 않기 때문이다. 따라서 피의자가 주거주 등인 주거지 등에서 압수·수색영장을 집행하는 경우 피의자에게 최소한 압수·수색절차의 의미를 이해할 수 있는 정도의 능력(이하 '**참여능력**'이라고 한다)이 없다면 그 피의자만 참여하는 것으로는 부족하고, 수사기관은 형사소송법 제123조 제3항에 따라 참여능력이 있는 이웃 등을 함께 참여시켜야 한다. 이때 참여능력이 없는 피의자만이 참여하였다면 그 압수·수색은 형사소송법 제123조 제2항, 제3항을 위반한 것으로 원칙적으로 위법하다.

[3] 형사소송법 제123조 제2항, 제3항, 제219조에 따라 압수·수색절차에 참여한 참여자와 관련하여 해당 절차의 적법요건이 갖추어졌는지는, 수사기관이 인식하였거나 인식할 수 있었던 사정 등을 포함하여 압수·수색 당시를 기준으로 외형적으로 인식 가능한 사실상의 상태를 살펴 판단하여야 한다. 압수·수색 당시 수사기관이 인식할 수 없었던 참여자의 내부적, 주관적 사정이나 참여자의 객관적 능력에 관한 법률적·사후적인 판단은 고려대상이 아니다 [대판 2024.10.8. 2020도11223].

④ 성년의 여자의 참여: 여자의 신체에 대하여 수색할 때에는 성년의 여자를 참여하게 하여야 한다(제124조, 제219조).

4) 야간집행의 제한
① 원칙: 일출전, 일몰후에는 압수·수색영장에 야간집행을 할 수 있는 기재가 없으면 그 영장을 집행하기 위하여 타인의 주거·간수자 있는 가옥·건조물·항공기·선차 내에 들어가지 못한다(제125조, 제219조).
② 예외: 압수·수색영장에 야간집행을 할 수 있는 기재가 없더라도 ㉠ 도박 기타 풍속을 해하는 행위에 상용된다고 인정하는 장소 ㉡ 여관, 음식점 기타 야간에 공중이 출입할 수 있는 장소(단, 공개한 시간 내에 한한다)는 이러한 제한없이 압수·수색을 할 수 있다(제126조, 제219조). [20 국가9급]*

(3) **집행 후의 조치(압수조서의 작성, 압수목록 작성 교부)**

압수·수색에 관하여는 조서를 작성하여야 한다(제49조). 압수한 경우에는 목록을 작성하여 소유자·소지자·보관자 기타 이에 준하는 자에게 교부하여야 한다(제129조, 제219조). 수색한 경우에 증거물 또는 몰수할 물건이 없는 때에는 그 취지의 증명서를 교부하여야 한다(제128조, 제219조).

> **판례 | 압수목록 작성·교부의 방법 및 시기**
>
> 1. [1] **(교부의 시기 – 압수 직후 현장에서 바로 작성하여 교부)** 압수물 목록은 피압수자 등이 압수물에 대한 환부·가환부신청을 하거나 압수처분에 대한 준항고를 하는 등 권리 행사 절차를 밟는 가장 기초적인 자료가 되므로 이러한 권리 행사에 지장이 없도록 압수 직후 현장에서 바로 작성하여 교부해야 하는 것이 원칙이다. [16 변호사]*
> [2] **(5개월이나 지난 뒤에 압수물 목록을 교부는 위법)** 작성월일을 누락한 채 일부 사실에 부합하지 않는 내용으로 작성하여 압수·수색이 종료된 지 5개월이나 지난 뒤에 압수물 목록을 교부한 행위는 형사소송법이 정한 바에 따른 압수물 목록 작성교부에 해당하지 않는다 [대판 2009.3.12. 2008도763].

관련판례 [압수물과 혐의사실과의 관련성 여부에 관한 평가 및 그에 필요한 추가 수사를 이유로 압수목록 작성·교부의무를 해태·거부할 수 있는지 여부(소극)] 영장에 의한 압수 및 그 대상물에 대한 확인조치가 끝나면 그것으로 압수절차는 종료되고, 압수물과 혐의사실과의 관련성 여부에 관한 평가 및 그에 필요한 추가 수사는 압수절차 종료 이후의 사정에 불과하므로 이를 이유로 압수 직후 이루어져야 하는 압수목록 작성·교부의무를 해태·거부할 수는 없다[대결 2024.1.5. 2021모385].89)

2. **(교부의 방법 – 제한 없음)** 압수된 정보의 상세목록에는 정보의 파일 명세가 특정되어 있어야 하고, 수사기관은 이를 출력한 서면을 교부하거나 전자파일 형태로 복사해 주거나 이메일을 전송하는 등의 방식으로도 할 수 있다[대판 2018.2.8. 2017도13263]. [23 경간부, 23 변호사, 20 경찰승진, 18 경찰채용, 18 국가7급]* ※ 압색영장의 제시의 경우 원본을 제시하여야 하는 것과 구별하여야 한다.

3. **(목록기재 방법 – 개별 파일 명세 특정을 요함)** [1] 법원은 압수·수색영장의 집행에 관하여 범죄 혐의사실과 관련 있는 전자정보의 탐색·복제·출력이 완료된 때에는 지체 없이 영장 기재 범죄 혐의사실과 관련이 없는 나머지 전자정보에 대해 삭제·폐기 또는 피압수자 등에게 반환할 것을 정할 수 있다. [22 경찰채용]* 수사기관이 범죄 혐의사실과 관련 있는 정보를 선별하여 압수한 후에도 그와 관련이 없는 나머지 정보를 삭제·폐기·반환하지 아니한 채 그대로 보관하고 있다면 범죄 혐의사실과 관련이 없는 부분에 대하여는 압수의 대상이 되는 전자정보의 범위를 넘어서는 전자정보를 영장 없이 압수·수색하여 취득한 것이어서 위법하고, 사후에 법원으로부터 압수·수색영장이 발부되었다거나 피고인이나 변호인이 이를 증거로 함에 동의하였다고 하여 그 위법성이 치유된다고 볼 수 없다. [22 경찰채용]*
[2] 수사기관이 압수·수색영장에 기재된 범죄 혐의사실과의 관련성에 대한 구분 없이 임의로 전체의 전자정보를 복제·출력하여 이를 보관하여 두고, 그와 같이 선별되지 않은 전자정보에 대해 구체적인 개별 파일 명세를 특정하여 상세목록을 작성하지 않고 '….zip'과 같이 그 내용을 파악할 수 없도록 되어 있는 포괄적인 압축파일만을 기재한 후 이를 전자정보 상세목록이라고 하면서 피압수자 등에게 교부함으로써 범죄 혐의사실과 관련성 없는 정보에 대한 삭제·폐기·반환 등의 조치도 취하지 아니하였다면, 영장 기재 범죄 혐의사실과의 관련성 유무와 상관없이 수사기관이 임의로 전자정보를 복제·출력하여 취득한 "정보 전체"에 대해 그 압수는 위법한 것으로 취소되어야 한다고 봄이 타당하고, 사후에 법원으로부터 그와 같이 수사기관이 취득하여 보관하고 있는 전자정보 자체에 대해 다시 압수·수색영장이 발부되었다고 하여 달리 볼 수 없다[대결 2022.1.14. 2021모1586].

4. 형사소송법 제106조, 제218조, 제219조, 형사소송규칙 제62조, 제109조, 구 범죄수사규칙 제119조 등 관련규정들에 의하면, 사법경찰관이 임의제출된 증거물을 압수한 경우 압수경위 등을 구체적으로 기재한 압수조서를 작성하도록 하고 있다. 이는 사법경찰관으로 하여금 압수절차의 경위를 기록하도록 함으로써 사후적으로 압수절차의 적법성을 심사·통제하기 위한 것이다. 구 범죄수사규칙 제119조 제3항에 따라 피의자신문조서 등에 압수의 취지를 기재하여 압수조서를 갈음할 수 있도록 하더라도, 압수절차의 적법성 심사·통제 기능에 차이가 없으므로, 위와 같은 사정만으로 이 사건 동영상에 관한 압수가 형사소송법이 정한 압수절차를 지키지 않은 것이어서 위법하다는 취지의 원심 판단에는 압수절차의 적법성에 관한 법리를 오해하여 판결에 영향을 미친 잘못이 있다[대판 2023.6.1. 2020도2550].

---

89) **판례해설** 피준항고인이 2020.7.1. 발부된 압수·수색영장에 따라 2020.7.3. 압수·수색을 실시하면서 준항고인 소유의 물품 박스 약 9,000개를 압수한 다음 2020.9.7. 상세 압수목록을 교부한 사안임. 원심은, 상세 압수목록 교부가 다소 지연되었지만 압수물 수량에 비추어 부득이하다거나, 준항고인이 압수처분 당시 적극적인 이의를 제기하지 않았다거나, 화장품 제조사에 대한 조사를 통해 면세품 여부를 확인한 후 상세 압수목록을 작성하기까지 상당시간의 소요가 불가피했던 점 등을 이유로 준항고를 기각하였다.
대법원은, 서울본부세관은 2020.7.17.경에는 압수물의 품명, 수량, 제조번호 등을 모두 확인하였으므로 이때 압수방법 및 시기별로 명확히 구분하여 위 각 사항을 구체적으로 특정하여 기재한 상세 압수목록을 작성·교부하였어야 함에도, 그 시점으로부터 50여 일이 경과한 후에야 상세 압수목록을 교부하였을 뿐만 아니라 내용상 압수방법 및 시기별로 구분이 되어 있지 않았기에 압수처분에 대한 법률상 권리구제절차 또는 불복절차가 사실상 불가능하였거나 상당한 지장이 초래되었다고 판단하여, 원심결정에 형사소송법 제219조 및 제129조의 압수목록 작성·교부 등에 관한 법리를 오해함으로써 재판에 영향을 미친 잘못이 있다고 보아 원심결정을 파기·환송하였다.

6. 압수·수색·검증과 영장주의의 예외

(1) 체포·구속 목적 피의자 수색

1) 의의

검사 또는 사법경찰관은 제200조의2(영장에 의한 체포)·제200조의3(긴급체포)·제201조(구속) 또는 제212조(현행범인의 체포)의 규정에 의하여 피의자를 체포·구속하는 경우에 필요한 때에는 영장없이 타인의 주거나 타인이 간수하는 가옥, 건조물, 항공기, 선차 내에서 피의자를 수색할 수 있다. 다만, 제200조의2 또는 제201조에 따라 피의자를 체포 또는 구속하는 경우의 피의자 수색은 미리 수색영장을 발부받기 어려운 긴급한 사정이 있는 때에 한정한다(제216조 제1항 제1호).90) [22 경찰채용, 20 경찰채용, 18 경찰승진, 17 법원9급, 16 변호사]*

2) 적용범위

수색의 범위는 피의자의 주거는 물론 제3자의 주거도 포함한다.

3) 수색의 주체

수색은 검사 또는 사법경찰관만 할 수 있고, 현행범인은 누구나 체포할 수 있으나 일반인은 현행범인의 체포를 위하여 타인의 주거를 수색할 수 없다.

4) 사후영장의 요부

사후영장을 발부받을 필요가 없다.

(2) 체포·구속 현장에서의 압수·수색·검증

1) 의의

검사 또는 사법경찰관은 피의자를 체포91) 또는 구속하는 경우에 필요한 때에는 영장없이 체포현장에서 압수·수색·검증을 할 수 있다(제216조 제1항 제2호). [22 경찰채용, 19 경찰승진, 18 국가9급, 17 국가9급, 17 법원9급, 16 변호사, 16 경찰승진]*

2) 체포현장의 의미

'체포현장'의 의미와 관련하여 체포행위에 시간적·장소적으로 근접해 있으면 되고 체포 전후를 묻지 않는다(시간적·장소적 접착설, 다수설).

3) 압수수색의 대상과 장소

대상은 무기나 흉기와 같은 물건, 체포의 원인이 된 당해 사건의 증거물 등에 한정된다. 따라서 별건의 증거를 발견한 경우에는 임의제출을 받거나 영장을 발부받아 압수하여야 한다. 장소는 피의자의 신체 및 그의 직접 지배하에 있는 곳으로 한정된다.

4) 사후영장의 요부

검사 또는 사법경찰관은 압수한 물건을 계속 압수할 필요가 있는 경우에는 지체 없이 압수수색영장을 청구하여야 한다. 이 경우 영장의 청구는 체포한 때부터 48시간 이내에 하여야 한다(제217조 제2항). 검사 또는 사법경찰관은 청구한 압수수색영장을 발부받지 못한 때에는 압수한 물건을 즉시 반환하여야 한다(동조 제3항). [18 국가9급, 17 국가9급, 17 법원9급]*

---

90) 피고인을 구속하기 위한 수색은 제137조에 의하여 허용된다.
　제137조(구속영장집행과 수색) 검사, 사법경찰관리 또는 법원사무관등이 구속영장을 집행할 경우에 필요한 때에는 미리 수색영장을 발부받기 어려운 긴급한 사정이 있는 경우에 한정하여 타인의 주거, 간수자있는 가옥, 건조물, 항공기, 선차 내에 들어가 피고인을 수색할 수 있다(밑줄 부분이 2019년 개정시에 추가된 내용이다).
91) 피의자의 체포는 체포영장에 의한 체포, 긴급체포, 현행범인의 체포를 불문한다.

> **⚖ 판례 | 사후영장을 발부받지 못한 경우의 압수물의 증거능력(증거동의가 있어도 증거능력 부정)**
>
> 1. 사법경찰관이 피의자를 긴급체포하면서 그 체포현장에서 물건을 압수한 경우 형사소송법 제217조 제2항, 제3항에 위반하여 압수·수색영장을 청구하여 이를 발부받지 아니하고도 즉시 반환하지 아니한 압수물은 이를 유죄 인정의 증거로 사용할 수 없는 것이고, 피고인이나 변호인이 이를 증거로 함에 동의하였다고 하더라도 달리 볼 것은 아니다[대판 2009.12.24., 2009도11401]. [20 경찰승진, 20 국가9급, 19 경간부, 17 경찰승진, 16 경찰채용]* 여기서 압수한 물건을 즉시 반환한다는 것은 수사기관이 압수한 물건을 곧바로 반환하는 것이 현저히 곤란하다는 등의 특별한 사정이 없는 한 영장을 청구하였다가 기각되는 바로 그 때에 압수물을 돌려주기 위한 절차에 착수하여 그 **절차를 지연하거나 불필요하게** 수사기관의 점유를 계속하는 등으로 **지체함이 없이** 적극적으로 압수 이전의 상태로 회복시켜주는 것을 의미한다[대판 2024.10.8., 2024도10062]. 92)
>
> 2. 정보통신망법상 음란물 유포의 범죄혐의를 이유로 압수·수색영장을 발부받은 사법경찰리가 피고인의 주거지를 수색하는 과정에서 대마를 발견하자, 피고인을 마약법위반죄의 현행범으로 체포하면서 대마를 압수하였으나, 그 다음날 피고인을 석방하였음에도 사후 압수·수색영장을 발부받지 않은 경우, 위 압수물과 압수조서는 형사소송법상 영장주의를 위반하여 수집한 증거로서 증거능력이 부정된다[대판 2009.5.14., 2008도10914]. [20 경간부, 19 경찰승진, 18 경찰승진, 17 국가9급]*

(3) 긴급체포된 자가 소유·소지 또는 보관하는 물건에 대한 압수·수색·검증

1) 의의

검사 또는 사법경찰관은 긴급체포된 자가 소유·소지 또는 보관하는 물건에 대하여 긴급히 압수할 필요가 있는 경우에는 체포한 때부터 24시간 이내에 한하여 영장 없이 압수·수색 또는 검증을 할 수 있다(제217조 제1항). [20 경간부, 20 경찰채용, 19 경찰채용, 19 경찰승진, 19 경간부, 18 경찰승진, 18 경간부, 17 경찰승진, 17 법원9급, 16 경찰채용]* 가족 등 제3자에 대한 증거의 은닉 등을 방지하기 위하여 인정된 규정이다.

2) 대상과 장소

① 대상: 긴급체포된 자93)가 소유·소지 또는 보관하는 물건으로서 긴급체포의 사유가 된 당해 범죄사실과 관련되었거나 관련되었다고 의심되는 증거물이나 몰수물 등이다.

---

92) 피고인이 성명불상자가 지정한 중국 소재 은행 계좌로 금전을 송금하여 무등록 외국환업무를 하였다는 외국환거래법 위반 등으로 기소되었는데, 대전지방경찰청 소속 사법경찰관이 2020.10.6. 서울에 있는 피고인의 영업소에서 형사소송법 제216조 제3항을 근거로 영장 없이 피고인의 휴대전화를 압수하였고 이후 압수영장이 청구되었으나, 2020.10.8. 법원에서 압수조서 및 압수목록 미작성 등을 이유로 압수영장이 기각되었다. 사법경찰관은 서울에 있는 피고인에게 전화하여 대전지방경찰청에 방문하여 휴대전화를 반환받아 갈 것을 고지하면서 휴대전화를 반환받더라도 다시 압수할 것이라고 하였고, 피고인이 합리적 근거를 들어 우편반환을 요청했으나 이를 거절하고 직접 출석하여 수령할 것을 요구하였다. 이에 피고인은 2020.10.12. 대전지방경찰청에 출석하여 휴대전화를 반환받기로 하였으나 출석하지 않았음. 2020.10.12. 사법경찰관은 이 사건 휴대전화에 저장된 전자정보에 대한 압수영장을 신청하였고, 2020.10.13. 압수영장이 발부되었다. 사법경찰관은 다시 피고인에게 연락하여 휴대전화를 반환받아 갈 것을 고지하면서 다른 한편으로는 이를 다시 압수해야 해서 휴대전화를 가져갈 수는 없다는 취지로 말하였고, 이에 피고인은 휴대전화를 반환받을 수 없다고 생각하고 출석하지 않았다. 사법경찰관은 압수영장의 유효기간 만료가 2020.10.20.로 다가오자 2020.10.19. 서울에 있는 피고인을 방문하여 피고인에게 휴대전화를 건네주고 곧바로 압수영장을 집행하여 휴대전화를 반출하였고, 검사는 휴대전화에 저장된 전자정보를 복제·출력한 자료를 증거로 제출하였다.

93) 현실로 긴급체포된 자여야 한다.

📖 판례 | 긴급체포된 자에 대한 압수가 적법한 경우

[1] 구 형사소송법 제217조 제1항 등에 의하면 검사 또는 사법경찰관은 피의자를 긴급체포한 경우 체포한 때부터 48시간(개정법 24시간) 이내에 한하여 영장 없이, 긴급체포의 사유가 된 범죄사실 수사에 필요한 최소한의 범위 내에서 당해 범죄사실과 관련된 증거물 또는 몰수할 것으로 판단되는 피의자의 소유, 소지 또는 보관하는 물건을 압수할 수 있다.
[2] 경찰관이 이른바 전화사기죄 범행의 혐의자를 긴급체포하면서 그가 보관하고 있던 다른 사람의 주민등록증, 운전면허증 등을 압수한 경우, 이는 구 형사소송법 제217조 제1항에서 규정한 해당 범죄사실의 수사에 필요한 범위 내의 압수로서 적법하므로 이를 위 혐의자의 점유이탈물횡령죄 범행에 대한 증거로 사용할 수 있다[대판 2008.7.10. 2008도2245]. [18 경찰승진, 18 경간부, 17 경찰승진, 17 경간부, 16 변호사, 16 경찰승진]*

② 장소

📖 판례 | 제217조에 따른 압수·수색 또는 검증의 허용범위(체포현장이 아닌 장소에서도 가능)

[1] 형사소송법 제217조는 수사기관이 피의자를 긴급체포한 상황에서 피의자가 체포되었다는 사실이 공범이나 관련자들에게 알려짐으로써 관련자들이 증거를 파괴하거나 은닉하는 것을 방지하고, 범죄사실과 관련된 증거물을 신속히 확보할 수 있도록 하기 위한 것이다. 제217조에 따른 압수·수색 또는 검증은, 체포현장에서의 압수·수색 또는 검증을 규정하고 있는 형사소송법 제216조 제1항 제2호와 달리, 체포현장이 아닌 장소에서도 긴급체포된 자가 소유·소지 또는 보관하는 물건을 대상으로 할 수 있다. [20 경찰승진, 19 변호사]*
[2] 경찰관들이 저녁 8시경 도로에서 위장거래자와 만나서 마약류 거래를 하고 있는 피고인을 긴급체포하면서 현장에서 메트암페타민(증거1)을 압수하고, 저녁 8시 24분경 체포 현장에서 약 2km 떨어진 피고인의 주거지에서 메트암페타민 약 4.82g (증거2)을 추가로 찾아내어 이를 압수한 다음 법원으로부터 사후 압수·수색영장을 발부받은 경우, 피고인에 대한 긴급체포 사유, 압수·수색의 시각과 경위, 사후 영장의 발부 내역 등에 비추어 피고인의 주거지에서 긴급 압수한 메트암페타민 4.82g은 긴급체포의 사유가 된 범죄사실 수사에 필요한 범위 내의 것으로서 적법하게 압수되었다고 할 것이다[대판 2017.9.12. 2017도10309].

판례해설 증거1은 긴급체포 현장에서 영장없이 압수한 물건이지만 형사소송법 제216조 제1항 제2호에 의한 영장주의 예외가 인정되며 또한 사후에 압수수색영장을 발부받았으므로 적법한 압수물에 해당한다. 증거2는 긴급체포된 자가 소유·소지 또는 보관하는 물건으로서 영장없이 압수하였더라도 형사소송법 제217조 제1항(24시간 이내 압수)과 제2항(사후영장발부)의 요건은 구비하였다. 다만, 제216조의 경우와는 달리 제217조에 의한 압수의 경우에는 요급처분이 허용(야간집행제한 규정의 적용이 배제)된다는 명문의 규정이 없지만 사후영장발부에 의하여 적법성이 인정된다는 것이 판례의 취지이다.

3) 사후영장의 요부

검사 또는 사법경찰관은 압수한 물건을 계속 압수할 필요가 있는 경우에는 지체 없이 압수수색영장을 청구하여야 한다. 이 경우 영장의 청구는 체포한 때부터 48시간 이내에 하여야 한다(제217조 제2항). 검사 또는 사법경찰관은 청구한 압수수색영장을 발부받지 못한 때에는 압수한 물건을 즉시 반환하여야 한다(동조 제3항). [20 경찰채용, 19 경간부, 19 경찰채용, 18 변호사, 18 경찰승진, 18 경간부, 17 경찰승진, 17 법원9급]*

(4) 범죄장소에서의 긴급압수·수색·검증

1) 의의

범행 중 또는 범행 직후의 범죄장소에서 긴급을 요하여 판사의 영장을 받을 수 없는 때에는 영장없이 압수·수색·검증을 할 수 있다(제216조 제3항). [20 변호사, 19 국가9급, 17 경찰승진, 17 법원9급, 16 경찰채용]*

2) 취지

범죄장소에서의 증거물의 은닉과 산일을 방지하기 위한 것이다.

3) 요건

범행 중 또는 범행 직후의 범죄장소이면 족하며, 피의자의 체포나 구속을 전제로 하지 않으며 또한 피의자가 현장에 있거나 체포되었을 것을 전제로 하지 않는다.

📚 판례 | 피의자의 체포나 구속을 요하지 않는다는 판례

주취운전이라는 범죄행위로 당해 음주운전자를 구속·체포하지 아니한 경우에도 필요하다면 그 차량열쇠는 범행 중 또는 범행 직후의 범죄장소에서의 압수로서 형사소송법 제216조 제3항에 의하여 영장 없이 이를 압수할 수 있다[대판 1998.5.8, 97다54482]. [19 경찰승진, 16 경간부]*

📚 판례 | 제216조 제3항의 요건 중 어느 하나라도 갖추지 못한 경우의 압수·수색(위법)에 대하여 사후영장을 발부받으면 위법성이 치유되는지 여부(소극)

범행 중 또는 범행 직후의 범죄 장소에서 긴급을 요하여 법원 판사의 영장을 받을 수 없는 때에는 영장 없이 압수·수색 또는 검증을 할 수 있으나, 사후에 지체없이 영장을 받아야 한다(형사소송법 제216조 제3항). 형사소송법 제216조 제3항의 요건 중 어느 하나라도 갖추지 못한 경우에 그러한 압수·수색 또는 검증은 위법하며, 이에 대하여 사후에 법원으로부터 영장을 발부받았다고 하여 그 위법성이 치유되지 아니한다[대판 2017.11.29, 2014도16080]. [19 경찰채용]*

4) 사후영장의 요부

사후에 지체없이 압수·수색·검증영장을 발부받아야 한다(제216조 제3항). [20 변호사, 19 국가9급, 17 경찰승진, 17 법원9급, 16 경찰채용]*

📚 판례 | 음주운전의 사고현장으로부터 곧바로 후송된 병원 응급실을 범죄장소에 준하는 장소로 볼 수 있는지 여부(적극)

1. [1] 음주운전 중 교통사고를 야기한 후 피의자가 의식불명 상태에 빠져 있는 등으로 호흡조사에 의한 음주측정이 불가능하고 혈액 채취에 대한 동의를 받을 수도 없을 뿐만 아니라 법원으로부터 혈액채취에 대한 감정처분허가장이나 사전 압수영장을 발부받을 시간적 여유도 없는 긴급한 상황이 생길 경우 [2] 피의자의 신체 내지 의복류에 주취로 인한 냄새가 강하게 나는 등 형사소송법 제211조 제2항 제3호가 정하는 범죄의 증적이 현저한 준현행범인으로서의 요건이 갖추어져 있고 교통사고 발생 시각으로부터 사회통념상 범행 직후라고 볼 수 있는 시간 내라면 [3] 피의자의 생명·신체를 구조하기 위하여 사고현장으로부터 곧바로 후송된 병원 응급실 등의 장소는 형사소송법 제216조 제3항의 범죄장소에 준한다 할 것이므로, 검사 또는 사법경찰관은 피의자의 혈중알콜농도등 증거의 수집을 위하여 의료법상 의료인의 자격이 있는 자로 하여금 의료용 기구로 의학적인 방법에 따라 필요최소한의 한도 내에서 피의자의 혈액을 채취하게 한 후 그 혈액을 영장 없이 압수할 수 있다. 다만, 이 경우 사후에 지체 없이 강제채혈에 의한 압수의 사유 등을 기재한 영장청구서에 의하여 법원으로부터 압수영장을 받아야 한다[대판 2012.11.15, 2011도15258]. [23 변호사, 18 변호사, 18 경찰채용, 17 국가9급, 16 변호사]*

2. 사법경찰관사무취급이 행한 검증이 사건발생 후 범행장소에서 긴급을 요하여 판사의 영장없이 시행된 것이라면 이는 형사소송법 제216조 제3항에 의한 검증이라 할 것임에도 불구하고 기록상 사후영장을 받은 흔적이 없다면 이러한 검증조서는 유죄의 증거로 할 수 없다[대판 1984.3.13, 83도3006]. [18 경찰채용]*

> **기출지문**
> 1. 음주운전 중 교통사고를 야기한 직후 병원 응급실로 후송된 의식불명 피의자에 대하여 수사기관이 그의 혈액을 채취하여 이를 취득하기 위해서는 반드시 사전영장 또는 감정처분허가장을 발부받아야 한다. (×)
> 2. 음주운전 혐의가 있는 피의자가 교통사고를 야기한 후 의식불명의 상태로 병원 응급실에 후송되었고 피의자의 신체와 의복에서 술 냄새 등이 현저하더라도 병원 응급실을 범죄 장소에 준한다고 볼 수 없으므로 영장없이 채혈할 수 없다. (×)

(5) 피고인에 대한 구속현장에서의 압수·수색·검증

① 검사 또는 사법경찰관이 피고인에 대한 구속영장의 집행의 경우에 필요한 때에는 그 집행현장에서 영장없이 압수·수색·검증을 할 수 있다(제216조 제2항, 제216조 제1항 제1호).

② 피고인에 대한 구속영장을 집행하는 검사 또는 사법경찰관은 집행기관으로서 활동하는 것이지만 집행현장에서의 압수·수색·검증은 수사기관의 수사에 속하는 처분이므로 그 결과를 법관에게 보고하거나 압수물을 제출할 필요가 없다.

(6) 임의제출물 또는 유류물의 압수

1) 의의

검사 또는 사법경찰관은 피의자 기타인이 유류한 물건이나 소유자·소지자·보관자가 임의로 제출한 물건을 영장없이 압수할 수 있다(제218조).94) [20 경찰승진, 17 경찰승진, 16 경찰승진]*

> **판례** | 소유자, 소지자 또는 보관자가 아닌 피해자로부터 제출받은 물건을 영장없이 압수한 경우 (= 증거능력 부정)
>
> 형사소송법 규정에 위반하여 소유자, 소지자 또는 보관자가 아닌 자로부터 제출받은 물건을 영장없이 압수한 경우 그 압수물 및 압수물을 찍은 사진은 이를 유죄 인정의 증거로 사용할 수 없는 것이고, 피고인이나 변호인이 이를 증거로 함에 동의하였다고 하더라도 달리 볼 것은 아니다[대판 2010.1.28. 2009도10092]. [22 경간부, 20 변호사, 20 경간부, 20 경찰채용, 19 경찰승진, 18 변호사, 18 경찰채용, 17 경찰승진, 17 경간부, 17 국가9급, 16 경찰승진, 16 경찰채용]*
>
> **판례해설** 충청남도 금산경찰서 소속 사법경찰관이 피고인 소유의 쇠파이프를 피고인의 주거지 앞 마당에서 발견하였으면서도 그 소유자, 소지자 또는 보관자가 아닌 피해자로부터 임의로 제출받는 형식으로 위 쇠파이프를 압수하였고, 그 후 압수물의 사진을 찍은 사건이다.

2) 법적 성격과 예외인정 취지

일단 영치된 이상 제출자가 임의로 취거할 수 없다는 점에서 강제처분으로 인정되고 있으나, 점유취득과정이 임의적이므로 영장 없이 압수할 수 있도록 한 것이다.

3) 대상

증거물 또는 몰수물에 제한되지 않으며, 소지자 또는 보관자는 반드시 권한에 기한 소지자 또는 보관자임을 요하지 않는다. 또한 소지자 또는 보관자가 임의로 제출한 경우 소유권자의 동의가 있어야 하는 것도 아니다.

> **판례** | 경찰관이 간호사로부터 진료 목적으로 채혈된 피고인의 혈액 중 일부를 임의로 제출받아 압수한 것이 적법절차에 위반되는지의 여부(피고인 또는 피고인의 가족의 동의가 없었어도 위법 X)
>
> 의료인이 진료 목적으로 채혈한 환자의 혈액을 수사기관에 임의로 제출하였다면 그 혈액의 증거사용에 대하여도 환자의 사생활의 비밀 기타 인격적 법익이 침해되는 등의 특별한 사정이 없는 한 반드시 그 환자의 동의를 받아야 하는 것이 아니고, 따라서 경찰관이 간호사로부터 진료 목적으로 이미 채혈되어 있던 피고인의 혈액 중 일부를 주취운전 여부에 대한 감정을 목적으로 임의로 제출받아 이를 압수한 경우, 당시 간호사가 위 혈액의 소지자 겸 보관자인 병원 또는 담당의사를 대리하여 혈액을 경찰에게 임의로 제출할 수 있는 권한이 없었다고 볼 특별한 사정이 없는 이상, 그 압수절차가 피고인 또는 피고인의 가족의 동의 및 영장 없이 행하여졌다고 하더라도 이에 적법절차를 위반한 위법이 있다고 할 수 없다[대판 1999.9.3. 98도968]. [19 경찰승진, 18 경찰채용]*

---

94) 법원도 소유자·소지자·보관자가 임의로 제출한 물건 또는 유류한 물건을 영장없이 압수할 수 있다(제108조).

동지판례 ⅰ) 교도관이 재소자가 맡긴 비망록을 수사기관에 임의로 제출하였다면 그 비망록의 증거사용에 대하여도 재소자의 사생활의 비밀 기타 인격적 법익이 침해되는 등의 특별한 사정이 없는 한 반드시 그 재소자의 동의를 받아야 하는 것은 아니고 따라서 검사가 교도관으로부터 보관하고 있던 피고인의 비망록을 뇌물수수 등의 증거자료로 임의로 제출받아 이를 압수한 경우 그 압수절차가 피고인의 승낙 및 영장 없이 행하여졌다고 하더라도 이에 적법절차를 위반한 위법이 있다고 할 수 없다[대판 2008.5.15. 2008도1097]. [22 경간부, 18 경간부, 18 경찰채용, 18 국가7급, 17 변호사]*

ⅱ) 세관공무원이 통관검사를 위하여 직무상 소지하거나 보관하는 물품을 수사기관에 임의로 제출한 경우에는 비록 소유자의 동의를 받지 않았다고 하더라도 수사기관이 강제로 점유를 취득하지 않은 이상 해당 물품을 압수하였다고 할 수 없다[대판 2017.7.18. 2014도8719].

4) 사후영장의 요부

사후영장을 발부받을 필요가 없다.

판례 | 체포현장이나 범죄장소에서의 임의제출물을 압수의 경우 사후영장 필요 여부(불요)

현행범 체포현장이나 범죄장소(범죄현장)에서도 소지자 등이 임의로 제출하는 물건은 형사소송법 제218조에 의하여 영장 없이 압수할 수 있고, 이 경우에는 검사나 사법경찰관이 사후에 영장을 받을 필요가 없다[대판 2020.4.9. 2019도17142; 대판 2019.11.14. 2019도13290]. [23 변호사, 22 경간부, 20 국가9급, 19 변호사, 19 경찰채용, 19 국가9급, 18 경찰채용, 17 국가9급]*

5) 정보저장매체에 대한 임의제출물의 압수

판례 | 임의제출물이 정보저장매체인 경우 압수가 적법하기 위한 요건(매우 중요)

[1] 전자정보에 대한 수사기관의 압수·수색은 사생활의 비밀과 자유, 정보에 대한 자기결정권, 재산권 등을 침해할 우려가 크므로 포괄적으로 이루어져서는 안 되고, 비례의 원칙에 따라 수사의 목적상 필요한 최소한의 범위 내에서 이루어져야 한다. 수사기관의 전자정보에 대한 압수·수색은 원칙적으로 영장 발부의 사유로 된 범죄혐의사실과 관련된 부분만을 문서 출력물로 수집하거나 수사기관이 휴대한 정보저장매체에 해당 파일을 복제하는 방식으로 이루어져야 하고, 정보저장매체 자체를 직접 반출하거나 저장매체에 들어 있는 전자파일 전부를 하드카피나 이미징 등 형태(이하 '복제본'이라 한다)로 수사기관 사무실 등 외부로 반출하는 방식으로 압수·수색하는 것은 현장의 사정이나 전자정보의 대량성으로 인하여 관련 정보 획득에 긴 시간이 소요되거나 전문 인력에 의한 기술적 조치가 필요한 경우 등 범위를 정하여 출력 또는 복제하는 방법이 불가능하거나 압수의 목적을 달성하기에 현저히 곤란하다고 인정되는 때에 한하여 예외적으로 허용될 수 있을 뿐이다. 위와 같은 법리는 정보저장매체에 해당하는 임의제출물의 압수(형사소송법 제218조)에도 마찬가지로 적용된다. 임의제출물의 압수는 압수물에 대한 수사기관의 점유 취득이 제출자의 의사에 따라 이루어진다는 점에서 차이가 있을 뿐 범죄혐의를 전제로 한 수사 목적이나 압수의 효력은 영장에 의한 경우와 동일하기 때문이다. 따라서 수사기관은 특정 범죄혐의와 관련하여 전자정보가 수록된 정보저장매체를 임의제출받아 그 안에 저장된 전자정보를 압수하는 경우 ⅰ) 그 동기가 된 범죄혐의사실과 관련된 전자정보의 출력물 등을 임의제출받아 압수하는 것이 원칙이다. 다만 현장의 사정이나 전자정보의 대량성과 탐색의 어려움 등의 이유로 ⅱ) 범위를 정하여 출력 또는 복제하는 방법이 불가능하거나 압수의 목적을 달성하기에 현저히 곤란하다고 인정되는 때에 한하여 예외적으로 정보저장매체 자체나 복제본을 임의제출받아 압수할 수 있다.

[2] 수사기관이 제출자의 의사를 쉽게 확인할 수 있음에도 이를 확인하지 않은 채 특정 범죄혐의사실과 관련된 전자정보와 그렇지 않은 전자정보가 혼재된 정보저장매체를 임의제출받은 경우, 그 정보저장매체에 저장된 전자정보 전부가 임의제출되어 압수된 것으로 취급할 수는 없다. 전자정보를 압수하고자 하는 수사기관이 정보저장매체와 거기에 저장된 전자정보를 임의제출의 방식으로 압수할 때, 제출자의 구체적인 제출 범위에 관한 의사를 제대로 확인하지 않는 등의 사유로 인해 임의제출자의 의사에 따른 전자정보 압수의 대상과 범위가 명확하지 않거나 이를 알 수 없는 경우에는 임의제출에 따른 압수의 동기가 된 범죄혐의사실과 관련되고 이를 증명할 수 있는 최소한의 가치가 있는 전자정보에 한하여 압수의 대상이 된다. 이때 범죄혐의사실과 관련된 전자정보에는 범죄혐의사실 그 자체 또는 그와 기본적 사실관계가 동일한 범행과 직접 관련되어 있는 것은 물론 범행 동기와 경위, 범행 수단과 방법, 범행 시간과 장소 등을 증명하기 위한 간접증거나 정황증거 등으로 사용될 수 있는 것도 포함될 수 있다. 다만 그 관련성은 임의제출에 따른 압수의 동기가 된 범죄혐의사실의 내용과 수사의 대상,

수사의 경위, 임의제출의 과정 등을 종합하여 구체적·개별적 연관관계가 있는 경우에만 인정되고, 범죄혐의사실과 단순히 동종 또는 유사 범행이라는 사유만으로 관련성이 있다고 할 것은 아니다. 범죄혐의사실과 관련된 전자정보인지를 판단할 때는 범죄혐의사실의 내용과 성격, 임의제출의 과정 등을 토대로 구체적·개별적 연관관계를 살펴볼 필요가 있다. 특히 카메라의 기능과 정보저장매체의 기능을 함께 갖춘 휴대전화인 스마트폰을 이용한 불법촬영 범죄와 같이 범죄의 속성상 해당 범행의 상습성이 의심되거나 성적 기호 내지 경향성의 발현에 따른 일련의 범행의 일환으로 이루어진 것으로 의심되고, 범행의 직접증거가 스마트폰 안에 이미지 파일이나 동영상 파일의 형태로 남아 있을 개연성이 있는 경우에는 그 안에 저장되어 있는 같은 유형의 전자정보에서 그와 관련한 유력한 간접증거나 정황증거가 발견될 가능성이 높다는 점에서 이러한 간접증거나 정황증거는 범죄혐의사실과 구체적·개별적 연관관계를 인정할 수 있다. 이처럼 범죄의 대상이 된 피해자의 인격권을 현저히 침해하는 성격의 전자정보를 담고 있는 불법촬영물은 범죄행위로 인해 생성된 것으로서 몰수의 대상이기도 하므로 임의제출된 휴대전화에서 해당 전자정보를 신속히 압수·수색하여 불법촬영물의 유통 가능성을 적시에 차단함으로써 피해자를 보호할 필요성이 크다. 나아가 이와 같은 경우에는 간접증거나 정황증거이면서 몰수의 대상이자 압수·수색의 대상인 전자정보의 유형이 이미지 파일 내지 동영상 파일 등으로 비교적 명확하게 특정되어 그와 무관한 사적 전자정보 전반의 압수·수색으로 이어질 가능성이 적어 상대적으로 폭넓게 관련성을 인정할 여지가 많다는 점에서도 그러하다. 반면 이와 같은 경우에는 간접증거나 정황증거이면서 몰수의 대상이자 압수수색의 대상인 전자정보의 유형이 이미지 파일 또는 동영상 파일 등으로 비교적 명확하게 특정될 수 있으므로, 그와 무관한 사적 전자정보 전반의 압수수색으로 이어질 가능성은 높지 않다. 이러한 법리는 스마트폰을 이용한 불법촬영 등 범죄에서뿐만 아니라, 압수수색의 혐의사실이 디지털 성범죄(예컨대 청소년성보호법 제25조의2 제1항)인 경우, 그 혐의사실과 같거나 근접한 시기에 또는 시간적단절 없이 행하는 동종 유형이나 유사한 수법의 디지털 성범죄와 관련된 전자정보 또는 다른 목적과 수단 관계에 있는(예컨대 아동·청소년성착취물을 제작하기 위한 성착취목적대화 등) 디지털 성범죄와 관련된 전자정보에도 적용될 수 있다[대판 2025.6.12. 2023도11395]. 피의자가 소유·관리하는 정보저장매체를 피의자 아닌 피해자 등 제3자가 임의제출하는 경우에는, 그 임의제출 및 그에 따른 수사기관의 압수가 적법하더라도 임의제출의 동기가 된 범죄혐의사실과 구체적·개별적 연관관계가 있는 전자정보에 한하여 압수의 대상이 되는 것으로 더욱 제한적으로 해석하여야 한다. 피의자 개인이 소유·관리하는 정보저장매체에는 그의 사생활의 비밀과 자유, 정보에 대한 자기결정권 등 인격적 법익에 관한 모든 것이 저장되어 있어 제한 없이 압수·수색이 허용될 경우 피의자의 인격적 법익이 현저히 침해될 우려가 있기 때문이다. [22 경찰채용]*

[3] 압수의 대상이 되는 전자정보와 그렇지 않은 전자정보가 혼재된 정보저장매체나 그 복제본을 임의제출받은 수사기관이 그 정보저장매체 등을 수사기관 사무실 등으로 옮겨 이를 탐색·복제·출력하는 경우, 그와 같은 일련의 과정에서 형사소송법 제219조, 제121조에서 규정하는 ⅰ) 피압수·수색 당사자(이하 '피압수자'라 한다)나 그 변호인에게 참여의 기회를 보장하고 ⅱ) 압수된 전자정보의 파일 명세가 특정된 압수목록을 작성·교부하여야 하며 범죄혐의사실과 무관한 전자정보의 임의적인 복제 등을 막기 위한 적절한 조치를 취하는 등 영장주의 원칙과 적법절차를 준수하여야 한다. 만약 그러한 조치가 취해지지 않았다면 피압수자 측이 참여하지 아니한다는 의사를 명시적으로 표시하였거나 임의제출의 취지와 경과 또는 그 절차 위반행위가 이루어진 과정의 성질과 내용 등에 비추어 피압수자 측에 절차 참여를 보장한 취지가 실질적으로 침해되었다고 볼 수 없을 정도에 해당한다는 등의 특별한 사정이 없는 이상 압수·수색이 적법하다고 평가할 수 없고, 비록 수사기관이 정보저장매체 또는 복제본에서 범죄혐의사실과 관련된 전자정보만을 복제·출력하였다 하더라도 달리 볼 것은 아니다. 나아가 피해자 등 제3자가 피의자의 소유·관리에 속하는 정보저장매체를 영장에 의하지 않고 임의제출한 경우에는 실질적 피압수자인 피의자가 수사기관으로 하여금 그 전자정보 전부를 무제한 탐색하는 데 동의한 것으로 보기 어려울 뿐만 아니라 피의자 스스로 임의제출한 경우 피의자의 참여권 등이 보장되어야 하는 것과 견주어 보더라도 특별한 사정이 없는 한 형사소송법 제219조, 제121조, 제129조에 따라 ⅰ) "피의자"에게 참여권을 보장하고 ⅱ) 압수한 전자정보 목록을 교부하는 등 "피의자"의 절차적 권리를 보장하기 위한 적절한 조치가 이루어져야 한다. [23 변호사, 22 경찰채용]*

[4] 임의제출된 정보저장매체에서 압수의 대상이 되는 전자정보의 범위를 초과하여 수사기관이 임의로 전자정보를 탐색·복제·출력하는 것은 원칙적으로 위법한 압수·수색에 해당하므로 허용될 수 없다. 만약 전자정보에 대한 압수·수색이 종료되기 전에 범죄혐의사실과 관련된 전자정보를 적법하게 탐색하는 과정에서 별도의 범죄혐의와 관련된 전자정보를 우연히 발견한 경우라면, 수사기관은 더 이상의 추가 탐색을 중단하고 법원으로부터 별도의 범죄혐의에 대한 압수·수색영장을 발부받은 경우에 한하여 그러한 정보에 대하여도 적법하게 압수·수색을 할 수 있다. 따라서 임의제출된 정보저장매체에서 압수의 대상이 되는 전자정보의 범위를 넘어서는 전자정보에 대해 수사기관이 영장 없이 압수·수색하여 취득한 증거는 위법수집증거에 해당하고, 사후에 법원으로부터 영장이 발부되었다거나 피고인이나 변호인이 이를 증거로 함에 동의하였다고 하여 그 위법성이 치유되는 것도 아니다. [22 경찰채용]*

[5] 甲은 경찰에 피고인의 휴대전화를 증거물로 제출할 당시 그 안에 수록된 전자정보의 제출 범위를 명확히 밝히지 않았고, 담당 경찰관들도 제출자로부터 그에 관한 확인절차를 거치지 않은 이상 휴대전화에 담긴 전자정보의 제출 범위에 관한 제출자의 의사가 명확하지 않거나 이를 알 수 없는 경우에 해당하므로, 휴대전화에 담긴 전자정보 중 임의제출을 통해 적법하게 압수된 범위는 임의제출 및 압수의 동기가 된 피고인의 2014년 범행 자체와 구체적·개별적 연관관계가 있는 전자정보로 제한적으로 해석하는 것이 타당하고, 이에 비추어 볼 때 범죄발생 시점 사이에 상당한 간격이 있고 피해자 및 범행에 이용한 휴대전화도 전혀 다른 피고인의 2013년 범행에 관한 동영상은 임의제출에 따른 압수의 동기가 된 범죄혐의사실(2014년 범행)과 구체적·개별적 연관관계 있는 전자정보로 보기 어려워 수사기관이 사전영장 없이 이를 취득한 이상 증거능력이 없고, 사후에 압수·수색영장을 받아 압수절차가 진행되었더라도 달리 볼 수 없다는 이유로, 피고인의 2013년 범행을 무죄로 판단한 원심의 결론이 정당하다고 한 사례[대판(전) 2021.11.18. 2016도348]. [22 경찰채용]*

동지판례 압수의 대상이 되는 전자정보와 그렇지 않은 전자정보가 혼재된 정보저장매체나 그 복제본을 압수·수색한 수사기관이 정보저장매체 등을 수사기관 사무실 등으로 옮겨 이를 탐색·복제·출력하는 경우, 그와 같은 일련의 과정에서 형사소송법 제219조, 제121조에서 규정하는 피압수·수색 당사자(이하 '피압수자'라 한다)나 변호인에게 참여의 기회를 보장하고 압수된 전자정보의 파일 명세가 특정된 압수목록을 작성·교부하여야 하며 범죄혐의사실과 무관한 전자정보의 임의적인 복제 등을 막기 위한 적절한 조치를 취하는 등 영장주의 원칙과 적법절차를 준수하여야 한다. 만약 그러한 조치가 취해지지 않았다면 피압수자 측이 참여하지 아니한다는 의사를 명시적으로 표시하였거나 절차 위반행위가 이루어진 과정의 성질과 내용 등에 비추어 피압수자 측에 절차 참여를 보장한 취지가 실질적으로 침해되었다고 볼 수 없을 정도에 해당한다는 등의 특별한 사정이 없는 이상 압수·수색이 적법하다고 평가할 수 없고, 비록 수사기관이 정보저장매체 또는 복제본에서 범죄혐의사실과 관련된 전자정보만을 복제·출력하였다 하더라도 달리 볼 것은 아니다.
따라서 수사기관이 피압수자 측에 참여의 기회를 보장하거나 압수한 전자정보 목록을 교부하지 않는 등 영장주의 원칙과 적법절차를 준수하지 않은 위법한 압수·수색 과정을 통하여 취득한 증거는 위법수집증거에 해당하고, 사후에 법원으로부터 영장이 발부되었다거나 피고인이나 변호인이 이를 증거로 함에 동의하였다고 하여 위법성이 치유되는 것도 아니다[대판 2022.7.28. 2022도2960]. [22 경찰채용]*

비교판례 ⅰ) [사실관계] 경찰은 2015.6.7. 피해자 공소외인 남자친구의 신고를 받고 현장에 출동하여 피고인으로부터 이 사건 휴대전화를 임의제출받아 이를 영장 없이 압수하였다. 당시 작성된 압수조서(임의제출)의 압수경위란에는 "① 경찰이 2015.6.7. 09:48경 '△△휴게소에서 여자친구를 몰래 도촬하여 성추행을 당했다'는 112신고를 받고 현장에 출동하여 촬영사진을 확인하기 위해 피고인이 소지하고 있던 이 사건 휴대전화를 임의제출받아 확인한바, 피해자 공소외인의 다리 부위 사진과 불특정 다수의 특정 신체부위 사진이 여러 장 확인되어 법관의 영장 없이 피고인에게 휴대전화를 임의제출받아 압수한 것임"이라고 기재되어 있다. 경찰은 같은 날 13:15 피고인에 대한 1회 피의자신문을 진행하면서 피고인의 면전에서 이 사건 휴대전화를 탐색하여 발견된 피해자 공소외인의 영상 및 불특정 다수 여성의 영상을 제시하였다. 피고인은 피해자 공소외인의 영상을 포함한 영상들을 몰래 촬영하였음을 자백하였다. 경찰은 같은 날 이 사건 휴대전화에 저장된 ② 2013.9.경부터 2015.6.7.까지 촬영된 여성 사진 2,091장을 출력하여 '피의자 핸드폰에 저장된 여성 사진 분석'이라는 내사보고 형식으로 수사기록에 편철하였는데, 거기에 2015년 범행에 관한 사진 2장 및 2014년 범행에 관한 사진 5장(이하 '이 사건 사진'이라 한다)도 포함되었다. 경찰은 같은 날 16:45 피고인에 대한 2회 피의자신문에서, 다시 피고인에게 출력된 위 2,000여 장의 여성 사진을 제시하면서 그중 2014년 범행에 관한 영상의 촬영경위를 질문하였다. 피고인은 서울 강남구 ○○동에 있는 안마시술소에서 여종업원인 피해자 성명불상자의 나체를 몰래 촬영한 것이라고 자백하였다.

판례해설 피고인이 이 사건 휴대전화를 임의제출할 당시 2015년 범행에 관한 영상에 대하여만 제출 의사를 밝혔는지, 아니면 2014년 범행에 관한 영상을 포함하여 제출 의사를 밝혔는지 명확하지 않다. 따라서 임의제출에 따른 압수의 동기가 된 범죄혐의사실인 2015년 범행에 관한 영상과 관련되고 이를 증명할 수 있는 최소한의 가치가 있는 전자정보에 한하여 압수의 대상(* 저자 주 - 원칙)이 된다. 그런데 2014년 범행에 관한 영상을 비롯한 이 사건 휴대전화에서 발견된 약 2,000개의 영상은 2년여에 걸쳐 지속적으로 카메라의 기능과 정보저장매체의 기능을 함께 갖춘 이 사건 휴대전화로 촬영된 것으로, 범죄의 속성상 해당 범행의 상습성이 의심되거나 피고인의 성적 기호 내지 경향성의 발현에 따른 일련의 범행의 일환으로 이루어진 것으로 의심되어, 2015년 범행의 동기와 경위, 범행 수단과 방법 등을 증명하기 위한 간접증거나 정황증거 등으로 사용될 수 있어 2015년 범죄혐의사실과 구체적·개별적 연관관계를 인정할 수 있다. 결국 2014년 범행에 관한 영상은 임의제출에 따른 압수의 동기가 된 2015년 범죄혐의사실과 관련성이 인정될 수 있다.
경찰은 1차 피의자신문 시 이 사건 휴대전화를 피고인과 함께 탐색하는 과정에서 2014년 범행에 관한 영상을 발견하였으므로, 피고인은 이 사건 휴대전화의 탐색 과정에 참여하였다고 볼 수 있다. 경찰은 같은 날 곧바로 진행된 2회 피의자신문에서 이 사건 사진을 피고인에게 제시하였고, 5장에 불과한 이 사건 사진은 모두 동일한 일시, 장소에서 촬영된 2014년 범행에 관한 영상을 출력한 것임을 육안으로 쉽게 알 수 있다. 따라서 비록 피고인에게 전자정보의 파일 명세가 특정된 압수목록이 작성·교부되지 않았더라도 절차 위반행위가 이루어진 과정의 성질과 내용 등에 비추어 피고인의 절차상 권리가 실질적으로 침해되었다고 보기도 어렵다. 그러므로 2014년 범행에 관한 영상은 그 증거능력이 인정된다[대판 2022.1.13. 2016도9596].

ii) [사실관계] 경기북부지방경찰청 소속 경찰관은 의정부 지하철 역사 주변에서 카메라 등을 이용한 불법 촬영자를 검거하기 위하여 근무하던 중, 2018.4.25. 16:00경 순번 48번 범행 사실을 적발하고 피고인이 소지하고 있던 이 사건 휴대전화를 임의제출받아 영장 없이 압수하고, 위 지하철 역사 내에 위치한 지하철경찰대 사무실로 피고인과 임의동행하였다. 순번 48번 범행 당시 작성된 압수조서 상에는 "본 압수처분은, 피고인이 에스컬레이터를 올라가는 불상의 피해자의 특정부위를 촬영하는 것을 검문한 바, 오른손에 들고 있던 이 사건 휴대전화를 임의로 제출하여 본건의 증거물로 확보코져 별지 압수 목록과 같이 임의로 압수하다."라고 기재되어 있다. 경찰은 같은 날 위 검거 30분이 경과한 16:37~21:35경 같은 역 지하철 경찰대 사무실에서 피고인에 대한 피의자신문을 진행하면서 피고인의 면전에서 이 사건 휴대전화를 탐색하여 그 안에 저장되어 있는 성적 수치심을 유발할 수 있는 타인의 신체 부위를 몰래 촬영한 것으로 의심되는 동영상 321건을 발견하였다. 피고인은 불법촬영사실을 인정하면서 2018.2.15.부터 2018.4.25.까지 버스정류장, 지하철역사, 횡단보도 등에서 촬영된 순번 1~47번 범행의 각 일시·장소를 특정하고 범죄일람표를 직접 수기로 작성하여 경찰관에게 교부하였다. 이에 경찰은 위 범죄일람표, 위 각 범행에 관한 동영상을 복사한 시디(CD) 및 이를 캡쳐한 사진을 기록에 첨부하였고, 검사는 위 범죄일람표를 공소장에 별지로 첨부하는 한편, 위 시디 및 사진과 함께 증거로 제출하였다.

[판례해설] 피고인이 이 사건 휴대전화를 임의제출할 당시 그 안에 저장된 전자정보의 제출 범위를 명확히 밝히지 않았으므로, 임의제출에 따른 압수의 동기가 된 범죄혐의사실과 관련되고 이를 증명할 수 있는 최소한의 가치가 있는 전자정보에 한하여 압수의 대상이 된다. 순번 1~47번 범행은 범죄의 속성상 해당 범행의 상습성이 의심되거나 피고인의 성적 기호 내지 경향성의 발현에 따른 일련의 범행의 일환으로 이루어진 것으로 의심되어, 순번 48번 범행의 동기와 경위, 범행 수단과 방법 등을 증명하기 위한 간접증거나 정황증거 등으로 사용될 수 있어 순번 48번 범죄혐의사실과 구체적·개별적 연관관계를 인정할 수 있다. 결국 순번 1~47번 범행에 관한 동영상은 임의제출에 따른 압수의 동기가 된 순번 48번 범죄혐의사실과 관련성이 있는 증거로서 관련성이 인정될 수 있다. 또한 경찰관은 피의자 신문 당시 임의제출받은 이 사건 휴대전화를 피고인과 함께 탐색하는 과정에서 발견된 순번 1~47번 범행에 관한 동영상을 피고인의 참여 아래 추출·복사하였고, 피고인은 직접 위 순번 1~47 범행에 관한 동영상을 토대로 '범죄일람표' 목록을 작성하였음을 알 수 있다. 따라서 피고인이 이 사건 휴대전화의 탐색과정에 참여하였다고 보아야 하고, 순번 1~47번 범행에 관한 동영상을 특정하여 범죄일람표 목록을 작성·제출함으로써 실질적으로 피고인에게 전자정보 상세목록이 교부된 것과 다름이 없다고 볼 수 있다. 그러므로 수사기관이 위 휴대전화에 담긴 내용을 조사하는 과정에서 순번 1~47번 범행의 동영상을 확인하고 이를 복제한 시디는 임의제출에 의해 적법하게 압수된 전자정보로서 그 증거능력이 인정된다[대판 2021.11.25. 2019도6730]. [23 변호사]*

iii) [사실관계] 임의제출된 이 사건 각 위장형 카메라 및 그 메모리카드에 저장된 전자정보처럼 오직 불법촬영을 목적으로 방실 내 나체나 성행위 모습을 촬영할 수 있는 벽 등에 은밀히 설치되고, 촬영대상 목표물의 동작이 감지될 때에만 카메라가 작동하여 촬영이 이루어지는 등, 그 설치 목적과 장소, 방법, 기능, 작동원리상 소유자의 사생활의 비밀 기타 인격적 법익의 관점에서 그 소지·보관자의 임의제출에 따른 적법한 압수의 대상이 되는 전자정보와 구별되는 별도의 보호 가치 있는 전자정보의 혼재 가능성을 상정하기 어려운 경우에는 위 소지·보관자의 임의제출에 따른 통상의 압수절차 외에 별도의 조치가 따로 요구된다고 보기는 어렵다. 따라서 피고인 내지 변호인에게 참여의 기회를 보장하지 않고 전자정보 압수목록을 작성·교부하지 않았다는 점만으로 곧바로 증거능력을 부정할 것은 아니다.

[판례해설] 대법원 2021.11.18. 선고 2016도348 전원합의체 판결의 경우와 달리 수사기관이 임의제출받은 정보저장매체가 그 기능과 속성상 임의제출에 따른 적법한 압수의 대상이 되는 전자정보와 그렇지 않은 전자정보가 혼재될 여지가 거의 없어 사실상 대부분 압수의 대상이 되는 전자정보만이 저장되어 있는 경우에는 소지·보관자의 임의제출에 따른 통상의 압수절차 외에 피압수자에게 참여의 기회를 보장하지 않고 전자정보 압수목록을 작성·교부하지 않았다는 점만으로 곧바로 증거능력을 부정할 것은 아니다[대판 2021.11.25. 2019도7342]. [23 경간부, 23 변호사]*

iv) [사실관계] 피고인이 2018.6.경 샌디스크 엘엘씨가 상표등록을 한 'SanDisk'와 동일한 문양의 가짜 상표가 부착되어 있는 메모리카드 12,000개를 중국 불상자에게 인도하기 위하여 소지하였다는 상표법 위반으로 기소되었음.

[판례해설] 대법원은 휴대전화에 저장된 전자정보의 증거능력에 관하여 ① 특별사법경찰관은 휴대전화의 압수 과정에서 압수조서 및 전자정보 상세목록을 작성·교부하지는 않았지만, 그에 갈음하여 압수의 취지가 상세히 기재된 수사보고의 일종인 조사보고를 작성하였는바, 적법절차의 실질적인 내용을 침해하였다고 보기는 어렵고, ② 구「특별사법경찰관리 집무규칙(2021.1.1. 법무부령 제995호로 폐지되기 전의 것)」제4조는 내부적 보고의무 규정에 불과하므로, 특별사법경찰관리가 위 보고의무를 이행하지 않았다고 하여 적법절차의 실질적인 내용을 침해하는 경우에 해당하지 않아 증거능력을 인정함.
또한 대법원은 메모리카드의 증거능력에 관하여 ① 피고인은 유체물인 이 사건 메모리카드 압수 당시 메모리카드를 소지하고 있지 않았고, 당초 자신은 아무런 관련이 없다고 진술한 점, ② 특별사법경찰관은 메모리카드 보관자인 세관측에 이 사건 영장을 제시하면서 메모리카드를 압수하였고, 압수조서를 작성하였으며, 세관측에 압수목록을 교부한 점을 감안하면 피고인은 압수 집행과정에서 절차 참여를 보장받아야 하는 사람에 해당한다고 단정할 수 없거나, 압수 집행과정에서 피고인에 대한 절차 참여를 보장한 취지가 실질적으로 침해되었다고 보기 어려워 증거능력을 인정함. 이에 대법원은 이 사건 휴대전화 및 메모리카드에 관한 증거들의 증거능력을 부정하고 무죄를 선고한 원심판결을 파기·환송함[대판 2023.6.1. 2020도12157].

ⅴ) [1] 전자정보가 제3자 소유·관리의 정보저장매체에 복제되어 임의제출되는 경우에 복제 전자정보와 원본 전자정보의 내용이 완전히 동일하다고 하더라도, 복제 전자정보 생성 경위와 지배관리 상태, 복제 전자정보를 임의제출하게 된 경위, 원본 전자정보 임의제출이나 압수·수색 가능성 등 제반 사정과 전자정보 압수·수색에서 혐의사실과 무관한 전자정보의 무분별한 탐색·복제·출력 등을 방지하려는 참여권의 의의 및 기능을 종합적으로 살펴, 원본 전자정보 임의제출이 충분히 가능함에도 오직 원본 전자정보 관리처분권자의 참여를 배제할 목적으로 원본 전자정보 대신 복제 전자정보를 임의제출하는 경우 등과 같이 복제 전자정보를 임의제출하는 사람에게만 참여의 기회를 부여하는 것이 현저히 부당하다는 등의 특별한 사정이 없는 한 그 정보의 동일성을 들어 복제 전자정보 임의제출자 외에 원본 전자정보 관리처분권자를 실질적 피압수자로 평가하고 그에게 참여권을 인정해야 하는 것은 아니라고 보아야 한다.

[2] 아동·청소년이용음란물 및 성적 욕망 또는 수치심을 유발할 수 있는 피해자들의 신체 부위를 피해자들의 동의 없이 촬영한 사진과 동영상을 소지하였다는 공소사실로 기소된 피고인 소유의 USB(이하 '원본 USB'라 한다)에 저장된 사진과 동영상 등 전자정보 중 일부를 피해자들이 임의로 선별, 복제한 다음 그 복제 전자정보를 피해자들이 소유·관리하는 USB들에 저장하여 경찰에 임의제출한 사안에서, 피해자들이 임의제출한 USB는 피해자들의 소유·관리에 속하는 정보저장매체로서 그 자체로는 피고인과 관련이 없는 점, 피고인이 소유·관리하는 정보저장매체는 원본 USB뿐인데, 원본 USB는 수사기관에 임의제출되거나 압수된 바 없으므로 원본 USB에 관하여 형사소송법이 정한 참여권이나 그 참여권 인정을 위한 전제로 실질적 피압수자라는 지위를 상정하기 어려운 점, 피해자들이 임의제출한 전자정보 등의 압수·수색(임의제출) 과정에서는 특별한 사정이 없는 한 임의제출자인 피해자들(피압수자)에게 형사소송법이 정하는 바에 따라 참여의 기회를 부여하는 것으로 충분하고 그 전자정보 등이 원본 USB로부터 유래하였다는 사정만으로 원본 USB 소유·관리자이자 그 저장 전자정보의 관리처분권자인 피고인을 실질적 피압수자로 보아 피고인에게까지 참여의 기회를 부여해야만 그 임의제출이 적법하다고 평가할 수는 없는 점을 종합하면, 피해자들이 제출한 위 전자정보 등이 위법수집증거에 해당하고 이에 기초하여 획득한 증거도 2차적 증거로서 증거능력이 없다고 보아 공소사실을 무죄로 본 원심판단에 법리오해의 잘못이 있다고 한 사례[대판 2024.12.24. 2023도3626].

판례 | 피의자의 소유·관리에 속하는 정보저장매체의 의미

[1] '피의자의 소유·관리에 속하는 정보저장매체'란, 피의자가 압수·수색 당시 또는 이와 시간적으로 근접한 시기까지 해당 정보저장매체를 현실적으로 지배·관리하면서 그 정보저장매체 내 전자정보 전반에 관한 전속적인 관리처분권을 보유·행사하고, 달리 이를 자신의 의사에 따라 제3자에게 양도하거나 포기하지 아니한 경우로써, 피의자를 그 정보저장매체에 저장된 전자정보에 대하여 실질적인 피압수자로 평가할 수 있는 경우를 말하는 것이다. 이에 해당하는지 여부는 민사법상 권리의 귀속에 따른 법률적·사후적 판단이 아니라 압수·수색 당시 외형적·객관적으로 인식 가능한 사실상의 상태를 기준으로 판단하여야 한다. 이러한 정보저장매체의 외형적·객관적 지배·관리 등 상태와 별도로 단지 피의자나 그 밖의 제3자가 과거 그 정보저장매체의 이용 내지 개별 전자정보의 생성·이용 등에 관여한 사실이 있다거나 그 과정에서 생성된 전자정보에 의해 식별되는 정보주체에 해당한다는 사정만으로 그들을 실질적으로 압수·수색을 받는 당사자로 취급하여야 하는 것은 아니다. [23 경간부, 23 변호사]*

[2] 수사기관의 압수·수색은 법관이 발부한 압수·수색영장에 의하여야 하는 것이 원칙이고, 영장의 원본은 처분을 받는 자에게 반드시 제시되어야 하므로(* 저자 주 — 형사소송법 제118조, 제219조), 금융계좌추적용 압수·수색영장의 집행에 있어서도 수사기관이 금융기관으로부터 금융거래자료를 수신하기에 앞서 금융기관에 영장 원본을 사전에 제시하지 않았다면 원칙적으로 적법한 집행 방법이라고 볼 수는 없다. 다만 수사기관이 금융기관에 금융실명거래 및 비밀보장에 관한 법률(이하 '금융실명법'이라 한다) 제4조 제2항에 따라서 금융거래정보에 대하여 영장 사본을 첨부하여 그 제공을 요구한 결과 금융기관으로부터 ⅰ) 회신받은 금융거래자료가 해당 영장의 집행 대상과 범위에 포함되어 있고, 이러한 모사전송 내지 전자적 송수신 방식의 금융거래정보 제공요구 및 자료 회신의 ⅱ) 전 과정이 해당 금융기관의 자발적 협조의사에 따른 것이며, ⅲ) 그 자료 중 범죄혐의사실과 관련된 금융거래를 선별하는 절차를 거친 후 최종적으로 영장 원본을 제시하고 위와 같이 선별된 금융거래자료에 대한 압수절차가 집행된 경우로서, 그 과정이 금융실명법에서 정한 방식에 따라 이루어지고 달리 적법절차와 영장주의 원칙을 잠탈하기 위한 의도에서 이루어진 것이라고 볼 만한 사정이 없어, 이러한 일련의 과정을 전체적으로 '하나의 영장에 기하여 적시에 원본을 제시하고 이를 토대로 압수·수색하는 것'으로 평가할 수 있는 경우에 한하여, 예외적으로 영장의 적법한 집행 방법에 해당한다고 볼 수 있다[대판 2022.1.27. 2021도11170].

관련판례 (정보저장매체의 이용 또는 관여한 사실이 있거나 생성된 전자정보에 의해 식별되는 정보주체에 해당하는 경우 실질적 피압수자로 취급하여야 하는지) [1] [다수의견] (가) 정보저장매체 내의 전자정보가 가지는 중요성은 헌법과 형사소송법이 구현하고자 하는 적법절차, 영장주의, 비례의 원칙과 함께 사생활의 비밀과 자유, 정보에 대한 자기결정권 등의 관점에서 유래된다.

압수의 대상이 되는 전자정보와 그렇지 않은 전자정보가 혼재된 정보저장매체나 그 복제본을 임의제출받은 수사기관이 그 정보저장매체 등을 수사기관 사무실 등으로 옮겨 이를 탐색·복제·출력하는 경우, 그와 같은 일련의 과정에서 형사소송법 제219조, 제121조에서 규정하는 압수·수색영장의 집행을 받는 당사자(이하 '피압수자'라 한다)나 그 변호인에게 참여의 기회를 보장하고 압수된 전자정보의 파일 명세가 특정된 압수목록을 작성·교부하여야 하며, 범죄혐의사실과 무관한 전자정보의 임의적인 복제 등을 막기 위한 적절한 조치를 취하는 등 영장주의 원칙과 적법절차를 준수하여야 한다. 만약 그러한 조치가 취해지지 않았다면 피압수자 측이 참여하지 않겠다는 의사를 명시적으로 표시하였거나 임의제출의 취지와 경과 또는 그 절차 위반행위가 이루어진 과정의 성질과 내용 등에 비추어 피압수자 측에 절차 참여를 보장한 취지가 실질적으로 침해되었다고 볼 수 없을 정도에 해당한다는 등의 특별한 사정이 없는 이상 압수·수색이 적법하다고 평가할 수 없고, 비록 수사기관이 정보저장매체 또는 복제본에서 범죄혐의사실과 관련된 전자정보만을 복제·출력하였다고 하더라도 달리 볼 것은 아니다.
<u>피해자 등 제3자가 피의자의 소유·관리에 속하는 정보저장매체를 임의제출한 경우에는 실질적 피압수자인 피의자가 수사기관으로 하여금 그 전자정보 전부를 무제한 탐색하는 데 동의한 것으로 보기 어려울 뿐만 아니라 피의자 스스로 임의제출한 경우 피의자의 참여권 등이 보장되어야 하는 것과 견주어 보더라도 특별한 사정이 없는 한 피의자에게 참여권을 보장하고 압수한 전자정보 목록을 교부하는 등 피의자의 절차적 권리를 보장하기 위한 적절한 조치가 이루어져야 한다.</u>
<u>(나) 이와 같이 정보저장매체를 임의제출한 피압수자에 더하여 임의제출자 아닌 피의자에게도 참여권이 보장되어야 하는 '피의자의 소유·관리에 속하는 정보저장매체'란, 피의자가 압수·수색 당시 또는 이와 시간적으로 근접한 시기까지 해당 정보저장매체를 현실적으로 지배·관리하면서 그 정보저장매체 내 전자정보 전반에 관한 전속적인 관리처분권을 보유·행사하고, 달리 이를 자신의 의사에 따라 제3자에게 양도하거나 포기하지 아니한 경우로서, 피의자를 그 정보저장매체에 저장된 전자정보 전반에 대한 실질적인 압수·수색 당사자로 평가할 수 있는 경우를 말하는 것이다.</u> 이에 해당하는지 여부는 민사법상 권리의 귀속에 따른 법률적·사후적 판단이 아니라 압수·수색 당시 외형적·객관적으로 인식 가능한 사실상의 상태를 기준으로 판단하여야 한다. 이러한 정보저장매체의 외형적·객관적 지배·관리 등 상태와 별도로 단지 <u>피의자나 그 밖의 제3자가 과거 그 정보저장매체의 이용 내지 개별 전자정보의 생성·이용 등에 관여한 사실이 있다거나 그 과정에서 생성된 전자정보에 의해 식별되는 정보주체에 해당한다는 사정만으로 그들을 실질적으로 압수·수색을 받는 당사자로 취급하여야 하는 것은 아니다.</u>

[대법관 민유숙, 대법관 이흥구, 대법관 오경미의 반대의견] (가) 다수의견은 참여권을 보장받는 주체인 '실질적 피압수자'를 압수·수색의 원인이 된 범죄혐의사실의 피의자를 중심으로 협소하게 파악하는 것으로서 선례의 취지와 방향에 부합하지 않는다. 또 다수의견에 의하면 현대사회의 개인과 기업에게 갈수록 중요한 의미를 갖는 전자정보에 관한 수사기관의 강제처분에서 적법절차와 영장주의를 구현해야 하는 헌법적 요청을 외면함으로써 실질적 피압수자인 전자정보 관리처분권자의 사생활의 비밀과 자유 등에 관한 기본권이 침해되는 반헌법적 결과를 용인하게 된다.
(나) 대법원 2021.11.18. 선고 2016도348 전원합의체 판결 및 대법원 2022.1.27. 선고 2021도11170 판결 등에서 대법원은 전자정보의 압수·수색에서 참여권이 보장되는 주체인 실질적 피압수자는 해당 정보저장매체를 현실적으로 지배·관리하면서 그 정보저장매체 내 전자정보 전반에 관한 전속적인 관리처분권을 보유·행사하는 자로서 그에 대한 실질적인 압수·수색의 당사자로 평가할 수 있는 사람이라고 하였다. 이러한 선례의 법리와 취지에 따르면, <u>강제처분의 직접 당사자이자 형식적 피압수자인 정보저장매체의 현실적 소지·보관자 외에 소유·관리자가 별도로 존재하고, 강제처분에 의하여 그의 전자정보에 대한 사생활의 비밀과 자유, 정보에 대한 자기결정권, 재산권 등을 침해받을 우려가 있는 경우, 그 소유·관리자는 참여권의 보장 대상인 실질적 피압수자라고 보아야 한다.</u> 이때 실질적 피압수자가 압수·수색의 원인이 된 범죄혐의사실의 피의자일 것을 요하는 것은 아니다. 따라서 증거은닉범이 본범으로부터 증거은닉을 교사받아 소지·보관하고 있던 본범 소유·관리의 정보저장매체를 피의자의 지위에서 수사기관에 임의제출하였고, 본범이 그 정보저장매체에 저장된 전자정보의 탐색·복제·출력 시 사생활의 비밀과 자유 등을 침해받지 않을 실질적인 이익을 갖는다고 평가될 수 있는 경우, <u>임의제출자이자 피의자인 증거은닉범과 함께 그러한 실질적 이익을 갖는 본범에게도 참여권이 보장되어야 한다.</u>

[2] 피고인이 허위의 인턴십 확인서를 작성한 후 甲의 자녀 대학원 입시에 활용하도록 하는 방법으로 甲 등과 공모하여 대학원 입학 담당자들의 입학사정업무를 방해하였다는 공소사실과 관련하여, 甲 등이 주거지에서 사용하던 컴퓨터 내 정보저장매체(이하 '하드디스크'라 한다)에 인턴십 확인서 등 증거들이 저장되어 있고, 甲은 자신 등의 혐의에 대한 수사가 본격화되자 乙에게 지시하여 하드디스크를 은닉하였는데, 이후 수사기관이 乙을 증거은닉혐의 피의자로 입건하자 乙이 이를 임의제출하였고, 수사기관은 하드디스크 임의제출 및 그에 저장된 전자정보에 관한 탐색·복제·출력 과정에서 乙 측에 참여권을 보장한 반면 甲 등에게는 참여 기회를 부여하지 않아 그 증거능력이 문제 된 사안에서, 乙은 임의제출의 원인된 범죄혐의사실인 증거은닉범행의 피의자로서 자신에 대한 수사 과정에서 하드디스크를 임의제출하였는데, 하드디스크 및 그에 저장된 전자정보는 본범인 甲 등의 혐의사실에 관한 증거이기도 하지만 동시에 은닉행위의 직접적인 목적물에 해당하여 乙의 증거은닉 혐의사실에 관한 증거이기도 하므로, 乙은 하드디스크와 그에 저장된 전자정보에 관하여 실질적 이해관계가 있는 자에 해당하고, 하드디스크 자체의 임의제출을 비롯하여 증거은닉 혐의사실 관련 전자정보의 탐색·복제·출력 과정 전체에 걸쳐 乙은 참여의 이익이 있는 점, 하드디스크의 은닉과 임의제출 경위, 그 과정에서 乙과 甲 등의 개입 정도 등에 비추어 압수·수색 당시 또는 이에 근접한 시기에 하드디스크를 현실적으로 점유한 사람은 乙이라고 할 것이며, 나아가 乙이 그 무렵 위와 같은 경위로 하드디스크를 현실적으로 점유한 이상 다른 특별한 사정이 없는 한 저장된 전자정보에 관한 관리처분권을 사실상 보유·행사할 수 있는 지위에 있는 사람도 乙이라고 볼 수 있는 점, 甲은 임의제출의 원인된 범죄혐의사실인 증거은닉범행의 피의자가 아닐 뿐만 아니라 하드디스크의 존재 자체를 은폐할 목적으로 막연히 '자신에 대한 수사가 끝날 때까지' 은닉할 것을 부탁하며 하드디스크를 乙에게 교부하였는데, 이는 자신과 하드디스크 및 그에 저장된 전자정보 사이의 외형적 연관성을 은폐·단절하겠다는 목적하에 그 목적 달성에 필요하다면 '수사 종료'라는 불확정 기한까지 하드디스크에 관한 <u>전속적인 지배·관리권을 포기하거나 乙에게 전적으로 양도한다는 의사</u>를 표명한 것으로 볼 수 있는 점 등을 종합하면, 증거은닉범행의 피의자로서 하드디스크를 임의제출한 乙에 더하여 임의제출자가 아닌 甲 등에게도 참여권이 보장되어야 한다고 볼 수 없다는 이유로, 같은 취지에서 하드디스크에 저장된 전자정보의 증거능력을 인정한 원심의 판단이 정당하다고 한 사례[대판(전) 2023.9.18. 2022도7453].

> **판례 |** 수사기관이 형사소송법 제218조에 따라 피의자 기타 사람이 유류한 정보저장매체를 영장 없이 압수할 때 해당 사건과 관계가 있다고 인정할 수 있는 것에 압수의 대상이나 범위가 한정되는지 여부(소극) 및 이때 참여권자의 참여가 필수적인지 여부(소극)
>
> 형사소송법 제215조 제1항은 '범죄수사에 필요한 때에는 피의자가 죄를 범하였다고 의심할 만한 정황이 있고 해당 사건과 관계가 있다고 인정할 수 있는 것에 한정하여 지방법원판사에게 청구하여 발부받은 영장에 의하여 압수, 수색 또는 검증을 할 수 있다.'고 규정하고 있다. 그러나 유류물 압수의 근거인 형사소송법 제218조는 유류물을 압수하는 경우에 사전, 사후에 영장을 받을 것을 요구하지 않는다. 유류물 압수와 같은 조문에 규정된 임의제출물 압수의 경우, 제출자가 제출·압수의 대상을 개별적으로 지정하거나 그 범위를 한정할 수 있으나, 유류물 압수는 그와 같은 제출자의 존재를 생각하기도 어렵다. 따라서 유류물 압수·수색에 대해서는 원칙적으로 영장에 의한 압수·수색·검증에 관하여 적용되는 형사소송법 제215조 제1항이나 임의제출물 압수에 관하여 적용되는 형사소송법 제219조에 의하여 준용되는 제106조 제1항, 제3항, 제4항에 따른 관련성의 제한이 적용된다고 보기 어렵다.
> 정보저장매체에 대한 압수·수색에 있어, 압수·수색 당시 또는 이와 시간적으로 근접한 시기까지 정보저장매체를 현실적으로 지배·관리하면서 그 정보저장매체 내 전자정보 전반에 관한 전속적인 관리처분권을 보유·행사하고, 달리 이를 자신의 의사에 따라 제3자에게 양도하거나 포기하지 아니한 경우에는, 그 지배·관리자인 피의자를 정보저장매체에 저장된 전자정보 전반에 대한 실질적인 압수·수색 당사자로 평가할 수 있다. 그러나 유류물 압수는 수사기관이 소유권이나 관리처분권이 처음부터 존재하지 않거나, 존재하였지만 적법하게 포기된 물건, 또는 그와 같은 외관을 가진 물건 등의 점유를 수사상 필요에 따라 취득하는 수사방법을 말한다. 따라서 유류물 압수에 있어서는 정보저장매체의 현실적 지배·관리 혹은 이에 담겨있는 전자정보 전반에 관한 전속적인 관리처분권을 인정하기 어렵다. 정보저장매체를 소지하고 있던 사람이 이를 분실한 경우와 같이 그 권리를 포기하였다고 단정하기 어려운 경우에도, 수사기관이 그러한 사정을 알거나 충분히 알 수 있었음에도 이를 유류물로서 영장 없이 압수하였다는 등의 특별한 사정이 없는 한, 영장에 의한 압수나 임의제출물 압수와 같이 수사기관의 압수 당시 참여권 행사의 주체가 되는 피압수자가 존재한다고 평가할 수는 없다.
> 따라서 범죄수사를 위해 정보저장매체의 압수가 필요하고, 정보저장매체를 소지하던 사람이 그에 관한 권리를 포기하였거나 포기한 것으로 인식할 수 있는 경우에는, 수사기관이 형사소송법 제218조에 따라 피의자 기타 사람이 유류한 정보저장매체를 영장 없이 압수할 때 해당 사건과 관계가 있다고 인정할 수 있는 것에 압수의 대상이나 범위가 한정된다거나, 참여권자의 참여가 필수적이라고 볼 수는 없다[대판 2024.7.25. 2021도1181].
>
> **판례해설** 피고인이 불법촬영 혐의에 관하여 이루어진 주거지 등에 관한 압수수색 직전에 주거지 밖으로 저장매체(SSD 카드, 이하 '이 사건 저장매체')를 집어던졌고, 이를 유류물로 영장 없이 압수한 수사기관이 위 저장매체 및 압수수색영장에 의하여 압수한 다른 저장매체의 탐색 과정에서 별건(아동·청소년 음란물 제작 등) 혐의의 증거를 발견하여 피고인을 별건 혐의로만 기소한 사안이다. 원심은, 이 사건 저장매체를 유류물로 보아 영장 없이 압수한 행위 자체는 적법하다고 보면서도, 경찰관들은 이 사건 저장매체에 들어있는 전자정보의 탐색, 출력 과정에서 피고인의 참여권을 보장하지 않았고, 이 사건 저장매체에서 복제, 출력된 동영상들(이하 'SSD 카드 파일')과 영장에 기재된 혐의사실 사이에 객관적 관련성이 인정되지 않는다는 등의 이유로 SSD 카드 파일의 증거능력을 부정하였다. 그러나 대법원은 위와 같은 법리를 설시하면서, 유류물로서 영장 없이 압수한 이 사건 저장매체로부터 복제, 출력된 SSD 카드 파일의 증거능력을 부정하여 그 부분 공소사실을 무죄로 판단한 원심판결 부분을 파기·환송하였다.

(7) 요급처분

제216조의 규정에 의하여 영장에 의하지 않는 강제처분을 하는 경우에 급속을 요하는 때에는 영장의 집행과 책임자의 참여(제123조 제2항), 야간집행의 제한(제125조)의 규정에 의함을 요하지 아니한다. 그러나 제217조(긴급체포된 자의 소유물 대한 압수·수색·검증) 및 제218조(임의제출물 등의 압수)에 의하는 경우에는 이러한 예외를 허용하는 규정이 없다.

판례 | 야간집행임에도 제217조에 따른 적법한 압수로 인정된 경우(주의)

[1] 서울지방경찰서 소속 경찰관들은 2016.10.5. 20:00 경기 광주시 (주소 1 생략) 앞 도로에서 위장거래자와 만나서 마약류 거래를 하고 있는 피고인을 긴급체포한 뒤 현장에서 피고인이 위장거래자에게 건네준 메트암페타민 약 9.50g이 들어 있는 비닐팩 1개(증제1호)를 압수하였다.

[2] 위 경찰관들은 같은 날 20:24경 영장 없이 체포현장에서 약 2km 떨어진 경기 광주시 (주소 2 생략)에 있는 피고인의 주거지에 대한 수색을 실시해서 작은 방 서랍장 등에서 메트암페타민 약 4.82g이 들어 있는 비닐팩 1개(증제2호) 등을 추가로 찾아내어 이를 압수하였다.

[3] 이후 사법경찰관은 압수한 위 메트암페타민 약 4.82g이 들어 있는 비닐팩 1개(증제2호)에 대하여 감정의뢰 등 계속 압수의 필요성을 이유로 검사에게 사후 압수수색영장 청구를 신청하였고, 검사의 청구로 서울중앙지방법원 영장전담판사로부터 2016.10.7. 사후 압수수색영장을 발부받았다.

위와 같은 피고인에 대한 긴급체포 사유, 압수·수색의 시각과 경위, 사후 영장의 발부 내역 등에 비추어 보면, 수사기관이 피고인의 주거지에서 긴급 압수한 메트암페타민 4.82g은 긴급체포의 사유가 된 범죄사실 수사에 필요한 범위 내의 것으로서 형사소송법 제217조에 따라 적법하게 압수되었다고 할 것이다 [대판 2017.9.12. 2017도10309].

▶ 압수·수색·검증과 영장주의의 예외

구분	사후영장 필요 여부	요급처분 허용 여부(제220조)
체포·구속 목적의 피의자 수색 (제216조 제1항 제1호)	불요	급속을 요하는 경우 아래 규정 배제(요급처분 허용) ① 책임자참여(제123조 제2항) ② 야간집행 제한(제125조)
체포·구속현장에서의 압수 등 (제216조 제1항 제2호)	압수계속 필요시 지체없이(늦어도 체포시부터 48시간 이내) 청구하여 사후영장 발부받아야 함(제217조 제2항)	
피고인 구속영장 집행시 압수 등 (제216조 제2항)	불요	
범행 중 범행직후 범죄장소에서 압수 등 (제216조 제3항)	지체없이 사후영장 발부받아야 함	
긴급체포된 자에 대한 압수 등 (제217조 제1항)	① 긴급체포후 24시간 이내 영장없이 압수 등 허용 ② 압수계속 필요시 지체없이(늦어도 긴급체포시부터 48시간 이내) 청구하여 사후영장 발부받아야 함(동조 제2항)	요급처분을 허용하는 명문규정이 없음
임의제출물 등에 대한 압수 (제218조)	불요	

7. 압수물의 처리

(1) 압수물의 보관과 폐기

1) 자청보관
압수물은 압수한 기관, 즉 법원 또는 수사기관의 청사로 운반하여 보관하는 것이 원칙이다.

2) 위탁보관
운반 또는 보관에 불편한 압수물에 관하여는 간수자를 두거나 소유자 또는 적당한 자의 승낙을 얻어 보관하게 할 수 있다(제130조 제1항, 제219조). [17 경찰승진]* 사법경찰관이 위탁보관을 하기 위해서는 미리 검사의 지휘를 받아야 한다(제219조 단서).95)

3) 폐기처분
① 위험발생의 염려가 있는 압수물은 폐기할 수 있다(제130조 제2항, 제219조). [18 경찰승진]*
② 법령상 생산·제조·소지·소유 또는 유통이 금지된 압수물로서 부패의 염려가 있거나 보관하기 어려운 압수물은 소유자 등 권한 있는 자의 동의를 받아 폐기할 수 있다(제130조 제3항, 제219조).

> **⚖ 판례 | 금지된 압수물을 폐기하기 위한 요건(반드시 권한 있는 자의 동의 필요)**
>
> 형사소송법은 "법령상 생산·제조·소지·소유 또는 유통이 금지된 압수물로서 부패의 염려가 있거나 보관하기 어려운 압수물은 소유자 등 권한 있는 자의 동의를 받아 폐기할 수 있다."라고 규정하고 있다(제130조 제3항). 따라서 부패의 염려가 있거나 보관하기 어려운 압수물이라 하더라도 법령상 생산·제조·소지·소유 또는 유통이 금지되어 있고, 권한 있는 자의 동의를 받지 못하는 한 이를 폐기할 수 없고, 만약 그러한 요건이 갖추어지지 않았음에도 폐기하였다면 이는 위법하다 [대판 2022.1.14. 2019다282197].

4) 대가보관
① 몰수하여야 할 압수물로서 멸실·파손·부패 또는 현저한 가치 감소의 염려가 있거나 보관하기 어려운 압수물은 매각하여 대가를 보관할 수 있다(제132조 제1항, 제219조). [17 경찰승진]*
② 환부하여야 할 압수물 중 환부를 받을 자가 누구인지 알 수 없거나 그 소재가 불명한 경우로서 그 압수물의 멸실·파손·부패 또는 현저한 가치 감소의 염려가 있거나 보관하기 어려운 압수물은 매각하여 대가를 보관할 수 있다(제132조 제2항, 제219조).

(2) 압수물의 환부와 가환부

1) 의의
① 환부: 압수물을 종국적으로 소유자 등에게 반환하는 것을 말한다.
② 가환부: 압수의 효력을 존속시키면서 압수물을 소유자 등에게 잠정적으로 반환하는 것을 말한다.

> **⚖ 판례 | 환부의 의의와 환부의 상대방(압수당시의 소지인)**
>
> 압수물의 환부는 환부를 받는 자에게 환부된 물건에 대한 소유권 기타 실체법상의 권리를 부여하거나 그러한 권리를 확정하는 것이 아니라 단지 압수를 해제하여 압수 이전의 상태로 환원시키는 것뿐으로서 이는 실체법상의 권리와 관계없이 압수당시의 소지인에 대하여 행하는 것이므로 실체법인 민법(사법)상 권리의 유무나 변동이 압수물의 환부를 받을 자의 절차법인 형사소송법(공법)상 지위에 어떠한 영향을 미친다고는 할 수 없다 [대결(전) 1996.8.16. 94모51].

---

95) 폐기처분, 대가보관의 경우에도 마찬가지이다.

2) 법원의 환부와 가환부

① **법원의 환부**: 압수를 계속할 필요가 없다고 인정되는 압수물은 피고사건 종결 전이라도 결정으로 환부하여야 한다(제133조 제1항 본문). [20 경찰채용, 17 경찰승진, 17 법원9급]* 따라서 압수를 계속할 필요가 있는 증거에 공할 압수물이나 몰수의 대상이 되는 압수물은 환부의 대상이 되지 못한다. 환부는 법원이 직권에 의하여 결정한다. 환부를 할 때에는 미리 검사·피해자·피고인·변호인에게 통지해야 한다(제135조).96) [22 경간부]*

> **판례 | 피고인 등에 대한 통지없이 한 가환부 결정(위법)**
>
> 법원이 압수물의 가환부결정을 함에는 미리 검사 피해자 피고인 또는 변호인에 통지를 한 연후에 하도록 형사소송법 제135조에 규정하고 있는바, 이는 그들로 하여금 압수물의 가환부에 대한 의견을 진술할 기회를 주기 위한 조치라 할 것이므로, 피고인에게 의견을 진술할 기회를 부여하지 아니한 채 가환부결정을 하였음은 위 법조에 위배하여 위법하다 아니할 수 없다 [대결 1980.2.5. 80모3].

② **법원의 가환부**: ㉠ 증거에만 공할 목적으로 압수한 물건으로서 그 소유자 또는 소지자가 계속 사용하여야 할 물건은 사진촬영 기타 원형보존의 조치를 취하고 신속히 가환부하여야 한다(제133조 제2항). ㉡ 증거에 공할 압수물은 소유자·소지자·보관자·제출인의 청구에 의하여 법원의 결정에 의하여 가환부할 수 있다(제133조 제1항 후단).

> **판례 | 제133조 제1항 후단의 '증거에 공할 압수물' 중 가환부의 대상적격(= 임의적 몰수물)**
>
> [1] 형사소송법 제133조 제1항 후단이, 제2항의 '증거에만 공할' 목적으로 압수할 물건과는 따로이 '증거에 공할' 압수물에 대하여 법원의 재량에 의하여 가환부할 수 있도록 규정한 것을 보면 '증거에 공할 압수물'에는 증거물로서의 성격과 몰수할 것으로 사료되는 물건으로서의 성격을 가진 압수물이 포함되어 있다고 해석함이 상당하다. [20 경찰채용, 19 경찰승진, 18 경찰채용, 17 법원9급]*
> [2] 몰수할 것이라고 사료되어 압수한 물건 중 법률의 특별한 규정에 의하여 필요적으로 몰수할 것에 해당하거나 누구의 소유도 허용되지 아니하여 몰수할 것에 해당하는 물건에 대한 압수는 몰수재판의 집행을 보전하기 위하여 한 것이라는 의미도 포함된 것이므로 그와 같은 압수 물건은 가환부의 대상이 되지 않지만, 그 밖의 형법 제48조에 해당하는 물건에 대하여는 이를 몰수할 것인지는 법원의 재량에 맡겨진 것이므로 특별한 사정이 없다면 수소법원이 피고 본안사건에 관한 종국판결에 앞서 이를 가환부함에 법률상의 지장이 없는 것으로 보아야 한다[대결 1998.4.16. 97모25]. [19 경간부, 18 경찰승진, 17 법원9급]*
> **동지판례** 이 사건 약속어음은 범죄행위로 인하여 생긴 위조문서로서 아무도 이를 소유하는 것이 허용되지 않는 물건임이 분명하므로 몰수의 대상이 되고 환부나 가환부를 할 수 없다[대결 1984.7.24. 84모43].

> **판례 | 제133조 제2항의 증거에만 공할 목적으로 압수된 것이 아닌 경우(= 몰수의 대상이기도 한 물건)**
>
> 물건이 피고인에게 대한 관세법 위반 피고사건의 몰수대상이 된다면 그 물건에 대한 본건 압수는 몰수의 집행을 보전하기 위하여 한 것이라는 의미도 포함된 것이라 할 것이며 따라서 이 압수물건은 형사소송법 제133조 제2항 소정의 증거에만 공할 목적으로 압수된 것이 아니라 할 것이므로 위의 규정이 정한바 가환부 대상이 될 수 없는 것이다[대결 1966.1.28. 65모21].

---

96) 이러한 통지절차는 법원의 가환부, 수사기관의 환부와 가환부, 압수장물의 피해자 환부의 경우도 마찬가지이다(제135조).

3) 수사기관의 환부와 가환부

검사 또는 사법경찰관은 사본을 확보한 경우 등 압수를 계속할 필요가 없다고 인정되는 압수물 및 증거에 사용할 압수물에 대하여 공소제기 전이라도 소유자·소지자·보관자 또는 제출인의 청구가 있는 때에는 환부 또는 가환부하여야 한다(제218조의2 제1항·제4항). [22 경찰채용, 22 경간부, 19 경찰승진, 18 경찰채용]* 사법경찰관이 환부 또는 가환부를 하기 위해서는 미리 검사의 지휘를 받아야 한다(제218조의2 제4항 단서). 소유자 등의 환부 또는 가환부 청구에 대해 검사가 이를 거부하는 경우, 신청인은 해당 검사의 소속 검찰청에 대응한 법원에 압수물의 환부 또는 가환부 결정을 청구할 수 있다(제218조의2 제2항). [22 경간부]*

판례 | 가환부해 주어야 하는 경우

[1] 검사는 증거에 사용할 압수물에 대하여 가환부의 청구가 있는 경우 가환부를 거부할 수 있는 특별한 사정이 없는 한 형사소송법 제218조의2 제1항에 의하여 가환부에 응하여야 한다.
[2] 인천세관 특별사법경찰관이 甲 등이 밀수출하기 위해 부산항에서 선적하려다 미수에 그친 자동차를 압수하였는데, 자동차가 乙의 소유로서 렌트차량으로 이용되고 있었고 乙과 밀수출범죄 사이에 아무런 관련성도 없다면 乙의 가환부 청구를 거부할 수 있는 특별한 사정이 있는 경우라고 보기 어려워 검사는 이를 乙에게 가환부해 주어야 한다[대결 2017.9.29, 2017모236]. [20 경찰채용, 18 국가7급]*

판례 | 피압수자가 압수물에 대한 소유권을 포기하거나 환부청구권을 포기한 경우 피압수자의 압수물환부청구권이 소멸하는지의 여부(소극)

피압수자 등 환부를 받을 자가 압수 후 그 소유권을 포기하는 등에 의하여 실체법상의 권리를 상실하더라도 그 때문에 압수물을 환부하여야 하는 수사기관의 의무에 어떠한 영향을 미칠 수 없고 또한 수사기관에 대하여 형사소송법상의 환부청구권을 포기한다는 의사표시를 하더라도 그 효력이 없어 그에 의하여 수사기관의 필요적 환부의무가 면제된다고 볼 수는 없으므로 압수물의 소유권이나 그 환부청구권을 포기하는 의사표시로 인하여 위 환부의무에 대응하는 압수물에 대한 환부청구권이 소멸하는 것은 아니다[대결(전) 1996.8.16, 94모51; 대판 2022.1.14, 2019다282197]. [20 국가7급, 17 변호사, 17 법원9급, 16 경간부, 16 경찰채용]*

판례 | 압수를 계속할 필요가 없는 경우

외국산 물품을 관세장물의 혐의가 있다고 보아 압수하였다 하더라도 그것이 언제, 누구에 의하여 관세포탈된 물건인지 알 수 없어 기소중지처분을 한 경우에는 그 압수물은 관세장물이라고 단정할 수 없어 이를 국고에 귀속시킬 수 없을 뿐만 아니라 압수를 더 이상 계속할 필요도 없다[대결(전) 1996.8.16, 94모51]. [20 경찰채용]*
<동지판례> 세관이 외국산시계를 관세장물의 혐의가 있다고 하여 압수하였던 것을 검사가 그것이 관세포탈품인지를 확인할 수 없어 그 사건을 기소중지처분을 한 경우[대결 1988.12.14, 88모55]. [18 경찰승진]*

▶ **압수물의 환부와 가환부**

주체		대상	청구의 요부	재량·의무
법원	환부	압수를 계속할 필요가 없다고 인정되는 압수물	청구불요	의무
	가환부	① 증거에만 공할 목적으로 압수한 물건 ② 증거에 공할 압수물	① 청구불요 ② 청구필요	① 의무 ② 재량
수사기관	환부·가환부	① 사본을 확보한 경우 등 압수를 계속할 필요가 없다고 인정되는 압수물 ② 증거에 사용할 압수물	①② 청구필요	의무

4) 환부와 가환부의 효력

① **환부의 효력**: 환부의 경우 압수는 그 효력을 상실한다. 그러나 압수물의 환부는 압수의 효력을 해제하여 압수 이전의 상태로 환원시키는 효력만 있을 뿐이므로 환부를 받은 자에게 소유권 기타 실체법상 권리를 확인하거나 창설하는 효력은 없다. 압수한 서류 또는 물품에 대하여 법원의 몰수의 선고가 없는 때에는 압수를 해제한 것으로 간주한다(제332조). [16 경찰승진]*

> **판례 | 압수해제된 물건을 다시 압수할 수 있는 경우**
>
> 범인으로부터 압수한 물품에 대하여 몰수의 선고가 없어 그 압수가 해제된 것으로 간주된다고 하더라도 공범자에 대한 범죄수사를 위하여 여전히 그 물품의 압수가 필요하다거나 공범자에 대한 재판에서 그 물품이 몰수될 가능성이 있다면 검사는 그 압수해제된 물품을 다시 압수할 수도 있다[대결 1997.1.9. 96모34]. [20 국가7급]*
>
> **판례해설** 압수가 해제된 후에도 압수가 필요하면 다시 압수할 수 있다는 취지의 판례이다.

② **가환부의 효력**: 가환부의 경우 압수의 효력은 그대로 유지된다. 따라서 가환부를 받은 자는 보관의무를 지며, 법원 또는 수사기관의 요구가 있으면 이를 제출할 의무가 있다[대결 1994.8.18. 94모42]. [19 경간부]* 가환부한 장물에 대하여 별단의 선고가 없는 때에는 환부의 선고가 있는 것으로 간주한다(제333조 제3항).

(3) 압수장물의 피해자 환부

① **종국재판 전의 피해자 환부**: 압수한 장물은 피해자에게 환부할 이유가 명백한 때에는 피고사건 또는 피의사건 종결 전이라도 법원 결정 또는 수사기관의 처분으로 피해자에게 환부할 수 있다(제134조, 제219조). [22 경간부, 20 경간부, 17 경찰승진, 17 국가7급]* 수사기관이 장물을 처분하였을 때에는 그 대가로 취득한 것을 피해자에게 교부하여야 한다(제219조, 제333조 제2항).

② **종국재판시의 피해자 환부**: 압수한 장물로서 피해자에게 환부할 이유가 명백한 것은 판결로써 피해자에게 환부하는 선고를 하여야 한다(제333조 제1항). [18 경찰채용, 16 경찰승진]* 장물을 처분하였을 때에는 판결로써 그 대가로 취득한 것을 피해자에게 교부하는 선고를 하여야 한다(동조 제2항). 가환부한 장물에 대하여 별단의 선고가 없는 때에는 환부의 선고가 있는 것으로 간주한다(동조 제3항). [19 경찰승진]* 압수장물의 피해자 환부는 이해관계인이 민사소송절차에 의하여 그 권리를 주장함에 영향을 미치지 아니한다(동조 제4항). [20 경간부, 16 경찰승진]*

> **판례 | 압수장물의 피해자 환부의 요건인 '환부할 이유가 명백한 때'에 해당하지 않는 경우**
>
> 형사소송법 제134조 소정의 '환부할 이유가 명백한 때'라 함은 사법상 피해자가 그 압수된 물건의 인도를 청구할 수 있는 권리가 있음이 명백한 경우를 의미하고 위 인도청구권에 관하여 사실상, 법률상 다소라도 의문이 있는 경우에는 환부할 명백한 이유가 있는 경우라고는 할 수 없다[대결 1984.7.16. 84모38].

> **판례 | 장물의 처분대가의 교부와 관련한 판례**
>
> 장물을 처분하여 그 대가로 취득한 압수물은 몰수할 것이 아니라 피해자에게 교부하여야 할 것이다[대판 1969.1.21. 68도1672].

(4) 압수처분에 대한 불복방법

1) 법원의 결정에 대한 불복(항고)

법원의 압수나 압수물의 환부에 관한 결정에 대해서는 보통항고로 불복할 수 있다(제403조 제2항).

2) 재판장 또는 수명법관의 재판에 대한 불복(준항고)

재판장 또는 수명법관의 압수 또는 압수물의 환부에 관한 재판에 불복이 있으면 그 법관 소속의 법원에 준항고로 불복할 수 있다(제416조 제1항).

3) 수사기관의 처분에 대한 불복(준항고)

검사 또는 사법경찰관의 압수 또는 압수물의 환부에 관한 처분에 대하여 불복이 있으면 그 직무집행지의 관할법원 또는 검사의 소속검찰청에 대응하는 법원에 준항고로 불복할 수 있다(제417조).

Ⅱ 수사상 검증

1. 의의

(1) 개념

수사상의 검증이란 사람·장소·물건의 성질·형상을 오관(五官)[97]의 작용에 의하여 인식하는 수사기관의 강제처분을 말한다. 수사상의 검증은 영장에 의함을 원칙으로 한다.[98]

(2) 구별개념

실황조사	실황조사는 수사실무상 행하여지는 것으로서 수사상의 검증과 실질적으로 동일한 기능을 가지고 있으나 임의수사로서 영장을 요하지 않는다.
법원(판사)의 검증	수소법원이 증거조사로서 행하는 검증(제139조)과 증거보전을 위하여 수임판사가 행하는 검증(제184조)이 있으며 영장을 요하지 아니한다.
승낙검증	승낙검증은 임의수사에 해당한다.

2. 검증의 대상과 내용

① 검증의 대상: 오관의 작용에 의하여 인식가능한 것이면 모두 검증의 대상이 된다.
② 검증의 내용: 검증을 함에는 신체의 검사·사체의 해부·분묘의 발굴·물건의 파괴 기타 필요한 처분을 할 수 있다(제219조, 제140조).

3. 검증의 절차

수사상의 검증에는 원칙적으로 영장주의가 적용되며, 검증영장의 청구절차 등은 압수·수색에 관한 규정이 준용된다(제219조).

4. 신체검사

(1) 의의

신체검사는 신체 자체를 검사의 대상으로 하며 원칙적으로 검증으로서의 성질을 갖는다(예 피의자의 지문을 채취, 신체의 문신 확인). 그러나 혈액검사나 X선 촬영 등 전문적 지식과 경험을 요하는 신체검사는 감정에 해당한다. 신체검사는 신체외부와 착의에서 증거물을 찾는 신체수색과 구별된다.

(2) 절차

신체검사는 검증영장에 의하여야 하나, 체포·구속현장이나 긴급체포시에는 영장없이 신체검사를 할 수 있다(제216조, 제217조). 체포·구속된 피의자의 지문 또는 족형의 채취, 신장측정도 영장없이 할 수 있다.

---

97) 시각, 청각, 후각, 미각, 촉각의 다섯 가지 감각기관을 말한다.
98) 이하에서는 수사기관의 검증을 설명하고 증거조사의 일종으로 행하여지는 법원의 검증은 증거조사에서 후술하기로 한다.

(3) 방법

신체의 검사에 관하여는 검사를 받는 사람의 성별, 나이, 건강상태, 그 밖의 사정을 고려하여 그 사람의 건강과 명예를 해하지 아니하도록 주의하여야 한다(제141조 제1항). 피고인 아닌 사람의 신체검사는 증거가 될 만한 흔적을 확인할 수 있는 현저한 사유가 있는 경우에만 할 수 있다(동조 제2항). 여자의 신체를 검사하는 경우에는 의사나 성년의 여자를 참여하게 하여야 한다(동조 제3항).

5. 체내신체검사

(1) 의의

체내신체검사란 신체의 내부에 대한 수사기관의 강제처분을 말한다.

(2) 체내수색

구강내·질내·항문내 등 신체내부에 대한 수색은 신체검사의 성질도 가지고 있으므로 압수·수색영장 이외에 검증영장에 의하여야 한다.

(3) 연하물의 강제배출

① 연하물(嚥下物)의 강체배출이라 함은 입으로 삼킨 물건을 구토제 등을 사용하여 강제로 배출하게 하는 것을 말한다.
② 미국의 판례는 양심에 대한 충격이며 적정절차의 위반이라고 판시한 바 있다(인격권 기준설). 그러나 연하물에 대한 압수의 필요성이 현저하고, 압수대상의 존재가 명백하고, 피검사자의 건강을 침해하지 않는 범위에서는 허용된다고 보아야 한다(다수설).
③ 강제처분에 필요한 영장의 종류에 대하여는 견해가 나뉘어져 있다.[99]

6. 강제채혈[100]

> **판례 | 수사기관이 피의자의 동의 없이 혈액을 취득·보관하는 방법**
>
> 수사기관이 범죄 증거를 수집할 목적으로 피의자의 동의 없이 피의자의 혈액을 취득·보관하는 행위는 법원으로부터 감정처분허가장을 받아 형사소송법 제221조의4 제1항, 제173조 제1항에 의한 '감정에 필요한 처분'으로도 할 수 있지만, 형사소송법 제219조, 제106조 제1항에 정한 압수의 방법으로도 할 수 있고, 압수의 방법에 의하는 경우 혈액의 취득을 위하여 피의자의 신체로부터 혈액을 채취하는 행위는 그 혈액의 압수를 위한 것으로서 형사소송법 제219조, 제120조 제1항에 정한 '압수영장의 집행에 있어 필요한 처분'에 해당한다[대판 2012.11.15. 2011도15258]. [18 경찰채용. 18 국가9급]*
>
> [관련판례] [1] 수사기관이 범죄 증거를 수집할 목적으로 피의자의 동의 없이 피의자의 소변을 채취하는 것은 법원으로부터 감정허가장을 받아 형사소송법 제221조의4 제1항, 제173조 제1항에서 정한 '감정에 필요한 처분'으로 할 수 있지만(피의자를 병원 등에 유치할 필요가 있는 경우에는 형사소송법 제221조의3에 따라 법원으로부터 감정유치장을 받아야 한다), 형사소송법 제219조, 제106조 제1항, 제109조에 따른 압수·수색의 방법으로도 할 수 있다. 이러한 압수·수색의 경우에도 수사기관은 원칙적으로 형사소송법 제215조에 따라 판사로부터 압수·수색영장을 적법하게 발부받아 집행해야 한다.
> 압수·수색의 방법으로 소변을 채취하는 경우 압수대상물인 피의자의 소변을 확보하기 위한 수사기관의 노력에도 불구하고, 피의자가 인근 병원 응급실 등 소변 채취에 적합한 장소로 이동하는 것에 동의하지 않거나 저항하는 등 임의동행을 기대할 수 없는 사정이 있는 때에는 수사기관으로서는 소변 채취에 적합한 장소로 피의자를 데려가기 위해서 필요 최소한의 유형력을 행사하는 것이 허용된다. [23 변호사]*

---

99) 압수·수색영장설, 압수·수색영장과 검증영장설, 압수·수색영장과 감정허가장설이 있다.
100) 강제채혈시에 필요한 영장에 대하여도 견해가 나뉘어져 있으나 판례를 정리해 두는 것으로 족하다고 본다.

[2] 피고인이 메트암페타민(일명 '필로폰')을 투약하였다는 마약류 관리에 관한 법률 위반(향정) 혐의에 관하여, 피고인의 소변(30cc), 모발(약 80수), 마약류 불법사용 도구 등에 대한 압수·수색·검증영장을 발부받은 다음 경찰관이 피고인의 주거지를 수색하여 사용 흔적이 있는 주사기 4개를 압수하고, 위 영장에 따라 3시간가량 소변과 모발을 제출하도록 설득하였음에도 피고인이 계속 거부하면서 자해를 하자 이를 제압하고 수갑과 포승을 채운 뒤 강제로 병원 응급실로 데리고 가 응급구조사로 하여금 피고인의 신체에서 소변(30cc)을 채취하도록 하여 이를 압수한 사안에서, 피고인의 소변에 대한 압수영장 집행이 적법하다고 본 사례[대판 2018.7.12. 2018도6219].

판례 | 호흡측정 결과에 오류가 있다고 인정되는 경우 경찰관이 음주운전 혐의를 밝히기 위하여 자발적인 동의에 의한 혈액채취에 의한 음주측정이 위법한지 여부(소극)

[1] 구 도로교통법(2014.12.30. 법률 제12917호로 개정되기 전의 것, 이하 같다) 제44조 제2항, 제3항, 제148조의2 제1항 제2호의 입법연혁과 내용 등에 비추어 보면, 구 도로교통법 제44조 제2항, 제3항은 음주운전 혐의가 있는 운전자에게 수사를 위한 호흡측정에도 응할 것을 간접적으로 강제하는 한편 혈액채취 등의 방법에 의한 재측정을 통하여 호흡측정의 오류로 인한 불이익을 구제받을 수 있는 기회를 보장하는 데 취지가 있으므로, 이 규정들이 음주운전에 대한 수사방법으로서의 혈액채취에 의한 측정의 방법을 운전자가 호흡측정 결과에 불복하는 경우에만 한정하여 허용하려는 취지의 규정이라고 해석할 수는 없다.

[2] 음주운전에 대한 수사 과정에서 음주운전 혐의가 있는 운전자에 대하여 구 도로교통법(2014.12.30. 법률 제12917호로 개정되기 전의 것) 제44조 제2항에 따른 호흡측정이 이루어진 경우에는 그에 따라 과학적이고 중립적인 호흡측정 수치가 도출된 이상 다시 음주측정을 할 필요성은 사라졌으므로 운전자의 불복이 없는 한 다시 음주측정을 하는 것은 원칙적으로 허용되지 아니한다. 그러나 운전자의 태도와 외관, 운전 행태 등에서 드러나는 주취 정도, 운전자가 마신 술의 종류와 양, 운전자가 사고를 야기하였다면 경위와 피해 정도, 목격자들의 진술 등 호흡측정 당시의 구체적 상황에 비추어 호흡측정기의 오작동 등으로 인하여 호흡측정 결과에 오류가 있다고 인정할 만한 객관적이고 합리적인 사정이 있는 경우라면 그러한 호흡측정 수치를 얻은 것만으로는 수사의 목적을 달성하였다고 할 수 없어 추가로 음주측정을 할 필요성이 있으므로, 경찰관이 음주운전 혐의를 제대로 밝히기 위하여 운전자의 자발적인 동의를 얻어 혈액채취에 의한 측정의 방법으로 다시 음주측정을 하는 것을 위법하다고 볼 수는 없다. 이 경우 운전자가 일단 호흡측정에 응한 이상 재차 음주측정에 응할 의무까지 당연히 있다고 할 수는 없으므로, 운전자의 혈액채취에 대한 동의의 임의성을 담보하기 위하여는 경찰관이 미리 운전자에게 혈액채취를 거부할 수 있음을 알려주었거나 운전자가 언제든지 자유로이 혈액채취에 응하지 아니할 수 있었음이 인정되는 등 운전자의 자발적인 의사에 의하여 혈액채취가 이루어졌다는 것이 객관적인 사정에 의하여 명백한 경우에 한하여 혈액채취에 의한 측정의 적법성이 인정된다[대판 2015.7.9. 2014도16051].

관련판례 [1] 도로교통법 제41조 제2항, 제3항의 해석상, 운전자의 신체 이상 등의 사유로 호흡측정기에 의한 측정이 불가능 내지 심히 곤란하거나 운전자가 처음부터 호흡측정기에 의한 측정의 방법을 불신하면서 혈액채취에 의한 측정을 요구하는 경우 등에는 호흡측정기에 의한 측정의 절차를 생략하고 바로 혈액채취에 의한 측정으로 나아가야 할 것이고, 이와 같은 경우라면 호흡측정기에 의한 측정에 불응한 행위를 음주측정불응으로 볼 수 없다.
[2] 특별한 이유 없이 호흡측정기에 의한 측정에 불응하는 운전자에게 경찰공무원이 혈액채취에 의한 측정방법이 있음을 고지하고 그 선택 여부를 물어야 할 의무가 있다고는 할 수 없다[대판 2002.10.25. 2002도4220]. [18 경찰채용]*

III 수사상의 감정처분

(1) 의의
감정인이 감정에 관하여 필요한 때에 판사의 허가를 얻어 신체검사, 사체해부 등의 강제처분을 하는 것을 말한다.

(2) 절차

1) 허가의 청구
감정의 위촉을 받은 자는 감정처분을 하기 위하여 판사의 허가를 얻어야 한다(제221조의4 제1항). 판사에 대한 허가청구는 검사가 하여야 한다(동조 제2항). 판사는 청구가 상당하다고 인정할 때에는 허가장을 발부하여야 한다(동조 제3항).

2) 감정처분
① 판사로부터 감정처분허가장을 받은 검사는 이를 감정인에게 교부하고, 이를 교부받은 감정인은 처분을 받은 자에게 이를 제시한 후 처분을 행하여야 한다(제221조의4 제4항, 제173조 제3항).
② 감정인은 타인의 주거·간수자 있는 가옥·건조물·항공기·선차 내에 들어갈 수 있고, 신체의 검사·사체의 해부·분묘의 발굴·물건의 파괴를 할 수 있다(제221조의4 제1항, 제173조 제1항). 감정인은 처분을 받는 자에게 감정처분허가장을 제시하여야 한다(제221조의4 제1항, 제173조 제3항). 검증의 신체검사에 관한 규정 및 시각의 제한 규정이 준용된다(제221조의4 제2항, 제173조 제5항, 제141조, 제143조).

제4절 수사상의 증거보전과 증인신문

I 수사상의 증거보전

1. 의의와 인정취지

(1) 의의

수사상의 증거보전이란 공판정에서 정상적인 증거조사를 할 때까지 기다려서는 그 증거의 사용이 불가능하거나 현저히 곤란하게 될 염려가 있는 경우에 청구권자의 청구에 의하여 판사가 미리 증거를 조사하고 그 결과를 보전하여 두는 제도를 말한다.

(2) 인정취지

증거보전절차는 검사도 이용이 가능하나 특히 강제처분권이 없는 피의자·피고인에게 유리한 증거를 수집·보전할 수 있는 기회를 보장한다는 점에서 의미가 크다.

2. 증거보전의 요건

(1) 증거보전의 필요성

증거보전은 미리 증거를 보전하지 아니하면 그 증거를 사용하기 곤란한 사정, 즉 '증거보전의 필요성'이 있을 때에 할 수 있다(제184조 제1항). [19 국가9급, 18 변호사]* '증거를 사용 곤란'에는 공판정에서 해당 증거의 증거조사가 곤란한 경우(예 증거물의 멸실·분산, 증인의 사망임박·질병·해외이주)뿐만 아니라 증명력의 변화가 예상되는 경우(예 진술의 변경가능성이 있는 경우)도 포함된다.

(2) 청구시기

증거보전은 제1회 공판기일 전에 한하여 이를 청구할 수 있다(제184조 제1항). [20 경찰승진, 19 경찰승진, 19 경간부, 19 국가9급, 18 변호사, 18 경찰승진, 18 경찰채용, 17 경찰승진, 16 경찰승진, 16 경간부, 16 경찰채용]* 수사단계는 물론 공소제기 후라도 제1회 공판기일 전이면 가능하다. 제1회 공판기일 후에는 수소법원이 직접 증거조사를 할 수 있으므로 증거보전의 필요가 없다. 모두절차가 종료한 후에는 수소법원의 증거조사가 가능하므로 결국 제1회 공판기일 전이란 모두절차가 끝난 때까지를 의미한다.

> **판례 | 증거보전의 청구가능시기(제1심 제1회 공판기일 전에 한하여 허용) - 재심청구사건 허용 X**
>
> 증거보전이란 제1심 제1회 공판기일 전에 한하여 허용되는 것이므로 재심청구사건에서는 증거보전절차는 허용되지 아니한다[대결 1984.3.29. 84모15]. [20 경간부, 17 경찰채용, 16 경찰승진]*

3. 증거보전의 절차

(1) 증거보전의 청구

1) **청구권자**
   ① 청구권자는 검사·피의자·피고인·변호인이다(제184조 제1항). [20 경찰승진, 20 경간부, 19 경찰승진, 18 경찰채용, 17 경찰승진, 16 경찰승진, 16 경간부, 16 경찰채용]*
   ② 변호인의 청구권은 피의자·피고인의 명시한 의사에 반해서 행사할 수 있는 독립대리권이다.

> **판례 | 증거보전의 청구권자에 해당하지 않는 경우(피고인 또는 피의자가 형사입건되기 전인 경우)**
>
> 형사소송법 184조에 의한 증거보전은 피고인 또는 피의자가 형사입건도 되기 전에 청구할 수는 없다[대판 1979.6.12. 79도792]. [19 경찰승진, 16 경간부]*

2) **청구의 방식**
   증거보전의 청구는 관할 지방법원판사에게 하여야 하며(규칙 제91조 제1항), 서면으로 사유를 소명하여야 한다(제184조 제3항). [20 경찰승진, 19 경찰승진, 19 경간부, 17 경찰승진, 16 경찰승진, 16 경찰채용]*

3) **청구의 내용**
   증거보전으로 청구할 수 있는 것은 압수·수색·검증·증인신문·감정이다(제184조 제1항). [20 경찰승진, 19 경찰승진, 19 경간부, 18 경찰승진, 18 경찰채용, 17 경찰승진]*

> **판례 | 증거보전절차에서 피고인신문 또는 피의자신문을 청구할 수 있는지의 여부(소극)**
>
> 피의자신문 또는 피고인신문에 해당하는 사항을 증거보전의 방법으로 청구할 수 없다[대판 1979.6.12. 79도792]. [20 경간부, 19 경간부, 18 경찰승진, 16 경간부]*

> **판례 | 수사단계에서 검사가 증거보전을 위하여 필요적 공범관계에 있는 공동피고인을 증인으로 신문할 수 있는지의 여부(적극)**
>
> 공동피고인과 피고인이 뇌물을 주고받은 사이로 필요적 공범관계에 있다고 하더라도 검사는 수사단계에서 피고인에 대한 증거를 미리 보전하기 위하여 필요한 경우에는 판사에게 (필요적 공범관계에 있는) 공동피고인을 증인으로 신문할 것을 청구할 수 있다[대판 1988.11.8. 86도1646]. [20 경간부, 19 경찰승진, 18 변호사, 18 경찰채용, 17 변호사, 17 국가7급, 17 경찰채용, 16 경찰승진, 16 경간부]*
>
> [판례해설] 공판절차에서 변론이 분리되지 않은 공범인 공동피고인들의 경우를 제외하고, 공범자들 상호간에 증인적격이 인정된다는 대법원의 기본입장을 고려하면 위 판례의 결론은 당연하다.
>
> [관련판례] **(공범인 경우 소송절차분리 후 증인적격 인정)** 공범인 공동피고인은 당해 소송절차에서는 피고인의 지위에 있어 다른 공동피고인에 대한 공소사실에 관하여 증인이 될 수 없으나, 소송절차가 분리되어 피고인의 지위에서 벗어나게 되면 다른 공동피고인에 대한 공소사실에 관하여 증인이 될 수 있다[대판 2012.12.13. 2010도10028]. [23 변호사, 22 경간부]*
>
> [기출지문] 공무원인 甲은 건설회사 대표 乙에게 자신이 속한 부서가 관장하는 관급공사를 수주할 수 있게 해주겠다고 약속하고, 그 대가로 乙로부터 돈을 받았다. 검사는 수사단계에서 甲에 대한 증거를 미리 보전하기 위하여 필요한 경우라도 甲과 乙은 필요적 공범이므로 판사에게 乙을 증인으로 신문할 것을 청구할 수 없다. (×)

📌 판례 | ※참고※ 공범인 공동피고인의 증인적격 유무(= 소송절차가 분리되면 인정)101)

1. [1] 공범인 공동피고인은 당해 소송절차에서는 피고인의 지위에 있으므로 다른 공동피고인에 대한 공소사실에 관하여 증인이 될 수 없으나, 소송절차가 분리되어 피고인의 지위에서 벗어나게 되면 다른 공동피고인에 대한 공소사실에 관하여 증인이 될 수 있다.
   [2] 게임장의 종업원이 그 운영자와 함께 게임산업진흥에 관한 법률 위반죄의 공범으로 기소되어 공동피고인으로 재판을 받던 중, 운영자에 대한 공소사실에 관한 증인으로 증언한 내용과 관련하여 위증죄로 기소된 사안에서, 소송절차가 분리되지 않은 이상 위 종업원은 증인적격이 없어 위증죄가 성립하지 않는다고 한 사례[대판 2008.6.26, 2008도3300]. [22 경간부, 19, 17, 16, 14, 13, 12 변시]*

2. 피고인의 지위에 있는 공동피고인은 다른 공동피고인에 대한 공소사실에 관하여 증인이 될 수 없으나, 소송절차가 분리되어 피고인의 지위를 벗어나게 되면 다른 공동피고인에 대한 공소사실에 관하여 증인이 될 수 있고 이는 대향범인 공동피고인의 경우에도 다르지 않다[대판 2012.3.29, 2009도11249]. [18, 16 변시]*

3. 소송절차가 분리된 공범인 공동피고인에 대하여 증인적격을 인정하고 그 자신의 범죄사실에 대하여 신문한다 하더라도 피고인으로서의 진술거부권 내지 자기부죄거부특권을 침해한다고 할 수 없으므로 증인신문절차에서 증언거부권이 고지되었음에도 불구하고 피고인이 자기의 범죄사실에 대하여 증언거부권을 행사하지 아니한 채 허위로 진술하였다면 위증죄가 성립된다[대판 2012.10.11, 2012도6848].

(2) 증거보전의 처분

1) 지방법원 판사의 결정과 불복

청구를 받은 판사는 청구가 적법하고 또 증거보전의 필요성이 인정되면 별도의 결정없이 증거보전을 한다. 청구가 부적법하거나 필요없다고 인정되면 청구기각결정을 한다. 청구기각결정에 대하여는 3일 이내에 항고할 수 있다(제184조 제4항). [20 경간부, 20 국가9급, 19 경간부, 19 국가9급, 18 변호사, 18 경찰승진, 18 경찰채용, 17 경찰승진, 17 국가7급, 16 경찰승진]*

2) 판사의 권한

증거보전의 청구를 받은 판사는 법원 또는 재판장과 동일한 권한이 있다(제184조 제2항). [20 경찰승진, 18 경찰승진, 16 경찰승진]* 따라서 판사는 증인신문의 전제가 되는 소환을 할 수 있고, 영장을 발부하여 구인, 압수·수색·검증·감정, 증인신문을 할 수 있으며, 증인신문을 할 때에는 검사·피의자·피고인·변호인의 참여권을 보장해 주어야 한다(제184조 제3항, 제163조 등).

📌 판례 | 증거보전절차의 증인신문을 할 때 당사자의 참여권을 보장하지 않은 상태에서 작성한 증인신문조서의 증거능력 유무

1. **(원칙적으로 증거능력이 없음)** 증거보전절차에서 증인신문을 하면서 증인신문의 일시와 장소를 피의자 및 변호인에게 미리 통지하지 아니하여 증인신문에 참여할 수 있는 기회를 주지 아니하였고 또 변호인이 제1심 공판기일에 증인신문조서의 증거조사에 관하여 이의신청을 하였다면 증인신문조서는 증거능력이 없다 할 것이고, 그 증인이 후에 법정에서 그 조서의 진정성립을 인정한다 하여도 다시 그 증거능력을 취득한다고 볼 수도 없다[대판 1992.2.28, 91도2337]. [17 경찰채용, 16 경간부]*

2. **(예외적으로 증거능력 인정: 피고인 측이 증거로 할 수 있음에 동의하여 별다른 이의없이 적법하게 증거조사를 거친 경우)** 판사가 증거보전절차로 증인신문을 하는 경우에는 검사, 피의자 또는 변호인에게 증인신문의 시일과 장소를 미리 통지하여 증인신문에 참여할 수 있는 기회를 주어야 하나, 참여의 기회를 주지 아니한 경우라도 피고인과 변호인이 증인신문조서를 증거로 할 수 있음에 동의하여 별다른 이의없이 적법하게 증거조사를 거친 경우에는 증인신문조서는 증인신문절차가 위법하였는지의 여부에 관계없이 증거능력이 부여된다[대판 1988.11.8, 86도1646]. [23 변호사, 18 국가9급]*

---

101) 교과서(기본서)의 목차 순서에 따르면 해당 주제는 공판절차에 수록되어 경찰채용과 간부의 시험 범위가 아니다. 그러나 출제기관은 위 판례를 출제하고 있으므로 반드시 숙지해야 한다. 증거파트를 이해하는 출발점이 되는 판례이다.

4. 증거보전 후의 절차

(1) 서류·물건의 보전과 열람·등사권
증거보전에 의하여 압수한 물건 또는 작성한 조서(증인신문조서 등)는 증거보전을 한 판사가 속하는 법원에 보관한다. 검사·피고인·피의자 또는 변호인은 판사의 허가를 얻어서 그 서류와 증거물을 열람 또는 등사할 수 있다(제185조). [19 경찰승진, 19 경간부, 16 경찰채용]*

(2) 조서의 증거능력
증거보전절차에서 작성된 조서는 법관의 면전조서로서 당연히 증거능력이 인정된다(제311조 단서).

Ⅱ 수사상의 증인신문

1. 의의
증인신문청구는 참고인이 출석 또는 진술을 거부하는 경우에 제1회 공판기일 전에 한하여 검사의 청구에 의하여 판사가 그를 증인으로 신문하고 그 증언을 보전하는 대인적 강제처분을 말한다(제221조의2).

2. 증인신문청구의 요건과 청구시기

(1) 증인신문청구의 요건
① 범죄의 수사에 없어서는 아니될 사실을 안다고 명백히 인정되는 자가 출석 또는[102] 진술을 거부하는 경우이다(제221조의2 제1항).[103] [20 경찰승진]*
② 범죄의 수사에 없어서는 아니될 사실에는 범죄 그 자체의 성립 여부에 관한 사실뿐만 아니라 정상, 양형, 기소·불기소처분에 중요한 영향을 미치는 사실도 포함된다.
③ 범죄의 수사에 없어서는 아니될 사실을 안다고 명백히 인정되는 자란 피의자의 소재를 알고 있는 자나 범죄의 증명에 없어서는 아니될 사실을 알고 있는 참고인의 소재를 알고 있는 자도 포함된다. 다만, 피의자는 여기에 해당하지 않는다. 또한 증인신문의 대상은 비대체적 지식이므로 감정인은 여기에 포함되지 않는다.
④ 출석 또는 진술거부가 정당한 이유가 있는 경우에도 증인신문의 청구가 가능하다. 따라서 증언거부권이 있는 자에 대하여도 증인신문을 청구할 수 있다.

(2) 청구시기
제1회 공판기일 전에 한하여 증인신문을 청구할 수 있다. [16 경간부]* 제1회 공판기일 전인 이상 공소제기 전후를 불문한다. 제1회 공판기일 전이란 모두절차가 끝난 때까지를 의미한다.

3. 증인신문의 절차

(1) 증인신문의 청구
증인신문청구는 증거보전과는 달리 '검사만' 할 수 있다(제221조의2 제1항). 증인신문을 청구함에는 판사에게 서면으로 그 사유를 소명하여야 한다(제221조의2 제3항). [20 경찰승진]*

---

102) 따라서 출석한 경우에도 진술을 거부하는 경우 증인신문청구가 가능하다.
103) (주의) 이전의 형사소송법은 제221조의2 제2항에서 '진술번복의 염려가 있는 경우'에도 증인신문을 청구할 수 있도록 규정하고 있었다. 그러나 헌법재판소는 동조항에 대하여 적극적 진실주의만을 강조한 과도한 입법수단이라는 이유로 위헌결정을 하였으며, 2007년 개정 형사소송법은 헌재결정의 취지를 반영하여 동조항을 삭제하였다.

(2) 증인신문

1) 청구의 심사 및 결정
판사는 청구가 적법하고 요건이 구비되었는지를 심사하여 인정되면 별도의 결정 없이 증인신문을 하여야 한다. 심사결과 청구가 부적법하거나 요건이 구비되지 않은 경우 청구기각결정을 한다. 청구기각결정에 대하여는 불복할 수 없다.

2) 판사의 권한
증인신문청구를 받은 판사는 법원 또는 재판장과 동일한 권한이 있다(제221조의2 제4항). [16 경찰승진]* 따라서 판사의 증인신문에는 법원 또는 재판장의 증인신문규정이 그대로 적용된다.

3) 당사자의 참여권
판사는 검사의 청구에 따라 증인신문기일을 정한 때에는 피고인·피의자 또는 변호인에게 이를 통지하여 증인신문에 참여할 수 있도록 하여야 한다(제221조의2 제5항). [20 경찰승진, 18 변호사, 16 경찰승진]*

4. 증인신문 후의 절차

(1) 증인신문조서의 검사에의 송부
증인신문을 한 때에는 판사는 지체없이 이에 관한 서류를 검사에게 송부하여야 한다(제221조의2 제6항). [20 경찰승진, 18 국가7급]* 이 증인신문조서는 피의자 등에게 열람등사권이 인정되지 아니한다.

(2) 증인신문조서의 증거능력
증인신문조서는 법관의 면전조서로서 당연히 증거능력이 인정된다(제311조 단서).

▶ 증거보전 vs 참고인에 대한 증인신문

구분	증거보전	증인신문
공통점	① 제1회 공판기일 전까지 청구 가능 ② 수임판사에 의하여 행하여지며 판사의 권한도 동일함 ③ 청구한 자의 소명을 요함 ④ 작성된 조서는 당연히 증거능력이 인정됨 ⑤ 당사자의 참여권이 인정됨	
요건	미리 증거보전을 하지 않으면 그 증거를 사용하기 곤란한 사정	참고인의 출석 또는 진술의 거부
청구권자	검사, 피고인, 피의자, 변호인	검사
청구내용	압수·수색·검증·감정·증인신문	증인신문
작성된 조서	증거보전을 한 판사소속 법원이 보관	검사에게 송부
열람등사권	인정	부정
판사의 결정에 대한 불복	즉시항고	불복불가

제3장 수사의 종결

제1절 수사기관의 사건처리

I 사법경찰관의 수사사건 처리

1. 검사에게 사건의 송치 또는 불송치(사법경찰관의 1차적 수사종결)

> **제245조의5(사법경찰관의 사건송치 등)** 사법경찰관은 고소·고발 사건을 포함하여 범죄를 수사한 때에는 다음 각 호의 구분에 따른다.
> 1. (송치) 범죄의 혐의가 있다고 인정되는 경우에는 지체 없이 검사에게 사건을 송치하고, 관계 서류와 증거물을 검사에게 송부하여야 한다.
> 2. (불송치) 그 밖의 경우(즉 범죄의 혐의가 있다고 인정되는 경우가 아닌 경우)에는 그 이유를 명시한 서면과 함께 관계 서류와 증거물을 지체 없이 검사에게 송부하여야 한다. 이 경우 검사는 송부받은 날부터 90일 이내에 사법경찰관에게 반환하여야 한다.104)

① 송치사건: 검사는 송치사건의 공소제기 여부 결정 또는 공소의 유지에 관하여 필요한 경우 사법경찰관에게 보완수사를 요구할 수 있다(제197조의2 제1항 제1호).
② 불송치사건: 불송치사건의 경우 고소인 등의 이의신청이나 검사의 재수사요청이 없으면 수사가 종결된다.

2. 불송치사건의 고소인 등에의 통지와 고소인 등의 이의신청

> **제245조의6(고소인 등에 대한 송부통지)** 사법경찰관은 제245조의5 제2호(불송치)의 경우에는 그 송부한 날부터 7일 이내에 서면으로 고소인·고발인·피해자 또는 그 법정대리인(피해자가 사망한 경우에는 그 배우자·직계친족·형제자매를 포함한다)에게 사건을 검사에게 송치하지 아니하는 취지와 그 이유를 통지하여야 한다.
>
> **제245조의7(고소인 등의 이의신청)** ① 제245조의6의 통지를 받은 사람(고발인을 제외한다)은 해당 사법경찰관의 소속 관서의 장에게 이의를 신청할 수 있다. 〈개정 2022.5.9.〉 [23 경간부]*
> ② 사법경찰관은 제1항의 신청이 있는 때에는 지체 없이 검사에게 사건을 송치하고 관계 서류와 증거물을 송부하여야 하며, 처리결과와 그 이유를 제1항의 신청인에게 통지하여야 한다.

3. 불송치사건에 대한 검사의 재수사요청

> **제245조의8(재수사요청 등)** ① 검사는 제245조의5 제2호의 경우에 사법경찰관이 사건을 송치하지 아니한 것이 위법 또는 부당한 때에는 그 이유를 문서로 명시하여 사법경찰관에게 재수사를 요청할 수 있다.
> ② 사법경찰관은 제1항의 요청이 있는 때에는 사건을 재수사하여야 한다(의무적 사항임).

---

104) 사법경찰관은 법 제245조의5 제2호 및 이 영 제51조 제1항 제3호에 따라 불송치 결정을 하는 경우 불송치의 이유를 적은 불송치 결정서와 함께 압수물 총목록, 기록목록 등 관계 서류와 증거물을 검사에게 송부해야 한다(검사와 사법경찰관의 상호협력과 일반적 수사준칙에 관한 규정 제62조 제1항). [23 경간부]*

II 검사의 사건처리

1. 수사의 종결

검사가 사법경찰관으로부터 송치받은 사건 또는 직접 수사한 사건에 대하여 검사가 공소제기 여부를 결정할 수 있을 정도로 범죄의 혐의유무가 가려지면 수사과정은 종결할 수 있는 상태가 되며, 검사가 공소를 제기하거나 제기하지 않음으로써 수사는 종결된다. 그러나 공소를 제기한 후에도 검사는 공소유지를 위하여 수사를 할 수 있으며, 불기소처분 후에도 수사를 재개할 수 있다.

2. 검사의 사건처리(검찰사건사무규칙 제98조 등) [20 경찰승진, 19 경간부, 18 경간부, 17 변호사]*

공소제기			검사는 수사결과 범죄의 객관적 혐의가 충분하고 소송조건을 구비하여 유죄판결을 받을 수 있다고 인정되면 공소를 제기한다(제246조).
불기소처분	협의의 불기소처분	혐의없음	범죄 인정안됨: 피의사실이 범죄를 구성하지 않거나 피의사실이 인정되지 않는 경우
			증거불충분: 피의사실을 인정할 만한 충분한 증거가 없는 경우
		죄가안됨	피의사실이 범죄구성요건에 해당하나 법률상 범죄의 성립을 조각하는 사유(위법성조각사유나 책임조각사유)가 있어 범죄를 구성하지 아니하는 경우
		공소권없음	친고죄나 반의사불벌죄에서 소추조건이 흠결된 경우
		각하	고소·고발 제한규정 위반시(예 子가 父를 고소한 경우)
	기소유예		피의사실이 인정되나 형법 제51조 각 호의 사항을 참작하여 소추할 필요가 없는 경우
기소중지			검사가 피의자의 소재불명 또는 참고인중지의 결정의 사유가 아닌 사유로 수사를 종결할 수 없는 경우 그 사유가 해소될 때까지 내리는 처분
참고인중지			검사가 참고인·고소인·고발인 또는 같은 사건 피의자의 소재불명으로 수사를 종결할 수 없는 경우 그 사유가 해소될 때까지 내리는 처분
이송			검사가 공수처법에 따라 고위공직자범죄수사처에 이첩하는 경우 등
송치			타관송치(관할법원에 대응하는 검찰청검사에게 송치), 소년보호사건 송치, 가정보호사건 송치, 성매매보호사건 송치, 아동보호사건 송치

> **판례 | 불기소처분을 한 후 공소제기를 할 수 있는지 여부(= 공소시효 완성 전이면 가능)**
>
> 검사의 불기소처분에는 확정재판에 있어서의 확정력과 같은 효력이 없어 일단 불기소처분을 한 후에도 공소시효가 완성되기 전이면 언제라도 공소를 제기할 수 있다[대판 2009.10.29, 2009도6614]. [23 경간부]*

III 검사의 처분통지

1. 고소·고발 사건의 처리와 통지

(1) 고소·고발 사건의 처리

검사가 고소·고발에 의하여 범죄를 수사할 때에는 고소·고발을 수리한 날로부터 3월 이내에 수사를 완료하여 공소제기 여부를 결정하여야 한다(제257조). [20 경찰승진]*

(2) 고소인·고발인에 대한 처분고지

검사는 고소·고발 사건에 관하여 공소를 제기하거나 제기하지 아니하는 처분, 공소의 취소 또는 타관송치를 한 때에는 그 처분을 한 날로부터 7일 이내에 서면으로 고소인·고발인에게 그 취지를 통지하여야 한다(제258조 제1항). [19 경간부, 18 경찰승진, 17 국가9급]*

(3) 공소부제기처분의 이유 고지

검사는 고소·고발 사건에 관하여 공소를 제기하지 아니하는 처분을 한 경우에 고소인·고발인의 청구가 있는 때에는 7일 이내에 고소인·고발인에게 그 이유를 서면으로 설명하여야 한다(제259조). [18 경찰승진]*

2. 피의자에 대한 통지

검사는 불기소처분 또는 타관송치를 한 때에는 피의자에게 즉시 그 취지를 통지하여야 한다(제258조 제2항). [19 경간부, 17 국가9급, 16 경찰승진]*

3. 피해자에 대한 통지

검사는 범죄로 인한 피해자 또는 그 법정대리인(피해자가 사망한 경우에는 그 배우자·직계친족·형제자매를 포함한다)의 신청이 있는 때에는 당해 사건의 공소제기여부, 공판의 일시·장소, 재판결과, 피의자·피고인의 구속·석방 등 구금에 관한 사실 등을 신속하게 통지하여야 한다(제259조의2). [18 경찰승진, 17 국가7급, 17 국가9급, 16 법원9급]*

제2절 불기소처분에 대한 불복

I 검찰항고

1. 의의

검사의 불기소처분에 대하여 검찰청법에 근거하여 불복을 신청하는 제도를 말한다.

2. 내용

(1) 항고

검사의 불기소처분에 불복하는 고소인이나 고발인은 그 검사가 속한 지방검찰청 또는 지청을 거쳐 서면으로 관할 고등검찰청 검사장에게 항고할 수 있다(검찰청법 제10조 제1항 본문). [20 경찰승진, 18 국가9급]*

(2) 재항고

고등검찰청이 항고를 기각하는 처분에 불복하거나 항고를 한 날부터 항고에 대한 처분이 이루어지지 아니하고 3개월이 지났을 때에는 항고인(형사소송법상 재정신청을 할 수 있는 자, 즉 고소인과 형법 제123조 내지 제126조의 죄에 대한 고발인은 제외)은 그 검사 소속 고등검찰청을 거쳐 서면으로 대검찰청 검찰총장에게 재항고할 수 있다(제10조 제3항 본문).

Ⅱ 재정신청

1. 의의
재정신청이란 검사가 불기소처분을 한 경우 고소인 또는 고발인이 신청하여 고등법원의 결정으로 검찰에 공소제기를 강제시키는 제도를 말한다(제260조 이하). [19 경찰승진, 18 경간부, 17 경찰승진]*

2. 재정신청 절차

(1) 신청권자와 그 대상

1) **재정신청권자** [19 경찰채용, 18 경찰승진, 16 경찰승진]*

검사로부터 불기소처분의 통지를 받은 고소인, 고발인이다. 고소인은 모든 범죄에 대하여 신청할 수 있으나,105) 고발인은 형법 제123조(직권남용), 제124조(불법체포, 불법감금), 제125조(폭행, 가혹행위), 제126조(피의사실공표)의 죄에 대하여만 할 수 있다. 다만, 제126조의 피의사실공표죄 경우에는 피공표자의 명시한 의사에 반하여 재정신청을 할 수 없다(제260조 제1항). 재정신청은 대리인에 의해서도 가능하다(제264조 제1항).

2) **재정신청의 대상**
① 재정신청의 대상은 불기소처분이다. 불기소처분의 이유에는 제한이 없으므로 협의의 불기소처분은 물론 기소유예처분에 대해서도 재정신청을 할 수 있다. [20 경간부, 17 법원9급, 16 국가9급]*
② 검사의 공소제기나 공소취소는 불기소처분이 아니므로 재정신청의 대상이 되지 아니한다.

> **판례 | 재정신청이 허용되지 않는 경우**
>
> 1. **(검사가 내사종결처리한 경우)** 검사가 진정사건을 내사 후 내사종결처리한 경우 위 내사종결처리는 고소 또는 고발사건에 대한 불기소처분이라고 볼 수 없어 재정신청의 대상이 되지 아니한다[대결 1991.11.5. 91모68]. [20 경찰승진]*
> 2. **(불기소처분 당시 공소시효가 완성되어 공소권이 없는 경우)** 검사의 불기소처분 당시의 공소시효가 완성되어 공소권이 없는 경우에는 위 불기소처분에 대한 재정신청은 허용되지 않는다[대결 1990.7.16. 90모34].

(2) 재정신청의 방법과 효력

1) **검찰항고전치주의**
① 재정신청인이 재정신청을 하려면 검찰청법 제10조에 따른 항고를 거쳐야 한다(제260조 제2항 본문). [20 경간부, 18 경간부, 16 경간부]*
② 예외: ㉠ 검사가 공소시효 만료일 30일 전까지 공소를 제기하지 아니하는 경우, ㉡ (검찰)항고 신청 후 항고에 대한 처분이 행하여지지 아니하고 3개월이 경과한 경우, ㉢ 항고 이후 재기수사가 이루어진 다음에 다시 공소를 제기하지 아니한다는 통지를 받은 경우에는 검찰항고를 거치지 않고 바로 재정신청을 제기할 수 있다(제260조 제2항 단서). [20 경찰승진, 19 경찰승진, 17 변호사]*

2) **재정신청의 기간 및 방법**
① 재정신청을 하려는 자는 (검찰)항고의 기각결정을 통지받은 날 또는 검찰항고전치주의의 예외 사유가 발생한 날부터 10일 이내에 지방검찰청 검사장 또는 지청장에게 재정신청서를 제출하여야 한다. 다만, 제260조 제2항 제3호의 경우(검사가 공소시효 만료일 30일 전까지 공소를 제기하지 아니하는 경우)에는 공소시효 만료일 전날까지 재정신청서를 제출할 수 있다(제260조 제3항).

---

105) 구 형사소송법은 고소인의 재정신청 대상 범죄를 고발인과 마찬가지로 제한하고 있었으나 현행 형사소송법은 모든 범죄로 확대하였다.

> **판례 | 재정신청서 제출(재소자의 특칙이 적용되지 않음, 도달주의 적용)**
>
> 재정신청서에 대하여는 형사소송법에 제344조 제1항과 같은 재소자 특례규정이 없으므로 재정신청서는 같은 법 제260조 제2항[개정법 제3항]이 정하는 기간 안에 불기소처분을 한 검사가 소속한 지방검찰청의 검사장 또는 지청장에게 도달하여야 하고, 설령 구금 중인 고소인이 재정신청서를 재정신청 기간 안에 교도소장 또는 그 직무를 대리하는 사람에게 제출하였다 하더라도 재정신청서가 위의 기간 안에 불기소처분을 한 검사가 소속한 지방검찰청의 검사장 등에게 도달하지 아니한 이상 이를 적법한 재정신청서의 제출이라고 할 수 없다[대결 1998.12.14. 98모127]. [23 변호사, 18 경찰채용]*
>
> **관련판례** 재정신청 기각결정에 대한 재항고나 그 재항고 기각결정에 대한 즉시항고로서의 재항고에 대한 법정기간의 준수 여부는 도달주의 원칙에 따라 재항고장이나 즉시항고장이 법원에 도달한 시점을 기준으로 판단하여야 하고, 거기에 재소자 피고인 특칙은 준용되지 아니한다고 해석함이 타당하다[대결(전) 2015.7.16. 2013모2347]. [19 변호사, 19 경찰채용, 19 국가9급, 17 국가9급]*

② 재정신청서에는 재정신청의 대상이 되는 사건의 범죄사실 및 증거 등 재정신청을 이유있게 하는 사유를 기재하여야 한다(제260조 제4항).

> **판례 | 재정신청 제기기간 경과 후에 재정신청 대상을 추가할 수 있는지의 여부(소극)**
>
> 재정신청 제기기간이 경과된 후에 재정신청보충서를 제출하면서 원래의 재정신청에 재정신청 대상으로 포함되어 있지 않은 고발사실을 재정신청의 대상으로 추가한 경우, 그 재정신청보충서에서 추가한 부분에 관한 재정신청은 법률상 방식에 어긋난 것으로서 부적법하다[대결 1997.4.22. 97모30]. [23 변호사]*

3) 재정신청의 효력

재정신청이 있으면 고등법원의 재정결정이 확정될 때까지 공소시효의 진행이 정지된다(제262조의4 제1항). [23 변호사, 18 변호사, 18 경찰승진, 18 경찰채용, 18 국가9급, 17 법원9급]*

재정신청권자가 수인인 경우에 공동신청권자 중 1인의 신청은 그 전원을 위하여 효력이 발생한다(제264조 제1항). [20 경간부, 19 국가9급, 18 경찰승진, 18 경찰채용, 16 경찰승진, 16 국가9급]*

4) 재정신청의 취소

재정신청은 고등법원의 재정결정이 있을 때까지 취소할 수 있다. 취소한 자는 다시 재정신청을 할 수 없다(제264조 제2항). 재정신청의 취소는 다른 공동신청권자에게 효력이 미치지 아니한다(동조 제3항). [20 경찰승진, 20 경간부, 18 경찰승진, 16 경찰승진, 16 국가9급]*

(3) 지방검찰청 검사장·지청장의 처리

1) 검찰항고를 거친 경우

재정신청서를 제출받은 지방검찰청 검사장 또는 지청장은 재정신청서를 제출받은 날부터 7일 이내에 재정신청서·의견서·수사 관계 서류 및 증거물을 관할 고등검찰청을 경유하여 관할 고등법원에 송부하여야 한다(제261조 본문).

2) 검찰항고전치주의의 예외의 경우

신청이 이유 있는 것으로 인정하는 때에는 즉시 공소를 제기하고 그 취지를 관할 고등법원과 재정신청인에게 통지하고, 신청이 이유 없는 것으로 인정하는 때에는 30일 이내에 재정신청서·의견서·수사 관계 서류 및 증거물을 관할 고등법원에 송부한다(제261조 단서).

3. 고등법원의 심리와 결정[106]

(1) 고등법원의 심리

1) 관할

재정신청사건은 불기소처분을 한 검사 소속의 지방검찰청 소재지를 관할하는 고등법원의 관할에 속한다(제260조 제1항).

2) 심리의 방법

① 관할 고등법원은 재정신청서를 송부받은 때에는 송부받은 날부터 10일 이내에 피의자 및 재정신청인에게 그 사실을 통지하여야 한다(제262조 제1항, 규칙 제120조).
② 법원은 재정신청서를 송부받은 날부터 3개월 이내에 항고의 절차에 준하여 재정결정을 하여야 한다(제262조 제2항 본문). 이 경우 필요한 때에는 증거를 조사할 수 있다(제262조 제2항 단서). [18 경찰승진, 17 국가9급]*

3) 심리의 비공개

재정신청사건의 심리는 특별한 사정이 없는 한 공개하지 아니한다(제262조 제3항).

4) 열람, 등사의 제한

재정신청사건의 심리 중에는 관련 서류 및 증거물을 열람 또는 등사할 수 없다. [19 경간부, 19 국가9급, 17 법원9급]* 다만, 법원은 증거조사과정에서 작성된 서류의 전부 또는 일부의 열람 또는 등사를 허가할 수 있다(제262조의2).

(2) 재정결정

1) 기각결정

① 재정신청이 법률상의 방식에 위배하거나 이유 없는 때에는 신청을 기각한다(제262조 제2항 제1호). [18 경간부]* 법률상의 방식에 위배되는 때란 신청기간의 경과, 신청권자가 아닌 자의 신청 등을 말하고, 재정신청이 이유 없는 때란 검사의 불기소처분이 정당한 경우를 말한다.

> **판례 | 재정신청을 기각할 수 있는 경우**
>
> 검사의 무혐의 불기소처분이 위법하다 하더라도 기록에 나타난 여러 가지 사정을 고려하여 기소유예의 불기소처분을 할 만한 사건이라고 인정되는 경우에는 재정신청을 기각할 수 있다[대결 1997.4.22. 97모30]. [19 경간부, 18 경찰채용, 17 경찰승진]*

② 재정신청을 기각하는 결정이 확정된 사건에 대하여는 다른 중요한 증거를 발견한 경우를 제외하고는 검사는 소추하지 못한다(제262조 제4항 단서). [20 변호사, 17 경간부]*

> **판례 | 소추가 제한되는 '재정신청 기각결정이 확정된 사건'의 의미**
>
> 다른 중요한 증거를 발견한 경우를 제외하고는 소추할 수 없도록 규정한 형사소송법 제262조 제4항 후문에서 말하는 '제2항 제1호의 결정(재정신청 기각결정)이 확정된 사건'은 재정신청사건을 담당하는 법원에서 공소제기의 가능성과 필요성 등에 관한 심리와 판단이 현실적으로 이루어져 재정신청 기각결정의 대상이 된 사건만을 의미하므로, 재정신청 기각결정의 대상이 되지 않은 사건은 '제2항 제1호의 결정이 확정된 사건'이라고 할 수 없고, 설령 재정신청 기각결정의 대상이 되지 않은 사건이 고소인의 고소내용에 포함되어 있었다 하더라도 이와 달리 볼 수 없다[대판 2015.9.10. 2012도14755]. [19 법원9급, 18 경찰승진, 17 변호사]*

---

[106] 재정신청절차의 법적 구조는 수사절차가 아닌 재판절차이지만 공소제기 전의 절차이며 수사와 유사한 성격을 가지고 있으므로 당사자가 대립하는 소송구조의 절차가 아니라 밀행성의 원칙과 직권주의가 지배하는 소송절차로 보는 것이 일반적이다.

> ### ⚖ 판례 | '다른 중요한 증거를 발견한 경우'의 의미
>
> 형사소송법 제262조 제4항 후문은 재정신청 기각결정이 확정된 사건에 대하여는 다른 중요한 증거를 발견한 경우를 제외하고는 소추할 수 없다고 규정하고 있다. 여기에서 '다른 중요한 증거를 발견한 경우'란 재정신청 기각결정 당시에 제출된 증거에 새로 발견된 증거를 추가하면 충분히 유죄의 확신을 가지게 될 정도의 증거가 있는 경우를 말한다. 따라서 단순히 재정신청 기각결정의 정당성에 의문이 제기되거나 범죄피해자의 권리를 보호하기 위하여 형사재판절차를 진행할 필요가 있는 정도의 증거가 있는 경우는 여기에 해당하지 않는다. 그리고 관련 민사판결에서의 사실인정 및 판단은, 그러한 사실인정 및 판단의 근거가 된 증거자료가 새로 발견된 증거에 해당할 수 있음은 별론으로 하고, 그(판단) 자체가 새로 발견된 증거라고 할 수는 없다[대판 2018.12.28, 2014도17182]. [23 변호사]*

2) 공소제기결정

① 재정신청이 이유 있는 때에는 사건에 대한 공소제기를 결정한다(제262조 제2항 제2호). 공소제기결정을 한 때에는 즉시 그 정본과 사건기록을 재정신청인·피의자와 관할 지방검찰청 검사장 또는 지청장에게 송부하여야 한다(제262조 제5항).

② 공소제기결정이 있는 때에는 공소시효에 관하여 그 결정이 있는 날에 공소가 제기된 것으로 본다(제262조의4 제2항). [18 경찰채용, 18 국가9급]*

(3) 재정결정에 대한 불복 [20 경간부, 19 경간부, 18 경간부, 17 경찰채용, 17 법원9급, 17 국가9급]*

고등법원의 재정신청기각결정에 대해서는 즉시항고(재항고의 의미임)할 수 있으나, 공소제기결정에 대하여는 불복할 수 없다(제262조 제4항 본문).

> ### ⚖ 판례 | 공소제기결정의 잘못을 그 본안사건에서 다툴 수 있는지의 여부(원칙적 소극)
>
> 1. 법원이 재정신청서에 재정신청을 이유 있게 하는 사유가 기재되어 있지 않음에도 이를 간과한 채 형사소송법 제262조 제2항 제2호 소정의 공소제기결정을 한 관계로 그에 따른 공소가 제기되어 본안사건의 절차가 개시된 후에는, 다른 특별한 사정이 없는 한 이제 그 본안사건에서 위와 같은 잘못을 다툴 수 없다[대판 2010.11.11, 2009도224]. [19 경찰승진, 17 경찰승진]*
>
> 2. 재정법원이 형사소송법 제262조 제2항 제2호에 위반하여 재정신청의 대상인 고소사실이 아닌 사실에 대하여 공소제기결정을 한 관계로 그에 따른 공소가 제기되어 본안사건의 절차가 개시된 후에는, 다른 특별한 사정이 없는 한 이제 그 본안사건에서 위와 같은 잘못을 다툴 수는 없다. 그렇지 아니하고 위와 같은 잘못을 본안사건에서 다툴 수 있다고 한다면 이는 재정신청에 대한 인용결정에 불복할 수 없도록 한 법 제262조 제4항의 규정취지에 위배하여 형사소송절차의 안정성을 해칠 우려가 있기 때문이다. 또한 위와 같은 잘못은 본안사건에서 공소사실 자체에 대하여 무죄, 면소, 공소기각 등을 할 사유에 해당하는지를 살펴 무죄 등의 판결을 함으로써 그 잘못을 바로잡을 수 있는 것이다. 뿐만 아니라 본안사건에서 심리한 결과 범죄사실이 유죄로 인정되는 때에는 이를 처벌하는 것이 오히려 형사소송의 이념인 실체적 정의를 구현하는 데 보다 충실하다는 점도 고려하여야 한다[대판 2010.11.25, 2009도3563]. [23 변호사, 19 경찰채용, 19 국가9급, 19 법원9급]*
>
> **동지판례** 법원이 재정신청서를 송부받음에도 송부받은 날부터 형사소송법 제262조 제1항에서 정한 기간 안에 피의자에게 그 사실을 통지하지 아니한 채 형사소송법 제262조 제2항 제2호에서 정한 공소제기결정을 하였다고 하더라도, 그에 따른 공소가 제기되어 본안사건의 절차가 개시된 후에는 다른 특별한 사정이 없는 한 본안사건에서 위와 같은 잘못을 다툴 수 없다(* 저자주 - 본안사건에서 검사는 공소제기가 법률의 규정에 위반되어 무효인 때에 해당한다고 하여 공소를 기각하여야 한다는 주장을 할 수 없다)[대판 2017.3.9, 2013도16162].

4. 검사의 공소제기

(1) 검사의 공소제기
고등법원으로부터 공소제기를 결정한 재정결정서를 송부받은 관할 지방검찰청 검사장 또는 지청장은 지체 없이 담당 검사를 지정하고 지정받은 검사는 공소를 제기하여야 한다(제262조 제6항).[107]

(2) 공소취소의 제한
검사는 고등법원의 공소제기결정에 따라 공소를 제기한 때에는 이를 취소할 수 없다(제264조의2). [19 경간부, 19 경찰채용, 19 국가7급, 18 경찰채용, 17 변호사, 17 경찰승진, 16 국가9급]* 공소제기결정에 따라 제기한 공소를 검사가 임의로 취소할 수 있도록 한다면 재정신청 제도의 취지가 무의미하게 되기 때문이다.

5. 재정신청의 비용부담

(1) 재정신청 절차에 의하여 생긴 비용
법원은 재정신청 기각결정 또는 재정신청의 취소가 있는 경우에는 결정으로 재정신청인에게 '신청절차에 의하여 생긴 비용'의 전부 또는 일부를 부담하게 할 수 있다(제262조의3 제1항). [19 경찰승진, 19 경간부, 18 경간부, 17 국가9급]* 이 결정에 대하여는 즉시항고를 할 수 있다(동조 제3항). [19 경간부, 18 경찰채용]*

(2) 피의자가 재정신청 절차에서 부담한 비용 등
법원은 직권 또는 피의자의 신청에 따라 재정신청인에게 '피의자가 재정신청절차에서 부담하였거나 부담할 변호인선임료 등 비용'의 전부 또는 일부의 지급을 명할 수 있다(제262조의3 제2항). [18 경찰채용, 16 경찰승진]* 이 결정에 대하여는 즉시항고를 할 수 있다(동조 제3항).

Ⅲ 헌법소원

1. 의의
공권력의 행사 또는 불행사로 인하여 헌법상 기본권을 침해받은 자는 헌법소원을 청구할 수 있는데, 검사의 불기소처분은 '공권력의 행사'에 해당하므로 이에 불복하는 자는 헌법소원을 청구할 수 있다(헌법재판소법 제68조 제1항).

2. 헌법소원의 요건

(1) 자기관련성, 직접성, 현재성
헌법소원은 헌법상 보장된 자기의 기본권이 직접적, 현실적으로 침해된 경우에 청구할 수 있다.

(2) 보충성
다른 법률에 구제절차가 있는 경우 그러한 절차를 모두 거친 후가 아니면 헌법소원을 청구할 수 없다.

(3) 법원의 재판
법원의 재판에 대하여는 헌법소원을 청구할 수 없다(헌법재판소법 제68조 제1항).

---

107) 구 형사소송법상의 준기소절차(準起訴節次)의 경우 법원의 부심판결정에 의하여 공소제기가 의제되었으나, 현행 형사소송법상의 재정신청의 경우 법원의 공소제기결정이 있는 경우에 검사로 하여금 공소제기를 하도록 강제한다는 점에서 차이가 있다.

3. 청구권자

(1) 청구권자에 해당하지 않는 경우

① 고소인은 모든 범죄에 대하여 재정신청이 가능하므로 보충성요건을 구비할 수 없게 되어 헌법소원을 청구할 수 없으며, 재정결정을 받은 고소인은 법원의 재판에 대한 헌법소원은 금지되므로 헌법소원을 청구할 수 없다.
② 고발인은 자기의 기본권이 침해된 경우가 아니므로 헌법소원을 청구할 수 없다.

> **판례 | 헌법소원심판을 청구할 수 없는 자**
>
> 1. **(재정신청에 의하여 법원의 재판을 받은 경우)** 검사의 불기소처분에 불복하여 재정신청 절차를 거침으로써 그 불기소처분에 대하여 이미 법원의 재판을 받은 경우에는 그 법원의 재판이 위헌으로 결정된 법령을 적용한 것이어서 예외적으로 헌법소원심판의 대상이 되어 그 재판 자체가 취소되는 경우에 한하여 그 불기소처분이 헌법소원의 대상이 될 수 있고, 그 재판이 취소되지 않은 이상 그 불기소처분 자체는 헌법소원심판의 대상이 되지 아니한다[헌재 2009.11.17. 2009헌마603].
> 2. **(범죄의 피해자가 아닌 고발인)** 범죄피해자가 아닌 고발인에게는 개인적 주관적인 권리나 재판절차에서의 진술권 따위의 기본권이 허용될 수 없으므로 검사가 자의적으로 불기소처분을 하였다고 하여 달리 특별한 사정이 없으면 헌법소원심판 청구의 요건인 자기관련성이 없다[헌재 1989.12.22. 89헌마145]. [23 경간부]*
> 3. **(불기소처분의 대상이 된 범죄가 공소시효가 완성된 경우)**

> **판례 | 헌법소원심판을 청구할 수 없는 경우**
>
> 불기소처분의 대상이 된 피의사실에 대한 공소시효가 완성된 경우 그 불기소처분에 대한 헌법소원심판청구는 권리보호의 이익이 없어 부적합하다[헌재 1989.7.28. 89헌마65]. [23 경간부]*

(2) 청구권자에 해당하는 경우

> **판례 | 헌법소원심판을 청구할 수 있는 자**
>
> 1. **(고소하지 않은 피해자)** 범죄피해자는 그가 고소를 제기한 바 없었어도 검사의 불기소처분에 대하여 헌법소원심판을 청구할 자격이 있는 한편, 그는 고소인이 아니므로 불기소처분에 대하여 검찰청법에 정한 항고, 재항고의 제기에 의한 구제를 받을 방법이 없고 '고소권자로서 고소한 자'에 해당하지 않아 형사소송법 제260조 제1항 소정의 재정신청 절차를 취할 수도 없으므로 곧바로 헌법소원심판을 청구할 수 있다[헌재 2008.11.27. 2008헌마399]. [23 경간부, 17 국가9급]*
> 2. **(무죄가 가능함에도 기소유예처분을 받은 피의자)** 수사미진의 잘못은 기소유예처분의 결정에 영향을 미침으로써 피의자인 청구인의 평등권과 행복추구권을 침해하였다 할 것이다[헌재 2012.7.26. 2010헌마642]. [23 경간부, 16 변호사]*

Ⅳ 행정소송

> **판례 | 검사의 불기소처분 또는 공소제기 등에 대하여 행정소송을 제기할 수 있는지의 여부(소극)**
>
> 1. 검사의 불기소처분이나 그에 대한 항고 또는 재항고결정에 대하여는 행정소송을 제기할 수 없다[대판 1989.10.10. 89누2271].
> 2. 검사의 공소에 대하여는 형사소송절차에 의하여서만 이를 다툴 수 있고 행정소송의 방법으로 공소의 취소를 구할 수는 없다[대판 2000.3.28. 99두11264].

제3절 공소제기 후의 수사

1. 의의

공소제기 후의 수사는 법원의 심리에 지장을 줄 수 있고 피고인의 당사자적 지위를 위협할 수 있으므로 그 허용범위가 문제된다.

2. 공소제기 후의 강제수사

> **판례 | 공소제기 후 피고사건에 대한 강제처분 등의 권한(= 수소법원의 권한에 속함) – 공소제기 후 수소법원 이외의 지법판사로부터 발부받은 영장에 의한 압수수색은 위법**
>
> 1. [1] 공소가 제기된 후에는 그 피고사건에 관한 형사절차의 모든 권한이 사건을 주재하는 수소법원의 권한에 속하게 되며, 수사의 대상이던 피의자는 검사와 대등한 당사자인 피고인으로서의 지위에서 방어권을 행사하게 되므로, 공소제기 후 구속·압수·수색 등 피고인의 기본적 인권에 직접 영향을 미치는 강제처분은 원칙적으로 수소법원의 판단에 의하여 이루어지지 않으면 안된다. [19 경간부, 17 국가7급]*
>   [2] 형사소송법은 제215조에서 검사가 압수·수색 영장을 청구할 수 있는 시기를 공소제기 전으로 명시적으로 한정하고 있지는 아니하나, 헌법상 보장된 적법절차의 원칙과 재판받을 권리, 공판중심주의·당사자주의·직접주의를 지향하는 현행 형사소송법의 소송구조, 관련 법규의 체계, 문언 형식, 내용 등을 종합하여 보면, 일단 공소가 제기된 후에는 피고사건에 관하여 검사로서는 형사소송법 제215조에 의하여 압수·수색을 할 수 없다고 보아야 하며, 그럼에도 검사가 공소제기 후 형사소송법 제215조에 따라 수소법원 이외의 지방법원 판사에게 청구하여 발부받은 영장에 의하여 압수·수색을 하였다면, 그와 같이 수집된 증거는 기본적 인권 보장을 위해 마련된 적법한 절차에 따르지 않은 것으로서 원칙적으로 유죄의 증거로 삼을 수 없다[대판 2011.4.28, 2009도10412]. [23 변호사, 20 경찰승진, 19 경간부, 18 경간부, 18 경찰채용, 18 법원9급, 17 경찰승진, 17 경간부, 17 국가9급, 16 변호사, 16 국가7급, 16 경찰승진, 16 경찰채용]*
> 2. 공소제기된 피고인의 구속상태를 계속 유지할 것인지 여부에 관한 판단은 전적으로 당해 수소법원의 전권에 속하는 것이다 [대결 1997.11.27, 97모88]. [19 경찰승진, 17 경찰승진]*

3. 공소제기 후의 임의수사

(1) 원칙적 허용

공소제기 후에도 공소유지를 위하여 또는 공소유지여부를 결정하기 위하여 수사가 필요한 이상 임의수사는 원칙적으로 허용된다. 따라서 참고인 조사, 감정·통역·번역의 위촉과 공무소등에 조회는 1회 공판기일 전후를 불문하고 허용된다. 다만, 다음과 같은 경우 허용성이 문제된다.

(2) 피고인 신문

> **판례 | 공소제기 후 검사가 작성한 피고인에 대한 진술조서의 증거능력**
>
> 검사 작성의 피고인에 대한 진술조서가 공소제기 후에 작성된 것이라는 이유만으로는 곧 그 증거능력이 없다고 할 수 없다. [대판 1984.9.25, 84도1646]. [19 경찰승진, 18 변호사, 17 경찰승진, 16 경찰승진, 16 경간부]*

(3) 공판정에서 증언한 증인에 대한 참고인 조사

판례 | 증언을 마친 증인을 검사가 소환한 후 피고인에게 유리한 증언내용을 추궁하여 일방적으로 번복시키는 방식으로 작성한 참고인진술조서 등의 증거능력 유무(= 증거로 할 수 있음에 동의하지 않는 한 증거능력이 없음), 소환한 증인을 상대로 위증혐의를 조사한 내용을 담은 피신조서도 동일함

공판준비 또는 공판기일에서 이미 증언을 마친 증인을 검사가 소환한 후 피고인에게 유리한 증언 내용을 추궁하여 이를 일방적으로 번복시키는 방식으로 작성한 진술조서를 유죄의 증거로 삼는 것은 당사자주의·공판중심주의·직접주의를 지향하는 현행 형사소송법의 소송구조에 어긋나는 것일 뿐만 아니라, 헌법 제27조가 보장하는 기본권, 즉 법관의 면전에서 모든 증거자료가 조사·진술되고 이에 대하여 피고인이 공격·방어할 수 있는 기회가 실질적으로 부여되는 재판을 받을 권리를 침해하는 것이므로, 이러한 진술조서는 피고인이 증거로 할 수 있음에 동의하지 아니하는 한 증거능력이 없고, 그 후 원진술자인 종전 증인이 다시 법정에 출석하여 증언을 하면서 그 진술조서의 성립의 진정함을 인정하고 피고인 측에 반대신문의 기회가 부여되었다고 하더라도 그 증언 자체를 유죄의 증거로 할 수 있음은 별론으로 하고 위와 같은 진술조서의 증거능력이 없다는 결론은 달리할 것이 아니다. 이는 검사가 공판준비 또는 공판기일에서 이미 증언을 마친 증인에게 수사기관에 출석할 것을 요구하여 그 증인을 상대로 위증의 혐의를 조사한 내용을 담은 피의자신문조서의 경우도 마찬가지이다[대판 2013.8.14. 2012도13665]. [23 변호사, 20 변호사, 20 경찰승진, 19 경찰승진, 19 국가9급, 18 국가9급, 17 변호사, 17 국가7급, 17 경찰승진, 17 경간부, 16 국가7급, 16 경찰승진]*

동지판례 [1] 검사가 공판준비기일 또는 공판기일에서 이미 증언을 마친 증인을 소환하여 피고인에게 유리한 증언 내용을 추궁한 다음 진술조서를 작성하는 대신 그로 하여금 본인의 증언 내용을 번복하는 내용의 진술서를 작성하도록 하여 법원에 제출한 경우에도 마찬가지로 적용된다[대판 2012.6.14. 2012도534]. [17 변호사]*

[2] 제1심에서 피고인에 대하여 무죄판결이 선고되어 검사가 항소한 후, 수사기관이 항소심 공판기일에 증인으로 신청하여 신문할 수 있는 사람을 특별한 사정 없이 미리 수사기관에 소환하여 작성한 진술조서는 피고인이 증거로 할 수 있음에 동의하지 않는 한 증거능력이 없다. 검사가 공소를 제기한 후 참고인을 소환하여 피고인에게 불리한 진술을 기재한 진술조서를 작성하여 이를 공판절차에 증거로 제출할 수 있게 한다면, 피고인과 대등한 당사자의 지위에 있는 검사가 수사기관으로서의 권한을 이용하여 일방적으로 법정 밖에서 유리한 증거를 만들 수 있게 하는 것이므로 당사자주의·공판중심주의·직접심리주의에 반하고 피고인의 공정한 재판을 받을 권리를 침해하기 때문이다.
위 참고인이 나중에 법정에 증인으로 출석하여 위 진술조서의 성립의 진정을 인정하고 피고인 측에 반대신문의 기회가 부여된다 하더라도 위 진술조서의 증거능력을 인정할 수 없음은 마찬가지이다.
위 참고인이 법정에서 위와 같이 증거능력이 없는 진술조서와 같은 취지로 피고인에게 불리한 내용의 진술을 한 경우, 그 진술에 신빙성을 인정하여 유죄의 증거로 삼을 것인지는 증인신문 전 수사기관에서 진술조서가 작성된 경위와 그것이 법정진술에 영향을 미쳤을 가능성 등을 종합적으로 고려하여 신중하게 판단하여야 한다[대판 2019.11.28. 2013도6825]. [23 변호사]*

기출지문 검사가 공판기일에서 이미 증언을 마친 증인을 소환하여 피고인에게 유리한 증언 내용을 추궁한 다음 그로 하여금 본인의 증언 내용을 번복하는 내용의 진술서를 작성하도록 하여 법원에 제출한 경우, 이러한 진술서는 피고인이 증거로 할 수 있음에 동의하여도 증거능력이 없다. (×)

MEMO

해커스경찰
police.Hackers.com

제3편

증거

제1장 증거와 증거능력 판단
제2장 증명력 판단

제1장 증거와 증거능력 판단

제1절 증거의 의의와 종류

1. 증거의 의의

(1) 증거법의 지도이념

사실의 인정은 증거에 의하여야 한다(제307조 제1항). 사실이란 실체적 진실을 의미하며, 증거법은 바로 사실을 합리적으로 인정하기 위한 제도로서 증거법의 지도이념은 실체적 진실의 발견에 있다.

(2) 증거의 개념

형사소송에 있어서 사실인정에 사용되는 객관적인 자료를 증거라고 한다. 증거를 통해 사실관계 존부에 대하여 법관이 심증을 형성하거나 또는 소송관계인이 법관으로 하여금 심증을 형성하게 하는 것을 증명이라고 한다.

(3) 증거방법과 증거자료

증거방법	증거로 사용되는 유형물 자체를 말하며, 피고인·증인·증거물 등이 이에 해당한다.
증거자료	증거방법을 조사하여 알게 된 내용을 말하며, 자백·증언·증거물의 성질형상 등이 이에 해당한다.

2. 증거의 종류

(1) 직접증거와 간접증거

> **판례 | 간접사실에 의한 증명**
>
> 1. 범죄사실의 증명은 반드시 직접증거만으로 이루어져야 하는 것은 아니고 논리와 경험칙에 합치되는 한 간접증거로도 할 수 있다[대판 1998.11.13. 96도1783].
> 2. 피고인이 공모의 점을 부인하는 경우에는 사물의 성질상 이와 상당한 관련성이 있는 간접사실 또는 정황사실을 증명하는 방법으로 이를 증명할 수밖에 없다[대판 2011.12.22. 2011도9721].
> 3. 주식회사의 대표이사가 회사의 돈을 인출하여 사용하였는데 그 사용처에 관한 증빙자료를 제시하지 못하고 있고 그 인출사유와 사용처에 관하여 납득할 만한 합리적인 설명을 하지 못하고 있다면, 이는 그가 불법영득의 의사로 회사의 돈을 인출하여 개인적 용도로 사용한 것으로 추단할 수 있다[대판 2013.6.27. 2013도2510].

(2) 인증·물증·서증

인증	① 사람의 진술내용이 증거가 되는 것을 말한다. ② 증인의 증언, 감정인의 감정 또는 피고인의 자백·진술 등이 이에 해당한다.
물증	① 물건의 존재 및 성질·형상이 증거가 되는 것을 말한다. ② 범행에 사용된 흉기, 절도죄의 장물, 위조문서 등이 이에 해당한다.

서증	증거서류	① 서류의 내용이 증거가 되는 것을 말한다. ② 공판조서, 증인신문조서 등이 이에 해당한다.
	증거물인 서면	① 서류의 존재 및 내용이 증거가 되는 것을 말한다. ② 무고죄의 고소장, 협박죄에 있어 협박문서, 위조죄에 있어서 위조문서 등이 이에 해당한다.

(3) 본증과 반증

본증	거증책임을 부담하는 당사자가 제출하는 증거를 말한다. 형사소송에서는 원칙적으로 검사가 거증책임을 부담하므로 검사가 제출하는 증거가 본증이 된다. 예외적으로 피고인에게 거증책임이 있는 경우에 피고인이 제출하는 증거가 본증이 된다.
반증	본증에 의하여 증명될 사실을 부정하기 위하여 제출하는 증거를 말한다. 원칙적으로 피고인이 제출하는 증거가 반증이 된다.

(4) 진술증거와 비진술증거

진술증거	\	사람의 진술내용이 증거가 되는 것을 말하며, 진술과 진술을 기재한 서면이 포함된다.
	원본증거 (본래증거)	① 사실을 경험한 자가 법원에서 직접 행한 진술 예 범행현장을 목격하였다는 증인의 공판정에서의 증언, 피고인의 공판정에서의 자백 ② 전문법칙이 적용되지 않는다.
	전문증거	① 경험한 자의 진술이 서면이나 타인의 진술의 형식으로 '간접적으로' 법원에 전달되는 경우 그 '서면'(전문서류)이나 '타인의 진술'(전문진술) 예 법정에 제출된 수사기관이 작성한 피의자신문조서, 증인이 피해자로부터 전해들은 사실을 내용으로 하는 진술을 한 경우 증인의 증언 ② 진술증거 중 전문증거에 대하여만 전문법칙이 적용된다.
비진술증거		① 진술증거 이외의 물적 증거(서증 포함)를 말한다. ② 전문법칙이 적용되지 않는다.

(5) 실질증거와 보조증거

실질증거		요증사실(범죄사실)의 존부를 직접·간접으로 증명하기 위하여 사용하는 증거 예 살인을 목격하였다는 증인의 진술
보조증거		실질증거의 증명력(신빙성)을 다투기 위하여 사용되는 증거
	증강증거	증명력을 증강하기 위한 증거 예 증인의 기억력이 뛰어나다는 것에 대한 증언
	탄핵증거	증명력을 감쇄하기 위한 증거 예 증인이 치매로 치료를 받았다는 사실에 대한 증언

3. 증거능력과 증명력

구분	증거능력	증명력
개념	① 증거가 엄격한 증명의 자료로 사용될 수 있는 법률상의 자격을 말한다. ② 법률에 의해 미리 형식적으로 결정되어 있음	① 증거의 실질적 가치를 말한다. ② 법관의 자유심증에 의해 결정됨

근거 규정	사실의 인정은 증거에 의하여야 한다(제307조 제1항). 즉, 사실의 인정은 '증거능력'이 있고 적법한 증거조사절차를 거친 증거에 의하여야 한다(엄격한 증명의 원칙).	증거의 증명력은 법관의 자유판단에 의한다(제308조 자유심증주의).
취지	증거수집과정의 위법방지	법관의 합리적 판단에 의한 실체진실발견
관련 규정	〈증거능력의 제한〉 ① 자백배제법칙(제309조) ② 위법수집증거배제법칙(제308조의2) ③ 전문법칙(제310조의2)	〈자유심증주의의 예외〉 ① 자백의 보강법칙(제310조) ② 공판조서의 절대적 증명력(제56조) ③ 진술거부권의 행사 - 유죄의 심증(×)
양자의 관계	① 엄격한 증명에 있어서 증거능력은 증명력 판단의 전제가 된다. 증거능력 없는 증거는 (증거가 아니므로) 증명력을 따져볼 필요가 없으며, 법관의 심증형성에 영향을 미칠 수 있으므로 증거조사를 하는 것도 허용되지 않는다. ② 증거능력이 있다고 하여 언제나 증명력이 강한 것은 아니며, 증명력이 강하다고 하여 언제나 증거능력이 있는 것은 아니다. 증명력은 법관의 자유판단에 의할 뿐이며, 증거능력은 법률에 형식적으로 규정되어 있기 때문이다.	

제2절 증거재판주의

1. 의의

(1) 근거규정

형사소송법 제307조 제1항은 '사실의 인정은 증거에 의하여야 한다'라고 규정하고 있다. 여기의 '사실'은 '범죄될 사실'을 의미하며 그 인정은 '증거능력 있고 적법한 증거조사를 거친 증거'에 의하여야 한다'라는 의미이다. 이를 증거재판주의라고 한다.

> **판례 | 증거재판주의의 의의**
>
> 범죄사실의 인정은 증거능력이 있고 적법한 증거조사를 거친 증거에 의한 증명(이른바 엄격한 증명)에 의하여야 한다[대판 1989.10.10. 87도966].
>
> **동지판례** 형사재판에 있어서 유죄의 인정은 법원에 증거로 제출되어 적법한 증거조사를 거친 증거능력이 있는 증거에 의하여야 할 것이다[대판 1996.10.15. 96도1301].

(2) 증명의 의의와 방법

1) 증명의 의의

증명이란 범죄사실을 인정함에 있어 법관으로 하여금 '합리적 의심의 여지가 없는 정도의 확신을 갖게 하는 것'을 말한다. 형사소송법도 범죄사실의 인정은 합리적인 의심이 없는 정도의 증명에 이르러야 한다(제307조 제2항)고 규정하고 있다.

판례 | 합리적인 의심의 범위

형사재판에서 공소가 제기된 범죄사실에 대한 증명책임은 검사에게 있고, 유죄의 인정은 법관으로 하여금 합리적인 의심을 할 여지가 없을 정도로 공소사실이 진실한 것이라는 확신을 가지게 하는 증명력이 있는 증거에 의하여야 하는 것은 물론이다. 다만 유죄의 인정을 위한 심증형성이 상정할 수 있는 모든 의심을 일일이 배제할 정도까지 되어야 하는 것은 아니므로, 여기에서 말하는 '합리적인 의심'은 막연한 의문·불신이나 단지 관념적인 가능성만으로 품게 되는 의심이 아니라 논리와 경험의 법칙에 기초하여 볼 때 증명 대상이 되는 사실과 양립할 수 없는 사실이 존재할 개연성이 있다고 할 정도로 객관성과 합리성을 지닌 의심임을 요한다[대판(전) 2015.8.20. 2013도11650].

판례 | 유죄의 증거가 갖추어야 할 증명력

형사재판에 있어서 유죄의 증거는 단지 우월한 증명력을 가진 정도로서는 부족하고 법관으로 하여금 합리적인 의심을 할 여지가 없을 정도의 확신을 생기게 할 수 있는 증명력을 가진 것이어야 한다[대판 1987.7.7. 86도586].

동지판례 형사사건에서 상해진단서는 피해자의 진술과 함께 피고인의 범죄사실을 증명하는 유력한 증거가 될 수 있다. 그러나 상해 사실의 존재 및 인과관계 역시 합리적인 의심이 없는 정도의 증명에 이르러야 인정할 수 있다[대판 2016.11.25. 2016도15018].

2) 증명의 방법
① **엄격한 증명**: 법률상 증거능력 있고 적법한 증거조사를 거친 증거에 의하여 증명하여야 한다는 것을 말한다.
② **자유로운 증명**: 증거능력 있는 증거에 의한 것인지 적법한 증거조사에 의한 것인지에 구애되지 않는 증명을 말한다. [22 경찰채용]*
③ **양자의 관계**: 엄격한 증명과 자유로운 증명은 증거능력 유무와 증거조사방법의 차이만 있을 뿐 법관의 심증의 정도에는 차이가 없다. [22 경찰채용]*

(3) 구별개념 – 소명

1) 소명의 의의
소명이란 법관으로 하여금 확신을 갖게 할 필요는 없고 단지 '진실할 것이다'라는 추측을 갖게 하는 정도의 입증을 말한다. 즉, 법관이 대략 납득 또는 수긍할 정도의 입증을 말한다.

2) 소명의 대상
형사소송법상 소명의 대상은 기피사유(제19조 제2항), 증언거부사유(제150조), 증거보전청구사유(제184조 제3항), 증인신문청구사유(제221조의2 제3항), 상소권회복청구사유(제346조 제2항), 정식재판청구권회복청구사유(제458조) 등이 있다.

판례 | 공직선거법 제250조 제2항의 허위사실공표죄에서 공표사실의 '허위성'을 증명하는 방법

허위사실공표죄에서 의혹을 받을 일을 한 사실이 없다고 주장하는 사람에 대하여, 의혹을 받을 사실이 존재한다고 적극적으로 주장하는 자는, 그러한 사실의 존재를 수긍할 만한 소명자료를 제시할 부담을 지고, 검사는 제시된 그 자료의 신빙성을 탄핵하는 방법으로 허위성의 증명을 할 수 있다. 이때 제시하여야 할 소명자료는 위 법리에 비추어 단순히 소문을 제시하는 것만으로는 부족하고, 적어도 허위성에 관한 검사의 증명활동이 현실적으로 가능할 정도의 구체성은 갖추어야 하며, 이러한 소명자료의 제시가 없거나 제시된 소명자료의 신빙성이 탄핵된 때에는 허위사실 공표의 책임을 져야 한다[대판 2018.9.28. 2018도10447].

2. 엄격한 증명의 대상

(1) 범죄사실
공소장에 기재된 범죄사실은 엄격한 증명의 대상이 된다.

1) 구성요건해당사실
① 객관적 구성요건요소: 주체, 객체, 행위, 결과, 인과관계, 수단, 방법 등은 엄격한 증명의 대상이 된다.
② 주관적 구성요건요소: 고의·과실, 목적, 불법영득의사, 공동정범에서의 공모 등도 엄격한 증명의 대상이 된다.

> **판례 | 엄격한 증명의 대상이 되는 경우(객관적 구성요건요소)**
>
> 1. 뇌물죄에서의 수뢰액은 그 다과에 따라 범죄구성요건이 되므로 엄격한 증명의 대상이 된다[대판 2011.5.26. 2009도2453]. [19 경간부, 17 경찰승진, 16 국가9급]*
>   **동지판례** 횡령한 재물의 가액이 특경법의 적용 기준이 되는 하한 금액을 초과한다는 점도 다른 구성요건 요소와 마찬가지로 엄격한 증거에 의하여 증명되어야 한다[대판 2017.5.30. 2016도9027]. [20 경찰승진, 19 경찰채용]*
> 2. 교사범에 있어서의 '교사사실'은 범죄사실을 구성하는 것으로서 이를 인정하기 위하여는 엄격한 증명이 요구된다[대판 2000.2.25. 99도1252]. [17 경찰채용, 16 경찰승진]*
> 3. 불법영득의사를 실현하는 행위로서의 횡령행위가 있다는 점은 검사가 입증하여야 하는 것으로서, 그 입증은 법관으로 하여금 합리적인 의심을 할 여지가 없을 정도의 확신을 생기게 하는 증명력을 가진 엄격한 증거에 의하여야 한다[대판 2013.6.27. 2013도2510].
> 4. 목적과 용도를 정하여 위탁한 금전을 수탁자가 임의로 소비하면 횡령죄를 구성할 수 있으나 이 경우 피해자 등이 목적과 용도를 정하여 금전을 위탁한 사실 및 그 목적과 용도가 무엇인지는 엄격한 증명의 대상이라고 보아야 한다[대판 2013.11.14. 2013도8121]. [23 변호사, 20 법원9급, 19 경찰채용, 16 국가9급]*
> 5. '범죄단체의 구성·가입행위' 자체는 엄격한 증명을 요하는 범죄의 구성요건이다[대판 2005.9.9. 2005도3857].
> 6. 공소사실에 특정된 범죄의 일시는 피고인의 방어권 행사의 주된 대상이 되므로 엄격한 증명을 통해 그 특정한 대로 범죄사실이 인정되어야 하며, 그러한 증명이 부족한데도 다른 시기에 범행을 하였을 개연성이 있다는 이유로 범죄사실에 대한 증명이 있다고 인정하여서는 아니 된다[대판 2017.3.30. 2013도10100].
> 7. 범죄구성요건에 해당하는 사실을 증명하기 위한 근거가 되는 과학적인 연구 결과는 적법한 증거조사를 거친 증거능력 있는 증거에 의하여 엄격한 증명으로 증명되어야 한다[대판 2010.2.11. 2009도2338]. [20 국가7급, 19 경간부, 19 국가7급]*
> 7-1. 범죄구성요건사실의 존부를 알아내기 위해 과학공식 등의 경험칙을 이용하는 경우에 그 법칙 적용의 전제가 되는 개별적이고 구체적인 사실에 대하여는 엄격한 증명을 요하는바, 위드마크 공식의 적용을 위하여 필요한 전제사실(섭취한 알코올의 양, 음주 시각, 체중 등)의 인정은 엄격한 증명으로 증명되어야 한다[대판 2008.8.21. 2008도5531]. [20 국가9급, 17 경찰승진, 16 국가9급]*
>   **관련판례** [1] 운전자가 상당한 시간이 경과한 후에야 호흡측정 결과에 이의를 제기하면서 혈액채취의 방법에 의한 측정을 요구하는 경우에는 이를 정당한 요구라고 할 수 없다. 따라서 경찰공무원이 혈액채취의 방법에 의한 측정을 하지 않았다고 하더라도 호흡측정기에 의한 결과만으로 음주운전 사실을 증명할 수 있다[대판 2002.3.15. 2001도7121].
>   [2] 혈중알코올농도 측정 없이 위드마크 공식을 사용해 피고인이 마신 술의 양을 기초로 피고인의 운전 당시 혈중알코올농도를 추산하는 경우로서 알코올의 분해소멸에 따른 혈중알코올농도의 감소기(위드마크 제2공식, 하강기)에 운전이 이루어진 것으로 인정되는 경우에는 피고인에게 가장 유리한 음주 시작 시점부터 곧바로 생리작용에 의하여 분해소멸이 시작되는 것으로 보아야 한다. 이와 다르게 음주 개시 후 특정 시점부터 알코올의 분해소멸이 시작된다고 인정하려면 알코올의 분해소멸이 시작되는 시점이 다르다는 점에 관한 과학적 증명 또는 객관적인 반대 증거가 있거나, 음주 시작 시점부터 알코올의 분해소멸이 시작된다고 보는 것이 그렇지 않은 경우보다 피고인에게 불이익하게 작용되는 특별한 사정이 있어야 한다[대판 2022.5.12. 2021도14074]. 한편, 시간당 알코올 분해량에 관하여 알려져 있는 신빙성 있는 통계자료 중 피고인에게 가장 유리한 것을 대입하여 위드마크 공식을 적용하여 운전 시의 혈중알코올농도를 계산하는 것은 피고인에게 실질적인 불이익을 줄 우려가 없으므로 그 계산결과는 유죄의 인정자료로 사용할 수 있다고 하여야 한다[대판 2023.12.28. 2020도6417].
> 8. 치료감호의 선고를 위하여는 그 요건에 대한 엄격한 증명이 있어야 한다[대판 2001.6.15. 2001감도42].
> 9. '민간인이 군에 입대하여 군인신분을 취득하였는가의 여부'를 판단함에는 엄격한 증명을 요한다[대판 1970.10.30. 70도1936].

판례 | 엄격한 증명의 대상이 되는 경우(주관적 구성요건요소)

1. **(범의)** 뇌물수수죄에서 공무원의 직무에 관하여 수수하였다는 범의를 인정하기 위해서는 엄격한 증명이 요구된다[대판 2017.12.22. 2017도11616]. [19 경찰채용]*

   동지판례 i) 특가법 제3조의 알선수재죄에 있어서 공무원의 직무에 속한 사항의 알선에 관하여 금품이나 이익을 수수·요구 또는 약속하였다는 (범의)는 범죄사실을 구성하는 것으로서 이를 인정하기 위해서는 엄격한 증명이 요구된다[대판 2013.9.12. 2013도6570]. [17 경찰채용]*

   ii) 특가법 제7조의 알선수재죄에 있어서 금융기관 임직원의 직무에 속한 사항을 알선한다는 명목으로 금품을 수수하였다는 (범의)는 범죄사실을 구성하는 것으로서 이를 인정하기 위하여는 엄격한 증명이 요구된다[대판 2012.12.27. 2012도11200].

2. **(공동정범과 합동범의 공모 또는 모의)** 공모공동정범(합동에 의한 특수강도)에 있어서 '공모(공모관계) 또는 모의'는 범죄될 사실의 주요부분에 해당하는 이상 엄격한 증명의 대상에 해당한다[대판 2007.4.27. 2007도236; 대판 2001.12.11. 2001도4013]. [20 경찰채용, 20 경찰승진, 20 국가9급, 19 경찰채용, 18 경찰채용, 17 경찰승진, 17 경찰채용, 16 경찰채용, 16 경찰승진, 16 경간부, 16 국가9급]*

3. **(목적범의 목적)** 국헌문란의 목적은 범죄 성립을 위하여 고의 외에 요구되는 초과주관적 위법요소로서 엄격한 증명 사항에 속한다[대판(전) 2015.1.22. 2014도10978]. [20 경찰채용, 20 국가9급, 19 경찰채용]*

   동지판례 i) 특가법 제5조의9 제1항 위반의 죄의 행위자에게 보복의 목적은 엄격한 증명에 의하여야 한다[대판 2014.9.26. 2014도9030]. [19 경찰채용]*

   ii) 행위자에게 이적행위를 할 목적이 있었다는 점은 검사가 증명하여야 하며, 행위자가 이적표현물임을 인식하고 제5항 소정의 행위를 하였다는 사실만으로 그에게 이적행위를 할 목적이 있었다고 추정하여서는 아니 된다[대판 2013.9.12. 2012도3529].

판례 | 범죄의 구성요건과 관련된 간접사실이나 직접증거의 증명력을 보강하는 보조사실의 증명방법 (= 엄격한 증명)

구성요건에 해당하는 사실은 엄격한 증명에 의하여 이를 인정하여야 하고, 증거능력이 없는 증거는 구성요건 사실을 추인하게 하는 간접사실로 사용할 수 없으며, 구성요건 사실을 입증하는 직접증거의 증명력을 보강하는 보조사실의 인정자료로도 사용할 수 없다[대판(전) 2015.1.22. 2014도10978]. [20 경간부, 20 국가9급, 18 국가7급, 17 국가9급]*

동지판례 간접사실이나 보조사실도 범죄의 구성요건과 관련된 것인 이상 합리적인 의심의 여지가 없는 엄격한 증명을 요한다[대판(전) 2015.1.22. 2014도10978].

2) 위법성·책임에 관한 사실

구성요건해당사실이 증명되면 위법성과 책임은 추정되지만, 다툼이 있는 경우 위법성조각사유와 책임조각사유의 '부존재'도 형벌권의 존부에 관한 중요한 사실이므로 엄격한 증명을 요한다(통설).

판례 | 거증책임이 전환된 경우 위법성조각사유의 '존재'에 대한 증명의 방법(= 엄격한 증거에 의한 증명을 요하지 않음)

공연히 사실을 적시하여 사람의 명예를 훼손한 행위가 형법 제310조의 규정에 따라서 위법성이 조각되어 처벌대상이 되지 않기 위하여는 그것이 진실한 사실로서 오로지 공공의 이익에 관한 때에 해당된다는 점을 행위자가 증명하여야 하는 것이나, 그 증명은 유죄의 인정에 있어 요구되는 것과 같이 법관으로 하여금 의심할 여지가 없을 정도의 확신을 가지게 하는 증명력을 가진 엄격한 증거에 의하여야 하는 것은 아니므로, 이 때에는 전문증거에 대한 증거능력의 제한을 규정한 형사소송법 제310조의2는 적용될 여지가 없다[대판 1996.10.25. 95도1473].

(2) 처벌조건

처벌조건은 범죄사실 자체는 아니지만 형벌권 발생의 기초가 되는 사실이므로 엄격한 증명의 대상이 된다. 따라서 친족상도례가 적용되는 재산범죄에서 일정한 친족관계의 존부사실, 사전수뢰죄에서 공무원·중재인이 된 사실 또는 파산범죄에 있어 파산선고의 확정 등은 엄격한 증명의 대상이 된다.

(3) 형의 가중·감면의 이유되는 사실

① 형의 가중사유: 누범전과는 엄격한 증명을 요한다. 그러나 그 이외의 전과는 정상관계사실로서 자유로운 증명으로 족하다(통설). 상습범가중의 경우 상습성은 엄격한 증명을 요한다.

② 형의 감면사유: 각종 미수 또는 자수나 자복의 사실은 범죄될 사실 그 자체는 아니지만 범죄사실에 준하여 엄격한 증명의 대상이 된다(다수설).

> **판례 | 심신상실, 심신미약 여부의 증명방법(= 자유로운 증명)**
>
> 범인의 범행 당시의 정신상태가 심신상실이었느냐 심신미약이었느냐는 자유로운 증명으로서 족하나 일반적으로는 전문가의 감정에 의뢰하는 것이 타당하다[대판 1961.10.26. 4294형상590].

(4) 몰수·추징에 관한 사실

> **판례 | 몰수·추징의 증명방법(= 자유로운 증명)**
>
> 몰수(추징)대상이 되는지 여부나 추징액의 인정 등 몰수·추징의 사유는 범죄구성요건 사실에 관한 것이 아니어서 <u>엄격한 증명은 필요 없지만 역시 증거에 의하여 인정되어야 할 것임은 당연하다</u>[대판(전) 2006.4.7. 2005도9858]. [20 경찰채용, 19 경간부, 19 경찰채용, 19 국가7급, 18 경찰채용, 17 경찰채용, 16 국가9급, 16 경간부]*

(5) 기타

① 경험법칙: 일반적인 경험법칙은 공지의 사실이므로 증명을 요하지 않는다. 그러나 경험법칙의 내용이 명백하지 않은 경우 증명의 대상이 되며, 엄격한 증명을 요하는 사실의 인정에 필요한 때에는 엄격한 증명의 대상이 된다.

② 외국 법규: 법규의 존부와 내용은 법원의 직권조사사항에 속하므로 증명의 대상이 되지 않는 것이 원칙이다. 그러나 외국법이나 관습법과 같이 법규의 내용이 명백하지 않은 때에는 증명의 대상이 되며, 엄격한 증명을 요하는 사실을 인정하는 자료가 되는 때에는 엄격한 증명의 대상이 된다.

> **판례 | 외국법규의 증명방법(= 엄격한 증명)**
>
> 형법 제6조 단서의 '행위지의 법률에 의하여 범죄를 구성하는지 여부'에 대해서는 <u>엄격한 증명에 의하여 검사가 이를 입증하여야 할 것이다</u>[대판 2011.8.25. 2011도6507]. [19 경찰채용, 19 국가7급, 18 경찰채용, 16 국가9급]*

3. 자유로운 증명의 대상

(1) 소송법적 사실

소송법적 사실은 범죄사실이 아니기 때문에 자유로운 증명으로 족하다. 따라서 친고죄에 있어 고소의 유무, 각종 소송조건의 존부, 피고인의 구속기간, 공소제기 등은 자유로운 증명으로 족하다.

> **판례 | 자유로운 증명의 대상이 되는 경우**
>
> 1. 친고죄에서 적법한 고소가 있었는지는 자유로운 증명의 대상이 된다[대판 2011.6.24. 2011도4451]. [23 변호사, 22 경찰채용, 20 경찰승진, 20 법원9급, 19 경간부, 18 경찰채용, 17 경찰채용, 16 국가9급, 16 경간부]*
> 2. 반의사불벌죄에서 처벌을 희망하지 않는다는 의사표시 또는 처벌희망 의사표시 철회의 유무나 그 효력 여부에 관한 사실은 자유로운 증명의 대상이다[대판 2010.10.14. 2010도5610].
> 3. 피고인의 검찰 진술의 임의성의 유무가 다투어지는 경우에는 법원은 구체적인 사건에 따라 증거조사의 방법이나 증거능력의 제한을 받지 아니하고 제반 사정을 종합 참작하여 적당하다고 인정되는 방법에 의하여 자유로운 증명으로 그 임의성 유무를 판단하면 된다[대판 2004.3.26. 2003도8077]. [20 경찰승진, 20 경간부, 18 경찰채용, 17 경찰채용, 16 경찰채용]*
> 4. 형사소송법 제313조 단서에 규정된 '특히 신빙할 수 있는 상태'는 증거능력의 요건에 해당하므로 검사가 그 존재에 대하여 구체적으로 주장·입증하여야 하는 것이지만, 이는 소송상의 사실에 관한 것이므로 엄격한 증명을 요하지 아니하고 자유로운 증명으로 족하다[대판 2001.9.4. 2000도1743]. [20 경찰채용, 20 경간부, 20 법원9급, 19 국가7급, 18 경간부, 18 경찰채용, 16 국가9급, 16 경찰채용]*

(2) 정상(양형)관계사실

양형의 기초가 되는 정상관계사실은 복잡하고 비유형적이며 또한 양형은 법관의 재량에 해당하므로 이는 자유로운 증명의 대상이 된다. 따라서 형법 제51조의 범인의 연령·성행·지능·환경, 피해자에 대한 관계, 범행의 동기·수단·결과, 범행 후의 정황은 자유로운 증명으로 족하다. 또한 선고유예·집행유예의 사유가 되는 사실이나 작량감경의 기초가 되는 사실 등도 자유로운 증명으로 족하다.

> **판례 | 양형조건(= 자유로운 증명의 대상)**
>
> 법원은 범죄의 구성요건이나 법률상 규정된 형의 가중·감면의 사유가 되는 경우를 제외하고는, 법률이 규정한 증거로서의 자격이나 증거조사방식에 구애됨이 없이 상당한 방법으로 조사하여 양형의 조건이 되는 사항을 인정할 수 있다[대판 2010.4.29. 2010도750].
>
> [관련판례] 사실심 변론종결 후 검사나 피해자 등에 의해 피고인에게 불리한 새로운 양형조건에 관한 자료가 법원에 제출되었다면, 사실심 법원으로서는 변론을 재개하여 그 양형자료에 대하여 피고인에게 의견진술 기회를 주는 등 필요한 양형심리절차를 거침으로써 피고인의 방어권을 실질적으로 보장해야 한다[대판 2021.9.30. 2021도5777]. [22 경찰승진]*

(3) 보조사실

증거의 증명력을 탄핵하는 보조사실은 자유로운 증명으로 족하지만, 증명력을 보강하는 보조사실은 엄격한 증명의 대상이 된다.

> **판례 | 탄핵증거(= 엄격한 증거조사 불요, 그러나 탄핵증거로서의 증거조사는 필요)**
>
> 탄핵증거는 범죄사실을 인정하는 증거가 아니므로 엄격한 증거조사를 거쳐야 할 필요가 없음은 형사소송법 제318조의2의 규정에 따라 명백하다고 할 것이나, 법정에서 이에 대한 탄핵증거로서의 증거조사는 필요하다[대판 1998.2.27. 97도1770].

4. 증명을 요하지 않는 사실(불요증사실)

(1) 공지의 사실과 법원에 현저한 사실

① 공지의 사실, 즉 일반적으로 알려져 있는 사실은 증명을 요하지 않는다. 다만, 반증이 금지되는 것은 아니다.
② 법원에 현저한 사실, 즉 법원이 그 직무상 명백히 알고 있는 사실은 공지의 사실과는 구별되며 법원에 대한 국민의 신뢰 확보와 공정한 재판의 담보를 위해서 증명을 요한다.

(2) 추정된 사실
 ① 법률상 추정된 사실: 자유심증주의에 반하므로 형사소송에서는 인정되지 아니한다.
 ② 사실상 추정된 사실: 사실상 추정된 사실은 증명을 요하지 않으나 반증은 허용되므로 반증에 의하여 법관에게 의심이 생긴 때에는 증명을 필요로 한다.

5. 거증책임

(1) 거증책임의 의의

거증책임이란 요증사실의 존부가 증명되지 않을 경우 불이익을 받게 될 당사자의 법적 지위를 말한다. 법원은 당사자가 제출한 증거와 직권으로 조사한 증거에 의하여 심증을 형성하게 되는데, 이러한 입증으로도 요증사실의 존부에 대하여 확신을 갖지 못할 때에는 당사자 일방에게 불이익을 주지 않을 수 없는데 이것이 바로 거증책임이다. 이를 보통 실질적 거증책임이라고 한다.

(2) 거증책임의 분배

형사소송법에서는 무죄추정의 원칙과 '의심스러울 때에는 피고인의 이익으로(in dubio pro reo)' 원칙이 지배하므로 거증책임은 원칙적으로 검사가 부담한다.

1) 검사에게 거증책임이 있는 경우
 ① 공소범죄사실(구성요건해당사실, 위법성과 책임의 존재), 처벌조건, 형의 가중·감면의 이유되는 사실은 형벌권의 존부와 범위에 관한 사실이므로 검사가 거증책임을 부담한다.

> **판례 | 공소사실에 대한 거증책임의 소재(= 검사)**
>
> 1. 형사소송에서는 범죄사실이 있다는 증거를 검사가 제시하여야 한다. 피고인의 변소가 불합리하여 거짓말 같다고 하여도 그것 때문에 피고인을 불리하게 할 수 없다. 범죄사실의 증명은 법관으로 하여금 합리적인 의심의 여지가 없을 정도로 고도의 개연성을 인정할 수 있는 심증을 갖게 하여야 한다. 이러한 정도의 심증을 형성하는 증거가 없다면 설령 피고인에게 유죄의 의심이 간다 하더라도 피고인의 이익으로 판단하여야 한다[대판 2018.6.19. 2015도3483].
> 2. 형사재판에서 공소가 제기된 범죄의 구성요건을 이루는 사실은 그것이 주관적 요건이든 객관적 요건이든 입증책임이 검사에게 있으므로, 형법 제307조 제2항의 허위사실 적시에 의한 명예훼손죄로 기소된 사건에서 사람의 사회적 평가를 떨어뜨리는 사실이 적시되었다는 점, 적시된 사실이 객관적으로 진실에 부합하지 아니하여 허위일 뿐만 아니라 적시된 사실이 허위라는 것을 피고인이 인식하고서 이를 적시하였다는 점은 모두 검사가 입증하여야 한다[대판 2014.9.4. 2012도13718].
> 3. [1] 진정한 양심에 따른 병역거부라면, 이는 병역법 제88조 제1항의 '정당한 사유'에 해당한다.
>   [2] 구체적인 병역법 위반 사건에서 피고인이 양심적 병역거부를 주장할 경우, 그 양심이 과연 깊고 확고하며 진실한 것인지를 가려내는 일이 무엇보다 중요하다. 인간의 내면에 있는 양심을 직접 객관적으로 증명할 수는 없으므로 사물의 성질상 양심과 관련성이 있는 간접사실 또는 정황사실을 증명하는 방법으로 판단하여야 한다.
>   [3] 정당한 사유가 없다는 사실은 범죄구성요건이므로 검사가 증명하여야 한다. 다만 진정한 양심의 부존재를 증명한다는 것은 마치 특정되지 않은 기간과 공간에서 구체화되지 않은 사실의 부존재를 증명하는 것과 유사하다. 위와 같은 불명확한 사실의 부존재를 증명하는 것은 사회통념상 불가능한 반면 그 존재를 주장·증명하는 것이 좀 더 쉬우므로, 이러한 사정은 검사가 증명책임을 다하였는지를 판단할 때 고려하여야 한다. 따라서 양심적 병역거부를 주장하는 피고인은 자신의 병역거부가 그에 따라 행동하지 않고서는 인격적 존재가치가 파멸되고 말 것이라는 절박하고 구체적인 양심에 따른 것이며 그 양심이 깊고 확고하며 진실한 것이라는 사실의 존재를 수긍할 만한 소명자료를 제시하고, 검사는 제시된 자료의 신빙성을 탄핵하는 방법으로 진정한 양심의 부존재를 증명할 수 있다. 이때 병역거부자가 제시해야 할 소명자료는 적어도 검사가 그에 기초하여 정당한 사유가 없다는 것을 증명하는 것이 가능할 정도로 구체성을 갖추어야 한다[대판(전) 2018.11.1. 2016도10912].

4. 형사재판에서 공소가 제기된 범죄의 구성요건을 이루는 사실은 그것이 주관적 요건이든 객관적 요건이든 그 증명책임이 검사에게 있으므로, 허위사실 적시 명예훼손죄로 기소된 사건에서 사람의 사회적 평가를 떨어뜨리는 사실이 적시되었다는 점, 그 적시된 사실이 객관적으로 진실에 부합하지 아니하여 허위일 뿐만 아니라 그 적시된 사실이 허위라는 것을 피고인이 인식하고서 이를 적시하였다는 점은 모두 검사가 증명하여야 한다. 그런데 위 증명책임을 다하였는지 여부를 결정함에 있어서는, 어느 사실이 적극적으로 존재한다는 것의 증명은 물론, 그 사실의 부존재의 증명이라도 특정 기간과 특정 장소에서의 특정행위의 부존재에 관한 것이라면 적극적 당사자인 검사가 이를 합리적 의심의 여지가 없이 증명하여야 한다[대판 2020.2.13. 2017도16939].

② 소송조건은 공소제기의 적법·유효요건으로 소송조건의 존부에 대한 거증책임은 검사가 부담한다(통설).

2) **증거를 제출한 당사자에게 거증책임이 있는 경우**

증거능력의 전제가 되는 사실에 대하여는 공평의 이념상 증거를 자기의 이익으로 이용하려는 당사자에게 거증책임이 인정된다.

> **판례 | 증거제출 당사자인 검사에게 거증책임이 인정된다는 판례**
>
> 검사가 의사의 진단서 또는 서증을 증거로 제출하는 경우에 그 증거능력을 부여할 거증책임은 검사에게 있다[대판 1970.11.24. 70도2109].

(3) **거증책임의 전환**

1) **의의**

거증책임은 원칙적으로 검사가 부담하지만 예외적으로 피고인이 부담하는 경우가 있는데 이를 거증책임의 전환이라 한다.

2) **상해의 동시범의 특례**

형법 제263조는 '독립행위가 경합하여 상해의 결과를 발생하게 한 경우에 있어서 원인된 행위가 판명되지 아니한 때에 공동정범의 예에 의한다'라고 규정하고 있다. 이는 행위자가 자기의 행위에 의하여 상해의 결과가 발생하지 않았다는 것을 증명해야 하고 그렇지 않으면 공동정범의 예에 의하여 처벌되므로, 거증책임을 피고인에게 전환한 규정이다(다수설).

3) **명예훼손죄의 위법성조각사유(형법 제310조)에 대한 거증책임**

> **판례 | 명예훼손죄의 위법성조각사유(형법 제310조)에 대한 거증책임의 소재(= 피고인)**
>
> 공연히 사실을 적시하여 사람의 명예를 훼손한 행위가 형법 제310조의 규정에 따라서 위법성이 조각되어 처벌대상이 되지 않기 위하여는 그것이 <u>진실한 사실로서 오로지 공공의 이익에 관한 때에 해당된다는 점을 행위자가 증명하여야 하는 것이</u>고, 법원이 적법하게 증거를 채택하여 조사한 다음 형법 제310조 소정의 위법성조각사유의 요건이 <u>입증되지 않는다면 그 불이익은 피고인이 부담하는 것이다</u>[대판 2004.5.28. 2004도1497].

6. 입증의 부담

(1) **의의**

① 입증의 부담이란 소송의 진행과정에서 어느 사실이 증명되지 않는 경우 불이익한 판단을 받을 가능성이 있는 당사자가 불이익을 면하기 위하여 그 사실을 증명할 증거를 제출할 부담을 말하며 형식적 거증책임이라고도 한다.

② 거증책임이 요증사실에 따라 고정되어 있는 것과는 달리 입증의 부담은 소송의 진행과정에 따라 반전하는 것이다. 예컨대 검사가 구성요건해당성을 입증하면 위법성과 책임이 사실상 추정되므로 위법성조각사유와 책임조각사유에 대하여는 피고인이 입증의 부담을 가지게 된다.

(2) 입증의 정도

입증의 부담의 경우에 필요한 입증의 정도는 법관에게 확신을 갖게 할 것을 요하지 않고 그러한 사유가 있지 않은가라는 의심을 갖게 할 정도, 즉 법관의 심증을 방해할 정도면 족하다.

제3절 자백배제법칙

1. 자백의 의의

(1) 개념

자백이란 피고인 또는 피의자가 자신의 범죄사실의 전부 또는 일부를 인정하는 진술을 말한다.

(2) 자백의 범위

1) **진술(자백)하는 자의 지위**

   진술하는 자의 법률상 지위는 문제되지 않는다. 제309조는 '피고인의 자백'이라고 규정하고 있으나, 피고인의 진술뿐만 아니라 피의자나 증인·참고인의 진술도 모두 자백에 해당한다.

2) **진술의 형식, 단계, 상대방**

   ① 형식을 불문한다. 따라서 구두에 의한 진술, 서면에 의한 진술 모두 자백에 해당될 수 있다.
   ② 재판상의 자백과 재판외의 자백을 불문한다.
   ③ 상대방을 불문한다. 따라서 법원, 법관, 수사기관에 대한 진술도 모두 자백이 될 수 있다. 일기 등에 자기의 범죄사실을 기재한 것도 모두 자백에 해당한다.

2. 자백배제법칙 의의

(1) 개념

헌법 제12조 제7항과 형사소송법 제309조는 '피고인의 자백이 고문·폭행·협박·신체구속의 부당한 장기화 또는 기망 기타의 방법으로 임의로 진술한 것이 아니라고 의심할 만한 이유가 있는 때에는 이를 유죄의 증거로 하지 못한다'라고 하여 자백배제법칙을 규정하고 있다.

> **판례 | 제309조의 위법사유의 성격(= 예시사유)**
>
> 형사소송법 제309조는 "피고인의 자백이 고문, 폭행, 협박, 신체구속의 부당한 장기화 또는 기망 기타의 방법으로 임의로 진술한 것이 아니라고 의심할 만한 이유가 있을 때에는 이를 유죄의 증거로 하지 못한다."고 규정하고 있는바, <u>위 법조에서 규정된 피고인의 진술의 자유를 침해하는 위법사유는 원칙적으로 예시사유로 보아야 한다</u>[대판 1985.2.26. 82도2413].

(2) 이론적 근거

> **판례 | 임의성 없는 자백의 증거능력을 부정하는 취지**
>
> 임의성 없는 진술의 증거능력을 부정하는 취지는 허위진술을 유발 또는 강요할 위험성이 있는 상태에서 이루어진 진술은 그 자체가 실체적 진실에 부합하지 아니하여 오판을 일으킬 소지가 있을 뿐만 아니라 그 진위 여부를 떠나서 진술자의 기본적 인권을 침해하는 위법·부당한 압박이 가하여지는 것을 사전에 막기 위한 것이다[대판 2015.9.10. 2012도9879]. [17 경간부]*

3. 자백배제법칙의 적용범위

(1) 고문·폭행·협박에 의한 자백

> **판례 | 임의성 없는 자백에 해당하는 경우(전 단계에서 가혹행위에 의하여 임의성 없는 자백을 한 후 이어진 다음 단계에서도 "임의성 없는 심리상태가 계속되어" 동일한 내용의 자백을 한 경우)**
>
> 1. **(사경단계 → 검사단계)** 피고인이 검사 이전의 수사기관에서 고문 등 가혹행위로 인하여 임의성 없는 자백을 하고 그 후 검사의 조사단계에서도 임의성 없는 심리상태가 계속되어 동일한 내용의 자백을 하였다면 검사의 조사단계에서 고문 등 자백의 강요행위가 없었다고 하여도 검사 앞에서의 자백도 임의성 없는 자백이라고 볼 수밖에 없다[대판 2013.7.11. 2011도14044]. [19 국가9급, 18 국가7급, 18 경찰승진]*
>
>   **동지판례** 검사 작성의 피고인에 대한 제1회 피의자신문조서의 기재는 그 자백 내용에 있어 그 자체에 객관적 합리성이 없고 검사 앞에서 조사 받을 당시는 자백을 강요당한 바 없다고 하여도 경찰에서의 자백이 폭행이나 신체구속의 부당한 장기화에 의하여 임의로 진술한 것이 아니라고 의심할 만한 상당한 이유가 있어서 경찰에서 피고인을 조사한 경찰관이 검사 앞에까지 피고인을 데려간 경우 검사 앞에서의 자백도 그 임의성이 없는 심리상태가 계속된 경우라고 할 수밖에 없어 검사 작성의 피고인에 대한 제1회 피의자신문조서는 증거능력이 없다[대판 1992.3.10. 91도1].
>
> 2. **(수사단계 → 법정단계)** 피고인이 수사기관에서 가혹행위 등으로 인하여 임의성 없는 자백을 하고 그 후 법정에서도 임의성 없는 심리상태가 계속되어 동일한 내용의 자백을 하였다면 법정에서의 자백도 임의성 없는 자백이라고 보아야 한다[대판 2012.11.29. 2010도3029]. [20 경간부, 18 국가7급, 18 경찰승진, 18 경찰채용]*
>
> 3. 피고인이 직접 고문을 당하지 않았다 할지라도 다른 피고인이 고문당하는 것을 보고 자백한 경우도 증거능력이 없다[대판 1978.1.31. 77도463].

(2) 신체구속의 부당한 장기화로 인한 자백

> **판례 | 신체구속이 장기화 + 고문이나 잠을 재우지 않은 상태에서의 자백(증거능력 없음)**
>
> 1981.8.4.부터 적법한 절차에 따른 법관의 구속영장이 발부 집행된 1981.8.17.까지 (14일간) 불법적으로 신체구속이 장기화된 사실을 인정하기에 충분하므로 1심 판결에서 언급한 수사경찰관의 피고인에 대한 고문이나 잠을 재우지 않는 등 경합된 진술의 자유를 침해하는 위법사유를 아울러 고려한다면 피고인의 경찰에서의 자백진술은 피고인이 증거로 함에 동의유무를 불구하고 유죄의 증거로 할 수 없다[대판 1985.2.26. 82도2413].
>
> **관련판례** 피고인의 검찰에서의 자백은 피고인이 검찰에 연행된 때로부터 약 30시간 동안 잠을 재우지 아니한 채 검사 2명이 교대로 신문을 하면서 회유한 끝에 받아낸 것으로 임의로 진술한 것이 아니라고 의심할 만한 이유가 있는 때에 해당한다고 보아, 형사소송법 제309조의 규정에 의하여 그 피의자신문조서는 증거능력이 없다[대판 1997.6.27. 95도1964].

(3) 기망에 의한 자백
① 기망이라고 하기 위하여는 단순히 착오를 이용하는 것으로는 부족하며 적극적인 사술이 있을 것을 요한다.
② 공범자가 자백하였다고 거짓말을 하거나, 거짓말탐지기의 검사결과 피의자의 진술이 거짓임이 판명되었다고 속이거나, 증거가 발견되었다고 속여 자백을 받는 경우가 이에 해당한다.

> **판례 | 기망에 의한 자백에 해당하는 경우**
>
> 피고인의 자백이 심문에 참여한 검찰주사가 피의사실을 자백하면 피의사실부분은 가볍게 처리하고 보호감호의 청구를 하지 않겠다는 각서를 작성하여 주면서 자백을 유도한 것에 기인한 것이라면 위 자백은 기망에 의하여 임의로 진술한 것이 아니라고 의심할 만한 이유가 있는 때에 해당하여 형사소송법 제309조 및 제312조 제1항의 규정에 따라 증거로 할 수 없다[대판 1985.12.10. 85도2182].
> [20 경간부, 18 경찰승진]*

(4) 기타 임의성에 의심 있는 자백(이익약속에 의한 자백)
① 검사가 자백을 하면 불기소 또는 기소유예를 해 주겠다고 하여 이를 믿고 한 자백의 경우 임의성에 의심이 있는 자백에 해당한다.
② 이익은 반드시 형사처벌과 관계있는 것임을 요하지 않고 일반적·세속적 이익도 포함된다.

> **판례 | 임의성 없는 자백에 해당하는지 여부에 대한 비교판례**
>
> 1-0. (해당하는 경우 – 특가뇌물 대신 단순수뢰로 가볍게 처벌되도록 하겠다는 약속) 피고인이 처음 검찰조사시에 범행을 부인하다가 뒤에 자백을 하는 과정에서 금 200만원을 뇌물로 받은 것으로 하면 특정범죄가중처벌등에관한법률 위반으로 중형을 받게 되니 금 200만원 중 금 30만원을 술값을 갚은 것으로 조서를 허위작성한 것이라면 이는 단순 수뢰죄의 가벼운 형으로 처벌되도록 하겠다고 약속하고 자백을 유도한 것으로 위와 같은 상황하에서 한 자백은 그 임의성에 의심이 가고 따라서 진실성이 없다는 취지에서 이를 배척하였다 하여 자유심증주의의 한계를 벗어난 위법이 있다고는 할 수 없다[대판 1984.5.9. 83도2782].
>
> 1-1. (해당하지 않는 경우 – 일정한 증거가 발견되면 자백하겠다는 약속하에 하게 된 자백) 자백의 약속이 검사의 강요나 위계에 의하여 이루어졌다던가 또는 불기소나 경한 죄의 소추 등 이익과 교환조건으로 된 것이라고 인정되지 않는 경우라면, 일정한 증거가 발견되면 자백하겠다는 약속하에 하게 된 자백을 곧 임의성이 없는 자백이라고 단정할 수는 없다[대판 1983.9.13. 83도712].
> [20 경찰채용, 19 경찰채용, 19 국가9급, 18 경찰승진, 18 경찰채용, 16 국가7급]*

4. 인과관계의 요부

> **판례 | 임의성이 없다고 의심하게 된 사유와 자백과의 사이에 인과관계가 존재하지 않는 경우(= 임의성 있는 자백에 해당함)**
>
> 피고인의 자백이 임의성이 없다고 의심할 만한 사유가 있는 때에 해당한다 할지라도 그 임의성이 없다고 의심하게 된 사유들과 피고인의 자백과의 사이에 인과관계가 존재하지 않은 것이 명백한 때에는 그 자백은 임의성이 있는 것으로 인정된다고 보아야 한다[대판 1984.11.27. 84도2252]. [20 경간부, 20 경찰채용, 19 경찰채용, 16 변호사]*

5. 임의성의 입증

(1) 거증책임

> **판례 | 진술의 임의성이 추정되는지(= 적극), 다툼이 있을 때 거증책임(= 검사)**
>
> 1. 진술의 임의성이라는 것은 진술의 임의성을 잃게 하는 사정이 없다는 것 즉, 증거의 수집과정에 위법성이 없다는 것인데, 진술의 임의성을 잃게 하는 그와 같은 사정은 헌법이나 형사소송법의 규정에 비추어 볼 때 이례에 속한다 할 것이므로 진술의 임의성은 추정된다[대판 1997.10.10. 97도1720].
> 2. 검사 작성의 당해 피고인에 대한 피의자신문조서에 기재된 진술의 임의성에 다툼이 있을 때에는 그 임의성을 의심할 만한 합리적이고 구체적인 사실을 피고인이 증명할 것이 아니라 검사가 그 임의성의 의문점을 없애는 증명을 하여야 하고, 검사가 그 임의성의 의문점을 없애는 증명을 하지 못한 경우에는 그 조서는 유죄 인정의 증거로 사용할 수 없는데, 이러한 법리는 피고인이나 그 변호인이 검사 작성의 당해 피고인에 대한 피의자신문조서의 임의성을 인정하는 진술을 하였다가 이를 번복하는 경우에도 마찬가지로 적용되어야 한다[대판 2008.7.10. 2007도7760].108) [20 경찰채용, 19 경찰승진, 18 국가7급, 18 경간부, 17 법원9급, 16 국가7급, 16 경찰승진]*

(2) 임의성의 증명의 방법

> **판례 | 임의성의 증명방법과 증명력의 판단**
>
> 1. (자유로운 증명으로 판단) 피의자의 진술에 관하여 공판정에서 그 임의성 유무가 다투어지는 경우에는 법원은 구체적인 사건에 따라 증거조사의 방법이나 증거능력의 제한을 받지 아니하고 제반 사정을 종합 참작하여 적당하다고 인정되는 방법에 의하여 자유로운 증명으로 그 임의성 유무를 판단하면 된다[대판 1986.11.25. 83도1718].
> 2. (자유심증주의 적용) 피고인이 공판정에서 자신에 대한 검사 작성의 피의자신문조서에 관하여 그 서명무인을 시인하면서 그 임의성을 다투는 경우에는, 법원으로서는 구체적 사건에 따라 당해 조서의 형식과 내용, 피고인의 학력, 경력, 직업, 사회적 지위, 지능 정도 등 제반 사정을 참작하여 자유로운 심증으로 이를 판단하여야 한다[대판 1998.12.22. 98도2890]. [20 경찰채용, 16 경찰승진]*

6. 자백배제법칙의 효과 – 증거능력의 절대적 배제

자백배제법칙에 의한 증거능력의 제한은 절대적이므로 피고인이 동의하더라도 증거능력이 인정되지 않으며, 탄핵증거로도 사용할 수 없다.

> **판례 | 임의성의 없는 자백의 증거능력과 그 자백에 의하여 획득한 2차 증거의 증거능력(부정)**
>
> 1. 임의성이 인정되지 아니하여 증거능력이 없는 진술증거는 피고인이 증거로 함에 동의하더라도 증거로 삼을 수 없다[대판 2006.11.23. 2004도7900]. [19 경찰승진, 19 법원9급, 18 경간부, 18 경찰채용, 18 국가9급, 16 법원9급]*
> 2. 압수된 망치, 국방색 작업복과 야전잠바 등은 피고인의 증거능력 없는 자백에 의하여 획득된 것이므로 증거능력이 없다 [대판 1977.4.26. 77도210].

---

108) 형사소송법의 개정으로 검사 작성의 피의자신문조서의 요건이 변경되어 현재는 유효한 판례가 아니지만, 법리를 위해 남겨두었다.

제4절 위법수집증거배제법칙

1. 의의

(1) 개념
형사소송법 제308조의2는 '적법한 절차에 따르지 아니하고 수집한 증거는 증거로 할 수 없다'라고 규정하여,109) 위법수집증거배제법칙을 인정하고 있다.

(2) 인정근거
적법절차를 실현과 위법수사를 방지·억제하기 위하여 인정되는 법칙이다.

2. 적용범위

(1) 배제의 기준

> **판례 | 법정 절차에 따르지 아니하고 수집한 증거의 증거능력(= 원칙 소극), 예외적 증거능력의 인정요건[적법절차의 실질적 내용을 침해(X) + 증거능력 배제가 형사사법 정의에 반하는 결과 초래]**
>
> [1] 헌법과 형사소송법이 정한 절차에 따르지 아니하고 수집한 증거는 기본적 인권 보장을 위해 마련된 적법한 절차에 따르지 않은 것으로서 원칙적으로 유죄 인정의 증거로 삼을 수 없다.
> [2] 다만, 법이 정한 절차에 따르지 아니하고 수집한 압수물의 증거능력 인정 여부를 최종적으로 판단함에 있어서는, 형식적으로 보아 정해진 절차에 따르지 아니하고 수집한 증거라는 이유만을 내세워 획일적으로 그 증거의 증거능력을 부정하는 것 역시 헌법과 형사소송법이 형사소송에 관한 절차 조항을 마련한 취지에 맞는다고 볼 수 없다. 따라서 수사기관의 절차 위반 행위가 적법절차의 실질적인 내용을 침해하는 경우에 해당하지 아니하고, 오히려 그 증거의 증거능력을 배제하는 것이 헌법과 형사소송법이 형사소송에 관한 절차 조항을 마련하여 적법절차의 원칙과 실체적 진실 규명의 조화를 도모하고 이를 통하여 형사사법 정의를 실현하려 한 취지에 반하는 결과를 초래하는 것으로 평가되는 예외적인 경우라면, 법원은 그 증거를 유죄 인정의 증거로 사용할 수 있다고 보아야 한다. [20 경찰채용, 18 국가9급, 16 경찰승진]*
> [3] 피고인 측에서 검사가 제주지사실에 대한 압수수색 결과 수집한 증거물이 적법절차를 위반하여 수집한 것으로 증거능력이 없다고 다투고 있음에도 불구하고, 주장된 위법사유 중 영장에 압수할 물건으로 기재되지 않은 물건의 압수, 영장 제시 절차의 누락, 압수목록 작성·교부 절차의 현저한 지연 등으로 적법절차의 실질적인 내용을 침해하였는지 여부 등에 관하여 충분히 심리하지 아니한 채 압수절차가 위법하더라도 압수물의 증거능력은 인정된다는 이유만으로 압수물의 증거능력을 인정한 것은 위법하다[대판(전) 2007.11.15. 2007도3061].

> **판례 | 위법하게 수집된 증거의 증거능력 인정을 위한 특별한 사정의 입증책임(= 검사)**
>
> 법원이 수사기관의 절차 위반행위에도 불구하고 그 수집된 증거를 유죄 인정의 증거로 사용할 수 있는 예외적인 경우에 해당한다고 볼 수 있으려면, 그러한 예외적인 경우에 해당한다고 볼 만한 구체적이고 특별한 사정이 존재한다는 것을 검사가 입증하여야 한다[대판 2011.4.28. 2009도10412; 대판 2009.3.12. 2008도763]. [20 경찰채용]*

---

109) 자백의 증거능력에 관해서는 제309조에서 별도로 규정하고 있으므로 위법수집증거배제법칙은 '자백 이외의 진술증거'와 '비진술증거'의 증거능력과 관련하여 문제가 된다.

(2) 유형별 고찰

1) 헌법정신에 위반하여 수집한 증거

영장주의에 위반하거나 적정절차원칙에 위반하여 수집한 증거는 증거능력이 없다.

2) 형사소송법규정에 위반하여 수집한 증거

증거조사절차가 위법하여 무효인 경우에는 그 절차에서 수집한 증거는 증거능력이 없다. 따라서 거절권을 침해한 압수·수색, 선서 없는 증인의 증언은 증거로 할 수 없다.

판례 | 위법하게 수집된 '진술증거'의 증거능력을 부정한 경우

1. (변호인의 참여권을 침해하여 작성된 피의자신문조서) 피의자가 변호인의 참여를 원한다는 의사를 명백하게 표시하였음에도 수사기관이 정당한 사유 없이 변호인을 참여하게 하지 아니한 채 피의자를 신문하여 작성한 피의자신문조서는 증거로 할 수 없다[대판 2013.3.28. 2010도3359].

2. (위법하게 심리공개금지를 결정한 후 이루어진 증인의 증언) 헌법, 법원조직법이 정한 공개금지사유가 없음에도 불구하고 재판의 심리에 관한 공개를 금지하기로 결정하였다면 그러한 공개금지결정은 피고인의 공개재판을 받을 권리를 침해한 것으로서 그 절차에 의하여 이루어진 증인의 증언은 증거능력이 없다고 할 것이고, 변호인의 반대신문권이 보장되었더라도 달리 볼 수 없으며, 이러한 법리는 공개금지결정의 선고가 없는 등으로 공개금지결정의 사유를 알 수 없는 경우에도 마찬가지이다[대판 2015.10.29. 2014도5939]. [18 국가7급, 18 경찰채용]*

3. (선서없이 한 공범 아닌 공동피고인의 법정진술) 피고인과 별개의 범죄사실로 기소되어 병합심리되고 있던 공동피고인은 피고인에 대한 관계에서는 증인의 지위에 있음에 불과하므로, 선서없이 한 공범 아닌 공동피고인의 법정진술은 피고인에 대한 공소범죄사실을 인정하는 증거로 할 수 없다[대판 1982.6.22. 82도898]. [18 변호사, 17 변호사, 17 법원9급, 17 경간부]*

4. 선거관리위원회 위원·직원이 관계인에게 진술이 녹음된다는 사실을 미리 알려주지 아니한 채 진술을 녹음하였다면, 그와 같은 조사절차에 의하여 수집한 녹음 파일 내지 그에 터잡아 작성된 녹취록은 원칙적으로 유죄의 증거로 쓸 수 없다[대판 2014.10.15. 2011도3509]. [19 경찰채용, 18 경찰승진, 18 경간부, 17 법원9급, 17 경찰승진, 17 경찰채용, 16 국가9급, 16 경찰승진, 16 경간부]*

   판례해설 공직선거법 제272조의2 제6항의 선거관리위원회 직원이 관계인에게 사전에 설명할 '조사의 목적과 이유'에는 조사할 선거범죄혐의의 요지, 관계인에 대한 조사가 필요한 이유뿐만 아니라 관계인의 진술을 기록 또는 녹음·녹화한다는 점도 포함된다.

5. 피고인의 공판조서에 대한 열람 또는 등사청구에 법원이 불응하여 피고인의 열람 또는 등사청구권이 침해된 경우에는 그 공판조서를 유죄의 증거로 할 수 없을 뿐만 아니라 공판조서에 기재된 당해 피고인이나 증인의 진술도 증거로 할 수 없다[대판 2012.12.27. 2011도15869].

6. 교통안전과 위험방지를 위한 필요가 없음에도 주취운전을 하였다고 인정할 만한 상당한 이유가 있다는 이유만으로 이루어지는 음주측정은 이미 행하여진 주취운전이라는 범죄행위에 대한 증거 수집을 위한 수사절차로서의 의미를 가지는 것인데, 구 도로교통법(2005.5.31. 법률 제7545호로 전문 개정되기 전의 것)상의 규정들이 음주측정을 위한 강제처분의 근거가 될 수 없으므로 위와 같은 음주측정을 위하여 당해 운전자를 강제로 연행하기 위해서는 수사상의 강제처분에 관한 형사소송법상의 절차에 따라야 하고, 이러한 절차를 무시한 채 이루어진 강제연행은 위법한 체포에 해당한다. 이와 같은 위법한 체포 상태에서 음주측정요구가 이루어진 경우, 음주측정요구를 위한 위법한 체포와 그에 이은 음주측정요구는 주취운전이라는 범죄행위에 대한 증거 수집을 위하여 연속하여 이루어진 것으로서 개별적으로 그 적법 여부를 평가하는 것은 적절하지 않으므로 그 일련의 과정을 전체적으로 보아 위법한 음주측정요구가 있었던 것으로 볼 수밖에 없고, 운전자가 주취운전을 하였다고 인정할 만한 상당한 이유가 있다 하더라도 그 운전자에게 경찰공무원의 이와 같은 위법한 음주측정요구에 대해서까지 그에 응할 의무가 있다고 보아 이를 강제하는 것은 부당하므로 그에 불응하였다고 하여 음주측정거부에 관한 도로교통법 위반죄로 처벌할 수 없다[대판 2006.11.9. 2004도8404].

판례 | 위법하게 수집된 '비진술증거'의 증거능력을 부정한 경우

1. 위법한 절차(압수·수색영장에 기재된 수색장소를 벗어난 압수였고 또한 압수 당시 영장도 제시받지 못했고 압수목록도 압수 후 5개월이 경과한 이후에 교부되었음)를 통해서 압수한 서류는 증거능력이 부정된다[대판 2009.3.12. 2008도763].

2. 형사소송법 규정에 위반하여 수사기관이 법원으로부터 영장 또는 감정처분허가장을 발부받지 아니한 채 피의자의 동의 없이 피의자의 신체로부터 혈액을 채취하고 더구나 사후적으로도 지체없이 이에 대한 영장을 발부받지 아니하고서 위와 같이 강제채혈한 피의자의 혈액 중 알코올농도에 관한 감정이 이루어졌다면 이러한 감정결과보고서 등은 피고인이나 변호인의 증거동의 여부를 불문하고 유죄 인정의 증거로 사용할 수 없다[대판 2012.11.15. 2011도15258]. [20 법원9급, 19 경찰승진, 18 변호사, 18 경찰승진, 18 법원9급, 16 경찰승진, 16 경찰채용]*

3. 수사기관이 범죄의 수사를 목적으로 '거래정보 등'을 획득하기 위해서는 법관의 영장이 필요하다고 할 것이고, 신용카드에 의하여 물품을 거래할 때 '금융회사 등'이 발행하는 매출전표의 거래명의자에 관한 정보 또한 금융실명법에서 정하는 '거래정보 등'에 해당한다고 할 것이므로, 수사기관이 금융회사 등에 그와 같은 정보를 요구하는 경우에도 법관이 발부한 영장에 의하여야 한다. 그럼에도 수사기관이 영장에 의하지 아니하고 매출전표의 거래명의자에 관한 정보를 획득하였다면 그와 같이 수집된 증거는 원칙적으로 유죄의 증거로 삼을 수 없다[대판 2013.3.28. 2012도13607].

판례 | 적법절차의 실질적인 내용을 침해하지 않아 증거능력을 인정한 경우

1. (압색장소 미통지 + 피고인 또는 그와 관련된 자의 참여가 있었던 경우) 수사관들이 피고인들과 변호인에게 압수·수색 일시와 장소를 통지하지 아니하였으나, 피고인들은 일부 압수·수색과정에 직접 참여하기도 하였고, 직접 참여하지 아니한 압수·수색절차에도 피고인들과 관련된 참여인들의 참여가 있었고, 압수된 디지털 저장매체들이 제3자의 서명하에 봉인되고 그 해쉬(Hash)값도 보존되어 있는 경우, 이는 유죄 인정의 증거로 사용할 수 있는 예외적인 경우에 해당한다[대판(전) 2015.1.22. 2014도10978].

   동지판례 (압색과정에 실질적인 참여가 인정된 경우) i) 수사관들이 주거주 등이나 지방공공단체 직원 등의 참여 없이 피고인의 거소지에서 압수·수색을 하다가 곧바로 거소지의 임차인인 甲에게 연락하여 참여할 것을 고지하였고, 甲이 현장에 도착한 때부터 압수물 선별 과정, 디지털 포렌식 과정, 압수물 확인 과정에 甲과 변호인의 적극적이고 실질적인 참여가 있었으며, 압수·수색의 전 과정이 영상녹화된 경우, 이는 유죄 인정의 증거로 사용할 수 있는 예외적인 경우에 해당한다[대판(전) 2015.1.22. 2014도10978].
   ii) 수사관들이 주거주 등이나 지방공공단체 직원 등의 참여 없이 하남평생교육원 건물에 진입한 이후 수색절차를 진행하지 않은 채 대기하다가 하남시 신장2동 주민센터 직원 乙이 도착한 이후에 본격적인 수색절차를 진행하였고, 압수·수색 과정을 영상녹화한 경우, 이는 유죄 인정의 증거로 사용할 수 있는 예외적인 경우에 해당한다[대판(전) 2015.1.22. 2014도10978].

2. 검찰관이 피고인을 뇌물수수 혐의로 기소한 후, 형사사법공조절차를 거치지 아니한 채 과테말라공화국에 현지출장하여 그곳 호텔에서 뇌물공여자 갑을 상대로 참고인 진술조서를 작성한 사안에서, 참고인조사가 증거수집을 위한 수사행위에 해당하고 조사의 방식이나 절차에 강제력이나 위력은 물론 어떠한 비자발적 요소도 개입될 여지가 없었음이 기록상 분명한 이상, 위법수집증거배제법칙이 적용된다고 볼 수 없다고 한 사례[대판 2011.7.14. 2011도3809]. [19 경찰승진, 17 국가9급]*

3. 필요한 기재 사항이 모두 기재되어 있고 간인 등도 적법하게 이루어졌으나 판사의 서명날인란에는 서명만 있고 그 옆에 날인이 없는 압수·수색영장에 의하여 압수한 파일 출력물과 이를 제시하고 획득한 2차적 증거인 수사기관 작성의 피의자신문조서 및 증인의 법정진술은 위법수집증거에 해당하지 않는다[대판 2019.7.11. 2018도20504]. [20 경찰승진]*

3. 위법수집증거의 탄핵증거사용 및 증거동의의 허용 여부

(1) 위법수집증거와 탄핵증거

위법수집증거를 탄핵증거로 사용하는 것을 허용하는 경우 사실상 위법수집증거가 법관의 심증형성에 영향을 미치게 되므로 탄핵증거로 사용하는 것은 허용되지 않는다.

(2) 위법수집증거와 증거동의

원칙적으로 위법하게 수집된 증거는 증거동의의 대상이 될 수 없다. 다만, 아래와 같은 판례에서는 예외를 인정하고 있다.

> **판례 | 위법수집증거에 대하여 증거동의가 있는 경우 증거능력을 긍정한 판례**
>
> 1. (증거보전절차로 증인신문을 하는 경우 참여의 기회를 주지 아니하고 작성된 증인신문조서) 판사가 형사소송법 제184조에 의한 증거보전절차로 증인신문을 하는 경우에는 동법 제163조에 따라 검사, 피의자 또는 변호인에게 증인신문의 시일과 장소를 미리 통지하여 증인신문에 참여할 수 있는 기회를 주어야 하나 참여의 기회를 주지 아니한 경우라도 피고인과 변호인이 증인신문조서를 증거로 할 수 있음에 동의하여 별다른 이의없이 적법하게 증거조사를 거친 경우에는 위 증인신문조서는 증인신문절차가 위법하였는지의 여부에 관계없이 증거능력이 부여된다[대판 1988.11.8. 86도1646].
>
> 2. (피고인에게 유리한 증언을 마친 증인에 대한 번복진술조서) 공판준비 또는 공판기일에서 이미 증언을 마친 증인을 검사가 소환한 후 피고인에게 유리한 그 증언 내용을 추궁하여 이를 일방적으로 번복시키는 방식으로 작성한 진술조서는 피고인이 증거로 할 수 있음에 동의하지 아니하는 한 그 증거능력이 없다[대판(전) 2000.6.15. 99도1108].
>
> **비교판례** 범죄사실의 인정을 위한 증거조사는 특별한 사정이 없는 한 공개된 법정에서 법률이 그 증거방법에 따라 정한 방식으로 하여야 하고, 이를 토대로 형성된 심증에 따라 공소가 제기된 범죄사실이 합리적인 의심이 없는 정도로 증명되었는지를 판단하여야 한다. 형사소송법에서 정한 절차와 방식에 따른 증인신문절차를 거치지 아니한 채 증인에 대하여 선서 없이 법관이 임의의 방법으로 청취한 진술과 그 진술의 형식적 변형에 불과한 증거(녹음파일 등)는 적법한 증거조사 절차를 거치지 않은 증거로서 증거능력이 없다. 따라서 사실인정의 자료로 삼을 수도 없고, 피고인이나 변호인이 그러한 절차 진행에 동의하였다거나 사후에 그와 같은 증거조사 결과에 대하여 이의를 제기하지 아니하고 그 녹음파일 등을 증거로 함에 동의하였더라도 그 위법성이 치유되지 않는다[대판 2024.9.12. 2020도14843].

> **판례 | 증거의 위법수집의 효력(증거능력 부정)이 제3자에게도 미치는지 여부(미침)**
>
> 경찰이 피고인이 아닌 제3자들(유흥업소 손님과 그 여종업원)을 사실상 강제연행하여 불법체포한 상태에서 이들의 성매매행위나 피고인(유흥업소 업주)들의 유흥업소 영업행위를 처벌하기 위하여 진술서를 받고 진술조서를 작성한 경우, 각 진술서 및 진술조서는 위법수사로 얻은 진술증거에 해당하여 증거능력이 없으므로 피고인들(유흥업소 업주)의 식품위생법위반 혐의에 대한 유죄 인정의 증거로 삼을 수 없다[대판 2011.6.30. 2009도6717]. [20 경찰채용, 19 경간부, 18 법원9급]*

4. 위법하게 수집한 증거로부터 획득한 2차적 증거의 증거능력

> **판례 | 위법수집증거로부터 획득한 2차적 증거에 해당하지 않는 경우**
>
> 범행 현장에서 지문채취 대상물에 대한 지문채취가 먼저 이루어진 이상, 수사기관이 그 이후에 지문채취 대상물을 적법한 절차에 의하지 아니한 채 압수하였다고 하더라도 위와 같이 채취된 지문은 위법하게 압수한 지문채취 대상물로부터 획득한 2차적 증거에 해당하지 아니함이 분명하여 이를 가리켜 위법수집증거라고 할 수 없다[대판 2008.10.23. 2008도7471]. [23 변호사, 20 경간부, 20 국가7급, 19 국가9급, 18 경찰승진, 18 경찰채용, 17 국가7급]*

판례 | 위법하게 수집된 증거를 기초로 하여 획득한 2차적 증거의 증거능력의 유무(= 원칙적으로 증거능력이 부정됨), 예외적 증거능력 인정요건[1차 증거 수집의 위법행위와 2차 증거 수집행위의 인과관계가 희석(단절)된 경우]

[1] 적법한 절차에 따르지 아니한 위법행위를 기초로 하여 증거가 수집된 경우에는 당해 증거뿐 아니라 그에 터잡아 획득한 2차적 증거에 대해서도 그 증거능력은 부정되어야 할 것이다.

[2] 다만 위와 같은 위법수집증거배제의 원칙은 수사과정의 위법행위를 억지함으로써 국민의 기본적 인권을 보장하기 위한 것이므로 적법절차에 위배되는 행위의 영향이 차단되거나 소멸되었다고 볼 수 있는 상태에서 수집한 증거는 그 증거능력을 인정하더라도 적법절차의 실질적 내용에 대한 침해가 일어나지는 않는다 할 것이니 그 증거능력을 부정할 이유는 없다. 따라서 증거수집 과정에서 이루어진 적법절차 위반행위의 내용과 경위 및 그 관련 사정을 종합하여 볼 때 당초의 적법절차 위반행위와 증거수집 행위의 중간에 그 행위의 위법 요소가 제거 내지 배제되었다고 볼 만한 다른 사정이 개입됨으로써 인과관계가 단절(희석)된 것으로 평가할 수 있는 예외적인 경우에는 이를 유죄 인정의 증거로 사용할 수 있다[대판 2013.3.14. 2010도2094]. [20 경찰채용, 19 경간부]*

판례 | 위법하게 수집된 증거를 기초로 하여 획득한 2차적 증거의 증거능력을 부정한 경우

1. 위법한 강제연행 상태에서 호흡측정 방법에 의한 음주측정을 한 다음 강제연행 상태로부터 시간적·장소적으로 단절되었다고 볼 수도 없고 피의자의 심적 상태 또한 강제연행 상태로부터 완전히 벗어났다고 볼 수 없는 상황에서 피의자가 호흡측정 결과에 대한 탄핵을 하기 위하여 스스로 혈액채취 방법에 의한 측정을 할 것을 요구하여 혈액채취가 이루어졌다고 하더라도 그 사이에 위법한 체포 상태에 의한 영향이 완전하게 배제되고 피의자의 의사결정의 자유가 확실하게 보장되었다고 볼 만한 다른 사정이 개입되지 않은 이상 불법체포와 증거수집 사이의 인과관계가 단절된 것으로 볼 수는 없다. 따라서 그러한 혈액채취에 의한 측정 결과 역시 유죄 인정의 증거로 쓸 수 없다고 보아야 한다. 그리고 이는 수사기관이 위법한 체포 상태를 이용하여 증거를 수집하는 등의 행위를 효과적으로 억지하기 위한 것이므로, 피고인이나 변호인이 이를 증거로 함에 동의하였다고 하여도 달리 볼 것은 아니다[대판 2013.3.14. 2010도2094]. [20 변호사, 20 경간부, 19 경찰채용, 18 경찰승진, 17 경찰승진, 16 국가9급, 16 경간부]*

   판례해설 이 사건은 피의자 甲 접촉사고 → 경찰관 출동 → 음주운전 의심 경찰관, 甲을 강제로 순찰차에 태움(불법체포) → 지구대 도착 음주측정(혈중알콜농도 0.13%) → 경찰관 "다 끝났으니 집으로 가라.", 甲 "호흡측정 결과를 받아들일 수 없다." → 인근병원에서 혈액채취(혈중알콜농도 0.14%)의 순서로 진행된 것이다. 판례에 의할 때 최초의 측정결과는 물론 혈중알콜농도 감정서도 모두 증거능력이 부정된다.

2. 수사관들이 (집행현장에서 혐의사실과 관련된 부분만을 문서로 출력하거나 수사기관이 휴대한 저장매체에 복사하는 것이 현저히 곤란한 상황이어서) 압수·수색영장 기재에 따라 외장 하드디스크 자체를 수사기관 사무실로 반출한 후, 영장에 기재된 범죄 혐의와 관련된 전자정보를 탐색하여 해당 전자정보만을 출력 또는 복사하는 것을 넘어, 위 범죄 혐의와 자금 조성의 주체·목적·시기·방법 등이 전혀 다른 전자정보인 인센티브 보너스 추가지급 관련 전산자료까지 출력한 후, 이를 제시하면서 관련자들을 조사하여 진술을 받아낸 경우, 전산자료 출력물은 증거능력이 없는 위법수집증거에 해당하고, 이러한 위법수집증거를 제시하여 수집된 관련자들의 진술 등도 위법수집증거에 기한 2차적 증거에 해당하므로 증거능력이 부정된다[대판 2014.2.27. 2013도12155].

3. 수사기관이 위법하게 수집한 1차적 증거가 수사개시의 단서가 되었거나 사실상 유일한 증거 내지 핵심증거이고 위법의 정도 역시 상당할뿐더러, 피고인이 수사기관에서 1차적 증거를 제시받거나 1차적 증거의 내용을 전제로 신문받은 바가 있다면, 특별한 사정이 없는 이상 법정진술도 1차적 증거를 직접 제시받고 한 것과 다름없거나 적어도 1차적 증거의 존재를 전제로 한 것으로 볼 수 있으므로, 이는 절차 위반행위와의 인과관계의 희석 또는 단절을 인정하기 어려운 정황에 속한다. 이러한 경우더라도, 피고인의 법정진술이 다른 독립된 증거에서 기인하는 등 1차적 증거와 무관하게 이루어졌다고 평가된다면 인과관계의 희석 또는 단절을 인정할 수 있으나, 그러한 특별한 사정이 존재한다는 점은 검사가 증명하여야 한다[대판 2025.1.9. 2024도12689].

판례해설 피고인이 합성대마 매수자인 A(이하 '공범')의 부탁에 따라 합성대마를 수거한 후 건네주어 합성대마 매수자와 공모하여 합성대마를 매수하였다는 「마약류관리에 관한 법률」위반(향정)으로 기소된 사안이다. 공범은 그 이후 택시에서 휴대전화를 분실하였고, 택시기사가 이를 경찰에 습득물로 제출하였는데, 경찰관은 휴대전화 소유자의 인적사항을 파악하기 위해 저장되어 있던 정보를 확인하던 중 필로폰 구매 정황으로 의심되는 텔레그램 대화내역 등을 목격하고 이를 다른 경찰관에게 인계하였으며, 이를 인계받은 경찰관은 공소사실과 관련된 피고인과 공범 사이의 이 사건 카카오톡 대화내역 등을 발견하고 이를 복제·출력하거나 사진으로 촬영하였다(공범에게 참여의 기회를 보장한 바 없음). 경찰관은 위 전자정보로 피고인의 인적사항을 파악하여 수사를 진행하고, 피고인에 대한 피의자신문 과정에서 이 사건 카카오톡 대화내역 등 전자정보의 출력물 내지 촬영물을 제시하였다. 이후 검사는 피고인을 이 사건으로 기소하였는데, 피고인은 제1심에서 "공소사실 기재 행위는 인정하나, 검사 제출 증거는 위법수집증거이므로 무죄가 선고되어야 한다."는 취지로 주장하였고, 관련사건으로 기소된 공범도 해당 사건 1심에서 동일한 취지로 주장하였다.

원심은, 이 사건 카카오톡 대화내역 등 전자정보가 영장주의를 위반하고 참여권을 보장하지 않은 채 위법하게 수집되었다고 보아 그 증거능력을 부정하면서도, 피고인의 1심 법정진술과 공범의 관련사건 1심 법정진술은 절차 위반행위와의 인과관계가 희석 또는 단절되어 증거능력이 인정된다고 보고, 이를 유의의 증거로 삼아 공소사실을 유죄로 판단하였다.

대법원은 위와 같은 법리를 설시하면서, ① 수사기관의 이 사건 카카오톡 대화내역 등 전자정보에 관한 수집절차에는 영장주의 위반, 참여권 미보장 등의 위법이 존재하는 점, ② 피고인과 공범에 대한 수사가 오로지 위법하게 수집된 카카오톡 대화내역 등 전자정보를 기초로 개시되었고, 피고인의 인적사항 역시 위 전자정보에 근거하여 특정된 것으로, 위법수집증거인 카카오톡 대화내역 등 전자정보가 없었다면 피고인 및 공범에 대한 수사진행이나 기소가 어려웠을 것이고, 따라서 피고인 및 공범이 법정에서 진술하게 되지도 않았을 것으로 보이는 점, ③ 피고인과 공범이 수사기관 피의자신문 과정에서 카카오톡 대화내역 출력물 등을 제시받거나 그에 관한 질문을 받아 수사기관이 이를 증거로 확보하고 있다는 사정을 알고 있었으므로 그러한 사정이 피고인과 공범의 법정진술에 영향을 미쳤다고 볼 수밖에 없고, 이는 법정진술 당시 면전에서 카카오톡 대화내역 출력물 등을 제시받지 않았더라도 마찬가지인 점, ④ 피고인과 공범의 법정진술 취지에 비추어 보더라도, 피고인과 공범은 이 사건 카카오톡 대화내역 등 전자정보가 증거로 확보되어 있다는 사정을 의식하면서 위 증거가 위법수집증거라는 법률적 주장과 함께 그러한 법률적 주장이 받아들여지지 않을 경우 공소사실 기재 행위 자체를 인정하는지 여부가 양형에 참작될 수 있음을 고려하여 공소사실 기재 행위 자체는 인정하는 듯한 법정진술을 하게 되었던 것으로 보여, 그러한 법정진술의 직접적 원인은 위법하게 수집된 이 사건 카카오톡 대화내역 등 전자정보였던 것으로 보이는 점, ⑤ 수사기관이 수집한 적법한 증거는 전혀 존재하지 않고, 피고인 및 공범이 위법수집증거인 카카오톡 대화내역 등 전자정보 외에 다른 독립된 증거에 기인하여 공소사실 인정 취지의 법정진술을 하였다고 인정할 만한 특별한 사정이 보이지 않으며, 그에 관한 검사의 증명도 존재하지 않는 점 등에 비추어 보면, 피고인의 법정진술 및 공범의 관련사건 법정진술은 위법하게 수집된 이 사건 카카오톡 대화내역 등 전자정보에 기초한 2차적 증거들로, 절차 위반행위와의 인과관계의 희석 또는 단절을 인정할 특별한 사정이 존재하지 않으므로 증거능력이 부정되어야 한다고 보아, 이와 달리 위 각 법정진술에 증거능력이 인정된다는 전제에서 공소사실을 유죄로 판단한 원심을 파기·환송하였다.

판례 | 위법하게 수집된 증거를 기초로 하여 획득한 2차적 증거의 증거능력을 인정한 경우

1. **(인과관계가 희석·단절된 경우 + 중대범행 - 강도상해 - 의 증거)** 강도 현행범으로 체포된 피고인에게 진술거부권을 고지하지 아니한 채 강도범행에 대한 자백을 받고, 이를 기초로 여죄에 대한 진술과 증거물을 확보한 후 진술거부권을 고지하여 피고인의 임의자백 및 피해자의 피해사실에 대한 진술을 수집한 사안에서 제1심 법정에서의 피고인의 자백은 진술거부권을 고지받지 않은 상태에서 이루어진 최초 자백 이후 40여 일이 지난 후에 변호인의 충분한 조력을 받으면서 공개된 법정에서 임의로 이루어진 것이고, 피해자의 진술은 법원의 적법한 소환에 따라 자발적으로 출석하여 위증의 벌을 경고받고 선서한 후 공개된 법정에서 임의로 이루어진 것이어서 예외적으로 유죄 인정의 증거로 사용할 수 있는 2차적 증거에 해당한다고 한 사례[대판 2009.3.12, 2008도11437]. [20 경찰승진, 20 법원9급, 19 변호사, 19 경간부, 17 경간부, 16 경찰승진]*

   동지판례 i) 甲, 乙에 대한 각 검찰진술조서는 자금을 수수하였다는 피고인들의 정치자금법위반 피의사실뿐만 아니라 자금을 제공하였다는 甲, 乙의 정치자금법위반 피의사실에 관한 것이기도 하여 그 실질은 피의자신문조서의 성격을 가지는데, 그들에게 진술거부권이 고지되지 않은 상태에서 진술이 이루어졌으므로 위 각 조서는 위법수집증거에 해당하여 증거능력이 없으나, 그들은 최초 검찰 진술시로부터 수개월 또는 1년 이상 지난 시점에 법원의 적법한 소환에 따라 자발적으로 공개된 법정에 출석하여 위증의 벌을 경고받고 선서한 후 자신이 직접 경험한 사실을 임의로 진술하였으므로, 그들의 법정 증언은 예외적으로 유죄의 증거로 사용할 수 있는 2차적 증거에 해당하여 증거능력이 있다[대판 2011.3.10, 2010도9127].
   ii) 피고인의 제1심 법정 자백은 (수사기관이 법관의 영장 없이 그 거래명의자에 관한 정보를 알아낸 후 그 정보에 기초하여 긴급체포함으로써 구금 상태에 있던 피고인으로부터 받아낸) 최초 자백 이후 약 3개월이 지난 시점에 공개된 법정에서 적법한 절차를 통하여 임의로 이루어진 것이라는 점 등을 고려하여 볼 때 유죄 인정의 증거로 사용할 수 있는 경우에 해당한다. 나아가 피해자들 작성의 진술서는 제3자인 피해자들이 범행일로부터 약 3개월, 11개월 이상 지난 시점에서 기존의 수사절차로부터 독립하여 자발적으로 자신들의 피해 사실을 임의로 진술한 것이므로 역시 유죄 인정의 증거로 사용할 수 있는 경우에 해당한다
[대판 2013.3.28, 2012도13607]. [20 경찰승진, 20 경간부, 20 경찰채용, 19 변호사, 18 경찰승진]*

2. **(인과관계가 희석·단절된 경우 + 중대범행 – 마약범행 – 의 증거)** 수사기관의 연행이 위법한 체포에 해당하고 그에 이은 제1차 채뇨에 의한 증거 수집이 위법하다고 하더라도, 피고인은 이후 법관이 발부한 구속영장에 의하여 적법하게 구금되었고 법관이 발부한 압수영장에 의하여 2차 채뇨 및 채모 절차가 적법하게 이루어진 이상, 그와 같은 2차적 증거 수집이 위법한 체포·구금절차에 의하여 형성된 상태를 직접 이용하여 행하여진 것으로는 쉽사리 평가할 수 없다. 메스암페타민 투약 범행과 같은 중대한 범행의 수사를 위하여 피고인을 경찰서로 동행하는 과정에서 위법이 있었다는 사유만으로 법원의 영장 발부에 기하여 수집된 2차적 증거의 증거능력마저 부인한다면, 이는 오히려 헌법과 형사소송법이 형사소송에 관한 절차조항을 마련하여 적법절차의 원칙과 실체적 진실 규명의 조화를 도모하고 이를 통하여 형사사법 정의를 실현하려 한 취지에 반하는 결과를 초래하게 될 것이라는 점도 아울러 참작하면 법관이 발부한 압수영장에 의하여 이루어진 2차 채뇨 및 채모 절차를 통해 획득된 감정서는 모두 증거능력이 인정된다[대판 2013.3.14. 2012도13611].

3. 사전에 구속영장을 제시하지 아니한 채 구속영장을 집행하고, 그 구속 중 수집한 피고인의 진술증거 중 피고인의 제1심 법정진술은, 피고인이 구속집행절차의 위법성을 주장하면서 청구한 구속적부심사의 심문 당시 구속영장을 제시받은 바 있어 그 이후에는 구속영장에 기재된 범죄사실에 대하여 숙지하고 있었던 것으로 보이고, 구속 이후 원심에 이르기까지 구속적부심사와 보석의 청구를 통하여 구속집행절차의 위법성만을 다투었을 뿐, 그 구속 중 이루어진 진술증거의 임의성이나 신빙성에 대하여는 전혀 다투지 않았을 뿐만 아니라, 변호인과의 충분한 상의를 거친 후 공소사실 전부에 대하여 자백한 것이라면 유죄 인정의 증거로 삼을 수 있는 예외적인 경우에 해당한다[대판 2009.4.23. 2009도526]. [19 국가9급, 16 법원9급]*

판례 | 위법하게 압수한 증거를 환부 후 다시 임의제출받은 경우 증거능력 인정요건(제출에 임의성에 관하여는 검사가 증명해야 함)

영장 발부의 사유로 된 범죄 혐의사실과 무관한 별개의 증거를 압수하였을 경우 이는 원칙적으로 유죄 인정의 증거로 사용할 수 없다. 다만 수사기관이 별개의 증거를 피압수자 등에게 환부하고 후에 임의제출받아 다시 압수하였다면 증거를 압수한 최초의 절차 위반행위와 최종적인 증거수집 사이의 인과관계가 단절되었다고 평가할 수 있으나, 환부 후 다시 제출하는 과정에서 수사기관의 우월적 지위에 의하여 임의제출 명목으로 실질적으로 강제적인 압수가 행하여질 수 있으므로, 제출에 임의성이 있다는 점에 관하여는 검사가 합리적 의심을 배제할 수 있을 정도로 증명하여야 하고, 임의로 제출된 것이라고 볼 수 없는 경우에는 증거능력을 인정할 수 없다[대판 2016.3.10. 2013도11233]. [22 경간부, 20 국가7급, 19 법원9급, 18 국가9급, 17 법원9급, 17 국가7급, 16 국가7급]*

5. 일반 사인의 위법수집증거

위법수집증거배제법칙은 국가기관(일반적으로 수사기관)이 위법하게 수집한 증거의 증거능력을 부정하는 법칙이다. 일반 사인이 불법적으로 수집한 증거에 대해서 이 법칙을 적용하자는 견해도 있을 수 있다. 그러나 판례는 일반 사인이 불법적으로 수집한 증거의 증거능력에 대해서는 위법수집증거배제법칙 대신에 공익(형사소추 및 형사소송에서의 진실발견)과 사익(개인의 인격적 이익 등)을 비교형량하여 결정하고 있다.

판례 | 일반사인의 불법수집 증거의 증거능력 판단기준(= 비교형량)

[1] 국민의 인간으로서의 존엄과 가치를 보장하는 것은 국가기관의 기본적인 의무에 속하는 것이고 이는 형사절차에서도 당연히 구현되어야 하는 것이지만, 국민의 사생활 영역에 관계된 모든 증거의 제출이 곧바로 금지되는 것으로 볼 수는 없으므로 법원으로서는 효과적인 형사소추 및 형사소송에서의 진실발견이라는 공익과 개인의 인격적 이익 등의 보호이익을 비교형량하여 그 허용 여부를 결정하여야 한다.
[2] 이때 법원이 그 비교형량을 함에 있어서는 증거수집 절차와 관련된 모든 사정 즉, 사생활 내지 인격적 이익을 보호하여야 할 필요성 여부 및 그 정도, 증거수집 과정에서 사생활 기타 인격적 이익을 침해하게 된 경위와 그 침해의 내용 및 정도, 형사소추의 대상이 되는 범죄의 경중 및 성격, 피고인의 증거동의 여부 등을 전체적·종합적으로 고려하여야 하고, 단지 형사소추에 필요한 증거라는 사정만을 들어 곧바로 형사소송에서의 진실발견이라는 공익이 개인의 인격적 이익 등의 보호이익보다 우월한 것으로 섣불리 단정하여서는 아니 된다[대판 2013.11.28. 2010도12244].

판례 | 일반 사인의 위법수집 증거의 증거능력을 인정한 사례

1. 사문서위조·위조사문서행사 및 소송사기로 이어지는 일련의 범행에 대하여 피고인을 형사소추하기 위해서는 업무일지가 반드시 필요한 증거로 보이므로 설령 그것이 제3자에 의하여 절취된 것으로서 소송사기 등의 피해자 측이 이를 수사기관에 증거자료로 제출하기 위하여 대가를 지급하였다 하더라도 공익의 실현을 위하여는 업무일지를 범죄의 증거로 제출하는 것이 허용되어야 하고, 이로 말미암아 피고인의 사생활 영역을 침해하는 결과가 초래된다 하더라도 이는 피고인이 수인하여야 할 기본권의 제한에 해당된다[대판 2008.6.26. 2008도1584]. [19 경간부, 18 국가9급, 16 국가9급]*

2. [1] 피고인의 동의하에 촬영된 나체사진의 존재만으로 피고인의 인격권과 초상권을 침해하는 것으로 볼 수 없고 가사 사진을 촬영한 제3자가 그 사진을 이용하여 피고인을 공갈할 의도였다고 하더라도 사진의 촬영이 임의성이 배제된 상태에서 이루어진 것이라고 할 수는 없으며 그 사진은 범죄현장의 사진으로서 피고인에 대한 형사소추를 위하여 반드시 필요한 증거로 보이므로 공익의 실현을 위하여는 그 사진을 범죄의 증거로 제출하는 것이 허용되어야 하고, 이로 말미암아 피고인의 사생활의 비밀을 침해하는 결과를 초래한다 하더라도 이는 피고인이 수인하여야 할 기본권의 제한에 해당된다.
   [2] 피고인이 이 사건 범행을 부인한다거나 위 공소외인이 다른 범죄에 제공하기 위하여 사진을 촬영하였고 사진 촬영 당시 피고인이 무의식 상태에 있었다고 다투는 것은 사진의 증명력을 다투는 취지에 불과하여 의사표시의 효과와는 무관하며, 피고인이 이 사건 사진의 촬영일자 부분에 대하여 조작된 것이라고 다툰다고 하더라도 이 부분은 전문증거에 해당되어 별도로 증거능력이 있는지를 살펴보면 족한 것이므로, 원심과 같이 피고인의 변소에 비추어 위 증거동의의 의사표시가 단순히 사진 속의 인물이 피고인이 맞다는 취지의 진술에 불과하다고 단정할 수는 없다 할 것이고, 피고인이 원심에 이르러 증거동의를 철회하였다고 하더라도 증거조사를 마친 후의 증거에 대하여는 동의의 철회로 인하여 적법하게 부여된 증거능력이 상실되는 것이 아니므로, 이 사건 사진이 진정한 것으로 인정되는 한 이로써 이 사건 사진은 증거능력을 취득한 것이라 할 것이다[대판 1997.9.30. 97도1230].110) [23 경간부]*

3. 시청 소속 공무원인 제3자가 권한 없이 전자우편에 대한 비밀 보호조치를 해제하는 방법을 통하여 전자우편을 수집(정보통신망법위반 행위)했다고 하더라도, 공직선거법위반죄(공무원의 지위를 이용한 선거운동행위)는 중대한 범죄에 해당할 뿐만 아니라 피고인이 전자우편을 증거로 함에 동의한 점 등을 종합하면, 전자우편을 증거로 제출하는 것은 허용되어야 할 것이고 이로 말미암아 피고인의 사생활의 비밀이나 통신의 자유가 일정 정도 침해되는 결과를 초래한다 하더라도 이는 피고인이 수인하여야 할 기본권의 제한에 해당한다[대판 2013.11.28. 2010도12244]. [20 법원9급, 19 경간부, 16 법원9급]*

4. 피고인들 사이의 간통 범행을 고소한 피고인 甲의 남편 乙이 甲의 주거에 침입하여 수집한 후 수사기관에 제출한 혈흔이 묻은 휴지들 및 침대시트를 목적물로 하여 이루어진 감정의뢰회보에 대하여, 乙이 甲의 주거에 침입한 시점은 甲이 그 주거에서의 실제상 거주를 종료한 이후이고, 감정의뢰회보는 피고인들에 대한 형사소추를 위하여 반드시 필요한 증거라 할 것이므로 공익의 실현을 위해서 감정의뢰회보를 증거로 제출하는 것이 허용되어야 한다[대판 2010.9.9. 2008도3990].

---

110) 대법원은 위 사안에서 사진의 촬영일자가 나타난 부분은 전문증거에 해당하여 전문법칙이 적용되지만, 사진 전체에 대해서는 비진술증거로 판단한 것으로 보인다.

제5절 전문증거와 전문법칙

I 의의

1. 전문증거의 의의

(1) 전문증거의 개념
전문증거란 사실인정의 기초가 되는 경험한 자의 진술이 서면이나 타인의 진술의 형식으로 간접적으로 법원에 전달되는 경우 그 서면이나 타인의 진술을 말한다.

(2) 전문증거의 종류

유형		의의
전문진술(전문증언)		요증사실을 직접 경험한 자로부터 그 경험내용을 전해들은 자가 그 내용을 법원에 진술할 때 그 진술을 말한다.
전문서류	각종 조서	요증사실을 직접 경험한 자로부터 전해들은 내용을 법원이나 수사기관이 서면에 기재하는 경우 그 서면을 말한다(예 법관의 면전조서, 피의자신문조서, 참고인진술조서). 다만, 수사과정에서 작성된 서면은 그 명칭과 무관하게 수사기관이 작성한 조서로 인정된다(예 검사단계의 피의자의 진술서 = 검사작성 피의자신문조서, 사경단계의 피의자의 진술서 = 사경작성 피의자신문조서, 검사단계의 참고인 진술서 = 검사작성 참고인진술조서, 사경단계의 참고인진술서 = 사경작성 참고인진술조서).
	진술서	요증사실을 직접 경험한 자가 법정 및 수사기관 외에서[111] 자신의 경험내용을 스스로 서면에 기재한 경우 그 서면을 말한다. 이 경우 서면을 기재한 자의 지위는 불문한다(예 피의자, 피고인 또는 일반 제3자의 자술서, 일기장).
	진술녹취서	요증사실을 직접 경험한 자의 법정 및 수사기관 외에서의 진술을 (법원·수사기관 이외의) 타인이 서면에 기재한 경우 그 서면을 말한다(예 강간사건의 피해자의 진술을 성범죄피해자구조단체의 구성원이 서면에 기재한 경우 그 서면).

2. 전문법칙의 의의와 근거

(1) 의의
전문증거의 증거능력을 부정하는 증거법칙을 전문법칙이라고 한다. 형사소송법 제310조의2는 '제311조 내지 제316조에 규정한 것 이외에는 공판준비 또는 공판기일에서의 진술에 대신하여 진술을 기재한 서류(전문서류)나 공판준비 또는 공판기일 외에서의 타인의 진술을 내용으로 하는 진술(전문진술)은 이를 증거로 할 수 없다'라고 규정하고 있다.

(2) 전문법칙의 이론적 근거[112]

1) 반대신문권 결여
전문증거는 원진술의 진실성을 당사자의 반대신문으로 음미할 수 없기 때문에 증거능력이 부정된다고 보는 견해이다.

---

[111] 장소적 의미가 아니라 '공판(준비)과정이나 수사과정과 무관하게…'라는 의미이다.
[112] 이론적 근거보다는 전문법칙의 예외규정의 요건이 중요하다.

2) 신용성 결여

전문증거의 경우 전달과정에서 오류나 와전의 가능성이 많고, 선서의 결여로 신용성이 희박하여 증거능력이 부정된다고 보는 견해이다.

3) 직접주의 요청

법관은 공판정에서 직접 조사한 '원본증거'에 의하여야 심증형성을 형성하여야 하는데, 전문증거는 이러한 직접주의에 반하기 때문에 증거능력이 부정된다고 보는 견해이다.

> **판례 | 전문법칙을 규정한 제310조의2 규정의 목적(직접주의 보장 및 반대신문권 보장)**
>
> 형사소송법은 제161조의2에서 피고인의 반대신문권을 포함한 교호신문제도를 규정함과 동시에, 제310조의2에서 법관의 면전에서 진술되지 아니하고 피고인에 의한 반대신문의 기회가 부여되지 아니한 진술에 대하여는 원칙적으로 증거능력을 부여하지 아니함으로써, 형사재판에 있어서 모든 증거는 법관의 면전에서 진술·심리되어야 한다는 직접주의와 피고인에게 불리한 증거에 대하여는 반대신문할 수 있는 권리를 원칙적으로 보장하고 있다[대판 2001.9.14. 2001도1550].

3. 전문법칙의 적용범위

(1) 적용요건

1) 진술증거

전문법칙은 진술증거(전문서류 및 전문진술)에 대하여만 적용되며 비진술증거에는 적용되지 않는다(제310조의2).

> **판례 | 비진술증거로서 전문법칙이 적용되지 않는 경우**
>
> 1. (일정한 내용의 문건이 존재하는 것 자체가 증거가 되는 경우) 반국가단체로부터 지령을 받고 국가기밀을 탐지·수집하였다는 공소사실과 관련하여 수령한 지령 및 탐지·수집하여 취득한 국가기밀이 문건의 형태로 존재하는 경우나 편의제공의 목적물이 문건인 경우 등에는, 문건 내용의 진실성이 문제되는 것이 아니라 그러한 내용의 문건이 존재하는 것 자체가 증거가 되는 것으로서 공소사실에 대하여는 전문법칙이 적용되지 않는다[대판 2013.7.26. 2013도2511].
>   [동지판례] (부수법상 부도수표발행의 공소사실을 증명하기 위하여 제출된 지급거절된 수표) 피고인이 수표를 발행하였으나 예금부족 또는 거래정지처분으로 지급되지 아니하게 하였다는 부정수표단속법위반의 공소사실을 증명하기 위하여 제출되는 수표는 그 서류의 존재 또는 상태 자체가 증거가 되는 것이어서 증거물인 서면에 해당하고 어떠한 사실을 직접 경험한 사람의 진술에 갈음하는 대체물이 아니므로, 그 증거능력은 증거물의 예에 의하여 판단하여야 하고, 이에 대하여는 형사소송법 제310조의2에서 정한 전문법칙이 적용될 여지가 없다[대판 2015.4.23. 2015도2275]. [22 경간부, 20 법원9급, 19 경찰채용, 19 국가7급, 17 법원9급, 17 국가7급, 17 경간부, 16 변호사, 16 국가7급]*
> 2. (공포심 등을 유발하는 글을 반복하여 도달하게 하였다는 정보통신망법위반의 공소사실을 증명하기 위하여 제출된 휴대전화기에 저장된 문자정보) 형사소송법 제310조의2는 사실을 직접 경험한 사람의 진술이 법정에 직접 제출되어야 하고 이에 갈음하는 대체물인 진술 또는 서류가 제출되어서는 안 된다는 이른바 전문법칙을 선언한 것이다. 그런데 정보통신망을 통하여 공포심이나 불안감을 유발하는 글을 반복적으로 상대방에게 도달하게 하는 행위를 하였다는 공소사실에 대하여 휴대전화기에 저장된 문자정보가 그 증거가 되는 경우, 그 문자정보는 범행의 직접적인 수단이고 경험자의 진술에 갈음하는 대체물에 해당하지 않으므로, 형사소송법 제310조의2에서 정한 전문법칙이 적용되지 않는다[대판 2008.11.13. 2006도2556]. [22 경간부, 20 변호사, 20 경찰승진, 20 경찰채용, 19 변호사, 19 경간부, 19 경찰채용, 19 국가9급, 18 경찰승진, 18 경간부, 18 국가9급, 17 국가7급, 17 국가9급, 16 법원9급, 16 국가7급, 16 경찰채용]*
> 3. (피해자의 상해부위를 촬영한 사진) 피해자의 상해부위를 촬영한 사진은 비진술증거로서 전문법칙이 적용되지 않으므로, 위 사진이 진술증거임을 전제로 전문법칙이 적용되어야 한다는 취지의 상고이유의 주장은 받아들일 수 없다[대판 2007.7.26. 2007도3906]. [22 경간부]*

2) 타인의 진술을 내용으로 하는 진술이 전문증거인지 여부를 판단하는 기준

원진술의 '내용인 사실이(진실인지 여부가)' 요증사실인 경우에는 전문증거로서 전문법칙이 적용된다. 원진술의 '존재자체가' 요증사실인 경우에는 원본증거에 해당하고 전문증거가 아니므로 전문법칙이 적용되지 않는다.

> **판례 | 전문증거의 판단기준**
>
> 1. [1] 타인의 진술을 내용으로 하는 진술이 전문증거인지는 요증사실과 관계에서 정하여지는데, 원진술의 내용인 사실이 요증사실인 경우에는 전문증거이나, 원진술의 존재 자체가 요증사실인 경우에는 본래증거이지 전문증거가 아니다. [19 변호사, 19 국가7급, 18 국가9급]*
>   [2] A가 "甲으로부터 '1,500억원 네가 원하는 대로 다 얘기해라. 乙에게 얘기해 놨다. 선지급에 대해서도 다 말해 놨다'는 말을 들었다."는 취지로 진술한 경우, A의 진술로 증명하고자 하는 사실이 '甲이 위와 같은 내용의 말을 하였다'는 것이라면 이는 본래증거에 해당하고, A의 진술로 증명하고자 하는 사실이 甲 진술의 진실성, 즉 '실제로 甲이 乙로부터 펀드 출자 및 선지급에 관하여 승낙을 받았는지 여부'라면 이는 전문증거에 해당한다[대판 2014.2.27. 2013도12155].
>
> 2. [1] 어떤 진술을 범죄사실에 대한 직접증거로 사용할 때에는 그 진술이 전문증거가 된다고 하더라도 그와 같은 진술을 하였다는 것 자체로 사용할 때에는 반드시 전문증거가 되는 것은 아니다.
>   [2] 피고인 또는 피고인 아닌 사람의 진술을 녹음한 녹음파일은 실질에 있어서 피고인 또는 피고인 아닌 사람이 작성한 진술서나 그 진술을 기재한 서류와 크게 다를 바 없어 그 녹음파일에 담긴 진술 내용의 진실성이 증명의 대상이 되는 때에는 전문법칙이 적용된다고 할 것이나, 녹음파일에 담긴 진술 내용의 진실성이 아닌 그와 같은 진술이 존재하는 것 자체가 증명의 대상이 되는 경우에는 전문법칙이 적용되지 아니한다[대판(전) 2015.1.22. 2014도10978]. [22 경찰채용]*
>
> 3. 어떤 진술이 기재된 서류가 그 내용의 진실성이 범죄사실에 대한 직접증거로 사용될 때는 전문증거가 된다고 하더라도, 그와 같은 진술을 하였다는 것 자체 또는 그 진술의 진실성과 관계없는 간접사실에 대한 정황증거로 사용될 때는 반드시 전문증거가 되는 것은 아니다[대판 2018.5.15. 2017도19499]. [18 경찰승진, 17 경간부, 16 국가9급]* 그러나 어떠한 내용의 진술을 하였다는 사실 자체에 대한 정황증거로 사용될 것이라는 이유로 서류의 증거능력을 인정한 다음 그 사실을 다시 진술 내용이나 그 진실성을 증명하는 간접사실로 사용하는 경우에 그 서류는 전문증거에 해당한다. 서류가 그곳에 기재된 원진술의 내용인 사실을 증명하는 데 사용되어 원진술의 내용인 사실이 요증사실이 되기 때문이다. 이러한 경우 형사소송법 제311조부터 제316조까지 정한 요건을 충족하지 못한다면 증거능력이 없다[대판(전) 2019.8.29. 2018도2738; 대판(전) 2019.8.29. 2018도14303]. [23 경간부, 22 경찰채용]*

> **판례 | 원본증거(본래증거)에 해당하는 경우**
>
> 1. A가 "피고인으로부터 '건축허가 담당 공무원이 외국연수를 가므로 사례비를 주어야 한다'는 말과 '건축허가 담당 공무원이 4,000만원을 요구하는데 사례비로 2,000만원을 주어야 한다'는 말을 들었다."는 취지로 진술한 경우, 피고인의 위와 같은 원진술의 존재 자체가 알선수재죄에 있어서의 요증사실이므로 이를 직접 경험한 A가 피고인으로부터 위와 같은 말들을 들었다고 하는 진술들은 전문증거가 아니라 본래증거에 해당된다[대판 2008.11.13. 2008도8007].
> 2. 피해자 A 등이 제1심 법정에서 "피고인이 88체육관 부지를 공시지가로 매입하게 해 주고 KBS와의 시설이주 협의도 2개월 내로 완료하겠다고 말하였다."고 진술한 경우, 피고인의 위와 같은 원진술의 존재 자체가 사기죄 또는 변호사법 위반죄에 있어서의 요증사실이므로 이를 직접 경험한 A 등이 피고인으로부터 위와 같은 말을 들었다고 하는 진술은 전문증거가 아니라 본래증거에 해당한다[대판 2012.7.26. 2012도2937].

(2) 전문법칙이 적용되지 않는 경우

1) 원진술의 존재자체가 요증사실인 경우

① 원진술의 '존재 자체'가 요증사실인 경우의 진술은 원본증거이며 전문증거가 아니므로 전문법칙이 적용되지 않는다.

② 예컨대 "甲이 A를 살해하는 것을 보았다."는 乙의 말(원진술)을 들은 丙이 그 사실을 증언하는 경우, 丙의 증언은 甲의 살인사건에서는 전문증거가 되지만 乙의 명예훼손사건에서는 원본증거가 되는 것이다.

2) 정황증거에 사용된 언어
① 전문진술이 원진술자의 심리적·정신적 상황을 증명하기 위한 증거로 사용된 경우에는 전문증거가 아니므로 전문법칙은 적용되지 않는다.
② 예컨대 피고인 甲의 정신이상을 증명하기 위하여, 甲이 살인을 저지르면서 "나는 신이다."라고 한 말을 들은 乙이 그 말을 제출한 경우가 이에 해당한다.

> **판례 | 전문증거에 해당되지 않는 경우**
> 1. 어떤 진술을 범죄사실에 대한 직접증거로 사용할 때에는 그 진술이 전문증거가 된다고 하더라도 <u>그 진술의 진실성과 관계없는 간접사실에 대한 정황증거로 사용할 때에는 반드시 전문증거가 되는 것은 아니다</u>[대판(전) 2015.1.22. 2014도10978].
> 2. A가 진술 당시 술에 취하여 횡설수설 이야기한 것인지 여부를 확인하기 위하여 법원에 제출된 A의 진술이 녹음된 녹음테이프는 원본증거에 해당하며 전문증거에 해당하지 아니한다[대판 2008.7.10. 2007도10755].
>   **기출지문** A가 진술 당시 술에 취하여 횡설수설하였다는 것을 확인하기 위하여 제출된 A의 진술이 녹음된 녹음테이프는 전문증거에 해당한다. (×)

3) 언어적 행동
① 원진술자의 행위의 의미를 설명하기 위하여 원진술자의 행위당시의 진술을 증거로 제출한 경우를 말한다. 이는 원진술자의 말을 비진술증거로 사용하는 것으로서 전문법칙이 적용되지 않는다.
② 예컨대 甲이 乙을 껴안은 것이 폭행인지 우정의 표현인지를 설명하기 위하여 그 당시에 甲이 한 진술(예 사랑해! 또는 이 씨팔놈아!)을 증거로 제출하는 경우가 이에 해당한다.

4) 탄핵증거로 사용된 증거
'사실을 증명하기 위하여' 제출된 진술증거의 경우 전문법칙이 적용된다. 그러나 탄핵증거는 '증거의 증명력을 다투기 위한 것'이므로 증거를 탄핵하기 위하여 진술증거가 제출되었다고 하더라도 전문법칙이 적용되지 않는다.

5) 증거동의
당사자가 증거로 함에 동의한 때에는 전문법칙이 적용되지 않는다.

II 전문법칙의 예외

1. 예외인정의 필요성
전문법칙을 엄격히 적용하면 재판의 지연을 초래할 수 있고 명백한 범인을 처벌하지 못하는 불합리한 결과가 발생한다. 따라서 실체진실의 발견과 소송경제를 위하여 전문증거라도 증거능력을 인정할 필요성이 인정된다.

2. 예외인정의 일반적 기준

(1) 신용성의 정황적 보장
원진술자의 진술당시 여러 정황에 비추어 보았을 때 진술의 진실성을 담보할 수 있는 경우를 말한다. 즉, 공판정에서 상대방에게 원진술자에 대한 반대신문의 기회를 주지 않더라도 진술 당시의 상황에 비추어 허위개입의 위험성이 없는 경우를 말한다.

(2) 필요성
원진술과 같은 가치의 증거를 얻는 것이 어렵기 때문에 진실발견을 위하여 어쩔 수 없이 전문증거라도 사용해야 할 필요가 있는 경우를 말한다.

Ⅲ 전문법칙의 예외규정

▶ 전문법칙의 예외인정을 위한 각종 요건의 개념

적법한 절차와 방식에 따라 작성된 것	수사기관의 조서작성이 적법절차와 방식에 따라 작성된 것일 것113)
실질적 진정성립	서면의 기재내용이 진술자가 진술내용과 동일하다는 것
내용의 인정	조서의 성립의 진정(실질적 진정성립)뿐만 아니라, 조서의 기재내용이 실제 사실에 부합한다는 것, 즉 조서에 기재된 내용의 진실성을 인정하는 것
필요성	성립의 진정에 관한 진술을 하여야 할 자가 사망 등의 사유로 공판정에서 진술할 수 없는 때를 의미
특신상태	진술내용이나 조서 또는 서류의 작성에 허위개입의 여지가 거의 없고 그 진술내용의 신용성이나 임의성을 담보할 구체적이고 외부적인 정황이 있는 경우를 말한다(판례).

1. 법원 또는 법관의 면전조서 – (제311조)

> **제311조(법원 또는 법관의 조서)** 공판준비 또는 공판기일에 피고인이나 피고인 아닌 자의 진술을 기재한 조서와 법원 또는 법관의 검증의 결과를 기재한 조서는 증거로 할 수 있다. 제184조 및 제221조의2의 규정에 의하여 작성한 조서도 또한 같다. [22 경간부, 20 경간부, 18 경찰승진, 18 국가9급]*

(1) 제311조의 취지

① 법원 또는 법관의 면전조서는 그 성립이 진정하고 신용성의 정황적 보장이 높기 때문에 당연히 증거능력이 인정된다(제311조). 공판준비조서, 공판조서, 증인신문조서, 검증조서 그리고 증거보전절차나 증인신문절차에서 작성된 조서가 이에 해당한다. [22 경간부]*

② '공판조서'는 상소심에 있어서 원심의 공판조서, 공판절차갱신 전의 공판조서, 이송된 사건의 이송 전의 공판조서 등을 말한다.114) [22 경간부]*

> **판례 | 공판조서의 증거능력 인정근거**
>
> 1. **(당해 피고사건의 공판조서)** 피고인이나 피고인 아닌 자의 진술을 기재한 당해 사건의 공판조서는 형사소송법 제311조 전문의 규정에 의하여 당연히 증거능력이 있다[대판 2003.10.10. 2003도3282].
> 2. **(다른 피고사건의 공판조서)** 다른 피고인에 대한 형사사건의 공판조서는 형사소송법 제315조 제3호에 정한 서류(특히 신용할 만한 정황에 의하여 작성된 문서)로서 당연히 증거능력이 있다[대판 2005.4.28. 2004도4428]. [20 변호사, 20 국가7급, 19 경찰승진, 17 법원9급, 17 경찰채용, 16 변호사]*

---

113) '조서의 서명 또는 날인 등이 진술자의 것과 일치할 것'을 포함하고 있는 요건이다. 과거에는 이를 '형식적 진정성립'이라는 명칭을 붙여서 다음에서 보는 '실질적 진정성립'과 구별하였으나, 현재는 형식적 진정성립의 요건이 '적법절차와 방식에 따라 작성될 것'이라는 요건 속에 포함되게 되어 전문법칙의 예외요건의 규정에서 말하는 '성립의 진정'은 '실질적 진정성립만을 의미하는 것으로 이해하여야 한다.
114) 공판기일에 피고인이 행한 진술과 피고인 아닌 자(증인)의 진술은 그 자체가 본래증거이기 때문에 전문법칙이 적용되지 않는다. [22 경간부]*

판례 | 법원이 실시한 녹음테이프에 대한 검증과 증거능력 인정요건

[1] 수사기관이 아닌 사인이 피고인 아닌 자와의 전화대화를 녹음한 녹음테이프에 대하여 법원이 실시한 검증의 내용이 녹음테이프에 녹음된 전화대화의 내용이 검증조서에 첨부된 녹취서에 기재된 내용과 같다는 것에 불과한 경우에는 증거자료가 되는 것은 여전히 녹음테이프에 녹음된 대화 내용이므로, 그중 피고인 아닌 자와의 대화의 내용은 실질적으로 형사소송법 제311조, 제312조 규정 이외의 피고인 아닌 자의 진술을 기재한 서류와 다를 바 없어서, 피고인이 그 녹음테이프를 증거로 할 수 있음에 동의하지 않은 이상 그 녹음테이프 검증조서의 기재 중 피고인 아닌 자의 진술내용을 증거로 사용하기 위해서는 형사소송법 제313조 제1항에 따라 공판준비나 공판기일에서 원진술자의 진술에 의하여 그 녹음테이프에 녹음된 진술내용이 자신이 진술한 대로 녹음된 것이라는 점이 인정되어야 한다.
[2] 녹음테이프에 대한 검증의 내용이 그 진술 당시 진술자의 상태 등을 확인하기 위한 것인 경우에는, 녹음테이프에 대한 검증조서의 기재 중 진술내용을 증거로 사용하는 경우에 관한 위 법리는 적용되지 아니하고, 따라서 위 검증조서는 법원의 검증의 결과를 기재한 조서로서 형사소송법 제311조에 의하여 당연히 증거로 할 수 있다[대판 2008.7.10. 2007도10755]. [22 경찰채용, 18 변호사, 18 경간부, 16 국가9급]*

판례해설 A가 진술 당시 술에 취하여 횡설수설 이야기한 것인지 여부를 확인하기 위하여 1심법원에 제출된 A의 진술이 녹음된 녹음테이프는 원본증거에 해당한다. 따라서 항소심이 녹음테이프에 대한 검증을 실시하고 그 결과(녹음 당시 A의 발음이 전체적으로는 뚜렷하였고 목소리 자체가 횡설수설하는 것 같지는 않았다)를 증거로 채택하여 A가 진술 당시 술에 취하여 횡설수설한 것으로 보이지 않는다고 판단한 것은 채증법칙의 위반이라고 볼 수 없다는 취지의 판례이다.

판례 | 제311조에 의한 증거능력을 인정할 수 없는 경우

증인신문조서가 증거보전절차에서 피고인이 증인으로서 증언한 내용을 기재한 것이 아니라 증인 甲의 증언내용을 기재한 것이고 다만 피의자였던 피고인이 당사자로 참여하여 자신의 범행 사실을 시인하는 전제하에 위 증인에게 반대신문한 내용이 기재되어 있을 뿐이라면 위 조서는 공판준비 또는 공판기일에 피고인 등의 진술을 기재한 조서도 아니고 반대신문 과정에서 피의자가 한 진술에 관한 한 형사소송법 제184조에 의한 증인신문조서도 아니므로 위 조서 중 피의자의 진술기재 부분에 대하여는 형사소송법 제311조에 의한 증거능력을 인정할 수 없다[대판 1984.5.15. 84도508]. [22 경간부, 18 경찰승진, 16 경찰채용]*

2. 검사 작성 피의자신문조서 – (제312조 제1항)

(1) 검사 작성 피의자신문조서의 범위

판례 | 검사 작성 조서라고 할 수 있는 경우

1. 검사가 피의사실에 관하여 전반적 핵심적 사항을 질문하고 이를 토대로 신문에 참여한 검찰주사보가 직접 문답하여 작성한 피의자신문조서의 경우[대판 1984.7.10. 84도846].

    비교판례 (검사작성 피신조서라고 할 수 없는 경우) ⅰ) 검찰주사가 담당 검사가 임석하지 아니한 상태에서 피의자를 신문한 후 작성한 피의자신문조서 (다만, 검사는 조사가 끝난 후 피의자에게 "이것이 모두 사실이냐"는 취지로 개괄적으로 질문만 했을 뿐임)[대판 2003.10.9. 2002도4372]. [19 경간부, 17 경찰채용]*
    ⅱ) 검찰주사가 담당 검사가 임석하지 않은 상태에서 피의자였던 피고인을 신문한 끝에 작성한 피의자신문조서 (다만, 검사는 그 당시 피의자와 검찰주사와의 언쟁에 대해서만 몇 마디 말을 했다고 진술하고 있음)[대판 2007.7.13. 2007도3633].

2. 사법연수생인 검사 직무대리가 검찰총장으로부터 명 받은 범위 내에서 법원조직법에 의한 합의부의 심판사건에 해당하지 아니하는 사건에 관하여 검사의 직무를 대리하여 피고인에 대한 피의자신문조서를 작성할 경우, 그 피의자신문조서는 형사소송법 제312조 제1항의 요건을 갖추고 있는 한 당해 지방검찰청 또는 지청 검사가 작성한 피의자신문조서와 마찬가지로 그 증거능력이 인정된다[대판 2010.4.15. 2010도1107].

    비교판례 검사직무대리자는 법원조직법에 규정된 합의부의 심판사건에 관하여서는 기소, 불기소 등의 최종적 결정을 할 수 없음은 물론 수사도 할 수 없으므로 검사직무대리자가 작성한 합의부사건의 피고인에 대한 피의자신문조서는 증거로 할 수 없다[대판 1978.2.28. 78도49].

판례 | 검사 작성 조서라고 할 수 없는 경우

검찰에 송치되기 전에 구속피의자로부터 받은 검사 작성의 피의자신문조서는 극히 이례에 속하는 것으로 그렇게 했어야 할 특별한 사정이 보이지 않는 한 송치 후에 작성된 피의자신문조서와 마찬가지로 취급하기는 어렵다[대판 1994.8.9. 94도1228]. [18 변호사, 16 경간부]

(2) 증거능력의 인정요건

1. 적법절차와 방식
2. 내용인정

검사가 작성한 피의자신문조서는 적법한 절차와 방식에 따라 작성된 것으로서 공판준비, 공판기일에 그 피의자였던 피고인 또는 변호인이 그 내용을 인정할 때에 한정하여 증거로 할 수 있다(제312조 제1항). 본 조항은 2022년 1월 1일부터 시행한다(대통령령 제31091호).

판례 | 형사소송법 제312조 제1항에서 정한 '검사가 작성한 피의자신문조서'에 당해 피고인과 공범관계에 있는 다른 피고인이나 피의자에 대하여 검사가 작성한 피의자신문조서도 포함되는지 여부(적극)

[1] 2020.2.4. 법률 제16924호로 개정되어 2022.1.1.부터 시행된 형사소송법 제312조 제1항은 검사가 작성한 피의자신문조서의 증거능력에 대하여 '적법한 절차와 방식에 따라 작성된 것으로서 공판준비, 공판기일에 그 피의자였던 피고인 또는 변호인이 그 내용을 인정할 때에 한정하여 증거로 할 수 있다'고 규정하였다. 여기서 '그 내용을 인정할 때'라 함은 피의자신문조서의 기재 내용이 진술 내용대로 기재되어 있다는 의미가 아니고 그와 같이 진술한 내용이 실제 사실과 부합한다는 것을 의미한다[대판 2023.4.27. 2023도2102].

[2] 형사소송법 제312조 제1항에서 정한 '검사가 작성한 피의자신문조서'란 당해 피고인에 대한 피의자신문조서만이 아니라 당해 피고인과 공범관계에 있는 다른 피고인이나 피의자에 대하여 검사가 작성한 피의자신문조서도 포함되고, 여기서 말하는 '공범'에는 형법 총칙의 공범 이외에도 서로 대향된 행위의 존재를 필요로 할 뿐 각자의 구성요건을 실현하고 별도의 형벌 규정에 따라 처벌되는 강학상 필요적 공범 또는 대향범까지 포함한다. 따라서 피고인이 자신과 공범관계에 있는 다른 피고인이나 피의자에 대하여 검사가 작성한 피의자신문조서의 내용을 부인하는 경우에는 형사소송법 제312조 제1항에 따라 유죄의 증거로 쓸 수 없다[대판 2023.6.1. 2023도3741].

판례 | 형사소송법 제312조에 규정된 '적법한 절차와 방식'의 의미

형사소송법 제312조 제4항에 규정된 '적법한 절차와 방식'이라 함은 피의자 또는 제3자에 대한 조서 작성과정에서 지켜야 할 진술거부권의 고지 등 형사소송법이 정한 제반절차를 준수하고 조서의 작성방식에도 어긋남이 없어야 한다는 것을 의미한다[대판 2012.5.24. 2011도7757].

> **판례 | 적법한 절차와 방식에 따라 작성되지 않아 증거능력이 부정되는 경우**
>
> 1. 조서말미에 피고인의 서명만이 있고, 그 날인(무인 포함)이나 간인이 없는115) 검사 작성의 피고인에 대한 피의자신문조서는 증거능력이 없다고 할 것이고, 그 날인이나 간인이 없는 것이 피고인이 그 날인이나 간인을 거부하였기 때문이어서 그러한 취지가 조서말미에 기재되었다거나, 피고인이 법정에서 그 피의자신문조서의 임의성을 인정하였다고 하여 달리 볼 것은 아니다[대판 1999.4.13. 99도237]. [20 경찰승진, 20 경간부, 18 국가9급, 16 변호사]*
> 2. 검사 작성의 피의자신문조서에 작성자인 검사의 서명·날인이 되어 있지 아니한 경우116) 그 피의자신문조서는 공무원이 작성하는 서류로서의 요건을 갖추지 못한 것으로서 형사소송법 제57조 제1항에 위반되어 무효이고 따라서 이에 대하여 증거능력을 인정할 수 없다고 보아야 할 것이며, 그 피의자신문조서에 진술자인 피고인의 서명·날인이 되어 있다거나 피고인이 법정에서 그 피의자신문조서에 대하여 진정성립과 임의성을 인정하였다고 하여 달리 볼 것은 아니다[대판 2001.9.28. 2001도4091]. [18 경찰채용, 16 국가7급]*

3. 사법경찰관 등 작성 피의자신문조서 – (제312조 제3항)

(1) 증거능력 인정요건

> 1. 적법절차와 방식
> 2. 내용인정

① 검사 이외의 수사기관117)(사법경찰관)이 작성한 피의자신문조서는 적법한 절차와 방식에 따라 작성된 것으로서 공판준비 또는 공판기일에 그 피의자였던 피고인 또는 변호인이 그 내용을 인정할 때에 한하여 증거로 할 수 있다(제312조 제3항). [20 경찰채용, 19 경찰승진, 18 경찰승진, 18 경간부, 18 경찰채용, 17 경찰승진, 17 경찰채용, 16 경찰승진]*

> **판례 | 형사소송법 제312조 제3항의 '검사 이외의 수사기관'에 해당하는 경우**
>
> 1. [1] 형사소송법 제312조 제3항의 '검사 이외의 수사기관'에는 달리 특별한 사정이 없는 한 외국의 권한 있는 수사기관도 포함된다고 봄이 상당하다.
>   [2] 미국 범죄수사대(CID), 연방수사국(FBI)의 수사관들이 작성한 수사보고서 및 피고인이 위 수사관들에 의한 조사를 받는 과정에서 작성하여 제출한 진술서는 피고인이 그 내용을 부인하는 이상 증거로 쓸 수 없다[대판 2006.1.13. 2003도6548]. [19 경찰승진, 17 경찰채용]*
> 2. 사법경찰관사무취급이 작성한 피의자신문조서, 참고인 진술조서, 압수조서는 형사소송법 제196조 제2항[현행법 197조 제2항], 사법경찰관리집무규칙 제2조에 의하여 사법경찰관리가 사법경찰관의 지휘를 받고 조사사무를 보조하기 위하여 작성한 서류이므로 이를 권한 없는 자가 작성한 조서라고 할 수 없다[대판 1981.6.9. 81도1357].

---

115) 제244조(피의자신문조서의 작성) ③ 피의자가 조서에 대하여 이의나 의견이 없음을 진술한 때에는 피의자로 하여금 그 취지를 자필로 기재하게 하고 조서에 간인한 후 기명날인 또는 서명하게 한다.
116) 제57조(공무원의 서류) ① 공무원이 작성하는 서류에는 법률에 다른 규정이 없는 때에는 작성 연월일과 소속공무소를 기재하고 기명날인 또는 서명하여야 한다.
117) 사법경찰관, 검찰수사기관, 검찰사무관, 국가정보원 직원 등도 포함된다. 이하 사법경찰관이라고 칭한다.

② 적법한 절차와 방식

> **판례 | 적법한 절차와 방식의 흠결로 사경 작성 피신조서의 증거능력이 인정되지 않는 경우**
>
> 비록 사법경찰관이 피의자에게 진술거부권을 행사할 수 있음을 알려 주고 그 행사 여부를 질문하였다 하더라도, 형사소송법 제244조의3 제2항에 규정한 방식에 위반하여 진술거부권 행사 여부에 대한 피의자의 답변이 자필로 기재되어 있지 아니하거나 그 답변 부분에 피의자의 기명날인 또는 서명이 되어 있지 아니한 사법경찰관 작성의 피의자신문조서는 특별한 사정이 없는 한 형사소송법 제312조 제3항에서 정한 '적법한 절차와 방식'에 따라 작성된 조서라 할 수 없으므로 그 증거능력을 인정할 수 없다[대판 2013.3.28. 2010도3359]. [20 경찰승진, 20 국가9급, 20 법원9급, 20 경찰채용, 19 법원9급, 18 경찰채용, 17 국가9급, 16 국가9급]*

③ 내용의 인정의 의미

> **판례 | 형사소송법 제312조 제3항 소정의 '내용을 인정할 때'의 의미(= 피의자신문조서의 기재 내용이 실제사실과 부합한다는 것을 인정)**
>
> 형사소송법 제312조 제3항의 '그 내용을 인정할 때'라 함은 피의자신문조서의 기재 내용이 진술내용대로 기재되어 있다는 의미가 아니고 그와 같이 진술한 내용이 실제사실과 부합한다는 것을 의미한다[대판 2013.3.28. 2010도3359]. [20 경찰승진, 18 경찰채용, 16 경찰채용]*

> **판례 | 공소사실의 부인 또는 증거부동의가 내용을 인정하지 않는 것인지의 여부(적극)**
>
> 1. 공소사실이 최초로 심리된 공판기일부터 피고인이 공소사실을 일관되게 부인하여 경찰 작성 피의자신문조서의 진술 내용을 인정하지 않는 경우, 공판기일에 피고인이 서증의 내용을 인정한 것으로 공판조서에 기재된 것은 착오 기재 등으로 보아 피의자신문조서의 증거능력을 부정하여야 한다[대판 2013.3.28. 2010도3359]. [20 경찰채용, 19 경찰승진]*
> 2. 사법경찰리 작성의 피의자신문조서등본은 피고인이나 그 변호인이 증거로 함에 동의하지 아니한 서류인 것이 분명한바 이는 그 내용을 인정하지 않는다는 취지와 같은 것이다[대판 1996.7.12. 96도667].
> 3. 피고인이 검찰 이래 원심(제2심) 법정에 이르기까지 사법경찰리 앞에서의 자백이 허위였다고 일관되게 진술하고 있다면 결국 사법경찰리 작성의 피의자신문조서의 진술내용을 인정하지 않는 것이라고 보아야 한다[대판 1995.5.23. 94도1735].

> **판례 | 당해 피고인이 내용을 부인한 경우 – 피고인을 조사한 경찰관이 성립의 진정을 인정하여도 – 사경 작성 피신조서는 증거능력이 인정되지 않음**
>
> 피고인이 당해 공소사실에 대하여 법정에서 부인한 경우에는 사법경찰리 작성의 피의자신문조서의 내용을 인정하지 아니한 것이므로 그 피의자신문조서의 기재는 증거능력이 없고, 이러한 경우 피고인을 조사하였던 경찰관이 법정에 나와 "피고인의 진술대로 조서가 작성되었고, 작성 후 피고인이 조서를 읽어보고 내용을 확인한 후 서명·무인하였으며, 피고인이 내용의 정정을 요구한 일은 없었다."고 증언하더라도 그 피의자신문조서가 증거능력을 가지게 되는 것은 아니다[대판 1997.10.28. 97도2211].

(2) 제312조 제3항이 적용되는 범위

판례 | 사경이 작성한 당해 피고인과 공범관계 있는 자에 대한 피의자신문조서의 증거능력 인정요건(제312조 제3항 적용, 당해피고인이 내용을 인정해야 함)

1. [1] 형사소송법 제312조 제3항은 검사 이외의 수사기관이 작성한 당해 피고인에 대한 피의자신문조서를 유죄의 증거로 하는 경우뿐만 아니라 검사 이외의 수사기관이 작성한 당해 피고인과 공범관계에 있는 다른 피고인이나 피의자에 대한 피의자신문조서를 당해 피고인에 대한 유죄의 증거로 채택할 경우에도 적용된다. [20 변호사, 20 경찰승진, 19 국가9급, 18 변호사, 18 경간부, 18 경찰채용, 18 국가9급]*
[2] 당해 피고인과 공범관계가 있는 다른 피의자에 대하여 검사 이외의 수사기관이 작성한 피의자신문조서는 그 피의자의 법정진술에 의하여 그 성립의 진정이 인정되는 등 형사소송법 제312조 제4항의 요건을 갖춘 경우라고 하더라도 당해 피고인이 공판기일에서 그 조서의 내용을 부인한 이상 이를 유죄 인정의 증거로 사용할 수 없다[대판 2014.4.10. 2014도1779]. [23 경간부, 22 경간부, 20 경찰채용, 19 변호사, 18 경찰채용, 17 변호사, 17 경간부, 17 국가9급, 16 변호사, 16 국가9급, 16 경찰채용]*

2. [1] 당해 피고인과 공범관계에 있는 공동피고인에 대해 검사 이외의 수사기관이 작성한 피의자신문조서는 그 공동피고인의 법정진술에 의하여 성립의 진정이 인정되더라도 당해 피고인이 공판기일에서 그 조서의 내용을 부인하면 증거능력이 부정된다.
[2] 그리고 이러한 경우 그 공동피고인이 법정에서 경찰 수사 도중 피의자신문조서에 기재된 것과 같은 내용으로 진술하였다는 취지로 증언하였다고 하더라도, 이러한 증언은 원진술자인 공동피고인이 그 자신에 대한 경찰 작성의 피의자신문조서의 진정성립을 인정하는 취지에 불과하여 위 조서와 분리하여 독자적인 증거가치를 인정할 것은 아니므로, 위 조서의 증거능력이 부정되는 이상 위와 같은 증언 역시 이를 유죄 인정의 증거로 쓸 수 없다[대판 2009.10.15. 2009도1889].
[관련판례] 증거능력의 부여에 있어서 검사 이외의 수사기관작성의 피의자 신문조서에 엄격한 요건을 요구한 취지는 그 신문에 있어서 있을지도 모르는 개인의 기본적 인권보장의 결여를 방지하려는 입법정책적 고려라고 할 것이다[대판(전) 1982.9.14. 82도1479].

판례 | 형사소송법 제312조 제3항이 '전혀 별개 사건에서 피고인에 대한 사법경찰관 작성 피의자신문조서'에도 적용되는지의 여부(적극)

형사소송법 제312조 제2항(개정법 제3항)은 그 입법취지와 법조의 문언에 비추어 볼 때 당해 사건에서 피의자였던 피고인에 대한 검사 이외의 수사기관 작성의 피의자신문조서에만 적용되는 것은 아니고, 전혀 별개의 사건에서 피의자였던 피고인에 대한 검사 이외의 수사기관 작성의 피의자신문조서도 그 적용대상으로 하고 있는 것이라고 보아야 한다[대판 1995.3.24. 94도2287].

판례 | 형소법 제312조 제3항이 적용되는 경우(대향범 사이, 양벌규정상의 업무주와 행위자 사이)

[1] 형사소송법 제312조 제3항은 검사 이외의 수사기관이 작성한 해당 피고인에 대한 피의자신문조서를 유죄의 증거로 하는 경우뿐만 아니라 검사 이외의 수사기관이 작성한 해당 피고인과 공범관계에 있는 다른 피고인이나 피의자에 대한 피의자신문조서를 해당 피고인에 대한 유죄의 증거로 채택할 경우에도 적용된다.
[2] 형사소송법 제312조 제3항은 공동정범이나 교사범, 방조범 등 공범관계에 있는 자들 사이에서뿐만 아니라, 법인의 대표자나 법인 또는 개인의 대리인, 사용인, 그 밖의 종업원 등 행위자의 위반행위에 대하여 행위자가 아닌 법인 또는 개인이 양벌규정에 따라 기소된 경우, 이러한 법인 또는 개인과 행위자 사이의 관계에서도 마찬가지로 적용된다고 보아야 한다.
[3] 형사소송법 제312조 제3항은 형법 총칙의 공범 이외에도, 서로 대향된 행위의 존재를 필요로 할 뿐 각자의 구성요건을 실현하고 별도의 형벌 규정에 따라 처벌되는 강학상 필요적 공범 내지 대향범 관계에 있는 자들 사이에서도 적용된다[대판 2020.6.11. 2016도9367]. [23 변호사]*

> **판례 | 사법경찰관 작성 검증조서 및 실황조사서에 첨부된 범행내용의 현장진술 및 재연한 내용의 기재와 재연사진이 첨부된 경우 그 기재와 사진의 증거능력 인정요건(= 사경작성 피신조서 취급)**
>
> 사법경찰관이 작성한 검증조서에 피고인이 검사 이외의 수사기관 앞에서 '자백한 범행내용을 현장에 따라 진술·재연한 내용이 기재되고 그 재연 과정을 촬영한 사진'이 첨부되어 있다면, 그러한 기재나 사진은 피고인이 공판정에서 실황조사서에 기재된 진술내용 및 범행재연의 상황을 모두 부인하는 이상 증거능력이 없다[대판 2006.1.13. 2003도6548]. [22 경찰채용, 20 변호사, 19 경찰채용, 18 변호사, 17 경찰채용]*
>
> **동지판례** ⅰ) 사법경찰관이 작성한 실황조사서에 피의자이던 피고인이 사법경찰관의 면전에서 자백한 범행내용을 현장에 따라 진술, 재연하고 사법경찰관이 그 진술, 재연의 상황을 기재하거나 이를 사진으로 촬영한 것 외에 별다른 기재가 없는 경우에 있어서 피고인이 공판정에서 실황조사서에 기재된 진술내용 및 범행재연의 상황을 모두 부인하고 있다면 그 실황조사서는 증거능력이 없다 할 것이다[대판 1984.5.29. 84도378].
> ⅱ) 사법경찰관이 작성한 검증조서 중 '피고인의 진술 부분을 제외한 기재 및 사진의 각 영상'에는 피고인이 범행을 재연하는 사진이 첨부되어 있으나, 피고인이 검증조서에 대하여 증거로 함에 부동의하였고 공판정에서 검증조서 중 범행을 재연한 부분에 대하여 그 성립의 진정 및 내용을 인정한 흔적을 찾아볼 수 없고 오히려 이를 부인하고 있으므로 그 증거능력을 인정할 수 없다[대판 2007.4.26. 2007도1794].
>
> **판례해설** 위 판례에서 '검증조서 등'은 사법경찰관이 검증의 결과를 기재한 것이 아니라 실질적으로 피의자의 진술과 그것을 재현한 사진 등이 들어 있는 피의자신문조서이므로, 형사소송법 제312조 제3항의 요건 '특히 피고인의 내용인정' 요건을 구비하여야만 증거능력이 인정될 수 있다는 취지의 판례이다.
>
> ⅲ) [1] 제312조 제3항에 의하면, 검사 이외의 수사기관이 작성한 피의자신문조서는 그 피의자였던 피고인 또는 변호인이 그 내용을 인정할 때에 한하여 증거로 할 수 있다. 피의자의 진술을 기재한 서류 내지 문서가 수사기관의 수사과정에서 작성된 것이라면 그 서류나 문서의 형식과 관계없이 피의자신문조서와 달리 볼 이유가 없으므로, 수사기관이 작성한 압수조서에 기재된 피의자였던 피고인의 자백 진술 부분은 피고인 또는 변호인이 내용을 부인하는 이상 증거능력이 없다.
> [2] 수사기관에 제출된 변호인의견서 즉, 변호인이 피의사건의 실체나 절차에 관하여 자신의 의견 등을 기재한 서면에 피의자가 당해 사건 수사기관에 한 진술이 인용되어 있는 경우가 있다. 변호인의견서에 기재된 이러한 내용의 진술은 수사기관의 수사과정에서 작성된 '피의자의 진술이 기재된 신문조서나 진술서 등'으로부터 독립하여 증거능력을 가질 수 없는 성격의 것이고, '피의자의 진술이 기재된 신문조서나 진술서 등'의 증거능력을 인정하지 않는 경우에 변호인의견서에 기재된 동일한 내용의 피의자 진술 부분을 유죄의 증거로 사용할 수 있다면 피의자였던 피고인에게 불의의 타격이 될 뿐만 아니라 피의자 등의 보호를 목적으로 하는 변호인의 지위나 변호인 제도의 취지에도 반하게 된다. 따라서 피고인이 피의자였을 때 수사기관에 한 진술이 기재된 조서나 수사과정에서 작성된 진술서 등의 증거능력을 인정할 수 없다면 수사기관에 제출된 변호인의견서에 기재된 같은 취지의 피의자 진술 부분도 유죄의 증거로 사용할 수 없다[대판 2024.5.30. 2020도16796].118)

4. 참고인 진술조서 – (제312조 제4항)

(1) 의의

진술조서란 검사 또는 사법경찰관이 피의자 아닌 자의 진술을 기재한 조서를 말한다.

(2) 증거능력 인정요건

1. 적법절차와 방식	2. 실질적 진정성립	3. 특신상태	4. 반대신문권 보장

검사 또는 사법경찰관이 피고인이 아닌 자의 진술을 기재한 조서는 적법한 절차와 방식에 따라 작성된 것으로서 그 조서가 검사 또는 사법경찰관 앞에서 진술한 내용과 동일하게 기재되어 있음이 원진술자의 공판준비 또는 공판기일에서의 진술이나 영상녹화물 또는 그 밖의 객관적인 방법에 의하여 증명되고, 피고인 또는 변호인이 공판준비 또는 공판기일에 그 기재 내용에 관하여 원진술자를 신문할 수 있었던 때에는 증거로 할 수 있다. 다만, 그 조서에 기재된 진술이 특히 신빙할 수 있는 상태하에서 행하여졌음이 증명된 때에 한한다(제312조 제4항).

---

118) [사실관계] 압수조서의 압수경위 란 및 수사기관에 제출된 변호인 의견서에도 피고인이 피의사실을 전부 자백하였다는 취지로 기재되어 있는데, 피고인이 공판과정에서 일관되게 쟁점 공소사실을 부인하면서 경찰에서 작성된 피의자신문조서의 내용을 부인한 사안이다.
판례해설 대법원은 위와 같은 법리를 설시하면서, ① 피고인이 쟁점 공소사실을 일관되게 부인하면서 경찰에서 작성된 피의자신문조서의 내용을 부인하는 등 위 압수조서에 기재된 자백의 내용을 인정하지 않았다고 보아야 하므로 이를 유죄의 증거로 사용할 수 없고, ② 경찰에서 작성된 피고인에 대한 피의자신문조서의 증거능력을 인정할 수 없는 이상 변호인의견서 중 피고인이 피의자였을 때 경찰에서 같은 취지로 진술한 부분 역시 유죄의 증거로 사용할 수 없다고 보아, 이와 달리 본 원심을 파기·환송하였다.

판례 | 그 밖의 객관적인 방법에 의한 증명에 해당하지 않는 경우(= 조사관 또는 조사과정에 참여한 통역인 등의 증언)

실질적 진정성립을 증명할 수 있는 수단으로서 형사소송법 제312조 제2항에 규정된 '영상녹화물이나 그 밖의 객관적인 방법'이란 형사소송법 및 형사소송규칙에 규정된 방식과 절차에 따라 제작된 영상녹화물 또는 그러한 영상녹화물에 준할 정도로 피고인의 진술을 과학적·기계적·객관적으로 재현해 낼 수 있는 방법만을 의미하고, <u>그 외에 조사관 또는 조사 과정에 참여한 통역인 등의 증언은 이에 해당한다고 볼 수 없다</u>[대판 2016.2.18. 2015도16586].119) [23 경간부]*

판례 | 형사소송법 및 형사소송규칙에 규정된 방식과 절차를 위반한 영상녹화물에 의하여 피고인 아닌 자의 진술을 기재한 조서의 실질적 진정성립을 증명할 수 있는지 여부(원칙적 소극)

형사소송법 제312조 제4항이 실질적 진정성립을 증명할 수 있는 방법으로 규정하는 영상녹화물에 대하여는 형사소송법 및 형사소송규칙에서 영상녹화의 과정, 방식 및 절차 등을 엄격하게 규정하고 있으므로(형사소송법 제221조 제1항 후문, 형사소송규칙 제134조의2, 제134조의3) 수사기관이 작성한 피고인 아닌 자의 진술을 기재한 조서에 대한 실질적 진정성립을 증명할 수 있는 수단으로서 <u>형사소송법 제312조 제4항에 규정된 '영상녹화물'이라 함은 형사소송법 및 형사소송규칙에 규정된 방식과 절차에 따라 제작되어 조사 신청된 영상녹화물을 의미한다고 봄이 타당하다.</u> 형사소송법은 제221조 제1항 후문에서 "검사 또는 사법경찰관은 피의자가 아닌 자의 출석을 요구하여 진술을 들을 경우 그의 동의를 받아 영상녹화할 수 있다."라고 규정하고 있고, 형사소송규칙은 제134조의3에서 검사는 피의자가 아닌 자가 공판준비 또는 공판기일에서 조서가 자신이 검사 또는 사법경찰관 앞에서 진술한 내용과 동일하게 기재되어 있음을 인정하지 아니하는 경우 그 부분의 성립의 진정을 증명하기 위하여 영상녹화물의 조사를 신청할 수 있고(제1항), 검사가 이에 따라 영상녹화물의 조사를 신청하는 때에는 피의자가 아닌 자가 영상녹화에 동의하였다는 취지로 기재하고 기명날인 또는 서명한 서면을 첨부하여야 하며(제2항), 조사 신청한 영상녹화물은 조사가 개시된 시점부터 조사가 종료되어 피의자 아닌 자가 조서에 기명날인 또는 서명을 마치는 시점까지 전 과정이 영상녹화된 것으로서 피의자 아닌 자의 진술이 영상녹화되고 있다는 취지의 고지, 영상녹화를 시작하고 마친 시각 및 장소의 고지, 신문하는 검사 또는 사법경찰관과 참여한 자의 성명과 직급의 고지, 조사를 중단·재개하는 경우 중단 이유와 중단 시각, 중단 후 재개하는 시각, 조사를 종료하는 시각의 내용을 포함하는 것이어야 한다고 규정하고 있다(제3항에 의하여 제134조의2 제3항 제1호부터 제3호, 제5호, 제6호를 준용한다). 이러한 형사소송법과 형사소송규칙의 규정 내용과 취지에 비추어 보면, <u>수사기관이 작성한 피고인이 아닌 자의 진술을 기재한 조서에 대하여 실질적 진정성립을 증명하기 위해 영상녹화물의 조사를 신청하려면 영상녹화를 시작하기 전에 피고인 아닌 자의 동의를 받고 그에 관해서 피고인 아닌 자가 기명날인 또는 서명한 영상녹화 동의서를 첨부하여야 하고, 조사가 개시된 시점부터 조사가 종료되어 참고인이 조서에 기명날인 또는 서명을 마치는 시점까지 조사 전 과정이 영상녹화되어야 하므로 이를 위반한 영상녹화물에 의하여는 특별한 사정이 없는 한 피고인 아닌 자의 진술을 기재한 조서의 실질적 진정성립을 증명할 수 없다</u>[대판 2022.6.16. 2022도364; 동지 대판 2022.7.14. 2020도13957].

판례 | 진술조서의 증거능력이 인정되는 경우

1. **(적법절차와 방식에 따른 작성에 해당하는 경우)** 진술자와 피고인의 관계, 범죄의 종류, 진술자 보호의 필요성 등 여러 사정으로 볼 때 상당한 이유가 있는 경우에는 수사기관이 진술자의 성명을 가명으로 기재하여 조서를 작성하였다고 해서 그 이유만으로 그 조서가 '적법한 절차와 방식'에 따라 작성되지 않았다고 할 것은 아니다. 그러한 조서라도 공판기일 등에 원진술자가 출석하여 자신의 진술을 기재한 조서임을 확인함과 아울러 그 조서의 실질적 진정성립을 인정하고 나아가 그에 대한 반대신문이 이루어지는 등 형사소송법 제312조 제4항에서 규정한 요건이 모두 갖추어진 이상 그 증거능력을 부정할 것은 아니다[대판 2012.5.24. 2011도7757]. [19 국가9급, 16 변호사]*

---

119) 형사소송법의 개정으로 현재는 유효한 판례가 아니지만, 피고인 아닌 자의 진술이 기재된 조서에도 동일한 법리가 적용될 수 있으므로 법리의 이해를 위하여 남겨두었다. 한편, 이와 관련하여 73기 경간부 시험에 "피고인 아닌 자의 진술이 기재된 조서에 원진술자가 실질적 진정 성립을 부인하는 경우 실질적 진정성립을 증명할 수 있는 수단으로서 그 밖의 객관적인 방법에는 조사관 또는 조사과정에 참여한 통역인 등의 증언은 이에 해당하지 않는다는 지문이 옳은 지문으로 출제되었다.

2. **(주의)** 검사 또는 사법경찰관이 피의자 아닌 자의 진술을 기재한 조서에 대하여 그 <u>원진술자가 공판기일에서 간인·서명·날인한 사실과 그 조서의 내용이 자기가 진술한 대로 작성된 것이라는 점을 인정하면</u> 그 조서는 원진술자의 공판기일에서의 진술에 의하여 성립의 진정함이 인정된 서류로서 <u>증거능력이 있다</u> 할 것이고, <u>원진술자가 공판기일에서 그 조서의 내용과 다른 진술</u>120)을 하였다 하여 증거능력을 부정할 사유가 되지 못한다[대판 1985.10.8. 85도1843].

판례 | 피고인에게 불리한 증거인 증인이 주신문의 경우와 달리 반대신문에 대하여는 답변을 하지 아니하는 등 진술 내용의 모순이나 불합리를 증인신문 과정에서 드러내어 이를 탄핵하는 것이 사실상 곤란하였고, 그것이 피고인 또는 변호인에게 책임 있는 사유에 기인한 것이 아닌 경우, 증인의 법정진술의 증거능력 유무(원칙적 소극)

형사소송법은 제161조의2에서 피고인의 반대신문권을 포함한 교호신문제도를 규정하는 한편, 제310조의2에서 법관의 면전에서 진술되지 아니하고 피고인에 의한 반대신문의 기회가 부여되지 아니한 진술에 대하여는 원칙적으로 그 증거능력을 부여하지 아니함으로써, 형사재판에서 증거는 법관의 면전에서 진술·심리되어야 한다는 직접주의와 피고인에게 불리한 증거에 대하여 반대신문할 수 있는 권리를 원칙적으로 보장하고 있는데, 이러한 <u>반대신문권의 보장은 피고인에게 불리한 주된 증거의 증명력을 탄핵할 수 있는 기회가 보장되어야 한다는 점에서 형식적·절차적인 것이 아니라 실질적·효과적인 것이어야</u> 한다. 따라서 피고인에게 불리한 증거인 증인이 주신문의 경우와 달리 반대신문에 대하여는 답변을 하지 아니하는 등 진술 내용의 모순이나 불합리를 그 증인신문 과정에서 드러내어 이를 탄핵하는 것이 사실상 곤란하였고, 그것이 피고인 또는 변호인에게 책임 있는 사유에 기인한 것이 아닌 경우라면, 관계 법령의 규정 혹은 증인의 특성 기타 공판절차의 특수성에 비추어 이를 정당화할 수 있는 특별한 사정이 존재하지 아니하는 이상, 이와 같이 <u>실질적 반대신문권의 기회가 부여되지 아니한 채 이루어진 증인의 법정진술은 위법한 증거로서 증거능력을 인정하기 어렵다.</u> 이 경우 피고인의 책문권 포기로 그 하자가 치유될 수 있으나, 책문권 포기의 의사는 명시적인 것이어야 한다[대판 2022.3.17. 2016도17054].

판례 | 적법한 절차와 방식에 따라 작성되지 않은 경우

1. **(참고인의 동생으로 하여금 서명·날인하게 한 경우)** 사법경찰리 작성의 피해자에 대한 진술조서가 피해자의 화상으로 인한 서명불능을 이유로 입회하고 있던 피해자의 동생에게 대신 읽어 주고 그 동생으로 하여금 서명·날인하게 하는 방법으로 작성된 경우 이는 증거로 사용할 수 없다[대판 1997.4.11. 96도2865]. [16 국가9급]*
2. **(영상녹화물의 절차적 하자가 있는 경우)** 형사소송법과 형사소송규칙의 규정 내용과 취지에 비추어 보면, 수사기관이 작성한 피고인이 아닌 자의 진술을 기재한 조서에 대하여 실질적 진정성립을 증명하기 위해 영상녹화물의 조사를 신청하려면 영상녹화를 시작하기 전에 피고인 아닌 자의 동의를 받고 그에 관해서 피고인 아닌 자가 기명날인 또는 서명한 영상녹화 동의서를 첨부하여야 하고, 조사가 개시된 시점부터 조사가 종료되어 참고인이 조서에 기명날인 또는 서명을 마치는 시점까지 조사 전 과정이 영상녹화되어야 하므로 이를 위반한 영상녹화물에 의하여는 특별한 사정이 없는 한 피고인 아닌 자의 진술을 기재한 조서의 실질적 진정성립을 증명할 수 없다[대판 2022.6.16. 2022도364].

판례 | 참고인진술조서의 성립의 진정의 인정 주체(= 원진술자이며 피고인이 아님)

피의자 아닌 자의 진술을 기재한 조서는 공판정에서 원진술자의 진술에 의하여 그 성립의 진정함이 인정된 것이 아니면 설사 공판정에서 피고인이 그 성립을 인정하여도 이를 증거로 할 수 있음에 동의한 것이 아닌 이상 증거로 할 수 없다[대판 1983.8.23. 83도196].

---

120) 원진술자의 이러한 진술(증언)은 원본증거에 해당하며 별도의 증거로서 증거능력이 인정될 수 있다. 이 경우 참고인진술조서와 증언은 모두 증거능력을 갖게 되며 신빙성판단의 대상이 될 수 있다.

판례 | 성립의 진정이 인정되지 않아 진술조서의 증거능력이 부정되는 경우

1. 피고인이 사법경찰리 작성의 甲에 대한 피의자신문조서, 진술조서 및 검사 작성의 피고인에 대한 피의자신문조서 중 甲의 진술기재 부분을 증거로 함에 부동의하였고 원진술자인 甲이 증인으로 나와 그 진술기재의 내용을 열람하거나 고지받지 못한 채 단지 검사나 재판장의 신문에 대하여 "수사기관에서 사실대로 진술하였다."는 취지의 증언만을 하고 있을 뿐이라면 그 피의자신문조서와 진술조서는 증거능력이 없어 이를 유죄의 증거로 삼을 수 없다[대판 1994.11.11. 94도343].

2. 증인이 법정에서 검사의 신문에 대하여 이 건으로 검찰, 경찰에서 진술한 내용이 틀림없다는 증언을 하고 있을 뿐인 경우에는 위 진술만으로는 동인에 대한 검찰 또는 경찰에서 작성한 진술조서의 진정성립을 인정하기 부족하다[대판 1979.11.27. 76도3962].

3. 검사 작성의 甲, 乙에 대한 각 진술조서의 원진술자인 甲, 乙이 공판기일에서 "수사관이 불러주는 내용을 그대로 기재한 것에 불과한 자신들의 각 진술서를 토대로 하여 그 진술내용을 미리 기재한 각 진술조서에 서명·날인만을 하였다."는 취지로 진술한 경우 각 진술조서는 증거로 할 수 없다[대판 1993.1.19. 92도2636].

   동지판례 ⅰ) 증인등이 공판정에서 증인으로 진술함에 있어서 검사심문에 대하여 단지 검찰, 경찰에서 이 건에 대하여 사실대로 진술하고 그 진술조서에 서명무인한 사실이 있다는 취지의 진술만으로서는 곧 이건 기록에 철하여져 있는 동인 등의 검찰과 경찰에서의 진술조서의 진정성립을 인정하기에는 부족하다고 할 것이므로 위 진술조서를 증거로 인용한 것은 적법하다고 할 수 없다[대판 1976.9.28. 76도2118].
   ⅱ) 검사 또는 사법경찰관리 작성의 참고인에 대한 각 진술조서에 관하여 원진술자가 법정에서 "진술조서들의 진술기재 내용이 자기가 진술한 것과 다른데도 검사 또는 사법경찰관리가 마음대로 공소사실에 부합되도록 기재한 다음 '괜찮으니 서명·날인하라'고 요구하여서 할 수 없이 각 진술조서의 끝 부분에 서명·날인한 것이다."라고 진술하였다면 진술조서들은 증거능력이 없다[대판 1990.10.16. 90도1474].

판례 | 형사소송법 제312조 제4항에서 '특히 신빙할 수 있는 상태' 관련 판례

1. **(특히 신빙할 수 있는 상태의 의미와 증명주체 – 검사)** 형사소송법 제312조 제4항에서 '특히 신빙할 수 있는 상태'라 함은 진술 내용이나 조서의 작성에 허위개입의 여지가 거의 없고, 진술 내용의 신빙성이나 임의성을 담보할 구체적이고 외부적인 정황이 있는 것을 말한다. 그리고 이러한 '특히 신빙할 수 있는 상태'는 증거능력의 요건에 해당하므로 검사가 그 존재에 대하여 구체적으로 주장·입증하여야 하는 것이다[대판 2015.10.29. 2014도5939].

2. **(특신상태가 인정되지 않는 경우)** 검찰관이 피고인을 뇌물수수 혐의로 기소한 후, 형사사법공조절차를 거치지 아니한 채 과테말라공화국에 현지출장하여 그곳 호텔에서 뇌물공여자 甲을 상대로 참고인 진술조서를 작성한 사안에서, 甲이 자유스러운 분위기에서 임의수사 형태로 조사에 응하였고 조서에 직접 서명·무인하였다는 사정만으로 특신상태를 인정하기에 부족할 뿐만 아니라, 검찰관이 군사법원의 증거조사절차 외에서, 그것도 형사사법공조절차나 과테말라공화국 주재 우리나라 영사를 통한 조사 등의 방법을 택하지 않고 직접 현지에 가서 조사를 실시한 것은 수사의 정형적 형태를 벗어난 것이라고 볼 수 있는 점 등 제반 사정에 비추어 볼 때, 진술이 특별히 신빙할 수 있는 상태에서 이루어졌다는 점에 관한 증명이 있다고 보기 어려워 甲의 진술조서는 증거능력이 인정되지 아니하므로, 이를 유죄의 증거로 삼을 수 없다[대판 2011.7.14. 2011도3809].

5. 진술서 및 감정서

(1) 진술서

1) 의의
① 진술서란 법원이나 수사기관 이외의 일반 사인이 스스로 자기의 의사·사상·관념 및 사실관계 등을 기재한 서면을 말한다. 자술서, 시말서 등 명칭 여하를 불문한다.
② 진술서에는 피고인 또는 피고인 아닌 자가 작성하였거나 진술한 내용이 포함된 문자·사진·영상 등의 정보로서 컴퓨터용디스크, 그 밖에 이와 비슷한 정보저장매체에 저장된 것을 포함한다(제313조 제1항).

2) 증거능력의 인정요건
① 수사과정에서 작성한 진술서 – (제312조 제5항)
제312조 제1항부터 제4항까지의 규정은 피고인 또는 피고인이 아닌 자가 수사과정에서 작성한 진술서에 관하여 준용한다(제312조 제5항).

구분	준용규정	증거능력 인정 요건
검사의 수사과정에서 피고인이 된 피의자가 작성한 진술서	제312조 제1항	적법절차, 내용의 인정
사법경찰관의 수사과정에서 피의자가 작성한 진술서	제312조 제3항	적법절차, 내용의 인정
검사 또는 사법경찰관의 수사과정에서 참고인이 작성한 진술서	제312조 제4항	적법절차, 실질적 진정성립, 특신상태, 반대신문권 보장

> **판례 | 수사기관에서의 피의자 조사과정에서 작성된 진술조서, 진술서 등의 법적 성격(= 피의자신문조서)**
>
> 1. 피의자의 진술을 녹취 내지 기재한 서류 또는 문서가 수사기관에서의 조사과정에서 작성된 것이라면 그것이 '진술조서, 진술서, 자술서'라는 형식을 취하였다고 하더라도 피의자신문조서와 달리 볼 수 없다[대판 2014.4.10. 2014도1779]. [22 경간부, 18 경찰채용, 17 경간부, 16 경간부, 16 경찰채용]*
> 2. 수사기관에서 피의자로 조사하는 과정을 녹화한 비디오테이프, CD 또는 이에 준하는 것들은 실질적으로 피의자의 진술을 기재한 수사기관 작성의 피의자신문조서와 다를 바 없다[대판 2007.10.25. 2007도6129].
> 3. 공범으로서 별도로 공소제기된 다른 사건의 피고인에 대한 수사과정에서 담당 검사가 피의자와 그 사건에 관하여 대화하는 내용과 장면을 녹화한 비디오테이프에 대한 법원의 검증조서는 이러한 비디오테이프의 녹화내용이 피의자의 진술을 기재한 피의자신문조서와 실질적으로 같으므로 피의자신문조서에 준하여 그 증거능력을 가려야 한다[대판 1992.6.23. 92도682]. [19 경찰채용]*

> **판례 | 수사과정에서 작성된 진술서가 증거능력이 없는 경우**
>
> 피고인이 아닌 자가 수사과정에서 진술서를 작성(* 저자 주 – 진술서는 참고인진술조서의 실질을 가진다)하였지만 수사기관이 그에 대한 조사과정을 기록하지 아니하여 형사소송법 제244조의4 제3항, 제1항에서 정한 절차를 위반한 경우에는, 특별한 사정이 없는 한 '적법한 절차와 방식'에 따라 수사과정에서 진술서가 작성되었다 할 수 없으므로 그 증거능력을 인정할 수 없다[대판 2015.4.23. 2013도3790].

> **판례** | 검사 또는 사법경찰관이 피고인이 아닌 자의 진술을 기재한 조서의 증거능력이 인정되려면 '적법한 절차와 방식에 따라 작성된 것'이어야 한다는 법리는 피고인이 아닌 자가 수사과정에서 작성한 진술서의 증거능력에 관하여도 적용되는지 여부(적극)

[1] 형사소송법 제312조 제5항은 피고인 또는 피고인이 아닌 자가 수사과정에서 작성한 진술서의 증거능력에 관하여 형사소송법 제312조 제1항부터 제4항까지 준용하도록 규정하고 있으므로, 검사 또는 사법경찰관이 피고인이 아닌 자의 진술을 기재한 조서의 증거능력이 인정되려면 '적법한 절차와 방식에 따라 작성된 것'이어야 한다는 법리가 피고인이 아닌 자가 수사과정에서 작성한 진술서의 증거능력에 관하여도 적용된다.

[2] 수사기관이 수사에 필요하여 피의자가 아닌 자로부터 진술서를 작성·제출받는 경우에도 그 절차는 준수되어야 하므로, 피고인이 아닌 자가 수사과정에서 진술서를 작성하였지만 수사기관이 조사과정의 진행경과를 확인하기 위하여 필요한 사항을 그 진술서에 기록하거나 별도의 서면에 기록한 후 수사기록에 편철하는 등 적절한 조치를 취하지 아니하여 형사소송법 제244조의4 제1항, 제3항에서 정한 절차를 위반한 경우에는, 그 진술증거 취득과정의 절차적 적법성의 제도적 보장이 침해되지 않았다고 볼 만한 특별한 사정이 없는 한 '적법한 절차와 방식'에 따라 수사과정에서 진술서가 작성되었다고 할 수 없어 증거능력을 인정할 수 없다. 이러한 형사소송법 규정 및 문언과 그 입법 목적 등에 비추어 보면, 형사소송법 제312조 제5항의 적용대상인 '수사과정에서 작성한 진술서'란 수사가 시작된 이후에 수사기관의 관여 아래 작성된 것이거나, 개시된 수사와 관련하여 수사과정에 제출할 목적으로 작성한 것으로, 작성 시기와 경위 등 여러 사정에 비추어 그 실질이 이에 해당하는 이상 명칭이나 작성된 장소 여부를 불문한다[대판 2022.10.27. 2022도9510].

② 수사과정 이외의 절차에서 작성한 진술서 – (제313조 제1항, 제2항)
  ㉠ 피고인 또는 피고인이 아닌 자가 작성한 진술서나 그 진술을 기재한 서류로서 그 작성자 또는 진술자의 자필이거나 그 서명 또는 날인이 있는 것(피고인 또는 피고인 아닌 자가 작성하였거나 진술한 내용이 포함된 문자·사진·영상 등의 정보로서 컴퓨터용디스크, 그 밖에 이와 비슷한 정보저장매체에 저장된 것을 포함한다. 이하 이 조에서 같다)은 공판준비나 공판기일에서의 그 작성자 또는 진술자의 진술에 의하여 그 성립의 진정함이 증명된 때에는 증거로 할 수 있다. 단, 피고인의 진술을 기재한 서류는 공판준비 또는 공판기일에서의 그 작성자의 진술에 의하여 그 성립의 진정함이 증명되고 그 진술이 특히 신빙할 수 있는 상태하에서 행하여진 때에 한하여 피고인의 공판준비 또는 공판기일에서의 진술에 불구하고 증거로 할 수 있다(제313조 제1항).
  ㉡ 제313조 제1항 본문에도 불구하고 진술서의 작성자가 공판준비나 공판기일에서 그 성립의 진정을 부인하는 경우에는 과학적 분석결과에 기초한 디지털포렌식 자료, 감정 등 객관적 방법으로 성립의 진정함이 증명되는 때에는 증거로 할 수 있다. 다만, 피고인 아닌 자가 작성한 진술서는 피고인 또는 변호인이 공판준비 또는 공판기일에 그 기재 내용에 관하여 작성자를 신문할 수 있었을 것을 요한다(제313조 제2항). [22 경찰채용, 19 경간부, 17 국가7급]*

> **판례** | 피고인 아닌 자의 진술을 기재한 서류가 증거능력이 없는 경우

검사가 참고인인 피해자와의 전화통화 내용을 기재한 수사보고서는 형사소송법 제313조 제1항 본문에 정한 피고인 아닌 자의 진술을 기재한 서류인 전문증거에 해당하나, 그 진술자의 서명 또는 날인이 없을 뿐만 아니라 진술자의 진술에 의해 성립의 진정함이 증명되지도 않았으므로 증거능력이 없다[대판 2010.10.14. 2010도5610]. [22 경간부]*

판례 | 조세범칙조사를 담당하는 세무공무원이 피고인이 된 혐의자 또는 참고인에 대하여 심문한 내용을 기재한 조서의 성격(피고인 또는 피고인이 아닌 자가 작성한 진술서나 그 진술을 기재한 서류에 해당)

조세범칙조사를 담당하는 세무공무원이 피고인이 된 혐의자 또는 참고인에 대하여 심문한 내용을 기재한 조서는 검사·사법경찰관 등 수사기관이 작성한 조서와 동일하게 볼 수 없으므로 형사소송법 제312조에 따라 증거능력의 존부를 판단할 수는 없고, 피고인 또는 피고인이 아닌 자가 작성한 진술서나 그 진술을 기재한 서류에 해당하므로 형사소송법 제313조에 따라 공판준비 또는 공판기일에서 작성자·진술자의 진술에 따라 성립의 진정함이 증명되고 나아가 그 진술이 특히 신빙할 수 있는 상태 아래에서 행하여진 때에 한하여 증거능력이 인정된다. 이때 '특히 신빙할 수 있는 상태'란 조서 작성 당시 그 진술내용이나 조서 또는 서류의 작성에 허위 개입의 여지가 거의 없고, 그 진술내용의 신빙성과 임의성을 담보할 구체적이고 외부적인 정황이 있는 경우를 의미하는데, 조세범 처벌절차법 및 이에 근거한 시행령·시행규칙·훈령(조사사무처리규정) 등의 조세범칙조사 관련 법령에서 구체적으로 명시한 진술거부권 등 고지, 변호사 등의 조력을 받을 권리 보장, 열람·이의제기 및 의견진술권 등 심문조서의 작성에 관한 절차규정의 본질적인 내용의 침해·위반 등도 '특히 신빙할 수 있는 상태' 여부의 판단에 있어 고려되어야 한다[대판 2022.12.15. 2022도8824].

판례 | 피고인의 진술을 기재한 서류의 증거능력 인정요건

녹음테이프 검증조서의 기재 중 피고인의 진술내용을 증거로 사용하기 위해서는 (피고인이 성립의 진정을 부인하더라도) 형사소송법 제313조 제1항 단서에 따라 공판준비 또는 공판기일에서 그 작성자(녹음한 사람을 의미함)인 상대방의 진술에 의하여 녹음테이프에 녹음된 피고인의 진술내용이 피고인이 진술한 대로 녹음된 것임이 증명되고 나아가 그 진술이 특히 신빙할 수 있는 상태하에서 행하여진 것임이 인정되어야 한다[대판 2012.9.13. 2012도7461].

판례 | 증거능력이 인정되는 경우

1. 피해자 A가 남동생 B에게 도움을 요청하면서 피고인이 협박한 말을 포함하여 공갈 등 피해를 입은 내용이 들어 있는 문자메시지의 내용을 촬영한 사진은 피해자의 진술서에 준하는 것으로 취급함이 상당할 것인바, 진술서에 관한 형사소송법 제313조에 따라 문자메시지의 작성자인 A가 법정에 출석하여 자신이 문자메시지를 작성하여 동생에게 보낸 것과 같음을 확인하고(* 저자 주 - 성립의 인정), 동생인 B도 법정에 출석하여 A가 보낸 문자메시지를 촬영한 사진이 맞다고 확인(* 저자 주 - 사진 즉 사본이므로 추가되는 증거능력 인정요건임)한 이상, 문자메시지를 촬영한 사진은 그 성립의 진정함이 증명되었다고 볼 수 있으므로 이를 증거로 할 수 있다[대판 2010.11.25. 2010도8735]. [22 경찰채용, 22 경간부, 19 경간부, 18 경찰채용, 17 변호사, 17 국가9급]*

2. 피고인이 증거로 함에 동의하지 아니하였더라도 수첩사본은 그 작성자인 甲의 진술에 의하여 그 진정성립이 인정될 뿐 아니라 그 작성 경위와 내용 및 형식에 비추어 볼 때 특히 신용할 만한 정황에 의하여 작성된 것으로 보이므로 그 증거능력이 있다[대판 2011.1.27. 2010도11030].

판례 | 증거능력이 인정되지 않는 경우

피고인이 아닌 자의 진술을 기재한 서류가 비록 수사기관이 아닌 자에 의하여 작성되었다고 하더라도, 수사가 시작된 이후 수사기관의 관여나 영향 아래 작성된 경우로서 서류를 작성한 자의 신분이나 지위, 서류를 작성한 경위와 목적, 작성 시기와 장소 및 진술을 받는 방식 등에 비추어 실질적으로 고찰할 때 그 서류가 수사과정 외에서 작성된 것이라고 보기 어렵다면, 이를 형사소송법 제313조 제1항의 '전 2조의 규정 이외에 피고인이 아닌 자의 진술을 기재한 서류'에 해당한다고 할 수 없다. 나아가 전문증거의 증거능력은 이를 인정하는 법적 근거가 있는 때에만 예외적으로 인정된다는 원칙 및 수사기관이 제작한 영상녹화물의 증거능력 내지 증거로서의 사용 범위를 다른 전문증거보다 더욱 엄격하게 제한하는 관련 판례의 취지에 비추어 보면, 수사기관이 아닌 자가 수사과정에서 피고인이 아닌 자의 진술을 녹화한 영상녹화물의 증거능력도 엄격하게 제한할 필요가 있다[대판 2024.3.28. 2023도15133, 2023전도163,164].121)

동지판례 형사소송법 제311조는 법원 또는 법관의 조서의 증거능력에 관하여 규정하고, 제312조 제1항 내지 제3항은 검사 또는 검사 이외의 수사기관이 작성한 피의자신문조서의 증거능력에 관하여 규정한다. 형사소송법 제312조 제4항은 검사 또는 사법경찰관이 피고인이 아닌 자의 진술을 기재한 조서에 대하여 적법한 절차와 방식에 따라 작성된 것으로서 실질적 진정성립이 증명되고 반대신문이 보장되며 진술이 특히 신빙할 수 있는 상태 하에서 행하여졌음이 증명된 때에 한하여 증거능력을 인정한다. 형사소송법 제312조 제5항은 피고인 또는 피고인이 아닌 자의 진술서가 수사과정에서 작성된 경우 같은 조 제1항 내지 제4항을 준용한다. 형사소송법 제313조 제1항은 '전 2조의 규정 이외에 피고인 또는 피고인이 아닌 자가 작성한 진술서나 그 진술을 기재한 서류'로서 그 작성자 또는 진술자의 자필이거나 그 서명 또는 날인이 있는 것에 대하여 그 진정성립이 증명되면 증거능력을 인정한다. 수사과정에서 작성된 서류의 증거능력에 관하여 형사소송법 제313조 제1항보다 더욱 엄격한 요건을 규정한 형사소송법 제312조의 취지에 비추어 보면, 형사소송법 제313조 제1항이 규정하는 서류는 수사과정 외에서 작성된 서류를 의미한다. 전문증거의 증거능력은 이를 인정하는 법적 근거가 있는 때에만 예외적으로 인정된다는 원칙 및 피고인 또는 피고인이 아닌 자의 진술서가 수사과정에서 작성된 경우 그 증거능력에 관하여 형사소송법 제313조 제1항보다 더욱 엄격한 요건을 규정한 형사소송법 제312조의 취지 등에 비추어 보면, 수사기관이 아닌 자가 수사과정에서 작성한 피고인의 진술을 기재한 서류의 증거능력도 엄격하게 제한할 필요가 있다[대판 2024.11.14. 2024도11314].122)

---

121) [사실관계] 대검찰청 소속 진술분석관이 피고인들의 「성폭력범죄의 처벌 등에 관한 특례법」 위반(친족관계에의한강간)등 혐의에 대한 수사과정에서 검사로부터 「성폭력범죄의 처벌 등에 관한 특례법」 제33조에 따라 피해자 진술의 신빙성 여부에 대한 의견조회를 받아 자신이 피해자를 면담하는 내용을 녹화하였고, 검사가 위 영상녹화물을 법원에 증거로 제출한 사안이다.
판례해설 대법원은 진술분석관의 소속 및 지위, 진술분석관이 피해자와 면담을 하고 이 사건 영상녹화물을 제작한 경위와 목적, 진술분석관이 면담과 관련하여 수사기관으로부터 확보한 자료의 내용과 성격, 면담 방식과 내용, 면담 장소 등을 앞서 본 법리에 비추어 살펴보면, 이 사건 영상녹화물은 수사과정 외에서 작성된 것이라고 볼 수 없으므로 형사소송법 제313조 제1항에 따라 증거능력을 인정할 수 없고, 이 사건 영상녹화물은 수사기관이 작성한 피의자신문조서나 피고인이 아닌 자의 진술을 기재한 조서가 아니고, 피고인 또는 피고인이 아닌 자가 작성한 진술서도 아니므로 형사소송법 제312조에 의하여 증거능력을 인정할 수도 없다는 이유로, 위 영상녹화물의 증거능력을 부정한 원심판결을 수긍하여 상고를 기각하였다.

122) [사실관계] 검사는 사건을 형사조정절차에 회부하여 형사조정위원으로 위촉된 공소외 2, 공소외 3은 조정위원으로서 검찰청 3층 소재 형사조정실에서 피고인만이 출석한 상태에서 피해자와는 전화통화를 하는 방식으로 이 사건 형사조정절차를 진행하였는데, 공소외 2, 공소외 3은 형사조정절차에서 조정이 이루어지지 아니하자 형사조정조서를 작성하여 그 무렵 이를 검사에게 보내었다. 이 사건 형사조정조서 중 '피의자의 주장'란에는 '피해자에게 성추행 및 간음 미수피해를 입혔음'이라고 기재되어 있고, 말미에는 형사조정절차에 참여한 조정장과 조정위원 및 출석한 피고인의 각 성명과 서명이 기재되어 있으며 간사인 검찰수사관 공소외 4도 이 사건 형사조정조서의 말미에 성명을 기재하고 서명을 하였다. 그리고 검사는 피고인에 대한 피의자신문 과정에서 형사조정조서에 기재된 내용을 바탕으로 피고인의 범죄 혐의를 추궁하였다.
판례해설 형사조정위원들의 소속 및 지위, 형사조정위원들이 피고인 및 피해자와 면담이나 전화통화를 하여 이들의 진술을 듣고 이 사건 형사조정조서를 작성한 경위와 목적, 형사조정위원들이 형사조정절차의 진행과 관련하여 수사기관으로부터 확보한 자료의 내용과 성격, 형사조정의 방식 및 내용과 그 진행 장소, 간사로 검찰수사관이 관여한 상황, 형사조정의 불성립 이후 이 사건 형사조정조서를 받은 검사가 이를 토대로 피고인에 대한 피의자신문을 실시한 수사의 진행 경과 등 제반 사정을 앞서 본 법리와 관련 법령의 내용에 비추어 살펴보면, 이 사건 형사조정조서 중 '피의자의 주장'란에 피고인의 진술을 기재한 부분은 비록 수사기관이 아닌 자에 의하여 작성되었다고 하더라도 수사가 시작된 이후 **수사기관의 관여나 영향 아래 작성된 경우로서 실질적으로 고찰할 때** 수사과정 외에서 작성된 것이라고 볼 수 없으므로 형사소송법 제313조 제1항에 따라 증거능력을 인정할 수 없다. 이는 수사기관이 작성한 '피의자신문조서'나 '피고인이 아닌 자의 진술을 기재한 조서'가 아니고, '피고인 또는 피고인이 아닌 자가 작성한 진술서'라 보기도 어려우므로 형사소송법 제312조에 의하여 증거능력을 인정할 수도 없다. 그럼에도 원심은 피고인의 진술이 기재된 이 사건 형사조정조서에 대하여 형사소송법 제313조에서 규정하는 진술기재서에 해당된다고 보아 그 증거능력을 인정하고 이를 이 사건 공소사실에 대한 유죄의 증거로 삼았으니, 이러한 원심의 판단과 조치에는 전문증거의 증거능력에 관한 형사소송법 제313조 등의 법리를 오해한 잘못이 있다.

판례 | 정보저장매체에 입력하여 기억된 문자정보 또는 그 출력물을 증거로 사용하기 위한 요건

1. 피고인 또는 피고인 아닌 사람이 컴퓨터용디스크 그 밖에 이와 비슷한 정보저장매체에 입력하여 기억된 문자정보 또는 그 출력물을 증거로 사용하는 경우, 이는 실질에 있어서 피고인 또는 피고인 아닌 사람이 작성한 진술서나 그 진술을 기재한 서류와 크게 다를 바 없고, 압수 후의 보관 및 출력과정에 조작의 가능성이 있으며, 기본적으로 반대신문의 기회가 보장되지 않는 점 등에 비추어 그 내용의 진실성에 관하여는 전문법칙이 적용되고, 따라서 원칙적으로 형사소송법 제313조 제1항에 의하여 작성자 또는 진술자의 진술에 의하여 성립의 진정함이 증명된 때에 한하여 이를 증거로 사용할 수 있다. 다만 정보저장매체에 기억된 문자정보의 내용의 진실성이 아닌 그와 같은 내용의 문자정보의 존재 자체가 직접 증거로 되는 경우에는 전문법칙이 적용되지 아니한다[대판 2013.2.15. 2010도3504]. [18 경찰승진]*

2. 압수물인 디지털 저장매체로부터 출력한 문건을 증거로 사용하기 위해서는 디지털 저장매체 원본에 저장된 내용과 출력한 문건의 동일성이 인정되어야 하고, 이를 위해서는 디지털 저장매체 원본이 압수시부터 문건 출력시까지 변경되지 않았음이 담보되어야 한다. 그리고 압수된 디지털 저장매체로부터 출력한 문건을 진술증거로 사용하는 경우 그 기재 내용의 진실성에 관하여는 전문법칙이 적용되므로 형사소송법 제313조 제1항에 따라 그 작성자 또는 진술자의 진술에 의하여 그 성립의 진정함이 증명된 때에 한하여 이를 증거로 사용할 수 있다[대판 2013.6.13. 2012도16001]. [19 경간부, 18 국가7급, 17 법원9급, 17 경간부, 17 경찰채용, 16 국가7급, 16 법원9급, 16 국가9급, 16 경찰승진]*

3. 압수물인 컴퓨터용 디스크 그 밖에 이와 비슷한 정보저장매체(이하 '정보저장매체')에 입력하여 기억된 문자정보 또는 그 출력물(이하 '출력 문건')을 증거로 사용하기 위해서는 정보저장매체 원본에 저장된 내용과 출력 문건의 동일성이 인정되어야 하고, 이를 위해서는 정보저장매체 원본이 압수시부터 문건 출력시까지 변경되지 않았다는 사정, 즉 무결성(無缺性)이 담보되어야 한다. 특히 정보저장매체 원본을 대신하여 저장매체에 저장된 자료를 '하드카피' 또는 '이미징'한 매체로부터 출력한 문건의 경우에는 정보저장매체 원본과 '하드카피' 또는 '이미징'한 매체 사이에 자료의 동일성도 인정되어야 할 뿐만 아니라, 이를 확인하는 과정에서 이용한 컴퓨터의 기계적 정확성, 프로그램의 신뢰성, 입력·처리·출력의 각 단계에서 조작자의 전문적인 기술능력과 정확성이 담보되어야 한다. 이 경우 출력 문건과 정보저장매체에 저장된 자료가 동일하고 정보저장매체 원본이 문건 출력시까지 변경되지 않았다는 점은, 피압수·수색 당사자가 정보저장매체 원본과 '하드카피' 또는 '이미징'한 매체의 해쉬(Hash) 값이 동일하다는 취지로 서명한 확인서면을 교부받아 법원에 제출하는 방법에 의하여 증명하는 것이 원칙이나, 그와 같은 방법에 의한 증명이 불가능하거나 현저히 곤란한 경우에는, 정보저장매체 원본에 대한 압수, 봉인, 봉인해제, '하드카피' 또는 '이미징' 등 일련의 절차에 참여한 수사관이나 전문가 등의 증언에 의해 정보저장매체 원본과 '하드카피' 또는 '이미징'한 매체 사이의 해쉬 값이 동일하다거나 정보저장매체 원본이 최초 압수시부터 밀봉되어 증거 제출시까지 전혀 변경되지 않았다는 등의 사정을 증명하는 방법 또는 법원이 그 원본에 저장된 자료와 증거로 제출된 출력 문건을 대조하는 방법 등으로도 그와 같은 무결성·동일성을 인정할 수 있다고 할 것이며, 반드시 압수·수색 과정을 촬영한 영상녹화물 재생 등의 방법으로만 증명하여야 한다고 볼 것은 아니다[대판 2013.7.26. 2013도2511]. [20 법원9급, 19 국가9급, 17 경간부, 17 경찰채용]*

4. 전자문서를 수록한 파일 등의 경우에는, 성질상 작성자의 서명 혹은 날인이 없을 뿐만 아니라 작성자·관리자의 의도나 특정한 기술에 의하여 내용이 편집·조작될 위험성이 있음을 고려하여, 원본임이 증명되거나 혹은 원본으로부터 복사한 사본일 경우에는 복사 과정에서 편집되는 등 인위적 개작 없이 원본의 내용 그대로 복사된 사본임이 증명되어야만 하고, 이러한 원본 동일성은 증거능력의 요건에 해당하므로 검사가 그 존재에 대하여 구체적으로 주장·증명해야 한다[대판 2018.2.8. 2017도13263]. [22 경찰채용, 20 경찰승진]*

동지판례 甲은 디지털 녹음기로 피고인의 발언 내용을 녹음하였고, 그 내용이 콤팩트디스크에 다시 복사되어 콤팩트디스크가 검찰에 압수되었으며, 콤팩트디스크에 녹음된 내용을 담은 녹취록이 증거로 제출되었고, 콤팩트디스크가 현장에서 피고인의 발언내용을 녹음하는 데 사용된 디지털 녹음기의 녹음내용 원본을 그대로 복사한 것이라는 입증이 없는 이상 콤팩트디스크의 내용이나 이를 녹취한 녹취록의 기재는 증거능력이 없다[대판 2007.3.15. 2006도8869].

(2) 감정서 - (제313조 제3항)

1) 의의
감정서란 감정의 경과와 결과를 기재한 서류를 말한다. 법원 또는 법관의 명령에 의하여 감정인이 작성한 감정서 또는 수사기관의 위촉을 받은 수탁감정인이 작성한 감정서가 이에 해당한다.

2) 증거능력 인정요건
감정의 경과와 결과를 기재한 서류도 제313조 제1항과 제2항의 요건을 구비하면 증거능력이 인정된다(제313조 제3항). [19 경간부]*

> **판례 | 감정서의 증거능력이 인정되는 경우**
>
> 감정서에는 감정인의 기명날인이 있고, 감정인이 공판기일에서 작성명의가 진정하고 감정인의 관찰대로 기술되었다고 진술함으로써 그 성립의 진정함이 증명되었다 할 것이므로 증거능력이 인정된다[대판 2011.5.26. 2011도1902].

6. 수사기관 작성 검증조서 - (제312조 제6항)

검사 또는 사법경찰관이 검증의 결과를 기재한 조서는 적법한 절차와 방식에 따라 작성된 것으로서 공판준비 또는 공판기일에서의 작성자의 진술에 따라 그 성립의 진정함이 증명된 때에는 증거로 할 수 있다(제312조 제6항). [18 경찰승진, 18 경찰채용]*

> **판례 | 수사보고서에 검증의 결과에 해당하는 기재가 있는 경우 증거능력 인정 여부(소극)**
>
> 수사보고서에 검증의 결과에 해당하는 기재가 있는 경우, 그 기재 부분은 검찰사건사무규칙 제17조에 의하여 검사가 범죄의 현장 기타 장소에서 실황조사를 한 후 작성하는 실황조서 또는 사법경찰관리집무규칙 제49조 제1항, 제2항에 의하여 사법경찰관이 수사상 필요하다고 인정하여 범죄현장 또는 기타 장소에 임하여 실황을 조사할 때 작성하는 실황조사서에 해당하지 아니하며, 단지 수사의 경위 및 결과를 내부적으로 보고하기 위하여 작성된 서류에 불과하므로 그 안에 검증의 결과에 해당하는 기재가 있다고 하여 이를 형사소송법 제312조 제1항[개정법 제312조 제6항]의 '검사 또는 사법경찰관이 검증의 결과를 기재한 조서'라고 할 수 없을 뿐만 아니라 이를 같은 법 제313조 제1항의 '피고인 또는 피고인이 아닌 자가 작성한 진술서나 그 진술을 기재한 서류'라고 할 수도 없고, 같은 법 제311조, 제315조, 제316조의 적용대상이 되지 아니함이 분명하므로 그 기재 부분은 증거로 할 수 없다[대판 2001.5.29. 2000도2933]. [22 경간부]*

> **판례 | 실황조사서의 증거능력**
>
> 사법경찰관사무취급 작성의 실황조사서는 원작성자인 甲의 공판기일에서의 진술에 의하여 그 성립의 진정함이 인정되었으므로 위 서류를 유죄 인정의 증거로 채택한 것은 적법하다[대판 1982.9.14. 82도1504].
>
> **참고판례** 사법경찰리가 작성한 '피고인이 임의로 제출하는 별지 기재의 물건(공소장에 기재된 물건)을 압수하였다'는 내용의 압수조서는 피고인이 공판정에서 증거로 함에 동의하지 아니하였고 원진술자의 공판기일에서의 증언에 의하여 그 성립의 진정함이 인정된 바도 없다면 증거로 쓸 수 없다[대판 1995.1.24. 94도1476].
>
> **판례해설** 판례는 '실황조사서'와 '압수조서'에 대하여 제312조 제6항의 검증조서에 준하여 증거능력 인정유무를 판단하고 있다.

7. 제314조의 적용

(1) 의의

제312조 또는 제313조의 경우에 공판준비 또는 공판기일에 진술을 요할 자가 사망·질병·외국거주·소재불명 기타 이에 준하는 사유로 인하여 진술할 수 없는 때에는 그 조서 기타 서류를 증거로 할 수 있다. 다만, 그 조서 또는 서류는 그 진술 또는 작성이 특히 신빙할 수 있는 상태하에서 행하여진 때에 한한다(제314조).

> **판례 | 사법경찰관 작성 공범에 대한 피의자신문조서와 형사소송법 제314조 적용 여부(적용 불가)**
>
> 당해 피고인과 공범관계가 있는 다른 피의자에 대한 검사 이외의 수사기관 작성의 피의자신문조서는 그 피의자의 법정진술에 의하여 그 성립의 진정이 인정되더라도 당해 피고인이 공판기일에서 그 조서의 내용을 부인하면 증거능력이 부정되므로 그 당연한 결과로 그 피의자신문조서에 대하여는 사망 등 사유로 인하여 법정에서 진술할 수 없는 때에 예외적으로 증거능력을 인정하는 규정인 형사소송법 제314조가 적용되지 아니한다[대판 2020.6.11. 2016도9367]. [22 경간부, 20 변호사, 20 경찰승진, 19 변호사, 18 경찰채용, 17 변호사, 17 국가7급, 17 경찰채용]*

> **판례 | 제314조가 적용될 수 있는 서류 – 외국의 권한 있는 수사기관 등이 작성한 조서나 서류**
>
> 형사소송법 제312조 소정의 조서나 같은 법 제313조 소정의 서류를 반드시 우리나라의 권한 있는 수사기관 등이 작성한 조서 및 서류에만 한정하여 볼 것이 아니고 외국의 권한 있는 수사기관 등이 작성한 조서나 서류도 같은 법 제314조 소정의 요건을 모두 갖춘 것이라면 이를 유죄의 증거로 삼을 수 있다[대판 1997.7.25. 97도1351]. [19 경간부, 17 국가7급]*

> **판례 | 제314조의 적용의 전제요건을 구비하지 못한 경우**
>
> 외국에 거주하는 참고인과의 전화 대화내용을 문답형식으로 기재한 검찰주사보 작성의 수사보고서는 전문증거로서 형사소송법 제310조의2에 의하여 제311조 내지 제316조에 규정된 것 이외에는 이를 증거로 삼을 수 없는 것인데, 위 수사보고서는 제311조, 제312조, 제315조, 제316조의 적용대상이 되지 아니함이 분명하므로, 결국 제313조의 진술을 기재한 서류에 해당하여야만 제314조의 적용 여부가 문제될 것인바, 제313조가 적용되기 위하여는 그 진술을 기재한 서류에 그 진술자의 서명 또는 날인이 있어야 한다. 그런데 이 사건의 경우, 위 각 수사보고서에는 검찰주사보의 기명날인만 되어 있을 뿐 원진술자인 A나 B의 서명 또는 기명날인이 없으므로, 위 각 수사보고서는 제313조에 정한 진술을 기재한 서류가 아니어서 제314조에 의한 증거능력의 유무를 따질 필요가 없다고 할 것이고, 이는 검찰주사보가 법정에서 그 수사보고서의 내용이 전화통화내용을 사실대로 기재하였다는 취지의 진술을 하더라도 마찬가지이다[대판 1999.2.26. 98도2742]. [22 경간부]*

(2) 제314조의 취지

참고인진술조서·검증조서·진술서·감정서 등의 경우 공판준비 또는 공판기일에서 원진술자가 성립의 진정을 인정해야 증거능력이 부여된다. 그러나 원진술자가 공판정에 출석하여 진술할 수 없고(필요성) 특히 신빙할 수 있는 상태에 있는 경우에는(신용성의 정황적 보장) 예외적으로 증거능력을 인정하는 것이 제314조의 입법취지이다.

(3) 증거능력 인정요건

1) 필요성

원진술자가 사망, 질병, 외국거주, 소재불명 기타 이에 준하는 사유로 인하여 진술할 수 없어야 한다.

> **판례 | 형사소송법 제314조의 '필요성'에 대한 판단 기준**
>
> 1. '질병'은 진술을 요할 자가 공판이 계속되는 동안 임상신문이나 출장신문도 불가능할 정도의 중병임을 요한다고 할 것이고, '기타 사유'는 사망 또는 질병에 준하여 증인으로 소환될 당시부터 기억력이나 분별력의 상실 상태에 있다거나 증인 소환장을 송달받고 출석하지 아니하여 구인을 명하였으나 끝내 구인의 집행이 되지 아니하는 등으로 진술을 요할 자가 공판준비 또는 공판기일에 진술할 수 없는 예외적인 사유가 있어야 한다[대판 2006.5.25. 2004도3619].
>
> 2. [1] '외국거주'는 진술을 하여야 할 사람이 단순히 외국에 있다는 것만으로는 부족하고, 가능하고 상당한 수단을 다하더라도 그 사람을 법정에 출석하게 할 수 없는 사정이 있어야 예외적으로 그 요건이 충족될 수 있다고 할 것인데, 통상적으로 그 요건이 충족되었는지는 소재의 확인, 소환장의 발송과 같은 절차를 거쳐 확정되는 것이기는 하지만 항상 그러한 절차를 거쳐야만 되는 것은 아니고, 경우에 따라서는 비록 그러한 절차를 거치지 않더라도 법원이 그 사람을 법정에서 신문하는 것을 기대하기 어려운 사정이 있다고 인정할 수 있다면 그 요건은 충족된다고 보아야 한다. [17 국가9급, 16 법원9급]*
> [2] 검사 제출 이메일의 작성자인 乙은 프랑스에 거주하고 있고, 코리아연대의 총책으로 피고인 甲 등에 대한 공소사실 중 코리아연대 구성에 의한 국가보안법 위반(이적단체의 구성 등) 부분의 (공동정범에 해당하기 때문에) 법원으로부터 소환장을 송달받는다고 하더라도 법정에 증인으로 출석할 것을 기대하기 어렵다고 봄이 상당하므로, 법원이 그의 소재 확인, 소환장 발송 등의 조치를 다하지 않았다고 하더라도 형사소송법 제314조의 '외국거주' 요건이 충족되었다고 할 수 있다고 한 사례[대판 2016.10.13. 2015도8137].
> **동지판례** 진술을 요할 자가 차량공급업체 선정과 관련한 특가법위반(알선수재) 혐의로 수사를 받던 중 미국으로 불법도피하여 그곳에 거주하고 있는 경우 형사소송법 제314조의 '외국거주' 요건이 충족되었다고 할 수 있다[대판 2002.3.26. 2001도5666].
>
> 3. 진술을 요하는 자가 외국에 거주하고 있어 공판정 출석을 거부하면서 공판정에 출석할 수 없는 사정을 밝히고 있다고 하더라도 증언 자체를 거부하는 의사가 분명한 경우가 아닌 한 거주하는 외국의 주소나 연락처 등이 파악되고, 해당 국가와 대한민국 간에 국제형사사법공조조약이 체결된 상태라면 우선 사법공조의 절차에 의하여 증인을 소환할 수 있는지 여부를 검토해 보아야 하고, 소환을 할 수 없는 경우라고 하더라도 외국의 법원에 사법공조로 증인신문을 실시하도록 요청하는 등의 절차를 거쳐야 한다고 할 것이고, 이러한 절차를 전혀 시도해 보지도 아니한 것은 가능하고 상당한 수단을 다하더라도 그 진술을 요하는 자를 법정에 출석하게 할 수 없는 사정이 있는 때에 해당한다고 보기 어렵다[대판 2016.2.18. 2015도17115].
>
> 4. '소재불명 그 밖에 이에 준하는 사유로 인하여 진술할 수 없는 때'라고 함은 소환장이 주소불명 등으로 송달불능이 되어 소재탐지촉탁까지 하여 소재수사를 하였는데도 그 소재를 확인할 수 없는 경우라야 이에 해당하고, 단지 소환장이 주소불명 등으로 송달불능되었다는 것만으로는 이에 해당한다고 보기에 부족하다[대판 2010.9.9. 2010도2602].

> **판례 | 형사소송법 제314조의 '필요성'에 대한 입증 주체(= 검사)**
>
> '소재불명이거나 그 밖에 이에 준하는 사유로 인하여 진술할 수 없는 때'에 해당한다고 인정할 수 있으려면, 증인의 법정 출석을 위한 가능하고도 충분한 노력을 다하였음에도 불구하고 부득이 증인의 법정 출석이 불가능하게 되었다는 사정을 검사가 입증한 경우여야 한다[대판 2013.10.17. 2013도5001]. [18 변호사, 17 국가9급]*

판례 | 형사소송법 제314조의 '필요성'이 인정되는 경우

1. 진술을 요할 자가 중풍·언어장애 등 장애등급 3급 5호의 장애로 인하여 법정에 출석할 수 없었고, 그 후 신병을 치료하기 위하여 속초로 간 후에는 그에 대한 소재탐지가 불가능하게 된 경우[대판 1999.5.14. 99도202] [17 경찰승진, 16 경찰승진]*
2. 원진술자가 공판정에서 진술을 한 경우라도 증인신문 당시 일정한 사항에 관하여 "기억이 나지 않는다."는 취지로 진술하여 그 진술의 일부가 재현 불가능하게 된 경우[대판 2006.4.14. 2005도9561; 대판 1999.11.26. 99도3786] [18 경찰승진, 17 경찰승진, 17 국가9급]*
   동지판례 피해자가 증인으로 소환당할 당시부터 노인성 치매로 인한 기억력 장애, 분별력 상실 등으로 인하여 진술할 수 없는 경우[대판 1992.3.13. 91도2281] [16 법원9급, 16 경찰승진]*
3. 진술을 요할 자가 일본으로 이주한 이래 전자우편에 의한 연락 이외에 그 주거지나 거소 등이 파악되지 않았고, 수사기관이 전자우편 주소로 증인 출석을 수차례 권유하였으나 자필진술서를 통하여 증언을 거부할 뜻을 명확히 표시한 경우[대판 2013.7.26. 2013도2511] [16 경찰승진]*
4. 증인이 미국으로 출국하여 그곳에 거주하고 있음이 밝혀지고 또한 증인이 제1심 법원에 경위서를 제출하면서 장기간 귀국할 수 없음을 통보한 경우[대판 2007.6.14. 2004도5561] [17 경찰승진]*
5. 일본에 거주하는 사람을 증인으로 채택하여 환문코자 하였으나 외무부로부터 현재 일본 측에서 형사사건에 대하여는 양국 형법체계상의 상이함을 이유로 송달에 응하지 않고 있어 그 송달이 불가능하다는 취지의 회신을 받은 경우[대판 1987.9.8. 87도1446]
6. 진술을 요할 자가 일정한 주거를 가지고 있더라도 법원의 소환에 계속 불응하고 구인하여도 구인장이 집행되지 않는 경우[대판 2000.6.9. 2000도1765] [16 법원9급]*
7. 법원이 증인으로 채택, 소환하였으나 계속 불출석하여 3회에 걸쳐 구인영장을 발부하였으나 가출하여 소재불명이라는 이유로 집행되지 않는 경우[대판 1986.2.5. 85도2788]

판례 | 형사소송법 제314조의 필요성이 인정되지 않는 경우

1. 진술자가 만 5세 무렵에 당한 성추행으로 인하여 외상후 스트레스 증후군을 앓고 있다는 등의 이유로 공판정에 출석하지 아니한 경우[대판 2006.5.25. 2004도3619] [16 경찰승진]*
2. 원진술자가 공판기일에 증인으로 소환받고도 출산을 앞두고 있다는 이유로 출석하지 아니한 경우[대판 1999.4.23. 99도915]
3. 피해자 등을 증인으로 채택하여 수회에 걸쳐 증인소환장의 송달을 실시하였으나 송달이 되지 아니하자, 증인에 대한 소재탐지촉탁을 하는 등 소재수사를 한 바 없이 증인 채택을 취소한 경우[대판 2010.9.9. 2010도2602]
4. 증인의 주소지가 아닌 곳으로 소환장을 보내 송달불능이 되고 그곳을 중심으로 소재탐지를 하여 불능 회보를 받은 경우[대판 2006.12.22. 2006도7479] [18 경찰승진]*
5. 단지 소환장이 주소불명 등으로 송달불능되었다거나 소재탐지촉탁을 하였으나 그 회보가 오지 않은 경우[대판 1996.5.14. 96도575] [18 변호사]*
6. 소환을 받고도 2회나 출석하지 아니한 자에 대하여는 구인신청도 하지 아니한 채 검사가 도리어 양자의 소환신청을 철회한 경우[대판 1969.5.13. 69도364]
7. 경찰이 증인과 가족의 실거주지를 방문하지 않은 상태에서 전화상으로 '증인의 모(母)로부터 법정에 출석케 할 의사가 없다'는 취지의 진술을 들었다는 내용의 구인장 집행불능 보고서를 제출하고 있을 뿐이고, 검사가 증인의 법정 출석을 위하여 상당한 노력을 기울이지 않은 경우[대판 2007.1.11. 2006도7228]
8. 증인에 대한 소환장이 송달불능되자 소재탐지를 촉탁하여 소재탐지 불능보고서를 제출받은 경우. 다만, 검사가 직접 또는 경찰을 통하여 기록에 나타난 증인의 전화번호로 연락하여 법정 출석의사가 있는지 확인하는 등의 방법으로 증인의 법정 출석을 위하여 상당한 노력을 기울이지 않았음[대판 2013.4.11. 2013도1435]

판례 | 증언거부권(진술거부권)행사의 경우 제314조에 의하여 증거능력을 인정할 수 없다는 판례

[1] 법정에 출석한 증인이 형사소송법 제148조, 제149조 등에서 정한 바에 따라 정당하게 증언거부권을 행사하여 증언을 거부한 경우는 형사소송법 제314조의 '그 밖에 이에 준하는 사유로 인하여 진술할 수 없는 때'에 해당하지 아니한다. [대판(전) 2012.5.17., 2009도6788]. [22 경간부, 20 변호사, 19 변호사, 19 경찰승진, 18 경찰채용, 17 법원9급, 17 국가7급, 17 경찰승진, 17 국가9급, 16 변호사, 16 법원9급]*

[2] 변호사가 법률자문 과정에 작성하여 갑 회사 측에 전송한 전자문서를 출력한 '법률의견서'는 압수된 디지털 저장매체로부터 출력한 문건으로서 실질에 있어서 형사소송법 제313조 제1항에 규정된 '피고인 아닌 자가 작성한 진술이나 그 진술을 기재한 서류'에 해당하는데, 공판준비 또는 공판기일에서 작성자 또는 진술자인 변호사의 진술에 의하여 성립의 진정함이 증명되지 아니하였으므로 위 규정에 의하여 증거능력을 인정할 수 없고, 나아가 원심 공판기일에 출석한 변호사가 그 진정성립 등에 관하여 진술하지 아니한 것은 형사소송법 제149조에서 정한 바에 따라 정당하게 증언거부권을 행사한 경우에 해당하므로 형사소송법 제314조에 의하여 증거능력을 인정할 수도 없다[대판(전) 2012.5.17., 2009도6788]. [23 변호사]*

동지판례 피고인이 증거서류의 진정성립을 묻는 검사의 질문에 대하여 진술거부권을 행사하여 진술을 거부한 경우는 형사소송법 제314조의 '그 밖에 이에 준하는 사유로 인하여 진술할 수 없는 때'에 해당하지 아니한다[대판 2013.6.13., 2012도16001]. [19 변호사, 19 국가9급, 16 법원9급]*

판례 | 정당하게 증언거부권을 행사한 것이 아니라도, 피고인이 증인의 증언거부 상황을 초래하였다는 등의 특별한 사정이 없는 한 형사소송법 제314조의 '그 밖에 이에 준하는 사유로 인하여 진술할 수 없는 때'에 해당하지 않음

수사기관에서 진술한 참고인이 법정에서 증언을 거부하여 피고인 반대신문을 하지 못한 경우에는 정당하게 증언거부권을 행사한 것이 아니라도, 피고인이 증인의 증언거부 상황을 초래하였다는 등의 특별한 사정이 없는 한 형사소송법 제314조의 '그 밖에 이에 준하는 사유로 인하여 진술할 수 없는 때'에 해당하지 않는다고 보아야 한다. 따라서 증인이 정당하게 증언거부권을 행사하여 증언을 거부한 경우와 마찬가지로 수사기관에서 그 증인의 진술을 기재한 서류는 증거능력이 없다. [22 경간부]*
다만 피고인이 증인의 증언거부 상황을 초래하였다는 등의 특별한 사정이 있는 경우에는 형사소송법 제314조의 적용을 배제할 이유가 없다. 이러한 경우까지 형사소송법 제314조의 '그 밖에 이에 준하는 사유로 인하여 진술할 수 없는 때'에 해당하지 않는다고 보면 사건의 실체에 대한 심증 형성은 법관의 면전에서 본래증거에 대한 반대신문이 보장된 증거조사를 통하여 이루어져야 한다는 실질적 직접심리주의와 전문법칙에 대하여 예외를 정한 형사소송법 제314조의 취지에 반하고 정의의 관념에도 맞지 않기 때문이다[대판(전) 2019.11.21., 2018도13945]. [23 변호사]*

2) **특신상태**

필요성이 인정되는 경우라도 조서 또는 서류는 그 진술 또는 작성이 특히 신빙할 수 있는 상태하에서 행해진 경우에 증거능력이 인정된다.

판례 | 형사소송법 제314조의 '특히 신빙할 수 있는 상태하에서 행하여졌음'의 의미와 증명정도

1. 형사소송법 제314조 단서에 규정된 '그 작성이 특히 신빙할 수 있는 상태에서 행하여졌음이 증명된 때'는 그 서류의 작성에 허위 개입의 여지가 거의 없고 신빙성이나 임의성을 담보할 구체적이고 외부적인 정황이 증명된 때를 의미한다[대판 2016.10.13., 2016도8137]. [18 경찰채용]*

2. 법원이 형사소송법 제314조에 따라 증거능력을 인정하기 위하여는 단순히 그 진술이나 조서의 작성과정에 뚜렷한 절차적 위법이 보이지 않는다거나 진술의 임의성을 의심할 만한 구체적 사정이 없다는 것만으로는 부족하고, 이를 넘어 법정에서의 반대신문 등을 통한 검증을 굳이 거치지 않더라도 진술의 신빙성과 임의성을 충분히 담보할 수 있는 구체적이고 외부적인 정황이 있어 그에 기초하여 법원이 유죄의 심증을 형성하더라도 증거재판주의의 원칙에 어긋나지 않는다고 평가할 수 있는 정도에 이르러야 한다[대판 2014.8.26., 2011도6035].

3. **(특신상황의 입증의 정도)** 참고인의 진술 또는 작성이 '특히 신빙할 수 있는 상태하에서 행하여졌음에 대한 증명'은 단지 그러할 개연성이 있다는 정도로는 부족하고 합리적인 의심의 여지를 배제할 정도에 이르러야 한다. 나아가 이러한 법리는 원진술자의 소재불명 등을 전제로 하고 있는 형사소송법 제316조 제2항의 경우에도 그대로 적용된다[대판 2017.7.18. 2015도12981; 동지 대판 2023.10.26. 2023도7301].
[23 경간부, 23 변호사, 20 경간부, 19 국가7급, 19 국가9급, 17 법원9급]*

8. 당연히 증거능력이 있는 서류 - (제315조)

(1) 의의
제315조의 서류는 진술서 또는 진술녹취서에 해당하나 특히 신용성이 높고 그 작성자인 공무원이나 업무자를 증인으로 신문하는 것이 부적당하고 실익이 없기 때문에 당연히 증거능력을 인정하는 것이다.

(2) 내용

1) **공무원이 직무상 증명할 수 있는 사항에 관하여 작성한 문서(제1호)**
가족관계기록사항에 관한 증명서, 공정증서등본 기타 공무원 또는 외국공무원의 직무상 증명할 수 있는 사항에 관하여 작성한 문서는 당연히 증거능력이 있다.
부동산등기부, 상업등기부, 인감증명서, 신원증명서, 보건사회부장관의 시가보고서, 세관공무원의 시가감정서 등이 있다.

> **판례 | 제315조 제1호에 의하여 당연히 증거능력이 인정되는 서류**
> 1. 국립과학수사연구소장 작성의 감정의뢰회보서[대판 1982.9.14. 82도1504]
> 2. 일본 하관(下關)세관서 통괄심리관 작성의 범칙물건감정서등본과 분석의뢰서 및 분석회답서등본[대판 1984.2.28. 83도3145] [19 경찰승진, 16 경찰승진]*
> 3. 시가감정 업무에 4~5년 종사해 온 세관공무원이 세관에 비치된 기준과 수입신고서에 기재된 가격을 참작하여 작성한 감정서[대판 1985.4.9. 85도225] [20 국가7급, 18 법원9급]*
> 4. 군의관이 작성한 진단서[대판 1972.6.13. 72도922]

2) **업무상 필요로 작성한 통상문서(제2호)**
상업장부, 항해일지 기타 업무상 필요로 작성한 통상문서는 당연히 증거능력이 있다. 금전출납부, 전표, 통계표, 의사의 진료부 등이 이에 해당한다.

> **판례 | 제315조 제2호에 의하여 당연히 증거능력이 인정되는 서류**
> 성매매업소에서 영업에 참고하기 위하여 성매매 상대방에 관한 정보를 입력하여 작성한 메모리카드의 내용[대판 2007.7.26. 2007도3219] [20 국가9급, 19 경찰승진, 18 법원9급, 17 경찰채용]*

3) **기타 특히 신용할 만한 정황에 의하여 작성된 문서(제3호)**
제1호 내지 제2호에 준하는 서류로 당연히 증거능력이 인정된다. 공공기록, 역서, 정기간행물의 시장가격표, 스포츠기록, 공무소 작성의 통계·연표, 다른 사건의 공판조서 등이 이에 해당한다.

판례 | 제315조 제3호에서 규정한 '기타 특히 신용할 만한 정황에 의하여 작성된 문서' 의의

[1] (의의) 상업장부나 항해일지, 진료일지 또는 이와 유사한 금전출납부 등과 같이 범죄사실의 인정 여부와는 관계없이 자기에게 맡겨진 사무를 처리한 내역을 그때그때 계속적, 기계적으로 기재한 문서는 사무처리 내역을 증명하기 위하여 존재하는 문서로서 형사소송법 제315조 제2호에 의하여 당연히 증거능력이 인정된다. 그리고 형사소송법 제315조 제3호에서 규정한 '기타 특히 신용할 만한 정황에 의하여 작성된 문서'는 형사소송법 제315조 제1호와 제2호에서 열거된 공권적 증명문서 및 업무상 통상문서에 준하여 '굳이 반대신문의 기회 부여 여부가 문제되지 않을 정도로 고도의 신용성의 정황적 보장이 있는 문서'를 의미한다. [22 경찰채용, 20 국가7급, 19 국가9급, 18 경찰승진]*

[2] (제315조 제3호에서 규정하는 당연히 증거능력이 있는 서류에 해당되지 않는 경우) 사무처리 내역을 계속적, 기계적으로 기재한 문서가 아니라 범죄사실의 인정 여부와 관련 있는 어떠한 의견을 제시하는 내용을 담고 있는 문서는 형사소송법 제315조 제3호에서 규정하는 당연히 증거능력이 있는 서류에 해당한다고 볼 수 없다. 이른바 보험사기 사건에서 건강보험심사평가원이 수사기관의 의뢰에 따라 그 보내온 자료를 토대로 입원진료의 적정성에 대한 의견을 제시하는 내용의 '건강보험심사평가원의 입원진료 적정성 여부 등 검토의뢰에 대한 회신'은 형사소송법 제315조 제3호의 '기타 특히 신용할 만한 정황에 의하여 작성된 문서'에 해당하지 않는다[대판 2017.12.5. 2017도12671]. [20 변호사, 20 국가9급, 19 경찰승진, 19 경찰채용, 18 법원9급]*

판례 | 제315조 제3호에 의하여 당연히 증거능력이 인정되는 서류

1. 다른 피고인에 대한 형사사건의 공판조서 및 그 공판조서 중 일부인 증인신문조서[대판 2005.4.28. 2004도4428]. [20 국가7급, 19 경찰승진]*
2. 법원이 구속피의자를 심문하고 그 진술을 기재한 구속적부심문조서[대판 2004.1.16. 2003도5693]. [23 변호사, 22 경찰채용, 20 경찰승진, 19 경찰승진, 19 경찰채용, 19 국가9급, 18 경찰채용, 18 법원9급, 17 경간부, 17 경찰채용]*

판례 | 제315조가 적용되지 않아 당연히 증거능력이 인정된다고 할 수 없는 서류

1. 사인인 의사가 작성한 진단서[대판 1976.4.13. 76도500]
   ※ 의사의 진단서는 당연히 증거능력이 인정되는 서류가 아니지만, 의사의 진료부는 당연히 증거능력이 인정되는 서류임을 주의하여야 한다.
2. 주민들의 진정서사본[대판 1983.12.13. 83도2613]
3. 사법경찰관사무취급 작성 실황조사서[대판 1982.9.14. 82도1504]
4. 유치장 근무자가 작성한 체포·구속인접견부 사본[대판 2012.10.25. 2011도5459] [19 국가7급, 16 국가9급]*
5. 육군과학수사연구소 실험분석관이 작성한 감정서[대판 1976.10.12. 76도2960] [16 경찰승진]*
6. 청와대 경제수석비서관이 사무처리의 편의를 위하여 자신이 경험한 사실 등을 기재한 업무수첩[대판(전) 2019.8.29. 2018도14303]

9. 전문진술

(1) 피고인의 진술을 내용으로 하는 전문진술 – (제316조 제1항)

피고인이 아닌 자(공소제기 전에 피고인을 피의자로 조사하였거나 그 조사에 참여하였던 자 포함)의 공판준비 또는 공판기일에서의 진술이 피고인의 진술을 그 내용으로 하는 것인 때에는 그 진술이 특히 신빙할 수 있는 상태하에서 행하여졌음이 증명된 때에 한하여 이를 증거로 할 수 있다(제316조 제1항). [22 경간부, 20 경찰승진, 18 경찰채용]*

(2) 피고인 아닌 타인의 진술을 내용으로 하는 전문진술 – (제316조 제2항)

피고인 아닌 자(공소제기 전에 피고인을 피의자로 조사하였거나 그 조사에 참여하였던 자 포함)의 공판준비 또는 공판기일에서의 진술이 피고인 아닌 타인의 진술을 그 내용으로 하는 것인 때에는 원진술자가 사망, 질병, 외국거주, 소재불명 그 밖에 이에 준하는 사유로 인하여 진술할 수 없고, 그 진술이 특히 신빙할 수 있는 상태하에서 행하여졌음이 증명된 때에 한하여 이를 증거로 할 수 있다(제316조 제2항). [22 경간부, 18 경찰승진]*

판례 | 형사소송법 제316조 제2항 소정의 '피고인 아닌 타인'의 의미(= 공동피고인이나 공범자를 모두 포함한 제3자)

형사소송법 제316조 제2항에 의하면, 피고인 아닌 자(甲)의 공판준비 또는 공판기일에서의 진술이 피고인 아닌 타인(乙)의 진술을 그 내용으로 하는 것인 때에는 원진술자가 사망, 질병, 외국거주, 소재불명 그 밖에 이에 준하는 사유로 인하여 진술할 수 없고 그 진술이 특히 신빙할 수 있는 상태하에서 행하여졌음이 증명된 때에 한하여 이를 증거로 할 수 있다고 규정하고 있고, 여기서 말하는 '피고인 아닌 자(乙)'라고 함은 제3자는 말할 것도 없고 공동피고인이나 공범자를 모두 포함한다[대판 2011.11.24, 2011도7173]. [20 변호사, 20 경찰승진]*

판례 | 전문진술에 있어 원진술자가 증언능력에 준하는 능력을 갖춘 상태에 있어야 하는지의 여부(적극)

전문의 진술을 증거로 함에 있어서는 전문진술자가 원진술자로부터 진술을 들을 당시 원진술자가 증언능력에 준하는 능력을 갖춘 상태에 있어야 한다[대판 2006.4.14, 2005도9561]. [20 경찰승진, 18 경찰승진, 17 경찰승진, 17 경간부]*

판례 | 형사소송법 제316조 제2항에 의하여 증거능력이 인정되는 경우

1. 증인 A가 'B도 저와 똑같은 방법으로 금품을 강취당하고 윤간을 당하였다고 하더라'라고 증언한 경우, B가 소재불명으로 인하여 진술할 수 없고 그 진술내용은 B가 범행을 당한 직후 같이 범행을 당한 A에게 한 그 범행 당한 경위와 내용에 관한 진술로서 특히 신빙할 수 있는 상태하에서 행하여진 것으로 인정되므로 A의 진술은 증거능력이 있다[대판 1981.7.7, 81도1282].
2. 증인 등의 진술내용이 주한미국대사관 경비근무 중이었던 미군인의 진술을 전문한 것이라고 하더라도 동인이 한국근무를 마치고 귀국하여 진술할 수가 없고 또 그 진술이 동인작성의 근무일지 사본의 기재 등에 비추어 특히 신빙할 수 있는 상태하에서 행하여진 것으로 보고 이를 증거로 채택하였음에 잘못이 없다[대판 1976.10.12, 76도2781].

판례 | 원진술자가 법정에 출석하여 진술하고 있는 경우: 형사소송법 제316조 제2항에 해당하지 않아 증거능력이 인정되지 않는 경우

1. 전문진술의 원진술자가 공동피고인이어서 형사소송법 제316조 제2항 소정의 '피고인 아닌 타인'에는 해당하나 법정에서 공소사실을 부인하고 있어서 '원진술자가 사망, 질병 기타 사유로 인하여 진술할 수 없는 때'에는 해당되지 않는다[대판 2000.12.27, 99도5679].
2. 피해자가 제1심 법정에 출석하여 증언을 한 사건에 있어서는 원진술자인 피해자가 질병, 외국거주, 소재불명 그 밖에 이에 준하는 사유로 인하여 진술할 수 없는 때에 해당되지 아니하므로 피해자의 진술을 그 내용으로 하는 증인의 증언은 전문증거로서 증거능력이 없다[대판 2011.11.24, 2011도7173]. [23 변호사]*
   동지판례 원진술자가 법정에 출석하여 수사기관에서의 진술을 부인하는 취지로 증언을 한 이상 원진술자의 진술을 내용으로 하는 조사자의 증언은 증거능력이 없다[대판 2008.9.25, 2008도6985]. [20 경찰승진, 17 경찰승진, 17 경간부]*
3. **(주의)** 현행 형사항소심이 속심 겸 사후심의 구조로 되어 있고, 제1심법원에서 증거로 할 수 있었던 증거는 항소법원에서도 증거로 할 수 있는 점(형사소송법 제363조 제3항) 등에 비추어 보면, 원진술자가 제1심법원에 출석하여 진술을 하였다가 항소심에 이르러 진술할 수 없게 된 경우를 형사소송법 제316조 제2항에서 정한 '원진술자가 진술할 수 없는 경우'에 해당한다고는 할 수 없다[대판 2001.9.28, 2001도3997].

> **판례 | 사경작성 공범자에 대한 피신조서 및 진술조서의 증거능력 인정요건(= 당해 피고인이 내용 인정해야 함) 및 공범자를 원진술자로 하는 전문진술의 증거능력 인정요건(제316조 제2항의 요건 구비해야 함, 공범자가 공동피고인으로서 법정에 출석하여 있는 경우 증거능력 인정 안 됨)**
>
> 피고인이 새마을금고 이사장 선거와 관련하여 대의원 甲에게 자신을 지지해 달라고 부탁하면서 현금 50만원을 제공하였다고 하여 새마을금고법 위반으로 기소되었는데, 검사는 사법경찰관 작성의 공범 甲에 대한 피의자신문조서 및 진술조서를 증거로 제출하고, 검사가 신청한 증인 乙은 법정에 출석하여 '甲으로부터 피고인에게서 50만원을 받았다는 취지의 말을 들었다'고 증언한 사안에서, 甲이 법정에 출석하여 위 피의자신문조서 및 진술조서의 성립의 진정을 인정하였더라도 피고인이 공판기일에서 그 조서의 내용을 모두 부인한 이상 이는 증거능력이 없고, 한편 제1심 및 원심 공동피고인인 甲은 원심에 이르기까지 일관되게 피고인으로부터 50만원을 받았다는 취지의 공소사실을 부인한 사실에 비추어 원진술자 甲이 사망, 질병, 외국거주, 소재불명 그 밖에 이에 준하는 사유로 인하여 진술할 수 없는 때에 해당하지 아니하여 甲의 진술을 내용으로 하는 乙의 법정증언은 전문증거로서 증거능력이 없다고 한 사례[대판 2019.11.14. 2019도11552].

10. 재전문

(1) 의의

전문법칙의 예외규정에 의해 증거능력이 인정되는 전문증거의 내용에 또다시 전문증거가 포함되어 있는 경우, 즉 이중의 전문이 되는 경우를 재전문이라 한다.

(2) 증거능력 인정 여부

판례는 전문진술을 기재한 조서(재전문서류)는 증거능력이 인정될 수 있으나, 재전문진술 또는 재전문진술을 기재한 조서는 증거능력을 인정할 수 없다는 입장이다.

> **판례 | 피고인의 진술을 그 내용으로 하는 전문진술이 기재된 조서의 증거능력 인정 요건(= 제312조 내지 제314조의 요건과 제316조 제1항의 요건 충족)**
>
> 전문진술이나 전문진술을 기재한 조서는 형사소송법 제310조의2의 규정에 의하여 원칙적으로 증거능력이 없으나, 다만 피고인 아닌 자의 공판준비 또는 공판기일에서의 진술이 피고인의 진술을 그 내용으로 하는 것(* 저자 주 – 전문진술)인 때에는 형사소송법 제316조 제1항의 규정에 따라 그 진술이 특히 신빙할 수 있는 상태하에서 행하여진 때에 한하여 이를 증거로 할 수 있고, 그 전문진술이 기재된 조서는 형사소송법 제312조 내지 314조의 규정에 의하여 그 증거능력이 인정될 수 있는 경우에 해당하여야 함은 물론, 나아가 형사소송법 제316조 제1항의 규정에 따른 위와 같은 조건을 갖춘 때에 예외적으로 증거능력을 인정하여야 할 것이며, 형사소송법 제316조 제1항에서 말하는 '그 진술이 특히 신빙할 수 있는 상태하에서 행하여진 때'라 함은 그 진술을 하였다는 것에 허위 개입의 여지가 거의 없고, 그 진술 내용의 신빙성이나 임의성을 담보할 구체적이고 외부적인 정황이 있는 경우를 가리킨다[대판 2012.5.24. 2010도5948]. [19 변호사. 19 경찰채용. 17 경찰승진. 17 경간부]*

> **판례 | 피고인 아닌 자의 진술을 그 내용으로 하는 전문진술이 기재된 조서의 증거능력 인정 요건 (= 제312조 내지 제314조의 요건과 제316조 제2항의 요건 충족)**
>
> 전문진술이나 전문진술을 기재한 조서는 형사소송법 제310조의2의 규정에 의하여 원칙적으로 증거능력이 없는 것인데, 다만 피고인 아닌 자의 공판준비 또는 공판기일에서의 진술이 피고인 아닌 타인의 진술을 그 내용으로 하는 것(* 저자 주 – 전문진술)인 때에는 형사소송법 제316조 제2항의 규정에 따라 원진술자가 사망, 질병, 외국거주 기타 사유로 인하여 진술할 수 없고 그 진술이 특히 신빙할 수 있는 상태하에서 행하여진 때에 한하여 예외적으로 증거능력이 있다고 할 것이고, 그 전문진술이 기재된 조서는 형사소송법 제312조 또는 제314조의 규정에 의하여 각 그 증거능력이 인정될 수 있는 경우에 해당하여야 함은 물론 나아가 형사소송법 제316조 제2항의 규정에 따른 위와 같은 요건을 갖추어야 예외적으로 증거능력이 있다
> [대판 2001.7.27. 2001도2891]. [19 경간부. 19 경찰채용. 18 변호사. 16 변호사]*

> **판례 | 재전문진술이나 재전문진술을 기재한 조서의 증거능력 유무(증거능력을 인정하는 규정이 없으므로 피고인이 증거로 함에 동의하지 않는 한 증거능력 없음)**
>
> 형사소송법은 전문진술에 대하여 제316조에서 실질상 단순한 전문의 형태를 취하는 경우에 한하여 예외적으로 그 증거능력을 인정하는 규정을 두고 있을 뿐 재전문진술이나 재전문진술을 기재한 조서에 대하여는 달리 그 증거능력을 인정하는 규정을 두고 있지 아니하고 있으므로, 피고인이 증거로 하는 데 동의하지 아니하는 한 형사소송법 제310조의2의 규정에 의하여 이를 증거로 할 수 없다[대판 2012.5.24. 2010도5948]. [20 변호사, 20 경찰승진, 20 경간부, 20 경찰채용, 17 변호사, 17 경찰승진, 17 경간부, 16 변호사, 16 경간부]*

▶ 전문법칙의 예외규정

구분	적용 대상	증거능력 인정요건
제311조	법원·법관의 면전 조서	당연히 증거능력 인정
제312조 제1항	검사 작성 피의자신문조서	적법절차와 방식 + 내용인정
제312조 제3항	사법경찰관 작성 피의자신문조서(공동피고인에 대한 피의자신문조서 포함)	적법절차와 방식 + 내용의 인정
제312조 제4항	검사 또는 사법경찰관 작성 참고인진술조서	적법절차와 방식 + 실질적 진정성립 + 특신상태 + 원진술자 반대신문가능성
제312조 제5항	검사 또는 사법경찰관의 수사과정에서 작성한 진술서	제312조 제1항부터 제4항까지 준용
제312조 제6항	검사 또는 사법경찰관 작성 검증조서	적법절차 + 성립의 진정
제313조	사인 작성 진술서·진술기재서류 다만, 수사과정에서 작성한 진술서는 제312조 제1항 내지 제4항 적용(제312조 제5항)	작성자(진술자)의 자필 또는 서명 또는 날인 + 성립의 진정
제314조	제312조 및 제313조의 증거에 적용 다만, 제312조 제3항의 증거에는 적용되지 않음(판례)	필요성(사망·질병·외국거주·소재불명 등) + 특신상태
제315조	당연히 증거능력이 있는 서류	당연히 증거능력 인정
제316조 제1항	피고인의 진술을 그 내용으로 하는 전문진술	특신상태
제316조 제2항	피고인 아닌 타인의 진술을 그 내용으로 하는 전문진술	필요성(사망·질병·외국거주·소재불명 등) + 특신상태

※ 제313조 제1항과 제314조의 서류 등에는 '피고인 또는 피고인 아닌 자가 작성하였거나 진술한 내용이 포함된 문자·사진·영상 등의 정보로서 컴퓨터용디스크 그 밖에 이와 비슷한 정보저장매체에 저장된 것'도 포함됨

11. 진술의 임의성

(1) 의의

형사소송법 제317조는 "① 피고인 또는 피고인 아닌 자의 진술이 임의로 된 것이 아닌 것은 증거로 할 수 없다. ② 전항의 서류는 그 작성 또는 그 내용인 진술이 임의로 되었다는 것이 증명된 것이 아니면 증거로 할 수 없다. ③ 검증조서의 일부가 피고인 또는 피고인 아닌 자의 진술을 기재한 것인 때에는 그 부분에 한하여 전 제2항의 예에 의한다."라고 규정하여 진술을 증거로 사용하기 위해서는 임의성이 인정될 것을 요구하고 있다.

(2) 임의성의 의미(제309조와의 관계)

제309조(자백배제법칙)와 제317조는 진술내용이 자백인가 그 외의 진술인가에 차이가 있을 뿐이다. 즉, 제309조는 제317조의 특별규정에 지나지 않으므로 임의성의 의미에는 양자가 차이가 없다. 즉, 임의성이란 위법의 개입이 없이 진술이 자유의사에 의하여 이루어진 것을 말한다.

(3) 진술의 임의성과 증거능력

진술이 임의로 된 것이 아닌 것은 증거로 할 수 없으므로 증거능력이 인정되지 않는다. 따라서 전문증거는 전문법칙의 예외요건을 구비한 경우라도 진술의 임의성이 인정되지 않으면 증거능력이 인정되지 않는다.

> **판례 | 진술의 임의성이 없다고 볼 수 없는 경우**
>
> [1] 범죄의 피해자인 검사가 그 사건의 수사에 관여하거나 압수·수색영장의 집행에 참여한 검사가 다시 수사에 관여하였다는 이유만으로 바로 그 수사가 위법하다거나 그에 따른 참고인이나 피의자의 진술에 임의성이 없다고 볼 수는 없다.
> [2] 압수·수색영장의 집행과정에서 폭행 등의 피해를 당한 검사 등이 수사에 관여하였다는 이유만으로 그 검사 등이 작성한 참고인진술조서 등의 증거능력이 부정될 수 없다[대판 2013.9.12. 2011도12918]. [19 경찰승진, 18 경찰승진, 17 경찰채용, 16 법원9급]*

(4) 진술의 임의성에 대한 조사와 증명

① 진술의 임의성은 증거능력의 요건이므로 임의성에 관하여 의심할 만한 사정이 있는 경우 법원은 직권으로 이를 조사하여야 한다. 진술의 임의성은 소송법적 사실이므로 자유로운 증명으로 족하다.

② 임의성에 대한 거증책임은 증거를 제출하는 당사자에게 있다.

> **판례 | 진술의 임의성(= 법원의 직권 조사), 임의성 없는 진술(= 증거동의 대상 아님), 검찰진술조서의 임의성에 대한 거증책임(= 검사)**
>
> [1] 기록상 진술증거의 임의성에 관하여 의심할 만한 사정이 나타나 있는 경우에는 법원은 직권으로 그 임의성 여부에 관하여 조사를 하여야 하고, 임의성이 인정되지 아니하여 증거능력이 없는 진술증거는 피고인이 증거로 함에 동의하더라도 증거로 삼을 수 없다.
> [2] 기록에 의하면 참고인에 대한 검찰 진술조서가 강압상태 내지 강압수사로 인한 정신적 강압상태가 계속된 상태에서 작성된 것으로 의심되어 그 임의성을 의심할 만한 사정이 있는데도, 검사가 그 임의성의 의문점을 없애는 증명을 하지 못하였으므로 증거능력이 없다[대판 2006.11.23. 2004도7900].

IV 전문법칙의 관련문제

1. 녹음테이프 등의 증거능력

(1) 녹음테이프 등의 특성과 법적규율

1) 녹음테이프

녹음테이프는 기록과 재생의 측면에서 사람의 지각이나 기억보다 정확성이 뛰어나고 살아있는 음성을 법원에 제공한다는 점에서 높은 증거가치를 가진다. 그러나 녹음자에 의하여 조작될 가능성이 있다는 위험성도 내포하고 있다. 형사소송법은 녹음테이프의 증거능력에 관하여 명문의 규정이 없기 때문에 그 증거능력에 관하여 학설과 판례의 견해가 대립한다.

2) 비디오테이프

비디오테이프도 녹음테이프에 관한 증거능력 이론이 그대로 적용된다.

(2) 진술녹음

1) 의의

진술녹음이란 피고인이나 피고인 아닌 자의 진술이 녹음되어 있고 그 진술내용의 진실성이 증명의 대상이 되는 경우를 말한다. 법원 또는 수사기관의 녹음이 될 수도 있고 일반 사인의 녹음이 될 수도 있다.

2) 진술녹음의 증거능력

진술녹음은 진술증거의 일종이므로 전문법칙이 적용된다. 진술녹음의 경우 진술'서류'가 진술'테이프'로 대체된 것에 불과하기 때문이다. 진술녹음의 증거능력은 견해의 대립은 있으나 작성주체와 작성시기에 따라 제311조 내지 제315조를 적용하여 판단하여야 한다.

> **판례 | 녹음테이프(녹음파일)에 담긴 진술 내용의 진실성이 증명의 대상이 되는 때(= 전문법칙 적용)**
>
> 피고인 또는 피고인 아닌 사람의 진술을 녹음한 녹음파일은 실질에 있어서 피고인 또는 피고인 아닌 사람이 작성한 진술서나 그 진술을 기재한 서류와 크게 다를 바 없어 그 녹음파일에 담긴 진술 내용의 진실성이 증명의 대상이 되는 때에는 전문법칙이 적용된다[대판(전) 2015.1.22. 2014도10978].

> **판례 | 사인이 녹음한 녹음테이프에 담긴 피고인 아닌 자의 진술내용을 증거로 사용하기 위한 요건 – 녹음테이프가 원본(또는 원본내용대로 복사된 사본) + 원칙 제313조 제1항의 본문요건(원진술자의 성립의 진정인정) 구비**
>
> 수사기관이 아닌 사인이 피고인 아닌 사람과의 대화내용을 녹음한 녹음테이프는 형사소송법 제311조, 제312조 규정 이외의 피고인 아닌 자의 진술을 기재한 서류와 다를 바 없으므로, 피고인이 그 녹음테이프를 증거로 할 수 있음에 동의하지 아니하는 이상 그 증거능력을 부여하기 위해서는, 첫째, 녹음테이프가 원본이거나 원본으로부터 복사한 사본일 경우에는 복사과정에서 편집되는 등의 인위적 개작 없이 원본의 내용 그대로 복사된 사본일 것, 둘째 형사소송법 제313조 제1항에 따라 공판준비나 공판기일에서 원진술자의 진술에 의하여 그 녹음테이프에 녹음된 각자의 진술내용이 자신이 진술한 대로 녹음된 것이라는 점이 인정되어야 할 것이다[대판 2011.9.8. 2010도7497]. [17 경간부, 16 국가9급, 16 경간부]*

> **판례 | 사인이 녹음한 녹음테이프에 담긴 피고인의 진술내용을 증거로 사용하기 위한 요건 – 녹음테이프가 원본(또는 원본내용대로 복사된 사본) + (원진술자인 피고인이 성립의 진정을 부인한 경우) 제313조 제1항의 단서요건(작성자의 성립의 진정인정과 특신상태) 구비**
>
> 피고인과 상대방 사이의 대화내용에 관한 녹취서가 공소사실의 증거로 제출되어 그 녹취서의 기재내용과 녹음테이프의 녹음내용이 동일한지 여부에 대하여 법원이 검증을 실시한 경우에, 증거자료가 되는 것은 녹음테이프에 녹음된 대화내용 그 자체이고, 그중 피고인의 진술내용은 실질적으로 형사소송법 제311조, 제312조의 규정 이외에 피고인의 진술을 기재한 서류와 다름없어 피고인이 그 녹음테이프를 증거로 할 수 있음에 동의하지 않은 이상 그 녹음테이프 검증조서의 기재 중 피고인의 진술내용을 증거로 사용하기 위해서는, 첫째 녹음테이프는 그 성질상 작성자나 진술자의 서명 혹은 날인이 없을 뿐만 아니라 녹음자의 의도나 특정한 기술에 의하여 그 내용이 편집, 조작될 위험성이 있음을 고려하여 그 대화내용을 녹음한 원본이거나 혹은 원본으로부터 복사한 사본일 경우에는 복사과정에서 편집되는 등의 인위적 개작 없이 원본의 내용 그대로 복사된 사본임이 증명되어야 하고, 둘째 형사소송법 제313조 제1항 단서에 따라 공판준비 또는 공판기일에서 그 작성자인 상대방의 진술에 의하여 녹음테이프에 녹음된 피고인의 진술내용이 피고인이 진술한 대로 녹음된 것임이 증명되고 나아가 그 진술이 특히 신빙할 수 있는 상태하에서 행하여진 것임이 인정되어야 한다[대판 2012.9.13. 2012도7461]. [20 경찰채용, 19 변호사, 19 경간부, 19 국가7급, 17 변호사, 17 국가7급, 16 국가7급, 16 국가9급]*
>
> **기출지문** 사인(私人)이 피고인 아닌 자의 진술을 녹음한 녹음테이프에 대하여 법원이 실시한 검증의 내용이, 녹음테이프에 녹음된 대화내용이 검증조서에 첨부된 녹취서에 기재된 내용과 같다는 것에 불과한 경우, 그 검증조서는 형사소송법 제311조의 '법원의 검증의 결과를 기재한 조서'에 해당하여 그 조서 중 위 진술내용은 위 제311조에 의하여 증거능력이 인정된다. (×)

판례 | 녹음테이프 등의 증거능력이 인정되지 않는 경우

1. 사인인 甲이 피고인이 아닌 乙과의 대화내용을 녹음한 녹음테이프 등을 기초로 작성된 녹취록을 피고인이 증거로 함에 동의하지 않았고, 甲이 법정에서 "乙이 사건 당시 피고인의 말을 다 들었다. 그래서 지금 녹취도 해왔다."고 진술하였을 뿐, 검사는 녹취록 작성의 토대가 된 대화내용을 녹음한 원본 녹음테이프 등을 증거로 제출하지 아니하고, 원진술자인 甲과 乙의 진술에 의하여 자신들이 진술한 대로 기재된 것이라는 점이 인정되지 아니하는 등 녹취록의 진정성립을 인정할 수 있는 요건이 전혀 갖추어지지 않았으므로 녹취록의 기재는 증거능력이 없다 [대판 2011.9.8. 2010도7497].

2. 피해자가 피고인과의 대화내용을 녹음한 디지털녹음기에 대한 증거조사절차를 거치지 아니한 채 그 녹음내용을 재녹음한 카세트테이프에 대한 제1심 검증조서 중 피고인의 진술부분을 유죄의 증거로 채택한 원심의 조치는 잘못된 것이다 [대판 2005.12.23. 2005도2945].

판례 | 비디오테이프의 증거능력 인정요건(= 녹음테이프와 동일)

수사기관이 아닌 사인이 피고인 아닌 사람과의 대화 내용을 촬영한 비디오테이프는 형사소송법 제311조, 제312조의 규정 이외에 피고인 아닌 자의 진술을 기재한 서류와 다를 바 없으므로, 피고인이 그 비디오테이프를 증거로 함에 동의하지 아니하는 이상 그 진술 부분에 대하여 증거능력을 부여하기 위하여는, 첫째 비디오테이프가 원본이거나 원본으로부터 복사한 사본일 경우에는 복사과정에서 편집되는 등 인위적 개작 없이 원본의 내용 그대로 복사된 사본일 것, 둘째 형사소송법 제313조 제1항에 따라 공판준비나 공판기일에서 원진술자의 진술에 의하여 그 비디오테이프에 녹음된 각자의 진술내용이 자신이 진술한 대로 녹음된 것이라는 점이 인정되어야 할 것인바, 비디오테이프는 촬영대상의 상황과 피촬영자의 동태 및 대화가 녹화된 것으로서, 녹음테이프와는 달리 피촬영자의 동태를 그대로 재현할 수 있기 때문에 비디오테이프의 내용에 인위적인 조작이 가해지지 않은 것이 전제된다면, 비디오테이프에 촬영, 녹음된 내용을 재생기에 의해 시청을 마친 원진술자가 비디오테이프의 피촬영자의 모습과 음성을 확인하고 자신과 동일인이라고 진술한 것은 비디오테이프에 녹음된 진술내용이 자신이 진술한 대로 녹음된 것이라는 취지의 진술을 한 것으로 보아야 한다 [대판 2004.9.13. 2004도3161]. [18 경찰채용]*

(3) 현장녹음

현장녹음이란 범죄현장에서 범행에 수반하여 발성된 말이나 음향을 녹음한 것으로 일정한 시간·장소에서의 음향상황이 증명의 대상이 되는 것을 말한다.

(4) 전기통신의 감청과 공개되지 않은 타인 간의 대화 녹음

누구든지 통신비밀보호법 등 법령에 의하지 않고서는 전기통신을 감청하거나 공개되지 아니한 타인 간의 대화를 녹음 또는 청취하지 못한다(통신비밀보호법 제3조). 불법적인 감청에 의하여 지득 또는 채록된 전기통신의 내용은 이를 재판절차에서 증거로 사용할 수 없다(동법 제4조).

판례 | 전기통신의 감청의 의미

1. 전화통화가 통신비밀보호법에서 규정하고 있는 전기통신에 해당함은 전화통화의 성질 및 위 규정 내용에 비추어 명백하므로 이를 동법 제3조 제1항 소정의 '타인 간의 대화'에 포함시킬 수는 없고, 나아가, 동법 제2조 제7호가 규정한 전기통신의 감청은 그 전호의 '우편물의 검열' 규정과 아울러 고찰할 때 제3자가 전기통신의 당사자인 송신인과 수신인의 동의를 받지 아니하고 같은 호 소정의 각 행위를 하는 것만을 말한다고 풀이함이 상당하다고 할 것이므로, 전기통신에 해당하는 전화통화 당사자의 일방이 상대방 모르게 통화내용을 녹음(위 법에는 '채록'이라고 규정한다)하는 것은 여기의 감청에 해당하지 아니한다. 따라서 전화통화 당사자의 일방이 상대방 몰래 통화내용을 녹음하더라도, 대화 당사자 일방이 상대방 모르게 그 대화내용을 녹음한 경우와 마찬가지로 동법 제3조 제1항 위반이 되지 아니한다. 제3자의 경우는 설령 전화통화 당사자 일방의 동의를 받고 그 통화내용을 녹음하였다 하더라도 그 상대방의 동의가 없었던 이상, 동법 제3조 제1항 위반이 되고 이와 같이 제3조 제1항을 위반한 불법감청에 의하여 녹음된 전화통화의 내용은 제4조에 의하여 증거능력이 없다. 그리고 피고인이나 변호인이 이를 증거로 함에 동의하였다고 하더라도 달리 볼 것은 아니다. 이 점은 제3자가 공개되지 아니한 타인 간의 대화를 녹음한 경우에도 마찬가지이다 [대판 2002.10.8. 2002도123; 대판 2019.3.14. 2015도1900]. [23 변호사, 20 경찰승진, 18 경간부, 16 경찰승진, 16 국가7급, 16 법원9급]*

관련판례 ⅰ) **(전화통화 당사자의 일방의 녹음 – 위법하지 않음)** 피고인이 범행 후 피해자에게 전화를 걸어오자 피해자가 증거를 수집하려고 그 전화내용을 녹음한 경우, 그 녹음테이프가 피고인 모르게 녹음된 것이라 하여 이를 위법하게 수집된 증거라고 할 수 없다[대판 1997.3.28. 97도240]. [20 경찰승진, 20 법원9급, 19 경간부, 19 국가9급, 18 경간부, 16 국가9급, 16 경찰승진, 16 경찰채용]*

ⅱ) **(전화통화 당사자의 일방의 녹음 – 위법하지 않음)** 골프장 운영업체가 예약전용 전화선에 녹취시스템을 설치하여 예약담당 직원과 고객 간의 골프장 예약에 관한 통화내용을 녹취한 행위는 통신비밀보호법 제3조 제1항 위반죄에 해당하지 않는다[대판 2008.10.23. 2008도1237].

ⅲ) **(제3자에 의한 전화통화 당사자 일방의 동의하의 녹음 – 위법함)** 필로폰 매도혐의로 기소된 피고인 甲에 대한 추가적인 증거확보를 목적으로, 검찰이 구속수감되어 있던 乙에게 그의 압수된 휴대전화를 제공하여 甲과 통화하게 하고 "내가 준 필로폰의 품질에는 아무런 문제가 없다."는 내용의 녹음이 들어 있는 휴대전화를 임의제출 형식으로 제출받은 후 휴대전화에 내장된 녹음 파일에 대한 녹취록 등을 법원에 제출한 경우 피고인과 변호인의 증거동의에 상관없이 증거능력이 없다[대판 2010.10.14. 2010도9016]. [23 변호사, 20 변호사, 20 경찰승진, 20 경찰채용, 20 국가7급, 18 변호사, 18 경찰채용, 17 변호사, 16 국가9급]*

ⅳ) **(제3자에 의한 전화통화 당사자 일방의 동의하의 녹음 – 위법함)** 甲, 乙이 A와의 통화 내용을 녹음하기로 합의한 후 甲이 스피커폰으로 A와 통화하고 乙이 옆에서 이를 녹음한 경우, 전화통화의 당사자는 甲과 A이고, 乙은 제3자에 해당하므로 乙이 전화통화 당사자 일방인 甲의 동의를 받고 통화 내용을 녹음하였다고 하더라도 상대방인 A의 동의가 없었던 이상 이는 통신비밀보호법 제3조 제1항에 위반한 '전기통신의 감청'에 해당하여 그 녹음파일은 증거로 사용할 수 없고, 이는 A가 녹음파일 및 이를 채록한 녹취록에 대하여 증거동의를 하였다 하더라도 마찬가지이다[대판 2019.3.14. 2015도1900].

2. '전기통신의 감청'은 위 '감청'의 개념 규정에 비추어 현재 이루어지고 있는 전기통신의 내용을 지득·채록하는 경우와 통신의 송·수신을 직접적으로 방해하는 경우를 의미하는 것이지 전자우편이 송신되어 수신인이 이를 확인하는 등으로 이미 수신이 완료된 전기통신에 관하여 남아 있는 기록이나 내용을 열어보는 등의 행위는 포함하지 않는다 할 것이다. 따라서 이 사건 전자우편은 이미 수신을 완료한 후에 수집된 것임을 알 수 있으므로, 이 사건 전자우편의 수집행위가 통신비밀보호법이 금지하는 '전기통신의 감청'에 해당한다고 볼 수 없고, 따라서 이 사건 전자우편이 통신비밀보호법 제4조에 의하여 증거능력이 배제되는 증거라고 할 수 없다[대판 2013.11.28. 2010도12244]. [23 변호사, 20 경찰승진, 19 경찰채용, 19 국가7급, 18 경간부, 17 법원9급, 16 국가7급]*

기출지문 수사기관이 구속수감되어 있던 甲으로부터 피고인의 마약류관리에관한법률위반(향정) 범행에 대한 진술을 듣고 추가적인 증거를 확보할 목적으로, 甲에게 그의 압수된 휴대전화를 제공하여 피고인과 통화하고 위 범행에 관한 통화 내용을 녹음하게 한 경우, 甲이 통화당사자가 되므로 그 녹음을 증거로 사용할 수 있다. (×)

3. [1] 방송자가 인터넷을 도관 삼아 인터넷서비스제공업체 또는 온라인서비스제공자인 인터넷개인방송 플랫폼업체의 서버를 이용하여 실시간 또는 녹화된 형태로 음성, 영상물을 방송함으로써 불특정 혹은 다수인이 이를 수신·시청할 수 있게 하는 인터넷개인방송은 그 성격이나 통신비밀보호법 제2조 제3호, 제7호, 제3조 제1항, 제4조에 비추어 전기통신에 해당함은 명백하다. 인터넷개인방송의 방송자가 비밀번호를 설정하는 등 그 수신 범위를 한정하는 비공개 조치를 취하지 않고 방송을 송출하는 경우, 누구든지 시청하는 것을 포괄적으로 허용하는 의사라고 볼 수 있으므로, 그 시청자는 인터넷개인방송의 당사자인 수신인에 해당하고, 이러한 시청자가 방송 내용을 지득·채록하는 것은 통신비밀보호법에서 정한 감청에 해당하지 않는다. 그러나 인터넷개인방송의 방송자가 비밀번호를 설정하는 등으로 비공개 조치를 취한 후 방송을 송출하는 경우에는, 방송자로부터 허가를 받지 못한 사람은 당해 인터넷개인방송의 당사자가 아닌 '제3자'에 해당하고, 이러한 제3자가 비공개 조치가 된 인터넷개인방송을 비정상적인 방법으로 시청·녹화하는 것은 통신비밀보호법상의 감청에 해당할 수 있다. 다만 방송자가 이와 같은 제3자의 시청·녹화 사실을 알거나 알 수 있었음에도 방송을 중단하거나 그 제3자를 배제하지 않은 채 방송을 계속 진행하는 등 허가받지 아니한 제3자의 시청·녹화를 사실상 승낙·용인한 것으로 볼 수 있는 경우에는 불특정인 혹은 다수인을 직간접적 대상으로 하는 인터넷개인방송의 일반적 특성상 그 제3자 역시 인터넷개인방송의 당사자에 포함될 수 있으므로, 이러한 제3자가 방송 내용을 지득·채록하는 것은 통신비밀보호법에서 정한 감청에 해당하지 않는다.

[2] 정보통신망 이용촉진 및 정보보호 등에 관한 법률 제48조 제1항은 이용자의 신뢰 또는 이익을 보호하기 위한 규정이 아니라 정보통신망 자체의 안정성과 그 정보의 신뢰성을 보호하기 위한 것이므로, 위 규정에서 접근권한을 부여하거나 허용되는 범위를 설정하는 주체는 서비스제공자이다. 따라서 서비스제공자로부터 권한을 부여받은 이용자가 아닌 제3자가 정보통신망에 접속한 경우, 그에게 접근권한이 있는지 여부는 서비스제공자가 부여한 접근권한을 기준으로 판단하여야 한다[대판 2022.10.27. 2022도9877].

판례 | 통신비밀보호법상의 '타인 간'의 대화의 녹음에 해당하지 않는 경우

1. **(2자간 대화에서 대화참여자의 녹음)** 통신비밀보호법 제3조 제1항이 "공개되지 아니한 타인 간의 대화를 녹음 또는 청취하지 못한다."라고 정한 것은, 대화에 원래부터 참여하지 않는 제3자가 그 대화를 하는 타인들 간의 발언을 녹음해서는 아니 된다는 취지이다. 사인이 피고인 아닌 사람과의 대화내용을 대화 상대방 몰래 녹음하였다고 하더라도 그 녹음테이프가 위법하게 수집된 증거로서 증거능력이 없다고 할 수 없으며, 사인이 피고인 아닌 사람과의 대화내용을 상대방 몰래 비디오로 촬영·녹음한 경우에도 그 비디오테이프의 진술부분에 대하여도 위와 마찬가지로 취급하여야 할 것이다[대판 1999.3.9. 98도3169].

2. **(3자간 대화에서 대화참여자의 녹음)** 3인 간의 대화에 있어서 그중 한 사람이 그 대화를 녹음하는 경우에 다른 두 사람의 발언은 그 녹음자에 대한 관계에서 '타인 간의 대화'라고 할 수 없으므로, 이와 같은 녹음행위가 통신비밀보호법 제3조 제1항에 위배된다고 볼 수는 없다[대판 2006.10.12. 2006도4981]. [19 경찰채용, 17 변호사]*

   비교판례 [통신비밀보호법상의 '타인 간'의 대화의 녹음에 해당하는 경우] 피해아동의 담임교사인 피고인이 피해아동에게 "학교 안 다니다 온 애 같아. 저쪽에서 학교 다닌 거 맞지, 1, 2학년 다녔어. 공부시간에 책 넘기는 것도 안 배웠어. 학습 훈련이 전혀 안 되어 있어, 1, 2학년 때 공부 안 하고 왔다갔다만 했나봐."라는 말을 하는 등 수회에 걸쳐 아동의 정신건강 및 발달에 해를 끼치는 정서적 학대행위를 하였다는 이유로 아동학대범죄의 처벌 등에 관한 특례법 위반(아동복지시설종사자등의아동학대가중처벌)으로 기소된 사안에서, 초등학교 담임교사가 교실에서 수업시간 중 한 발언은 통상적으로 교실 내 학생들만을 대상으로 하는 것으로서 교실 내 학생들에게만 공개된 것일 뿐, 일반 공중이나 불특정 다수에게 공개된 것이 아니므로, 대화자 내지 청취자가 다수였다는 사정만으로 '공개된 대화'로 평가할 수는 없어, 피해아동의 부모가 몰래 녹음한 피고인의 수업시간 중 발언은 '공개되지 않은 대화'에 해당하는 점, 피해아동의 부모는 피고인의 수업시간 중 발언의 상대방에 해당하지 않으므로, 위 발언은 '타인 간의 대화'에 해당하는 점을 종합하면, 피해아동의 부모가 피해아동의 가방에 녹음기를 넣어 수업시간 중 교실에서 피고인이 한 발언을 녹음한 녹음파일, 녹취록 등은 통신비밀보호법 제14조 제1항을 위반하여 공개되지 아니한 타인 간의 대화를 녹음한 것이므로 통신비밀보호법 제14조 제2항 및 제4조에 따라 증거능력이 부정된다는 이유로, 이와 달리 본 원심판단에 법리오해의 잘못이 있다고 한 사례[대판 2024.1.11. 2020도1538].

3. **(3자간 대화에서 대화참여자의 녹음)** 녹음파일의 대화당사자가 A와 甲, 乙이고, 당시 甲과 乙이 이 3인 간의 대화를 녹음한 경우, 녹음파일은 통신비밀보호법 제3조 제1항에서 규정한 '타인 간의 대화'를 녹음한 경우에 해당하지 않고, 이들이 丙의 권유 또는 지시에 따라 녹음을 하였다고 하더라도 甲과 乙이 녹음의 주체이므로 제3자의 녹음행위로 볼 수 없다[대판 2019.3.14. 2015도1900].

판례 | 타인 간의 '대화'에 해당한다고 볼 수 없는 경우

1. [1] 통신비밀보호법에서 보호하는 타인 간의 '대화'는 원칙적으로 현장에 있는 당사자들이 육성으로 말을 주고받는 의사소통행위를 가리킨다. 따라서 사람의 육성이 아닌 사물에서 발생하는 음향은 타인 간의 '대화'에 해당하지 않고 또한 사람의 목소리라고 하더라도 상대방에게 의사를 전달하는 말이 아닌 단순한 비명소리나 탄식 등은 타인과 의사소통을 하기 위한 것이 아니라면 특별한 사정이 없는 한 타인 간의 '대화'에 해당한다고 볼 수 없다.
   [2] 甲이 乙과 통화를 마친 후 전화가 끊기지 않은 상태에서 휴대전화를 통하여 사물에서 발생하는 음향인 '우당탕'과 비명소리인 '악' 소리를 들었고, 이후 甲이 그와 같은 소리를 들었다고 법정에서 증언하였다. 甲의 증언은 공개되지 않은 타인 간의 대화를 전자장치 또는 기계적 수단을 이용하여 청취한 것이라고 볼 수 없으므로 피고인 丙의 공소사실(상해 등)에 대하여 증거로 사용할 수 있다고 한 사례[대판 2017.3.15. 2016도19843]. [23 변호사, 19 국가7급, 19 국가9급]*

2. 무전기와 같은 무선전화기를 이용한 통화가 통비법에서 규정하고 있는 전기통신에 해당함은 전화통화의 성질 및 법 규정 내용에 비추어 명백하므로 이를 같은 법 제3조 제1항 소정의 '타인 간의 대화'에 포함된다고 할 수 없다[대판 2003.11.13. 2001도6213]. [20 경찰승진, 18 경간부, 16 국가7급, 16 경찰승진]*

3. 전화통화가 통비법에서 규정하고 있는 전기통신에 해당함은 전화통화의 성질 및 법 규정 내용에 비추어 명백하므로 이를 법 제3조 제1항 소정의 '타인 간의 대화'에 포함시킬 수는 없다[대판 2002.10.8. 2002도123].

2. 사진(사본)의 증거능력

(1) 의의

사진은 피사체의 영상을 렌즈에 비친 대로 필름이나 인화지에 재생시킨 증거방법이므로 신용성과 증거가치가 높다. 그러나 피사체의 선정과 인화과정에서 조작가능성의 위험도 존재한다.

(2) 사진의 증거능력

1) 사본으로서의 사진

> **판례 | 사본으로서의 사진의 증거능력 인정요건(비진술증거로 사용된 경우)**
>
> 구 정보통신망 이용촉진 및 정보보호 등에 관한 법률(2005.12.30. 법률 제7812호로 개정되기 전의 것) 제65조 제1항 제3호는 정보통신망을 통하여 공포심이나 불안감을 유발하는 글을 반복적으로 상대방에게 도달하게 하는 행위를 처벌하고 있다. 검사가 위 죄에 대한 유죄의 증거로 문자정보가 저장되어 있는 휴대전화기를 법정에 제출하는 경우, 휴대전화기에 저장된 문자정보 그 자체가 범행의 직접적인 수단으로서 증거로 사용될 수 있다. 또한, 검사는 휴대전화기 이용자가 그 문자정보를 읽을 수 있도록 한 휴대전화기의 화면을 촬영한 사진을 증거로 제출할 수도 있는데, 이를 증거로 사용하려면 문자정보가 저장된 휴대전화기를 법정에 제출할 수 없거나 그 제출이 곤란한 사정이 있고, 그 사진의 영상이 휴대전화기의 화면에 표시된 문자정보와 정확하게 같다는 사실이 증명되어야 한다[대판 2008.11.13. 2006도2556].
>
> **[동지판례]** 수표 원본이 아니라 전자복사기를 사용하여 복사한 사본이 증거로 제출되었고 피고인이 이를 증거로 하는 데 부동의한 경우 위 수표 사본을 증거로 사용하기 위해서는 수표 원본을 법정에 제출할 수 없거나 제출이 곤란한 사정이 있고 수표 원본이 존재하거나 존재하였으며 증거로 제출된 수표 사본이 이를 정확하게 전사한 것이라는 사실이 증명되어야 한다. 한편 당좌수표 사본의 액면금 부분 필적이 다른 당좌수표들과 다르다는 등의 사정은 증명력의 문제일 뿐 증거능력의 문제는 아니라 할 것이다[대판 2015.4.23. 2015도2275].

2) 진술의 일부인 사진

사진이 진술증거의 일부로 사용되는 경우를 말한다.

> **판례 | 일부복사본(초본)의 원본과의 동일성 인정요건**
>
> 피고인에 대한 검사 작성의 피의자신문조서가 그 내용 중 일부를 가린 채 복사를 한 다음 원본과 상위없다는 인증을 하여 초본의 형식으로 제출된 경우에, 위와 같은 피의자신문조서초본은 피의자신문조서원본 중 가려진 부분의 내용이 가려지지 않은 부분과 분리 가능하고 당해 공소사실과 관련성이 없는 경우에만, 그 피의자신문조서의 원본이 존재하거나 존재하였을 것, 피의자신문조서의 원본 제출이 불능 또는 곤란한 사정이 있을 것, 원본을 정확하게 전사하였을 것 등 3가지 요건을 전제로 피고인에 대한 검사 작성의 피의자신문조서원본과 동일하게 취급할 수 있다[대판 2002.10.22. 2000도5461].

3) 현장사진

현장사진이란 범행을 중심으로 범행상황 및 그 전후상황을 촬영한 사진이 독립된 증거로 사용되는 경우를 말한다.

3. 거짓말탐지기 검사결과의 증거능력

(1) 거짓말탐지기의 의의

거짓말탐지기란 사람이 진술할 때 나타나는 혈압·호흡·맥박 등의 생리적 반응을 기계적으로 기록하여 그 진술의 진위여부를 판단하는데 사용되는 기계를 말한다.

(2) 거짓말탐지기 검사결과의 증거능력

거짓말탐지기 검사결과의 증거능력에 대하여 ⊙ 피검사자의 동의가 있는 경우에는 인격권침해라고 할 수 없고, 검사결과는 감정서의 성질을 가지고 있으므로 동의가 있는 때에는 증거능력이 인정된다는 긍정설과 ⓒ 거짓말탐지기 검사결과는 최량(最良)의 조건하에서도 자연적 관련성이 없어 최소한의 증명력이나 신빙성이 없으므로 증거능력이 부정된다는 부정설이 있다.

📌 판례 | 거짓말탐지기 검사결과의 증거능력 인정요건

[1] 거짓말탐지기의 검사결과에 대하여 사실적 관련성을 가진 증거로서 증거능력을 인정할 수 있으려면, 첫째로 거짓말을 하면 반드시 일정한 심리상태의 변동이 일어나고, 둘째로 그 심리상태의 변동은 반드시 일정한 생리적 반응을 일으키며, 셋째로 그 생리적 반응에 의하여 피검사자의 말이 거짓인지 아닌지가 정확히 판정될 수 있다는 세 가지 전제요건이 충족되어야 할 것이며 [2] 특히 마지막 생리적 반응에 대한 거짓여부 판정은 거짓말탐지기가 검사에 동의한 피검사자의 생리적 반응을 정확히 측정할 수 있는 장치이어야 하고, 질문사항의 작성과 검사의 기술 및 방법이 합리적이어야 하며, 검사자가 탐지기의 측정내용을 객관성 있고 정확하게 판독할 능력을 갖춘 경우라야만 그 정확성을 확보할 수 있는 것이므로 이상과 같은 여러 가지 요건이 충족되지 않는 한 거짓말탐지기 검사결과에 대하여 형사소송법상 증거능력을 부여할 수는 없다[대판 2005.5.26. 2005도130].

📌 판례 | 거짓말탐지기 검사결과의 증명력(= 검사를 받는 사람의 진술의 신빙성을 가늠하는 정황증거)

거짓말탐지기의 검사는 그 기구의 성능, 조작기술 등에 있어 신뢰도가 극히 높다고 인정되고 그 검사자가 적격자이며, 검사를 받는 사람이 검사를 받음에 동의하였으며 검사서가 검사자 자신이 실시한 검사의 방법, 경과 및 그 결과를 충실하게 기재하였다는 등의 전제조건이 증거에 의하여 확인되었을 경우에만 형사소송법 제313조 제2항(* 저자 주 - 현행법상 제312조 제3항에 해당함)에 의하여 이를 증거로 할 수 있는 것이고, 위와 같은 조건이 모두 충족되어 증거능력이 있는 경우에도 그 검사결과는 '검사를 받는 사람의 진술의 신빙성을 가늠하는 정황증거'로서의 기능을 하는데 그친다[대판 1987.7.21. 87도968].

📌 판례 | 거짓말탐지기 검사결과와 상반되는 진술의 신빙성을 부정할 수 없는 경우

거짓말탐지기 검사결과 피고인 甲의 진술에 대하여는 거짓으로 진단할 수 있는 특이한 반응이 나타나지 않은 반면 乙의 진술에 대하여는 거짓으로 진단할 수 있는 현저한 반응이 나타난 경우라고 하더라도, 거짓말탐지기 검사 결과가 항상 진실에 부합한다고 단정할 수 없을 뿐 아니라 검사를 받는 사람의 진술의 신빙성을 가늠하는 정황증거로서 기능을 하는 데 그치므로 그와 같은 검사결과만으로 범행 당시의 상황이나 범행 이후 정황에 부합하는 乙 진술의 신빙성을 부정할 수 없다[대판 2017.1.25. 2016도15526].

Ⅴ 증거동의

1. 의의

① 검사와 피고인이 증거로 할 수 있음을 동의한 서류 또는 물건은 진정한 것으로 인정한 때에는 증거로 할 수 있다(제318조 제1항). 따라서 전문증거라도 당사자가 동의한 때에는 증거능력이 있다. [22 경찰채용, 18 경찰채용, 16 경찰승진]*

② 증거동의는 재판의 신속과 소송경제를 도모하고 입증절차에서 당사자주의를 구현하기 위한 제도에 해당한다.

📌 판례 | 증거동의 규정의 의미(= 전문증거금지원칙의 예외)

형사소송법 제318조 제1항의 증거동의 규정은 전문증거금지의 원칙에 대한 예외로서 작성자 또는 진술자에 대한 반대신문권을 포기하겠다는 피고인의 의사표시에 의하여 서류 또는 물건의 증거능력을 부여하려는 규정이다[대판 1983.3.8. 82도2873].

2. 증거동의의 주체와 대상

(1) 동의의 주체

동의의 주체는 당사자인 검사와 피고인이다.

판례 | 증거동의의 방법

1. 법원이 직권으로 증거조사를 할 때에는 양 당사자의 동의가 필요함은 물론이라 하겠으나 당해 서류를 제출한 당사자는 그것을 증거로 함에 동의하고 있음은 명백한 것이므로 상대방의 동의만 얻으면 충분하다[대판 1989.10.10. 87도966].
2. 피고인이나 변호인이 무죄에 관한 자료로 제출한 서증 가운데 도리어 유죄임을 뒷받침하는 내용이 있다 하여도, 법원은 상대방(검사)의 원용(동의)이 없는 한 그 서류의 진정성립 여부 등을 조사하고 아울러 그 서류에 대한 피고인이나 변호인의 의견과 변명의 기회를 준 다음이 아니면 그 서증을 유죄인정의 증거로 쓸 수 없다. 그러나 당해 서류를 제출한 당사자는 그것을 증거로 함에 동의하고 있음이 명백한 것이므로 상대방인 검사의 원용이 있으면 그 서증을 유죄의 증거로 사용할 수 있다[대판 2014.2.27. 2013도12155].

판례 | 변호인이 증거동의를 할 수 있는지의 여부(= 피고인의 명시한 의사에 반하지 않는 한 가능)

1. 증거로 함에 대한 동의의 주체는 소송주체인 당사자라 할 것이지만 변호인은 피고인의 명시한 의사에 반하지 아니하는 한 피고인을 대리하여 증거로 함에 동의할 수 있으므로 피고인이 증거로 함에 동의하지 아니한다고 명시적인 의사표시를 한 경우 이외에는 변호인은 서류나 물건에 대하여 증거로 함에 동의할 수 있다[대판 2005.4.28. 2004도4428]. [22 경간부, 20 경찰채용, 19 국가9급, 18 경간부, 18 경찰채용, 18 국가7급, 18 법원9급, 16 국가7급]*
2. 형사소송법 제318조에 규정된 증거동의의 주체는 소송주체인 검사와 피고인이고, 변호인은 피고인을 대리하여 증거동의에 관한 의견을 낼 수 있을 뿐이므로 피고인의 명시한 의사에 반하여 증거로 함에 동의할 수는 없다. 따라서 피고인이 출석한 공판기일에서 증거로 함에 부동의한다는 의견이 진술된 경우에는 그 후 피고인이 출석하지 아니한 공판기일에 변호인만이 출석하여 종전 의견을 번복하여 증거로 함에 동의하였다 하더라도 이는 특별한 사정이 없는 한 효력이 없다[대판 2013.3.28. 2013도3].
[23 변호사, 20 변호사, 20 법원9급, 19 법원9급, 18 변호사, 18 국가7급, 16 경찰채용]*
기출지문 증거동의의 주체는 검사와 피고인이므로, 변호인의 경우 피고인의 명시적인 위임이 없는 한 피고인을 대리하여 증거로 함에 동의할 수 없다. (×)

(2) 동의의 대상

1) 동의의 대상이 되는 경우
증거동의의 대상은 서류 또는 물건이다.

판례 | 증거동의의 대상이 되는 경우

1. 피고인 아닌 타인의 진술을 그 내용으로 하는 전문진술 증거동의의 대상이 된다[대판 1983.9.27. 83도516].
2. 문서의 사본이라도 피고인이 증거로 함에 동의하였고 진정으로 작성되었음이 인정되는 경우에는 증거능력이 있다[대판 1996.1.26. 95도2526].

판례 | 비진술증거인 사진도 증거동의의 대상이 된다고 판시한 사례

'甲의 상해부위를 촬영한 사진'은 비진술증거이기는 하나, 피고인은 제1심 제1회 공판기일에 사진을 증거로 함에 동의하였고, 이에 따라 제1심 법원이 사진에 대한 증거조사를 완료하였음을 알 수 있으므로 피고인이 원심에 이르러 사진에 대한 증거동의의 의사표시를 취소 또는 철회하였다 하여 사진의 증거능력이 상실되지 않는다[대판 2007.7.26. 2007도3906]. [22 경간부]*

2) 동의의 대상이 되지 않는 경우
① 임의성 없는 자백은 증거동의의 대상이 될 수 없다.
② 위법하게 수집된 증거는 원칙적으로 증거동의의 대상이 될 수 없다.

판례 | 위법수집증거에 대하여 증거동의가 있는 경우 증거능력을 긍정한 판례

1. **(증거보전절차로 증인신문을 하는 경우 참여의 기회를 주지 아니하고 작성된 증인신문조서)** 판사가 형사소송법 제184조에 의한 증거보전절차로 증인신문을 하는 경우에는 동법 제163조에 따라 검사, 피의자 또는 변호인에게 증인신문의 시일과 장소를 미리 통지하여 증인신문에 참여할 수 있는 기회를 주어야 하나 참여의 기회를 주지 아니한 경우라도 피고인과 변호인이 증인신문조서를 증거로 할 수 있음에 동의하여 별다른 이의없이 적법하게 증거조사를 거친 경우에는 위 증인신문조서는 증인신문절차가 위법하였는지의 여부에 관계없이 증거능력이 부여된다[대판 1988.11.8. 86도1646].
2. **(피고인에게 유리한 증언을 마친 증인에 대한 번복진술조서)** 공판준비 또는 공판기일에서 이미 증언을 마친 증인을 검사가 소환한 후 피고인에게 유리한 그 증언 내용을 추궁하여 이를 일방적으로 번복시키는 방식으로 작성한 진술조서는 피고인이 증거로 할 수 있음에 동의하지 아니하는 한 그 증거능력이 없다[대판(전) 2000.6.15. 99도1108].

3. 증거동의의 시기와 방식

(1) 증거동의의 시기

동의는 원칙적으로 증거조사 전에 하여야 한다. 그러나 증거조사 도중 또는 증거조사 후에 전문증거임이 밝혀진 경우에는 사후동의도 가능하고 이러한 동의가 있으면 그 하자가 치유되어 증거능력이 소급하여 인정된다. 일반적으로 사후동의는 변론종결시까지 가능하다.

(2) 증거동의의 방식

판례 | 묵시적 증거동의도 가능한지의 여부(적극)

피고인이 신청한 증인의 증언이 피고인 아닌 타인의 진술을 그 내용으로 하는 전문진술이라고 하더라도 피고인이 그 증언에 대하여 "별 의견이 없다."고 진술하였다면 그 증언을 증거로 함에 동의한 것으로 볼 수 있으므로 이는 증거능력 있다[대판 1983.9.27. 83도516].
[20 경간부, 19 국가9급, 17 경찰채용, 16 국가7급]*

판례 | 포괄적 증거동의도 가능한지의 여부(적극)

피고인들의 의사표시가 하나 하나의 증거에 대하여 형사소송법상의 증거조사방식을 거쳐 이루어진 것이 아니라 "검사가 제시한 모든 증거에 대하여 증거로 함에 동의한다."는 방식으로 이루어진 것이라 하여 그 효력을 부정할 이유가 되지 못한다[대판 1983.3.8. 82도2873].
[23 변호사, 20 변호사, 20 경찰채용, 20 국가7급, 18 경찰채용, 17 경찰채용, 16 국가7급]*

판례 | 피의자 아닌 자에 대한 진술조서에 관하여 '공판정 진술과 배치부분 부동의' 라는 피고인 진술의 취지(= 원칙으로 조서를 증거로 함에 동의하지 않는다는 취지)

검사 작성의 피고인 아닌 자에 대한 진술조서에 관하여 피고인이 "공판정 진술과 배치되는 부분은 부동의한다."고 진술한 것은 조서내용의 특정부분에 대하여 증거로 함에 동의한다는 특별한 사정이 있는 때와는 달리 그 조서를 증거로 함에 동의하지 아니한다는 취지로 해석하여야 한다[대판 1984.10.10. 84도1552].

> **판례 | 고발장에 대한 증거 부동의 의견을 밝히고 수사보고서에 대한 증거동의가 있었던 경우 수사보고서에 첨부된 고발장에 증거동의의 효력이 미치지 않는다는 판례**
>
> 뇌물공여자가 작성한 고발장에 대하여 피고인의 변호인이 증거 부동의 의견을 밝히고, 고발장을 첨부문서로 포함하고 있는 검찰주사보 작성의 수사보고에 대하여는 증거에 동의하여 증거조사가 행하여졌는데, 수사보고에 대한 증거동의가 있다는 이유로 아무런 지적 없이 그에 첨부된 고발장까지 증거로 채택해 두었다가 판결을 선고하는 단계에 이르러 이를 유죄 인정의 증거로 삼은 것은 실질적 적법절차의 원칙에 비추어 수긍할 수 없다. 결국 수사보고에 첨부된 고발장은 적법한 증거신청·증거결정·증거조사의 절차를 거쳤다고 볼 수 없거나 공소사실을 뒷받침하는 증명력을 가진 증거가 아니므로 이를 유죄의 증거로 삼을 수 없다[대판 2011.7.14. 2011도3809]. [20 경간부, 18 국가7급, 16 변호사]*

4. 동의의 의제

(1) 피고인의 불출석

피고인의 출정없이 증거조사를 할 수 있는 경우에는 피고인이 출정하지 아니한 때에는 증거동의가 있는 것으로 간주한다. 다만, 대리인 또는 변호인이 출정한 때에는 예외로 한다(제318조 제2항). [23 변호사, 19 법원9급, 17 경찰승진, 16 변호사, 16 법원9급]*

> **판례 | 피고인의 출정없이 증거조사를 할 수 있어 증거동의가 간주되는 경우**
>
> 1. 약식명령에 불복하여 정식재판을 청구한 피고인이 정식재판절차에서 2회 불출정하여 법원이 피고인의 출정 없이 증거조사를 하는 경우에 형사소송법 제318조 제2항에 따른 피고인의 증거동의가 간주된다[대판 2010.7.15. 2007도5776]. [20 경찰승진, 20 법원9급, 18 국가9급, 18 법원9급]*
> 2. 피고인이 재판장의 허가 없이 퇴정하고 변호인마저 이에 동조하여 퇴정해 버린 것은 모두 피고인 측의 방어권의 남용 내지 변호권의 포기로 볼 수밖에 없는 것이므로 수소법원으로서는 형사소송법 제330조에 의하여 피고인이나 변호인의 재정 없이도 심리판결할 수 있다. 위와 같이 피고인과 변호인들이 출석하지 않은 상태에서 증거조사를 할 수밖에 없는 경우에는 형사소송법 제318조 제2항의 규정상 피고인의 진의와는 관계없이 형사소송법 제318조 제1항의 동의가 있는 것으로 간주하게 되어 있다[대판 1991.6.28. 91도865].
> 3. 소촉법 제23조에 의하여 피고인이 공시송달의 방법에 의한 공판기일의 소환을 2회 이상 받고도 출석하지 아니하여 법원이 피고인의 출정 없이 증거조사를 하는 경우에는 형사소송법 제318조 제2항에 따른 피고인의 증거동의가 있는 것으로 간주된다[대판 2011.3.10. 2010도15977]. [20 변호사, 20 법원9급, 17 국가7급, 16 법원9급]*

(2) 간이공판절차

간이공판절차의 결정이 있는 사건에 있어서는 전문증거에 대하여 당사자의 동의가 있는 것으로 간주한다. 다만, 검사, 피고인 또는 변호인이 증거로 함에 이의가 있는 때에는 그러하지 아니하다(제318조의3). [20 변호사, 18 경간부, 17 국가9급, 16 변호사, 16 법원9급]*

5. 증거동의의 효과

(1) 법원의 진정성 인정

① 당사자가 증거로 함에 동의한 서류 또는 물건일지라도 법원이 진정한 것으로 인정한 때에 한하여 증거능력이 인정된다. 여기서 진정성이란 진술서에 서명·날인이 없거나 진술서의 기재내용이 진술과 상이한 경우와 같이 신용성을 의심스럽게 하는 상황이 없는 것을 말한다.
② 증거동의가 있어 증거능력이 인정되더라도 증명력은 여전히 법관의 자유판단에 의한다.

> **판례 | 진정성이 인정되어 증거동의가 유효한 경우(전문법칙 적용 안 됨, 사경작성 피신의 경우 피고인이 내용을 부인해도 증거능력 인정)**
>
> 피고인이 작성한 진술서에 관하여 피고인과 변호인이 공판기일에서 증거로 함에 동의하였고 그 진술서에 피고인의 서명과 무인이 있는 것으로 보아 진정한 것으로도 인정된다면, 그 진술서는 증거로 할 수 있는 것임에도 불구하고 원심이 피고인이 그 내용을 부인하기 때문에 증거로 할 수 없다고 판단한 것은 잘못이다[대판 1990.10.26. 90도1229].

> **판례 | 참고인진술조서의 경우 원진술자에 대한 반대신문이 이루어지지 못한 경우, 증거동의가 있었다고 하더라도 그 조서는 진정한 증거가치(증명력)를 갖는 것으로 볼 수 없다고 한 사례**
>
> 피고인이 공소사실 및 이를 뒷받침하는 수사기관이 원진술자의 진술을 기재한 조서 내용을 부인하였음에도 불구하고, 원진술자의 법정 출석과 피고인에 의한 반대신문이 이루어지지 못하였다면 그 조서는 진정한 증거가치를 가진 것으로 인정받을 수 없는 것이어서 이를 주된 증거로 하여 공소사실을 인정하는 것은 원칙적으로 허용될 수 없다. 이는 원진술자의 사망이나 질병 등으로 인하여 원진술자의 법정 출석 및 반대신문이 이루어지지 못한 경우는 물론 수사기관의 조서를 증거로 함에 피고인이 동의한 경우에도 마찬가지이다[대판 2006.12.8. 2005도9730].
>
> [판례해설] 증거동의는 증거능력을 부여할 뿐 증명력까지 부여하는 것은 아니므로 증명력은 상황에 따라 별도로 판단하여야 한다는 취지의 판례이다.

(2) 증거동의의 효력범위

1) 물적 범위

> **판례 | 일부동의도 가능**
>
> 피고인들이 제1심 법정에서 경찰의 검증조서 가운데 범행부분만 부동의하고 현장상황 부분에 대해서는 모두 증거로 함에 동의하였다면, 위 검증조서 중 범행상황 부분만을 증거로 채용한 제1심판결에 잘못이 없다[대판 1990.7.24. 90도1303].

2) 인적 범위

증거동의는 동의한 피고인에 대해서만 그 효력이 미치고 다른 공동피고인에게는 미치지 않는다. 공동피고인이 각자 반대신문권을 가지고 있기 때문이다.

3) 시간적 범위

동의의 효력은 공판절차의 갱신이 있거나 심급이 변경된 경우에도 소멸되지 않는다.

> **판례 | 1심에서 증거동의한 경우 2심에서 증거부동의하거나 범행을 부인한 경우의 효력(= 이미 적법하게 부여된 증거능력은 상실되지 않음)**
>
> 피고인이 제1심법원에서 공소사실에 대하여 자백하여 제1심법원이 이에 대하여 간이공판절차에 의하여 심판할 것을 결정하고, 이에 따라 제1심법원이 제1심판결 명시의 증거들을 증거로 함에 피고인 또는 변호인의 이의가 없어 형사소송법 제318조의3의 규정에 따라 증거능력이 있다고 보고 상당하다고 인정하는 방법으로 증거조사를 한 이상, 가사 항소심에 이르러 범행을 부인하였다고 하더라도 제1심법원에서 증거로 할 수 있었던 증거는 항소법원에서도 증거로 할 수 있는 것이므로 제1심법원에서 이미 증거능력이 있었던 증거는 항소심에서도 증거능력이 그대로 유지되어 심판의 기초가 될 수 있고 다시 증거조사를 할 필요가 없다[대판 2005.3.11, 2004도8313].
>
> **[동지판례]** 제1심 공판조서 및 그 조서의 일부를 이루는 증거목록에 피고인 또는 변호인이 증거로 함에 동의한다는 의사표시를 한 것으로 기재되어 있고, 증거조사가 완료되기 전까지 그 의사표시를 철회 또는 취소하였다고 볼 흔적을 찾아볼 수 없는 사법경찰관 사무취급 작성의 참고인 진술조서는 진정한 것으로 인정되는 한 제2심에서 피고인이 증거로 함에 부동의하거나 범행을 부인하였어도 이미 적법하게 부여된 증거능력이 상실되는 것은 아니다[대판 1994.7.29, 93도955].

6. 증거동의의 취소와 철회

> **판례 | 증거동의의 취소 또는 철회 허용시기(= 증거조사 완료 전까지)**
>
> 1. 형사소송법 제318조에 규정된 증거동의의 의사표시는 증거조사가 완료되기 전까지 취소 또는 철회할 수 있으나, 일단 증거조사가 완료된 뒤에는 취소 또는 철회가 인정되지 아니하므로 취소 또는 철회 이전에 이미 취득한 증거능력은 상실되지 않는다[대판 2015.8.27, 2015도3467]. [23 변호사, 22 경간부, 20 경간부, 18 경간부, 18 경찰채용, 18 법원9급, 17 변호사, 17 법원9급, 16 국가7급, 16 경찰승진, 16 경찰채용]*
> 2. 형사소송법 제318조에 규정된 증거동의의 의사표시는 증거조사가 완료되기 전까지 취소 또는 철회할 수 있으나, 일단 증거조사가 완료된 뒤에는 취소 또는 철회가 인정되지 아니하므로 제1심에서 한 증거동의를 제2심에서 취소할 수 없다[대판 2005.4.28, 2004도4428]. [18 법원9급, 17 경간부, 16 경간부]*
> 3. 약식명령에 불복하여 정식재판을 청구한 피고인이 정식재판절차의 1심에서 2회 불출정하여 법 제318조 제2항에 따른 증거동의가 간주된 후 증거조사를 완료한 이상, 간주의 대상인 증거동의는 증거조사가 완료되기 전까지 철회 또는 취소할 수 있으나 일단 증거조사를 완료한 뒤에는 취소 또는 철회가 인정되지 아니하는 점, 증거동의 간주가 피고인의 진의와는 관계없이 이루어지는 점 등에 비추어, 비록 피고인이 항소심에 출석하여 공소사실을 부인하면서 간주된 증거동의를 철회 또는 취소한다는 의사표시를 하더라도 그로 인하여 적법하게 부여된 증거능력이 상실되는 것이 아니다[대판 2010.7.15, 2007도5776]. [19 법원9급, 17 경찰승진, 17 경찰채용]*

> **판례 | 피고인이 증거동의의 효과를 모르고 동의하였으나 재정한 변호인이 어떠한 조치를 취하지 않은 경우 증거동의의 효과(= 동의는 유효)**
>
> 피고인이 사법경찰관 작성의 피해자진술조서를 증거로 동의함에 있어서 그 동의가 법률적으로 어떠한 효과가 있는지를 모르고 한 것이었다고 주장하더라도 변호인이 그 동의시 공판정에 재정하고 있으면서 피고인이 하는 동의에 대하여 아무런 이의나 취소를 한 사실이 없다면 그 동의에 무슨 하자가 있다고 할 수 없다[대판 1983.6.28, 83도1019]. [18 변호사, 16 경찰채용]*

제2장 증명력의 판단

제1절 자유심증주의

1. 의의
형사소송법은 제308조에서 '증거의 증명력은 – 법률의 규정에 의하지 아니하고 – 법관의 자유판단에 의한다'라고 규정하여 자유심증주의를 규정하고 있다.

2. 자유심증주의의 내용

(1) 자유판단의 주체
증거의 증명력은 법관의 자유판단에 의한다. 따라서 자유판단의 주체는 개개 법관이며 합의부의 경우에도 구성원인 법관이 각자 증거의 증명력을 판단한다.

(2) 자유판단의 의미
자유판단이란 법관이 법적 제한을 받지 않고 자신의 주관적 확신에 의하여 증명력을 자유롭게 판단하는 것을 말한다.

1) 인증
① **자백**: 피고인이 자백한 경우라도 법관은 자백과 다른 사실을 인정할 수 있고 또한 피고인이 공판정에서 범죄사실을 부인해도 피고인의 검찰에서의 자백을 믿을 수도 있다.

> **판례 | 피고인의 자백의 신빙성 판단(= 법관의 자유판단)**
>
> 1. **(검찰 자백 vs 법정진술)** 검찰에서의 피고인의 자백이 법정진술과 다르다거나 피고인에게 지나치게 불리한 내용이라는 사유만으로는 그 자백의 신빙성이 의심스럽다고 할 수는 없다[대판 2019.10.31. 2018도2642]. [19 경찰채용]*
>
>   관련판례 피고인이 수사과정에서 공소사실을 부인하였고 그 내용이 기재된 피의자신문조서 등에 관하여 증거동의를 한 경우에는, 형사소송법에 따라 증거능력 자체가 부인되는 것은 아니지만, 전체적 내용이나 진술의 맥락·취지를 고려하지 않은 채 그중 일부만을 발췌하여 유죄의 증거로 사용하는 것은 함부로 허용할 수 없다. 특히 지적능력·판단능력 등과 같이 본질적으로 수사기관이 작성한 진술조서에 나타나기 어려운 피고인의 상태에 대해서는 공판중심주의 및 실질적 직접심리주의 원칙에 따라 검사가 제출한 객관적인 증거에 대하여 적법한 증거조사를 거친 후 이를 인정하여야 할 것이지, 공소사실을 부인하는 취지의 피고인 진술이 기재된 피의자신문조서 중 일부를 근거로 이를 인정하여서는 안 된다[대판 2024.1.4. 2023도13081].
>
> 2. **(1심 자백 vs 2심 법정진술)** 피고인의 제1심 법정에서의 자백이 원심(항소심)에서의 법정진술과 다르다는 사유만으로는 그 자백의 증명력 내지 신빙성이 의심스럽다고 할 수는 없다[대판 2001.9.28. 2001도4091].
>
> 3. **(공동피고인 중 1인의 공동범행 자백)** 공동피고인 중의 1인이 다른 공동피고인들과 공동하여 범행을 하였다고 자백한 경우, 반드시 그 자백을 전부 믿어 공동피고인들 전부에 대하여 유죄를 인정하거나 그 전부를 배척하여야 하는 것은 아니고, 자유심증주의의 원칙상 법원으로서는 자백한 피고인 자신의 범행에 관한 부분만을 취신하고 다른 공동피고인들이 범행에 관여하였다는 부분을 배척할 수도 있다[대판 1995.12.8. 95도2043].

> **판례 | 자백의 신빙성이 희박한 경우**
>
> 피고인은 검찰에서 자백하고 이어서 진술서를 작성·제출하고 그 다음날부터 연 3일간 자기의 잘못을 반성하고 자백하는 내용의 양심서, 반성문, 사실서를 작성·제출하고 경찰의 검증조서에도 피고인이 자백하는 기재가 있으나, <u>검찰에 송치되자마자 자백은 강요에 의한 것이라고 주장하면서 범행을 부인할 뿐더러 연 4일을 계속하여 매일 한 장씩 진술서 등을 작성한다는 것은 부자연하다는 느낌이 드는 등 사정에 비추어 보면 자백은 신빙성이 희박하다</u>[대판 1980.12.9. 80도2656].

　② 증언: 증언의 경우 증인의 성년·미성년, 책임능력 유무, 선서유무에 관계없이 법관이 자유롭게 증언을 취사 선택하여 증명력을 판단한다.

> **판례 | 증인의 진술이 번복되는 경우 증명력(= 반드시 법정 증언이 우선 X, 법관의 자유판단 O)**
>
> 1. **(검찰 진술 vs 법정 증언)** 같은 사람의 검찰에서의 진술과 법정에서의 증언이 다를 경우 <u>반드시 후자를 믿어야 된다는 법칙은 없다</u>고 할 것이므로 같은 사람의 법정에서의 증언과 다른 검찰에서의 진술을 믿고서 범죄사실을 인정하더라도 그것이 위법하게 진술된 것이 아닌 이상 자유심증에 속한다[대판 1988.6.28. 88도740].
> 2. **(수사기관에서의 진술 vs 공판정 증언)** 경찰에서의 자술서, 검사 작성의 각 피의자신문조서, 다른 형사사건의 공판조서의 기재와 당해 사건의 공판정에서의 같은 사람의 증인으로서의 진술이 상반되는 경우 <u>반드시 공판정에서의 증언은 믿어야 된다는 법칙은 없고</u>, 상반된 증언, 감정 중에 그 어느 것을 사실인정의 자료로 인용할 것인가는 오로지 사실심 법원의 자유심증에 속한다[대판 1986.9.23. 86도1547].
> 3. **(수사기관에서의 진술 vs 증거보전절차에서의 진술)** 증거보전절차에서의 진술이 법원의 관여하에 행하여지는 것으로서 수사기관에서의 진술보다 임의성이 더 보장되는 것이기는 하나 보전된 증거가 항상 진실이라고 단정지을 수는 없는 것이므로 법원이 그것을 믿지 않을 만한 사유가 있어서 믿지 않는 것에 자유심증주의의 남용이 있다고 볼 수 없다[대판 1980.4.8. 79도2125].

> **판례 | 피해자 증언의 증명력(= 법관의 자유판단)**
>
> 1. 피해자의 증언이나 진술이 공소사실에 부합하는 유일한 직접증거라 하더라도 그 증거가 합리적이고 이치에 맞는 내용이라면 <u>이를 유죄의 증거로 한다 하여 위법이라고 할 수는 없다</u>[대판 1986.2.25. 85도2769].
> 2. 피고인의 문서위조 내지 변조의 유죄 인정에 관하여 피고인과 상반되는 이해관계를 갖고 있는 고소인의 증언이나 진술을 <u>유력한 직접 증거로 채용하고 있다 하더라도 그 진술내용이 합리적이고 이치에 맞는 것이라면 이러한 채증과정에 무슨 위법이 있다고 할 수 없다</u>[대판 1995.2.24. 94도2092].
> 3. [1] 피해자 등의 진술은 그 진술 내용의 주요한 부분이 일관되며, 경험칙에 비추어 비합리적이거나 진술 자체로 모순되는 부분이 없고, 또한 허위로 피고인에게 불리한 진술을 할 만한 동기나 이유가 분명하게 드러나지 않는 이상, <u>그 진술의 신빙성을 특별한 이유 없이 함부로 배척해서는 아니 된다.</u>
>   [2] 강간죄에서 공소사실을 인정할 증거로 사실상 피해자의 진술이 유일한 경우에 피고인의 진술이 경험칙상 합리성이 없고 그 자체로 모순되어 믿을 수 없다고 하여 피고인의 진술이 공소사실을 인정하는 직접증거가 되는 것은 아니지만, 이러한 사정은 법관의 자유판단에 따라 피해자 진술의 신빙성을 뒷받침하거나 직접증거인 피해자 진술과 결합하여 공소사실을 뒷받침하는 간접정황이 될 수 있다[대판 2018.10.25. 2018도7709].
> 4. 사실심 법원은 인접한 시기에 같은 피해자를 상대로 저질러진 동종 범죄에 대해서도 각각의 범죄에 따라 피해자 진술의 신빙성이나 그 신빙성 유무를 기초로 한 범죄 성립 여부를 달리 판단할 수 있고, 이것이 실체적 진실발견과 인권보장이라는 형사소송의 이념에 부합한다[대판 2022.3.31. 2018도19472, 2018전도126].

③ 감정

판례 | 감정서 등의 증명력(= 법관의 자유판단)

감정의견이 상충된 경우 다수 의견을 안 따르고 소수 의견을 채용해도 되고 여러 의견 중에서 그 일부씩을 채용하여도 무방하며 여러 개의 감정의견이 일치되어 있어도 이를 배척하려면 특별한 이유를 밝히거나 또는 반대감정의견을 구하여야 된다는 법리도 없다[대판 1976.3.23, 75도2068].

2) 물증과 서증

판례 | 각종 조서의 증명력(= 법관의 자유판단)

(검찰 조서 vs 사경조서) 검사 작성 조서의 기재가 사법경찰관 작성 조서의 기재보다 그 신빙성에 있어서 항상 우월하다고 단정할 수는 없는 것이니, 검사 작성 조서 기재의 증명력을 사법경찰관 작성 조서의 기재에 비추어 배척한 것이 채증법칙위반이라 할 수 없다[대판 1983.3.22, 82도2494].

3) 간접증거

판례 | 간접증거의 증명력

1. 형사재판에 유죄의 심증이 반드시 직접증거에 의하여 형성되어야만 하는 것은 아니고 경험칙과 논리법칙에 위반되지 아니하는 한 간접증거에 의하여 형성되어도 무방하며, 간접증거가 개별적으로는 범죄사실에 대한 완전한 증명력을 가지지 못하더라도 전체 증거를 상호 관련하에 종합적으로 고찰할 경우 그 단독으로는 가지지 못하는 종합적 증명력이 있는 것으로 판단되면 그에 의하여도 범죄사실을 인정할 수 있는 것이다[대판 2013.6.27, 2013도4172]. [18 국가9급, 17 경간부]*
2. 살인죄 등과 같이 법정형이 무거운 범죄의 경우에도 직접증거 없이 간접증거만에 의하여 유죄를 인정할 수 있고, 살해의 방법이나 피해자의 사망경위에 관한 중요한 단서인 피해자의 사체가 멸실된 경우라 하더라도 간접증거를 상호 관련하에서 종합적으로 고찰하여 살인죄의 공소사실을 인정할 수 있다[대판 2012.9.27, 2012도2658]. [20 경찰승진, 19 변호사]*
3. 범행에 관한 간접증거만이 존재하고 더구나 그 간접증거의 증명력에 한계가 있는 경우, 범인으로 지목되고 있는 자에게 범행을 저지를 만한 동기가 발견되지 않는다면, 만연히 무엇인가 동기가 분명히 있는데도 이를 범인이 숨기고 있다고 단정할 것이 아니라 반대로 간접증거의 증명력이 그만큼 떨어진다고 평가하는 것이 형사 증거법의 이념에 부합하는 것이다[대판 2006.3.9, 2005도8675].

3. 자유심증주의의 한계

판례 | 자유심증주의의 한계 내지 기준

1. 비록 사실의 인정이 사실심의 전권이라 하더라도 범죄사실이 인정되는지 여부는 논리와 경험법칙에 따라야 하고, 충분한 증명력이 있는 증거를 합리적 이유 없이 배척하거나 반대로 객관적인 사실에 명백히 반하는 증거를 근거 없이 채택·사용하는 것은 자유심증주의의 한계를 벗어나는 것으로서 법률 위반에 해당한다[대판 2016.10.13, 2015도17869].
   동지판례 증거의 취사 선택 및 평가와 이를 토대로 한 사실의 인정은 논리와 경험의 법칙을 위반하여 자유심증주의의 한계를 벗어나지 않는 한 사실심법원의 전권에 속하고 상고법원도 이에 기속된다[대판 2017.1.25, 2016도13489].

2. 형사재판에 있어서 유죄로 인정하기 위한 심증형성의 정도는 합리적인 의심을 할 여지가 없을 정도여야 하나, 이는 모든 가능한 의심을 배제할 정도에 이를 것까지 요구하는 것은 아니며, 증명력이 있는 것으로 인정되는 증거를 합리적인 근거가 없는 의심을 일으켜 이를 배척하는 것은 자유심증주의의 한계를 벗어나는 것으로 허용될 수 없다 할 것인바, 여기에서 말하는 '합리적 의심'이라 함은 모든 의문, 불신을 포함하는 것이 아니라 논리와 경험칙에 기하여 요증사실과 양립할 수 없는 사실의 개연성에 대한 합리성 있는 의문을 의미하는 것으로서, 피고인에게 유리한 정황을 사실인정과 관련하여 파악한 이성적 추론에 그 근거를 두어야 하는 것이므로 단순히 관념적인 의심이나 추상적인 가능성에 기초한 의심은 합리적 의심에 포함된다고 할 수 없다[대판 2013.6.27, 2013도4172]. [17 변호사, 17 경간부]*

3. 증거판단에 관한 전권을 가지고 있는 사실심 법관은 사실인정에 있어 공판절차에서 획득된 인식과 조사된 증거를 남김없이 고려하여야 한다[대판 2010.3.11, 2009도5858].

4. 항소심이 심리과정에서 심증의 형성에 영향을 미칠 만한 객관적 사유가 새로 드러난 것이 없는데도 제1심판단을 재평가하여 사후심적으로 판단하여 뒤집고자 할 때에는, 제1심의 증거가치 판단이 명백히 잘못되었다거나 사실인정에 이르는 논증이 논리와 경험의 법칙에 어긋나는 등 그 판단을 그대로 유지하는 것이 현저히 부당하다고 볼 만한 합리적인 사정이 있어야 하고, 그러한 예외적 사정도 없이 제1심의 사실인정에 관한 판단을 함부로 뒤집어서는 안 된다[대판 2022.5.26, 2017도11582].

5. 유전자검사나 혈액형검사 등 과학적 증거방법은 전제로 하는 사실이 모두 진실임이 증명되고 추론의 방법이 과학적으로 정당하여 오류의 가능성이 없거나 무시할 정도로 극소하다고 인정되는 경우에는 법관이 사실인정을 할 때 상당한 정도로 구속력을 가진다. 그러나 이 경우 법관은 과학적 증거방법이 증명하는 대상이 무엇인지, 즉 증거방법과 쟁점이 어떠한 관련성을 갖는지를 면밀히 살펴 신중하게 사실인정을 하여야 한다[대판 2022.6.16, 2022도2236].

4. 각종 증거의 증명력 판단

(1) 일관성 있는 진술의 증명력

판례 | 일관성 있는 증인의 증언을 함부로 배척할 수 있는지의 여부(= 원칙적 소극)

피해자를 비롯한 증인들의 진술이 대체로 일관되고 공소사실에 부합하는 경우 객관적으로 보아 도저히 신빙성이 없다고 볼 만한 별도의 신빙성 있는 자료가 없는 한 이를 함부로 배척하여서는 안 된다[대판 2012.6.28, 2012도2631].
동지판례 증인의 진술이 그 주요 부분에 있어서 일관성이 있는 경우에는 그 밖의 사소한 사항에 관한 진술에 다소 일관성이 없다는 등의 사정만으로는 그 진술의 신빙성을 함부로 부정할 것은 아니다[대판 2013.2.28, 2012도15689].

(2) 수뢰죄에 있어 "금품을 제공하였다."는 사람의 진술

판례 | 금원을 제공하였다는 사람의 진술만으로 피고인의 수뢰죄를 인정하기 위한 요건

금원수수 여부가 쟁점이 된 사건에서 금원수수자로 지목된 피고인이 수수사실을 부인하고 있고 이를 뒷받침할 금융자료 등 객관적 물증이 없는 경우 금원을 제공하였다는 사람의 진술만으로 유죄를 인정하기 위해서는 그 사람의 진술이 증거능력이 있어야 함은 물론 합리적인 의심을 배제할 만한 신빙성이 있어야 하고, 신빙성이 있는지 여부를 판단할 때에는 그 진술 내용 자체의 합리성, 객관적 상당성, 전후의 일관성뿐만 아니라 그의 인간됨, 그 진술로 얻게 되는 이해관계 유무, 특히 그에게 어떤 범죄의 혐의가 있고 그 혐의에 대하여 수사가 개시될 가능성이 있거나 수사가 진행 중인 경우에는 이를 이용한 협박이나 회유 등의 의심이 있어 그 진술의 증거능력이 부정되는 정도에까지 이르지 않는 경우에도 그로 인한 궁박한 처지에서 벗어나려는 노력이 진술에 영향을 미칠 수 있는지 여부 등도 아울러 살펴보아야 한다[대판 2016.2.18, 2015도11428].

(3) 진단서 등의 증거가치

판례 | 상해진단서의 증거가치

상해죄의 피해자가 제출하는 상해진단서는 일반적으로 의사가 당해 피해자의 진술을 토대로 상해의 원인을 파악한 후 의학적 전문지식을 동원하여 관찰·판단한 상해의 부위와 정도 등을 기재한 것으로서 거기에 기재된 상해가 곧 피고인의 범죄행위로 인하여 발생한 것이라는 사실을 직접 증명하는 증거가 되기에 부족한 것이지만, 그 상해에 대한 진단일자 및 상해진단서 작성일자가 상해 발생시점과 시간상으로 근접하고 상해진단서 발급 경위에 특별히 신빙성을 의심할 만한 사정이 없으며 거기에 기재된 상해 부위와 정도가 피해자가 주장하는 상해의 원인 내지 경위와 일치하는 경우에는, 그 무렵 피해자가 제3자로부터 폭행을 당하는 등으로 달리 상해를 입을 만한 정황이 발견되거나 의사가 허위로 진단서를 작성한 사실이 밝혀지는 등의 특별한 사정이 없는 한, 그 상해진단서는 피해자의 진술과 더불어 피고인의 상해 사실에 대한 유력한 증거가 되고, 합리적인 근거 없이 그 증명력을 함부로 배척할 수 없다[대판 2011.1.27. 2010도12728].

동지판례 상해사건의 경우 상처를 진단한 의사의 진술이나 진단서는 폭행, 상해 등의 사실자체에 대한 직접적인 증거가 되는 것은 아니고, 다른 증거에 의하여 폭행, 상해의 가해행위가 인정되는 경우에 그에 대한 상해의 부위나 정도의 점에 대한 증거가 된다 할 것이므로 의사의 진술이나 그가 작성한 진단서는 의사로서 피해자를 진찰한 결과 외력에 의하여 상처가 있었다는 소견을 나타낸 데 불과하고 그것만으로 상해의 원인이 피고인의 폭행에 의한 것이라고 단정할 수 없다[대판 1983.2.8. 82도3021].

(4) 과학적 증거방법의 증명력

판례 | 과학적 증거방법이 사실인정에서 상당한 정도의 구속력을 갖기 위한 요건

과학적 증거방법이 사실인정에 있어서 상당한 정도로 구속력을 갖기 위해서는 감정인이 전문적인 지식·기술·경험을 가지고 공인된 표준 검사기법으로 분석한 후 법원에 제출하였다는 것만으로는 부족하고, 시료의 채취·보관·분석 등 모든 과정에서 시료의 동일성이 인정되고 인위적인 조작·훼손·첨가가 없었음이 담보되어야 하며 각 단계에서 시료에 대한 정확한 인수·인계 절차를 확인할 수 있는 기록이 유지되어야 한다[대판 2018.2.8. 2017도14222].

판례 | 과학적 증거방법의 증명력

1. 유전자검사나 혈액형검사 등 과학적 증거방법은 그 전제로 하는 사실이 모두 진실임이 입증되고 그 추론의 방법이 과학적으로 정당하여 오류의 가능성이 전무하거나 무시할 정도로 극소한 것으로 인정되는 경우에는 법관이 사실인정을 함에 있어 상당한 정도로 구속력을 가지므로, 비록 사실의 인정이 사실심의 전권이라 하더라도 아무런 합리적 근거 없이 함부로 이를 배척하는 것은 자유심증주의의 한계를 벗어나는 것으로서 허용될 수 없다[대판 2007.5.10. 2007도1950].

2. 유전자검사결과 주사기에서 마약성분과 함께 피고인의 혈흔이 확인됨으로써 피고인이 필로폰을 투약한 사정이 적극적으로 증명되는 경우, 반증의 여지가 있는 소변 및 모발검사에서 마약성분이 검출되지 않았다는 소극적 사정에 관한 증거만으로 유전자검사결과를 쉽사리 뒤집을 수 없다[대판 2009.3.12. 2008도8486].

3. 호흡측정기에 의한 음주측정치와 혈액검사에 의한 음주측정치가 다른 경우에 어느 음주측정치를 신뢰할 것인지는 법관의 자유심증에 의한 증거취사선택의 문제라고 할 것이나, 혈액의 채취 또는 검사과정에서 인위적인 조작이나 관계자의 잘못이 개입되는 등 혈액채취에 의한 검사결과를 믿지 못할 특별한 사정이 없는 한, 혈액검사에 의한 음주측정치가 호흡측정기에 의한 음주측정치보다 측정 당시의 혈중알콜농도에 더 근접한 음주측정치라고 보는 것이 경험칙에 부합한다[대판 2004.2.13. 2003도6905].
[18 경찰채용, 17 변호사]*

(5) 1심판단의 번복

> **판례 | 1심판단을 번복하기 위한 요건**
>
> 1. 제1심 증인이 한 진술에 대한 항소심의 신빙성 유무 판단은 원칙적으로 증인신문조서를 포함한 기록만을 그 자료로 삼게 되므로, 진술의 신빙성 유무 판단을 할 때 가장 중요한 요소 중의 하나라 할 수 있는 제1심 진술 당시 증인의 모습이나 태도, 진술의 뉘앙스 등을 그 평가에 반영하기가 어렵다. 이러한 사정을 고려하면, 제1심판결 내용과 제1심에서 적법하게 증거조사를 거친 증거들에 비추어 제1심 증인이 한 진술의 신빙성 유무에 대한 제1심의 판단이 명백하게 잘못되었다고 볼 특별한 사정이 있거나, 제1심의 증거조사 결과와 항소심 변론종결시까지 추가로 이루어진 증거조사 결과를 종합하면 제1심 증인이 한 진술의 신빙성 유무에 대한 제1심의 판단을 그대로 유지하는 것이 현저히 부당하다고 인정되는 예외적인 경우가 아니라면, 항소심으로서는 제1심 증인이 한 진술의 신빙성 유무에 대한 제1심의 판단이 항소심의 판단과 다르다는 이유만으로 이에 대한 제1심의 판단을 함부로 뒤집어서는 아니 된다. 특히 공소사실을 뒷받침하는 증거의 경우에는, 증인신문 절차를 진행하면서 진술에 임하는 증인의 모습과 태도를 직접 관찰한 제1심이 증인의 진술에 대하여 그 신빙성을 인정할 수 없다고 판단하였음에도 불구하고, 항소심이 이를 뒤집어 그 진술의 신빙성을 인정할 수 있다고 판단할 수 있으려면, 진술의 신빙성을 배척한 제1심의 판단을 수긍할 수 없는 충분하고도 납득할 만한 현저한 사정이 나타나는 경우이어야 한다 [대판 2006.11.24, 2006도4994; 동지 대판 2019.7.24, 2018도17748].
>
> 2. 항소심이 제1심 증인 등을 다시 신문하는 등의 추가 증거조사를 거쳐 그 신빙성을 심사하여 본 결과 제1심이 들고 있는 의심과 일부 어긋날 수 있는 사실의 개연성이 드러남으로써 제1심의 판단에 의문이 생긴다 하더라도, 제1심이 제기한 의심이 금품 제공과 양립할 수 없거나 그 진술의 신빙성 인정에 장애가 되는 사실의 개연성에 대한 합리성 있는 근거에 기초하고 있고 제1심의 증거조사 결과와 항소심의 추가 증거조사 결과에 의하여도 제1심이 일으킨 이러한 합리적인 의심을 충분히 해소할 수 있을 정도에까지 이르지 아니한다면, 그와 같은 일부 반대되는 사실에 관한 개연성 또는 의문만으로 그 진술의 신빙성 및 범죄의 증명이 부족하다는 제1심의 판단에 사실오인의 위법이 있다고 단정하여 공소사실을 유죄로 인정하여서는 아니 된다 [대판 2016.6.23, 2016도2889].

> **판례 | 제1심이 채용한 증거에 대하여, 항소심이 그 신빙성에 의문을 가질 경우 취해야 할 조치**
>
> 형사재판에서 항소심은 사후심 겸 속심의 구조이므로, 제1심이 채용한 증거에 대하여 그 신빙성에 의문은 가지만 그렇다고 직접 증거조사를 한 제1심의 자유심증이 명백히 잘못되었다고 볼 만한 합리적인 사유도 나타나 있지 아니한 경우에는, 비록 동일한 증거라고 하더라도 다시 한번 증거조사를 하여 항소심이 느끼고 있는 의문점이 과연 그 증거의 신빙성을 부정할 정도의 것인지 알아보거나, 그 증거의 신빙성에 대하여 입증의 필요성을 느끼지 못하고 있는 검사에 대하여 항소심이 가지고 있는 의문점에 관하여 입증을 촉구하는 등의 방법으로 그 증거의 신빙성에 대하여 더 심리하여 본 후 그 채부를 판단하여야 하고, 그 증거의 신빙성에 의문이 간다는 사유만으로 더 이상 아무런 심리를 함이 없이 그 증거를 곧바로 배척하여서는 아니 된다 [대판 1996.12.6, 96도2461].

(6) 확정판결에서 인정된 사실의 증명력

> **판례 | 다른 형사사건의 확정판결에서 인정된 사실의 증명력**
>
> 형사재판에 있어서 이와 관련된 다른 형사사건의 확정판결에서 인정된 사실은 특별한 사정이 없는 한 유력한 증거자료가 되는 것이나, 당해 형사재판에서 제출된 다른 증거 내용에 비추어 관련 형사사건의 확정판결에서의 사실판단을 그대로 채택하기 어렵다고 인정될 경우에는 이를 배척할 수 있다 [대판 2014.3.27, 2014도1200]. [20 경간부, 17 변호사]*
>
> **동지판례** 형사재판에 있어서 관련된 민사사건의 판결에서 인정된 사실은 공소사실에 대하여 유력한 인정자료가 된다고 할지라도 반드시 그 민사판결의 확정사실에 구속을 받는 것은 아니고, 형사법원은 증거에 의하여 민사판결에서 확정된 사실과 다른 사실을 인정할 수 있다 [대판 2011.11.24, 2009도980].

(7) 범인식별 절차

> **판례 | 범인식별 절차의 방식**
>
> 1. 범인식별 절차에 있어 목격자의 진술의 신빙성을 높게 평가할 수 있게 하려면, 범인의 인상착의 등에 관한 목격자의 진술 내지 묘사를 사전에 상세히 기록화한 다음, 용의자를 포함하여 그와 인상착의가 비슷한 여러 사람을 동시에 목격자와 대면시켜 범인을 지목하도록 하여야 하고, 용의자와 목격자 및 비교대상자들이 상호 사전에 접촉하지 못하도록 하여야 하며, 사후에 증거가치를 평가할 수 있도록 대질 과정과 결과를 문자와 사진 등으로 서면화하는 등의 조치를 취하여야 하고, 사진제시에 의한 범인식별 절차에 있어서도 기본적으로 이러한 원칙에 따라야 한다. 그리고 이러한 원칙은 동영상제시·가두식별 등에 의한 범인식별 절차와 사진제시에 의한 범인식별 절차에서 목격자가 용의자를 범인으로 지목한 후에 이루어지는 동영상제시·가두식별·대면 등에 의한 범인식별 절차에도 적용되어야 한다.
> [2] 강간 피해자가 수사기관이 제시한 47명의 사진 속에서 피고인을 범인으로 지목하자 이어진 범인식별 절차에서 수사기관이 피해자에게 피고인 한 사람만을 촬영한 동영상을 보여주거나 피고인 한 사람만을 직접 보여주어 피해자로부터 범인이 맞다는 진술을 받고, 다시 피고인을 포함한 3명을 동시에 피해자에게 대면시켜 피고인이 범인이라는 확인을 받은 경우 신빙성이 낮다[대판 2008.1.17. 2007도5201]. [17 경간부]*
>
> 2. 용의자의 인상착의 등에 의한 범인식별 절차에서 용의자 한 사람을 단독으로 목격자와 대질시키거나 용의자의 사진 한 장만을 목격자에게 제시하여 범인 여부를 확인하게 하는 것은 사람의 기억력의 한계 및 부정확성과 구체적인 상황하에서 용의자나 그 사진상의 인물이 범인으로 의심받고 있다는 무의식적 암시를 목격자에게 줄 수 있는 가능성으로 인하여, 그러한 방식에 의한 범인식별 절차에서의 목격자의 진술은, 그 용의자가 종전에 피해자와 안면이 있는 사람이라든가 피해자의 진술 외에도 그 용의자를 범인으로 의심할 만한 다른 정황이 존재한다든가 하는 등의 부가적인 사정이 없는 한 그 신빙성이 낮다[대판 2008.1.17. 2007도5201]. [17 경간부]*
>
> 3. [1] 범죄 발생 직후 목격자의 기억이 생생하게 살아있는 상황에서 현장이나 그 부근에서 범인식별 절차를 실시하는 경우에는, 목격자에 의한 생생하고 정확한 식별의 가능성이 열려 있고 범죄의 신속한 해결을 위한 즉각적인 대면의 필요성도 인정할 수 있으므로, 용의자와 목격자의 일대일 대면도 허용된다. [17 경간부]*
> [2] 피해자가 경찰관과 함께 범행 현장에서 범인을 추적하다 골목길에서 범인을 놓친 직후 골목길에 면한 집을 탐문하여 용의자를 확정한 경우, 그 현장에서 용의자와 피해자의 일대일 대면이 허용된다[대판 2009.6.11. 2008도12111].
> **[사실관계]** 피고인이 피해자를 강제로 추행하고 도주하자 피해자가 범인을 뒤쫓아 가다가 때마침 순찰활동 중이던 경찰차에 탑승하여 범인을 추적하게 되었고, 이후 경찰관들이 피고인이 숨어 들어간 것으로 추측되는 주택 2층의 피고인 방에 피해자를 데려와 피고인과 대면을 시킨 다음 범인이 맞는지 물어보아 맞다는 대답을 들은 경우이다.

(8) 성폭행 사건에서 피해자의 진술

> **판례 | 성폭행 사건에서 피해자 진술의 증명력 판단**
>
> 1. 성폭행이나 성희롱 사건의 피해자가 피해사실을 알리고 문제를 삼는 과정에서 오히려 피해자가 부정적인 여론이나 불이익한 처우 및 신분 노출의 피해 등을 입기도 하여 온 점 등에 비추어 보면, 성폭행 피해자의 대처 양상은 피해자의 성정이나 가해자와의 관계 및 구체적인 상황에 따라 다르게 나타날 수밖에 없다. 따라서 개별적, 구체적인 사건에서 성폭행 등의 피해자가 처하여 있는 특별한 사정을 충분히 고려하지 않은 채 피해자 진술의 증명력을 가볍게 배척하는 것은 정의와 형평의 이념에 입각하여 논리와 경험의 법칙에 따른 증거판단이라고 볼 수 없다.
> 위와 같은 법리는, 피해자임을 주장하는 자가 성폭행 등의 피해를 입었다고 신고한 사실에 대하여 증거불충분 등을 이유로 불기소처분되거나 무죄판결이 선고된 경우 반대로 이러한 신고내용이 객관적 사실에 반하여 무고죄가 성립하는지 여부를 판단할 때에도 마찬가지로 고려되어야 한다. 따라서 성폭행 등의 피해를 입었다는 신고사실에 관하여 불기소처분 내지 무죄판결이 내려졌다고 하여, 그 자체를 무고를 하였다는 적극적인 근거로 삼아 신고내용을 허위라고 단정하여서는 아니 된다. 또한 개별적, 구체적인 사건에서 피해자임을 주장하는 자가 처하였던 특별한 사정을 충분히 고려하지 아니한 채 진정한 피해자라면 마땅히 이렇게 하였을 것이라는 기준을 내세워 성폭행 등의 피해를 입었다는 점 및 신고에 이르게 된 경위 등에 관한 변소를 쉽게 배척하여서는 아니 된다[대판 2019.7.11. 2018도2614].

2. 피해자가 피고인으로부터 강간을 당한 후 다음 날 혼자서 다시 피고인의 집을 찾아간 것이 일반적인 평균인의 경험칙이나 통념에 비추어 범죄 피해자로서는 취하지 않았을 특이하고 이례적인 행태로 보인다고 하더라도, 그로 인하여 곧바로 피해자의 진술에 신빙성이 없다고 단정할 수는 없다. 범죄를 경험한 후 피해자가 보이는 반응과 피해자가 선택하는 대응방법은 천차만별인바, 강간을 당한 피해자가 반드시 가해자나 가해현장을 무서워하며 피하는 것이 마땅하다고는 볼 수 없고, 경우에 따라서는 가해자를 별로 무서워하지 않거나 피하지 않고 나아가 가해자를 먼저 찾아가는 것도 불가능하다고 볼 수는 없다. 피해자와 피고인의 나이 차이, 범행 이전의 우호적인 관계 등에 비추어 보면, 피해자로서는 사귀는 사이인 것으로 알았던 피고인이 자신을 상대로 느닷없이 강간 범행을 한 것에 대해서 의구심을 가지고 그 해명을 듣고 싶어 하는 마음을 가졌던 것으로 보이고, 피해자의 그러한 심리가 성폭력을 당한 여성으로서는 전혀 보일 수 없을 정도로 이례적이고 납득 불가능한 것이라고 할 수는 없다. 따라서 피해자가 2018.1.26.자 강간을 당한 후 그 다음 날 스스로 피고인의 집에 찾아갔다고 하더라도, 그러한 피해자의 행위가 피해자 진술의 신빙성을 배척할 사정이 되지는 못한다는 것이다[대판 2020.9.7. 2020도8016].

3. '성추행 피해자가 추행 즉시 행위자에게 항의하지 않은 사정'이나 '피해 신고시 성폭력이 아닌 다른 피해사실을 먼저 진술한 사정'만으로 곧바로 피해자 진술의 신빙성을 부정할 것이 아니고, 가해자와의 관계와 피해자의 구체적 상황을 모두 살펴 판단하여야 한다[대판 2020.9.24. 2020도7869].

4. 범행 후 피해자의 태도 중 '마땅히 그러한 반응을 보여야만 하는 피해자'로 보이지 않는 사정이 존재한다는 이유만으로 피해자 진술의 신빙성을 함부로 배척할 수 없다[대판 2020.10.29. 2019도4047].

판례 | 친족간의 성폭행 사건에서 미성년자인 피해자 진술의 증명력 판단

1. 미성년자인 피해자가 자신을 보호·감독하는 지위에 있는 친족으로부터 강간이나 강제추행 등 성범죄를 당하였다고 진술하는 경우에 그 진술의 신빙성을 판단함에 있어서, 피해자가 자신의 진술 이외에는 달리 물적 증거 또는 직접 목격자가 없음을 알면서도 보호자의 형사처벌을 무릅쓰고 스스로 수치스러운 피해 사실을 밝히고 있고, 허위로 그와 같은 진술을 할 만한 동기나 이유가 분명하게 드러나지 않을 뿐만 아니라, 진술 내용이 사실적·구체적이고, 주요 부분이 일관되며, 경험칙에 비추어 비합리적이거나 진술 자체로 모순되는 부분이 없다면, 그 진술의 신빙성을 함부로 배척해서는 안 된다. 특히 친족관계에 의한 성범죄를 당하였다는 미성년자 피해자의 진술은 피고인에 대한 이중적인 감정, 가족들의 계속되는 회유와 압박 등으로 인하여 번복되거나 불분명해질 수 있는 특수성을 갖고 있으므로, 피해자가 법정에서 수사기관에서의 진술을 번복하는 경우, 수사기관에서 한 진술 내용 자체의 신빙성 인정 여부와 함께 법정에서 진술을 번복하게 된 동기나 이유, 경위 등을 충분히 심리하여 어느 진술에 신빙성이 있는지를 신중하게 판단하여야 한다[대판 2020.5.14. 2020도2433].

2. 피고인의 친딸로 가족관계에 있던 피해자가 '마땅히 그러한 반응을 보여야만 하는 피해자'로 보이지 않는다는 이유만으로 피해자 진술의 신빙성을 함부로 배척할 수 없다. 그리고 친족관계에 의한 성범죄를 당하였다는 피해자의 진술은 피고인에 대한 이중적인 감정, 가족들의 계속되는 회유와 압박 등으로 인하여 번복되거나 불분명해질 수 있는 특수성이 있다는 점을 고려해야 한다[대판 2020.8.20. 2020도6965].

5. 자유심증주의의 예외

(1) 자백의 보강법칙

피고인의 자백이 그 피고인에게 불이익한 유일의 증거일 때에는 이를 유죄의 증거로 하지 못한다(제310조). 즉, 피고인의 자백에 의하여 법관이 유죄의 심증은 얻었다 하더라도 이에 대한 보강증거가 없으면 법관의 심증에 반하더라도 무죄판결을 선고할 수밖에 없다는 점에서 이는 자유심증주의의 예외에 해당한다.

(2) 공판조서의 증명력

공판기일의 소송절차로서 공판조서에 기재된 것은 그 조서만으로써 증명한다(제56조). 따라서 공판기일의 소송절차에 관한 사항은 법관의 심증 여하를 불문하고 공판조서에 기재된 내용대로 인정해야 하므로 이는 자유심증주의의 예외에 해당한다.

(3) 진술거부권의 행사

피고인이 진술거부권을 행사하여 진술을 거부한다고 하더라도 법관은 이를 근거로 그 피고인에게 불리하게 심증을 형성해서는 안 된다. 만약 진술거부권 행사를 이유로 유죄판결을 선고하거나 이를 피고인에게 불리한 간접증거로 사용한다면, 진술거부권을 인정한 취지가 몰각되기 때문이다. 이러한 의미에서 진술거부권의 행사는 자유심증주의의 예외에 해당한다.

제2절 탄핵증거

1. 의의

(1) 개념

탄핵증거란 진술의 증명력을 다투기 위하여 사용되는 증거를 말한다.

(2) 탄핵증거와 자유심증주의

탄핵증거에 의하여 탄핵되는 증거의 증명력은 여전히 법관의 자유판단에 의해 결정되며, 법관은 탄핵과정을 통하여 증거의 증명력을 신중히 판단하게 되므로 탄핵증거는 자유심증주의를 보강하는 의미를 가진다.

2. 탄핵증거의 자격

(1) 임의성 없는 자백

자백배제법칙에 의하여 증거능력이 부정되는 임의성 없는 자백은 탄핵증거로 사용될 수 없다. 임의성 없는 자백의 증거능력 부정은 절대적이기 때문이다.

(2) 위법수집증거

위법수집증거를 탄핵증거로 사용하는 것을 허용하면 사실상 증거배제의 효과를 회피하는 결과를 초래하므로 탄핵증거로 사용하는 것은 허용되지 않는다.

(3) 전문증거

탄핵증거는 범죄사실을 인정하는 증거가 아니라 진술의 증명력을 다투기 위한 것이므로 증거능력 없는 전문증거도 증거로 할 수 있다(제318조의2 제1항). 즉, 탄핵증거는 전문법칙이 적용되지 않는다. [22 경찰채용]*

> **판례 | 탄핵증거도 엄격한 증거능력을 요하는지의 여부(소극)**
>
> 탄핵증거는 범죄사실을 인정하는 증거가 아니므로 그것이 증거서류이든 진술이든간에 유죄증거에 관한 소송법상의 엄격한 증거능력을 요하지 아니한다[대판 1985.5.14. 85도441]. [20 국가9급, 18 변호사, 18 경찰채용, 16 법원9급, 16 경찰채용]*

> **판례 | 탄핵증거의 자격(= 증거능력이 없는 전문증거도 탄핵증거로 사용 가능)**
>
> 1. 사법경찰리 작성의 피고인에 대한 피의자신문조서와 피고인이 작성한 자술서들은 모두 검사가 유죄의 자료로 제출한 증거들로서 피고인이 각 그 내용을 부인하는 이상 증거능력이 없으나, 그러한 증거라 하더라도 피고인의 법정에서의 진술을 탄핵하기 위한 반대증거로 사용할 수 있다[대판 1998.2.27. 97도1770].
> 2. 유죄의 자료가 되는 것으로 제출된 증거의 반대증거 서류에 대하여는 그것이 유죄사실을 인정하는 증거가 되는 것이 아닌 이상 그 진정성립이 증명되지 아니하거나 이를 증거로 함에 있어서의 상대방의 동의가 없다고 하더라도 증거판단의 자료로 할 수 있다[대판 1981.12.22. 80도1547]. [19 국가9급, 18 경간부, 17 경찰승진, 16 경간부]*
>
> **동지판례** 검사가 지적하는 증거들은 유죄의 자료로 제출한 증거들로서 그 진정성립이 인정되지 아니하고 이를 증거로 함에 상대방의 동의가 없었기는 하나, 그러한 증거라고 하더라도 유죄사실을 인정하는 증거로 사용하는 것이 아닌 이상 공소사실과 양립할 수 없는 사실을 인정하는 자료로 쓸 수 있다[대판 1994.11.11. 94도1159].
>
> **기출지문**
> 1. 사법경찰관 작성의 피고인에 대한 피의자신문조서는 피고인이 그 내용을 부인하는 경우, 그것이 임의로 작성된 것이 인정되더라도 피고인의 법정진술을 탄핵하기 위한 반대증거로 사용할 수 없다. (×)
> 2. 탄핵증거에 대하여는 그 진정성립이 증명되지 않더라도 무방하다. (○)

(4) 영상녹화물의 탄핵증거 사용 제한

1) 기억환기용으로 사용 가능

영상녹화물은 탄핵증거로 사용할 수 없다. 다만, 영상녹화물은 피고인 또는 피고인이 아닌 자가 진술함에 있어서 '기억이 명백하지 아니한 사항에 관하여 기억을 환기시켜야 할 필요가 있다고 인정되는 때에 한하여' 피고인 또는 피고인이 아닌 자에게 재생하여 시청하게 할 수 있다(제318조의2 제2항). [20 경찰승진, 18 경간부, 18 경찰채용, 17 경찰승진]* 영상녹화물의 재생은 검사의 신청이 있는 경우에 한하고, 기억의 환기가 필요한 피고인 또는 피고인 아닌 자에게만 이를 재생하여 시청하게 하여야 한다(규칙 제134조의5 제1항).

> **판례 | 수사기관이 참고인을 조사하는 과정에서 작성한 영상녹화물을 공소사실을 입증하는 본증으로 사용할 수 있는지의 여부(소극)**
>
> [1] 2007.6.1. 법률 제8496호로 개정되기 전의 형사소송법에는 없던 수사기관에 의한 피의자 아닌 자(이하 '참고인'이라 한다) 진술의 영상녹화를 새로 정하면서 그 용도를 참고인에 대한 진술조서의 실질적 진정성립을 증명하거나 참고인의 기억을 환기시키기 위한 것으로 한정하고 있는 현행 형사소송법의 규정 내용을 영상물에 수록된 성범죄 피해자의 진술에 대하여 독립적인 증거능력을 인정하고 있는 성폭력범죄의 처벌 등에 관한 특례법 제30조 제6항 또는 아동·청소년의 성보호에 관한 법률 제26조 제6항의 규정과 대비하여 보면, 수사기관이 참고인을 조사하는 과정에서 형사소송법 제221조 제1항에 따라 작성한 영상녹화물은, 다른 법률에서 달리 규정하고 있는 등의 특별한 사정이 없는 한, 공소사실을 직접 증명할 수 있는 독립적인 증거로 사용될 수는 없다고 해석함이 타당하다.
> [2] 피고인의 동의가 없는 이상 참고인에 대한 진술조서의 작성이 없는 상태에서 수사기관이 그의 진술을 영상녹화한 영상녹화물만을 독자적인 증거로 쓸 수 없고 그 녹취록 또한 증거로 사용할 수 없는 위 영상녹화물의 내용을 그대로 녹취한 것이므로 역시 증거로 사용할 수 없다[대판 2014.7.10. 2012도5041]. [22 경간부]*

2) 영상녹화물의 탄핵증거 사용 제한의 취지

영상녹화물을 탄핵증거로 사용할 수 없는 이유는 수사기관에서 만들어진 영상녹화물이 무분별하게 법정에 제출되고 또한 탄핵증거 등으로 사용된다면 공판중심주의는 퇴색하고 영상녹화물에 의한 재판(이른바 극장재판)이 이루어지는 폐단이 생기기 때문이다.

3. 탄핵증거의 사용범위(입증취지와의 관계)

> **판례 | 탄핵증거를 범죄사실 또는 간접사실을 인정하기 위한 증거로 사용할 수 있는지의 여부(소극)**
>
> 1. 탄핵증거는 진술의 증명력을 감쇄하기 위하여 인정되는 것이고 범죄사실 또는 그 간접사실의 인정의 증거로서는 허용되지 않는다[대판 2012.10.25, 2011도5459]. [20 경찰채용, 20 국가9급, 19 경찰승진, 18 경간부, 18 경찰채용, 17 변호사, 17 국가9급, 16 국가7급]*
> 2. 검사가 탄핵증거로 신청한 체포·구속인접견부 사본은 피고인의 부인진술을 탄핵한다는 것이므로 결국 검사에게 입증책임이 있는 공소사실 자체를 입증하기 위한 것에 불과하므로 피고인의 진술의 증명력을 다투기 위한 탄핵증거로 볼 수 없다. 따라서 원심이 그 증거신청을 기각한 것은 정당하다[대판 2012.10.25, 2011도5459]. [20 경찰채용, 19 경찰승진, 16 법원9급]*

4. 탄핵의 대상과 범위

(1) 탄핵의 대상

탄핵의 대상은 공판준비 또는 공판기일에서의 피고인 또는 피고인이 아닌 자(공소제기 전에 피고인을 피의자로 조사하였거나 그 조사에 참여하였던 자도 포함)의 진술의 증명력이다. 피고인 아닌 자, 예컨대 증인의 증언은 물론 피고인의 법정진술도 탄핵의 대상이 되고 또한 자기측 증인의 증언도 탄핵의 대상이 된다.

> **판례 | 피고인의 법정진술이 탄핵의 대상이 되는지 여부(적극)**
>
> 사법경찰리 작성의 피고인에 대한 피의자신문조서와 피고인이 작성한 자술서들은 모두 검사가 유죄의 자료로 제출한 증거들로서 피고인이 각 그 내용을 부인하는 이상 증거능력이 없으나, 그러한 증거라 하더라도 '피고인의 법정에서의 진술을 탄핵'하기 위한 반대증거로 사용할 수 있다[대판 1998.2.27, 97도1770]. [20 경찰채용, 20 국가9급, 18 변호사, 17 변호사, 16 국가7급, 16 경찰채용]*

(2) 탄핵의 범위

형사소송법 제318조의2에 의하여 탄핵증거는 진술의 증명력을 다투기 위한 경우에만 허용된다. 따라서 처음부터 증명력을 지지하거나 보강하는 것은 허용되지 아니한다. 다만, 일단 감쇄된 증명력을 회복하는 경우도 '증명력을 다투기 위한' 것이므로 허용된다(다수설).

5. 탄핵증거의 증거조사방법

(1) 탄핵증거의 제출시기

탄핵증거는 성질상 그것에 의하여 증명력이 다투어질 진술이 행하여진 후가 아니면 이를 제출할 수 없다. 따라서 증인의 경우에는 원칙적으로 그 신문이 종료한 후에 탄핵증거를 제출하여야 한다.

(2) 제출방법과 증거조사방법 및 장소

> **판례 | 탄핵증거의 증거조사 방법**
>
> 1. **(제출방법)** 탄핵증거의 제출에 있어서도 상대방에게 이에 대한 공격방어의 수단을 강구할 기회를 사전에 부여하여야 한다는 점에서 그 증거와 증명하고자 하는 사실과의 관계 및 입증취지 등을 미리 구체적으로 명시하여야 할 것이므로, 증명력을 다투고자 하는 (탄핵)증거의 어느 부분에 의하여 진술의 어느 부분을 다투려고 한다는 것을 사전에 상대방에게 알려야 한다[대판 2005.8.19, 2005도2617]. [20 경찰채용, 20 국가7급, 20 국가9급, 19 경찰승진, 18 변호사, 18 경간부, 18 경찰채용, 17 변호사, 17 국가9급, 16 경찰채용]*

비교판례 피고인이 내용을 부인하여 증거능력이 없는 사법경찰리 작성의 피의자신문조서에 대하여 비록 당초 증거제출 당시 탄핵증거라는 입증취지를 명시하지 아니하였지만 피고인의 법정 진술에 대한 탄핵증거로서의 증거조사절차가 대부분 이루어졌다고 볼 수 있는 점 등의 사정에 비추어 위 피의자신문조서를 피고인의 법정 진술에 대한 탄핵증거로 사용할 수 있다[대판 2005.8.19, 2005도2617]. [23 변호사, 18 변호사, 18 경간부]*

2. **(증거조사 방법과 장소)** 탄핵증거는 범죄사실을 인정하는 증거가 아니므로 엄격한 증거조사를 거쳐야 할 필요가 없으나, 법정에서 이에 대한 탄핵증거로서의 증거조사는 필요하다[대판 2005.8.19, 2005도2617]. [19 경찰승진, 18 경간부, 18 경찰채용, 17 변호사, 16 경찰채용]*

제3절 자백의 보강법칙

1. 의의

(1) 개념

자백의 보강법칙이란 피고인이 임의로 한 자백이 증거능력이 있고 신빙성이 있어서 법관이 유죄의 심증을 얻었다 하더라도 그에 대한 보강증거가 없으면, 유죄판결을 선고할 수 없다는 증거법칙을 말한다. 헌법과 형사소송법도 "피고인의 자백이 그 피고인에게 불이익한 유일의 증거인 때에는 이를 유죄의 증거로 하지 못한다."고 규정하고 있다(헌법 제12조 제7항, 형사소송법 제310조).

(2) 자유심증주의의 예외

법관이 피고인의 자백에 의하여 유죄의 심증을 얻어다 하더라도 보강증거가 없으면 법관의 심증에 반하여 유죄판결을 선고할 수 없다는 점에는 이는 자유심증주의에 대한 예외에 해당한다.

(3) 자백의 보강법칙의 취지

수사기관의 고문 등 강압수사에 의한 자백편중수사를 억제하여 피고인의 인권을 보장하고 허위자백으로 인한 오판을 방지하는 데 그 취지가 있다.

(4) 자백의 보강법칙이 적용되는 절차

1) **적용되는 절차**

자백의 보강법칙은 일반 형사소송절차에서 적용된다. 형사사건인 이상 통상의 공판절차는 물론 간이공판절차 또는 약식명령절차에서도 적용된다. [18 경찰승진]*

2) **적용되지 않는 절차**

즉결심판에 관한 절차법이 적용되는 즉결심판과 소년법의 적용을 받는 소년보호사건에서는 자백의 보강법칙이 적용되지 않으므로 이들 절차에서는 피고인의 자백만으로 유죄를 인정할 수 있다(즉결심판법 제10조). [19 국가7급, 18 경찰승진, 18 국가9급, 17 법원9급]*

> **판례 | 소년보호사건에 있어서 자백만으로 유죄를 인정할 수 있는지의 여부(적극)**
>
> 소년보호사건에 있어서는 비행사실의 일부에 관하여 자백 이외의 다른 증거가 없다 하더라도 법령적용의 착오나 소송절차의 법령위반이 있다고 할 수 없다[대결 1982.10.15, 82므36]. [18 국가9급, 17 법원9급]*

2. 보강이 필요한 자백

(1) 피고인의 자백

① 보강증거를 요하는 것은 피고인의 자백이다. 따라서 증인의 증언이나 참고인의 진술은 보강증거를 필요로 하지 않는다.

② **자백 당시 피고인의 지위 불문**: 피고인의 자백은 반드시 피고인의 지위에서 한 것에 한하지 않는다. 따라서 참고인, 피의자, 증인의 지위에서 한 자백도 그가 후에 피고인이 되었을 때에는 피고인의 자백이 된다.

③ **자백의 상대방과 방법 불문**: 수사기관과 법관에 대한 자백 이외에 사인에 대하여 한 자백도 포함되며, 구두에 의한 자백뿐만 아니라 일기장·수첩·비망록에 기재된 자백도 피고인의 자백에 포함된다.

④ **공판정의 자백도 포함**: 공판정의 자백이라 하여 언제나 진실이라고는 할 수는 없으므로 피고인의 자백에는 공판정의 자백도 포함된다. [17 법원9급]*

> **판례 | 피고인이 범죄사실을 자백한 경우라고 볼 수 없는 경우**
>
> 피고인이 제출한 항소이유서에 '피고인은 돈이 급해 지어서는 안 될 죄를 지었습니다', '진심으로 뉘우치고 있습니다'라고 기재되어 있고 피고인은 항소심 제2회 공판기일에 위 항소이유서를 진술하였으나, 곧 이어서 있는 검사와 재판장 및 변호인의 각 심문에 대하여 피고인은 범죄사실을 부인하였고, 수사단계에서도 일관되게 부인하여 온 점에 비추어 볼 때, 위와 같이 추상적인 항소이유서의 기재만을 가지고 범죄사실을 자백한 것으로 볼 수 없다[대판 1999.11.12. 99도3341].

(2) 공범자의 자백과 보강증거의 요부

> **판례 | 공범자의 자백이 보강증거가 필요한 '피고인의 자백'에 포함되는지 여부(포함되지 않음)**
>
> 형사소송법 제310조의 '피고인의 자백'에는 공범인 공동피고인의 진술이 포함되지 아니하므로 공범인 공동피고인의 진술은 다른 공동피고인에 대한 범죄사실을 인정하는 데 있어서 증거로 쓸 수 있고 그에 대한 보강증거의 여부는 법관의 자유심증에 맡긴다[대판 1985.3.9. 85도951]. [22 경간부, 20 변호사, 19 변호사, 18 경찰채용, 18 국가7급, 17 경간부, 16 변호사, 16 국가9급, 16 경찰채용]*

> **판례 | 공범인 공동피고인의 자백이 독립한 증거능력이 있는지 여부(적극)**
>
> <u>공동피고인의 자백</u>은 이에 대한 피고인의 반대신문권이 보장되어 있어 증인으로 신문한 경우와 다를 바 없으므로 <u>독립한 증거능력이 있고, 이는 피고인들간에 이해관계가 상반된다고 하여도 마찬가지라 할 것이다</u>[대판 2006.5.11. 2006도1944]. [23 변호사, 23 경간부, 20 변호사, 20 경찰승진, 19 국가9급, 19 변호사, 18 경찰채용, 17 변호사, 17 경간부, 17 법원9급, 17 국가7급]*

3. 보강증거의 자격

(1) 증거능력 있는 증거

보강증거도 증거능력 있는 증거일 것을 요한다. 따라서 자백배제법칙이나 위법수집증거배제법칙에 의하여 증거능력이 없는 증거는 보강증거가 될 수 없으며, 전문증거도 전문법칙의 예외요건을 갖추어 증거능력이 인정되는 경우를 제외하고는 보강증거로 사용될 수 없다.

(2) 독립증거

보강증거는 자백과는 실질적으로 독립된 별개의 증거이어야 한다. 따라서 피고인의 자백이 기재된 서면, 피고인의 자백이 담긴 일기장과 메모, 피고인이 범행장면을 재현한 것(실질은 동일한 피고인의 자백에 해당)은 보강증거가 될 수 없다.

판례 | 수개의 피고인의 자백만으로 유죄의 판결을 할 수 있는지 여부(소극)

1. 피고인의 자백이 그에게 불리한 유일한 증거인 때에는 그 자백이 공판정에서의 자백이든 피의자로서의 조사관에 대한 진술이든 그 자백의 증거능력이 제한되어 있고 그 어느 것이나 독립하여 유죄의 증거가 될 수 없으므로 위 자백을 아무리 합쳐 보더라도 그것만으로는 유죄의 판결을 할 수 없다[대판(전) 1966.7.26. 66도634].
2. 피고인의 법정에서의 진술과 피고인에 대한 검찰 피의자신문조서의 진술기재들은 피고인의 법정 및 검찰에서의 자백으로서 형사소송법 제310조에서 규정하는 자백의 개념에 포함되어 그 자백만으로는 유죄의 증거로 삼을 수 없다[대판 2008.2.14. 2007도10937].
[23 경간부, 16 변호사]*

판례 | 피고인의 자백에 대한 보강증거가 될 수 없는 경우

1. (피고인의 다른 자백) 피고인의 공판정에서의 자백을 공판정 외의 자백, 즉 수사기관에서의 자백에 의하여 보강하는 것은 허용되지 않는다[대판 1974.1.15. 73도1819].
2. (피고인의 자백을 내용으로 하는 제3자의 진술) 피고인이 범행을 자인하는 것을 들었다는 피고인 아닌 자의 진술내용은 형사소송법 제310조의 피고인의 자백에는 포함되지 아니하나 이는 피고인의 자백의 보강증거로 될 수 없다[대판 1981.7.7. 81도1314].
[23 변호사, 22 경간부, 20 경찰승진, 20 국가7급, 19 경찰승진, 19 국가7급, 18 경찰승진, 18 경찰채용, 18 국가9급, 17 변호사, 17 법원9급, 16 국가7급, 16 경찰채용]*
기출지문 "乙에게 200만원을 뇌물로 주었다."라는 甲의 진술이 유일한 증거인 경우, "甲으로부터 그런 얘기를 들었다."라는 A의 법정증언을 보강증거로 하여 甲의 뇌물공여를 유죄로 인정할 수 있다. (×)

판례 | 피고인이 업무수행상 자금을 지출하면서 기계적으로 기입한 수첩의 내용이 증뢰사실에 대한 피고인의 자백에 대한 보강증거 자격유무(= 보강증거로 사용 가능)

피고인이 뇌물공여 혐의를 받기 전에 이와는 관계없이 준설공사에 필요한 각종 인·허가 등의 업무를 위임받아 이를 추진하는 과정에서 그 업무수행에 필요한 자금을 지출하면서, 스스로 그 지출한 자금내역을 자료로 남겨두기 위하여 뇌물자금과 기타 자금을 구별하지 아니하고 그 지출 일시, 금액, 상대방 등 내역을 그때그때 계속적, 기계적으로 기입한 수첩의 기재내용은 피고인이 자신의 범죄사실을 시인하는 자백이라고 볼 수 없으므로 증거능력이 있는 한 피고인의 금전출납을 증명할 수 있는 별개의 증거라고 할 것인즉 피고인의 검찰에서의 자백에 대한 보강증거가 될 수 있다[대판(전) 1996.10.17. 94도2865]. [19 변호사, 18 경간부, 18 경찰채용, 17 경찰승진, 16 국가9급, 16 경찰승진]*

판례 | 독립된 증거로서 자백의 보강증거가 될 수 있는 경우(압수조서 중 피고인이 범행을 저지르는 현장을 직접 목격한 사경의 진술이 담긴 '압수경위'란에 기재된 내용)

체포 당시 임의제출 방식으로 압수된 피고인 소유 휴대전화기에 대한 압수조서 중 '압수경위'란에 기재된 내용 – '경찰관이 지하철범죄 예방·검거를 위한 비노출 잠복근무 중 20대가량 남성이 짧은 치마를 입고 에스컬레이터를 올라가는 여성에게 밀착하여 치마 속으로 휴대폰을 집어넣는 등 해당 여성의 신체를 몰래 촬영하는 행동을 하였다'는 내용이 포함되어 있고 그 하단에 피고인의 범행을 직접 목격하면서 위 압수조서를 작성한 사법경찰관 및 사법경찰리의 각 기명날인이 들어가 있음 – 은 피고인이 범행을 저지르는 현장을 직접 목격한 사람의 진술이 담긴 것으로서 형사소송법 제312조 제5항에서 정한 '피고인이 아닌 자가 수사과정에서 작성한 진술서'에 준하는 것으로 볼 수 있고, 이에 따라 휴대전화기에 대한 임의제출절차가 적법하였는지에 영향을 받지 않는 별개의 독립적인 증거에 해당, 피고인이 증거로 함에 동의한 이상 유죄를 인정하기 위한 증거로 사용할 수 있을 뿐 아니라 피고인의 자백을 보강하는 증거가 된다고 볼 여지가 많다[대판 2019.11.14. 2019도13290].

[동지판례] **[사실관계]** 경찰은 2018.5.25. 19:00경 이 사건 공소사실 중 원심 판시 별지 범죄일람표 순번 제26번 기재 「성폭력범죄의 처벌 등에 관한 특례법」(이하 '성폭력처벌법'이라 한다) 위반(카메라등이용촬영) 범행 현장에서 피고인으로부터 이 사건 휴대전화를 임의제출받아 영장 없이 압수하였다. 이 사건 휴대전화에 대한 압수조서의 '압수경위'란에는 위 제26번 기재 공소사실과 관련하여, "피의자가 범행 후 경찰관이 피의자에게 범행 사실을 추궁하니 '몰카를 찍어 죄송합니다. 한 번만 봐주시면 안 되나요'라고 말하면서 위 휴대전화를 현장에서 임의제출하였다"는 내용이 포함되어 있다. 경찰은 같은 날 용산역에 있는 철도경찰 사무실까지 피고인을 임의동행하였으나, 피고인은 별다른 조사를 받지 아니하고 귀가하였다. 경찰은 2018.5.29.경 이 사건 휴대전화를 탐색하던 중 이 사건 공소사실 전부에 관한 동영상 파일을 발견하였고, 이를 별도의 시디(CD)에 복제하여 사진으로 출력한 후 위 시디 및 출력한 사진을 이 사건 수사기록에 편철하였다. 이후 피고인은 같은 날 15:00경 서울지방철도 특별사법경찰대 광역철도수사과 사무실에 출석하여 경찰조사를 받았는데, 경찰은 피의자신문을 실시하면서 피고인에게 위 CD로 복제된 동영상 파일을 재생하여 보여 주었고, 피고인은 이 사건 공소사실을 모두 자백하였다. 이 사건 휴대전화 내 전자정보 탐색·복제·출력과 관련하여 경찰이 사전에 그 일시·장소를 통지하거나 피고인에게 참여의 기회를 보장하였는지, 압수한 전자정보목록을 교부하거나 또는 피고인이 그 과정에 참여하지 않을 의사였는지 등을 확인할 수 있는 자료가 존재하지 않는다. 한편, 피고인은 제1심 법정에서 이 사건 공소사실에 대해 모두 자백하고 검사가 제출한 모든 서류에 대하여 증거로 함에 동의하였으며, 이는 원심에서도 그대로 유지되었다.
위와 같은 사실관계를 앞서 본 법리에 비추어 살펴본다. 이 사건 휴대전화에 대한 임의제출서, 압수조서, 압수목록, 압수품 사진, 압수물 소유권 포기여부 확인서는 경찰이 피고인의 이 부분 범행 직후 범행 현장에서 피고인으로부터 위 휴대전화를 임의제출 받아 압수하였다는 내용으로서 이 사건 휴대전화에 저장된 전자정보의 증거능력 여부에 영향을 받지 않는 별개의 독립적인 증거에 해당하므로, 피고인이 증거로 함에 동의한 이상 유죄를 인정하기 위한 증거로 사용할 수 있고, 이 부분 공소사실에 대한 피고인의 자백을 보강하는 증거가 된다고 볼 여지가 많다. 그럼에도 원심은 그 판시와 같은 이유로 이 부분 공소사실에 대해서도 피고인의 자백을 뒷받침할 보강증거가 없다고 보아 무죄로 판단하였으니, 이러한 원심의 판단에는 자백의 보강증거 등에 관한 법리를 오해하거나 필요한 심리를 다하지 아니하여 판결에 영향을 미친 잘못이 있다[대판 2022.11.17. 2019도11967].

[관련판례] **임의제출의 임의성에 대한 증명책임(= 검사)** 피고인이 자신의 휴대전화 카메라를 이용하여 총 9회에 걸쳐 성적 욕망 또는 수치심을 유발할 수 있는 피해자 4명의 신체를 그들의 의사에 반하여 촬영하였다는 성폭력범죄의 처벌 등에 관한 특례법 위반(카메라등이용촬영)의 공소사실과 관련하여, 수사기관이 피고인을 현행범으로 체포할 당시 임의제출 형식으로 압수한 휴대전화의 증거능력이 문제 된 사안에서, 피고인은 현행범 체포 당시 목격자로부터 휴대전화를 빼앗겨 위축된 심리 상태였고, 목격자 및 경찰관으로부터 휴대전화를 되찾기 위해 달려들기도 하였으며, 경찰서로 연행되어 변호인의 조력을 받지 못한 상태에서 피의자로 조사받으면서 일부 범행에 대하여 부인하고 있던 상황이었으므로, 피고인이 자발적으로 휴대전화를 수사기관에 제출하였는지를 엄격히 심사해야 하는 점, 수사기관이 임의제출자인 피고인에게 임의제출의 의미, 절차와 임의제출할 경우 피압수물을 임의로 돌려받지는 못한다는 사정 등을 고지하였음을 인정할 자료가 없는 점, 피고인은 당시 "경찰관으로부터 '휴대전화를 반환할 수 있다.'는 말을 들었다."라고 진술하는 등 휴대전화를 임의제출할 경우 나중에 번의하더라도 되돌려받지 못한다는 사정을 인식하고 있었다고 단정하기 어려운 점 등에 비추어 볼 때, 휴대전화 제출에 관하여 검사가 임의성의 의문점을 없애는 증명을 다하지 못하였으므로 휴대전화 및 그에 저장된 전자정보는 위법수집증거에 해당하여 증거능력이 없다는 이유로, 공소사실에 대하여 범죄의 증명이 없다고 보아 무죄를 선고한 원심의 결론이 옳다고 한 사례[대판 2024.3.12. 2020도9431].

(3) 정황증거(간접증거)

판례 | 정황증거(간접증거)가 보강증거로 인정된 경우

1. 자백에 대한 보강증거는 직접증거가 아닌 간접증거나 정황증거도 보강증거가 될 수 있다[대판 2006.1.27. 2005도8704].

2. 뇌물공여의 상대방인 공무원이 뇌물을 수수한 사실을 부인하면서도 그 일시경에 뇌물공여자를 만났던 사실 및 공무에 관한 청탁을 받기도 한 사실자체는 시인하였다면, 이는 뇌물을 공여하였다는 뇌물공여자의 자백에 대한 보강증거가 될 수 있다[대판 1995.6.30. 94도993]. [20 경찰승진, 16 경찰채용]*

3. 뇌물수수자가 무자격자인 뇌물공여자로 하여금 건축공사를 하도급 받도록 알선하고 그 하도급계약을 승인받을 수 있도록 하였으며 공사와 관련된 각종의 편의를 제공한 사실을 인정할 수 있는 증거들이 뇌물공여자의 자백에 대한 보강증거가 될 수 있다[대판 1998.12.22. 98도2890]. [17 경찰채용]*

4. 자동차등록증에 차량의 소유자가 피고인으로 등록·기재된 것이 피고인이 그 차량을 운전하였다는 사실의 자백 부분에 대한 보강증거가 될 수 있고 결과적으로 피고인의 무면허운전이라는 전체 범죄사실의 보강증거로 충분하다[대판 2000.9.26. 2000도2365].
[19 국가7급, 19 법원9급, 16 경찰채용]*

5. "부동산을 매수하면서 부족한 매수자금을 마련하기 위해 횡령 범행을 저질렀다."는 자백에 대하여 '부동산등기부등본, 수사보고(압수·수색·검증영장 집행 결과 보고), 횡령 및 반환 일시 거래내역, 수사보고(계좌 영장집행 결과 보고), 계좌거래내역, 사실확인서'는 피고인의 자백이 진실함을 뒷받침하기에 충분하다[대판 2017.12.28. 2017도17628].

6. 국가보안법상 회합죄를 피고인이 자백하는 경우 회합 당시 상대방으로부터 받았다는 명함의 현존은 보강증거로 될 수 있다[대판 1990.6.22. 90도741]. [18 변호사]*
7. 피고인이 위조신분증을 제시·행사한 사실을 자백하고 있고, 위 제시·행사한 신분증이 현존한다면 그 자백이 임의성이 없는 것이 아닌 한 위 신분증은 피고인의 위 자백사실의 진실성을 인정할 간접증거가 된다고 보아야 한다[대판 1983.2.22. 82도3107]. [20 경찰채용, 18 국가9급]*
8. 2010.2.18. 01:35경 자동차를 타고 온 피고인으로부터 필로폰을 건네받은 후 피고인이 위 차량을 운전해 갔다고 한 갑의 진술과 2010.2.20. 피고인으로부터 채취한 소변에서 나온 필로폰 양성 반응은, 피고인이 2010.2.18. 02:00경의 필로폰 투약으로 정상적으로 운전하지 못할 우려가 있는 상태에 있었다는 공소사실 부분에 대한 자백을 보강하는 증거가 되기에 충분하다[대판 2010.12.23. 2010도11272]. [19 법원9급, 18 변호사, 17 경찰채용]*
9. 피고인이 검문 당시 버린 주사기에서 메스암페타민염이 검출된 사실 등을 인정할 수 있는 정황증거들이 메스암페타민 투약사실에 대한 피고인의 검찰에서의 자백에 대한 보강증거로서 충분하다[대판 1999.3.23. 99도338].
10. "乙로부터 러미라 약 1,000정을 건네받아 그중 일부는 丙에게 제공하고, 남은 것은 내가 투약하였다."라는 피고인 甲의 자백에 대하여 '甲의 최초 러미라 투약행위가 있었던 시점에 乙이 甲에게 50만원 상당의 채무변제에 갈음하여 러미라 약 1,000정이 들어있는 플라스틱 통 1개를 건네주었다', '丙은 乙에게 甲으로부터 러미라를 건네받았다는 취지의 카카오톡 메시지를 보냈다'는 내용의 乙에 대한 검찰 진술조서 및 수사보고는 자백의 진실성을 담보하기에 충분하다[대판 2018.3.15. 2017도20247].

(4) 공범자의 자백(공범자의 자백으로 당해 피고인의 자백을 보강할 수 있는지 여부)

> **판례 | 공동피고인 자백의 증거능력과 보강증거 자격**
>
> 1. 공범인 공동피고인의 진술은 다른 공동피고인에 대한 범죄사실을 인정하는 증거로 할 수 있는 것일 뿐만 아니라 공범인 <u>공동피고인들의 각 진술은 상호간에 서로 보강증거가 될 수 있다</u>[대판 1997.1.21. 96도2715]. [20 경찰승진, 19 경찰채용, 18 경찰승진, 18 경찰채용, 18 국가7급, 17 경찰승진, 17 국가9급, 16 국가9급, 16 경찰승진, 16 경찰채용]*
> 2. <u>공동피고인 중의 한 사람이 자백하였고 피고인 역시 자백했다면 다른 공동피고인 중의 한 사람이 부인한다 하여도 공동피고인 중의 한 사람의 자백은 피고인의 자백에 대한 보강증거가 된다</u>[대판 1968.3.19. 68도43]. [17 변호사]*
>
> **기출지문**
> 1. 피고인이 자백한 상황에서 나머지 2명의 공동피고인 중 한 사람이 자백하였으나 다른 한 사람이 부인하는 경우에는 유죄판결을 할 수 없고, 공동피고인 전원이 자백한 경우에 한하여 유죄판결이 가능하다. (×)
> 2. 甲, 乙, 丙이 공모하여 타인의 재물을 편취한 범죄사실로 기소된 사건에서, 피고인 甲과 공동피고인 乙이 범죄사실을 자백하고 공동피고인 丙은 범죄사실을 부인하는 경우, 乙의 자백을 甲의 자백에 대한 보강증거로 사용할 수 없다. (×)

4. 보강증거의 범위(보강증거가 보강해야 할 정도)

(1) 학설
범죄사실의 전부 또는 중요 부분을 인정할 수 있을 정도여야 한다는 견해(죄체설)와 자백에 대한 보강증거는 자백의 진실성을 담보하는 정도면 족하다는 견해가 있다(진실성담보설, 판례).

(2) 검토
자백의 진실성이 담보되면 오판위험도 없어지므로 자백의 보강법칙의 취지가 실현되므로 진실성담보설이 타당하다.

> **판례 | 자백에 대한 보강증거의 정도(자백이 진실한 것임을 인정할 수 있을 정도면 족함)**
>
> 1. 자백에 대한 보강증거는 범죄사실의 전부 또는 중요 부분을 인정할 수 있는 정도가 되지 아니하더라도 피고인의 자백이 가공적인 것이 아닌 진실한 것임을 인정할 수 있는 정도만 되면 족할 뿐만 아니라, 자백과 보강증거가 서로 어울려서 전체로서 범죄사실을 인정할 수 있으면 유죄의 증거로 충분하다[대판 2011.9.29. 2011도8015]. [22 경간부, 20 경간부, 20 경찰채용, 19 변호사, 19 경찰승진, 19 경찰채용, 18 경찰승진, 17 국가7급, 17 경찰승진, 16 국가7급, 16 국가9급, 16 경찰승진]*
> 2. 자백과 보강증거 사이에 어느 정도의 차이가 있어도 중요부분이 일치하고 그로써 진실성이 담보되면 보강증거로서의 자격이 있다고 보아야 할 것이다[대판 2008.5.29. 2008도2343]. [19 법원9급, 17 경찰승진, 17 경찰채용]*
> 3. 피고인이 갑과 합동하여 을의 재물을 절취하려다가 미수에 그쳤다는 내용의 공소사실을 자백한 사안에서, 피해자가 집에서 잠을 자고 있던 중 집 앞에 있는 컨테이너 박스 쪽에서 쿵쿵하는 소리가 들려 그쪽에 가서 노루발못뽑이로 컨테이너 박스 출입문의 시정장치를 부수는 피고인을 현행범으로 체포하였다고 수사기관에서 행한 진술과 범행에 사용된 노루발못뽑이와 손괴된 쇠창살의 모습이 촬영되어 있는 현장사진이 첨부된 수사보고서는 피고인 자백의 진실성을 담보하기에 충분한 보강증거가 된다고 한 사례[대판 2011.9.29. 2011도8015]. [20 경간부, 19 경찰승진, 17 경찰채용, 16 변호사, 16 국가7급]*

5. 보강증거의 요부(보강증거가 필요한 대상)

(1) 범죄의 성립요소

자백한 범죄의 객관적 구성요건요소인 사실에 대하여는 보강증거가 필요하다. 그러나 주관적 요소에 대하여는 보강증거는 얻기 어려울 뿐만 아니라 보강증거가 없어도 오판의 위험이 없으므로 보강증거가 필요하지 아니하다.

(2) 처벌조건이나 전과사실

처벌조건이나 전과 등의 사실은 범죄사실이 아니므로 보강증거 없이도 피고인의 자백만으로 이를 인정할 수 있다.

> **판례 | 범의나 전과 등을 피고인의 자백만으로 인정할 수 있는지의 여부(적극)**
>
> 1. 범의는 자백만으로 인정할 수 있다[대판 1961.8.16. 61도171]. [17 법원9급]*
> 2. 상습범에 있어 확정판결은 엄격한 의미의 범죄사실과는 구별되는 것이어서 피고인의 자백만으로서도 그 존부를 인정할 수 있다[대판 1983.8.23. 83도820].
> 3. 누범에 있어 전과에 관한 사실은 엄격한 의미에서의 범죄사실과는 구별되는 것으로서 피고인의 자백만으로서도 이를 인정할 수 있다[대판 1979.8.21. 79도1528]. [20 경찰승진, 19 법원행시, 18 변호사]*

(3) 죄수와 보강증거의 요부

① 포괄일죄와 실체적 경합범

> **판례 | 실체적 경합범과 포괄일죄에 있어서의 보강증거**
>
> 1. [1] 필로폰 시가보고는 몰수 및 추징 구형시 참고자료로 삼기 위해 필로폰의 도·소매가격을 파악한 것에 불과하여 피고인의 자백에 대한 보강증거로 삼을 수 없다.
>   [2] 실체적 경합범은 실질적으로 수죄이므로 각 범죄사실에 관하여 자백에 대한 보강증거가 있어야 한다. [20 국가7급, 18 변호사, 16 경찰승진]* 제1심이 유죄의 증거로 삼지 않은 증거 중 '피고인이 공소외 2로부터 필로폰을 매수하면서 그 대금을 공소외 2가 지정하는 은행계좌로 송금한 사실'에 대한 압수수색검증영장 집행보고는 필로폰 매수행위에 대한 보강증거는 될 수 있어도 그와 실체적 경합범 관계에 있는 필로폰 투약행위에 대한 보강증거는 될 수 없다[대판 2008.2.14. 2007도10937]. [20 경간부, 19 경찰승진, 19 법원9급, 16 국가9급]*

2. 소변검사 결과는 1995.1.17.자 투약행위로 인한 것일 뿐 그 이전의 4회에 걸친 투약행위와는 무관하고, 압수된 약물도 이전의 투약행위에 사용되고 남은 것이 아니므로, 위 소변검사 결과와 압수된 약물은 결국 피고인이 투약습성이 있다는 점에 관한 정황증거에 불과하다 할 것인바, <u>피고인의 습벽을 범죄구성요건으로 하며 포괄1죄인 상습범에 있어서도 이를 구성하는 각 행위에 관하여 개별적으로 보강증거를 요구하고 있는 점에 비추어 보면</u> 투약습성에 관한 정황증거만으로 향정신성의약품관리법위반죄의 객관적 구성요건인 각 투약행위가 있었다는 점에 관한 보강증거로 삼을 수는 없다고 본 사례 [대판 1996.2.13. 95도1794]. [20 경간부]*

② **상상적 경합범**: 상상적 경합범의 경우 각 범죄사실별로 보강증거를 요한다는 견해와 어느 하나에만 보강증거가 있으면 족하다는 견해가 대립한다.

6. 자백의 보강법칙위반의 효과

자백을 유일한 증거로 하여 유죄판결을 선고한 경우 이는 헌법위반이자 법률위반으로 상소의 이유가 되고 그 판결이 확정된 경우에는 판결의 법령위반으로 비상상고의 이유가 된다. 그러나 이는 무죄를 인정할 증거가 새로 발견된 경우가 아니므로 재심의 사유는 되지 아니한다.

> **판례 | 자백의 보강법칙위반의 효과**
>
> 피고인의 자백이 그 피고인에게 불이익한 유일의 증거인 때에는 이를 유죄의 증거로 하지 못하는 것이므로, <u>보강증거가 없이 피고인의 자백만을 근거로 공소사실을 유죄로 판단한 경우에는 그 자체로 판결 결과에 영향을 미친 위법이 있는 것으로 보아야 한다</u>[대판 2007.11.29. 2007도7835].

제4절 공판조서의 증명력

1. 의의

(1) 공판조서의 배타적 증명력

공판기일의 소송절차로서 공판조서에 기재된 것은 그 조서만으로써 증명한다(제56조). 여기에서 '조서만으로써 증명한다'라는 의미는 공판조서 이외의 증거를 참작하거나 반증을 허용하지 않는다는 의미이다. 이를 공판조서의 절대적 또는 배타적 증명력이라고 한다. 이는 법관의 심증여하를 불문하고 공판기일의 소송절차는 공판조서에 기재된 대로 인정해야 하기 때문에 자유심증주의의 예외에 해당한다.

(2) 인정 취지

상소심에서 공판절차 진행의 적법여부를 둘러싼 분쟁 때문에 상소심의 심리가 지연되는 것을 방지하는 데 그 목적이 있다.

2. 공판조서의 배타적 증명력의 전제요건

공판조서의 배타적 증명력은 그 공판조서가 유효할 것을 전제로 한다. 따라서 공판조서가 무효인 경우에는 배타적 증명력이 인정되지 않는다.

> **판례 | 공판조서가 무효인 경우(공판조서로서의 증명력이 없음)**
>
> 공판조서에 서명날인할 재판장은 당해 공판기일에 열석한 재판장이어야 하므로 당해 공판기일에 열석하지 아니한 판사가 재판장으로서 서명날인한 공판조서는 적식의 공판조서라고 할 수 없어 이와 같은 공판조서는 소송법상 무효라 할 것이므로 공판기일에 있어서의 소송절차를 증명할 공판조서로서의 증명력이 없다[대판 1983.2.8. 82도2940].

3. 배타적 증명력의 범위

(1) 공판기일의 절차

공판조서의 증명력은 '공판기일의 절차'에 한하여 인정이 된다. 따라서 공판기일의 절차가 아닌 공판준비절차 또는 공판기일 외의 절차를 기재한 조서는 배타적 증명력이 인정되지 아니한다. 또한 당해 사건이 아닌 다른 사건의 공판조서는 배타적 증명력이 인정되지 아니한다.

(2) 소송절차

공판기일의 절차 중 특히 '소송절차'에 대해서만 배타적 증명력이 인정이 된다. 예컨대 공판을 행한 일시와 법원, 피고인 출석여부, 공개의 여부, 판결선고 유무 및 일자 등이 이에 해당한다. 따라서 소송절차가 아닌 실체관련 사항(피고인의 유무죄를 판단하기 위한 사항) 예컨대 피고인의 자백, 증인의 증언, 감정인의 감정 등은 다른 증거에 의하여 그 증명력을 다툴 수 있다.

(3) 공판조서에 기재된 것

배타적 증명력은 공판조서에 '기재'된 것에 한해서 인정이 된다. 공판조서에 기재되지 아니한 소송절차는 다른 자료에 의하여 증명할 수 있다.

> **판례 | 공판조서의 증명력(= 명백한 오기인 경우를 제외하고는 절대적 증명력을 가짐)**
>
> 1. 공판조서의 기재가 명백한 오기인 경우를 제외하고는 공판기일의 소송절차로서 공판조서에 기재된 것은 조서만으로써 증명하여야 하고, 그 증명력은 공판조서 이외의 자료에 의한 반증이 허용되지 않는 절대적인 것이다[대판 2015.8.27. 2015도3467]. [19 변호사, 18 경찰승진, 18 법원9급, 17 변호사]* 반면에 어떤 소송절차가 진행된 내용이 공판조서에 기재되지 않았다고 하여 당연히 그 소송절차가 당해 공판기일에 행하여지지 않은 것으로 추정되는 것은 아니고 공판조서에 기재되지 않은 소송절차의 존재가 공판조서에 기재된 다른 내용이나 공판조서 이외의 자료로 증명될 수 있고, 이는 소송법적 사실이므로 자유로운 증명의 대상이 된다[대판 2023.6.15. 2023도3038].
> 2. 검사 제출의 증거에 관하여 동의 또는 진정성립 여부 등에 관한 피고인의 의견이 증거목록에 기재된 경우에는 그 증거목록의 기재는 공판조서의 일부로서 명백한 오기가 아닌 이상 절대적인 증명력을 가지게 된다[대판 2015.8.27. 2015도3467]. [20 국가7급, 19 변호사, 18 경찰승진, 18 법원9급]*
> 3. 증거동의는 소송주체인 검사와 피고인이 하는 것이고, 변호인은 피고인을 대리하여 증거동의에 관한 의견을 낼 수 있을 뿐이므로 피고인이 변호인과 함께 출석한 공판기일의 공판조서에 검사가 제출한 증거에 대하여 동의한다는 기재가 되어 있다면 이는 피고인이 증거동의를 한 것으로 보아야 하고, 그 기재는 절대적인 증명력을 가진다[대판 2016.3.10. 2015도19139]. [22 경간부, 20 경간부, 20 국가7급, 19 경찰채용, 17 국가7급, 16 국가7급]*
> 4. 공판조서에 재판장이 판결서에 의하여 판결을 선고하였음이 기재되어 있다면 동 판결선고 절차는 적법하게 이루어졌음이 증명되었다고 할 것이며 여기에는 다른 자료에 의한 반증을 허용하지 못하는 바이니 검찰서기의 판결서 없이 판결선고되었다는 내용의 보고서로써 공판조서의 기재내용이 허위라고 판정할 수 없다[대판 1983.10.25. 82도571]. [19 법원9급]*

5. 제1심 제26회 공판조서에 제1심법원이 공개금지결정을 선고한 후 위 수사관들에 대하여 비공개 상태에서 증인신문절차를 진행한 것으로 기재된 이상 그 공개금지결정 선고 여부에 대하여 공판조서 이외의 다른 방법에 의한 증명이나 반증은 허용되지 않는다[대판 2013.7.26. 2013도2511].

판례 | 공판조서의 기재가 명백한 오기인 경우 공판조서의 증명력(= 올바른 내용대로 증명력을 가짐)

공판조서의 기재가 명백한 오기인 경우에는 공판조서는 그 올바른 내용에 따라 증명력을 가진다[대판 1995.12.22. 95도1289]. [19 법원9급]*

판례 | 공판조서의 기재가 명백한 오기인지 여부의 판단자료

공판조서의 기재가 명백한 오기인지 여부는 원칙적으로는 공판조서만으로 판단하여야 할 것이지만, 공판조서가 아니더라도 당해 공판절차에 제출되어 공판기록에 편철되거나 법원이 직무상 용이하게 확인할 수 있는 자료 중에서 신빙성 있는 객관적 자료에 의하여 판단을 할 수 있다[대판 2010.7.22. 2007도3514].

판례 | 동일한 사항에 대하여 서로 다른 내용이 기재된 공판조서가 병존하는 경우의 증명력 판단

동일한 사항에 관하여 두 개의 서로 다른 내용이 기재된 공판조서가 병존하는 경우 양자는 동일한 증명력을 가지는 것으로서 그 증명력에 우열이 있을 수 없다고 보아야 할 것이므로 그중 어느 쪽이 진실한 것으로 볼 것인지는 공판조서의 증명력을 판단하는 문제로서 법관의 자유로운 심증에 따를 수밖에 없다[대판 1988.11.8. 86도1646].

MEMO

해커스경찰
police.Hackers.com

해커스경찰 허정 형사법 3권 형사소송법

제1장 성폭력범죄의 처벌 등에 관한 특례법
제2장 검사와 사법경찰관의 상호협력과
 일반적 수사준칙에 관한 규정 주요 개정 내용

제1장 성폭력범죄의 처벌 등에 관한 특례법

1. 목적
성폭력범죄의 처벌 및 그 절차에 관한 특례를 규정함으로써 성폭력범죄 피해자의 생명과 신체의 안전을 보장하고 건강한 사회질서의 확립에 이바지함을 목적으로 한다(제1조).

2. 성폭력범죄의 처벌 등의 특례

(1) 고소의 특례
성폭력범죄에 대하여는 자기 또는 배우자의 직계존속을 고소할 수 있다(제18조).

(2) 공소시효의 특례

1) 공소시효 규정 배제
다음의 범죄에 대해서는 공소시효에 관한 규정을 적용하지 아니한다(제21조 제3항·제4항).

> ① 13세 미만의 사람 또는 신체적 정신적 장애가 있는 사람에 대한
> ㉠ 형법 제297조(강간), 제298조(강제추행), 제299조(준강간·준강제추행), 제301조(강간등상해·치상), 제301조의2(강간등살인·치사) 또는 제305조(미성년자에대한간음·추행)의 죄
> ㉡ 성폭법 제6조 제2항(장애인유사강간), 제7조 제2항(13세미만자유사강간), 제8조(강간등상해·치상), 제9조(강간등살인·치사)의 죄
> ㉢ 아청법 제9조(강간등상해·치상), 제10조(강간등살인·치사)의 죄
> ② 나이와 정신상태 불문한 모든 사람에 대한
> ㉠ 형법 제301조의2 ㉡ 성폭법 제9조 제1항 ㉢ 아청법 제10조 제1항 ㉣ 군형법 제92조의8의 규정 중에서 강간등살인죄

2) 공소시효 기산 등에 관한 특례
① 미성년자[123]에 대한 성폭력범죄의 공소시효는 해당 성폭력범죄로 피해를 당한 미성년자가 성년에 달한 날부터 진행한다(제21조 제1항).
② 성폭법 제2조 제3호 및 제4호의 죄와 제3조부터 제9조까지의 죄는 디엔에이(DNA)증거 등 그 죄를 증명할 수 있는 과학적인 증거가 있는 때에는 공소시효가 10년 연장된다(제21조 제2항).

(3) 피의자의 신상 정보 공개
검사와 사법경찰관은 성폭력범죄의 피의자가 죄를 범하였다고 믿을 만한 충분한 증거가 있고, 국민의 알권리 보장, 피의자의 재범 방지 및 범죄예방 등 오로지 공공의 이익을 위하여 필요할 때에는 얼굴, 성명 및 나이 등 피의자의 신상에 관한 정보를 공개할 수 있다. 다만, 피의자가 「청소년 보호법」 제2조 제1호의 청소년에 해당하는 경우에는 공개하지 아니한다(제25조).

---

[123] 제21조 제3항·제4항과의 관계상 13세 이상이고 신체적·정신적 장애가 없는 미성년자를 의미한다.

(4) 영상녹화의 특례[124]

검사 또는 사법경찰관은 19세미만피해자등의 진술 내용과 조사 과정을 영상녹화장치로 녹화(녹음이 포함된 것을 말하며, 이하 "영상녹화"라 한다)하고, 그 영상녹화물을 보존하여야 한다(제30조 제1항). 19세미만피해자등의 진술이 영상녹화된 영상녹화물은 적법한 절차와 방식에 따라 영상녹화된 것으로서 증거보전기일, 공판준비기일 또는 공판기일에 그 내용에 대하여 피의자, 피고인 또는 변호인이 피해자를 신문할 수 있었던 경우(다만, 증거보전기일에서의 신문의 경우 법원이 피의자나 피고인의 방어권이 보장된 상태에서 피해자에 대한 반대신문이 충분히 이루어졌다고 인정하는 경우로 한정한다) 또는 19세미만피해자등이 사망·외국 거주·신체적, 정신적 질병이나 장애·소재불명 그 밖에 이에 준하는 경우의 사유로 공판준비기일 또는 공판기일에 출석하여 진술할 수 없는 경우(다만, 영상녹화된 진술 및 영상녹화가 특별히 신빙(信憑)할 수 있는 상태에서 이루어졌음이 증명된 경우로 한정한다)에 증거로 할 수 있다(제30조의2 제1항).

이 경우 법원은 증거능력이 있는 영상녹화물을 유죄의 증거로 할지를 결정할 때에는 피고인과의 관계, 범행의 내용, 피해자의 나이, 심신의 상태, 피해자가 증언으로 인하여 겪을 수 있는 심리적 외상, 영상녹화물에 수록된 19세미만피해자등의 진술 내용 및 진술 태도 등을 고려하여야 하고 전문심리위원 또는 제33조에 따른 전문가의 의견을 들어야 한다(제30조의2 제2항).

> **판례 | 아동·청소년의 성보호에 관한 법률(이하 '청소년성보호법'이라 한다) 제26조 제1항**
>
> 피고인이 위력으로써 13세 미만 미성년자인 피해자 甲(女, 12세)에게 유사성행위와 추행을 하였다는 성폭력처벌법 위반의 공소사실에 대하여, 원심이 甲의 진술과 조사 과정을 촬영한 영상물과 속기록을 중요한 증거로 삼아 유죄로 인정하였는데, 피고인은 위 영상물과 속기록을 증거로 함에 동의하지 않았고, 조사 과정에 동석하였던 신뢰관계인에 대한 증인신문이 이루어졌을 뿐 원진술자인 甲에 대한 증인신문은 이루어지지 않은 사안에서, 헌법재판소는 2021.12.23. 성폭력처벌법 제30조 제6항 중 19세 미만 성폭력범죄 피해자의 진술을 촬영한 영상물의 증거능력을 규정한 부분(이하 '위헌 법률 조항'이라 한다)에 대해 과잉금지 원칙 위반 등을 이유로 위헌결정을 하였는데, 위 위헌결정의 효력은 결정 당시 법원에 계속 중이던 사건에도 미치므로 위헌 법률 조항은 위 영상물과 속기록의 증거능력을 인정하는 근거가 될 수 없고, 한편 피고인의 범행은 아동·청소년의 성보호에 관한 법률(이하 '청소년성보호법'이라 한다) 제26조 제1항의 아동·청소년대상 성범죄에 해당하므로 같은 법 제26조 제6항에 따라 영상물의 증거능력이 인정될 여지가 있으나, 청소년성보호법 제26조 제6항 중 위헌 법률 조항과 동일한 내용을 규정한 부분은 위헌결정의 심판대상이 되지 않았지만 위헌 법률 조항에 대한 위헌결정 이유와 마찬가지로 과잉금지 원칙에 위반될 수 있으므로, 청소년성보호법 제26조 제6항의 위헌 여부 또는 그 적용에 따른 위헌적 결과를 피하기 위하여 甲을 증인으로 소환하여 진술을 듣고 피고인에게 반대신문권을 행사할 기회를 부여할 필요가 있는지 여부 등에 관하여 심리·판단하였어야 한다는 이유로, 이와 같은 심리에 이르지 않은 채 위 영상물과 속기록을 유죄의 증거로 삼은 원심판결에 법리오해 또는 심리미진의 잘못이 있다[대판 2022.4.14, 2021도14530, 2021전도143].

(5) 공판절차의 특례

1) 심리의 비공개

성폭력범죄에 대한 심리는 그 피해자의 사생활을 보호하기 위하여 결정으로써 공개하지 아니할 수 있다(제31조).

2) 신뢰관계자 동석

법원은 성폭법 제3조부터 제8조까지, 제10조 및 제15조의 범죄의 피해자를 증인으로 신문하는 경우에 검사, 피해자 또는 법정대리인이 신청할 때에는 재판에 지장을 줄 우려가 있는 등 부득이한 경우가 아니면 피해자와 신뢰관계에 있는 사람을 동석하게 하여야 한다. 수사기관이 위와 같은 피해자를 조사하는 경우에도 이와 같다(제34조).

---

[124] 헌법재판소는 2021.12.23. 성폭력처벌법 제30조 제6항 중 19세 미만 성폭력범죄 피해자의 진술을 촬영한 영상물의 증거능력을 규정한 부분에 대해 과잉금지 원칙 위반 등을 이유로 위헌결정을 하였다.

3) 중계장치에 의한 신문

법원은 성폭법 제2조 제1항 제3호부터 제5호까지의 범죄의 피해자를 증인으로 신문하는 경우 검사와 피고인 또는 변호인의 의견을 들어 비디오 등 중계장치에 의한 중계를 통하여 신문할 수 있다(제40조).

(6) 처벌의 특례 - 책임능력규정을 적용하지 않을 수 있음

음주 또는 약물로 인한 심신장애 상태에서 성폭력범죄를 범한 때에는 형법 제10조 제1항·제2항 및 제11조(심신장애자와 언어 및 청각장애인에 대한 책임조각 또는 감경)를 적용하지 아니할 수 있다(제20조).

(7) 피해자의 변호사 선임 등과 변호사의 대리권

> **판례 | 성폭력범죄의 피해자의 변호사의 소송행위 대리권**
>
> 성폭력범죄의 처벌 등에 관한 특례법 제27조는 성폭력범죄 피해자에 대한 변호사 선임의 특례를 정하고 있다. 성폭력범죄의 피해자는 형사절차상 법률적 조력을 받기 위해 스스로 변호사를 선임할 수 있고(제1항), 검사는 피해자에게 변호사가 없는 경우 국선변호사를 선정하여 형사절차에서 피해자의 권익을 보호할 수 있으며(제6항), 피해자의 변호사는 형사절차에서 피해자 등의 대리가 허용될 수 있는 모든 소송행위에 대한 포괄적인 대리권을 가진다(제5항). 따라서 피해자의 변호사는 피해자를 대리하여 피고인에 대한 처벌을 희망하는 의사표시를 철회하거나 처벌을 희망하지 않는 의사표시를 할 수 있다[대판 2019.12.13. 2019도10678].

▶ 일반범죄 vs 성폭력범죄

구분	일반범죄	성폭력범죄
친고죄	친고죄로 인정되는 경우 있음	친고죄 규정 폐지
직계존속 고소	고소할 수 없음	고소 가능
피해자 진술의 영상녹화	피해자의 동의를 얻어 영상녹화할 수 있음	피해자가 19세 미만이거나 심신미약일 때 영상녹화하여야 함. 다만, 피해자가 원하지 않으면 할 수 없음
영상녹화물의 증거사용	증거로 사용할 수 없음(기억환기용으로 사용 가능)	증거보전기일, 공판준비기일 또는 공판기일에 그 내용에 대하여 피의자, 피고인 또는 변호인이 피해자를 신문할 수 있었던 경우 증거로 사용할 수 있음
피의자 신상 정보 공개	규정 없음	공익을 위하여 필요할 때는 공개할 수 있음
공소시효 기산점, 기간	기산점: 범죄행위가 종료한 때	① 기산점: 미성년자에 대한 성폭력범죄의 경우 미성년자가 성년에 달한 때 ② DNA증거 등 발견: 시효 10년 연장
책임능력 규정	적용	적용하지 않을 수 있음

(8) 성폭력범죄의 처벌 등에 관한 특례법 주요 개정조문

성폭력범죄의 처벌 등에 관한 특례법 (구)	성폭력범죄의 처벌 등에 관한 특례법 (신)
제27조(성폭력범죄 피해자에 대한 변호사 선임의 특례) ⑥ 검사는 피해자에게 변호사가 없는 경우 국선변호사를 선정하여 형사절차에서 피해자의 권익을 보호할 수 있다. 〈단서 신설〉	제27조(성폭력범죄 피해자에 대한 변호사 선임의 특례) ⑥ 검사는 피해자에게 변호사가 없는 경우 국선변호사를 선정하여 형사절차에서 피해자의 권익을 보호할 수 있다. ☆ 다만, 19세미만피해자등에게 변호사가 없는 경우에는 국선변호사를 선정하여야 한다. ⇨ 할 수(×)
제30조(영상물의 촬영·보존 등) ① 성폭력범죄의 피해자가 19세 미만이거나 신체적인 또는 정신적인 장애로 사물을 변별하거나 의사를 결정할 능력이 미약한 경우에는 피해자의 진술 내용과 조사 과정을 비디오녹화기 등 영상물 녹화장치로 촬영·보존하여야 한다. ② 제1항에 따른 영상물 녹화는 피해자 또는 법정대리인이 이를 원하지 아니하는 의사를 표시한 경우에는 촬영을 하여서는 아니 된다. 다만, 가해자가 친권자 중 일방인 경우는 그러하지 아니하다. ③ 제1항에 따른 영상물 녹화는 조사의 개시부터 종료까지의 전 과정 및 객관적 정황을 녹화하여야 하고, 녹화가 완료된 때에는 지체 없이 그 원본을 피해자 또는 변호사 앞에서 봉인하고 피해자로 하여금 기명날인 또는 서명하게 하여야 한다. ④ 검사 또는 사법경찰관은 피해자가 제1항의 녹화장소에 도착한 시각, 녹화를 시작하고 마친 시각, 그 밖에 녹화과정의 진행경과를 확인하기 위하여 필요한 사항을 조서 또는 별도의 서면에 기록한 후 수사기록에 편철하여야 한다. ⑤ 검사 또는 사법경찰관은 피해자 또는 법정대리인이 신청하는 경우에는 영상물 촬영과정에서 작성한 조서의 사본을 신청인에게 발급하거나 영상물을 재생하여 시청하게 하여야 한다. ⑥ 제1항에 따라 촬영한 영상물에 수록된 피해자의 진술은 공판준비기일 또는 공판기일에 피해자나 조사 과정에 동석하였던 신뢰관계에 있는 사람 또는 진술조력인의 진술에 의하여 그 성립의 진정함이 인정된 경우에 증거로 할 수 있다. ⑦ 누구든지 제1항에 따라 촬영한 영상물을 수사 및 재판의 용도 외에 다른 목적으로 사용하여서는 아니 된다. 〈신설〉 〈신설〉	제30조(19세미만피해자등 진술 내용 등의 영상녹화 및 보존 등) ① ☆ 검사 또는 사법경찰관은 19세미만피해자등의 진술 내용과 조사 과정을 영상녹화장치로 녹화(녹음이 포함된 것을 말하며, 이하 "영상녹화"라 한다)하고, 그 영상녹화물을 보존하여야 한다. ⇨ 할 수(×) ② 검사 또는 사법경찰관은 19세미만피해자등을 조사하기 전에 다음 각 호의 사실을 피해자의 나이, 인지적 발달 단계, 심리 상태, 장애 정도 등을 고려한 적절한 방식으로 피해자에게 설명하여야 한다. ⇨ 할 수(×) 1. 조사 과정이 영상녹화된다는 사실 2. 영상녹화된 영상녹화물이 증거로 사용될 수 있다는 사실 ③ 제1항에도 불구하고 19세미만피해자등 또는 그 법정대리인(법정대리인이 가해자이거나 가해자의 배우자인 경우는 제외한다)이 이를 원하지 아니하는 의사를 표시하는 경우에는 영상녹화를 하여서는 아니 된다. ⇨ 영상녹화를 하지 않을 수 있다. (×) ④ 검사 또는 사법경찰관은 제1항에 따른 영상녹화를 마쳤을 때에는 지체 없이 피해자 또는 변호사 앞에서 봉인하고 피해자로 하여금 기명날인 또는 서명하게 하여야 한다. ⑤ 검사 또는 사법경찰관은 제1항에 따른 영상녹화 과정의 진행 경과를 조서(별도의 서면을 포함한다. 이하 같다)에 기록한 후 수사기록에 편철하여야 한다. ⑥ 제5항에 따라 영상녹화 과정의 진행 경과를 기록할 때에는 다음 각 호의 사항을 구체적으로 적어야 한다. 1. 피해자가 영상녹화 장소에 도착한 시각 2. 영상녹화를 시작하고 마친 시각 3. 그 밖에 영상녹화 과정의 진행경과를 확인하기 위하여 필요한 사항 ⑦ 검사 또는 사법경찰관은 19세미만피해자등이나 그 법정대리인이 신청하는 경우에는 영상녹화 과정에서 작성한 조서의 사본 또는 영상녹화물에 녹음된 내용을 옮겨 적은 녹취서의 사본을 신청인에게 발급하거나 영상녹화물을 재생하여 시청하게 하여야 한다. ⑧ 누구든지 제1항에 따라 영상녹화한 영상녹화물을 수사 및 재판의 용도 외에 다른 목적으로 사용하여서는 아니 된다. ⑨ 제1항에 따른 영상녹화의 방법에 관하여는 「형사소송법」 제244조의2제1항 후단을 준용한다.

| 〈신설〉 | ☆☆☆
제30조의2(영상녹화물의 증거능력 특례) ① 제30조제1항에 따라 <u>19세미만피해자등의 진술이 영상녹화된 영상녹화물</u>은 같은 조 제4항부터 제6항까지에서 정한 절차와 방식에 따라 영상녹화된 것으로서 다음 각 호의 어느 하나의 경우에 증거로 할 수 있다.
1. <u>증거보전기일, 공판준비기일 또는 공판기일에 그 내용에 대하여 피의자, 피고인 또는 변호인이 피해자를 신문할 수 있었던 경우</u>. 다만, <u>증거보전기일에서의 신문의 경우</u> 법원이 피의자나 피고인의 방어권이 보장된 상태에서 피해자에 대한 반대신문이 <u>충분히</u> 이루어졌다고 인정하는 경우로 한정한다.
2. <u>19세미만피해자등이 다음 각 목의 어느 하나에 해당하는 사유로 공판준비기일 또는 공판기일에 출석하여 진술할 수 없는 경우</u>. 다만, 영상녹화된 진술 및 영상녹화가 특별히 신빙(信憑)할 수 있는 상태에서 이루어졌음이 증명된 경우로 한정한다. ⇨ 증거보전기일(×)
　가. <u>사망</u>
　나. <u>외국 거주</u>
　다. <u>신체적, 정신적 질병·장애</u>
　라. <u>소재불명</u>
　마. <u>그 밖에 이에 준하는 경우</u>
② 법원은 제1항제2호에 따라 증거능력이 있는 <u>영상녹화물을 유죄의 증거로 할지를 결정할 때</u>에는 피고인과의 관계, 범행의 내용, 피해자의 나이, 심신의 상태, 피해자가 증언으로 인하여 겪을 수 있는 심리적 외상, 영상녹화물에 수록된 19세미만피해자등의 진술 내용 및 진술 태도 등을 고려하여야 한다. <u>이 경우 법원은 전문심리위원 또는 제33조에 따른 전문가의 의견을 들어야 한다.</u> |
| 〈신설〉 | **제40조의2(19세미만피해자등에 대한 증인신문을 위한 공판준비절차)** ① 법원은 <u>19세미만피해자등을 증인으로 신문하려는 경우</u>에는 19세미만피해자등의 보호와 원활한 심리를 위하여 필요한 경우 검사, 피고인 또는 변호인의 의견을 들어 <u>사건을 공판준비절차에 부칠 수 있다.</u>
② 법원은 제1항에 따라 공판준비절차에 부치는 경우 증인신문을 위한 심리계획을 수립하기 위하여 공판준비기일을 지정하여야 한다.
③ 법원은 제2항에 따라 지정한 공판준비기일에 증인신문을 중개하거나 보조할 진술조력인을 출석하게 할 수 있다.
④ 19세미만피해자등의 변호사는 제2항에 따라 지정된 공판준비기일에 출석할 수 있다.
⑤ 법원은 제1항에 따른 공판준비절차에서 검사, 피고인 또는 변호인에게 신문할 사항을 기재한 서면을 법원에 미리 제출하게 할 수 있다. <u>다만, 제출한 신문사항은 증인신문을 하기 전까지는 열람·복사 등을 통하여 상대방에게 공개하지 아니한다.</u> |

	⑥ 법원은 제2항에 따라 지정된 공판준비기일에서 검사, 피고인, 변호인, 19세미만피해자등의 변호사 및 진술조력인에게 신문사항과 신문방법 등에 관한 의견을 구할 수 있다.
〈신설〉	**제40조의3(19세미만피해자등의 증인신문 장소 등에 대한 특례)** ① <u>법원은 19세미만피해자등을 증인으로 신문하는 경우</u> 사전에 피해자에게 「형사소송법」 제165조의2제1항에 따라 **비디오 등 중계장치에 의한 중계시설을 통하여 신문할 수 있음을 고지하여야 한다.** ② 19세미만피해자등은 제1항의 중계시설을 통하여 증인신문을 진행할지 여부 및 증인으로 출석할 장소에 관하여 법원에 의견을 진술할 수 있다. ③ 제1항에 따른 중계시설을 통하여 19세미만피해자등을 증인으로 신문하는 경우 그 중계시설은 특별한 사정이 없으면 제30조제1항에 따른 영상녹화가 이루어진 장소로 한다. 다만, 피해자가 다른 장소를 원하는 의사를 표시하거나, 제30조제1항에 따른 영상녹화가 이루어진 장소가 경찰서 등 수사기관의 시설인 경우에는 법원이 중계시설을 지정할 수 있다.
제41조(증거보전의 특례) ① 피해자나 그 법정대리인 또는 경찰은 피해자가 공판기일에 출석하여 증언하는 것에 현저히 곤란한 사정이 있을 때에는 그 사유를 소명하여 제30조에 따라 촬영된 영상물 또는 그 밖의 다른 증거에 대하여 해당 성폭력범죄를 수사하는 검사에게 「형사소송법」 제184조(증거보전의 청구와 그 절차)제1항에 따른 증거보전의 청구를 할 것을 요청할 수 있다. 이 경우 피해자가 16세 미만이거나 신체적인 또는 정신적인 장애로 사물을 변별하거나 의사를 결정할 능력이 미약한 경우에는 공판기일에 출석하여 증언하는 것에 현저히 곤란한 사정이 있는 것으로 본다. ② 제1항의 요청을 받은 검사는 그 요청이 타당하다고 인정할 때에는 증거보전의 청구를 할 수 있다. 〈단서 신설〉	**제41조(증거보전의 특례)** ① 피해자나 그 법정대리인 또는 <u>사법경찰관</u>은 피해자가 공판기일에 출석하여 증언하는 것에 <u>현저히 곤란한 사정이 있을 때에는 그 사유를 소명하여 제30조에 따라 영상녹화된 영상녹화물 또는 그 밖의 다른 증거에 대하여 해당 성폭력범죄를 수사하는 검사에게 「형사소송법」 제184조(증거보전의 청구와 그 절차)제1항에 따른 증거보전의 청구를 할 것을 요청할 수 있다.</u> 이 경우 피해자가 19세미만피해자등인 경우에는 공판기일에 출석하여 증언하는 것에 현저히 곤란한 사정이 있는 것으로 본다. ② 제1항의 요청을 받은 검사는 그 요청이 타당하다고 인정할 때에는 증거보전의 청구를 할 수 있다. **다만, 19세미만피해자등이나 그 법정대리인이 제1항의 요청을 하는 경우에는 특별한 사정이 없는 한 「형사소송법」 제184조제1항에 따라 관할 지방법원판사에게 증거보전을 청구하여야 한다.**

제2장 검사와 사법경찰관의 상호협력과 일반적 수사준칙에 관한 규정 주요 개정 내용

1. 개정이유

2021년 「형사소송법」 개정 이후 고소장 또는 고발장의 접수거부 또는 수사의 지연·부실 등으로 범죄피해를 입은 국민이 신속하고 적절한 구제를 받지 못하는 등의 부작용이 발생하고 있어, 앞으로는 수사기관이 고소 또는 고발을 받은 경우 수리하도록 명시하고 신속한 수사를 위하여 각종 수사기한을 정비하는 한편, 검사와 사법경찰관 사이의 상호 협력을 강화하는 등 현행 제도의 운영상 나타난 일부 미비점을 개선·보완하려는 것이다.

2. 주요내용

가. 검사와 사법경찰관의 협력 활성화(제7조 및 제8조)
「공직선거법」에 따른 단기 공소시효가 적용되는 사건 등의 경우 공소시효 만료일 3개월 전까지 상호 의견을 제시·교환하도록 의무화하는 등 검사와 사법경찰관의 상호 협력을 활성화함.

나. 수사기관의 고소·고발 수리 의무 및 수사 기한 명시(제16조의2 신설)
고소장이나 고발장 접수를 부당하게 거부하는 일부 잘못된 관행을 개선하기 위하여 고소 또는 고발을 받은 경우 이를 수리하도록 하고, 그 수리한 날부터 3개월 이내에 수사를 마치도록 함.

다. 사건 이송 및 보완수사·재수사의 기한 명시(제18조 제4항, 제60조 제3항 및 제63조 제4항 신설)
1) 검사는 검찰청 외의 수사기관에서 수사하는 것이 적절하다고 판단되는 사건을 이송하는 경우 사건을 수리한 날부터 1개월 이내에 이송하도록 함.
2) 사법경찰관은 보완수사요구나 재수사의 요청이 접수된 날부터 3개월 이내에 보완수사나 재수사를 마치도록 함.

라. 영장 사본의 교부절차 마련(제32조의2 및 제37조 후단 신설, 제38조)
영장에 따라 피의자를 체포·구속하거나 압수·수색 또는 검증을 하는 경우 영장 사본의 교부절차를 구체적으로 정하는 한편, 영장을 제시하거나 사본을 교부하는 경우 피해자 등의 개인정보가 불필요하게 노출되지 않도록 함.

마. 검사와 사법경찰관의 보완수사 분담 기준 정비(제59조 제1항, 제59조 제2항 신설)
종전에는 검사가 사법경찰관으로부터 송치받은 사건에 대하여 특별히 직접 보완수사를 할 필요가 있는 경우를 제외하고는 사법경찰관에게 보완수사를 요구하는 것을 원칙으로 하였으나, 앞으로는 구체적 사건의 성격에 따라 검사와 사법경찰관이 보완수사를 분담하도록 하여 수사업무의 편중을 개선하고 신속한 수사가 이루어질 수 있도록 함.

바. 재수사 사건의 처리절차 개선(제64조 제2항, 제64조 제3항 및 제4항 신설)
1) 검사가 범죄의 혐의 유무를 명확히 하기 위하여 사법경찰관에게 재수사를 요청한 사항에 관하여 그 이행이 이루어지지 않은 경우 검사가 사건송치를 요구할 수 있도록 함.
2) 검사가 송치요구 여부를 판단하기 위하여 필요한 경우에는 사법경찰관에게 관계 서류와 증거물의 송부를 요청할 수 있도록 하고, 요청을 받은 사법경찰관은 이에 협력하도록 함.

검사와 사법경찰관의 상호협력과 일반적 수사준칙에 관한 규정 [대통령령 제31089호, 2020.10.7., 제정]	검사와 사법경찰관의 상호협력과 일반적 수사준칙에 관한 규정 [대통령령 제33808호, 2023.10.17., 일부개정]
제7조(중요사건 협력절차) 검사와 사법경찰관은 공소시효가 임박한 사건이나 내란, 외환, 선거, 테러, 대형참사, 연쇄살인 관련 사건, 주한 미합중국 군대의 구성원·외국인군무원 및 그 가족이나 초청계약자의 범죄 관련 사건 등 많은 피해자가 발생하거나 국가적·사회적 피해가 큰 중요한 사건(이하 "중요사건"이라 한다)의 경우에는 송치 전에 수사할 사항, 증거 수집의 대상, 법령의 적용 등에 관하여 상호 의견을 제시·교환할 것을 요청할 수 있다.	제7조(중요사건 협력절차) ① 검사와 사법경찰관은 다음 각 호의 어느 하나에 해당하는 사건(이하 "중요사건"이라 한다)의 경우에는 송치 전에 수사할 사항, 증거 수집의 대상, 법령의 적용, 범죄수익 환수를 위한 조치 등에 관하여 상호 의견을 제시·교환할 것을 요청할 수 있다. 이 경우 검사와 사법경찰관은 특별한 사정이 없으면 상대방의 요청에 응해야 한다. 1. 공소시효가 임박한 사건 2. 내란, 외환, 대공(對共), 선거(정당 및 정치자금 관련 범죄를 포함한다), 노동, 집단행동, 테러, 대형참사 또는 연쇄살인 관련 사건 3. 범죄를 목적으로 하는 단체 또는 집단의 조직·구성·가입·활동 등과 관련된 사건 4. 주한 미합중국 군대의 구성원·외국인군무원 및 그 가족이나 초청계약자의 범죄 관련 사건 5. 그 밖에 많은 피해자가 발생하거나 국가적·사회적 피해가 큰 중요한 사건 ② 제1항에도 불구하고 검사와 사법경찰관은 다음 각 호의 어느 하나에 따른 공소시효가 적용되는 사건에 대해서는 공소시효 만료일 3개월 전까지 제1항 각 호 외의 부분 전단에 규정된 사항 등에 관하여 상호 의견을 제시·교환해야 한다. 다만, 공소시효 만료일 전 3개월 이내에 수사를 개시한 때에는 지체 없이 상호 의견을 제시·교환해야 한다. 1. 「공직선거법」 제268조 2. 「공공단체등 위탁선거에 관한 법률」 제71조 3. 「농업협동조합법」 제172조제4항 4. 「수산업협동조합법」 제178조제5항 5. 「산림조합법」 제132조제4항 6. 「소비자생활협동조합법」 제86조제4항 7. 「염업조합법」 제59조제4항 8. 「엽연초생산협동조합법」 제42조제5항 9. 「중소기업협동조합법」 제137조제3항 10. 「새마을금고법」 제85조제6항 11. 「교육공무원법」 제62조제5항
제8조(검사와 사법경찰관의 협의) ① 검사와 사법경찰관은 수사와 사건의 송치, 송부 등에 관한 이견의 조정이나 협력 등이 필요한 경우 서로 협의를 요청할 수 있다. 다만, 다음 각 호의 어느 하나에 해당하는 경우에는 상대방의 협의 요청에 응해야 한다. ② 제1항제1호, 제2호, 제4호 또는 제6호의 경우 해당 검사와 사법경찰관의 협의에도 불구하고 이견이 해소되지 않는 경우에는 해당 검사가 소속된 검찰청의 장과 해당 사법경찰관이 소속된 경찰관서(지방해양경찰관서를 포함한다. 이하 같다)의 장의 협의에 따른다.	제8조(검사와 사법경찰관의 협의) ① 검사와 사법경찰관은 수사와 사건의 송치, 송부 등에 관한 이견의 조정이나 협력 등이 필요한 경우 서로 협의를 요청할 수 있다. 이 경우 특별한 사정이 없으면 상대방의 협의 요청에 응해야 한다. ② 제1항에 따른 협의에도 불구하고 이견이 해소되지 않는 경우로서 다음 각 호의 어느 하나에 해당하는 경우에는 해당 검사가 소속된 검찰청의 장과 해당 사법경찰관이 소속된 경찰관서(지방해양경찰관서를 포함한다. 이하 같다)의 장의 협의에 따른다.

〈신설〉	1. 중요사건에 관하여 상호 의견을 제시·교환하는 것에 대해 이견이 있거나 제시·교환한 의견의 내용에 대해 이견이 있는 경우
〈신설〉	2. 「형사소송법」(이하 "법"이라 한다) 제197조의2제2항 및 제3항에 따른 정당한 이유의 유무에 대해 이견이 있는 경우
〈신설〉	3. 법 제197조의4제2항 단서에 따라 사법경찰관이 계속 수사할 수 있는지 여부나 사법경찰관이 계속 수사할 수 있는 경우 수사를 계속할 주체 또는 사건의 이송 여부 등에 대해 이견이 있는 경우
〈신설〉	4. 법 제245조의8제2항에 따른 재수사의 결과에 대해 이견이 있는 경우
〈신설〉	☆☆☆ 제16조의2(고소·고발 사건의 수리 등) ① 검사 또는 사법경찰관은 고소 또는 고발을 받은 경우에는 이를 <u>수리해야 한다</u>. ② 검사 또는 사법경찰관은 고소 또는 고발에 따라 범죄를 수사하는 경우에는 <u>고소 또는 고발을 수리한 날부터 3개월</u> 이내에 수사를 마쳐야 한다.
제18조(검사의 사건 이송 등) ① 검사는 다음 각 호의 어느 하나에 해당하는 때에는 사건을 검찰청 외의 수사기관에 이송해야 한다. ② · ③ (생략) 〈신설〉	제18조(검사의 사건 이송 등) ① 검사는 「검찰청법」 제4조제1항제1호 각 목에 해당되지 않는 범죄에 대한 고소·고발·진정 등이 접수된 때에는 사건을 검찰청 외의 수사기관에 이송해야 한다. ② · ③ (현행과 같음) ④ <u>검사는 제2항제2호(그 밖에 다른 수사기관에서 수사하는 것이 적절하다고 판단되는 때)에 따른 이송을 하는 경우에는 특별한 사정이 없으면 사건을 수리한 날부터 1개월</u> 이내에 이송해야 한다.
제27조(긴급체포) ① 사법경찰관은 법 제200조의3제2항에 따라 긴급체포 후 12시간 내에 검사에게 긴급체포의 승인을 요청해야 한다. 다만, 제51조제1항제4호가목 또는 제52조제1항제3호에 따라 수사중지 결정 또는 기소중지 결정이 된 피의자를 소속 경찰관서가 위치하는 특별시·광역시·특별자치시·도 또는 특별자치도 외의 지역이나 「연안관리법」 제2조제2호나목의 바다에서 긴급체포한 경우에는 긴급체포 후 24시간 이내에 긴급체포의 승인을 요청해야 한다. 〈신설〉 〈신설〉 ②~④ (생략)	제27조(긴급체포) ① 사법경찰관은 법 제200조의3제2항에 따라 긴급체포 후 12시간 내에 검사에게 긴급체포의 승인을 요청해야 한다. 다만, 다음 각 호의 어느 하나에 해당하는 경우에는 긴급체포 후 24시간 이내에 긴급체포의 승인을 요청해야 한다. 1. 제51조제1항제4호가목에 따른 피의자중지 또는 제52조제1항제3호에 따른 기소중지 결정이 된 피의자를 소속 경찰관서가 위치하는 특별시·광역시·특별자치시·도 또는 특별자치도 외의 지역에서 긴급체포한 경우 2. 「해양경비법」 제2조제2호에 따른 경비수역에서 긴급체포한 경우 ②~④ (현행과 같음)
〈신설〉	제32조의2(체포·구속영장 사본의 교부) ① ☆ <u>검사 또는 사법경찰관은 영장에 따라 피의자를 체포하거나 구속하는 경우에는 법 제200조의6 또는 제209조에서 준용하는 법 제85조제1항 또는 제4항에 따라 피의자에게 반드시 영장을 제시하고 그 사본을 교부해야 한다.</u>

	② 검사 또는 사법경찰관은 제1항에 따라 피의자에게 영장을 제시하거나 영장의 사본을 교부할 때에는 사건관계인의 개인정보가 피의자의 방어권 보장을 위해 필요한 정도를 넘어 불필요하게 노출되지 않도록 유의해야 한다. ③ ✧ 검사 또는 사법경찰관은 제1항에 따라 피의자에게 영장의 사본을 교부한 경우에는 피의자로부터 영장 사본 교부 확인서를 받아 사건기록에 편철한다. ④ 피의자가 영장의 사본을 수령하기를 거부하거나 영장 사본 교부 확인서에 기명날인 또는 서명하는 것을 거부하는 경우에는 검사 또는 사법경찰관이 영장 사본 교부 확인서 끝 부분에 그 사유를 적고 기명날인 또는 서명해야 한다.
제36조(피의자의 석방) ① 검사 또는 사법경찰관은 법 제200조의2제5항 또는 제200조의4제2항에 따라 구속영장을 청구하거나 신청하지 않고 체포 또는 긴급체포한 피의자를 석방하려는 때에는 다음 각 호의 구분에 따른 사항을 적은 피의자 석방서를 작성해야 한다. 1.·2. (생략) ② 사법경찰관은 제1항에 따라 피의자를 석방한 경우 다음 각 호의 구분에 따라 처리한다. 1. (생략) 2. 긴급체포한 피의자를 석방한 때: 법 제200조의4제6항에 따라 즉시 검사에게 석방 사실을 보고하고, 그 보고서 사본을 사건기록에 편철한다.	제36조(피의자의 석방) ① 검사 또는 사법경찰관은 법 제200조의2제5항 또는 제200조의4제2항에 따라 구속영장을 청구하거나 신청하지 않고(사법경찰관이 구속영장의 청구를 신청하였으나 검사가 그 신청을 기각한 경우를 포함한다) 체포 또는 긴급체포한 피의자를 석방하려는 때에는 다음 각 호의 구분에 따른 사항을 적은 피의자 석방서를 작성해야 한다. 1.·2. (현행과 같음) ② 사법경찰관은 제1항에 따라 피의자를 석방한 경우 다음 각 호의 구분에 따라 처리한다. 1. (현행과 같음) 2. 긴급체포한 피의자를 석방한 때: 즉시 검사에게 석방 사실을 보고하고, 그 보고서 사본을 사건기록에 편철한다.
제37조(압수·수색 또는 검증영장의 청구·신청) 검사 또는 사법경찰관은 압수·수색 또는 검증영장을 청구하거나 신청할 때에는 압수·수색 또는 검증의 범위를 범죄 혐의의 소명에 필요한 최소한으로 정해야 하고, 수색 또는 검증할 장소·신체·물건 및 압수할 물건 등을 구체적으로 특정해야 한다. 〈후단 신설〉	제37조(압수·수색 또는 검증영장의 청구·신청) 검사 또는 사법경찰관은 압수·수색 또는 검증영장을 청구하거나 신청할 때에는 압수·수색 또는 검증의 범위를 범죄 혐의의 소명에 필요한 최소한으로 정해야 하고, 수색 또는 검증할 장소·신체·물건 및 압수할 물건 등을 구체적으로 특정해야 한다. 이 경우 수사기밀이나 사건관계인의 개인정보가 압수·수색 또는 검증을 필요로 하는 사유의 소명에 필요한 정도를 넘어 불필요하게 노출되지 않도록 유의해야 한다.
제38조(압수·수색 또는 검증영장의 제시) ① 검사 또는 사법경찰관은 법 제219조에서 준용하는 법 제118조에 따라 영장을 제시할 때에는 피압수자에게 법관이 발부한 영장에 따른 압수·수색 또는 검증이라는 사실과 영장에 기재된 범죄사실 및 수색 또는 검증할 장소·신체·물건, 압수할 물건 등을 명확히 알리고, 피압수자가 해당 영장을 열람할 수 있도록 해야 한다. 〈후단 신설〉 ② 압수·수색 또는 검증의 처분을 받는 자가 여럿인 경우는 모두에게 개별적으로 영장을 제시해야 한다. 〈후단 신설〉 〈신설〉	제38조(압수·수색 또는 검증영장의 제시·교부) ① 검사 또는 사법경찰관은 법 제219조에서 준용하는 법 제118조에 따라 영장을 제시할 때에는 처분을 받는 자에게 법관이 발부한 영장에 따른 압수·수색 또는 검증이라는 사실과 영장에 기재된 범죄사실 및 수색 또는 검증할 장소·신체·물건, 압수할 물건 등을 명확히 알리고, 처분을 받는 자가 해당 영장을 열람할 수 있도록 해야 한다. ✧ 이 경우 처분을 받는 자가 피의자인 경우에는 해당 영장의 사본을 교부해야 한다. ② ✧ 압수·수색 또는 검증의 처분을 받는 자가 여럿인 경우에는 모두에게 개별적으로 영장을 제시해야 한다. 이 경우 피의자에게는 개별적으로 해당 영장의 사본을 교부해야 한다. ③ 검사 또는 사법경찰관은 제1항 및 제2항에 따라 피의자에게 영장을 제시하거나 영장의 사본을 교부할 때에는 사건관계인의 개인정보가 피의자의 방어권 보장을 위해 필요한 정도를 넘어 불필요하게 노출되지 않도록 유의해야 한다.

〈신설〉 〈신설〉	④ ✦ 검사 또는 사법경찰관은 제1항 후단 및 제2항 후단에 따라 피의자에게 영장의 사본을 교부한 경우에는 피의자로부터 영장 사본 교부 확인서를 받아 사건기록에 편철한다. ⑤ 피의자가 영장의 사본을 수령하기를 거부하거나 영장 사본 교부 확인서에 기명날인 또는 서명하는 것을 거부하는 경우에는 검사 또는 사법경찰관이 영장 사본 교부 확인서 끝부분에 그 사유를 적고 기명날인 또는 서명해야 한다.
제51조(사법경찰관의 결정) ① · ② (생략) ③ 사법경찰관은 제1항제3호나목 또는 다목에 해당하는 사건이 다음 각 호의 어느 하나에 해당하는 경우에는 해당 사건을 검사에게 이송한다. 1. (생략) 2. 기소되어 사실심 계속 중인 사건과 포괄일죄를 구성하는 관계에 있는 경우 ④ · ⑤ (생략)	제51조(사법경찰관의 결정) ① · ② (현행과 같음) ③ 사법경찰관은 제1항제3호나목 또는 다목(죄가안됨 또는 공소권 없음)에 해당하는 사건이 다음 각 호의 어느 하나에 해당하는 경우에는 해당 사건을 검사에게 이송한다. 1. (현행과 같음) 2. 기소되어 사실심 계속 중인 사건과 포괄일죄를 구성하는 관계에 있거나 「형법」 제40조에 따른 상상적 경합 관계에 있는 경우 ④ · ⑤ (현행과 같음)
제53조(수사 결과의 통지) ① 검사 또는 사법경찰관은 제51조 또는 제52조에 따른 결정을 한 경우에는 그 내용을 고소인 · 고발인 · 피해자 또는 그 법정대리인(피해자가 사망한 경우에는 그 배우자 · 직계친족 · 형제자매를 포함한다. 이하 "고소인등"이라 한다)과 피의자에게 통지해야 한다. 다만, 제51조제1항제4호가목에 따른 피의자중지 결정 또는 제52조제1항제3호에 따른 기소중지 결정을 한 경우에는 고소인등에게만 통지한다. 〈신설〉 〈신설〉 ② · ③ (생략)	제53조(수사 결과의 통지) ① 검사 또는 사법경찰관은 제51조 또는 제52조에 따른 결정을 한 경우에는 그 내용을 고소인 · 고발인 · 피해자 또는 그 법정대리인(피해자가 사망한 경우에는 그 배우자 · 직계친족 · 형제자매를 포함한다. 이하 "고소인등"이라 한다)과 피의자에게 통지해야 한다. 다만, 다음 각 호의 어느 하나에 해당하는 경우에는 고소인등에게만 통지한다. 1. 제51조제1항제4호가목에 따른 피의자중지 결정 또는 제52조제1항제3호에 따른 기소중지 결정을 한 경우 2. 제51조제1항제5호 또는 제52조제1항제7호에 따른 이송(법 제256조에 따른 송치는 제외한다) 결정을 한 경우로서 검사 또는 사법경찰관이 해당 피의자에 대해 출석요구 또는 제16조제1항 각 호의 어느 하나에 해당하는 행위를 하지 않은 경우 ② · ③ (현행과 같음)
제59조(보완수사요구의 대상과 범위) ① 검사는 법 제245조의5 제1호에 따라 사법경찰관으로부터 송치받은 사건에 대해 보완수사가 필요하다고 인정하는 경우에는 특별히 직접 보완수사를 할 필요가 있다고 인정되는 경우를 제외하고는 사법경찰관에게 보완수사를 요구하는 것을 원칙으로 한다.	제59조(보완수사요구의 대상과 범위) ① ✦✦ 검사는 사법경찰관으로부터 송치받은 사건에 대해 보완수사가 필요하다고 인정하는 경우에는 직접 보완수사를 하거나 법 제197조의2제1항제1호에 따라 사법경찰관에게 보완수사를 요구할 수 있다. 다만, 송치사건의 공소제기 여부 결정에 필요한 경우로서 다음 각 호의 어느 하나에 해당하는 경우에는 특별히 사법경찰관에게 보완수사를 요구할 필요가 있다고 인정되는 경우를 제외하고는 검사가 직접 보완수사를 하는 것을 원칙으로 한다. 1. 사건을 수리한 날(이미 보완수사요구가 있었던 사건의 경우 보완수사 이행 결과를 통보받은 날을 말한다)부터 1개월이 경과한 경우 2. 사건이 송치된 이후 검사가 해당 피의자 및 피의사실에 대해 상당한 정도의 보완수사를 한 경우 3. 법 제197조의3제5항, 제197조의4제1항 또는 제198조의2제2항에 따라 사법경찰관으로부터 사건을 송치받은 경우

② 검사는 법 제197조의2제1항제1호에 따라 사법경찰관에게 송치사건 및 관련사건(법 제11조에 따른 관련사건 및 법 제208조제2항에 따라 간주되는 동일한 범죄사실에 관한 사건을 말한다. 다만, 법 제11조제1호의 경우에는 수사기록에 명백히 현출(現出)되어 있는 사건으로 한정한다)에 대해 다음 각 호의 사항에 관한 보완수사를 요구할 수 있다.
1. 범인에 관한 사항
2. 증거 또는 범죄사실 증명에 관한 사항
3. 소송조건 또는 처벌조건에 관한 사항
4. 양형 자료에 관한 사항
5. 죄명 및 범죄사실의 구성에 관한 사항
6. 그 밖에 송치받은 사건의 공소제기 여부를 결정하는 데 필요하거나 공소유지와 관련해 필요한 사항

③ 검사는 사법경찰관이 신청한 영장(「통신비밀보호법」 제6조 및 제8조에 따른 통신제한조치허가서 및 같은 법 제13조에 따른 통신사실 확인자료 제공 요청 허가서를 포함한다. 이하 이 항에서 같다)의 청구 여부를 결정하기 위해 필요한 경우 법 제197조의2제1항제2호에 따라 사법경찰관에게 보완수사를 요구할 수 있다. 이 경우 보완수사를 요구할 수 있는 범위는 다음 각 호와 같다.
1. (생략)
2. 증거 또는 범죄사실 소명에 관한 사항
3. (생략)
4. 해당 영장이 필요한 사유에 관한 사항
5. (생략)
6. 법 제11조(법 제11조제1호의 경우는 수사기록에 명백히 현출되어 있는 사건으로 한정한다)와 관련된 사항
〈신설〉

4. 제7조 또는 제8조에 따라 검사와 사법경찰관이 사건 송치 전에 수사할 사항, 증거수집의 대상 및 법령의 적용 등에 대해 협의를 마치고 송치한 경우
② 검사는 법 제197조의2제1항에 따른 보완수사요구 여부를 판단하는 경우 필요한 보완수사의 정도, 수사 진행 기간, 구체적 사건의 성격에 따른 수사 주체의 적합성 및 검사와 사법경찰관의 상호 존중과 협력의 취지 등을 종합적으로 고려한다.

③ 검사는 법 제197조의2제1항제1호에 따라 사법경찰관에게 송치사건 및 관련사건(법 제11조에 따른 관련사건 및 법 제208조제2항에 따라 간주되는 동일한 범죄사실에 관한 사건을 말한다. 다만, 법 제11조제1호의 경우에는 수사기록에 명백히 현출(現出)되어 있는 사건으로 한정한다)에 대해 다음 각 호의 사항에 관한 보완수사를 요구할 수 있다.
1. (현행과 같음)
2. 증거 또는 범죄사실 증명에 관한 사항
3. (현행과 같음)
4. 양형 자료에 관한 사항
5. (현행과 같음)
6. 그 밖에 송치받은 사건의 공소제기 여부를 결정하는 데 필요하거나 공소유지와 관련해 필요한 사항

④ 검사는 사법경찰관이 신청한 영장(「통신비밀보호법」 제6조 및 제8조에 따른 통신제한조치허가서 및 같은 법 제13조에 따른 통신사실 확인자료 제공 요청 허가서를 포함한다. 이하 이 항에서 같다)의 청구 여부를 결정하기 위해 필요한 경우 법 제197조의2제1항제2호에 따라 사법경찰관에게 보완수사를 요구할 수 있다. 이 경우 보완수사를 요구할 수 있는 범위는 다음 각 호와 같다.
1. 범인에 관한 사항
2. 증거 또는 범죄사실 소명에 관한 사항
3. 소송조건 또는 처벌조건에 관한 사항
4. 해당 영장이 필요한 사유에 관한 사항
5. 죄명 및 범죄사실의 구성에 관한 사항
6. 법 제11조(법 제11조제1호의 경우는 수사기록에 명백히 현출되어 있는 사건으로 한정한다)와 관련된 사항
7. 그 밖에 사법경찰관이 신청한 영장의 청구 여부를 결정하기 위해 필요한 사항

제60조(보완수사요구의 방법과 절차) ① · ② (생략) ③ 사법경찰관은 법 제197조의2제2항에 따라 보완수사를 이행한 경우에는 그 이행 결과를 검사에게 서면으로 통보해야 하며, 제1항 본문에 따라 관계 서류와 증거물을 송부받은 경우에는 그 서류와 증거물을 함께 반환해야 한다. 다만, 관계 서류와 증거물을 반환할 필요가 없는 경우에는 보완수사의 이행 결과만을 검사에게 통보할 수 있다. ④ 사법경찰관은 법 제197조의2제1항제1호에 따라 보완수사를 이행한 결과 법 제245조의5제1호에 해당하지 않는다고 판단한 경우에는 제51조제1항제3호에 따라 사건을 불송치하거나 같은 항 제4호에 따라 수사중지할 수 있다. 〈신설〉	제60조(보완수사요구의 방법과 절차) ① · ② (현행과 같음) ③ ☆☆☆ 사법경찰관은 법 제197조의2제1항에 따른 보완수사요구가 접수된 날부터 3개월 이내에 보완수사를 마쳐야 한다. ④ 사법경찰관은 법 제197조의2제2항에 따라 보완수사를 이행한 경우에는 그 이행 결과를 검사에게 서면으로 통보해야 하며, 제1항 본문에 따라 관계 서류와 증거물을 송부받은 경우에는 그 서류와 증거물을 함께 반환해야 한다. 다만, 관계 서류와 증거물을 반환할 필요가 없는 경우에는 보완수사의 이행 결과만을 검사에게 통보할 수 있다. ⑤ 사법경찰관은 법 제197조의2제1항제1호에 따라 보완수사를 이행한 결과 법 제245조의5제1호에 해당하지 않는다고 판단한 경우에는 제51조제1항제3호에 따라 사건을 불송치하거나 같은 항 제4호에 따라 수사중지할 수 있다.
제63조(재수사요청의 절차 등) ①~③ (생략) 〈신설〉	제63조(재수사요청의 절차 등) ①~③ (현행과 같음) ④ ☆☆☆ 사법경찰관은 법 제245조의8제1항에 따른 재수사의 요청이 접수된 날부터 3개월 이내에 재수사를 마쳐야 한다.
제64조(재수사 결과의 처리) ① (생략) ② 검사는 사법경찰관이 제1항제2호에 따라 재수사 결과를 통보한 사건에 대해서 다시 재수사를 요청을 하거나 송치 요구를 할 수 없다. 다만, 사법경찰관의 재수사에도 불구하고 관련 법리에 위반되거나 송부받은 관계 서류 및 증거물과 재수사결과만으로도 공소제기를 할 수 있을 정도로 명백히 채증법칙에 위반되거나 공소시효 또는 형사소추의 요건을 판단하는 데 오류가 있어 사건을 송치하지 않은 위법 또는 부당이 시정되지 않은 경우에는 재수사 결과를 통보받은 날부터 30일 이내에 법 제197조의3에 따라 사건송치를 요구할 수 있다. 〈신설〉 〈신설〉 〈신설〉 〈신설〉 〈신설〉 〈신설〉	제64조(재수사 결과의 처리) ① (현행과 같음) ② 검사는 사법경찰관이 제1항제2호에 따라 재수사 결과를 통보한 사건에 대해서 다시 재수사를 요청하거나 송치 요구를 할 수 없다. 다만, 검사는 사법경찰관이 사건을 송치하지 않은 위법 또는 부당이 시정되지 않아 사건을 송치받아 수사할 필요가 있는 다음 각 호의 경우에는 법 제197조의3에 따라 사건송치를 요구할 수 있다. 1. 관련 법령 또는 법리에 위반된 경우 2. 범죄 혐의의 유무를 명확히 하기 위해 재수사를 요청한 사항에 관하여 그 이행이 이루어지지 않은 경우. 다만, 불송치 결정의 유지에 영향을 미치지 않음이 명백한 경우는 제외한다. 3. 송부받은 관계 서류 및 증거물과 재수사 결과만으로도 범죄의 혐의가 명백히 인정되는 경우 4. 공소시효 또는 형사소추의 요건을 판단하는 데 오류가 있는 경우 ③ 검사는 제2항 각 호 외의 부분 단서에 따른 사건송치 요구 여부를 판단하기 위해 필요한 경우에는 사법경찰관에게 관계 서류와 증거물의 송부를 요청할 수 있다. 이 경우 요청을 받은 사법경찰관은 이에 협력해야 한다. ④ 검사는 재수사 결과를 통보받은 날(제3항에 따라 관계 서류와 증거물의 송부를 요청한 경우에는 관계 서류와 증거물을 송부받은 날을 말한다)부터 30일 이내에 제2항 각 호 외의 부분 단서에 따른 사건송치 요구를 해야 하고, 그 기간 내에 사건송치 요구를 하지 않을 경우에는 송부받은 관계 서류와 증거물을 사법경찰관에게 반환해야 한다.

MEMO

해커스경찰
police.Hackers.com

판례 색인

해커스경찰 허정 형사법 3권 형사소송법

대법원 판례

1950

대판 1957.3.29. 57도58 ············· 57

1960

대판 1961.8.16. 61도171 ············· 249
대판 1961.10.26. 4294형상590 ······· 176
대판 1964.12.15. 64도481 ············· 53
대판(전) 1966.7.26. 66도634 ········ 246
대판 1967.5.23. 67도471 ············· 55
대판 1968.3.19. 68도43 ·············· 248
대판 1969.1.21. 68도1672 ············ 147
대판 1969.4.29. 69도376 ············· 46
대판 1969.5.13. 69도364 ············· 214
대판 1969.5.27. 69도509 ············· 97

1970

대판 1970.10.30. 70도1936 ··········· 174
대판 1970.11.24. 70도2109 ··········· 179
대판 1971.11.30. 71도1736 ··········· 56
대판 1972.5.23. 72도840 ············· 14
대판 1972.6.13. 72도922 ············· 216
대판 1974.1.15. 73도1819 ············ 246
대판 1976.3.23. 75도2068 ············ 235
대판 1976.4.13. 76도500 ············· 217
대판 1976.9.28. 76도2118 ············ 205
대판 1976.10.12. 76도2781 ··········· 218
대판 1976.10.12. 76도2960 ··········· 217
대판 1977.4.26. 77도210 ············· 183
대판 1978.1.31. 77도463 ············· 181
대판 1978.2.28. 78도49 ·············· 197
대판 1979.6.12. 79도792 ············· 152
대판 1979.8.21. 79도1528 ············ 249
대판 1979.11.27. 76도3962 ··········· 205

1980

대판 1980.4.8. 79도2125 ············· 234
대판 1980.9.9. 79도2062 ············· 11
대판 1980.12.9. 80도2656 ············ 234
대판 1981.1.13. 80도2210 ············ 49
대판 1981.6.9. 81도1357 ············· 199
대판 1981.6.23. 81도1250 ············ 41
대판 1981.7.7. 81도1282 ············· 218
대판 1981.7.7. 81도1314 ············· 246
대판 1981.10.6. 81도1968 ············ 49
대판 1981.11.10. 81도1171 ············ 48
대판 1981.12.22. 80도1547 ··········· 242
대판 1982.6.22. 82도898 ············· 185
대판(전) 1982.9.14. 82도1479 ········ 201
대판 1982.9.14. 82도1504
  ···································· 211, 216, 217
대판 1983.2.8. 82도2940 ············· 251
대판 1983.2.8. 82도3021 ············· 237
대판 1983.2.22. 82도3107 ············ 248
대판 1983.3.8. 82도2873 ········ 227, 229
대판 1983.3.8. 82도3248 ············· 16
대판 1983.3.22. 82도2494 ············ 235
대판 1983.6.28. 83도1019 ············ 232
대판 1983.7.26. 83도1431 ············ 48
대판 1983.8.23. 83도196 ············· 204
대판 1983.8.23. 83도820 ············· 249
대판 1983.9.13. 83도712 ············· 182
대판 1983.9.27. 83도516 ·· 49, 228, 229
대판 1983.10.25. 82도571 ············ 251
대판 1983.12.13. 83도2613 ··········· 217
대판 1984.2.28. 83도3145 ············ 216
대판 1984.3.13. 83도3006 ············ 134
대판 1984.5.9. 83도2782 ············· 182
대판 1984.5.15. 84도508 ············· 197
대판 1984.5.29. 84도378 ············· 202
대판 1984.6.26. 84도709 ············· 40
대판 1984.7.10. 84도846 ········ 103, 197
대판 1984.9.25. 84도1646 ············ 165
대판 1984.10.10. 84도1552 ··········· 229
대판 1984.10.23. 84도1704 ··········· 40
대판 1984.11.27. 84도2252 ··········· 182
대판 1985.2.8. 84도2682 ············· 50
대판 1985.2.26. 82도2413 ······· 180, 181
대판 1985.3.9. 85도951 ·············· 245
대판 1985.4.9. 85도225 ·············· 216
대판 1985.5.14. 85도441 ············· 241
대판 1985.7.23. 85도1213 ············ 41
대판 1985.8.20. 85도1288 ············ 43
대판 1985.9.10. 85도1273 ············ 45
대판 1985.10.8. 85도1843 ············ 204
대판 1985.11.12. 85도1940 ··········· 49
대판 1985.12.10. 85도2182 ··········· 182
대판 1986.2.5. 85도2788 ············· 214
대판 1986.2.25. 85도2769 ············ 234
대판 1986.9.23. 86도1547 ············ 234
대판 1986.11.25. 83도1718 ··········· 183
대판 1987.6.9. 87도857 ·············· 43
대판 1987.6.9. 87도915 ·············· 35
대판 1987.7.21. 87도968 ········· 63, 227
대판 1987.7.7. 86도586 ·············· 173
대판 1987.9.8. 87도1446 ············· 214
대판 1987.9.22. 87도1707 ········ 42, 45
대판 1988.3.8. 85도2518 ············· 49
대판 1988.6.28. 88도740 ············· 234
대판 1988.11.8. 86도1646
  ···················· 152, 153, 187, 229, 252
대판 1988.11.16. 88초60 ············· 12
대판 1989.9.26. 88도1533 ············ 56
대판 1989.10.10. 87도966 ······· 172, 228
대판 1989.10.10. 89누2271 ··········· 164

1990

대판 1990.6.8. 90도646 ·············· 104
대판 1990.6.12. 90도672 ············· 14
대판 1990.6.22. 90도741 ············· 248
대판 1990.7.24. 90도1303 ············ 231
대판 1990.8.24. 90도1285 ············ 105
대판 1990.9.25. 90도1613 ············ 105
대판 1990.10.16. 90도1474 ··········· 205
대판 1990.10.26. 90도1229 ··········· 231
대판 1991.6.28. 91도865 ············· 230
대판 1991.9.24. 91도1314 ············ 84
대판 1992.2.28. 91도2337 ············ 153
대판 1992.3.10. 91도1 ··············· 181
대판 1992.3.13. 91도2281 ············ 214
대판 1992.6.23. 92도682 ············· 206
대판 1992.9.22. 91도3317 ············ 10
대판 1993.1.19. 92도2636 ············ 205
대판 1993.8.13. 93도926 ············· 84
대판 1993.11.23. 93다35155 ·········· 62
대판 1994.4.26. 93도1689 ············ 54
대판 1994.5.13. 94도458 ············· 55
대판 1994.7.29. 93도955 ············· 232
대판 1994.8.9. 94도1228 ············· 198
대판 1994.11.11. 94도1159 ··········· 242
대판 1994.11.11. 94도343 ············ 205
대판 1995.1.24. 94도1476 ············ 211
대판 1995.2.24. 94도2092 ············ 234
대판 1995.2.24. 94도252 ············· 33
대판 1995.3.10. 94도3373 ············ 33
대판 1995.3.24. 94도2287 ············ 201
대판 1995.5.9. 94도3016 ············· 84
대판 1995.5.9. 95도696 ·············· 45
대판 1995.5.23. 94도1735 ············ 200
대판 1995.6.30. 94도993 ············· 247
대판 1995.10.13. 95도1367 ··········· 51
대판 1995.12.8. 95도2043 ············ 233
대판 1995.12.22. 95도1289 ··········· 252
대판 1996.1.26. 95도2526 ············ 228

대판 1996.2.13. 95도1794 ·············· 250
대판 1996.3.12. 94도2423 ········ 40, 53
대판 1996.5.14. 96도575 ················ 214
대판 1996.7.12. 96도667 ················ 200
대판 1996.10.15. 96도1301 ············· 172
대판(전) 1996.10.17. 94도2865 ······ 246
대판 1996.10.25. 95도1473 ············· 175
대판 1996.12.6. 96도2461 ··············· 238
대판 1997.1.21. 96도2715 ··············· 248
대판 1997.3.28. 97도240 ················ 224
대판 1997.4.11. 96도2865 ··············· 204
대판 1997.6.13. 96도3069 ················ 58
대판 1997.6.27. 95도1964 ··············· 181
대판 1997.7.25. 97도1351 ··············· 212
대판 1997.8.22. 97도1240 ················· 39
대판 1997.9.30. 97도1230 ··············· 191
대판 1997.10.10. 97도1720 ··············· 183
대판 1997.10.28. 97도2211 ··············· 200
대판 1998.2.27. 97도1770
 ······························· 177, 242, 243
대판 1998.4.28. 96다48831 ·············· 101
대판 1998.5.8. 97다54482 ················ 134
대판 1998.11.13. 96도1783 ··············· 170
대판 1998.12.22. 98도2890 ······ 183, 247
대판 1999.1.26. 98도3029 ················· 86
대판 1999.2.9. 98도2074 ·················· 41
대판 1999.2.26. 98도2742 ··············· 212
대판 1999.3.9. 98도3169 ················ 225
대판 1999.3.23. 99도338 ················ 248
대판 1999.3.26. 97도1769 ·········· 40, 45
대판 1999.4.13. 99도237 ·················· 199
대판(전) 1999.4.15. 96도1922 ····· 49, 50
대판 1999.4.23. 99도576 ·················· 44
대판 1999.4.23. 99도915 ················· 214
대판 1999.5.14. 99도202 ················· 214
대판 1999.9.3. 98도968 ··················· 135
대판 1999.9.3. 99도2317 ············ 64, 66
대판 1999.9.7. 99도3454 ·········· 114, 115
대판 1999.11.12. 99도3341 ·············· 245
대판 1999.11.26. 99도3786 ·············· 214
대판 1999.12.7. 98도3329 ···· 20, 32, 66
대판 1999.12.24. 99도3784 ················ 43

2000

대판 2000.2.25. 99도1252 ··············· 174
대판 2000.3.28. 99두11264 ·············· 164
대판 2000.6.9. 2000도1765 ·············· 214
대판(전) 2000.6.15. 99도1108 ·· 187, 229
대판 2000.7.4. 99도4341 ············ 81, 85

대판 2000.9.26. 2000도2365 ·········· 247
대판 2000.9.29. 2000도2953 ············· 50
대판 2000.12.27. 99도5679 ············· 218
대판 2001.5.29. 2000도2933 ············· 211
대판 2001.6.15. 2001감도42 ············· 174
대판 2001.7.27. 2001도2891 ············· 219
대판 2001.9.4. 2000도1743 ·············· 177
대판 2001.9.4. 2001도3081 ········· 44, 45
대판 2001.9.14. 2001도1550 ············· 193
대판 2001.9.28. 2001도3997 ············· 218
대판 2001.9.28. 2001도4091 ····· 199, 233
대판 2001.9.28. 2001도4291 ······· 83, 97
대판 2001.10.26. 2000도2968 ············ 32
대판 2001.12.11. 2001도4013 ············ 175
대판 2002.3.15. 2001도7121 ············· 174
대판 2002.3.26. 2001도5666 ············ 213
대판 2002.5.10. 2001도300 ················ 86
대판 2002.6.11. 2000도5701 ··············· 81
대판 2002.6.14. 2000도4595 ············· 44
대판 2002.7.12. 2001도6777 ··············· 48
대판 2002.10.8. 2001도3931 ··············· 13
대판 2002.10.8. 2002도123 ····· 223, 225
대판 2002.10.11. 2002도1228 ············ 50
대판 2002.10.22. 2000도5461 ·········· 226
대판 2002.10.25. 2002도4220 ·········· 150
대판 2003.1.10. 2002다56628 ·········· 104
대판 2003.1.24. 2002도6632 ············· 59
대판 2003.10.9. 2002도4372 ············ 197
대판 2003.10.10. 2003도3282 ·········· 196
대판 2003.11.13. 2001도6213 ··········· 225
대판 2004.1.16. 2003도5693 ············· 217
대판 2004.2.13. 2003도6905 ············ 237
대판 2004.3.25. 2003도8136 ············· 49
대판 2004.3.26. 2003도8077 ············ 177
대판 2004.5.14. 2004도1066 ············· 35
대판 2004.5.28. 2004도1497 ············ 179
대판 2004.9.13. 2004도3161 ············ 223
대판 2004.9.24. 2004도4066 ············· 54
대판 2004.10.15. 2004도4789 ············ 59
대판 2004.10.28. 2004도5014 ············ 44
대판 2005.1.14. 2002도5411 ·············· 52
대판 2005.3.11. 2004도8313 ············ 232
대판 2005.4.28. 2004도4428
 ··························· 196, 217, 228, 232
대판 2005.5.26. 2005도130 ·············· 227
대판 2005.8.19. 2005도2617 ···· 243, 244
대판 2005.9.9. 2005도3857 ·············· 174
대판 2005.12.9. 2005도7569 ·············· 80
대판 2005.12.23. 2005도2945 ·········· 223
대판 2006.1.13. 2003도6548 ·· 199, 202

대판 2006.1.27. 2005도8704 ············ 247
대판 2006.2.10. 2005도7158 ·············· 84
대판 2006.3.9. 2005도8675 ············· 235
대판(전) 2006.4.7. 2005도9858 ······· 176
대판 2006.4.14. 2005도9561 ··· 214, 218
대판 2006.5.11. 2005도798 ················· 11
대판 2006.5.11. 2006도1944 ············ 245
대판 2006.5.25. 2004도3619 ··· 213, 214
대판 2006.5.26. 2006도1711 ·············· 51
대판 2006.7.6. 2005도6810 ········ 62, 63
대판 2006.9.8. 2006도148 ················ 81
대판 2006.9.28. 2006도3464 ············· 35
대판 2006.10.12. 2006도4981 ··········· 225
대판 2006.11.9. 2004도8404 ············· 185
대판 2006.11.23. 2004도7900
 ··· 183, 221
대판 2006.11.24. 2006도4994 ·········· 238
대판 2006.12.8. 2005도9730 ············ 231
대판 2006.12.22. 2006도7479 ············ 214
대판 2007.1.11. 2006도7228 ············· 214
대판 2007.3.15. 2006도8869 ············ 210
대판 2007.3.15. 2007도210 ················ 49
대판 2007.4.13. 2007도1249 ······· 83, 84
대판 2007.4.26. 2007도1794 ············ 202
대판 2007.4.27. 2007도236 ·············· 175
대판 2007.5.10. 2007도1950 ············ 237
대판 2007.5.31. 2007도1903 ············· 35
대판 2007.6.14. 2004도5561 ············· 214
대판 2007.6.29. 2007도3164 ·············· 35
대판 2007.7.13. 2007도3633 ············ 197
대판 2007.7.26. 2007도3219 ············· 216
대판 2007.7.26. 2007도3906 ·· 193, 228
대판 2007.7.26. 2007도4532 ······· 34, 35
대판 2007.9.6. 2007도3405 ··············· 51
대판 2007.10.12. 2007도5571 ············· 35
대판 2007.10.25. 2007도6129 ·········· 206
대판(전) 2007.11.15. 2007도3061 ····· 184
대판 2007.11.29. 2007도7680 ············ 35
대판 2007.11.29. 2007도7835 ·········· 250
대판 2007.11.29. 2007도7961 ············· 78
대판 2007.12.13. 2007도7257 ··········· 105
대판 2008.1.17. 2007도5201 ············ 239
대판 2008.2.14. 2007도10006 ············ 78
대판 2008.2.14. 2007도10937
 ··· 246, 249
대판 2008.3.13. 2007도10804 ············ 35
대판 2008.3.27. 2007도11400 ············ 80
대판 2008.4.24. 2006다32132 ············ 58
대판 2008.5.15. 2008도1097 ············ 136
대판 2008.5.29. 2008도2343 ·········· 249

대판 2008.6.26. 2008도1584 ············ 191
대판 2008.6.26. 2008도3300 ············ 153
대판 2008.7.10. 2007도10755 ·· 195, 197
대판 2008.7.10. 2007도7760 ············ 183
대판 2008.7.10. 2008도2245 ············ 133
대판 2008.7.24. 2008도2794 ····· 34, 35
대판 2008.8.21. 2008도5531 ············ 174
대판 2008.9.25. 2008도6985 ············ 218
대판 2008.10.9. 2008도3640 ············· 86
대판 2008.10.23. 2008도1237 ··········· 224
대판 2008.10.23. 2008도2826 ··············· 9
대판 2008.10.23. 2008도7362
 ·· 34, 35, 36
대판 2008.10.23. 2008도7471 ··········· 187
대판 2008.11.13. 2006도2556
 ··· 193, 226
대판 2008.11.13. 2008도8007 ··········· 194
대판 2008.11.27. 2007도4977 ····· 41, 55
대판 2009.1.30. 2008도7462 ············· 53
대판 2009.3.12. 2008도11437 ··········· 189
대판 2009.3.12. 2008도763
 ····························· 124, 125, 129, 184, 186
대판 2009.3.12. 2008도8486 ············ 237
대판 2009.4.23. 2009도526 ············· 190
대판 2009.5.14. 2008도10914 ··········· 132
대판 2009.6.11. 2008도12111 ··········· 239
대판 2009.6.23. 2009도1322 ·············· 70
대판 2009.7.23. 2009도3282 ·············· 56
대판 2009.9.24. 2009도6779 ·············· 51
대판 2009.10.15. 2009도1889 ··········· 201
대판 2009.10.29. 2009도6614 ··· 57, 157
대판(전) 2009.11.19. 2009도6058 ····· 46
대판 2009.12.10. 2009도9939 ············ 51
대판 2009.12.24. 2009도11401 ········· 132
대판 2009.12.24. 2009도11859 ·········· 48

2010

대판 2010.1.28. 2009도10092 ··········· 135
대판 2010.2.11. 2009도2338 ············ 174
대판 2010.3.11. 2009도5858 ············ 236
대판 2010.4.15. 2010도1107 ············ 197
대판 2010.4.29. 2010도750 ············· 177
대판 2010.5.27. 2010도2680 ············· 46
대판 2010.6.24. 2008도12127 ············ 32
대판 2010.7.15. 2007도5776 ··· 230, 232
대판 2010.7.15. 2010도4680 ············· 44
대판 2010.7.22. 2007도3514 ············ 252
대판 2010.7.22. 2009도14376 ··········· 122
대판 2010.8.19. 2008도2158 ·············· 22

대판 2010.9.9. 2008도3990 ············· 191
대판 2010.9.9. 2010도2602 ····· 213, 214
대판 2010.10.14. 2010도5610 ··· 177, 207
대판 2010.10.14. 2010도9016 ··········· 224
대판 2010.10.28. 2008도11999 ·········· 82
대판 2010.11.11. 2009도224 ············· 162
대판 2010.11.25. 2009도3563 ··········· 162
대판 2010.11.25. 2010도8735 ··········· 208
대판 2010.12.23. 2010도11272 ········· 248
대판 2011.1.27. 2010도11030 ··········· 208
대판 2011.1.27. 2010도12728 ··········· 237
대판 2011.3.10. 2008도7724 ·············· 33
대판 2011.3.10. 2010도15977 ··········· 230
대판 2011.3.10. 2010도9127 ············ 189
대판 2011.4.28. 2009도10412 ··· 165, 184
대판 2011.5.13. 2009도14442 ············ 10
대판 2011.5.26. 2009도2453 ············ 174
대판 2011.5.26. 2011도1902 ············· 211
대판 2011.5.26. 2011도3682 ·············· 85
대판 2011.6.24. 2011도4451
 ······································ 41, 44, 51, 52, 177
대판 2011.6.30. 2009도6717 ············ 187
대판 2011.7.14. 2011도3809
 ··· 186, 205, 230
대판 2011.7.28. 2008도5757 ·············· 54
대판 2011.8.25. 2009도9112 ·············· 50
대판 2011.8.25. 2011도6507 ············ 176
대판 2011.9.8. 2010도7497 ····· 222, 223
대판 2011.9.29. 2011도8015 ············ 249
대판 2011.11.24. 2009도7166 ············ 56
대판 2011.11.24. 2009도980 ············ 238
대판 2011.11.24. 2011도7173 ············ 218
대판 2011.12.22. 2011도12041 ··········· 58
대판 2011.12.22. 2011도12927 ··········· 87
대판 2011.12.22. 2011도9721 ··········· 170
대판 2012.2.23. 2010도9524 ·············· 41
대판 2012.2.23. 2011도17264 ············ 48
대판 2012.3.29. 2009도11249 ··········· 153
대판(전) 2012.5.17. 2009도6788 ····· 215
대판 2012.5.24. 2010도5948 ··· 219, 220
대판 2012.5.24. 2011도7757 ···· 198, 203
대판 2012.6.14. 2012도534 ············· 166
대판 2012.6.28. 2012도2631 ············ 236
대판 2012.7.26. 2012도2937 ············ 194
대판 2012.9.13. 2010도6203 ·············· 38
대판 2012.9.13. 2012도7461 ···· 208, 222
대판 2012.9.13. 2012도8890 ·············· 62
대판 2012.9.27. 2012도2658 ············ 235
대판 2012.10.11. 2012도6848 ··········· 153
대판 2012.10.11. 2012도7455 ············ 127

대판 2012.10.25. 2011도5459 ··· 217, 243
대판 2012.11.15. 2011도15258
 ·· 134, 149, 186
대판 2012.11.29. 2010도3029 ············ 181
대판 2012.12.13. 2010도10028 ·········· 152
대판 2012.12.13. 2012도11162 ············ 39
대판 2012.12.27. 2011도15869 ·········· 185
대판 2012.12.27. 2012도11200 ·········· 175
대판 2013.2.15. 2010도3504 ············ 210
대판 2013.2.28. 2012도15689 ·········· 236
대판 2013.3.14. 2010도2094 ············ 188
대판 2013.3.14. 2012도13611 ····· 63, 190
대판 2013.3.28. 2010도3359
 ·· 69, 185, 200
대판 2013.3.28. 2010도8467 ············· 42
대판 2013.3.28. 2012도13607
 ·· 61, 186, 189
대판 2013.3.28. 2013도1473 ············· 34
대판 2013.3.28. 2013도3 ················· 228
대판 2013.4.11. 2013도1435 ············ 214
대판 2013.6.13. 2012도16001 ··· 210, 215
대판 2013.6.27. 2013도2510 ···· 170, 174
대판 2013.6.27. 2013도4172 ···· 235, 236
대판 2013.7.11. 2011도14044 ············ 181
대판 2013.7.26. 2013도2511
 ··· 66, 123, 193, 210, 214, 252
대판 2013.8.14. 2012도13665 ··········· 166
대판 2013.8.23. 2011도4763 ·············· 85
대판 2013.9.12. 2011도12918 ··········· 221
대판 2013.9.12. 2012도3529 ············ 175
대판 2013.9.12. 2013도6570 ············ 175
대판 2013.9.26. 2012도568 ··············· 46
대판 2013.9.26. 2013도7718 ·············· 60
대판 2013.10.17. 2013도5001 ··········· 213
대판 2013.11.14. 2013도8121 ············ 174
대판 2013.11.28. 2010도12244
 ··· 190, 191, 224
대판 2014.1.16. 2013도7101 ············· 119
대판 2014.2.27. 2013도12155
 ·· 188, 194, 228
대판 2014.3.27. 2014도1200 ············ 238
대판 2014.4.10. 2014도1779
 ·· 67, 68, 201, 206
대판 2014.4.30. 2012도725 ··············· 71
대판 2014.7.10. 2012도5041 ····· 72, 242
대판 2014.8.26. 2011도6035 ····· 83, 215
대판 2014.9.4. 2012도13718 ············ 178
대판 2014.9.4. 2014도3263 ············· 125
대판 2014.9.26. 2014도9030 ············ 175
대판 2014.10.15. 2011도3509 ··········· 185

대판 2014.10.15. 2013도5650 ······ 56, 57
대판 2014.12.11. 2014도7976 ······ 37, 38
대판(전) 2015.1.22. 2014도10978 ··· 125,
  175, 175, 175, 186, 186, 186, 194, 195, 222
대판 2015.4.23. 2013도3790 ····· 72, 206
대판 2015.4.23. 2015도2275 ··· 193, 226
대판 2015.7.9. 2014도16051 ············ 150
대판(전) 2015.8.20. 2013도11650 ····· 173
대판 2015.8.27. 2015도3467 ···· 232, 251
대판 2015.9.10. 2012도14755 ············ 161
대판 2015.9.10. 2012도9879 ············ 181
대판 2015.9.10. 2015도3926 ············ 57
대판 2015.10.29. 2014도5939
  ································· 185, 205
대판 2015.11.17. 2013도7987 ············ 53
대판 2015.12.24. 2013도8481
  ································· 58, 62, 63
대판 2016.2.18. 2015도11428 ············ 236
대판 2016.2.18. 2015도16586 ············ 203
대판 2016.2.18. 2015도17115 ············ 213
대판 2016.3.10. 2013도11233 ············ 190
대판 2016.3.10. 2015도19139 ············ 251
대판 2016.6.23. 2016도2889 ············ 238
대판 2016.9.28. 2015도2798 ············ 62
대판 2016.10.13. 2015도17869 ············ 235
대판 2016.10.13. 2016도5814 ············ 80
대판 2016.10.13. 2016도8137
  ································· 64, 213, 215
대판 2016.11.25. 2016도15018 ············ 173
대판 2016.11.25. 2016도9470 ············ 50
대판 2017.1.25. 2016도13489 ············ 235
대판 2017.1.25. 2016도15526 ············ 227
대판 2017.3.9. 2013도16162
  ································· 86, 101, 162
대판 2017.3.15. 2013도2168 ············ 86
대판 2017.3.15. 2016도19843 ············ 225
대판 2017.3.22. 2016도17465 ············ 10
대판 2017.3.30. 2013도10100 ············ 174
대판 2017.4.7. 2016도19907 ······ 84, 85
대판 2017.5.30. 2016도9027 ············ 174
대판 2017.6.15. 2017도5115 ············ 59
대판 2017.7.18. 2014도8719
  ································· 60, 61, 136
대판 2017.7.18. 2015도12981 ············ 216
대판 2017.9.7. 2015도10648 ············ 125
대판 2017.9.12. 2017도10309 ··· 133, 143
대판 2017.9.21. 2015도12400 ············ 124
대판 2017.9.21. 2017도10866 ············ 78
대판 2017.11.14. 2017도3449 ············ 119
대판 2017.11.29. 2014도16080 ············ 134

대판 2017.11.29. 2017도9747 ············ 120
대판 2017.12.5. 2017도12671 ············ 217
대판 2017.12.5. 2017도13458 ············ 118
대판 2017.12.22. 2017도11616 ············ 175
대판 2017.12.28. 2017도17628 ············ 247
대판 2018.2.8. 2017도13263
  ································· 126, 130, 210
대판 2018.2.8. 2017도14222 ············ 237
대판 2018.3.15. 2017도20247 ············ 248
대판 2018.4.26. 2018도2624 ············ 119
대판 2018.5.15. 2017도19499 ············ 194
대판 2018.6.19. 2015도3483 ············ 178
대판 2018.7.12. 2018도6219 ············ 150
대판 2018.9.28. 2018도10447 ············ 173
대판 2018.10.12. 2018도6252 ············ 118
대판 2018.10.25. 2018도7709 ············ 234
대판(전) 2018.11.1. 2016도10912 ······ 178
대판 2018.12.13. 2016도19417 ············ 39
대판 2018.12.28. 2014도17182 ············ 162
대판 2019.3.14. 2015도1900
  ································· 223, 224, 225
대판 2019.7.11. 2018도20504 ············ 186
대판 2019.7.11. 2018도2614 ············ 239
대판 2019.7.24. 2018도17748 ············ 238
대판(전) 2019.8.29. 2018도14303
  ································· 194, 217
대판(전) 2019.8.29. 2018도2738 ······ 194
대판 2019.10.31. 2018도2642 ············ 233
대판 2019.11.14. 2019도11552 ············ 219
대판 2019.11.14. 2019도13290
  ································· 136, 246
대판(전) 2019.11.21. 2018도13945 ······ 215
대판 2019.11.28. 2013도6825 ············ 166
대판 2019.12.13. 2019도10678 ·· 46, 258

2020

대판 2020.2.13. 2017도16939 ············ 179
대판 2020.2.27. 2019도14000 ············ 48
대판 2020.2.27. 2019도19168 ············ 50
대판 2020.4.9. 2019도17142 ············ 136
대판 2020.5.14. 2020도2433 ············ 240
대판 2020.5.14. 2020도398 ············ 62
대판 2020.6.11. 2016도9367 ····· 201, 212
대판 2020.8.20. 2020도6965 ············ 240
대판 2020.9.7. 2020도8016 ············ 240
대판 2020.9.24. 2020도7869 ············ 240
대판 2020.10.29. 2019도4047 ············ 240
대판 2020.11.26. 2020도10729 ············ 126
대판 2021.4.29. 2020도16438 ············ 93

대판 2021.6.4. 2021도4648 ············ 77
대판 2021.7.29. 2017도16810 ············ 34
대판 2021.7.29. 2020도14654 ············ 120
대판 2021.9.30. 2021도5777 ············ 177
대판(전) 2021.11.18. 2016도348 ············ 138
대판 2021.11.25. 2019도6730 ············ 139
대판 2021.11.25. 2019도7342 ············ 139
대판 2022.1.13. 2016도9596 ············ 138
대판 2022.1.14. 2019다282197
  ································· 144, 146
대판 2022.1.27. 2021도11170 ············ 140
대판 2022.3.17. 2016도17054 ············ 204
대판 2022.3.31. 2018도19472,
  2018전도126 ······················ 234
대판 2022.4.14. 2021도14530,
  2021전도143 ······················ 257
대판 2022.4.28. 2021도17103 ············ 78
대판 2022.5.12. 2021도14074 ············ 174
대판 2022.5.26. 2017도11582 ············ 236
대판 2022.5.26. 2021도2488 ············ 42
대판 2022.6.16. 2022도2236 ············ 236
대판 2022.6.16. 2022도364 ··· 203, 204
대판 2022.6.30. 2022도1452 ············ 120
대판 2022.7.14. 2020도13957 ············ 203
대판 2022.7.28. 2022도2960 ············ 138
대판 2022.10.27. 2022도9510 ············ 207
대판 2022.10.27. 2022도9877 ············ 224
대판 2022.11.17. 2019도11967 ············ 247
대판 2022.12.15. 2022도8824 ············ 208
대판 2023.3.16. 2020도5336 ············ 123
대판 2023.4.27. 2018도8161 ············ 65
대판 2023.4.27. 2023도2102 ············ 198
대판 2023.6.1. 2018도18866 ············ 118
대판 2023.6.1. 2018도19782 ············ 121
대판 2023.6.1. 2020도12157 ············ 139
대판 2023.6.1. 2020도2550 ············ 130
대판 2023.6.1. 2023도3741 ············ 198
대판 2023.6.15. 2023도3038 ············ 251
대판 2023.7.13. 2021도10763 ············ 65
대판(전) 2023.7.17. 2021도11126 ········ 47
대판(전) 2023.9.18. 2022도7453 ············ 141
대판 2023.10.26. 2023도7301 ············ 216
대판 2023.12.28. 2020도6417 ············ 174
대판 2024.1.4. 2023도13081 ············ 233
대판 2024.1.11. 2020도1538 ············ 225
대판 2024.3.12. 2020도9431 ············ 247
대판 2024.3.28. 2023도15133,
  2023전도163,164 ················ 209
대판 2024.4.16. 2020도3050 ············ 121
대판(전) 2024.5.23. 2021도6357 ········ 91

판례 색인 **275**

대판 2024.5.30. 2020도16796 ········ 202
대판 2024.5.30. 2020도9370 ·········· 65
대판(전) 2024.6.20. 2022도12175 ····· 47
대판 2024.7.25. 2021도1181 ········· 142
대판 2024.9.12. 2020도14843 ······· 187
대판 2024.10.8. 2020도11223 ······· 129
대판 2024.10.8. 2024도10062 ······· 132
대판 2024.11.14. 2024도11314 ······ 209
대판 2024.12.24. 2022도2071 ······· 125
대판 2024.12.24. 2023도3626 ······· 140
대판 2025.1.9. 2024도12689 ········ 188
대판 2025.2.13. 2024도17385 ······· 119
대판 2025.2.27. 2021도8284 ········ 118
대판 2025.3.13. 2022도9819 ·········· 90
대판 2025.4.10. 2024도15789 ······· 119
대판 2025.4.24. 2024도19106 ······· 126
대판 2025.6.12. 2023도11395 ······· 137

대법원 결정

1960
대결 1966.1.28. 65모21 ············· 145

1980
대결 1980.2.5. 80모3 ··············· 145
대결 1982.10.15. 82모36 ············ 244
대결 1983.4.21. 83모19 ············· 112
대결 1983.8.18. 83모42 ············· 114
대결 1984.3.29. 84모15 ············· 152
대결 1984.7.16. 84모38 ············· 147
대결 1984.7.24. 84모43 ············· 145
대결 1985.7.23. 85모12 ·············· 97
대결 1985.7.29. 85모16 ·············· 63
대결 1988.12.14. 88모55 ············ 146

1990
대결 1990.2.13. 89모37 ············· 103
대결 1990.4.18. 90모22 ············· 109
대결 1990.7.16. 90모34 ············· 159
대결 1990.9.13. 90모48 ············· 114
대결 1991.3.28. 91모24 ········ 102, 103
대결 1991.11.5. 91모68 ············· 159
대결 1991.12.30. 91모76 ············ 115
대결 1994.8.18. 94모42 ············· 147
대결 1996.5.15. 95모94 ············· 104
대결 1996.6.3. 96모18 ·············· 100

대결 1996.8.12. 96모46 ··········· 94, 98
대결(전) 1996.8.16. 94모51 ······ 144, 146
대결 1997.1.9. 96모34 ·············· 147
대결 1997.4.22. 97모30 ·········· 160, 161
대결 1997.6.16. 97모1 ··············· 96
대결 1997.8.27. 97모21 ·········· 107, 108
대결 1997.9.29. 97모66 ············· 122
대결 1997.11.27. 97모88 ········· 110, 165
대결 1998.4.16. 97모25 ············· 145
대결 1998.12.14. 98모127 ············ 160
대결 1999.12.1. 99모161 ············· 123

2000
대결 2000.11.10. 2000모134 ······ 94, 95
대결 2001.5.25. 2001모85 ············ 97
대결(전) 2001.5.29. 2000모22 ······· 113
대결 2002.5.6. 2000모112 ··········· 104
대결 2003.3.27. 2002모81 ············ 81
대결 2004.3.23. 2003모126 ·········· 117
대결 2006.12.18. 2006모646 ····· 76, 92
대결 2007.1.31. 2006모656 ·········· 102
대결 2008.9.12. 2008모793 ··········· 69

2010
대결 2011.5.26. 2009모1190 ········· 119
대결 2013.7.1. 2013모160 ············ 67
대결(전) 2015.7.16. 2011모1839 ······ 127
대결(전) 2015.7.16. 2013모2347 ······ 160
대결 2017.9.29. 2017모236 ·········· 146

2020
대결 2020.3.17. 2015모2357 ·········· 69
대결 2020.4.16. 2019모3526 ········ 125
대결 2020.10.29. 2020모633 ········ 112
대결 2022.1.14. 2021모1586 ········ 130
대결 2022.5.31. 2016모587 ········· 126
대결 2022.6.30. 2020모735 ········· 120
대결 2024.1.5. 2021모385 ·········· 130
대결 2024.3.12. 2022모2352 ·········· 70
대결 2024.9.25. 2024모2020 ········ 121
대결 2024.12.16. 2020모3326 ······· 128

헌법재판소

1980
헌재 1989.7.28. 89헌마65 ············ 164
헌재 1989.12.22. 89헌마145 ·········· 164

1990
헌재 1991.7.8. 91헌마42 ·············· 8
헌재 1992.1.28. 91헌마111 ······· 101, 104
헌재 1993.11.25. 92헌마169 ··········· 14
헌재 1995.11.30. 92헌마44 ········ 14, 16
헌재 1996.12.26. 94헌바1 ············ 12
헌재 1997.3.27. 96헌가11 ········· 12, 60
헌재 1997.3.27. 96헌바28 ········· 60, 94
헌재 1997.12.24. 95헌마247 ········· 115
헌재 1998.8.27. 96헌마398 ·········· 101
헌재 1998.12.24. 94헌바46 ······· 11, 13

2000
헌재 2001.6.28. 99헌가14 ············ 14
헌재 2001.8.30. 99헌마496 ··········· 13
헌재 2004.9.23. 2000헌마138 ·· 68, 100
헌재 2004.9.23. 2002헌가17 ·········· 60
헌재 2006.7.27. 2005헌마277 ········ 60
헌재 2008.11.27. 2008헌마399 ······ 164
헌재 2009.6.25. 2007헌마451 ········ 13
헌재 2009.7.30. 2007헌마732 ········ 13
헌재 2009.11.17. 2009헌마603 ······ 164

2010
헌재 2011.2.24. 2008헌바56 ·········· 43
헌재 2011.3.31. 2009헌바351 ········· 14
헌재 2011.5.26. 2009헌마341 ·· 102, 103
헌재 2012.6.27. 2011헌가36 ·········· 60
헌재 2012.7.26. 2010헌마642 ······· 164
헌재 2013.8.29. 2011헌마122 ······· 101
헌재 2016.4.28. 2015헌마243 ······· 104
헌재 2017.11.30. 2016헌마503 ···· 68, 69
헌재 2018.5.31. 2014헌마346 ······· 100
헌재 2019.2.28. 2015헌마1204
·································· 102, 104

2026 대비 최신개정판

해커스경찰
허정
형사법

기본서 | 3권 형사소송법

개정 3판 1쇄 발행 2026년 1월 5일

지은이	이용배, 허정 공편저
펴낸곳	해커스패스
펴낸이	해커스경찰 출판팀
주소	서울특별시 강남구 강남대로 428 해커스경찰
고객센터	1588-4055
교재 관련 문의	gosi@hackerspass.com
	해커스경찰 사이트(police.Hackers.com) 교재 Q&A 게시판
	카카오톡 채널 [해커스 경찰공무원]
학원 강의 및 동영상강의	police.Hackers.com
ISBN	979-11-7404-652-9 (13360)
Serial Number	03-01-01

저작권자 ⓒ 2026, 허정

이 책의 모든 내용, 이미지, 디자인, 편집 형태는 저작권법에 의해 보호받고 있습니다.
서면에 의한 저자와 출판사의 허락 없이 내용의 일부 혹은 전부를 인용, 발췌하거나 복제, 배포할 수 없습니다.

경찰공무원 1위,
해커스경찰 police.Hackers.com

해커스경찰

· 정확한 성적 분석으로 약점 극복이 가능한 **경위공채 합격예측 온라인 모의고사**(교재 내 응시권 및 해설강의 수강권 수록)
· 해커스 스타강사의 **경찰 형사법 무료 특강**
· **해커스경찰 학원 및 인강**(교재 내 인강 할인쿠폰 수록)

한경비즈니스 2024 한국품질만족도 교육(온·오프라인 경찰학원) 부문 1위

허정

약력

상해푸단대학교 법학과 졸업
현 | 법무법인 예건 파트너변호사
현 | 해커스 변호사 형사법 전임(해커스 변호사 강사 콘테스트 1위)
현 | 해커스 경찰간부 형사법 전임
현 | 대법원 국선변호인
현 | 서울고등법원 소송구조변호사
현 | 국방부 군범죄 및 유족 국선변호인
현 | 서울행정법원 소송구조 변호사
현 | 서울남부지방법원 논스톱 국선변호인 및 국선변호인
현 | 서울북부지방법원 논스톱 국선변호인 및 국선변호인
현 | 서울시 공익변호사
현 | 대한변호사협회 장애인법률지원변호사단 단원
현 | 대한변호사협회 사회복지시설 무연고 사망자 유류금 신속처리
　　　법률지원단 단원
현 | 서울지방변호사회 중대재해처벌법 대응 TF 자문위원
현 | 서울 강서경찰서 형사당직변호사
현 | 네이버지식iN 전문가 답변 상담변호사
현 | 서울명덕여자중학교 및 서울화곡초등학교 명예교사
현 | 9988병원 고문변호사
현 | 로메디 주식회사 고문변호사
현 | P2P 플랫폼 사건 고소대리인
현 | 가상화폐 브이글로벌 사건 고소대리인
전 | 조선일보 G20 기자

저서

해커스경찰 허정 형사법 기출문제집
해커스경찰 허정 형사법 기본서
해커스변호사 형사소송법의 맥 암기장
해커스변호사 형법의 맥 암기장
해커스변호사 형법의 맥
해커스변호사 변호사시험 핵심기출 형사법 선택형
해커스변호사 형법 신체계 H 최근 3개년 중요판례
해커스변호사 형사소송법 신체계 H 최근 3개년 중요판례

해커스경찰
허정
형사법

기본서 | 3권 형사소송법

해커스경찰

단기 합격을 위한 해커스경찰 커리큘럼

입문
탄탄한 기본기와 핵심 개념 완성!

누구나 이해하기 쉬운 개념 설명과 풍부한 예시로 부담없이 쌩기초 다지기

TIP 베이스가 있다면 **기본** 단계부터!

기본+심화
필수 개념 학습으로 이론 완성!

반드시 알아야 할 기본 개념과 문제풀이 전략을 학습하고
심화 개념 학습으로 고득점을 위한 응용력 다지기

기출+예상 문제풀이
문제풀이로 집중 학습하고 실력 업그레이드!

기출문제의 유형과 출제 의도를 이해하고 최신 출제 경향을 반영한
예상문제를 풀어보며 본인의 취약영역을 파악 및 보완하기

동형모의고사
동형모의고사로 실전력 강화!

실제 시험과 같은 형태의 실전모의고사를 풀어보며 실전감각 극대화

마무리
시험 직전 실전 시뮬레이션!

각 과목별 시험에 출제되는 내용들을 최종 점검하며 실전 완성

PASS

* 커리큘럼 및 세부 일정은 상이할 수 있으며, 자세한 사항은 해커스경찰 사이트에서 확인하세요.

단계별 교재 확인 및 수강신청은 여기서!

police.Hackers.com

여러분의 합격을 응원하는
해커스경찰의 특별 혜택!

FREE 경찰 형사법 특강

해커스경찰(police.Hackers.com) 접속 후 로그인 ▶ 상단의 [무료강좌 → 경찰 무료강의] 클릭하여 이용

해커스경찰 온라인 단과강의 20% 할인쿠폰

E75DC8FEC9EA32GB

해커스경찰(police.Hackers.com) 접속 후 로그인 ▶ 상단의 [내강의실] 클릭 ▶
[쿠폰/포인트] 클릭 ▶ 쿠폰번호 입력 후 이용

* 등록 후 7일간 사용 가능(ID당 1회에 한해 등록 가능)

경위공채 합격예측 온라인 모의고사 응시권 + 해설강의 수강권

74FE46898B6B4E4X

해커스경찰(police.Hackers.com) 접속 후 로그인 ▶ 상단의 [내강의실] 클릭 ▶
[쿠폰/포인트] 클릭 ▶ 쿠폰번호 입력 후 이용

* ID당 1회에 한해 등록 가능

쿠폰 이용 관련 문의 **1588-4055**